Die Landesbeauftragte
für Mecklenburg-Vorpommern
für die Unterlagen des Staatssicherheitsdienstes
der ehemaligen DDR

Rahel Frank

Einsam oder gemeinsam?

Der „Greifswalder Weg“ und die DDR-Kirchenpolitik

1980 bis 1989

Rahel Frank:
Einsam oder gemeinsam? Der „Greifswalder Weg“ und die DDR-Kirchenpolitik 1980 bis 1989

Herausgeberin:
Die Landesbeauftragte für Mecklenburg-Vorpommern für die Unterlagen des Staatssicherheitsdienstes der ehemaligen Deutschen Demokratischen Republik
Bleicherufer 7, 19053 Schwerin
Telefon: 0385/734006
E-Mail: post@lstu.mv-regierung.de
www.landesbeauftragter.de

Lektorat: Burkhard Bley

Titelbild: Dom St. Nikolai, Greifswald/Altstadt
(Derzno/CC-BY-SA 4.0, https://commons.wikimedia.org/w/index.php?curid=51097199)
Satz: Janner & Schöne Medien GmbH, Schwerin
Druck: Druckerei Weidner GmbH, Rostock

2. überarbeitete und erweiterte Auflage
Schwerin 2016

ISBN 978-3-933255-48-8

Inhaltsverzeichnis

Vorwort zur Neuauflage

Unter dem Titel „Der Greifswalder Weg“[1] der Autorin Rahel von Saß, seit 1999 verheiratete Frank, erschien dieses Buch 1998 in erster Auflage. Es wurde seither vielfach gelesen, kritisiert und als Referenzarbeit für weiterführende Darstellungen herangezogen. Das Buch war schnell vergriffen, die Diskussion über die Bedeutung der evangelischen Kirche ist jedoch seither nicht abgerissen. Der „Greifswalder Weg“ hat seinen Zweck erreicht: eine Diskussion anzustoßen. Warum also nun eine Neuauflage mit einem erweiterten Titel?
Der neue Titel mit dem Zusatz „Einsam oder gemeinsam?“ differenziert eine Grundaussage des Buches, der zufolge der „Greifswalder Weg“ nicht der Weg einer ganzen Landeskirche war, sondern der Weg einiger weniger, die die Kirchenpolitik bestimmt hatten. Diesem Grundgedanken folgend wurde der gesamte „Greifswalder Weg“ in seiner ersten Auflage umfassend überarbeitet, um einzelne Passagen erweitert und um neue Kapitel ergänzt.
Die einzelnen Kapitel widmen sich sowohl kirchlichen Gremien als auch Einzelpersonen, die kirchenpolitisch in den achtziger Jahren relevant waren: Dazu gehörten der Bischof und seine leitenden Mitarbeiter, die Landessynode, die Kirchenleitung und das Konsistorium. Hinzugekommen ist eine Darstellung des Operativen Vorgangs „Pharisäer“, in dem zwischen 1985 und 1988 Wolfgang Nixdorf bearbeitet worden ist.
Weitere Kapitel beleuchten die Instrumente und Ziele der SED-Kirchenpolitik während der Kirchentage 1985 in Greifswald und 1988 in Rostock, die kirchliche Jugend- und Studentenarbeit sowie die Mitte der achtziger Jahre entstehenden Basisgruppen.
Das zehnte Kapitel ist neu und widmet sich den Zielen, Schwierigkeiten und Ergebnissen der Aufarbeitung in der Pommerschen Evangelischen Kirche bzw. dem Kirchenkreis Pommern zwischen 1990 und 2015. Es griff weiterführende Überlegungen skizzenhaft auf. Eine Reihe von Zeitzeugen wurde noch einmal aufgesucht um zu erfragen: Wie sehen Sie die Geschehnisse vor 1989 heute? Was hat sich seit 1990 getan? Wo ist Aufarbeitung stecken geblieben, was hat sie aber auch geleistet? Ist dieses Thema heute noch für den Kirchenkreis Pommern und die Nordkirche relevant?
Auch neue Erkenntnisse aus der Zeitgeschichtsforschung, Erfahrungen und Beobachtungen aus der psychosozialen Beratung der Landesbeauftragten für Mecklenburg-Vorpommern für die Unterlagen des Staatssicherheitsdienstes der

1 Der vollständige Titel lautete: Der „Greifswalder Weg“. Die DDR-Kirchenpolitik und die Evangelische Landeskirche Greifswald 1980 bis 1989.

ehemaligen DDR und Ergebnisse aktueller klinischer Studien der Universität Greifswald[2] sind hier eingearbeitet worden. Hat die Zeitgeschichte einen praktischen Wert für das einzelne Individuum? Erreichen wissenschaftliche Aufarbeitung und gesellschaftliche Auseinandersetzung den einzelnen Betroffenen?
Dabei ist die Aufarbeitung nach 25 Jahren in einer Sackgasse gelandet: Die Zahl der hauptamtlichen und inoffiziellen Mitarbeiter des MfS und der SED-Funktionäre auf allen Ebenen, die ihr Versagen erkannt und sich in geeigneter Weise dafür entschuldigt haben, ist verschwindend gering. War die Hoffnung auf Einsicht in persönliche Schuld unrealistisch? Was müssen wir jetzt den betroffenen Personengruppen („Opfern") bieten, damit diese auch ohne Schuldeinsicht der „Täter" rehabilitiert werden, ihre Würde zurückerlangen und von der Gesellschaft als die wahrgenommen werden, die sie waren: widerständige, mutige und oft unangepasste DDR-Bürger?
In diesem Sinne hat diese überarbeitete Neuauflage mehrere Ziele: Sie möchte bereits Gesagtes noch einmal bekräftigen. Hier geht die Neuauflage auf Ziele und Kriterien der Zusammenarbeit mit dem Ministerium für Staatssicherheit ein.
Es geht auch darum, einer nachträglichen und stetig zunehmenden Banalisierung von Gesprächen mit MfS-Mitarbeitern entgegenzuwirken. Besonders der oft geäußerten Meinung, Gespräche mit dem MfS seien notwendig gewesen und jede andere Darstellung verkenne die Realität in der DDR[3], werden Fakten und Argumente entgegengestellt. Darüber hinaus werden neue Erkenntnisse aus der Zeitgeschichte vorgestellt sowie Fehler, Ungenauigkeiten und Verkürzungen aus der ersten Auflage korrigiert.
Es war das Kennzeichen des „Greifswalder Wegs", dass das Bild der Landeskirche nach außen immer weniger mit dem Bild und der Atmosphäre der Landeskirche im Inneren übereinstimmte. Diese Schieflage zeigte sich besonders deutlich in der Folge der Wiedereinweihung des Greifswalder Doms am 11. Juni 1989 und manifestierte sich nach der Wende in sehr unterschiedlichen Interpretationen der achtziger Jahre. Nach wie vor gibt es einen Gesprächsbedarf über das Leben der Christen im Nordosten der DDR. Dieses Bedürfnis, miteinander zu reden, greifen wir hiermit auf.

Anne Drescher
Landesbeauftragte

---

2 Bezug genommen wird hier auf Arbeiten von Prof. Harald J. Freyberger, Direktor der Klinik und Poliklinik für Psychiatrie und Psychotherapie in Stralsund/Universitätsklinikum Greifswald.

3 Vgl. Leserbrief von Johannes Haerter unter dem Titel „Gespräche waren gängige Praxis" in der Mecklenburgischen und Pommerschen Kirchenzeitung, 70. Jahrgang (2015), Ausgabe 40/2015 vom 4.10.2015, S. 2.

1 Einleitung: „Einsam oder gemeinsam?" Der „Greifswalder Weg" 1980 bis 1989

„Einsam oder gemeinsam?" – so hieß der am 30. Juli 1989 in der Greifswalder Kirchenzeitung „die kirche" erschienene Artikel von Pfarrer Rainer Berndt aus Trassenheide. Gemeinsam mit Studentenpfarrer Arndt Noack aus Greifswald und stellvertretend für eine größere Vorbereitungsgruppe[4] lud Berndt zu einem Forum über die Zukunft der Landeskirche am 24. September 1989 ein:

> „Einsam oder gemeinsam? Das scheint seit langem die Frage nach dem Weg in unserer Landeskirche zu sein. [...] Ist der Weg unserer Landeskirche noch ein gemeinsamer Weg, oder ist es der einsame Weg einzelner Leute in der Leitung?"[5]

Viele Mitarbeiter und Pfarrer der Kirche, so die Organisatoren des Forums, fühlten sich durch die Leitung der Landeskirche nicht mehr vertreten; nicht in wirtschaftlichen Fragen, nicht in Bezug auf die Beurteilung der geistlichen Situation, nicht gegenüber den staatlichen Stellen. In Vorbereitung auf das Forum bat Berndt um zahlreiche Zuschriften: „Vielleicht wird es durch das Forum möglich sein, daß Ihre ‚Klartexte' die Landessynode nötigen, sich ebenfalls zu entscheiden: einsam oder gemeinsam."[6]

Zu diesem Zeitpunkt lag die Domeinweihung am 11. Juni 1989 schon sechs Wochen zurück, der nächste kirchliche Höhepunkt war die alljährliche Herbsttagung der Landessynode am 2./3. November 1989. Die Tagung würde die Chance bieten, die Kritik aus der Landeskirche an der Leitung vorzutragen.

Für sich genommen waren die Domfestlichkeiten innerkirchlich zwar als zu teuer und zu pompös kritisiert worden, aber derartige Diskussionen hatte die Greifswalder Landeskirche schon mehrfach erlebt, zuletzt um teure Plaketten aus Meißner Porzellan, die Horst Gienke für die ausländischen Gäste zum Kirchentag 1985 hatte anfertigen lassen und von denen im Anschluss noch viele Exemplare übrig waren. Auch die Einladung Erich Honeckers nach Greifswald wäre wahrscheinlich mit der Zeit toleriert worden – immerhin hatte es eine parallele Begegnung und aufwändige publizistische Auswer-

4 Zur Vorbereitungsgruppe gehörten unter anderem Jugendwart Bernd Schröder, Pastor Glöckner und Pastor Springborn aus Greifswald.

5 R. Berndt: „Einsam oder Gemeinsam?", in: die kirche. Evangelische Wochenzeitung (Greifswalder Ausgabe), Jg. 44 (1989), Ausgabe 31/1989 vom 30.7.1989.

6 Vgl. ebd.

tung in den DDR-Medien schon 1984 gegeben, als Bischof Gienke in der Stralsunder Marienkirche Olof Palme und Erich Honecker begrüßt hatte. Was aber viele Christen auf allen Ebenen der Landeskirche nicht mehr mittragen wollten, das waren die offensichtliche Brüskierung des brandenburgischen Landesbischofs Gottfried Forck, der nicht zum offiziellen Empfang Honeckers im Greifswalder Rathaus eingeladen worden war, außerdem der fehlende offizielle Widerspruch Gienkes gegen diese Nichteinladung.

Am 24. September 1989 fand das von Berndt angekündigte Forum im Turm der Jakobikirche in Greifswald statt, der Raum war bis auf den letzten Platz gefüllt. Die Rede war nun von einem „Mißbrauch der Kirche zur Besänftigung der unruhigen Bevölkerung", einem „Einstehen für die Mächtigen und nicht für die Ohnmächtigen", von einer notwendigen Begrenzung der Amtszeit des Bischofs und auch davon, die Kompetenzen des Konsistoriums einzuschränken.[7]

Das Auditorium, die Kirchenleitung und die Synode nahmen die Atmosphäre auf, schließlich auch Horst Gienke mit seinem Rücktritt am 13. November 1989. Sein Amt freizugeben, war ein wichtiger Schritt auf dem Weg zu einem Neuanfang, der den Beginn der innerkirchlichen Aufarbeitung markierte.

Der „Greifswalder Weg" war ein Weg der Kirchenführung, ein einsamer Weg, der mitten in der Wende sein Ende fand. Diese Selbstkorrektur hatte ihre Wurzeln im Zentrum der Landeskirche: bei den Laien, Pastoren und Mitarbeitern, die seit dem Sommer 1989 in ihren Kirchgemeinderäten und Konventen über ein mögliches Misstrauensvotum debattiert hatten.[8] In einzelnen Kirchenkreisen war bereits der Bischofsbericht im Herbst 1987 Ausgangspunkt für Überlegungen gewesen, Bischof Gienke von seinem Amt zu entlasten und einen neuen Weg einzuschlagen.[9]

Dass sich die harsche Kritik zunächst allein gegen Bischof Gienke richtete, und das lange vor Bekanntwerden der IM-Akte „Orion",[10] war auch das Ergebnis von 17 Jahren zunehmend autoritärer Amtsführung. Was Gienke die „besondere [...], mir durch die Kirchenordnung selbst gegebene Verantwortung"[11] nannte, war für seine Umgebung ein oftmals schwer verdaulicher

7 Vgl. E. Haß: „Wie geht es weiter? Vom Forum in Greifswald", in: die kirche. Evangelische Wochenzeitung (Greifswalder Ausgabe), Jg. 44 (1989), Ausgabe 38/1989 vom 24.9.1989.

8 Gespräch mit Pastor i. R. Rainer Berndt, Trassenheide, am 18.11.2015.

9 Vgl. ebd. So beispielsweise auf Usedom, wo mit Bischof Gienke im Nachgang der Herbstsynode 1987 intensive Gespräche stattgefunden hatten.

10 Vgl. Wolfgang Nixdorf: Die Pommersche Evangelische Kirche und der Staat – Aus der Sicht von Kirchenleitung und Konsistorium. Beispiele aus vier DDR-Jahrzehnten, in: Baltische Studien. Pommersche Jahrbücher für Landesgeschichte (Gesellschaft für Pommersche Geschichte, Altertumskunde und Kunst e. V., Neue Folge, Band 98, Band 144 der Gesamtreihe), Kiel 2012, hier S. 166.

11 Vgl. Horst Gienke: Dome, Dörfer, Dornenwege. Lebensbericht eines Altbischofs, Rostock 1996, S. 389.

Leitungsstil. Die Frage „Einsam oder gemeinsam?" traf die Stimmung an der Basis deshalb ganz genau.
Auf dem eingangs erwähnten Greifswalder Forum am 24. September 1989 nahm der Neuanfang Gestalt an. In der aufgeheizten, emotionalen Diskussion zeichneten sich klar die vier Aspekte ab, die für die Aufarbeitung in den kommenden Jahren zentral werden sollten:

- der Ruf nach personaler Verantwortung,
- die Beschneidung von Aufgabe und Einfluss des Konsistoriums,
- die Aufdeckung der Kontakte zu den staatlichen Stellen, insbesondere zum Ministerium für Staatssicherheit,
- die Auseinandersetzung mit dem Amtsverständnis und den kirchenpolitischen Zielen des Bischofs.[12]

Dies sind auch die Kernfragen der vorliegenden Arbeit. Darüber hinaus sollen die kirchlichen und staatlichen Strukturen sowie die kirchenpolitischen Strategien der SED und der staatlichen Stellen im Bezirk Rostock betrachtet werden, die in den 1980er Jahren eine Rolle spielten.
Die ersten neun Kapitel beleuchten unterschiedliche Bereiche des kirchlichen Lebens und fragen nach dem Einfluss einzelner Persönlichkeiten auf den „Greifswalder Weg". Das zehnte Kapitel beschreibt die Aufarbeitung seit 1990 in ihren erreichten wie unerreichten Zielen. Alle vier oben genannten Aspekte waren Gegenstand langjähriger Diskussionen in der Pommerschen Evangelischen Kirche (PEK), wie sie seit Januar 1990 wieder hieß. Inzwischen hat die PEK noch einmal eine Veränderung erlebt: Seit 2012 ist sie der Kirchenkreis Pommern innerhalb der Evangelisch-Lutherischen Landeskirche in Norddeutschland. Es geht im Folgenden also auch um eine Aufarbeitung der Aufarbeitung. Was ist seit 1989 gelungen? Wo ist Aufarbeitung steckengeblieben? Und warum?

12 Gespräch mit Pfarrer i. R. Rainer Berndt, Trassenheide, am 18.11.2015.

2 Zur Vorgehensweise

Die Evangelische Landeskirche Greifswald war eine von acht protestantischen Kirchen auf dem Gebiet der DDR, von denen jede ihren eigenen Weg zwischen Anpassung und Verweigerung ging. Diese Arbeit versteht Kirchenpolitik in der ehemaligen DDR als ein Zusammenspiel zwischen der SED, den administrativen Organen und dem MfS. Das MfS, der Rat des Bezirkes Rostock und die SED hatten ihre je eigenen kirchenpolitischen Instrumente, die im Folgenden näher betrachtet werden sollen.

Die vorliegende Arbeit versucht, die Kirchenpolitik der SED in den achtziger Jahren möglichst detailliert darzustellen. Bisher erschienene Studien legten wenig Gewicht auf die Vielzahl der kleinen Schritte, die die Kirchenpolitik auf den unteren Ebenen kennzeichneten. Eine zusammenfassende Analyse der kirchenpolitischen Ziele und Methoden von MfS, SED, dem Rat des Bezirks Rostock und den Räten der Kreise einerseits sowie der Landeskirche Greifswald andererseits schließt sich an.

Der kirchenpolitische Weg unter Bischof Gienke wurde erstmals im Zusammenhang mit der Wiedereinweihung des Doms im Juni 1989 als „Greifswalder Weg" bezeichnet.[13] In bewusster Anlehnung an den „Thüringer Weg", der die staatsnahe Kirchenpolitik in der Evangelisch-Lutherischen Landeskirche Thüringen unter Bischof Moritz Mitzenheim (1945–1970) meinte, beschreibt der „Greifswalder Weg" die staatsnahe Haltung leitender Greifswalder Amtsträger in den achtziger Jahren. Greifswald muss hier als Synonym für den Sitz von Konsistorium und Bischofskanzlei verstanden werden, aber nicht für eine gesamte Landeskirche. Diesen Unterschied deutlich zu machen, war eine Hauptaufgabe dieser Überarbeitung.

Worin lag die Motivation für diesen kirchenpolitischen Weg? Wie kann man dessen Erfolge, Misserfolge und Auswirkungen auf die Nachwende-Jahre bewerten?

Die Untersuchung der Beziehungen zwischen den Staats- und Parteiorganen im Bezirk Rostock und der Greifswalder Landeskirche ist methodisch schwierig. Gegenwärtig sind die Bestände aus den staatlichen Organen wesentlich weiter erschlossen als die der Landeskirche Greifswald.[14] Die staatlichen Interessen bzw. die Interessen der SED gegenüber der Greifswalder

13 Vgl. BArch, DO-4/1133, o. Pag. „Informationsbericht über die kirchenpolitische Situation im Bezirk Rostock Mai–Juni 1989" vom 6.7.1989. In dem Bericht wird ausdrücklich der Begriff „Greifswalder Weg" benutzt. Auch im Greifswalder Informationsdienst wurde dieser Terminus gebraucht und somit öffentlich gemacht (Vgl. Eine Großkirche mit vielfältigen Nutzungsmöglichkeiten, in: Greifswalder Informationsdienst Nr. 2/1989 vom 30.6.1989, S. 3).

14 Die Bestände des Landeskirchlichen Archivs in Greifswald sind aufgrund baulicher Maßnahmen derzeit nicht einsehbar.

Landeskirche spiegeln sich daher deutlicher wider als die der Kirche gegenüber der SED und den staatlichen Organen. Um diese Dominanz abzuschwächen, wurden für die vorliegende Arbeit Gespräche mit Zeitzeugen geführt und Dokumente aus deren Privatbesitz hinzugezogen. Daher stellt die vorliegende Arbeit zunächst einmal eine Annäherung an die Geschichte der Evangelischen Landeskirche Greifswald dar.
Diese Arbeit versucht, innerkirchliche Vorgänge und Entwicklungen möglichst weitgehend offenzulegen. Die Auseinandersetzung mit dem Handeln einzelner Personen in leitenden Positionen der Greifswalder Kirche stand dabei nicht von Anfang an im Vordergrund. Im Prozess von Sichtung und Auswertung der Quellen kristallisierte sich jedoch ein Bild der Leitungsstrukturen heraus, das es erforderlich machte, insbesondere auf die Bedeutung des Konsistoriums näher einzugehen. Die Frage nach personaler Verantwortung des Einzelnen drängte sich immer wieder auf.
Welche Persönlichkeiten auf beiden Seiten, welche geografischen, historischen und rechtlichen Voraussetzungen und welche politischen Ereignisse und Entwicklungen bestimmten, wie Staat und Kirche im Nordosten zueinander standen?
Zunächst einmal war das Verhältnis zwischen Staat und Kirche auf allen Ebenen durch die Vorherrschaft der SED geprägt. Eine Wertung der Kirchenpolitik muss daher von den Bedingungen und Möglichkeiten ausgehen, die den Kirchen und einzelnen Amtsträgern im Betrachtungszeitraum zur Verfügung standen. Zweitens ist die Barmer Theologische Erklärung von 1934 einer der wichtigsten Bezugspunkte der Wertung. Sie gehörte zu den Bekenntnisschriften der Greifswalder Kirche, auf sie wurden die jungen Theologen ordiniert. Die sechs Verwerfungen dieser Erklärung sind hier zu nennen, unter ihnen vorrangig der dritte Satz:

„Wir verwerfen die falsche Lehre, als dürfe die Kirche die Gestalt ihrer Botschaft und ihrer Ordnung ihrem Belieben oder dem Wechsel der jeweils herrschenden weltanschaulichen und politischen Überzeugungen überlassen."[15]

Karl Barth war sich bewusst, dass „die Kirche zu allen Zeiten abhängig gewesen ist von Weltanschauungen".[16] In diesem Bewusstsein sollte die Kirche versuchen, sich der drohenden Vereinnahmung und Anpassung zu erwehren.

15 Theologische Erklärung zur gegenwärtigen Lage der Deutschen Evangelischen Kirche, in: Karl Barth, Texte zur Barmer Theologischen Erklärung, hg. von Martin Rohkrämer, Zürich 1984, hier S. 3 f.

16 Karl Barth: Kurze Erläuterung der Barmer Theologischen Erklärung. Vortrag vor der Evangelischen Bekenntnisgemeinschaft, Bonn am 9. Juni 1934, in: Karl Barth: Texte zur Barmer Theologischen Erklärung, hg. von Martin Rohkrämer, Zürich 1984, hier S. 21.

Botschaft und Ordnung sollten sich nicht den äußeren Bedingungen anpassen, sondern dem Auftrag der Kirche dienen: der Verkündigung. Dietrich Bonhoeffer schrieb in der „Nachfolge", die Kirche könne sich ihre Existenz in der Welt nicht dadurch sichern, dass sie sich einen faktischen Raum suche und sich dort etabliere, sondern nur dadurch, dass sie durch ihre Verkündigung Raum einnehme.[17]
Die Evangelische Landeskirche Greifswald lag geografisch in den Bezirken Rostock, Neubrandenburg und Frankfurt/Oder, wobei der größte Teil ihrer Fläche zum Bezirk Rostock gehörte. Aus diesem Grund war Rostock der Leitbezirk,[18] die kirchenpolitischen Beziehungen dorthin waren wesentlich intensiver als nach Neubrandenburg oder Frankfurt/Oder. Die Kirchenpolitik im Bezirk Neubrandenburg mit einzubeziehen wäre bei künftigen Arbeiten sinnvoll.
Schließlich bleibt anzumerken, dass es sich um eine exemplarische Arbeit handelt. Bei der Auswahl der Bereiche der landeskirchlichen Arbeit, die genauer betrachtet werden, gaben die zur Verfügung stehenden Quellen den Ausschlag. Im Folgenden werden somit die kirchlichen Leitungsstrukturen, die Kirchentage 1985 und 1988, die Jugend- und Studentenarbeit, die Entwicklung basisdemokratischer Gruppen und die Wiedereinweihung des Greifswalder Doms in den Blick genommen. Damit sind jedoch Untersuchungen wichtiger Bereiche ausgespart, so die Partnerschaftsbeziehungen und die Ökumene, die Wehrdienstverweigerer und Bausoldaten und vor allem die auch noch 1989 bestehende planmäßige Benachteiligung christlicher Schüler und Studenten. Auch Baufragen nahmen in den Verhandlungen zwischen der Greifswalder Kirche und dem Staat einen großen Raum ein und hatten somit durchaus eine kirchenpolitische Dimension. Wiederholt wurden in den vergangenen 20 Jahren die 17 Grundsteinlegungen[19] als Zeugnis einer gelungenen Staat-Kirche-Politik genannt, auf die man im Greifswalder Konsistorium mit Stolz hinwies. Zu welchem Preis?
Die zeitliche Eingrenzung der Arbeit auf das letzte Jahrzehnt der DDR war mit Blick auf das umfangreiche Quellenmaterial nötig. Aber auch eine personelle Begrenzung war unumgänglich und der Personenkreis müsste nun, 25 Jahre nach der Wende, eigentlich erweitert werden. Hier bleibt die Hoffnung, dass das Thema von anderen Forschenden weiter bearbeitet wird.

---

17 Vgl. Dietrich Bonhoeffer: Nachfolge, Berlin 1954, S. 230.

18 Der Begriff „Leitbezirk" meinte die Zuständigkeit jeweils eines Bezirks für eine Landeskirche. Die Notwendigkeit, jeder Landeskirche einen Bezirk zuzuordnen, ergab sich aus den Differenzen zwischen den politischen und den kirchlichen Verwaltungseinheiten.

19 So unter anderem auf den Anhörungen in Züssow im April 2000. Vgl. Thomas Jeutner: „Kritische Solidarität und Machtfrage", in: Mecklenburgische Kirchenzeitung, 55. Jg. (2000), Ausgabe 17/2000 vom 23.4.2000, S. 2.

Anzumerken ist ebenfalls, dass aus stilistischen Gründen im Folgenden nur die männlichen Formen von Personenbezeichnungen gebraucht werden.

2.1 Forschungsstand

Die DDR-Geschichte ist 25 Jahre nach der Wende intensiv ausgelotet worden, bis 2005 alleine sind ca. 16.000 Publikationen zur politischen Geschichte, zum Diktaturenvergleich Nationalsozialismus versus Kommunismus sowie zur Alltagsgeschichte der DDR erschienen.[20] Nach wie vor befasst sich ein großer Teil der Arbeiten zum Themenfeld „Kirche und Staat“ mit dem Verhältnis zwischen der DDR-Regierung und dem DDR-Kirchenbund, aber zunehmend aus der Perspektive einzelner Landeskirchen. Neu sind auch Arbeiten mit einem soziologischen Ansatz.[21]

Zentrale Problemfelder sind jedoch immer noch nicht genügend untersucht: Die Spannungen zwischen Kirche und Staat im Bereich Volksbildung wurden bereits genannt und müssten für alle 40 Jahre der DDR im Detail auf Strategien und Ziele sowohl auf der landeskirchlichen Ebene als auch der des Bundes untersucht werden. Auch die Ausreiseproblematik ist noch keineswegs erschöpfend dargestellt, weder aus Sicht der Betroffenen noch aus der Sicht der evangelischen Kirche oder seitens des Staats- und Parteiapparates bzw. des Geheimdienstes. In Bezug auf die Greifswalder Landeskirche fehlt es außerdem an einer Darstellung über Kirche und Nationale Volksarmee (NVA) bzw. Bausoldaten[22] an den großen Armeestützpunkten Torgelow und Eggesin.

Auf eine ausführliche kritische Darstellung wartet auch der Besuch Olof Palmes, eines sozialdemokratischen Ministerpräsidenten aus dem westlich orientierten Schweden, in Stralsund am 30. Juni 1984. Bei dieser Gelegenheit trafen Erich Honecker und Horst Gienke publizistisch sehr wirkungsvoll zusammen. Im Nachgang von Palmes Ermordung am 28. Februar 1986 änderte die Stadt die Benennung von zwei öffentlichen Flächen in „Olof-Palme-Straße“ und „Olof-Palme-Platz“. Es ist bisher nicht betrachtet worden, ob es vergleichbare Vorgänge in anderen Regionen der DDR gegeben hat.

Hinzugekommen sind in den letzten Jahren Arbeiten zur Mecklenburgischen

20 Vgl. Tagungsbericht „DDR-Geschichte in Forschung und Lehre. Bilanz und Perspektiven“, online unter URL: *http://www.hsozkult.de/conferencereport/id/tagungsberichte-3353* [Stand: 28.2.2016].

21 Vgl. u.a. Barbara Wiesener (Hg.): Töchter der Opposition – Pfarrerstöchter in der DDR, Potsdam 2007 und Doris Riemann: Protestantische Geschlechterpolitik und sozialtechnische Modernisierung: Zur Geschichte der Pfarrfrauen, Leipzig 2015.

22 Wehrdienstverweigerer, die in einer besonderen Einheit Ersatzdienst ohne Waffen leisteten.

Landeskirche[23], zur Berlin-Brandenburgischen Kirche[24] und zur Thüringer Landeskirche[25]. Einzelfallstudien wendeten sich bestimmten Städten wie Leipzig[26] oder kirchlichen Arbeitsfeldern wie der Jugend- und Studentenarbeit in ausgesuchten Landeskirchen zu.[27] Auch übergreifende Arbeiten zum Verhältnis zwischen Staat und Kirche sind erschienen und haben sich bewusst von Gerhard Besiers ebenso grundlegenden wie umstrittenen Arbeiten der frühen neunziger Jahre abgesetzt.[28] Deutlich ist auch die Hinwendung zu einer Sicht auf die DDR aus der Perspektive der Kirche heraus.[29]
Aber auch ein neues Interesse an den „Opfern" und „Tätern" der DDR zeichnet sich ab. Dabei geht es nicht nur um die Identifizierung dieser beiden Gruppen und die Frage, wer dazugehörte. Es geht auch um die beiden Begriffe als solche und die Frage nach der Wahrnehmung von „Opfern" und „Tätern" in der Gesellschaft. Der politischen Aufarbeitung, die sich mit Leitlinien der SED-Kirchenpolitik und deren Umsetzung an der Basis befasste, ist eine gesellschaftspolitische Aufarbeitung gefolgt, die danach fragt, wie die Gesellschaft mit beiden Personengruppen umgehen muss, um diesen zu helfen, aufeinander zuzugehen.[30] Auch die Aufarbeitung der beiden deutschen Diktaturen wird zunehmend verglichen.[31]
Auf gut 500 Seiten stellt Christian Halbrock die Entwicklung des Bezirks Rostock zwischen 1945 und 1989 dar, genau genommen die Entwicklung

23 Rahel Frank: „Realer – exakter – präziser"? Die DDR-Kirchenpolitik gegenüber der Evangelisch-Lutherischen Landeskirche Mecklenburgs von 1971 bis 1989, Schwerin 2004.

24 Werner Radatz/Friedrich Winter: Geteilte Einheit. Die Evangelische Kirche in Berlin-Brandenburg 1961 bis 1990, Berlin 2000.

25 Ludwig Große: Einspruch! Das Verhältnis von Kirche und Staatssicherheit im Spiegel gegensätzlicher Überlieferungen, Leipzig 2009. Christine Koch-Hallas: Die Evangelisch-Lutherische Kirche in Thüringen in der SBZ und Frühzeit der DDR (1945–1961). Eine Untersuchung über Kontinuitäten und Diskontinuitäten einer landeskirchlichen Identität, Leipzig 2009.

26 Georg Wilhelm: Die Diktaturen und die evangelische Kirche. Totaler Machtanspruch und kirchliche Antwort am Beispiel Leipzigs 1933–1958 (Arbeiten zur kirchlichen Zeitgeschichte, Reihe B, Bd. 39), Göttingen 2004.

27 Vgl. Ralf Koerrenz: Kirche – Bildung – Freiheit. Die Offene Arbeit als Modell einer mündigen Kirche, Paderborn 2013 und Peter Helmberger: Blauhemd und Kugelkreuz: Konflikte zwischen der SED und den christlichen Kirchen um die Jugendlichen in der SBZ/DDR, München 2008.

28 Vgl. u.a. Rudolf Mau: Der Protestantismus im Osten Deutschlands (1945–1990), Leipzig 2005 (= Kirchengeschichte in Einzeldarstellungen IV/3).

29 Vgl. die Arbeiten von Werner Radatz/Friedrich Winter und Ludwig Große.

30 Vgl. Katja Schweizer: Täter und Opfer in der DDR: Vergangenheitsbewältigung nach der zweiten deutschen Diktatur (= Studien zur DDR-Gesellschaft, Bd. IV), Münster 1999.

31 Vgl. Frank-Lothar Kroll; Barbara Zehnpfennig (Hg.): Ideologie und Verbrechen: Kommunismus und Nationalsozialismus im Vergleich, München 2014, und Manuel Becker: Ideologiegeleitete Diktaturen in Deutschland: Zu den weltanschaulichen Grundlagen im „Dritten Reich" und in der DDR, Bonn 2009. Speziell zur gesellschaftlichen Reaktion auf den Diktaturvergleich: Aleida Assmann: Das neue Unbehagen an der Erinnerungskultur: eine Intervention, München 2013.

von Widerstand und Opposition im Ostseebezirk.[32] Auf knapp 100 Seiten findet sich dann auch eine detailreiche, fast schon übervolle Beschreibung kirchlichen Lebens in beiden nördlichen Landeskirchen; in der Greifswalder Landeskirche geht Halbrock ausführlich auf die Jugendarbeit in Stralsund ein.[33]

Auch autobiografische Arbeiten von Vertretern der Kirchen[34] wie von Partei und Regierung sind erschienen und haben großes Interesse auf sich gezogen. Dennoch ist die Geschichte der Evangelischen Landeskirche Greifswald in der Forschung immer noch unterrepräsentiert. 2002 ist die bisher umfangreichste Arbeit zu Bischof Krummacher erschienen, verfasst von Aulikki Mäkinen.[35]

Hervorzuheben ist der 2005 von Irmfried Garbe und Wolfgang Nixdorf herausgegebene Band zur Domeinweihung 1989. Er stellt die jüngste detaillierte Arbeit zur Geschichte der Greifswalder Kirche dar,[36] die Arbeit wurde 1999 von der Landessynode der Pommerschen Evangelischen Kirche als Reaktion auf den „Greifswalder Weg" und die sich anschließende öffentliche Debatte um die Bewertung der Gienkeschen Kirchenpolitik in Auftrag gegeben. Die darin veröffentlichten Aufsätze stellen gleichermaßen den Schlusspunkt und die Zusammenfassung von fünf Anhörungen im Jahr 2000 dar, die noch einmal Kirchenleitung und Basis mit dem Ziel zusammengeführt hatten, die jüngste Vergangenheit zu reflektieren. Die darin enthaltenen acht Aufsätze widmen sich unterschiedlichen Aspekten der Vorbereitung und Durchführung der Wiedereinweihung des Doms St. Nikolai am 11. Juni 1989. Die Autoren – darunter Laien, Kirchenhistoriker und Theologen – beleuchten auch planerische und finanzielle Aspekte des Großereignisses, aber der Schwerpunkt liegt auf den kirchenpolitischen Schritten und ihren Auswirkungen innerhalb der Landeskirche und auf der Ebene des Bundes. Dass die Autoren bewusst darauf verzichtet haben, Unterlagen des Ministeriums für Staatssicherheit in ihre Darstellung einzubeziehen, bleibt diskussionswürdig. Jedoch ist die Aufsatzsammlung sehr kenntnis- und detailreich und keineswegs abschließend, denn wie Wolfgang Nixdorf im Interview sagte: „Ge-

32 Christian Halbrock: „Freiheit heißt die Angst verlieren". Verweigerung, Widerstand und Opposition in der DDR: Der Ostseebezirk Rostock (Analysen und Dokumente, Bd. 40, Wissenschaftliche Reihe des Bundesbeauftragten für die Unterlagen des Staatssicherheitsdienstes der ehemaligen Deutschen Demokratischen Republik), Göttingen 2015.

33 Vgl. ebd., S. 262 ff.

34 Zum Beispiel: Heinrich Rathke: „Wohin sollen wir gehen?" Der Weg der Evangelischen Kirche in Mecklenburg im 20. Jahrhundert. Erinnerungen eines Pastors und Bischofs und die Kämpfe mit dem Staat, Kiel 2014.

35 Aulikki Mäkinen: Der Mann der Einheit: Bischof Friedrich-Wilhelm Krummacher als kirchliche Persönlichkeit in der DDR in den Jahren 1955–1969, Frankfurt am Main 2002.

36 Irmfried Garbe/Wolfgang Nixdorf (Hg.): Dom St. Nikolai Greifswald: Gemeindekirche zwischen Politik und Polemik. Studien zur Greifswalder Landeskirche und zur Wiedereinweihung des Domes 1989, Schwerin 2005.

schichtsschreibung kann immer nur eine Annäherung sein und lebt davon, dass möglichst verschiedene Aspekte und Meinungen zusammenkommen."[37]
Der eigentliche Auftrag der Landessynode aus dem Jahr 1999 lautete auf eine Dokumentation zur kirchenpolitischen Entwicklung der Landeskirche seit 1976, und diese steht immer noch aus. Ebenso fehlt nach wie vor eine Darstellung der Jahre von 1945 bis 1975. Bisher liegen jeweils nur eine jüngere Arbeit zur Amtszeit Friedrich-Wilhelm Krummachers[38] und Karl von Schevens[39] vor.

Für das vorliegende Projekt wären insbesondere die Jahre 1972 bis 1979 von entscheidender Bedeutung. Nicht nur, um die Entwicklung bis zur Wende noch differenzierter zu diskutieren, sondern auch um zu ermessen, wie Horst Gienke die Landeskirche 1972 bei seinem Amtsantritt vorgefunden hat, welche Aufgaben er vor sich hatte und wie er diese bewältigte. Vielfach ist kritisiert worden, Gienkes Verdienste als Landesbischof seien nicht hinreichend gewürdigt worden; daran hat sich bisher nichts geändert: Die Domeinweihung als Klimax einer Fehlentwicklung in der Kirchenspitze dominiert immer noch das Bild.

Die Arbeiten von Martin Onnasch,[40] Philipp Busch[41] und Martin Henschel[42] sind nach wie vor Standardwerke. So betrachtet Henschel den Kirchentag 1988 in Rostock und Busch das Seminar „Konkret für den Frieden VII" 1989 in Greifswald. Onnaschs Aufsatz „Die Rolle der Evangelischen Kirchen im politischen System der DDR" beschränkt sich auf die Jahre 1945 bis 1960, ist jedoch für das Verständnis der Anfänge der Landeskirche nach 1945 aufschlussreich.

Diese Studien bieten eine Fülle von Informationen und insgesamt einen guten Überblick über die Entwicklung des Verhältnisses von Staat und Kirche in der DDR zwischen 1945 und 1989. Wegen seines ungeheuren Detail-

37 Gespräch mit OKR i. R. Dr. Wolfgang Nixdorf am 8.9.2015 in Schwerin.
38 Aulikki Mäkinen, siehe Anm. 35.
39 Friedrich Winter: Ein pommersches Pfarrerleben in vier Zeiten: Bischof Karl von Scheven; (1882–1954), Berlin 2009.
40 Martin Onnasch: Die Rolle der Kirchen im politischen System der DDR, in: Leben in der DDR, Leben nach 1989 – Aufarbeitung und Versöhnung. Zur Arbeit der Enquete-Kommission des Landtages Mecklenburg-Vorpommern, Bd. VII, Schwerin 1997, S. 9–100.
41 Philipp Busch: Die Treffen „Konkret für den Frieden" in Schwerin (1985) und Greifswald (1989). Expertise, in: Leben nach 1989 – Aufarbeitung und Versöhnung. Zur Arbeit der Enquete-Kommission des Landtages Mecklenburg-Vorpommern, Bd. VII, Schwerin 1997, S. 233–307.
42 Martin Henschel: Kirchliches Leben und religiöses Brauchtum in Rostock. Einige Beispiele von Anfechtung und Behauptung in der Zeit von 1945 bis 1989, in: Georg Diederich/Bernd Schäfer: Religiöses Brauchtum und kirchliches Leben im Alltag der DDR – zwischen Anfechtung und Behauptung. Forschungsstudie, in: Leben nach 1989 – Aufarbeitung und Versöhnung. Zur Arbeit der Enquete-Kommission des Landtags Mecklenburg-Vorpommern, Bd. VI, Schwerin 1996, S. 233–250.

reichtums ist „Der SED-Staat und die Kirche. Höhenflug und Absturz“[43] von Gerhard Besier nach wie vor ein wichtiger Referenzpunkt.
Großes Forschungsinteresse findet nach wie vor das Ministerium für Staatssicherheit. Hervorzuheben sind die von der Abteilung Bildung und Forschung beim Bundesbeauftragten für die Unterlagen des Staatssicherheitsdienstes der ehemaligen DDR (BStU) herausgegebenen Standardwerke, hier u. a. immer noch die Analyse zu „Inoffiziellen Mitarbeitern“[44] von Helmut Müller-Enbergs, der Sammelband zum Zusammenspiel von Ministerium für Staatssicherheit und SED in der Kirchenpolitik[45] von Clemens Vollnhals und das von Siegfried Suckut herausgegebene „Wörterbuch der Staatssicherheit“[46]. Der Sammelband von Vollnhals enthält detaillierte Studien über die Versuche der Unterwanderung der Berlin-Brandenburgischen und der Thüringischen Landeskirche durch das MfS von Ulrich Schröter,[47] Walter Schilling,[48] Götz Planer-Friedrich[49] und Ehrhart Neubert[50]. Dadurch sind in Ansätzen Vergleichsmöglichkeiten zwischen den Landeskirchen gegeben. Wegen ihrer zahlreichen statistischen Angaben und ihrer analytischen Durchdringung der Ziele und Methoden des MfS in den drei Nordbezirken wie auf der zentralen Ebene waren die Dokumentationen der Untersuchungsausschüsse in Neubrandenburg[51], Greifswald[52] und Rostock[53] sowie die Arbeit von Thomas Ammer und Hans-Joachim Memmler über die Rostocker Bezirksverwaltung des MfS[54]

43 Gerhard Besier: Der SED-Staat und die Kirche. Höhenflug und Absturz, Berlin/Frankfurt am Main 1995.

44 Helmut Müller-Enbergs: Inoffizielle Mitarbeiter des Ministeriums für Staatssicherheit. Richtlinien und Durchführungsbestimmungen, 2. Aufl., Berlin 1996 (= Wissenschaftliche Reihe des BStU, Bd. 3).

45 Clemens Vollnhals (Hg.): Die Kirchenpolitik von SED und Staatssicherheit. Eine Zwischenbilanz, Berlin 1996 (= Wissenschaftliche Reihe des BStU, Bd. 7).

46 Siegfried Suckut (Hg.): Das Wörterbuch der Staatssicherheit. Definitionen zur „politisch-operativen Arbeit“, 2. Aufl., Berlin 1996 (= Wissenschaftliche Reihe des BStU, Bd. 5).

47 Ulrich Schröter: Die „Bearbeitung“ der Landeskirche Berlin-Brandenburg durch das MfS, in: Clemens Vollnhals (Hg.): Die Kirchenpolitik von SED und Staatssicherheit (1996), S. 191–210.

48 Walter Schilling: Die „Bearbeitung“ der Landeskirche Thüringen durch das MfS, in: Clemens Vollnhals (Hg.), Die Kirchenpolitik von SED und Staatssicherheit (1996), S. 211–266.

49 Götz Planer-Friedrich: Einfallstore der Stasi, in: Leonore Siegele-Wenschkewitz (Hg.), Die evangelischen Kirchen und der SED-Staat – ein Thema kirchlicher Zeitgeschichte, Frankfurt am Main 1993 (= Arnoldshainer Texte. Schriften aus der Arbeit der Evangelischen Akademie Arnoldshain, Bd. 77), S. 113–128.

50 Ehrhart Neubert: Zur Instrumentalisierung von Theologie und Kirchenrecht durch das MfS, in: Clemens Vollnhals (Hg.): Die Kirchenpolitik von SED und Staatssicherheit (1996), S. 329–352.

51 Ulrich von Saß/Harriet von Suchodoletz: „feindlich-negativ“. Zur politisch-operativen Arbeit einer Stasi-Zentrale, Berlin 1990.

52 Abschlußbericht der Arbeitsgruppe Staatssicherheit des Untersuchungsausschusses der Stadt Greifswald, Greifswald 1990.

53 Unabhängiger Verein zur historischen, politischen und juristischen Aufarbeitung der DDR-Vergangenheit e. V. (UVA): Abschlußbericht der ersten Arbeitsgruppe zur Aufarbeitung der SED-Archive der ehemaligen Bezirke Schwerin, Neubrandenburg und Rostock in den Landeskirchen Greifswald und Schwerin, Rostock 1994.

54 Thomas Ammer/Hans-Joachim Memmler: Staatssicherheit in Rostock. Zielgruppen, Methoden, Auflösung, Köln 1991.

überaus hilfreich. In Bezug auf die Thematik Jugend und MfS ist der u. a. von Jörn Mothes herausgegebene Sammelband „Beschädigte Seelen. DDR-Jugend und Staatssicherheit“[55] zu nennen. Die darin enthaltenen Aufsätze zum Einsatz jugendlicher Inoffizieller Mitarbeiter sowie zur psychologischen Schulung der Mitarbeiter des MfS im Umgang mit jugendlichen IM bieten einen umfassenden und schonungslosen Einblick in diesen Bereich der Arbeit des MfS.

Arbeiten zur Kirchenpolitik der SED im Bezirk Rostock existieren gegenwärtig noch nicht. Hervorzuheben ist der von Horst Dohle bearbeitete Dokumentenband „SED und Kirche. Eine Dokumentation ihrer Beziehungen“[56], der jedoch nicht spezifisch auf die Verhältnisse im Bezirk Rostock eingeht. Informative Arbeiten zur SED-Kirchenpolitik finden sich in dem bereits erwähnten Sammelband von Clemens Vollnhals „Die Kirchenpolitik von SED und Staatssicherheit“.[57] Wegen ihres neuen Ansatzes, die Politik der SED nicht nur auf der zentralen Ebene, sondern auch regional differenziert wahrzunehmen, sind hier auch die Arbeiten von Uwe Funk zu nennen.[58] Zur Arbeitsgruppe Kirchenfragen beim ZK der SED hat Martin Georg Goerner einen wichtigen Beitrag geleistet.[59] Noch größer ist das Forschungsdefizit in Bezug auf die kirchenpolitische Rolle der administrativen Organe (Räte der Kreise bzw. Rat des Bezirks). Hier ist lediglich die Arbeit von Peter Beier zu den „Sonderkonten Kirchenfragen“[60] hervorzuheben, die sehr interessante Erkenntnisse über die finanzielle Seite der Kirchenpolitik beisteuert. Das Staatssekretariat für Kirchenfragen ist verschiedentlich in kurzen Aufsätzen betrachtet worden, zum Beispiel von Armin Boyens.[61]

---

55 Jörn Mothes et al. (Hg.): Beschädigte Seelen. DDR-Jugend und Staatssicherheit, Rostock/Bremen 1996.

56 Frederic Hartweg (Hg.): SED und Kirche. Eine Dokumentation ihrer Beziehungen, Bd. 2 (1968–1989), bearbeitet von Horst Dohle, Neukirchen-Vluyn 1995 (= Historisch-Theologische Studien zum 19. und 20. Jahrhundert, Bd. 2/2).

57 Clemens Vollnhals (Hg.): Die Kirchenpolitik von SED und Staatssicherheit. Eine Zwischenbilanz, Berlin 1996 (= Wissenschaftliche Reihe des BStU, Bd. 7).

58 Uwe Funk: DDR-Kirchenpolitik zwischen ideologischem Anspruch und politischer Wirklichkeit, Heidelberg 1992 (Forschungsstelle der evangelischen Studiengemeinschaft, Reihe B, Nr. 16). Uwe Funk: Regionalisierung als interne Differenzierung der DDR-Kirchenpolitik, in: Staat-Kirche-Beziehungen in der DDR und anderen ehemals realsozialistischen Ländern 1945–1989, Berlin 1994 (Wissenschaftliches Kolloquium bei der Evangelischen Akademie Berlin-Brandenburg, Reihe Nachlese, Bd. 4/94), S. 64–72.

59 Martin Georg Goerner: Die Arbeitsgruppe Kirchenfragen im ZK-Apparat der SED, in: Clemens Vollnhals (Hg.): Die Kirchenpolitik von SED und Staatssicherheit (1996), S. 59–78 und ders.: Apparatestruktur und Methoden der SED-Kirchenpolitik, in: Staat-Kirche-Beziehungen in der DDR und anderen ehemals realsozialistischen Ländern 1945 bis 1989, Berlin 1994 (Wissenschaftliches Kolloquium bei der Evangelischen Akademie Berlin-Brandenburg, Reihe Nachlese, Bd. 4/94), S. 53–63.

60 Peter Beier: Die „Sonderkonten Kirchenfragen“. Sachleistungen und Geldzuwendungen an Pfarrer und kirchliche Mitarbeiter als Mittel der DDR-Kirchenpolitik (1955–1989/90), Göttingen 1997 (Arbeiten zur Kirchlichen Zeitgeschichte, Reihe B: Darstellungen, Bd. 25).

61 Armin Boyens: Das Staatssekretariat für Kirchenfragen, in: Clemens Vollnhals, Die Kirchenpolitik von SED und Staatssicherheit (1996), S. 120–138.

Dabei ist generell zu vermerken, dass nach wie vor die Staatssicherheit und ihre Methoden das Interesse auf sich lenken und die SED und ihre hauptamtlichen Mitarbeiter noch nicht hinreichend im Blick der Forschung sind. Die SED sei Ausgangspunkt der Diktatur gewesen, das MfS sein Handlanger, so die Landesbeauftragte für die Stasi-Unterlagen in Schwerin, Anne Drescher, das dürfe nicht vergessen werden:

> „Wir haben uns sehr konzentriert auf die Staatssicherheit, weil die Akten geöffnet wurden. Das war auch richtig, weil wir endlich etwas erfahren haben, was vorher streng konspirativ und geheim war und was uns gar nicht klar war. Es ist aber an der Zeit, das Bild zu erweitern und die SED mit in den Blick zu nehmen als diejenige, die verantwortlich war. Wir wollen die SED nicht aus ihrer Verantwortung entlassen. Hier ein Gleichgewicht zu erhalten wird vielleicht nicht ganz gelingen, aber wir haben das im Blick."[62]

Auch die Umwelt- und Friedensbewegung in den beiden nördlichen Landeskirchen fand das Interesse der Historiker. Neben den oben genannten Aufsätzen von Philipp Busch und Martin Henschel sind weitere Artikel von Lothar Probst[63] und Kai Langer[64] herangezogen worden. Auch Ehrhart Neuberts „Geschichte der Opposition"[65] ist hier als Standardwerk zu nennen. Horst Gienkes Autobiografie ist nach wie vor eine wichtige Referenzarbeit,[66] weniger seine beiden 2014 im Selbstverlag erschienenen Arbeiten, die die ausgiebigen deutschlandweiten Reisen Horst Gienkes im Ruhestand[67] bzw. seine „kleine persönliche Theologie" beschreiben.[68] Einzige Reflexion auf seine Greifswalder Bischofsjahre ist die nach wie vor eindeutige Zurückweisung des synodalen Misstrauensantrags im November 1989.[69] Andere biografische Darstellungen sind seit 1998 dazugekommen, so die Publikationen von Ha-

62 Gespräch mit der Landesbeauftragten für Mecklenburg-Vorpommern für die Unterlagen des Staatssicherheitsdienstes der ehemaligen DDR, Anne Drescher, am 19.10.2015

63 Lothar Probst: Die Rolle von kirchlichen Basisgruppen und Netzwerken vor und in der Wende in Mecklenburg-Vorpommern, in: Leben in der DDR, Leben nach 1989 – Aufarbeitung und Versöhnung. Zur Arbeit der Enquete-Kommission des Landtages Mecklenburg-Vorpommern, Bd. IX, Schwerin 1997, S. 275–314.

64 Kai Langer: Vorgeschichte und Geschichte der „Wende" in den drei Nordbezirken der DDR. Forschungsstudie, in: Leben in der DDR, Leben nach 1989 – Aufarbeitung und Versöhnung. Zur Arbeit der Enquete-Kommission des Landtages Mecklenburg-Vorpommern, Bd. IX, Schwerin 1997, S. 9–196.

65 Ehrhart Neubert: Geschichte der Opposition in der DDR 1949–1990, Bonn 1997 (Bundeszentrale für politische Bildung, Schriftenreihe Bd. 346). Der Wert von Neuberts Arbeit liegt vor allem in dem breiten Überblick über die DDR-weiten Strömungen, den sie bietet.

66 Gienke (1996).

67 Horst Gienke: ... Wenn du aber alt wirst... Erlebnisse und Gedanken eines Ruheständlers, Demmin 2014.

68 Horst Gienke: Auf der Suche nach einer Kirche für alle. Überlegungen und Hoffnungen eines Ruheständlers, Demmin 2014.

69 Vgl. Gienke, ...Wenn du aber alt wirst..., S. 9/10.

gen Findeis[70] und Detlef Pollack[71]. Beide Autoren sind der Frage nachgegangen, welchen Einfluss Kindheit und Jugend, insbesondere das Ende des Zweiten Weltkrieges, auf den beruflichen Weg der späteren evangelischen Bischöfe in der DDR hatten.
Als grundlegende Darstellungen der Geschichte der DDR wurden die „Geschichte der DDR" von Hermann Weber[72] sowie die gleichnamige Arbeit von Dietrich Staritz[73] verwendet.

2.2 Quellenlage und Methodik

Als „Der Greifswalder Weg" 1998 erstmals erschienen war, wurden Quellenlage und Methodik heftig kritisiert. Es hieß, die Arbeit beruhe ausschließlich auf Akten des Ministeriums für Staatssicherheit und habe diese unreflektiert genutzt. Sie habe außerdem die Sicht der Staatssicherheit auf die Landeskirche Greifswald übernommen und Konfliktfelder aus der Sicht des MfS gewichtet. Dadurch sei ein einseitiges Bild von der Kirche in der DDR entstanden.
Akten aus dem Bestand des Ministeriums für Staatssicherheit sind in der Tat eine wesentliche Quelle für diese Arbeit, aber nicht die einzige. Akten aus dem Bereich der SED, dem Rat des Bezirkes Rostock, den Kreisen und natürlich aus der kirchlichen Verwaltung wurden ebenso in großem Umfang einbezogen. Ergänzt wurden die schriftlichen Quellen in großem Umfang durch Privatarchive und Zeitzeugeninterviews.
Der zweite Einwand, Stasiakten seien unreflektiert benutzt worden, ist seit 1998 nicht verebbt. Durch ihre Verwendung seien alte Gegensätze verschärft und eine neue Art der Zersetzungsarbeit betrieben worden, wie die Stasi sie erdacht habe, schrieben einzelne Leser.[74] Es stellt sich also die Frage, welchen quellenkritischen Umgang diese Akten erfordern, welchen Wert die Forschung diesem speziellen Aktenbestand zumisst und worin der Widerstand der Öffentlichkeit begründet ist.
Eigentlich haben sich Aussagekraft und Wert des Aktenbestandes der Staatssicherheit seit Öffnung der Archive im Jahr 1990 Jahr für Jahr bestätigt. Die

70 Hagen Findeis: Biographie als Widerstandspotential. Zur politischen Erfahrungsbildung kirchlicher Funktionseliten in der DDR, in: Schriftenreihe des Instituts für vergleichende Staat-Kirche-Forschung, Heft 12, o. J., S. 5–19. Und: Hagen Findeis: Das Licht des Evangeliums und das Zwielicht der Politik. Kirchliche Karrieren in der DDR, Frankfurt/New York 2002.

71 Hagen Findeis/Detlef Pollack (Hg.): Selbstbewahrung oder Selbstverlust. Bischöfe und Repräsentanten der evangelischen Kirchen in der DDR über ihr Leben – 17 Interviews, Berlin 1999.

72 Hermann Weber: Geschichte der DDR, 3. Aufl., München 1989.

73 Dietrich Staritz: Geschichte der DDR, 2. Aufl., Frankfurt am Main 1985 (= Neue Historische Bibliothek, Neue Folge, Bd. 260).

74 Brief von Superintendent i. R. Heinrich Wackwitz an Rahel von Saß vom 29.12.1998.

Akten des Ministeriums für Staatssicherheit spiegeln nahezu jeden Bereich des gesellschaftlichen, wirtschaftlichen und politischen Lebens in der DDR zwischen 1950 und 1989 wider und haben daher besonderen Erkenntniswert. Dass sie das aus dem Blickwinkel eines Geheimdienstes tun, deshalb auf simplen Freund-Feind-Denkschemata beruhen und insgesamt die dunkle Seite einer Diktatur dokumentieren, ist im „Greifswalder Weg" immer wieder kritisch reflektiert worden. Das Leben in der DDR war mehr als das Ministerium für Staatssicherheit. Allerdings ging es bei der Erarbeitung des „Greifswalder Wegs" auch nicht um eine Darstellung von Leben und Alltag in Ostdeutschland, sondern ausschließlich um die Frage, welche Ziele der SED-Staat gegenüber der Landeskirche hatte und wie die Greifswalder Seite darauf reagierte.

Die Benutzung von Akten des Staatssicherheitsdienstes unterliegt den gleichen quellenkritischen Überlegungen wie die Nutzung aller anderen DDR-Bestände.[75] Dass die Stasi ihren eigenen Blickwinkel auf die DDR hatte und ihre Schriftzeugnisse jeweils zweckbestimmt waren, schmälert nicht den Wert der Stasiakten als Zeugnisse einer Diktatur. Die ideologische Bindung, die Normativität und die starke Zweckgebundenheit der Berichte sind ihrerseits Ausdruck der Arbeitsweise des Geheimdienstes und der Atmosphäre in der DDR insgesamt.[76]

Zudem war das MfS selbst an einem hohen Niveau der Informationen interessiert und hatte zahlreiche interne Mechanismen installiert, um Informationen zu überprüfen.[77] Der Satz „Die Information ist überprüft und zuverlässig" findet sich unter nahezu allen Informationsberichten der achtziger Jahre. Bewusste Falschmeldungen sind trotzdem nicht kategorisch auszuschließen, aber die große Ausnahme.[78]

Die hier verwendeten Dokumente aus dem Ministerium für Staatssicherheit werden durch den Bundesbeauftragten für die Unterlagen des Staatssicherheitsdienstes der ehemaligen DDR in der Zentralstelle in Berlin sowie in den Außenstellen Rostock und Neubrandenburg archiviert. Abhängig von der Anbindung des jeweiligen MfS-Mitarbeiters sind die Akten also den MfS-Dienststellen in Rostock, Berlin oder den jeweiligen Kreisstädten Stralsund und Greifswald zugeordnet. Die Qualität ihrer Berichte in sprach-

---

75 Vgl. Roger Engelmann: Zum Quellenwert der Unterlagen des Ministeriums für Staatssicherheit, in: Klaus-Dietmar Henke, Roger Engelmann (Hg.): Aktenlage. Die Bedeutung der Unterlagen des Staatssicherheitsdienstes für die Zeitgeschichtsforschung, Berlin 1995 (Analysen und Dokumente. Wissenschaftliche Reihe des Bundesbeauftragten für die Unterlagen des Staatssicherheitsdienstes der ehemaligen Deutschen Demokratischen Republik, Bd. 1), S. 23–39, hier S. 23.

76 Vgl. ebd., S. 33.

77 Vgl. Klaus-Dietmar Henke, Roger Engelmann (Hg.): Aktenlage (1995), S. 9–20, hier S. 11.

78 Vgl. Roger Engelmann: Zum Quellenwert der Unterlagen des Ministeriums für Staatssicherheit in: Klaus-Dietmar Henke/Roger Engelmann (Hg.): Aktenlage. (1995), S. 33.

licher und inhaltlicher Sicht hing wesentlich von der Ausbildung und dem Dienstrang des jeweiligen MfS-Mitarbeiters ab. Die in der vorliegenden Arbeit verwendeten Dokumente des MfS lassen sich in drei Gruppen einteilen: IM-Akten, Operative Personenkontrollen (OPK) und Operative Vorgänge (OV) sowie allgemeine Richtlinien und Konzeptionen. Die Unterlagen des MfS sind alle paginiert, überwiegend handelt es sich um die neue Seitenzählung der Behörde des Bundesbeauftragten. Liegt nur die alte Zählweise des Ministeriums für Staatssicherheit vor, wurde dies vermerkt.

Gienkes Gesprächspartner waren sowohl der Leiter der Abteilung XX der Bezirksverwaltung in Rostock, Major Rolf Krull, als auch dessen Stellvertreter Operativ, Oberst Artur Amthor.[79] Weitere Gesprächspartner kirchenleitender Amtsträger waren der Leiter der Abteilung XX/4, Hauptmann und später Major Fiedler sowie dessen Stellvertreter Wegner. Der überwiegende Teil der Observierung lag somit bei der Bezirksverwaltung des MfS in Rostock. Nur die Evangelische Studentengemeinde (ESG) wurde durch die Kreisdienststelle des MfS in Greifswald bearbeitet. Zur Greifswalder ESG liegt auch eine Diplomarbeit von der MfS-Hochschule in Potsdam aus dem Jahr 1988 vor.[80]

Fiedlers Mitarbeiter Wegner war ebenfalls in kirchlichen Belangen erfahren – Wegner war der Führungsoffizier von Hans-Martin Harder, Siegfried Plath und Siegfried Bohl und erschien nach der Wende sogar zur Entlastung von Hans-Martin Harder vor dem Vorermittlungsausschuss der EKD. Die häufig anzutreffende Schutzbehauptung, das MfS hätte kirchliche Belange nicht verstanden und somit Unzutreffendes in den Berichten festgehalten, erscheint daher wenigstens im Bereich der Greifswalder Kirchenleitung nicht überzeugend.

Unter den tatsächlichen Fehlern sind Schreibfehler die häufigsten: Die Schreibung von Namen und Fremdwörtern war oft „phonetisch“, die Berichte mancher IM wie beispielsweise die von Hans-Martin Harder wurden vom Tonband von einer Schreibkraft abgetippt, oft waren sie 10 bis 15 handschriftliche Seiten lang. Was der Führungsoffizier einordnen konnte, konnte die Schreibkraft nur phonetisch wiedergeben, Fehler eingeschlossen. Auf der anderen Seite gaben Tonbandberichte das Gesagte exakt wieder, zudem auch noch in der unverkennbaren Diktion des Sprechers.

---

79 Gespräch mit Altbischof Dr. Horst Gienke am 12.5.1998. Vermutlich handelt es sich hierbei um Artur Amthor. Sowohl Amthor als auch Krull waren seit den frühen siebziger Jahren bei der BV Rostock beschäftigt.

80 Eberhard Schnitzer (Major): Die Entwicklung von IM unter der studentischen Jugend für den Einsatz in der Evangelischen Studentengemeinde Greifswald und die Gewährleistung ihres gesellschaftlich effektiven Einsatzes zur wirksamen Aufklärung und Bekämpfung von Erscheinungsformen der politischen Untergrundtätigkeit, unveröffentlichte Diplomarbeit; BStU, ZA, JHS 458/88 (MfS-Zählung).

Dennoch sind Schieflagen in den MfS-Quellen mitunter unübersehbar. Die Staatssicherheit interessierte sich nicht für die evangelische Kirche in ihrer Vielfalt, sondern nur für solche Bereiche, die über den kirchlichen Rahmen hinaus sichtbar wurden bzw. publizistisch wahrgenommen wurden: Kirchentage, Rüstzeiten, Junge Gemeinde, die Kirchenzeitungen, die Bundessynode usw. Immer wieder ging es um die sogenannte „Öffentlichkeitswirksameit", die es einzuschränken gelte.
Die Qualität der Berichte hing wesentlich an zwei Personen: dem IM und dem Führungsoffizier. Entsprechend lückenhaft oder detailliert fielen die Berichte aus. Die Staatssicherheit betrachtete die Kirche wie durch ein Schlüsselloch. Was sie sah, war in der Regel korrekt, aber nur ein kleiner Ausschnitt und deshalb für Außenstehende schwer einzuordnen. Mitunter gingen an den Inoffiziellen Mitarbeitern oder den MfS-Offizieren grundlegende Informationen vorbei, weil ihnen die entsprechende Sozialisation und das Hintergrundwissen fehlten. Die oftmals zitierte „Gemengelage von wahr und falsch, von Verdrehungen und Halbwahrheiten"[81] ist daher eigentlich eine Mischung aus unwichtigen Details, Fehlinterpretation und korrekten und inkorrekten Informationen.
Sind demnach MfS-Akten als Grundlage für die wissenschaftliche Forschung ungeeignet?
Werner Leich, Thüringer Altbischof und langjähriger Vorsitzender des Kirchenbundes in der DDR, sah 1992 zum ersten Mal die Aufzeichnungen der Staatssicherheit über sich und seine Kirche. Gefragt, ob er sich in seinen Stasiakten wiedererkannt habe, antwortete er, er habe sich in vielen Details wiedererkannt, auch die Fakten seien richtig und würden sich mit seinen eigenen Aufzeichnungen decken. Lediglich die Interpretation der Gesprächsinhalte weiche von seiner ab. Ob die Akten deshalb untauglich für die DDR-Forschung seien, fragten die „Spiegel"-Journalisten:

„Das kann man so nicht sagen. Meine eigenen Protokollaufzeichnungen, die ich über jedes Gespräch mit der Stasi gemacht und an meine Behörde, das Landeskirchenamt, weitergegeben habe, decken sich mit den sogenannten Treff-Berichten des Herrn Roßberg weitgehend, was die Darstellung des Gesprächsverlaufs betrifft. Nur die Interpretation der Gespräche ist sehr unterschiedlich."[82]

Die interne Arbeitsweise der Staatssicherheit sah auch die Kontrolle der jeweils aktenführenden Mitarbeiter sowie die regelmäßige Teilnahme an Tref-

81 Gespräch mit Propst i. R. Friedrich Harder am 29.9.2015 in Altefähr.
82 U. Schwarz/P. Wensierski: „Ich war zu ängstlich". Der frühere DDR-Kirchenbundvorsitzende Bischof Werner Leich über Stasi, Stolpe und Kirche, in: Der Spiegel, Heft 16/1992, S. 20.

fen mit Inoffiziellen Mitarbeitern vor. Ziel war die korrekte Weitergabe von Informationen innerhalb der verschiedenen Abteilungen. Leichs Beobachtung, die Akte spiegele die Gespräche überwiegend korrekt wider, sein Blick sei aber ein ganz anderer als der des MfS, untermauert den Wert des Bestandes eher, als dass er ihn infrage stellt. Denn die Perspektive des Betrachters muss bei Quellenarbeit grundsätzlich beachtet werden, und eine Bestätigung der faktischen Richtigkeit durch den Betroffenen selbst ist ein wichtiges Indiz für den Wert dieses Bestandes.

Dennoch werden die Unterlagen des MfS in der Öffentlichkeit oftmals für wenig aussagekräftig gehalten.

25 Jahre Aufarbeitung haben in der deutschen Gesellschaft die Abneigung weiter Teile der Bevölkerung gegen die Akten des Staatssicherheitsdienstes fest verankert, scheinen diese Akten doch die Terrorherrschaft lebendig zu halten und für manch einen sogar fortzusetzen. Die Stasiakten werden abgelehnt, weil man die Staatssicherheit abgelehnt hat.

Viele DDR-Bürger haben die Verletzung der Privatsphäre durch die Stasi erlebt: die Erschütterung über die bedrückende Einsicht, die das MfS in das eigene Leben hatte. Die Berichte der MfS-Mitarbeiter, die in den privaten Sachen nach Beweisen gesucht, kostbare Dinge angefasst und beschmutzt hatten, machte viele stumm. Schwarz-Weiß-Fotos aus dem Urlaub in der Tschechoslowakei etwa, als man sich längst frei von MfS-Nachstellungen wähnte,[83] oder Aufnahmen von den Kindern, die zu Hause in der Schrankwand standen, sind schwer auszuhalten. Manch einer entscheidet sich dann, diese Seite zu ignorieren und die Staatssicherheit im Nachhinein zu bagatellisieren, zu ignorieren und die beteiligten Menschen auszublenden. Deshalb scheint der Zugang des langjährigen mecklenburgischen Bischofs Heinrich Rathke zu den Stasiakten vielleicht der angemessenste zu sein. Rathke sagte nach der Wende, für ihn seien die Stasiakten „immer weniger als die halbe Wahrheit".[84] Sie sind also Wahrheit, aber nicht die „ganze" oder „einzige" Wahrheit. Rathke räumte den Inoffiziellen Mitarbeitern ausdrücklich den Raum ein, ihre eigene Sichtweise reflektiert und aufrichtig neben die der Akten zu stellen, denn jedermann sollte auch im Angesicht der Akten „[a]m Ende Mensch bleiben können".[85]

Zugleich muss immer wieder betont werden: Die Stasiakten sind nur ein Spiegel des Systems, ihre Nutzung für die Forschung ist keine nachträgliche Legitimation. Die Stasiakten kritisch zu nutzen heißt vielmehr, das System

83 Gespräch mit Dr. Sabine von Saß am 3.11.2000.

84 „Eine Stasiakte ist für mich immer weniger als die halbe Wahrheit". Am Ende Mensch bleiben können. Ein Interview mit Pastor i.R. Heinrich Rathke, in: Mecklenburgische Kirchenzeitung, Jg. 47 (1992), Nr. 6 vom 9.2.1992, S. 5.

85 Vgl. ebd.

der Diktatur zu erkennen, nicht es zu rechtfertigen. Die Kriminalität der Stasiakten ergibt sich nicht aus ihrer Fehlerhaftigkeit, sondern daraus, dass die Staatssicherheit zur Erlangung dieser Informationen die Menschwürde von Millionen von DDR-Bürgern und Bürgern anderer Staaten verletzte. Und trotzdem haben die Akten heute einen ungeheuren Wert für die Forschung wie für die Öffentlichkeit. Sie sind ein wichtiger Beleg für die Gefährdungen der Demokratie durch einen Geheimdienst und eine Mahnung, die Würde des Menschen zu achten.
Die Öffentlichkeit hat sich nur in kleinen Ausschnitten mit dem gesamten Aktenbestand des MfS befasst. Die personenbezogenen Akten in Gestalt von OV-, OPK- und IM-Akten enthalten besonders drastische und tief in die Privatsphäre des Einzelnen eindringende Maßnahmen, was dazu führte, dass viele diese Akten zu Recht als besonders belastend empfanden.
Über die MfS-Akten hinaus wurden für diese Arbeit Quellen aus den administrativen Staatsorganen, aus dem Apparat der SED sowie aus den kirchlichen Archivbeständen herangezogen. Außerdem wurden Dokumente aus Privatbesitz genutzt. Bei diesen handelt es sich um operatives Material aus dem Ministerium für Staatssicherheit, das über einzelne Personen angelegt und von diesen zur Verfügung gestellt wurde, sowie um Protokolle und lose Sammlungen von Zeitungsausschnitten.
Mit Ausnahme der im kirchlichen Raum entstandenen Unterlagen sind alle anderen Quellen der marxistisch-leninistischen Ideologie verpflichtet, was sich vor allem im Sprachgebrauch niederschlägt. Eine nähere Betrachtung der einzelnen Dokumente in sprachlicher Hinsicht war hier jedoch nicht möglich und erschien auch nicht nötig, da das verwendete Vokabular weitgehend verständlich ist. Dem heutigen Sprachgebrauch fremde Begriffe oder Verwendungen werden an entsprechender Stelle erläutert.
Sowohl im kirchlichen als auch im staatlichen Bereich und innerhalb des SED-Apparates wurden alle Schriftstücke vertraulich behandelt und unterlagen oft einer Geheimhaltungspflicht. In besonderer Weise trifft dies für die Bestände des Ministeriums für Staatssicherheit zu. Für die Beurteilung der Quellen ist es wichtig, die jeweiligen Dienstwege und das Verhältnis zwischen der ausfertigenden und der empfangenden Dienststelle zu beachten.
Dokumente des Rates des Bezirks Rostock: Der Bestand des Rates des Bezirks liegt derzeit im Landesarchiv Greifswald (LAG) nur bis Anfang der siebziger Jahre aufgearbeitet vor und konnte daher nicht genutzt werden. Über die Unterlagen aus der SED-Bezirksleitung war jedoch der Zugriff auf wichtige kirchenpolitische Dokumente des Rates des Bezirks möglich. Überwiegend handelt es sich um „Informationsberichte zur kirchenpolitischen Lage im Bezirk Rostock“, die alle zwei Monate vom Referat für Kirchen-

fragen beim Rat des Bezirks geschrieben und an die SED-Bezirksleitung in Rostock geschickt wurden. Sie hielten besondere Ereignisse wie Gespräche mit Vertretern der Landeskirchen und „Verstöße gegen die sozialistische Gesetzlichkeit" in der katholischen und in den beiden evangelischen Kirchen im Bezirk sowie sonstige kirchenpolitische Aktivitäten fest. Der Bestand ist trotz seiner formalisierten Form sehr aussagekräftig, insbesondere Gespräche mit kirchlichen Vertretern wurden detailliert dokumentiert. Die „Informationsberichte" liegen für die achtziger Jahre nahezu lückenlos vor. Gesonderte Berichte des Rates des Bezirks entstanden über die Kirchentage 1985 in Greifswald bzw. 1988 in Rostock sowie zur Wiedereinweihung des Greifswalder Doms 1989. Der Bestand ist paginiert und befindet sich in einem guten Zustand.

Dokumente aus der Dienststelle des Staatssekretariats für Kirchenfragen: Der Bestand befindet sich im Bundesarchiv (BArch) Berlin. Es handelt sich vornehmlich um Vorlagen zu Dienstbesprechungen, um „Informationsberichte zur kirchenpolitischen Lage" aus den Bezirken und um Dienstreiseberichte der Mitarbeiter des Staatssekretariats für Kirchenfragen. Besonders aussagekräftig sind die persönlichen Vermerke von Staatssekretär Gysi über Gespräche mit einzelnen kirchlichen Vertretern. Die Qualifikation der in der Dienststelle des Staatssekretariats für Kirchenfragen arbeitenden Personen spiegelt sich auch in der sprachlichen Souveränität der Dokumente wider. Dieser Bestand ist archiviert, liegt jedoch nicht paginiert vor. Der äußere Zustand der Akten ist gut.

Dokumente aus dem SED-Apparat: Bei den Dokumenten aus dem Apparat der SED handelt es sich überwiegend um solche aus dem Bezirksparteiarchiv der SED in Rostock (BPA Rostock). Der gesamte Bestand ist im Landesarchiv Greifswald gelagert. Dessen Wert besteht vor allem darin, dass über die Bezirksleitung der SED die bereits erwähnten „Informationsberichte über die kirchenpolitische Lage" des Rates des Bezirks Rostock greifbar waren. Kirchenpolitische Informationen aus der SED-Bezirksleitung selbst liegen nur in geringem Umfang vor. Es ergibt sich der Eindruck, dass den Dokumenten aus dem Rat des Bezirks zentrale Bedeutung zukam und seitens der SED keine eigene konzeptionelle Arbeit geleistet wurde. Die Akten der SED-Bezirksleitung des Bezirks Rostock sind paginiert und in einem sehr guten Zustand.

Die Dokumente aus der Arbeitsgruppe Kirchenfragen beim ZK der SED sind in der Stiftung Archiv der Parteien und Massenorganisationen der DDR (SAPMO-BArch) archiviert, die dem Bundesarchiv Berlin zugeordnet ist. Diese Akten enthalten vor allem die „Informationsberichte über die kirchenpolitische Lage" aus den Bezirksleitungen der SED, die diese wiederum aus den Räten der Bezirke erhielten, sowie Ausarbeitungen für den für Kirchenfragen zuständigen Sekretär im ZK der SED. Der besondere Wert des Aktenbestandes der Arbeitsgruppe Kirchenfragen besteht in der direkten Anbindung an das ZK der SED. Der Bestand der schriftlichen Quellen der Arbeitsgruppe Kirchenfragen ist nach gegenwärtigen Erkenntnissen vollständig und in gutem Zustand einsehbar. Für die vorliegende Arbeit konnte jedoch nur ein Teil des Bestandes eingesehen werden.

Der Bestand an Quellen aus den staatlichen Organen wie dem Rat des Bezirks Rostock und dem Staatssekretariat für Kirchenfragen sowie aus dem Apparat der SED ist sehr umfangreich. Aufgrund der internen Informationspolitik liegen viele Berichte in mehrfacher Ausführung vor. Dies schmälert zwar den Quellenwert des Bestandes, aber aufgrund der Fülle des gesamten Materials kommt den staatlichen und den SED-Quellen dennoch insgesamt eine herausragende Bedeutung zu.

Dokumente aus der Pommerschen Evangelischen Kirche: Die Archivsituation in Greifswald hat sich seit 1998 erheblich verschlechtert. Waren Teilbestände 1998 noch einsehbar, ist das Landeskirchliche Archiv in Greifswald derzeit gar nicht nutzbar. Bei den 1998 eingesehenen Archivalien aus dem Landeskirchlichen Archiv der Pommerschen Evangelischen Kirche (LKAG) handelte es sich um einen unverzeichneten Bestand. Das Fehlen von Findhilfsmitteln erschwerte die Arbeit erheblich. Bei den eingesehenen Materialien handelt es sich vornehmlich um den Bestand 5, in dem sich u. a. die Protokolle der Sitzungen der Kirchenleitung bzw. des Konsistoriums sowie die Berichte von Kirchenleitung und Konsistorium vor der Landessynode befinden.[86] Hinzu kamen die im Konsistorium angelegten Akten über Gespräche bei den Räten der Bezirke Rostock und Neubrandenburg. Die zu Zeiten der DDR in allen Landeskirchen übliche sparsame Dokumentation, die Unbefugten einen allzu tiefen Einblick in kirchliche Belange verwehren sollte, bedingt jedoch, dass der Wert für die historische Forschung nicht sehr hoch ist.

Gespräche mit Zeitzeugen: Der Wert von Informationen über die jüngste Geschichte der Kirchen in der DDR, die von Zeitzeugen stammen, wird vielfach angezweifelt. Diese seien noch zu sehr ihrer eigenen Vergangenheit verhaftet und hätten keinen unverstellten Blick auf die Geschichte, heißt es. Dabei geht es nicht nur um das Erinnerungsvermögen des Einzelnen, sondern um seine individuelle Wahrnehmung der Vergangenheit, die keinen Anspruch auf Wahrheit erheben dürfe.

---

86 Den Mitarbeiterinnen des Landeskirchlichen Archivs der PEK, Frau Reinfeld und Frau Michaelis, sowie Frau Böhm aus der Medienstelle soll an dieser Stelle ausdrücklich für ihre Hilfe bei der Recherche 1997/1998 gedankt werden.

Tatsächlich erheben die wenigsten Befragten den Anspruch auf Objektivität. Das ist es auch nicht, wonach der Historiker fragt, sondern gerade nach dem persönlichen Standpunkt, der individuellen Motivation, nach vergangenen Einschätzungen und Ideen der Interviewten, mit anderen Worten: Es geht um Interpretationen. Anders als Akten machen Interviews mit Zeitzeugen Geschichte nachvollziehbar, vorstellbar, hinterfragbar, mit einem Wort: lebendig. Alle Interviews wurden den Interviewten zur Autorisierung vorgelegt. Einbezogen wurden auch Passagen aus Briefen an die Autorin.[87]

Dokumente aus privatem Besitz: Diese stellten eine wesentliche Bereicherung des Quellenmaterials dar. Diese Akten und einzelnen Blätter lassen sich in Dokumente aus der Überlieferung des MfS und in innerkirchliche Materialien unterteilen. Bei den im Privatbesitz vorhandenen Unterlagen des Staatssicherheitsdienstes handelt es sich um die Observierungsberichte zu Privatpersonen, die nach Öffnung der Archive 1989 von diesen eingesehen wurden. Aber auch private Sammlungen von Zeitungsartikeln, verschiedenartige Einzelblätter sowie die Protokolle der Sitzungen des Landesausschusses zur Vorbereitung des Kirchentages 1988 wurden zur Verfügung gestellt und ermöglichten es, einige Lücken zu schließen, die durch die derzeit ungünstigen Bedingungen im Landeskirchlichen Archiv nicht zu beheben waren.

2.3 Gliederung

Diese Arbeit gliedert sich inhaltlich wie folgt: Auf einen kurzen Abriss zur Geschichte der Landeskirche nach 1945 (Kapitel 3) folgt eine Einführung in die Organisation der staatlichen (Kapitel 4) und kirchlichen Organe (Kapitel 5), die kirchenpolitisch von Bedeutung waren. Kapitel 6 beschreibt die Versuche des Staates, Einfluss auf die Greifswalder Landeskirche zu nehmen: Anhand der Kirchentage 1985 und 1988, der Jugend- und Studentenarbeit sowie der Friedens- und Umweltarbeit und der Gruppen der Antragsteller auf ständige Ausreise werden staatliche bzw. kirchliche Ziele und Methoden dargestellt. Das 7. Kapitel thematisiert die Wiedereinweihung des Greifswalder Doms am 11. Juni 1989 und ihre Auswirkungen über die Landeskirche hinaus. Im 8. Kapitel erfolgt eine Auswertung der kirchenpolitischen Instrumente und Strategien. Am Ende der Arbeit soll die Frage beantwortet werden, welchen Charakter das Verhältnis zwischen der Evangelischen Landeskirche Greifswald und den staatlichen Organen hatte. Oder einfacher: Was war der „Greifswalder Weg"? Kapitel 9 fasst die Schlussgedanken zusammen,

87 Zahlreiche Briefe stammen aus den Jahren 1998/1999 in Reaktion auf die Veröffentlichung des „Greifswalder Wegs" und sind deshalb an Rahel von Saß adressiert.

bevor sich das 10. Kapitel den Zielen und Ergebnissen der Aufarbeitung nach 1989 widmet.

Anzumerken bleibt, dass eindeutige orthografische und grammatische Fehler in Belegstellen korrigiert wurden, ohne dies ausdrücklich zu kennzeichnen. Anonymisierungen wurden kaum vorgenommen. In Übereinstimmung mit dem Stasi-Unterlagen-Gesetz (StUG)[88] und den Benutzerordnungen der jeweiligen Archive wurde in Zweifelsfällen das Einverständnis der betroffenen Person eingeholt. Auslassungen und Einfügungen sind durch eckige Klammern gekennzeichnet. Mitunter mag es verwundern, dass zahlreiche Quellen aus dem kirchlichen Bereich in staatlichen Archiven abgelegt und dort eingesehen wurden und somit oft als Fundorte das Landesarchiv Greifswald, das Bundesarchiv oder der Bundesbeauftragte für die Unterlagen des Staatssicherheitsdienstes angegeben sind. Dieser Umstand sollte nicht irritieren, sondern er widerspiegelt einmal mehr das starke Interesse des Staates an allen kirchlichen Vorgängen und die penible Ablage der Akten in den Archiven der SED und der staatlichen Organe.

88 Vgl. Gesetz über die Unterlagen des Staatssicherheitsdienstes der ehemaligen Deutschen Demokratischen Republik (StUG) vom 20.12.1991, Stand August 2013. Ausschlaggebend sind hier die §§ 20, 21 und 29 des StUG. URL: *http://www.bstu.bund.de/DE/BundesbeauftragterUndBehoerde/Rechtsgrundlagen/StUG/stug_node.html* [Stand: 20.12.2015].

3 Vorgeschichte – Die Greifswalder Kirche zwischen 1945 und 1980

Die Evangelische Landeskirche Greifswald (ELKG) bestand nur 67 Jahre lang. Am Ende des Zweiten Weltkriegs lagen zwei Drittel der ehemaligen Provinz Pommern in Polen, die „Restkirche“ etablierte sich 1945 neu als „Pommersche Evangelische Kirche“ mit Sitz in Greifswald. Mit der Fusion der Pommerschen, Mecklenburgischen und Nordelbischen Landeskirchen 2012 zur Nordkirche verschwand die Landeskirche Greifswald von der Landkarte und ist seitdem ein Kirchenkreis innerhalb des „Sprengels Mecklenburg und Pommern“.

1968 musste sich die Landeskirche aufgrund einer Verfassungsänderung der DDR in Evangelische Landeskirche Greifswald umbenennen, nahm aber schon 1990 wieder die Bezeichnung „Pommersche Evangelische Kirche“ an. Der Willen zu einer eigenen Identität begleitete diese kleine Landeskirche seit 1945 und ist auch im „Kirchenkreis Pommern“ eine treibende Kraft.

Einen prägenden Einfluss auf ihre Entwicklung hatte die lange Zeit der schwedischen Herrschaft zwischen 1648 und 1815. Aus dieser Zeit stammen die intensiven Beziehungen nach Nordeuropa. Im Jahr 1815 wurde „Neuvorpommern“ an Preußen angegliedert, Stettin wurde Verwaltungssitz der Pommerschen Kirche.[89] Die Bildung der Altpreußischen Union (APU) durch Friedrich Wilhelm III. im Jahr 1817 führte reformierte und lutherische Gemeinden zur „unierten“ Kirche zusammen.

Als die APU nach dem Zweiten Weltkrieg aufhörte zu existieren, gehörten die Gemeinden im vorpommerschen Teil der ehemaligen Pommerschen Kirche weiterhin zu den unierten Gemeinden, obwohl gerade in diesem Gebiet westlich der Oder überwiegend lutherische Gemeinden angesiedelt waren. Die lutherischen Traditionen waren hier sehr stark. Dazu gehörten Pflicht und Ordnung genauso wie ein besonderes Verständnis von „Obrigkeit“ als einer Instanz, der sich das einzelne Individuum unterzuordnen hatte. Eine hierarchische Struktur war deshalb stärker in den lutherischen Gemeinden verankert als in den unierten, wo beispielsweise auch Laien den Vorsitz im Kirchgemeinderat haben konnten und das synodale Element stark ausgeprägt war. Die ELKG beruhte also – und das sollte sich in der Geschichte dieser Landeskirche nach 1945 auch auswirken – auf lutheri-

89 Vgl. Eckhard Gummelt (Hg.): Kleines „ABC“ der Landeskirche. Handbuch für Kirchenälteste, Mitarbeiter und Gemeindeglieder der Pommerschen Evangelischen Kirche, Greifswald 1993, S. 11 ff.

schen wie unierten Traditionen, entsprechend war sie Mitglied der Evangelischen Kirche der Union (EKU)[90] und trat 1955 auch dem Lutherischen Weltbund bei.

Diese Mischung aus lutherischen und unierten Elementen, die Nähe zur mecklenburgischen und zur Berlin-Brandenburgischen Kirche, die Mitgliedschaft in der EKU und im Lutherischen Weltbund – diese verschiedenen Ebenen führten dazu, dass die Gemeinden und Pastoren in der Greifswalder Landeskirche weniger homogen, weniger einheitlich waren als das mecklenburgische Pendant. Oder umgekehrt: Vieles war möglich, weil es irgendwo eine historische Wurzel hatte. Als es seit 2006 um die Zusammenführung der Pommerschen Evangelischen Kirche mit einer ihrer Nachbarkirchen ging, waren die Meinungen entsprechend geteilt. Die einen wollten Richtung Berlin, die anderen Richtung Mecklenburg/Schleswig-Holstein. Die Landeskirche war zerrissen zwischen beiden Nachbarn. Entschieden hat man sich schlussendlich für die Fusion mit der Evangelisch-Lutherischen Landeskirche in Norddeutschland. Was blieb, ist das Gefühl vergangener Größe.

Eduard Berger, von 1991 bis 2001 Bischof der Landeskirche, sagte über das Selbstverständnis der Pommern, er habe oft ein Minderwertigkeitsgefühl bemerkt. Die Pommersche Kirche habe sich selbst als politisch unbedeutend und geografisch reduziert wahrgenommen, was durch die Nähe zur selbstbewussten mecklenburgischen Landeskirche besonders deutlich gewesen sei. Die Reduktion Pommerns auf ein Restgebiet zwischen Rügen und Anklam sei nie ganz verwunden worden, so Berger.[91]

Diese Stimmung ist sicherlich auch durch die Ablehnung der historischen Namen zu DDR-Zeiten unterstützt worden, denn die Bezeichnung „Pommern" galt bis 1989 als revanchistisch und war daher gänzlich aus dem Sprachgebrauch der DDR verschwunden. Umso stärker war dann der Drang seitens kirchenleitender Köpfe, nach außen hin wirksam zu sein, nicht übersehen zu werden, oder wie Berger es formulierte: Man entwickelte in Greifswald einen „fragwürdigen Stolz" auf das scheinbar besonders gute Verhältnis zu den „staatlichen Stellen":

„Das alles hat für Bischof Gienke (ehemals Mecklenburger), Präses Hans-Martin Harder und OKR Plath und andere Mitarbeiter wohl einen Impuls dargestellt. Einen Impuls, teils aus Verunsicherung, teils – in meinen Augen – aus billigem Triumph im Vergleich mit der distanzierteren Haltung der mecklenburgischen Kirche gegenüber dem Staat. Die pommersche Kirche erreichte

90 Evangelische Kirche der Union: Zusammenschluss reformierter Kirchen in Deutschland. Mitgliedskirchen der EKU in der DDR waren die Landeskirche Greifswald, die Berlin-Brandenburgische Landeskirche, die Provinzsächsische Landeskirche, die Kirche des Görlitzer Gebietes und die Anhaltische Landeskirche.

91 Vgl. Gespräch mit Altbischof Eduard Berger, Radebeul, am 23.9.2015.

etwas, wo andere erfolglos blieben. Der Staat agierte nach dem Grundsatz: Teile und herrsche."[92]

Auch die Zeit des Nationalsozialismus hinterließ ihre Spuren in der Landeskirche. Die nationalsozialistische Ideologie fand sehr schnell Anhänger, die Deutschen Christen waren in Pommern weit verbreitet. Parallel fanden sich aber auch Pfarrer in der Bekennenden Kirche zusammen. In den folgenden Jahren sollten diese beiden, in politischer Hinsicht gegensätzlichen Gruppen friedlich nebeneinander weiterbestehen. Es war und blieb ein besonderes Kennzeichen der (vor)pommerschen Pfarrerschaft, dass nebeneinander eine Vielzahl kirchenpolitischer Meinungen bestehen konnte. Eckhard Gummelt nennt dies den „Weg der Mitte", der durch eine Konzentration auf die Gemeindearbeit gekennzeichnet gewesen sei.[93] Dieser „Weg der Mitte" setzte sich auch in den folgenden Jahrzehnten in der Pfarrerschaft fort.
Nachdem am 8. Mai 1945 die bedingungslose Kapitulation der deutschen Wehrmacht in Kraft getreten war, begann in allen gesellschaftlichen Bereichen der Neuaufbau. Die Kirchen waren besonders gefordert. Als einzige Institutionen, deren Strukturen auch durch die Kriegswirren hindurch erhalten geblieben waren, hatten sie große organisatorische Aufgaben zu bewältigen.[94] Vor allem die östlichen Landeskirchen beherbergten viele Flüchtlinge.
Zwar wurde Greifswald selbst kampflos der Roten Armee übergeben und blieb daher weitgehend unzerstört, aber Kirchen und Kapellen sowie Wohnhäuser in vielen anderen Städten und Gemeinden hatten großen Schaden genommen. Die Pommersche Kirche bestand nicht mehr. 18 der ursprünglich 53 Kirchenkreise lagen westlich der Oder und bildeten von nun an die Pommersche Evangelische Kirche[95] unter dem Greifswalder Superintendenten Karl von Scheven. Im Juli 1945 nahm das Konsistorium der Kirchenprovinz Pommern, dessen Sitz ehemals Stettin gewesen war, seinen Dienst in Greifswald auf.[96] Scheven war seit 1934 Mitglied im Pfarrernotbund gewesen, hatte zur Pommerschen Bekenntnissynode gehört und hatte sich intensiv um die Überwindung von Spannungen zwischen den Deutschen Christen und den Pastoren der Bekennenden Kirche bemüht.[97] 1947 wurde er von Bischof Dibelius in das Amt des Greifswalder Bischofs eingeführt und blieb im Amt

92 Ebd.
93 Vgl. Eckhard Gummelt (1993), S. 14.
94 Vgl. Siegfried Hildebrand: Partnerschaft über Grenze und Mauer hinweg. 50 Jahre praktizierte Glaubensgemeinschaft zwischen Pommern und Schleswig-Holstein, Rendsburg 1996, S. 12.
95 Vgl. Wolfgang Nixdorf (1996), S. 245 f.
96 In den folgenden Anmerkungen zum Neuanfang in der Pommerschen Evangelischen Kirche beziehe ich mich auf Eckhard Gummelt (1993), S. 15 f.
97 Vgl. dazu auch die ausführliche Darstellung der pommerschen Nachkriegsgeschichte von Wolfgang Nixdorf (2012), S. 131-169.

bis zu seinem Tod im Oktober 1954.
Schon im Oktober 1946 tagte erstmals nach dem Krieg die Synode der Pommerschen Evangelischen Kirche. Die Landeskirche hatte nun nur noch die Größe von einem Drittel ihres ehemaligen Gebietes, zu ihr gehörten rund 750.000 Gemeindemitglieder[98] – heute sind es noch ca. 86.000.[99] Das dünn besiedelte Land füllte sich mit Flüchtlingen.
Das Verhältnis zwischen der evangelischen Kirche und der Sowjetischen Militäradministration war distanziert, aber nicht feindlich. Kirchliches Leben fand zunächst relativ unbehelligt statt. Schon bald jedoch wurden die wesentlichen und bis 1989 bestehenden Problemfelder deutlich: die Volksbildung und das von der Kirche angestrebte gesellschaftliche Mandat.[100] In beiden Angelegenheiten gab es von Seiten der Besatzung kein Entgegenkommen. Für die PEK kam erschwerend hinzu, dass sich die kirchliche Verwaltung und Leitung nach 1945 neu in Greifswald hatte konstituieren müssen. Sie gehörte außerdem zu den kleinsten Landeskirchen in der DDR und war finanziell die schwächste. In der Landeskirche Greifswald wirkten sich die finanziellen Verluste durch die anfängliche Nichtzahlung der jährlichen Staatsleistungen[101] und die großen finanziellen Verluste der Kirchen durch die Währungsreform, die annähernd 90 % des Guthabens betrugen, besonders schwer aus.[102] In der ELKG blieben die Zahlungen des Staates an die Kirchen, die dann in den fünfziger Jahren aufgenommen wurden, zudem mit bis 1989 unveränderten 213.000 Mark weit unter ihrer rechtmäßigen Höhe. Erschwerend kam hinzu, dass es in Vorpommern bis 1945 keine Tradition der Kirchensteuerzahlungen gegeben hatte. Die Kirchensteuern wurden durch Einnahmen aus dem Landbesitz der Kirche an Acker und Wald gezahlt.[103] Angesichts der vielerorts zerstörten Kirchen und Kapellen sowie der großen Anzahl von Zugewanderten brauchten die östlichen Kirchen Hilfe von außen. Die wurde durch das Evangelische Hilfswerk, das 1947 gegründet worden war, geleistet. In dieser Zeit wurden die Beziehungen der

98 Vgl. Eckhard Gummelt, S. 16.

99 Vgl. Haushalt der Evangelisch-Lutherischen Landeskirche in Norddeutschland für das Haushaltsjahr 2015, Vorlage der Landessynode vom 20.–22.11.2014; URL: *https://www.nordkirche.de/fileadmin/user_upload/nordkirche/Synode/Synode201411_Haushalt_2015_V_2_Synode.pdf* [Stand: 27.2.2016].

100 Vgl. Detlef Pollack: Kirche in der Organisationsgesellschaft. Zum Wandel der gesellschaftlichen Lage der evangelischen Kirchen in der DDR, Stuttgart u. a. 1994, S. 97.

101 Die Staatsleistungen, die die DDR an die Kirchen zahlte, gingen auf die Säkularisierungsmaßnahmen des Reichsdeputationshauptschlusses von 1803 zurück, wobei die Staatsleistungen in der DDR nicht als Rechtsansprüche anerkannt waren und auch nicht die Höhe der Ausgaben, die die Kirche für diakonische Arbeit, Denkmalpflege usw. aufbrachte, erreichten.

102 Vgl. Martin Onnasch: Die Rolle der Kirche im politischen System der DDR, in: Leben in der DDR, Leben nach 1989 – Aufarbeitung und Versöhnung. Zur Arbeit der Enquete-Kommission des Landtages Mecklenburg-Vorpommern, Bd. VII, Schwerin 1997, hier S. 17.

103 Vgl. Siegfried Hildebrand: Partnerschaft über Grenze und Mauer hinweg. 50 Jahre praktizierte Glaubensgemeinschaft zwischen Pommern und Schleswig-Holstein, Rendsburg 1996, S. 55.

Landeskirche Greifswald zu den schwedischen evangelischen Kirchen neu belebt, und diese blieben bis 1989 und darüber hinaus bestehen.[104]

Am 29. März 1955 beschloss das SED-Politbüro eine Neuregelung der kirchlichen Einnahmen. Diese nahm den Kirchen die Möglichkeit, Einsicht in die Steuerlisten zu nehmen und säumige Kirchensteuerzahler rechtlich zu belangen.[105] Die Pommersche Landeskirche traf dies härter als andere Kirchen, denn das Aufkommen an Kirchensteuern war nicht einmal hoch genug, um den wichtigsten Bedürfnissen gerecht zu werden. Hinzu kam die staatliche Drangsalierung der Kinder und Jugendlichen, die Kontakte zur Kirche hatten. In der ersten Hälfte der fünfziger Jahre richtete die SED sich in erster Linie gegen die christliche Kinder- und Jugendarbeit. 1953 wurde der bis dahin „nur" eingeschränkte Religionsunterricht an den Schulen verboten. Im Sommer desselben Jahres kam es zu den stärksten Repressionen gegen Konfirmanden und Mitglieder von Studentengemeinden, die von ihren Schulen bzw. Universitäten ausgeschlossen wurden.[106] Pastoren und kirchliche Mitarbeiter wurden verhaftet. Im November 1954 wurde erstmals ein zentraler Aufruf zur Jugendweihe erlassen. Die staatlichen Verwaltungen begannen mit einer „Differenzierung" unter den Pastoren, indem sie Konten „Zur Unterstützung von Geistlichen" einrichteten.[107] Sie dienten dazu, an solche Geistliche Geld zu zahlen, die nicht die Kirchenpolitik ihrer Kirchenleitung befolgten.

Die Verschärfung des kirchenpolitischen Kurses der SED nach Stalins Tod und dem Aufstand vom 17. Juni 1953 machte sich auch in der Landeskirche Greifswald bemerkbar. Nixdorf hat diese kirchenpolitische Entwicklung am Beispiel der Greifswalder Bachwoche dargestellt.[108] Neben dem Verbot des Religionsunterrichts in den Schulen und den DDR-weiten Relegierungen christlicher Studenten, Lehrer und Schüler von Bildungseinrichtungen kam es 1954 zu deutlichen Behinderungen durch die staatlichen Organe in Greifswald bei der Durchführung dieser musikalischen Festwoche.[109] Die Aula der Ernst-Moritz-Arndt-Universität wurde erstmals als Veranstaltungsort versagt, ebenfalls die Klosterruine Eldena und das Haus der Jugend. Alle

104 Vgl. ebd., S. 13.

105 „Verordnung zur Regelung von Kirchensteuerfragen in der DDR" vom 23.3.1955.

106 Vgl. dazu auch Wolfgang Nixdorf: Und dennoch ging es weiter ... Die politische Macht und die Bachwoche, in: Matthias Schneider (Hg.): Bach in Greifswald. Zur Geschichte der Greifswalder Bachwoche 1946–1996, Frankfurt am Main 1996, S. 88. Nixdorf gibt eine Zahl von 3.000 betroffenen Personen an.

107 Vgl. Peter Beier, S. 45 f.

108 Vgl. Wolfgang Nixdorf: Und dennoch ging es weiter ... Die politische Macht und die Bachwoche, in: Schneider, Matthias (Hg.): Bach in Greifswald. Zur Geschichte der Greifswalder Bachwoche 1946–1996, Sonderdruck, Frankfurt am Main 1996, S. 86–96.

109 Die Bachwoche war eine nach dem Krieg in Greifswald eingerichtete musikalische Veranstaltungsreihe, die mit jedem Jahr ihres Bestehens mehr zu einer Greifswalder Tradition wurde.

Veranstaltungen der Bachwoche fanden nun im engeren kirchlichen Rahmen statt.[110] Zwar hatte es bis dahin vereinzelt Schwierigkeiten gegeben, so stand das Orchester der Volksbühne Greifswald 1950 nicht vollständig zur Verfügung, und 1953 beantwortete der Rat der Stadt Greifswald nicht mehr alle Anträge und stellte das Haus der Jugend nicht mehr zur Verfügung, aber die Behinderungen im Jahr 1954 gingen weit über das bisherige Maß hinaus. Mit der Wahl Friedrich-Wilhelm Krummachers zum Bischof der Pommerschen Evangelischen Kirche (PEK) im Jahr 1955 wurde die inoffizielle Arbeit des Staates gegen die Greifswalder Landeskirche eröffnet. Krummacher wurde im Laufe der Jahre von 13 IM beobachtet.[111] Einer der wichtigsten war der im Januar 1955 angeworbene Hans-Joachim Weber (IM „Bastler"), der 1957 in die Pommersche Evangelische Kirche kam und dort 1958 Oberkirchenrat beim Evangelischen Konsistorium wurde.[112] Er wurde von Franz Sgraja und Klaus Roßberg, beide Mitarbeiter der Hauptabteilung XX/4 in Berlin, geführt und sollte perspektivisch Leitender Jurist des Konsistoriums werden.[113] Dazu kam es nicht, Weber starb 1969.

Die Instrumentalisierung der Rechtsprechung im Kampf gegen die Kirche ist inzwischen hinreichend bekannt. Es gab in den fünfziger Jahren jedoch auch Neuansätze, die bis 1989 in der DDR entscheidende Bedeutung behalten sollten. Dazu gehörte, dass die evangelischen Kirchen immer deutlicher als ein Element der DDR-Außenpolitik betrachtet wurden.[114] Damit war die Kirchenpolitik nicht länger eine innenpolitische Angelegenheit. In den Jahren 1958 bis 1960 erfolgte dann der entsprechende formale Einschnitt im Staat-Kirche-Verhältnis: Es kam zu mehreren Gesprächen zwischen Walter Ulbricht als Vorsitzender des ZK der SED und stellvertretender Ministerpräsident und Vertretern der Ostkonferenz der EKD, die das konfliktreiche

---

110 Vgl. hierzu auch Wolfgang Nixdorf: Und dennoch ging es weiter ... Die politische Macht und die Bachwoche, in: Schneider, Matthias (Hg.): Bach in Greifswald. Zur Geschichte der Greifswalder Bachwoche 1946–1996, Sonderdruck, Frankfurt am Main 1996, S. 88.

111 Krummacher war während des Nationalsozialismus Mitglied der Deutschen Christen, geriet 1943 in russische Kriegsgefangenschaft und trat 1944 dem Nationalkomitee Freies Deutschland bei. Bis 1952 hatte er Kontakte zum KGB, die er selbst beendete. Vgl. dazu auch Gerhard Besier: Die Rolle des MfS bei der Durchsetzung der Kirchenpolitik der SED, in: Klaus-Dietmar Henke/Roger Engelmann (Hg.): Aktenlage. Die Bedeutung der Unterlagen des Staatssicherheitsdienstes für die Zeitgeschichtsforschung, Berlin 1995 (= Wissenschaftliche Reihe des BStU, Bd. 1), S. 102–106.

112 Vgl. ebd., S. 109. Ausführlichere Informationen finden sich in dem Aufsatz von Carlies-Maria Raddatz: „Buchhaltung für das MfS. OKR Webers Tätigkeit als Informant im Greifswalder Konsistorium", in: Die Zeichen der Zeit 4 (1994), Jg. 48, S. 146–149.

113 Vgl. Clemens Vollnhals (Hg.): Die Kirchenpolitik von SED und Staatssicherheit. Eine Zwischenbilanz, Berlin 1996, S. 85. Unklar ist jedoch, warum Franz Sgraja 1957 dem Minister für Staatssicherheit Mielke melden konnte: „In den Kirchenleitungen sind wir fest verankert, außer in Greifswald und Rostock." Hinzu kommt, dass Rostock nie ein Konsistorium hatte, denn der mecklenburgische Oberkirchenrat befindet sich in Schwerin.

114 Einer der ersten Versuche, die evangelische Kirche in der DDR zu instrumentalisieren, war die Kampagne der DDR-Regierung gegen die Unterzeichnung der Pariser Verträge 1954.

Verhältnis zwischen Staat und Kirche normalisieren sollten, um die Verbindungen der Kirche in die Bundesrepublik besser nutzen zu können.[115] Im Oktober 1960 formulierte Ulbricht erstmals eine Gemeinsamkeit zwischen Kirchen und sozialistischem Staat, nämlich das humanistische Erbe. Ebenfalls im Rahmen der verbesserten Beziehungen zwischen Staat und Kirche ist die Einrichtung des Staatssekretariats für Kirchenfragen im Jahr 1957 zu sehen. Mit dem Bau der Berliner Mauer 1961 begann eine neue Phase im Prozess der Positionsfindung der evangelischen Kirche in der DDR. Für die Pommersche Evangelische Kirche entstanden Schwierigkeiten, die die kleine Landeskirche besonders schwer trafen, denn mit dem Mauerbau wurden die internationalen Kontakte der Landeskirche, die gerade aufgebaut worden waren, empfindlich getroffen. Das betraf die Beziehungen zur schwedischen Diözese Växjö, aber auch in die Schweiz und in die Niederlande. Die Pommersche Evangelische Kirche war Gründungsmitglied des Ökumenischen Rates der Kirchen (ÖRK) und des Lutherischen Weltbundes (LWB), die 1948 bzw. 1955 gegründet worden waren, und gehörte seit 1959 zur Konferenz der Europäischen Kirchen (KEK).

Weitere Schwierigkeiten zwischen Staat und Kirche ergaben sich mit dem immer stärkeren Drängen staatlicher Stellen auf eine Trennung der Ostkirchen von den Westkirchen in der Evangelischen Kirche in Deutschland (EKD). Die Polemik gegen den Greifswalder Bischof Krummacher nach der Fürstenwalder Synode der Ost-EKD[116] im Jahr 1967 ist ein Beispiel dafür.[117] Über das MfS wurde Krummacher in der westdeutschen Presse verleumdet und seine nationalsozialistische Vergangenheit in unangemessener Weise instrumentalisiert. Die Landeskirche als solche wurde „bestraft": Durften 1966 noch staatliche Orchester bei der Bachwoche mitwirken und konnte sogar noch 1967 und 1968 das staatliche Greifswalder Theater genutzt werden, so wurden 1969 alle staatlichen Räume abgesagt und Einreisen aus dem westlichen Ausland drastisch begrenzt. Die Bachwoche sollte reduziert werden auf ein rein kirchliches, regionales Ereignis.[118]

---

115 Die Gespräche fanden am 2. und 23. Juni sowie am 21. Juli 1958 zwischen Ministerpräsident Otto Grotewohl, Innenminister Maron, Staatssekretär für Kirchenfragen Eggerath und den Bischöfen Mitzenheim und Krummacher statt. Ein vergleichbar hochrangiges Gespräch hat es erst 1978 wieder gegeben.

116 Die EKD war seit 1961 geteilt in einen Ost- und einen West-Bereich.

117 Bischof Krummacher hatte sich auf der Fürstenwalder Synode im Jahr 1967 gegen eine Abspaltung der Kirchen in der DDR von der EKD ausgesprochen und sich damit staatlichen Interessen widersetzt. Daraufhin begann die DDR-Regierung eine große Kampagne gegen Krummacher. Vgl. Aulikki Mäkinen: Der Mann der Einheit. Bischof Friedrich-Wilhelm Krummacher als kirchliche Persönlichkeit in der DDR in den Jahren 1955–1969, Frankfurt am Main u. a. 2002.

118 Vgl. Wolfgang Nixdorf: Und dennoch ging es weiter ... Die politische Macht und die Bachwoche, in: Schneider, Matthias (Hg.): Bach in Greifswald. Zur Geschichte der Greifswalder Bachwoche 1946–1996, Sonderdruck, Frankfurt am Main 1996, S. 90.

Die deutliche Abkühlung des Staat-Kirche-Verhältnisses widerspiegelte sich auch in den Bau- und Renovierungsvorhaben der Landeskirche: Keines der Baudenkmale auf dem Gebiet der Landeskirche Greifswald war in die staatliche Denkmalschutzliste aufgenommen worden. Viele kirchliche Dienstgebäude sowie Kirchen und Kapellen waren in sehr schlechtem Zustand. Die Staatsleistungen gegenüber der ELKG, die inzwischen gezahlt wurden, waren deutlich niedriger als die an andere Landeskirchen, und auch in anderer Hinsicht gab es eine erhebliche Benachteiligung der Pommerschen Kirche.[119]
Im Jahr 1968 kam es zu zwei bedeutsamen rechtlichen Veränderungen. Die Verfassung vom 9. April 1968 nahm der Kirche alle formalen Grundlagen einer Körperschaft des öffentlichen Rechts. Die Chance einer rechtlichen Absicherung war nur noch vage in Gestalt „zusätzlicher Vereinbarungen", die Näheres regeln sollten, gegeben. Damit war das Gespräch zwischen Kirche und Staat de facto zum einzigen Instrument geworden, mit dem die Kirchen – evangelische wie katholische – ihre Interessen zu Gehör bringen konnten. Gespräche konnten jedoch ohne Angabe eines Grundes durch den Staat verweigert werden. Dass die SED diesen Umstand gezielt einsetzte, zeigte der Sommer 1989, als Bischof Gienke und Hans-Martin Harder Honecker erfolglos bedrängten, mit dem Kirchenbund ein Gespräch zu führen, um die innerkirchlichen Spannungen nach der Domeinweihung und dem Honecker-Gienke-Briefwechsel abzubauen. Honecker aber reagierte nicht, mit dem Ergebnis, dass beide im Abstand von vier Wochen zurücktreten mussten: Horst Gienke erklärte am 13. November 1989 auf Drängen der Landessynode seinen Rücktritt, während Erich Honecker am 18. Oktober 1989 auf Drängen des SED-Politbüros zurücktrat. Ein Zufall, dass Honecker wie Gienke ihren Dienst fast zeitgleich angetreten hatten: Erich Honecker 1971 als Staatsratsvorsitzender und Generalsekretär der SED und Horst Gienke 1972 als Landesbischof in Greifswald.
Insgesamt betrachtet wurde der Staat gegenüber den Kirchen jedoch vorsichtiger. In der Evangelischen Landeskirche Greifswald kam es nun, nachdem die Trennung von der EKD erfolgt war, zu einer deutlichen Annäherung zwischen Bischof Krummacher und den Organen des Bezirks Rostock. Die genauen Beweggründe Krummachers einzulenken, sind derzeit noch nicht genügend untersucht.[120] 1971 hatte Krummacher durchaus das Gefühl, das Bischofsamt weitergeben zu müssen. Frustration über die zunehmende Bedrängung der Kirche in der DDR und sein fortgeschrittenes Alter spielten

119 Vgl. Gespräch mit Altbischof Dr. Horst Gienke, Westerstede, am 12.5.1998.

120 Vgl. ebd. Gienke meinte hierzu im Gespräch, Krummacher hätte erkannt, dass durch seine staatsfeindliche Haltung die Landeskirche zu leiden hätte. Deshalb habe er eingelenkt. Gespräch mit Altbischof Dr. Horst Gienke am 12.5.1998.

auch eine Rolle.[121] Es ist jedoch belegt, dass der Rat des Bezirks Krummacher 1971 darum bat, einen Nachfolger zu suchen, der „auch mit den Kommunisten reden könne“.[122]

Krummacher führte Horst Gienke persönlich beim Rat des Bezirks,[123] beim 1. Sekretär der SED-Bezirksleitung in Rostock[124] sowie beim damaligen Staatssekretär für Kirchenfragen ein.[125] Gienke setzte diesen Weg fort. Die staatlichen Stellen und die SED registrierten die positive Einstellung des neuen Bischofs zum Staat, der bisher als ausgesprochener Kritiker der DDR aufgefallen war. Schon im Jahr 1972 nahm der Mitarbeiter der Bezirksverwaltung des MfS in Rostock, Oberst Amthor, Kontakt zu Gienke auf, und sehr schnell registrierte man Gienke, zeitgleich mit seiner Einführung in Greifswald, als IM „Orion“.[126] Das Bekenntnis Horst Gienkes zur sozialistischen Gesellschaft stieß innerkirchlich auf großen Widerstand, wurde von den staatlichen Stellen jedoch positiv vermerkt. In der „Einschätzung des Bischofs Horst Gienke“ aus der Zeit etwa um 1975 hieß es:

„Sein Bestreben ist es, mit seiner Landeskirche sich der sozialistischen Gesellschaft anzupassen. [...] In diesem Sinne nimmt er auch Einfluß auf die Arbeitsweise des Konsistoriums, der Kirchenleitung und der Superintendenten. [...] Durch seine relativ positive Haltung ist er auch innerhalb seiner Landeskirche Angriffen negativer Kräfte ausgesetzt. Sie versuchen, die positive Entwicklung der Landeskirche zu stören. Ein geringer Teil von ihnen fordert, der Bischof möge nicht vom rechten Weg abkommen. Trotzdem versteht er es, taktisch klug und durch vertretbare Kompromisse seine realistische Position im kirchlichen Raum durchzusetzen.“[127]

---

121 Vgl. Gespräch mit OKR i. R. Dr. Wolfgang Nixdorf am 8.9.2015 in Schwerin.

122 Vgl. Landeskirchliches Archiv der Pommerschen Evangelischen Kirche (LKAG), Best. 5, Abt. C, Nr. 30202, Bd. XI. Protokoll von Krummacher über ein Gespräch mit dem Stellvertreter Inneres des RdB Rostock, Genosse Steinbach, am 18.2.1971: „Am Ende unseres Gespräches brachte Herr Steinbach zurückhaltend und taktvoll das Gespräch auf die Frage nach meiner Nachfolge. Staatlicherseits würde man es sehr bedauern, wenn Bischöfe mit langjährigen Erfahrungen im Gespräch mit dem Staat jetzt ausschieden. Er wolle sich nicht in die innerkirchlichen Angelegenheiten einmischen, er wolle nur dem Wunsch Ausdruck geben, daß auch mein Nachfolger in der Lage sein möchte, ‚mit den Kommunisten zu sprechen'.“

123 Vgl. ebd. „Niederschrift über die Kons.-Sitzung am 26. Mai 1972. Auszug zur besonderen Vorlage“.

124 Vgl. Gienke (1996), S. 379. Gienke bestätigt in seinen Memoiren, dass er durch Krummacher beim Rat des Bezirks und bei der SED-Bezirksleitung eingeführt worden sei. Er betrachtete diese Gespräche als „Voraussetzungen für weitere gute Schritte im Verhältnis von Staat und Kirche auf Bezirksebene“.

125 Vgl. LKAG, Best. 5, Abt. C, Nr. 30202, Bd. XI, Dok. 13. „Vermerk“ über einen Besuch Krummachers beim Staatssekretär für Kirchenfragen am 9.5.1972.

126 Vgl. Gerhard Besier: Der SED-Staat und die Kirche 1983–1991. Höhenflug und Absturz, Berlin/Frankfurt am Main 1995, S. 916.

127 LAG, BL IV E/ 2.14, Nr. 601, Bl. 1. Das Dokument trägt kein Datum.

Auch das Engagement Bischof Gienkes in der staatlichen Friedensbewegung erleichterte den Zugang der führenden kirchlichen Amtsträger zum Rat des Bezirks. Als der Barther Superintendent Nixdorf Anfang 1974 ein Gespräch mit dem Kirchenreferenten beim Bezirk Rostock, Roland Macht, hatte, hörte er anerkennende Lobreden über den persönlichen Einsatz von Bischof Gienke, z. B. beim Weltkongress der Friedenskräfte in Moskau, und berichtete dem Konsistorium weiter: „Die staatlichen Organe [seien] infolge dessen dazu bereit, manches auf unkomplizierte Art möglich zu machen.“[128]

Die Entwicklung zwischen 1972 und 1980 in der Landeskirche Greifswald verlief ruhig. Im Jahr 1974 verstarb Altbischof Krummacher. Bischof Gienke fand sich schnell in die Gegebenheiten seiner Landeskirche ein. Sein Ziel war es, den kirchenpolitischen Kurs Krummachers, nämlich den Ausbau der Gespräche mit dem Rat des Bezirks und der SED-Bezirksleitung, fortzuführen. Kirche und Staat schwenkten auf einen Weg ein, der durch die gegenseitige Akzeptanz geprägt war und mit dem Schlagwort „Kirche im Sozialismus“[129] versehen wurde.

Der kirchenpolitische Höhepunkt in den siebziger Jahren war das Treffen des Staatsratsvorsitzenden Honecker mit dem Vorstand der Konferenz der Kirchenleitungen (KKL) am 6. März 1978. Von kirchlicher Seite nahmen der Vorsitzende des Vorstandes der KKL, Bischof Schönherr, sowie der Magdeburger Bischof Krusche, Kirchenpräsident Domsch aus Dresden, die Präsides der Mecklenburger und der Thüringer Synode, Wahrmann und Schultheiß, sowie Manfred Stolpe als Leiter des Sekretariates des Bundes der Evangelischen Kirchen in der DDR (BEK) teil. Auf staatlicher Seite waren neben Honecker der Stellvertreter des Staatssekretärs für Kirchenfragen, Kalb, der Leiter der Arbeitsgruppe für Kirchenfragen beim ZK der SED, Bellmann, und Verner als zuständiges Mitglied des Politbüros anwesend.

Das Gespräch brachte eine Reihe von Erleichterungen für die evangelische Kirche. Abgesehen davon, dass Honecker die Gleichachtung und Gleichberechtigung der Christen in der DDR betonte, wurde den Kirchen von nun an Sendezeit im 2. Programm des DDR-Fernsehens sowie im staatlichen Rundfunk zugestanden. Die evangelischen Pfarrer wurden gegen Bezahlung in Valuta-Mark in die staatliche Sozialversicherung aufgenommen. In den

128 Vgl. LKAG, Best. 5, Abt. C, Nr. 30202, Dok. 5/74 vom 31.1.1974. „Bericht über den Besuch des Hauptreferenten für Kirchenfragen beim RdB Rostock, Herrn Macht, beim Superintendenten in Barth am 31.1.74“.

129 Erstmals wurde dieser Begriff 1968 von dem Thüringer Bischof Moritz Mitzenheim verwendet. Zur Entstehung der Formel „Kirche im Sozialismus“ und ihrer praktischen Umsetzung durch den Staat und die Kirche vgl. Richard Schröder: Der Versuch einer eigenständigen Standortbestimmung der Evangelischen Kirchen in der DDR am Beispiel der „Kirche im Sozialismus“, in: Materialien der Enquete-Kommission „Aufarbeitung von Geschichte und Folgen der SED-Diktatur in Deutschland“, hg. vom Deutschen Bundestag, Bd. VI, Baden-Baden und Frankfurt am Main 1995, S. 1164–1231.

staatlichen Altersheimen sollte die Seelsorge möglich werden, ähnliche Regelungen wurden für den Strafvollzug in Aussicht gestellt.[130]
Diesem Treffen im März 1978 waren hohe Erwartungen vorausgegangen, die zunächst auch erfüllt schienen. Schnell war jedoch klar, dass das einzige Ergebnis des Treffens die formale Anerkennung des 1969 gegründeten Bundes der evangelischen Kirchen in der DDR (BEK) als Vertretung der acht evangelischen Landeskirchen sein würde. Die inhaltlichen Ergebnisse wurden bis 1989 und werden immer noch sehr unterschiedlich bewertet. Harsche Kritik kam schon früh aus den kirchlichen Reihen, weil es im Vorhinein keine öffentliche Thematisierung des Treffens gegeben hatte und auch die an dem Gespräch nicht direkt beteiligten Bischöfe und hohen Amtsträger erst aus den Nachrichten davon erfahren hatten.
Im Laufe der achtziger Jahre wurde der 6. März 1978 zu einer Metapher für die Zusage des Staates, die Christen in der DDR gleichberechtigt zu behandeln. Realität wurde dies jedoch nie. Noch im Jahr 1998 fand aus Anlass des 20jährigen Jubiläums eine hochkarätig besetzte Diskussionsrunde zur Bedeutung dieses Treffens statt.[131] Aber bereits wenige Monate später wurde deutlich, dass es der Staat mit der Gleichachtung der Christen nicht ernst gemeint hatte: Im September 1978 wurde der allgemeine verpflichtende Wehrkundeunterricht in den Schulen gegen den erheblichen Widerstand der Kirchen eingeführt.
Seit Mitte der achtziger Jahre wendeten sich immer mehr Landeskirchen von dieser Idee ab, und bis heute ziehen sich die unterschiedlichsten Beurteilungen dieses Ereignisses durch die Literatur. Insgesamt überwiegt immer noch eine positive Wertung.[132] Dieses Spitzentreffen war in seiner Einmaligkeit bedeutsam, aber dass es über die Jahre hochgehalten wurde, obwohl es kaum Fortschritte im Verhältnis von Staat und Kirche zu verzeichnen gab, verkehrte das ursprünglich positive Zeichen in eine ständige Verpflichtung der Kirchen, sich nicht gegen den Staat zu stellen. In gewisser Weise wurde der 6. März 1978 zu einer Fessel der evangelischen Kirchen in der DDR, die sich nicht von der Hoffnung auf ein Einlenken des Honecker-Regimes trennen konnten. Die evangelischen Bischöfe konnten nicht erahnen, dass es zu keiner Tauwetterperiode kommen würde. Ganz im Gegenteil war der 6.3.1978

130 Vgl. Albrecht Schönherr: Aber die Zeit war nicht verloren. Erinnerungen eines Altbischofs, Berlin 1993, S. 397.

131 Gesellschaft zur Förderung vergleichender Staat-Kirche-Forschung e. V. (Hg.): Das Spitzengespräch vom 6. März 1978 – Glücks- oder Sündenfall? (Schriftenreihe des Instituts für vergleichende Staat-Kirche-Forschung, Heft 5), Berlin 1998, S. 8–21.

132 Vgl. Rudi-Karl Pahnke: Jugend zwischen FDJ, SED und MfS, in: Jörn Mothes et al. (Hg.): Beschädigte Seelen. DDR-Jugend und Staatssicherheit, Rostock/Bremen 1996, S. 41, von einem „Burgfrieden" und Ehrhart Neubert (1997), S. 355, von einer „Anerkennung [der Kirche] als eigenständige gesellschaftliche Größe".

der Startschuss für einen neuen „geheimen" Kirchenkampf des DDR-Geheimdienstes, der die evangelischen Kirchen nun noch intensiver beobachten und – wenn möglich – unterwandern würde.[133]

133 Vgl. Thomas Ammer/Hans-Joachim Memmler: Staatssicherheit in Rostock. Zielgruppen, Methoden, Auflösung, Köln 1991, S. 139 und Dietrich Staritz: Geschichte der DDR, 2. Aufl., Frankfurt am Main 1985 (= Neue Historische Bibliothek, Neue Folge, Bd. 260), S. 335.

4 Die kirchenpolitischen Strukturen im Nordosten der DDR

Das folgende Kapitel stellt die für die Greifswalder Kirchenpolitik entscheidenden Strukturen in Staat, Partei, Geheimdienst und Kirche vor. Innerkirchlicher Konsens waren nur Gespräche mit den Referenten für Kirchenfragen der Räte der Kreise und Bezirke sowie dem Staatssekretariat für Kirchenfragen in Berlin – aber in der Realität spielten Partei und Staatssicherheit eine/die entscheidende Rolle. Wer redete mit wem und warum?

4.1 Der Rat des Bezirks Rostock und das Staatssekretariat für Kirchenfragen

Der Rat des Bezirks in Rostock und das Staatssekretariat für Kirchenfragen in Berlin waren als administrative Organe die offiziellen Ansprechpartner der Landeskirche Greifswald. Vorsitzender des Rates des Bezirks Rostock war bis 1986 Willy Marlow, sein Nachfolger wurde Eberhard Kühl. Zu beiden hatte die Landeskirche nur sehr selten Kontakt, ständiger Ansprechpartner war der Stellvertreter des Vorsitzenden für Inneres, Jürgen Haß. Ihm unterstellt war der „Sektor Staatspolitik in Kirchenfragen", auch „Referat für Kirchenfragen" genannt. Innerhalb dieses Referates war Roland Macht für die Evangelische Landeskirche Greifswald zuständig. Herr Macht hielt die direkte Verbindung zu den höchsten Greifswalder Amtsträgern. Innerhalb der Landeskirche galt Macht als wenig einflussreicher Mann, der seiner Aufgabe nicht gewachsen war.[134] Möglicherweise waren auch aus diesem Grund die Kontakte zu dessen direkten Vorgesetzten, Jürgen Haß, seitens der Landeskirche Greifswald sehr gut. Während die meisten Gespräche mit dem Rat des Bezirks durch den Bischof und die Oberkonsistorialräte Harder und Plath geführt wurden, kam es nur einmal im Jahr bei Kaffee und Kuchen zu einem Gespräch mit der ganzen Kirchenleitung. Dies diente jedoch weniger der Problemlösung als der Bestätigung des vermeintlich guten Verhältnisses zwischen Staat und Kirche.

Zu den Aufgaben des Referats für Kirchenfragen beim Rat des Bezirks in Rostock gehörten die Anleitung der Kirchenreferate der 14 Kreise bzw. kreisfreien Städte sowie die Gesprächsführung mit der Greifswalder Kirchenspit-

134 Gespräch mit Superintendent i. R. Heinrich Wackwitz am 21.4.1998.

ze und der Kontakt zu ausgewählten Laien und den kirchlichen Mitarbeitern sowie Pfarrern. Vor den Wahlen zur Volkskammer und zum Bezirkstag fanden ebenso Gespräche statt wie beispielsweise vor den Wahlen zu einer neuen Landessynode, bei besonderen kirchlichen Anfragen oder in Vorbereitung großer kirchlicher Ereignisse. Dadurch war die Gesprächsdichte sehr hoch. In den „Informationsberichten zur kirchenpolitischen Lage im Bezirk Rostock" wurden diese Kontakte exakt dokumentiert. So geht aus dem „Informationsbericht Dezember 82 – Januar 83" hervor, dass in diesem Zeitraum 12 „Einzel- und Gruppengespräche" und 16 Gespräche mit Leitungskräften stattfanden. Im Februar und März 1983 waren es fünf Gruppengespräche mit 30 Teilnehmern, 93 Einzelgespräche und sechs Gespräche mit Leitungskadern.[135]
Die Referate für Kirchenfragen bei den Räten der Kreise waren relativ unbedeutend. Sie hatten den Kontakt zu den Amtsträgern ihres Bereiches zu halten und bei eventuellen Vorkommnissen die staatlichen Interessen zu vertreten. Die Referentin für Kirchenfragen beim Rat des Kreises Greifswald, Frau Bodrow, gehörte zu den wenigen Kirchenreferenten im Bezirk Rostock, die aus staatlicher wie aus kirchlicher Sicht einen guten Kontakt zu den Amtsträgern hatten.[136]
Der Staatssekretär für Kirchenfragen war in der staatlichen Hierarchie der höchste Ansprechpartner für die Kirchen. Das Staatssekretariat war einem der Stellvertretenden Vorsitzenden des Ministerrates unterstellt und beschäftigte in den achtziger Jahren 40 bis 45 Mitarbeiter in sieben Abteilungen.[137] Zu den Aufgaben der Dienststelle gehörten Gespräche mit den höchsten kirchenleitenden Vertretern des Bundes der Evangelischen Kirchen in der DDR, die Bearbeitung kirchlicher Reise- und Bauanträge, die Entgegennahme kirchlicher Eingaben, die Schulung der Bezirksreferate sowie die Erstellung kirchenpolitischer Analysen und Konzepte. Von 1979 bis 1988 war Klaus Gysi Staatssekretär für Kirchenfragen, sein Nachfolger war ab Juli 1988 Kurt Löffler.
Es ist bezeichnend, dass in den letzten Monaten der DDR einem Mitglied der Arbeitsgruppe für Kirchenfragen beim ZK der SED die Funktion des Staatssekretärs für Kirchenfragen übertragen wurde. Die Arbeitsgruppe für Kirchenfragen sollte die harte kirchenpolitische Linie durchsetzen. Die Abteilung „Evangelische Kirchen" des Staatssekretariats für Kirchenfragen

---

135 Vgl. LAG, BL Rostock IV E/ 2.14, Nr. 613, Bl. 57. Die Angaben beziehen sich auch auf Amtsträger der Evangelisch-Lutherischen Landeskirche Mecklenburgs.

136 Gespräch mit Superintendent i. R. Heinrich Wackwitz am 21.4.1998. Im Unterschied zu anderen staatlichen Mitarbeitern, so Wackwitz, habe Frau Bodrow versucht, sich kirchlich weiterzubilden und den Kontakt auch zu den kirchlichen Laien herzustellen.

137 Vgl. Armin Boyens (1996), S. 138.

wurde von Peter Heinrich geleitet und bestand aus etwa 20 Mitarbeitern. Aufgrund der kirchenpolitischen Schulung der Referate für Kirchenfragen bestand ein enger Kontakt zwischen dem Staatssekretariat und den Bezirken. Dazu reisten Bezirksbeauftragte der Dienststelle des Staatssekretariats mehrmals im Jahr zu Besprechungen mit den Sektorenleitern der Kirchenreferate und vermittelten jeweils die neue kirchenpolitische Linie.
Weder der Rat des Bezirks noch das Staatssekretariat für Kirchenfragen konnten eigenständige kirchenpolitische Entscheidungen treffen, sie waren vielmehr verpflichtet, die Kirchenpolitik in allen Einzelheiten mit der SED auf der Kreis-, Bezirks- bzw. auf der zentralen Ebene abzustimmen. Jederzeit konnte und wurde durch die SED Einfluss auf Entscheidungen dieser beiden – de facto untergeordneten – Dienststellen genommen. Daher waren konkrete und schnelle Zusagen, ohne dass die SED zuvor in Kenntnis gesetzt worden war, von diesen staatlichen Behörden nicht zu erwarten. Entscheidungsprozesse verzögerten sich und waren häufig unberechenbar. Aus der Sicht einer Landeskirche bedeutete die ausschließliche Hinwendung zum Rat des Bezirks und zum Staatssekretariat für Kirchenfragen eine bewusste Entscheidung für einen zwar geradlinigen, aber langwierigen und wenig Erfolg versprechenden kirchenpolitischen Weg. Die Entscheidung, Gespräche mit der SED und dem MfS zu führen, war jedoch keine Garantie für einen schnellen kirchenpolitischen Erfolg, sondern sie war zunächst eine Erklärung der kirchlichen Vertreter, dass man bereit war, den Interessen der SED entgegenzukommen. Diese „Bereitschaftserklärung“ wurde immer wieder neu eingefordert in Form von öffentlichen Loyalitätsbezeugungen der jeweiligen kirchlichen Vertreter. Diese Politik wurde zu einer immer stärkeren Fessel für die Greifswalder Landeskirche.

4.2 Die kirchenpolitische Linie des Ministeriums für Staatssicherheit

Das Ministerium für Staatssicherheit hatte innerhalb der staatlichen Kirchenpolitik eine zentrale Rolle. Innerhalb der Hauptabteilung XX, die für die Überwachung des Staatsapparates[138] zuständig war, bestand die Hauptabteilung XX/4, die mit den Kirchen und Religionsgemeinschaften befasste Linie des MfS. Joachim Wiegand war seit 1979 ihr Leiter, Klaus Roßberg dessen

138 Dazu gehörte die Beobachtung aller Parteien (außer der SED), der Bereiche Kunst, Kultur und Sport sowie aller Aktivitäten, die das MfS der „politisch-ideologischen Diversion“ (PID) oder der „politischen Untergrundtätigkeit“ (PUT) zurechnete.

Stellvertreter.[139] Roßberg beschrieb nach der Wende seine Kontakte zu Vertretern der Kirche als „Sicherung des Bereichs“:

> „Unsere zweite und wohl umfangreichste Aufgabe betraf das, was oft aus der Lageanalyse folgte, nämlich die ‚Sicherung‘ des Bereichs. Dies bedeutete, bei bestimmten Vorgängen den Kirchen zu verdeutlichen, was möglich war, was aber auch zu unterbleiben hatte. Anlaß solcher Sicherungsmaßnahmen waren sowohl kirchliche Großveranstaltungen wie Kirchentage, Synoden, Veranstaltungen zu bedeutenden Jubiläen, Besuche ausländischer Delegationen oder die allherbstliche ‚Friedensdekade‘ als auch zahlreiche Einzelaktivitäten der Kirchen, zum Beispiel ‚Bluesmessen‘, ‚Montagsgebete‘, Veranstaltungen der ‚Kirche von unten‘ usw.“[140]

Roßberg verschweigt, dass die Aufgabe des MfS weit über die Interessenvertretung des Staates bei kirchlichen Veranstaltungen hinausging. Zur „Sicherung des Bereichs“ gehörte auch die Unterwanderung der Kirche mit dem Ziel, Einfluss auf innerkirchliche Entscheidungen und Entwicklungen zu nehmen.

Die kirchenpolitische Abteilung HA XX/4 war im Vorfeld der Einführung der Jugendweihe 1954 gegründet worden, möglicherweise auch als Konsequenz aus den Kugelkreuz-Auseinandersetzungen um die Jungen Gemeinden 1952/1953. 1968 hatten alle kirchenpolitischen Referate der Bezirke zusammen nur 51 Mitarbeiter, der Bezirk Rostock beschäftigte davon drei.[141] Ende 1989 arbeitete auf der Rostocker Kirchenlinie des MfS sieben Mitarbeiter.[142] Wie viele Inoffizielle Mitarbeiter von der Hauptabteilung XX/4 in Berlin und den entsprechenden Abteilungen XX/4 auf Bezirksebene geführt wurden, kann nur geschätzt werden. Vermutlich waren es ca. 800, wobei die Kreisdienststellen nicht beachtet wurden.[143]

Die Bezirksverwaltung des MfS in Rostock beschäftigte 1987 insgesamt 3.261 Mitarbeiter und war damit die größte Bezirksverwaltung in der DDR.[144] Leiter der Bezirksverwaltung Rostock war Generalmajor Rudolf

---

139 Vgl. dazu Thomas Auerbach, Matthias Braun, Bernd Eisenfeld, Gesine von Prittwitz, Clemens Vollnhals: Hauptabteilung XX: Staatsapparat, Blockparteien, Kirchen, Kultur, „politischer Untergrund“ (MfS-Handbuch). Hg. BStU, Berlin 2008. URL: *http://www.nbn-resolving.org/urn:nbn:de:0292-97839421301343* [Stand: 29.2.2016], S. 99.

140 Klaus Roßberg/Peter Richter: Das Kreuz mit dem Kreuz. Ein Leben zwischen Staatssicherheit und Kirche, Berlin 1996, S. 56.

141 Vgl. Thomas Auerbach, Matthias Braun, Bernd Eisenfeld, Gesine von Prittwitz, Clemens Vollnhals: Hauptabteilung XX: Staatsapparat, Blockparteien, Kirchen, Kultur, „politischer Untergrund“ (MfS-Handbuch). Hg. BStU, Berlin 2008. URL: *http://www.nbn-resolving.org/urn:nbn:de:0292-97839421301343* [Stand: 8.3.2016], S. 96.

142 Ebd., S. 100.

143 Ebd., S. 101.

144 Vgl. David Gill/Ulrich Schröter: Das Ministerium für Staatssicherheit. Anatomie des Mielke-Imperiums, Berlin 1991, S. 55.

Mittag, Leiter der Abteilung XX war Major Rolf Krull. Der Leiter des Referats XX/4 der Bezirksverwaltung des MfS in Rostock Oberleutnant Fiedler war seit Anfang der siebziger Jahre der Gesprächspartner von Bischof Horst Gienke.[145] Später übernahm Oberst Amthor, Stellvertreter Operativ und damit einer der höchsten MfS-Offiziere der Rostocker Bezirksverwaltung des MfS, die Gespräche. Oberleutnant Fiedler, der 1986 zum Major befördert wurde, führte die IM „Titus" (Superintendent Siegfried Bohl), „Hiller" (Oberkonsistorialrat Siegfried Plath), „Ingolf Seidel" (Oberkonsistorialrat Christoph Ehricht) und „Dietrich" (Präses Dietrich Affeld). Die IM „Gisela" (Vikarin Ines Fleckstein)[146] und „Torsten" (Rechtsanwalt Wolfgang Schnur) gehörten zeitweilig auch zu „seinen" IM.[147] Oberleutnant Wegner, auch aus Rostock, war ebenfalls Führungsoffizier von Siegfried Bohl und Siegfried Plath sowie Hans-Martin Harder und führte darüber hinaus auch Ines Fleckstein. Diese beiden Mitarbeiter der Bezirksverwaltung des MfS, zu denen sporadisch weitere kamen, hatten damit einen sehr guten Überblick über die Vorgänge im Konsistorium.[148]

Die Kreisdienststelle (KD) des MfS in Greifswald war mit 58 Mitarbeitern sehr groß, durchschnittlich umfassten Dienststellen des MfS auf dieser Ebene nur etwa 20 bis 30 Mitarbeiter.[149] Aufgrund der kirchenpolitischen Bedeutung Greifswalds als Sitz eines Bischofs, der Kirchenleitung und des Konsistoriums sowie der Theologischen Sektion[150] der Ernst-Moritz-Arndt-Universität hatte jedoch die Bezirksverwaltung des MfS einen wesentlichen Teil der Arbeit übernommen. Leiter der KD war bis 1989 Oberst Peter Erfurth.[151] Die KD Greifswald gliederte sich in fünf Referate: Volkswirtschaft, Univer-

145 Gespräch mit Altbischof Dr. Horst Gienke, Westerstede, am 12.5.1998.

146 Ines Fleckstein hatte zwei Decknamen. Zwischen 1982 und 1988 führte sie den Decknamen „Gisela". Im August 1988 wurde dieser in „Jörg Sander" geändert, um sie als „Quelle" zu schützen. Im Folgenden wird aus Gründen der Übersichtlichkeit jedoch nur von „Gisela" gesprochen.

147 Die IM hatten jeweils nur einen Führungsoffizier, jedoch war es nicht selten, dass dieser innerhalb einer längeren IM-Tätigkeit wechselte. Dies konnte aus persönlichen Gründen, beispielsweise aufgrund der Entwicklung einer privaten Beziehung zwischen IM und Führungsoffizier, der Fall sein. Ein Wechsel diente jedoch vor allem der internen Kontrolle der Mitarbeiter des MfS. Vgl. Quellenverzeichnis S. 474 f.

148 Im Folgenden wird der Begriff der „Kirchenführung" wiederholt gebraucht und damit eine Unterscheidung zur Kirchenleitung vorgenommen. „Kirchenführung" meint dabei nur einige wenige kirchliche Amtsträger, und zwar diejenigen, die Kontakt zu den staatlichen Stellen – unter anderem zum MfS – unterhielten. Das waren Bischof Gienke, die OKR Harder, Plath sowie teilweise OKR Ehricht. Präses Affeld kann zu dieser Gruppe wohl nicht gerechnet werden.

149 Vgl. Karl Wilhelm Fricke: Die DDR-Staatssicherheit. Entwicklung, Strukturen, Aktionsfelder, Köln 1989, S. 65.

150 Im Zuge der III. Hochschulreform ab 1967 gingen die Fakultäten in (kleinere) Sektionen auf.

151 Eine Kreisdienststelle verfügte über erhebliche logistische Möglichkeiten. So hatte der Leiter zwei Stellvertreter, zwei Offiziere für Kader- bzw. Reisetätigkeit sowie einen „Beauftragten", der sich um die Heizung, den Funkverkehr, die Schreibkräfte und die Chauffeure kümmerte. Vgl. Abschlußbericht der Arbeitsgruppe Staatssicherheit des Untersuchungsausschusses der Stadt Greifswald, Greifswald 1990, S. 2.

sität, Politische Untergrundtätigkeit (PUT), Sicherheitsüberprüfungen und Informationstätigkeit,[152] wobei für die vorliegende Arbeit besonders das Referat „Universität" von Bedeutung ist. Die Mitarbeiter dieses Referates lenkten den Einsatz jugendlicher IM in der Evangelischen Studentengemeinde (ESG) in Greifswald. Im Juli 1989 wurden von der KD Greifswald insgesamt 486 Inoffizielle Mitarbeiter geführt.[153] Die Kreisdienststelle des MfS befand sich in unmittelbarer Nähe des Konsistoriums und der ESG, nämlich in der Domstraße 11 gegenüber der Jakobikirche und nicht weit entfernt vom Dom.

Die Qualifikation der Mitarbeiter des Ministeriums für Staatssicherheit, die auf der „Kirchenlinie" arbeiteten, war seit Gründung der Abteilung im Jahr 1954 unzureichend. Ein – in der Regel juristisches – Studium absolviert hatte die Masse der Mitarbeiter erst in den siebziger Jahren, wie das Handbuch der Abteilung XX/4, herausgegeben vom Bundesbeauftragten für die Stasi-Unterlagen im Jahr 2008, analysiert. Bis dahin seien proletarische Herkunft und sozialistische Einstellung wichtigere Einstellungskriterien gewesen.[154]

Diese Situation hatte sich auch in den achtziger Jahren noch nicht grundlegend geändert. Unter anderem auch deswegen, weil die evangelische Kirche neben traditionellen nun auch moderne Formen und Themen der Arbeit entwickelt hatte. Die traditionelle Kirche war nicht die Kirche, die der Staatssicherheit „Arbeit" machte, sondern die neuen Entwicklungen und Gruppen. Zumindest wollte die MfS-eigene Presseabteilung sicherstellen, dass die eigenen Mitarbeiter die oftmals verworrene Argumentation der SED-Kirchenpolitik nachvollziehen konnten. Beleg dafür ist eine 1987 herausgegebene Broschüre zur „Öffentlichkeitsarbeit", die als „Vertrauliche Verschlußsache" gekennzeichnet war und deshalb MfS-Räume nicht verlassen durfte: „Angriffe auf die Politik der SED gegenüber den Kirchen der DDR und Versuche ihres Mißbrauchs durch den Gegner". Gemeint waren wohl Angriffe auf die SED-Kirchenpolitik aus der Bundesrepublik Deutschland und den DDR-Kirchen. Das hellblaue A5-Heftchen bestand aus drei Kapiteln zu den Themen „Kirchen im Sozialismus – Christen in der DDR", „Störversuche – Mißbrauch der Kirchen im Sinne des Gegners" und „Ohne doppelten Boden – die Politik der SED in Kirchenfragen" und erklärte knapp und verständlich kirchenpolitisches Basiswissen zur Bedeutung des Gespräches vom

---

152 Vgl. Unabhängiger Verein zur historischen, politischen und juristischen Aufarbeitung der DDR-Vergangenheit e. V. (UVA): Abschlußbericht der ersten Arbeitsgruppe zur Aufarbeitung der SED-Archive der ehemaligen Bezirke Schwerin, Neubrandenburg und Rostock in den Landesarchiven Greifswald und Schwerin, Rostock 1994, S. 32.

153 Vgl. Ammer/Memmler (1991), S. 169.

154 Vgl. Auerbach et al. (2008), S. 92.

6. März 1978, zur Position der Kirchen in der DDR unter der Überschrift „Mitverantwortung ohne Sonderrechte" und zur finanziellen Situation der evangelischen Kirchen unter der Überschrift „Woher die Gelder kommen". Der Dokumentenanhang enthielt außerdem das vollständige Interview des Nachrichtenmagazins „Der Spiegel" mit Bischof Forck, veröffentlicht in Nr. 21/1987. Wurde hier versucht, die SED-Kirchenpolitik „aufzufrischen"?

DDR-Geschichte war lange Stasi-Geschichte, und eben dies wird gegenwärtig in der Öffentlichkeit besonders kritisiert. Die SED würde als Quelle des Unrechtsstaates ausgeblendet, stattdessen das MfS gescholten, wo eigentlich die SED gemeint sei. Dahinter stecke ein gezieltes Ablenkungsmanöver der SED/PDS, die in den Wendemonaten den Geheimdienst „in Szene" gesetzt habe, um einen Sündenbock zu kreieren und von sich abzulenken.[155]

Tatsächlich hat sich die Forschung bisher in größtem Ausmaß dem Ministerium für Staatssicherheit und seiner Kirchenpolitik zugewendet, aber nur in sehr begrenztem Maße der Kirchenpolitik der SED. Dies lag aber nicht an einer verengten Wahrnehmung der Forschung, sondern an den faktischen Verhältnissen zwischen Staat, Partei und Geheimdienst. Die Partei hat sowohl die Bezirksverwaltungen als auch die Bezirksverwaltungen des MfS gelenkt, ohne selbst ein Konzept oder wenigstens einen Überblick zu haben. Die konzeptionelle Arbeit ging wesentlich vom Geheimdienst sowie der Arbeitsgruppe Kirchenfragen beim ZK der SED aus.

Dass sich die SED mitsamt Mitgliederliste und Parteibüchern in die Bundesrepublik Deutschland hinüberretten konnte und sich einen rechtsstaatlichen Anspruch auf Schutz sicherte, der es heute erschwert, diese Parteidiktatur im Detail zu beschreiben, ist ein bedauerlicher Fakt. Hier wie anderswo behindert die personelle Kontinuität die Aufarbeitung.

Die wichtigsten mit kirchenpolitischen Fragen befassten Parteiorgane waren das Politbüro der SED, das Sekretariat des Zentralkomitees der SED und die Arbeitsgruppe für Kirchenfragen beim Zentralkomitee. Die Arbeitsgruppe unterstand dem zuständigen Sekretär des ZK der SED, der zugleich auch Mitglied des Politbüros war. Von 1971 bis 1984 waren dies Paul Verner und anschließend Werner Jarowinsky.[156] Die Arbeitsgruppe für Kirchenfragen war dem Staatssekretariat für Kirchenfragen gegenüber weisungsberechtigt.[157] Weder das ZK noch das Politbüro fassten in den achtziger Jahren wichtige Grundlagenbeschlüsse oder stimmten über kirchenpolitische Kon-

155 Vgl. Mauerfall. Sündenbock der Partei. DDR-Forscher Manfred Wilke über den erfolgreichen Versuch der SED, die Stasi als Alleinschuldige der Diktatur darzustellen, in Focus Nr. 17 (2007), S. 36–40.

156 Beide hatten daneben weitere Verantwortungsbereiche.

157 Vgl. Martin Georg Goerner (1994), S. 53–63.

zeptionen ab.[158] In Konfliktsituationen bestimmte die Arbeitsgruppe Kirchenfragen den kirchenpolitischen Weg.

Auch die Bezirksleitungen sowie die Kreis- und Ortsleitungen der SED hatten Mitarbeiter, die sich mit Kirchenfragen befassten. Die SED-Bezirksleitung in Rostock bestand im Jahr 1989 aus etwa 150 hauptamtlichen politischen Funktionären.[159] Das oberste Gremium der Bezirksleitung war das Sekretariat, das vom 1. Sekretär der Bezirksleitung der SED geleitet wurde. Seit Mitte der siebziger Jahre war dies Ernst Timm, der auch Mitglied des ZK der SED war. Mitglied des Sekretariats der SED-Bezirksleitung waren kraft ihrer Funktion alle leitenden Funktionäre gesellschaftlicher und staatlicher Organisationen, u. a. der Vorsitzende des Rates des Bezirks sowie der Leiter der Bezirksverwaltung des MfS. Innerhalb der direkt dem Sekretariat der Bezirksleitung angeschlossenen Abteilung „Staat und Recht" war ein Mitarbeiter für Kirchenfragen zuständig, für die Evangelische Landeskirche Greifswald war das Reinhardt Brüssow. Die Anleitung und Ausbildung der Mitarbeiter der Bezirks- und Kreisleitungen der SED erfolgte durch die Arbeitsgruppe Kirchenfragen beim ZK der SED.

Offizielle Gespräche von Vertretern der Evangelischen Landeskirche Greifswald beim 1. Sekretär der SED-Bezirksleitung, Ernst Timm, waren selten, jedoch nahm nahezu immer Reinhardt Brüssow teil. Diese direkte Verbindung war ungewöhnlich und zeigte, dass die SED an einem direkten Kontakt zur Landeskirche Greifswald interessiert war. Brüssow genoss bei den kirchlichen Vertretern hohes Ansehen, weil er mehr als andere SED-Funktionäre um Lösungen bemüht war, wie Zeitzeugen betonen.[160]

4.3 Schnittstellen zwischen den staatlichen Organen und der SED

Zwischen den staatlichen Organen im Bezirk und der SED waren drei Verknüpfungen besonders bedeutsam. Erstens sorgte der fest geregelte Informationsaustausch zwischen den kirchenpolitischen Abteilungen der SED, dem Referat für Kirchenfragen beim Rat des Bezirks und der Abteilung XX/4 des MfS auf Bezirksebene für eine schnelle und umfassende Unterrichtung aller staatlichen Funktionäre über kirchliche Ziele und Schwachstellen. Das Refe-

158 Vgl. dazu auch Frederic Hartweg (1995), S. 394. Dohle spricht von einem „konzeptionelle[n] Defizit in der Beschlußlage des Sekretariats des ZK der SED".

159 Vgl. Unabhängiger Verein zur historischen, politischen und juristischen Aufarbeitung der DDR-Vergangenheit e. V. (Hg.) (1994), S. 16.

160 Gespräch mit Dietrich Affeld, Greifswald, am 14.4.1998 und mit OKRPr. Hans-Martin Harder, Greifswald, am 23.7.1997.

rat Kirchenfragen beim Rat des Bezirks schrieb alle zwei Monate einen „Informationsbericht zur kirchenpolitischen Lage“ an das Staatssekretariat für Kirchenfragen, ein Durchschlag des Berichtes ging immer an die SED-Bezirksleitung. Die SED-Bezirksleitung konnte Informationen zu bestimmten Problemen direkt vom MfS einfordern, zum Beispiel zu den Wahlen.[161] Alle zwei bis drei Tage ging ein Bericht aus der Bezirksverwaltung des Ministeriums für Staatssicherheit an den 1. Sekretär der Bezirksleitung der SED, in dem das MfS zur allgemeinen Lage und zu besonderen Vorkommnissen berichtete. Von dort aus gingen die Informationen dann weiter an die betreffenden Funktionäre in den Betrieben, in der Stadtverwaltung, an die Volkspolizei usw.[162] Wichtige Informationen wurden mündlich an den Vorsitzenden des Rates des Bezirks und die SED-Bezirksleitung weitergegeben.

Zweitens gab es durch die Mitgliedschaft der höchsten Funktionäre im Sekretariat der Bezirksleitung der SED sowie im Rat des Bezirks etablierte Kommunikationswege, über die eine gemeinsame kirchenpolitische Linie abgestimmt wurde. So waren der Leiter der Bezirksverwaltung des MfS, der Vorsitzende des Rates des Bezirks und weitere Spitzenfunktionäre aus der Freien Deutschen Jugend (FDJ) und dem Freien Deutschen Gewerkschaftsbund (FDGB) automatisch Mitglied des Sekretariats der Bezirksleitung der SED.[163] Die Leiter der SED-Bezirksleitung bzw. der Bezirksverwaltung des MfS im Bezirk waren wiederum Mitglied des Bezirkstages. Das MfS war über die Vorgänge im Rat des Bezirks und der SED-Bezirksleitung informiert, denn es bestand über einen Mitarbeiter der Bezirksverwaltung des MfS eine direkte Beziehung zum Referenten für Kirchenfragen beim Rat des Bezirks.[164] Der 1. Stellvertreter Inneres des Rates des Bezirks unterstand direkt dem Vorsitzenden des Rates des Bezirks, aber auch dem Ministerium des Inneren, und gleichzeitig war er Anlaufpunkt des MfS. Die vom Referat für Kirchenfragen vorgesehene Kirchenpolitik des Rates des Bezirks wurde grundsätzlich mit dem zuständigen Mitarbeiter der Abteilung Kirchenfragen in der Bezirksleitung der SED sowie mit der Abteilung XX/4 des MfS abgesprochen.[165] Das MfS hielt seine eigenen Sitzungen jedoch ohne Beteiligung anderer Dienststellen ab.

Drittens waren alle wichtigen staatlichen Funktionäre durch die Mitgliedschaft in der SED an deren Kirchenpolitik gebunden. Diese sicherte, dass

161 Vgl. Ammer/Memmler (1991), S. 72.

162 Vgl. ebd., S. 69 f.

163 Vgl. Unabhängiger Verein zur historischen, politischen und juristischen Aufarbeitung der DDR-Vergangenheit e. V. (UVA(1994), S. 12 ff.

164 Vgl. Ammer/Memmler (1991), S. 139.

165 Vgl. Uwe Funk: Die „Beheimatung“ der „fünften Kolonne“. Politikfeldanalytische Überlegungen zur DDR-Kirchenpolitik (unveröffentlichte Disposition einer politikwissenschaftlichen Promotionsarbeit, Privatarchiv).

über Parteidisziplin und Parteischule die jeweilige Linie und aktuellen Entscheidungen in jedem gesellschaftlichen Bereich durchgesetzt werden konnten. Ein Funktionär in einer höheren Position war somit nie nur den Interessen seines Organs, beispielsweise dem Rat des Bezirkes Rostock, verpflichtet, sondern immer auch und in erster Linie der SED.

Von großer Bedeutung waren auch die „Partner des operativen Zusammenwirkens" (POZW) des MfS. Von allen Verwaltungen, Massenorganisationen und Parteien, aus der Wirtschaft und den staatlichen Untersuchungsorganen (Zoll, Volkspolizei) konnte das MfS die Herausgabe von Informationen zu Personen und Organisationen verlangen und der SED zur Verfügung stellen. Darüber hinaus hatte das MfS die Möglichkeit, in nahezu jede gesellschaftliche Position einen Inoffiziellen Mitarbeiter des MfS einzusetzen und so Entwicklungen zu beeinflussen. Außerdem existierten im Bezirk Rostock Verknüpfungen zwischen den Referaten für Kirchenfragen beim Rat des Bezirks bzw. den Räten der Kreise und dem MfS.[166] Aber auch auf den höchsten Ebenen, zum Beispiel im Staatssekretariat für Kirchenfragen, arbeiteten hochrangige IM.[167] So war Klaus Gysi vor seiner Zeit als Staatssekretär für Kirchenfragen Inoffizieller Mitarbeiter des MfS und hielt auch in Ausübung dieser Funktion weiterhin engen Kontakt dorthin. Der stellvertretende Staatssekretär, Hermann Kalb, war seit 1977 als IM für das MfS tätig.[168] Der Leiter der Abteilung „Evangelische Kirchen", Peter Heinrich, war sogar als Offizier im besonderen Einsatz (OibE) des Staatssicherheitsdienstes beschäftigt und mit ihm noch zwei weitere hauptamtliche Inoffizielle Mitarbeiter.[169] Darüber hinaus bestand durch einen Verbindungsoffizier eine direkte Beziehung zwischen dem Staatssekretariat für Kirchenfragen und der HA XX/4 des MfS in Berlin.[170] Hingegen durfte die SED nicht höher als bis zur Kreisebene bearbeitet werden.[171] Die inoffiziellen Verknüpfung von MfS und staatlichen Organen durch IM unter den Verwaltungsangestellten verstärkte die Bedeutungslosigkeit der administrativen Organe, die, selbst unterwan-

---

166 Ein Beispiel dafür nennt Peter Beier: Die „Sonderkonten Kirchenfragen" (1997), S. 133. Hieraus ist jedoch nicht abzuleiten, dass Vertreter der Kirchen über solche Kontakte als IM angeworben wurden und ohne ihr Wissen als IM geführt werden konnten. Die Kontaktaufnahme durch das MfS erfolgte nicht über diese offiziellen Dienststellen, sondern am Arbeitsplatz oder in der Wohnung der anzuwerbenden Person und nicht durch den Referenten für Kirchenfragen. Dieser war um die Geheimhaltung seiner IM-Tätigkeit bemüht.

167 Vgl. Armin Boyens (1996), S. 134. Klaus Gysi war beim MfS als IM „Kurt" registriert. Vgl. zu dieser Thematik auch Clemens Vollnhals (1996), S. 96.

168 Vgl. Armin Boyens (1996), S. 127.

169 Vgl. Clemens Vollnhals: Die kirchenpolitische Abteilung des Ministeriums für Staatssicherheit (1996), S. 96. Offiziere im besonderen Einsatz waren hauptamtliche IM, die vom MfS bezahlt wurden und über das MfS auch sozialversichert waren. Vgl. dazu auch Gill/Schröter (1991), S. 118–121.

170 Vgl. Pollack (1994), S. 283.

171 Vgl. von Saß/von Suchodoletz (1990), S. 125.

dert und kontrolliert, kaum ihre Eigenständigkeit bewahren konnten.
Trotz dieser scheinbar klaren Verbindungen sind gegenwärtig wichtige Informationswege noch nicht genau bekannt. So ist noch nicht erwiesen, wie die kirchenpolitischen Kanäle zwischen der Arbeitsgruppe Kirchenfragen beim ZK der SED, dem zuständigen Sekretär im Zentralkomitee und Mitglied im Politbüro sowie dem Staatssekretariat für Kirchenfragen verliefen. Auf der Bezirksebene verhält es sich ebenso: Die Bezirksleitung der SED konnte dem MfS und dem Rat des Bezirks Aufträge erteilen, die oft nur mündlich vorgetragen wurden und heute schwierig nachzuvollziehen sind.

4.4 Die Struktur der evangelischen Kirche in der DDR

Auf dem Gebiet der DDR bestanden acht evangelische Landeskirchen.[172] Das waren, der Fläche nach geordnet und mit der Größten beginnend, die Berlin-Brandenburgische Landeskirche mit Sitz in Berlin, die Sächsische Landeskirche mit Sitz in Dresden, die Evangelisch-Lutherische Landeskirche Mecklenburgs mit Sitz in Schwerin, die Thüringische Landeskirche mit Sitz in Eisenach, die Provinzsächsische Landeskirche mit Sitz in Magdeburg, die Evangelische Landeskirche Greifswald mit Sitz dortselbst, die Anhaltische Landeskirche mit Sitz in Dessau und die Kirche des Görlitzer Gebietes als kleinste Landeskirche.
Diese acht Landeskirchen hatten sich im Jahr 1969 nach massivem staatlichen Druck von der Gemeinschaft der Evangelischen Kirche in Deutschland (EKD) gelöst und hatten den Bund der Evangelischen Kirchen in der DDR (BEK) gegründet. Während die Abspaltung von der EKD im Interesse der SED lag, die stets – und zu Recht – die Infiltration sozialismusfeindlicher Ideen durch die Verbindungen in die Bundesrepublik vermutete, war die Gründung des Bundes der Evangelischen Kirchen in der DDR nicht in ihrem Sinn. Eine gemeinsame Interessenvertretung der Landeskirchen würde die Arbeit mit den Kirchen schwieriger machen, als man es sich von acht einzelnen Landeskirchen erhofft hatte. Ein wichtiges kirchenpolitisches Ziel der SED-Kirchenpolitik war daher die „Differenzierung" zwischen den acht Landeskirchen, also die Störung des Miteinanders im Kirchenbund durch Hervorhebung einzelner Kirchen oder Amtsträger. In den sechziger und siebziger Jahren war das die Thüringische Landeskirche, in den achtziger Jahren sollte es die Landeskirche Greifswald sein.

172 Vgl. Karte der kirchlichen Verwaltungseinheiten (BArch, DO-4, 1235).

Das höchste Organ des Bundes war die Konferenz der Kirchenleitungen (KKL), die sich aus den acht Bischöfen und jeweils einem Vertreter der Landeskirche zusammensetzte. Darüber hinaus waren jeweils zwei Vertreter des Sekretariates des Bundes der Evangelischen Kirchen und das Präsidium der Bundessynode in der KKL vertreten. Aus ihr wurde der fünfköpfige Vorstand gebildet. Die Bundessynode war das höchste kirchliche Parlament in der DDR. Sie setzte sich vorrangig aus den delegierten Synodalen der acht Landeskirchen zusammen und tagte einmal im Jahr. In den achtziger Jahren gingen kirchenpolitische Impulse zunehmend von der Bundessynode aus. Diese Entwicklung konnte der Staat trotz eines massiven Einsatzes von Inoffiziellen Mitarbeitern des MfS nicht verhindern.[173]
Wie bereits beschrieben, gehörte die Greifswalder Landeskirche außerdem der Evangelischen Kirche der Union an, in der die unierten Kirchen aus der DDR und aus der Bundesrepublik zusammenkamen. Dieser Bund wurde auch nach der Gründung des DDR-Kirchenbundes im Jahr 1969 nicht aufgelöst, sondern bestand bis 1989 weiter und sorgte für einen regen Austausch der Greifswalder Kirche mit anderen Landeskirchen in Ost und West.[174]
Die theologische und kirchenpolitische Leitung und Vertretung der Landeskirche nach außen hatte der Bischof. In der Landeskirche Greifswald wurde in das Bischofsamt auf Lebenszeit berufen, daher hatte die Landeskirche seit 1945 auch nur drei Bischöfe: 1947 bis 1955 Bischof Karl von Scheven, 1955 bis 1972 Bischof Friedrich-Wilhelm Krummacher und seit 1972 Bischof Dr. Horst Gienke. Die Verwaltung der Landeskirchen erfolgte über ein landeskirchliches Konsistorium, auch „Landeskirchenamt" oder „Oberkirchenrat" genannt. Das Konsistorium in Greifswald arbeitete in Dezernaten. Herausgehobene Stellungen hatten der Theologische und der Juristische Leiter, Siegfried Plath und Hans-Martin Harder.
Die Landessynoden setzten sich aus kirchlichen Laien, Pastoren und Mitarbeitern zusammen, tagten im Frühjahr und Herbst jeden Jahres und arbeiteten ebenso wie die Bundessynode in Arbeitsgruppen und Ausschüssen. Sie waren das höchste Organ der Landeskirchen und ihre Aufgaben wurden, wenn sie nicht tagten, durch die jeweilige Kirchenleitung übernommen. Die Landessynode der Greifswalder Kirche hatte zwischen 65 und 70 Mitglieder und tagte einmal im Jahr im November in den Diakonieanstalten in Züssow, 10 Kilometer südlich von Greifswald. Zu ihr gehörten Laien, Gemeindepfar-

173 Vgl. dazu auch Anke Silomon: Synode und SED-Staat: die Synode des Bundes der Evangelischen Kirchen in der DDR in Görlitz vom 18.–22. September 1987, Göttingen 1997 (= Arbeiten zur kirchlichen Zeitgeschichte, Reihe B: Darstellungen, Bd. 24).

174 Im Gegensatz dazu traten die lutherischen Kirchen im Dezember 1968 aus der gesamtdeutschen Vereinigten Evangelisch-Lutherischen Kirche Deutschlands (VELKD) aus und gründeten die Vereinigte Evangelisch-Lutherische Kirche in der DDR.

rer, Superintendenten und die leitenden Mitglieder des Konsistoriums sowie die Kirchenleitung.

Die Evangelische Landeskirche Greifswald bestand in den achtziger Jahren aus 15 Kirchenkreisen, die von zwei Pröpsten seelsorgerisch geleitet wurden und die direkt dem Bischof untergeordnet waren. Der Kirchenkreis Greifswald hatte eine gewisse Sonderstellung, die sich auch im Selbstbewusstsein der dortigen Pfarrer und kirchlichen Mitarbeiter widerspiegelte. Worauf das Greifswalder Selbstbewusstsein beruhte, ist nicht ganz eindeutig zu fassen: sicherlich auf der Nähe zu Konsistorium und der Bischofsvilla, aber auch auf der Nähe zum Dom und vor allem auf der Atmosphäre einer kleinen Universitätsstadt. Nicht nur aus Greifswald,[175] sondern auch aus anderen Kirchenkreisen wie beispielsweise dem Kirchenkreis Usedom[176] kam im Sommer 1989 eindeutige und grundlegende Kritik an Bischof Gienke und der Ruf nach dessen Rücktritt.

In der Landeskirche Greifswald waren in den achtziger Jahren zwischen 180 und 200 Pfarrer angestellt. Die nahezu 400 Gemeinden waren zusammengefasst zu Überlandgemeinden mit mehreren Predigtstellen; trotzdem war eines der größten Probleme der Landeskirche die hohe Anzahl vakanter Stellen. 1985 beispielsweise waren 17 Pfarrstellen vakant. Die überwiegend ländliche Lebensweise prägte die Menschen und die Verhältnisse. Stralsund mit knapp 73.000 Einwohnern und Greifswald mit etwa 66.000 Einwohnern im Jahr 1990 waren die beiden größten Städte.[177] Das Greifswalder Gebiet gehörte zu den Regionen in der DDR, die kein „Westfernsehen“ empfangen konnten. Die Kreidefelsen auf der Insel Rügen, die historische Altstadt von Stralsund – 2002 zusammen mit der Wismarer Altstadt zum UNESCO-Weltkulturerbe erklärt –, die Insel Usedom und die Boddenlandschaft nordöstlich von Greifswald gehörten zu den landschaftlich und kulturell besonders schönen Regionen der DDR.

Kirchenpolitik fand seitens der DDR-Kirchen auf zwei Ebenen statt: auf der Ebene des Bundes der Evangelischen Kirchen in der DDR (BEK) durch den Vorstand der KKL und auf der Ebene der Landeskirchen durch den Bischof, die Landessynode und die leitenden kirchlichen Mitglieder der kirchlichen Verwaltung. Grundsätzlichere, alle evangelischen Landeskirchen in der DDR betreffende Fragen wurden auf der Ebene des BEK beraten. Die sogenannten „Sachgespräche“ bzw. „Informationsgespräche“ fanden zwischen Vertretern des Vorstandes oder mit dem ganzen Vorstand der Konferenz der Kirchenlei-

175 Der Greifswalder Pfarrkonvent richtete Anfang Juli 1989 eine Eingabe an die Kirchenleitung mit der Bitte, gegen den Bischof einen Misstrauensantrag zu stellen.

176 Gespräch mit Pastor i. R. Rainer Berndt, Trassenheide, am 18.11.2015.

177 Vgl. für Stralsund URL: *http://www.stralsundwiki.de/index.php/Demographie* und für Greifswald: *https://de.wikipedia.org/wiki/Greifswald* [Stand: 20.12.2015].

tungen und dem Staatssekretariat für Kirchenfragen statt. Bisweilen nahmen daran auch weitere Mitglieder der Regierung der DDR teil, beispielsweise Staatssekretäre aus den Ministerien. Diese Gespräche waren jedoch selten. Die landeskirchliche Politik wurde im Idealfall vom Bischof im Zusammengehen mit der Landessynode gestaltet und von den Mitarbeitern der kirchlichen Verwaltung umgesetzt. Sie richtete sich in ihren inhaltlichen Zielen zum einen an den Bedürfnissen der Landeskirche, zum anderen jedoch in unterschiedlich starkem Maß an der Grundlinie des Kirchenbundes aus. Ebenso wie zwischen den staatlichen und parteigebundenen Organen gab es auch eine interne kirchliche Informationskette zwischen Bund und Landeskirchen. Diese war allerdings weit weniger konspirativ und nur für Notfälle mit besonderer Dringlichkeit eingerichtet. Zum Schutz vor dem unbefugten Einblick des Staates in die internen Absprachen wurden wichtige Informationen mündlich ausgetauscht, z. B. auf den monatlichen Sitzungen des Vorstandes der KKL, den achtwöchentlichen Sitzungen der KKL selbst oder auf deren Sondertagungen. Auf landeskirchlicher Ebene fanden Gespräche des Bischofs mit seinen engsten Mitarbeitern, Sitzungen der Kirchenleitung sowie des Konsistorialkonsistoriums statt, die zur Informationsweitergabe dienten. Die entsprechenden Protokolle wurden jedoch bewusst so knapp gehalten, dass Unbefugte nur das Ergebnis der Tagungen, aber nicht den Diskussionsverlauf hätten erkennen können. Die Landeskirchen informierten den Bund (BEK) schriftlich über wichtige Gespräche mit staatlichen Stellen, für dringende Fälle gab es einen geheimen Verteiler innerhalb der kirchlichen Verwaltungsbehörden. Eilige und brisante Informationen wurden niemals mit der Post an den Adressaten weitergeleitet, sondern immer mit dem bischöflichen Fahrer oder einem sonst vertrauenswürdigen Kurier. Die kirchlichen Strukturen waren wesentlich weniger ausgebaut als die staatlichen, daher waren sie aber auch überschaubarer und profitierten von kürzeren Dienstwegen. Man kannte sich auf der Leitungsebene der Landeskirchen sehr gut, traf sich regelmäßig zu Sitzungen der Konferenz der Kirchenleitung und des Vorstandes, aber auch einmal jährlich zur sogenannten „Bischofsrüste" im Beisein der Ehefrauen der Bischöfe. Mit Eberhard Natho (Anhalt, 1970), Johannes Hempel (Sachsen, 1971), Heinrich Rathke (Mecklenburg, 1971), Horst Gienke (Greifswald, 1972), Werner Leich (Thüringen, 1978) und Gottfried Forck (Berlin-Brandenburg, 1981) kam eine neue Generation von Bischöfen ins Amt, die um 1930 geboren waren,[178] von denen manche sogar gemeinsam studiert und im Predigerseminar gewesen waren, so Heinrich Rathke und Horst Gienke. Dennoch war der Kirchenbund durch-

[178] Gottfried Forck: geboren 1923, Werner Leich: geboren 1927, Johannes Hempel: geboren 1929, Heinrich Rathke: geboren 1928; Horst Gienke: geboren 1930, Eberhard Natho: geboren 1932.

aus eine flexible Gemeinschaft. An entscheidenden Punkten der DDR-Geschichte, unter anderem bei der Ablehnung der Veranstaltungsverordnung 1971 und bei der Rezeption des Gespräches vom 6. März 1978, war er eine Vertretung aller Landeskirchen. In vielen anderen strittigen Fragen blieb man miteinander zwar auf Bundesebene im Gespräch, um dann „zu Hause" unterschiedliche Wege zu gehen, beispielsweise in der Frage, wie viel Schutz die Basisgruppen in den Landeskirchen bekommen sollten, wie man kirchlicherseits mit den Antragstellern auf Übersiedlung umgehen sollte usw. Diese Differenzen nutzte die SED aus, indem sie nicht den Kirchenbund, sondern die Landeskirchen einzeln ansprach und deren unterschiedliche Interessen für sich fruchtbar zu machen versuchte.

5 Kirchliche Leitungsorgane und Amtsträger im staatlichen Visier

Die Kirchenpolitik der DDR-Führung war ein Zusammenspiel von langfristigen Orientierungen und taktischen Wendungen. Grundlegendes Ziel war es, den Einfluss der staatlichen Organe auf alle kirchlichen Entscheidungsprozesse zu sichern.

Zur Durchsetzung ihrer kirchenpolitischen Ziele standen der SED vier grundlegende Strategien zur Verfügung: die atheistische Propaganda, die politische Mobilisierung, die Kaderpolitik und administrative Maßnahmen.[179] Die „Kaderpolitik“ im kirchlichen Raum war darauf ausgerichtet, staatsloyale Amtsträger zu fördern, die die Interessen der Partei beachten und Konfrontationen mit dem Staat vermeiden würden.

Versuche der Einflussnahme auf die Kirche setzten in allen Landeskirchen bei den hohen Amtsträgern und Gremien an.[180] Das Ministerium für Staatssicherheit war besonders aggressiv, aber auch die SED, die Räte der Kreise und der Rat des Bezirks versuchten, einen direkten Kontakt zu einzelnen Pfarrern, Mitarbeitern, Juristen und Verwaltungsangestellten aufzubauen. Das Interesse des Staates richtete sich vorrangig auf das Evangelische Konsistorium als kirchliche Verwaltungsbehörde sowie auf die Kirchenleitung, die Landessynode und einzelne Personen wie z. B. den Bischof und den Präses.[181] Nach derzeitigem Erkenntnisstand konnten jedoch in keiner anderen Landeskirche so viele hochrangige Amtsträger in ein enges Verhältnis zu staatlichen Stellen – nicht nur zum MfS – gebracht werden wie in der Evangelischen Landeskirche Greifswald. Hier waren es der Bischof, der Präses und drei von vier leitenden Konsistorialräten, insgesamt also fünf von acht Amtsträgern der Landeskirche, die als Inoffizielle Mitarbeiter des MfS registriert waren. Die beiden Pröpste bewahrten sich ihre Autonomie.

---

179 Vgl. Robert F. Goeckel: Die evangelische Kirche in der DDR. Konflikte, Gespräche, Vereinbarungen unter Ulbricht und Honecker, Leipzig 1995, S. 56.

180 Vgl. Ulrich Schröter: Die „Bearbeitung“ der Landeskirche Berlin-Brandenburg durch das MfS, in: Clemens Vollnhals (Hg.): Die Kirchenpolitik von SED und Staatssicherheit. Eine Zwischenbilanz, Berlin 1996 (= Wissenschaftliche Reihe des BStU, Bd. 7), S. 194. Schröters Ergebnisse können im Wesentlichen auch für die Evangelische Landeskirche Greifswald bestätigt werden. Danach waren Schwerpunkte der Überwachung Synoden und Konvente, die kirchlichen Verwaltungsbehörden und die Kirchenleitungen.

181 Im Folgenden wurden die Gemeindekirchenräte nicht einbezogen, obwohl auch diese sehr bedrängt wurden. Die notwendigen Archivstudien waren im Rahmen dieser Arbeit nicht zu leisten.

„Einfallstore"[182] für die SED, die Staatssicherheit und die Kreise bzw. den Bezirk Rostock ergaben sich vor allem bei der frühzeitigen Information über die Arbeit in kirchlichen Gremien, bei der langfristigen Vorbereitung von Kirchentagen, Synoden und Friedensseminaren sowie hin und wieder bei der Stellenbesetzung.

5.1 Der Bischof Dr. Horst Gienke – IM „Orion"

1972 legte die Bezirksverwaltung des MfS in Rostock den IM-Vorgang „Orion", Klarname Horst Gienke, unter der Registriernummer I/1066/72 an. Als die Akte am 4. Dezember 1989 vernichtet wurde, umfasste sie 6 Bände.[183] Der Inhalt ist zwar nicht bekannt, aber zielgerichtet vernichtet wurden seit Mitte November 1989 nur besonders brisante Dokumente, die zudem unmittelbar greifbar waren, d.h. noch „auf dem Schreibtisch" des Führungsoffiziers lagen. In 25 Jahren Aufarbeitung ist nicht ein einziges Blatt dieser Akte gesichtet worden, lediglich einzelne Hinweise auf den Einsatz IM „Orions" gibt es, beispielsweise im Operativen Vorgang „Pharisäer" gegen Wolfgang Nixdorf.
Die Registriernummer endet auf der Jahreszahl (19)72 und bestätigt damit, was Horst Gienke in seiner Autobiografie bereits berichtet hatte, nämlich dass der erste Kontakt zum Ministerium für Staatssicherheit „in der letzten Schweriner Zeit"[184] stattgefunden hätte. Gienke war erst seit wenigen Wochen Landessuperintendent des Kirchenkreises Schwerin, als er im Frühjahr 1972 zum neuen Greifswalder Landesbischof gewählt und unmittelbar darauf von Mitarbeitern des MfS besucht wurde.
1930 in einer Schweriner Beamtenfamilie geboren, hatte er von 1948 bis 1953 in Rostock Theologie studiert und war nach seiner ersten Pfarrstelle in Blankenhagen bei Rostock 1964 als Rektor des Predigerseminars nach Schwerin gegangen. 1970 stellte sich Horst Gienke neben Otto Schröder und Heinrich Rathke zur Wahl zum mecklenburgischen Landesbischof und unterlag. Rathke, mit dem zusammen er Anfang der fünfziger Jahre das Predigerseminar in Blücher bei Boizenburg besucht hatte, war gewählt worden. Aber die übergemeindliche Arbeit reizte Gienke, wie er in seinen Memoiren

182 Das Bild stammt von Götz Planer-Friedrich in der gleichnamigen Darstellung „Einfallstore der Stasi", in: Leonore Siegele-Wenschkewitz (Hg.): Die evangelischen Kirchen und der SED-Staat – ein Thema kirchlicher Zeitgeschichte, Frankfurt am Main 1993 (= Arnoldshainer Texte. Schriften aus der Arbeit der Evangelischen Akademie Arnoldshain, Bd. 77)

183 Thomas Auerbach, Matthias Braun, Bernd Eisenfeld, Gesine von Prittwitz, Clemens Vollnhals: Hauptabteilung XX: Staatsapparat, Blockparteien, Kirchen, Kultur, „politischer Untergrund" (MfS-Handbuch). Hg. BStU, Berlin 2008, S. 96.

184 Gienke (1996), S. 379/380.

schreibt, der Abschied von Schwerin wäre so oder so gekommen.[185]
1972 stellt sich Horst Gienke als Nachfolger Friedrich-Wilhelm Krummachers in der Greifswalder Landeskirche zur Wahl, diesmal erfolgreich.
Ob er Krummachers Wunschkandidat war oder nicht, ist umstritten. Gienke selber schreibt in seiner Autobiografie, er sei von Krummacher ausdrücklich um eine Kandidatur gebeten worden,[186] während es aus anderen Quellen heißt, dieser hätte lieber einen anderen, eher streitbaren jungen Kirchenmann im Bischofsamt gesehen,[187] weil er am Ende seines Lebens realisiert hätte, dass er nicht mehr die Kraft hatte, sich dem Staat weiter entgegenzusetzen, und dass es einer neuen Generation von Pastoren und kirchenleitenden Leuten bedurfte, um der SED-Politik wieder mehr Widerstand zu bieten.[188]
Folgt man wiederum den staatlichen Akten, dann hat Krummacher seinen Nachfolger durchaus positiv betrachtet. Am 9. Mai 1972, noch vor Gienkes Einführung ins Bischofsamt, reisten beide zusammen zum Antrittsgespräch zum Staatssekretär für Kirchenfragen, Hans Seigewasser. Dort fasste man die Begegnung anschließend in einer „Information" für die SED zusammen. Schon diese erste Notiz über den neuen Bischof maß Horst Gienke an dessen Amtsbruder Heinrich Rathke:
„Zur Einschätzung von Bischof G. sagte Bischof Krummacher, daß Gienke und Rathke verschieden profiliert seien. Gienke ist ruhig und profiliert; er wird nichts Übereiltes tun. Er ist ein Mann, der bereit ist zu hören und sich beraten zu lassen. Er bringt die Erfahrungen der Jüngeren mit. In diesem Zusammenhang hob Bischof Krummacher hervor, daß Gienke ‚sehr bereit sein wird', sich und seine Kirche unserem Staat gegenüber als Kirche zu sehen, die ihren Platz im Sozialismus hat."[189]
Zwischen Gienkes Wahl zum Greifswalder Bischof im März 1972 und seiner Einführung in das Amt am 17. Juni des Jahres lagen drei Monate, in denen die staatlichen Organe vorbereitend tätig werden konnten. Auch das Ministerium für Staatssicherheit nutzte die Zeit zu einem Antrittsbesuch noch in Schwerin. Die Identität seines Gesprächspartners als Mitarbeiter des MfS habe er gekannt, schreibt Gienke in seiner 1996 erschienenen Autobiografie, aber er habe sich „nicht für eine geregelte Zusammenarbeit, sondern nur für Anfragen seitens des MfS zur Verfügung gestellt".[190] 37 Mal habe er Gesprä-

185 Vgl. ebd., S. 240.
186 Vgl. ebd., S. 243.
187 Gespräch mit OKR i. R. Dr. Wolfgang Nixdorf am 8.9.2015 in Schwerin.
188 Vgl. ebd.
189 BArch, DO-4/442, Ministerrat der DDR/Staatssekretariat für Kirchenfragen/Landeskirche Greifswald 1961–1983 „Information über den Besuch von Bischof Krummacher und Bischof Gienke beim Genossen Staatssekretär Hans Seigewasser am 9.5.1972", Bl. 2, vom 18.5.1972.
190 Gespräch mit Altbischof Dr. Horst Gienke, Westerstede, am 12.5.1998.

che geführt, so Gienke.[191] Eine überschaubare – und nicht nachprüfbare – Anzahl von Kontakten.

37 Mal kam ein Offizier des MfS, nahm Zeit und Aufmerksamkeit in Anspruch, verpflichtete Gienke implizit zu Stillschweigen über die Tatsache und den Inhalt der Gespräche. Er habe zunächst mit Oberst Amthor, dem Stellvertreter Operativ der Abteilung XX in Rostock gesprochen, später mit Major Rolf Krull, dem Leiter der Abteilung XX.[192] Dass er als IM registriert worden sei, bezeichnete Horst Gienke als „ausgemachte Teufelei", die Registrierung müsse nach einem Gespräch mit Krull vorgenommen worden sein, nachdem er Krull gegenüber zugestimmt habe, für Fragen zur Verfügung zu stehen, so Horst Gienke im Gespräch im Mai 1998.[193]

Was 1972 begann, verfestigte sich bis 1989 in der Greifswalder Kirchenspitze zu einem stillschweigend tolerierten, damit quasi legitimen kirchenpolitischen Instrument. Legitim waren diese Gespräche aber nicht für jederman, sondern nur für einzelne Amtsträger. Legitim waren sie auch nicht im Sinne einer öffentlich vertretenen kirchenpolitischen Strategie, sondern im Sinne einer „realpolitischen" geheimen, intern akzeptierten Strategie. „Intern" aber wiederum meinte nicht alle leitenden Oberkonsistorialräte, sondern nur die, die dazugehören wollten und sollten.

In den meisten der acht Landeskirchen war jedoch bis 1989 Konsens, dass Kontakte mit dem Staatssicherheitsdienst nicht unterhalten würden, sondern das Staatssekretariat für Kirchenfragen und die Leitbezirke alleiniges Gegenüber der Kirchenspitzen wären. In Mecklenburg und in der Brandenburgischen Landeskirche verfochten die Bischöfe Rathke und Forck diesen Grundsatz ohne Einschränkung. In Thüringen wählte Werner Leich einen Zwischenweg, indem er Gespräche mit dem MfS führte, aber immer in Begleitung eines weiteren Mitgliedes der Landeskirchenleitung sowie unter Anfertigung eines Protokolls, das in der Landeskirchenleitung in Umlauf gegeben wurde.[194] Leich wollte Fragen klären, aber nicht im Geheimen.[195] In Greifswald ging Bischof Gienke einen anderen Weg: Er führte diese Gespräche gezielt und unterband entsprechende Kontakte seiner leitenden Mitarbeiter nicht, aber diese Gespräche sollten „nicht an die große Glocke" gehängt werden.

---

191 Vgl. Gienke (1996), S. 379 f.

192 Krull war nach Angaben von Alexander Kobylinsky auch der Führungsoffizier von Rechtsanwalt Wolfgang Schnur, IM „Torsten". Vgl. A. Kobylinsky: Der verratene Verräter: Wolfgang Schnur: Bürgerrechtsanwalt und Spitzenspitzel, Halle 2016.

193 Gespräch mit Altbischof Dr. Horst Gienke, Westerstede, am 12.5.1998.

194 Vgl. dazu U. Schwarz/P. Wensierski: „Ich war zu ängstlich". Der frühere DDR-Kirchenbundvorsitzende Bischof Werner Leich über Stasi, Stolpe und Kirche, in: Der Spiegel, Heft 16/1992, S. 20–24. Leich selber sagte in dem Interview, bis auf drei Ausnahmen habe er die Gespräche nie alleine geführt.

195 Vgl. ebd., S. 24 ff.

Die Atmosphäre im Konsistorium ließ zudem eine offene „Berichterstattung" nach innen nicht einmal im engsten Kreis der leitenden Konsistorialräte zu, sondern förderte das individuelle „Wettrennen" um Informationen. Die MfS-Akten spiegeln wider, was landeskirchenweit schon seit den siebziger Jahren bekannt war: Gienke, Plath und Ehricht waren ein „Team", Harder und Plath hatten Schwierigkeiten miteinander, und Wolfgang Nixdorf gehörte weder zur einen noch zur anderen Gruppe und wurde folgerichtig auch nicht angeworben, sondern im OV „Pharisäer" bearbeitet. Es gab – anders als in Thüringen beispielsweise – keinen Rücklauf der Gespräche mit der Staatssicherheit via interne Protokolle in die Kirchenleitung, sodass deren Mitglieder erst nach der Wende erfuhren, was abseits ihrer Sitzungen geschehen war.

Heinrich Rathke, der ein Jahr vor Horst Gienke Bischof in Schwerin geworden war, war selber unmittelbar vor Amtsantritt von MfS-Offizier Klaus Roßberg aus Berlin[196] besucht worden und hatte jeglichen Kontakt zum MfS sofort zurückgewiesen.[197] Klaus Roßberg beschrieb diese für ihn überraschende Direktheit nach der Wende fast amüsiert – so etwas war ihm bis dahin wohl nicht widerfahren.[198] Die unterschiedliche Herangehensweise an die Kontakte sei auch auf der Ebene der Bischöfe diskutiert worden, so Rathke in seinen persönlichen Aufzeichnungen zu Repression und Konspiration in der DDR: Eine einheitliche Auffassung der acht Landeskirchen zum Thema „Staatssicherheit" habe zwar nicht bestanden, aber die meisten Landeskirchen hätten Kontakte zum MfS nur in Ausnahmefällen für vertretbar gehalten und stets unter der Bedingung, dass kein kirchlicher Vertreter alleine der Stasi gegenüberstünde, in Thüringen sei auch die Landeskirchenleitung informiert worden. Die davon abweichende Position Horst Gienkes sei auch in dessen ausgeprägtem missionarischen Ansatz begründet gewesen, der auch Mitarbeiter des MfS mit einschloss, und in der Sorge, das Verhältnis zwischen Staat und Kirche könne sich ohne diese Kontakte dramatisch verschlechtern.[199]

Wann wogen die Nähe zwischen Stasi-Offizier und Bischof, das gemeinsame Interesse und das gemeinsame Ziel, „einen direkten Draht" zu anderen Seite zu haben, mehr als die Distanz zwischen dem Staat und den diskriminier-

---

196 Klaus Roßberg war innerhalb der Hauptabteilung XX/4 des MfS in Berlin spätestens seit 1972 Abteilungsleiter „Evangelische Kirche" und ab 1979 Stellvertretender Abteilungsleiter XX/4. Vgl. Auerbach et al., MfS-Handbuch Abteilung XX, 2008, S. 96 und 99.

197 Vgl. LKAS, Bestand Heinrich Rathke, Ordner I/1, A–K, Bl. 24.

198 Vgl. Roßberg/Richter (1996), S. 81. Darin heißt es: „Der 1970 zum mecklenburgischen Landesbischof gekürte Heinrich Rathke verwies mich und den damaligen stellvertretenden Leiter unserer Abteilung, Harry Otto, freundlich seines Hauses, als wir uns zu erkennen gaben. Das sei nicht gegen uns persönlich gerichtet, sagte er wie zum Troste, aber er wolle mit der Institution, die wir verträten, absolut nichts zu tun haben."

199 LKAS, Bestand H. Rathke, Ordner I/1 (A-K) (1998/2014), Bl. 24.

ten Christen? Über das erste Gespräch mit dem MfS-Offizier schreibt Horst Gienke in seinen Memoiren:

„Was sollte ich tun? Verstecken wollte ich mich nicht, wie andere es getan hatten. Es gab nichts zu verbergen. Warum sollte ich nicht mit einem Mann sprechen, der um ein Gespräch bat? Ist nicht jeder Pastor an alle Menschen gewiesen, und gehört es nicht zu seinen Aufgaben, im Auftrag seines Herrn Gespräche zu führen, wo immer sie sich ergeben?“[200]

Hätte der MfS-Offizier um ein seelsorgerliches Gespräch gebeten, hätte Horst Gienke eine Begegnung nicht ablehnen können. Eine geistliche Dimension hatten diese Treffen mit den staatlichen Vertretern, das MfS eingeschlossen, wohl kaum.

Hagen Findeis und Detlef Pollack sind in mehreren Arbeiten der Frage nachgegangen, woraus sich der Widerstandsgeist weiter Teile der protestantischen Kirchen speiste und wie die teilweise erheblichen Abweichungen vom „widerständigen Muster“ zu begründen seien.[201] Gerade im Falle Horst Gienkes scheint dieser biografisch-sozialgeschichtliche Ansatz aufschlussreich. Heinrich Rathke und Horst Gienke beispielsweise stammten aus der gleichen Landeskirche, der gleichen Generation, durchliefen gemeinsam Teile ihrer theologischen Ausbildung, vertraten ähnliche kirchenpolitische Positionen – bis Horst Gienke Bischof in Greifswald wurde. Bis dahin galt er als typischer mecklenburgischer widerständiger Pastor. Was waren also die prägenden Erfahrungen dieser beiden Bischöfe, die ihren weiteren Weg bestimmten? „Das zentrale Problem“, so Findeis, „vor das sich die Kirchenrepräsentanten in der DDR gestellt sahen, bestand in dem umfassenden Bruch des politischen Systems mit der nationalen, religiösen und kulturellen Tradition, von der sie, je nach Generationszugehörigkeit, unterschiedlich stark geprägt worden waren.“[202]

Vor diesem Hintergrund erscheint Findeis' Unterteilung in „Traditionalisten“, die wesentlich geprägt worden seien durch die Weimarer Republik, die Generation der Kriegsteilnehmer, die die Jahre 1939 bis 1945 als existentielle Bedrohung erlebt hätten, und die Gruppe derer, die aus verschiedenen Gründen Krieg und Neuanfang nach 1945 relativ unbeschadet erlebt hätten, stichhaltig.[203] Zur Gruppe der Kriegsteilnehmer gehörte Heinrich Rathke, der noch 1943 mit 15 Jahren als Luftwaffen- und Marinehelfer und später direkt an der

200 Gienke (1996), S. 379.

201 Diese Arbeiten sind: Hagen Findeis/Detlef Pollack (Hg.) (1999) sowie Hagen Findeis (2002), und ders.: Biographie als Widerstandspotential, in: Schriftenreihe des Instituts für vergleichende Staat-Kirche-Forschung, Heft 12, S. 5–19, ISBN 3-931232-11-5, Erscheinungsdatum nicht angegeben.

202 Findeis, Widerstandspotential, S. 10.

203 Vgl. ebd., S. 12 ff.

Front eingesetzt wurde und sich dann bis Kriegsende alleine zurechtfinden musste. Rathkes Kindheit war somit spätestens 1943 zu Ende, er selber bezeichnete diese Jahre als existentiell und das Kriegsende als „Stunde Null".[204]
Horst Gienke hingegen gehört Findeis' Kategorien zufolge zur Gruppe derer, die selber keine Fronterfahrungen gemacht hatten und deshalb relativ unbeschadet in die Nachkriegszeit gehen konnten. Findeis nennt sie, nicht ganz vorurteilsfrei, die Gruppe der „unbefangenen DDR-Aufsteiger".[205] Diese Generation habe die Nachkriegszeit als chancenreichen Neuanfang gesehen und habe schon früh ein diplomatisches Interesse entwickelt. Manfred Stolpe wird hier ausdrücklich genannt.[206] Die von Findeis und Pollack 1999 vorgelegten Interviews mit Bischöfen der DDR spiegeln diese Einschätzung deutlich wider, ihr Interview mit Horst Gienke trägt den Titel „Ich bin kein Mensch, der Konflikte sucht."[207]
Horst Gienke jedenfalls hatte 1972 keine Bedenken, mit dem Ministerium für Staatssicherheit zu reden, was für ihn bis dahin als mecklenburgischer Pastor ein Tabu gewesen war. Was hatte sich plötzlich geändert? Unter den von Gienke beschriebenen Umständen trug ein Treffen mit dem Staatssicherheitsdienst den Charakter einer Herausforderung. Die Kontakte zum MfS waren keine Frage des Gewissens mehr, sondern der persönlichen Stärke,[208] und insofern sollten nur ausgewählte Geistliche sie führen. Andere Landeskirchen hingegen betrachteten die Verweigerung als Ausdruck von Stärke und die Vereinnahmung als geistliche Schwäche und Verrat an der Barmer Theologischen Erklärung, die vor zu großer Nähe zum Staat und vor der Nachahmung staatlicher Strukturen warnte:

„Wir verwerfen die falsche Lehre, als solle und könne der Staat über seinen besonderen Auftrag hinaus die einzige und totale Ordnung menschlichen Lebens werden und also auch die Bestimmung der Kirche erfüllen. Wir verwerfen die falsche Lehre, als solle und könne sich die Kirche über ihren besonderen Auftrag hinaus staatliche Art, staatliche Aufgaben und staatliche Würde aneignen und damit selbst zu einem Organ des Staates werden."[209]

Der Inhalt der Gespräche mit dem MfS-Offizier liegt nach wie vor im Dunkeln. Es sei in den Gesprächen um wirtschaftliche und allgemeine po-

204 Heinrich Rathke: „Wohin sollen wir gehen?" Der Weg der Evangelischen Kirchen in Mecklenburg im 20. Jahrhundert. Erinnerungen eines Pastors und Bischofs und die Kämpfe mit dem Staat, Kiel 2014, S. 24.
205 Findeis, Widerstandspotential, S. 14.
206 Vgl. ebd.
207 Pollack/Findeis (Hg.) (1999).
208 Vgl. Gienke (1996), S. 379 ff.
209 Theologische Erklärung zur gegenwärtigen Lage der Deutschen Evangelischen Kirche, Satz V, in: Karl Barth, Texte zur Barmer Theologischen Erklärung, hg. von Martin Rohkrämer, Zürich 1984.

litische Fragen gegangen, betonte er jedoch.[210] Es dürfte auch für Bischof Gienke offensichtlich gewesen sein, dass er nicht als Wirtschaftsfachmann aufgesucht wurde, sondern in seiner Funktion als Leitender Theologe und Vorgesetzter aller Pastoren und Mitarbeiter in der ELKG. Die staatlichen Vertreter erlebten Gienke als autoritär und hörten in Gesprächen mit Gienke immer wieder die Ablehnung demokratischer Strukturen heraus. Er würde also in seiner Landeskirche so agieren, wie es auch andere Funktionäre auf Anweisung des MfS taten. Je besser der Kontakt zum Bischof war, desto einfacher schien ein möglichst direkter Einfluss auf das kirchliche Geschehen.

Zudem war der Bischof der höchste Repräsentant seiner Landeskirche im Ausland, was insbesondere in der staatlichen Außen- und Friedenspolitik, die sich kirchlicher „Diplomaten" gern bediente, nicht unwichtig war. Als Mitglied von Konsistorium, Kirchenleitung und Synode sowie als Mitglied des Rates der EKU und der Konferenz der Kirchenleitungen des Bundes der Evangelischen Kirchen in der DDR (BEK) hatte der Bischof Zugang zu allen kirchlichen Ebenen, und dementsprechend groß war seine Kenntnis innerkirchlicher Entwicklungen, Meinungen und Tendenzen, dachte man.

Welche Bedeutung die Gespräche mit IM „Orion" für die Staatssicherheit und die gesamte SED-Kirchenpolitik hatten, ist derzeit nicht zu ergründen. Die Kontakte zum MfS prägten jedoch im Nachhinein das Bild von Gienkes siebzehnjähriger Amtszeit. Die 1996 erschienene Autobiografie hat diesen Eindruck nur verstärkt. Dabei ist offensichtlich, dass 25 Jahre nach der Wende das Bild dieses Bischofs und seines Wirkens für die Landeskirche nicht befriedigend erfasst ist. Horst Gienke sei nicht nur als IM „Orion" zu sehen, sondern auch als bei den Gemeinden beliebter Bischof, freundlich im Umgang und stark in der Verkündigung, heißt es.[211] Er habe den staatlichen Stellen Vertrauen entgegengebracht, das diese ausgenutzt hätten, so Friedrich Harder, seit 1983 Propst in der Landeskirche und inzwischen emeritiert:

„Vom Evangelium her war angesagt, Vertrauen zu wagen, überall und gegenüber jedem Menschen. Diese Grundhaltung hat uns allen sehr gut getan, ebenso vielen Menschen, mit denen wir außerhalb von Kirche in Berührung kamen. Dafür bin ich auch heute noch sehr dankbar, auch wenn gerade diese Haltung uns anfällig gemacht hat und ausgenutzt worden ist."[212]

210 Vgl. Gienke (1996), S. 379 f. „Der Schwerpunkt meiner Gespräche mit den Vertretern des MfS lag freilich bei den grundsätzlichen Fragen nach politischen Entscheidungen sowie dem inneren und wirtschaftlichen Gefüge des Staates. Beispielsweise nahm der in Wirtschaftsfragen kompetente Gesprächspartner meine offen ausgesprochenen Sorgen um den Wirtschaftskurs des Politbüromitgliedes Günter Mittag mit in seine Behörde."

211 Wolfgang Nixdorf (2012), S. 169.

212 Brief von Propst i. R. Friedrich Harder an Rahel Frank vom 5.11.2015.

Kritiker dieser auf gegenseitigem Vertrauen basierenden Politik werfen Gienke vor, das theologische Konzept der „Kirche für andere“[213] ohne Anpassung an die SED-Kirchenpolitik angewendet und damit die Kirche dem Staat ausgeliefert zu haben. Zugleich habe Gienke seine simple Theologie zum Dogma erklärt und jegliche Infragestellung dieser Herangehensweise auf Pastorenkonventen oder im persönlichen Gespräch unterbunden: „Er dachte: ‚Ihr versteht mich nicht‘ – und dann deckte er die Differenzen fromm im Gebet zu“, so Pfarrer Rainer Berndt.[214]

Gienke selbst bestätigt seine simple Handlungsmaxime in den Memoiren. Wo die Marxisten gesagt hätten „Vertrauen ist gut, Kontrolle ist besser“, da habe er es bei der ersten Hälfte belassen: „Vertrauen ist gut. Nichts anderes ist besser.“[215] Ihm sei es „ganz unwichtig“ gewesen, dass man staatlicherseits mit den Gesprächen andere Ziele verfolgt hätte als kirchlicherseits.[216]

Dass Horst Gienke 1972 für sich selbst entschied, regelmäßige Gespräche mit dem Ministerium für Staatssicherheit zu führen, machte ihn zum Partner der Staatssicherheit. Mindestens ebenso gravierende Auswirkungen aber hatte sein Stillschweigen darüber während der nächsten 17 Jahre. Vor allem, weil er damit weitere Annäherungsversuche der Staatssicherheit im leitenden Umfeld förderte: Was nicht ausdrücklich untersagt war, war erlaubt. Und das war das „Grundproblem der Ära Gienke“ der Landeskirche, „dass diese Gesprächspolitik freigegeben war, dass es da keine Verbindlichkeit gegeben hat wie in Mecklenburg zum Beispiel“, so Pfarrer Irmfried Garbe.[217] Von anderer Seite wird dies bestätigt: Einmal in neun Jahren Mitgliedschaft in der Greifswalder Kirchenleitung habe er es erlebt, so Hans-Joachim Schwerin, bis 1986 Superintendent in Demmin, dass das Thema „MfS und Kirche“ in der Kirchenleitung angesprochen worden sei. Ein Mitglied habe in die Runde gefragt, „was er machen solle, wenn das MfS mit ihm sprechen wolle“.[218]

„Er [Gienke] antwortete: ‚Sie müssen mit ihm reden.‘ Ein anderes Mitglied der Kirchenleitung sagte, dies müsse aber sofort gemeldet werden, was der Bischof bejahte. Also sagte ich mir: Die Krummachersche Weisung ist in Geltung! Anders konnte ich nicht denken, zumal in anderen Kirchen analog gehandelt wurde.“[219]

---

213 „Kirche für andere“ ist ein Begriff aus Dietrich Bonhoeffers Theologie und meint die dienende Funktion der Kirche in der Gesellschaft. Vgl. dazu auch Dietrich Bonhoeffer Gesamtausgabe, Bd. 8, S. 560 f.

214 Gespräch mit Pfarrer i.R. Rainer Berndt, Trassenheide, am 18.11.2015.

215 Gienke (1996), S. 384.

216 Vgl. ebd.

217 Gespräch mit Pastor Dr. Irmfried Garbe am 15.10.2015.

218 Hans-Joachim Schwerin: „Geführt wie ein blinder Gaul“. Lebenserinnerungen, Lübeck 2001, S. 137.

219 Vgl. ebd.

Hinsichtlich der Anwerbung von Gienke kann nur gemutmaßt werden. Er selbst bezeichnet seine Registrierung als IM „Orion" als „ausgemachte Teufelei",[220] aber im Rückblick scheint die Registrierung durchaus folgerichtig gewesen zu sein. Jemand, der sich mit dem MfS traf, war ganz offensichtlich zur Kooperation bereit. Der Stellvertretende Leiter der Abteilung XX/4 aus Berlin, Klaus Roßberg, schreibt dazu:

„Ständig weiteten wir den Kreis unserer IM und Kontaktpersonen in allen kirchlichen Bereichen aus, überzeugten Zauderer sowohl mit unseren Argumenten als auch dadurch, daß wir sie mit kompromittierendem Material – sei es zu moralischen Verfehlungen, seien es Griffe in die Kirchenkasse usw. – konfrontierten. Auch an allzu menschliche Schwächen wie Geltungsbedürfnis, Arroganz und eigene Führungsambitionen konnten wir anknüpfen."[221]

Das Fehlen der Akte „Orion" ist sowohl für Horst Gienke als auch für die Forschung ein gravierendes Problem, denn weder der belastete Altbischof noch die Forschung können ihren jeweiligen Standpunkt anhand der Stasiakten belegen.
Vor allem kritisierte Horst Gienke die Ausrichtung des „Greifswalder Wegs" auf gesellschaftspolitische Themen; die theologische Dimension seiner Bischofstätigkeit sei ausgeblendet worden. Das theologische Leitmotiv seines Handelns sei die Nachfolge Jesu in der Position der Schwachen und Hilflosen, Demütigen und Geduldigen gewesen. Er sei sich bewusst gewesen, keine Macht zu haben, und habe diese auch nicht gewollt. Er habe überzeugen wollen durch Gottes Wort, und das hätte oft Demut, Erniedrigung und „die andere Wange" bedeutet. Die Nachfolge in der Bergpredigt sei sein Ziel gewesen.[222]
Unter den theologisch relevanten Konzepten waren die „Kirche für andere", thematisch im Mittelpunkt der Bundessynoden 1971 und 1972, die „Kirche im Sozialismus", eine Formulierung, die Albrecht Schönherr[223] 1978 nach dem entscheidenden Gespräch zwischen Staat und Kirche am 6. März prägte, und die immer wieder in Erinnerung gerufene Barmer Theologische Erklärung, unter Federführung von Karl Barth 1934 im Kampf gegen die Deutschen Christen und die nationalsozialistische Ideologie formuliert. Wel-

---

220 Gespräch mit Altbischof Dr. Horst Gienke, Westerstede, am 12.5.1998.

221 Roßberg/Richter (1996), S. 35.

222 Vgl. Gienke (1996), S. 278/279 und im Bericht der Kirchenleitung auf der 3. Tagung der VIII. Landessynode der Evangelischen Landeskirche Greifswald vom 29.10. bis 1.11.1987 in Züssow, vgl. LAG, BL IV E/ 2.14, Nr. 635, Bl. 21.

223 1971 sprach Albrecht Schönherr, damals Bischofsverwalter der Berlin-Brandenburgischen Kirche und Vorsitzender des BEK, auf der Bundessynode in Eisenach von der „Kirche im Sozialismus". Die Formel war nie widerspruchslos akzeptiert worden, erhielt aber neues Leben mit dem Staat-Kirche-Gespräch im März 1978. In den achtziger Jahren wurde sie zunehmend zu einer leeren Worthülse.

che Rolle diese Konzepte in der Greifswalder Landeskirche abseits der Kirchenpolitik spielten, ist noch nicht deutlich herausgearbeitet worden.
Erkennbar ist lediglich, dass Horst Gienke die Spannung zwischen den „Einladungen“ und „Verwerfungen“ der Barmer Theologischen Erklärung von 1934 im Sinne der Einladungen auflöste. Die Unzufriedenheit der Pastoren über politische Äußerungen Gienkes, dessen Repräsentationsbedürfnis und überhöhtes Amtsverständnis stieg aber bis zur Wende erheblich an.
Die Enttäuschung war mit den Händen greifbar, als Gienkes Stasi-Kontakte öffentlich geworden waren. Was im Dunstkreis von Bischofskanzlei und Konsistorium stillschweigend toleriert worden war, akzeptierte die Basis weder vor noch nach 1989.[224]

5.2 Die Kirchenleitung

Die Kirchenleitung war neben dem Bischofsamt und der Landessynode das dritte Leitungsorgan in der Landeskirche Greifswald und daher aus staatlicher Sicht von besonderem Interesse. Sie übernahm die Aufgaben der Landessynode in der Zeit zwischen deren Tagungen, allerdings ohne das Recht, Beschlüsse fassen zu können.[225] Ihr besonderer Charakter bestand in der gemeinsamen Leitungstätigkeit von hauptamtlichen Mitarbeitern der Kirche und Laienchristen.
Die Kirchenleitung bestand in den achtziger Jahren aus 15 Mitgliedern und setzte sich aus drei Gruppen zusammen: aus den Delegierten der Landessynode, aus den „geborenen Mitgliedern“ und aus zusätzlich berufenen Mitgliedern. Von den acht Mitgliedern der Kirchenleitung, die aus der Synode gewählt wurden, durften bis zu vier hauptamtliche Mitarbeiter der Kirche sein. Der Bischof sowie der Theologische und der Juristische Leiter des Konsistoriums waren „geborene“ Mitglieder.[226] Die Oberkonsistorialräte Plath und Harder sowie Bischof Gienke hatten damit sowohl im Konsistorium als auch in der Kirchenleitung die wichtigsten Positionen innerhalb der Landeskirche inne. Das war die entscheidende Schnittstelle in der Greifswalder Kirchenpolitik, denn damit waren erhebliche Einflusspositionen in der Kirchenleitung durch das Konsistorium besetzt. Außerdem durften alle Mitglieder des Konsistoriums beratend an den Sitzungen der Kirchenleitung teilnehmen. Den Vorsitz führte der Bischof. Im ungünstigsten Fall waren unter den fünfzehn Mitgliedern der Kirchenleitung nur vier Laien.

224 Vgl. Schwerin (2001), S. 136.
225 Vgl. Kirchenordnung der Evangelischen Landeskirche Greifswald, §§ 132–138, in: Eckhard Gummelt, S. 128-131. Die Kirchenleitung konnte allerdings keine Gesetze beschließen.
226 Vgl. ebd., S. 128.

In der Legislaturperiode von 1980 bis 1986 bestand die Kirchenleitung aus fünfzehn Mitgliedern, von denen zehn hauptamtlich bei der Kirche angestellt waren.[227] Acht von ihnen waren ausgebildete Theologen. Hinzu kamen ein Theologe der Theologischen Fakultät und vier Laien. In dieser Kirchenleitung waren drei Personen, die Kontakt zum MfS hatten: Bischof Gienke, Präses Affeld (bis 1985) und Oberkonsistorialrat Plath.[228] In der darauffolgenden Legislaturperiode von 1986 bis 1992 war das Verhältnis zwischen hauptamtlich bei der Kirche angestellten Mitgliedern und Laien günstiger: Von fünfzehn Personen waren neun hauptamtlich bei der Kirche angestellt, unter diesen waren acht Theologen. Insgesamt waren nun fünf Laien in der Kirchenleitung vertreten.[229] Das MfS hatte seit 1986 einen noch besseren Einblick in die Geschäfte der Kirchenleitung, da mit dem Laien Peters (IM „Wirt") und Hans-Martin Harder (ab 1988 IM „Dr. Winzer") zwei weitere Inoffizielle Mitarbeiter des MfS deren Mitglied geworden waren.[230]

Die Formierung einer kirchenpolitisch homogenen Kirchenleitung war durchaus auch kirchlicherseits gewollt. Gienke hatte sich schon seit Beginn seiner Amtszeit, so beobachtete es zumindest der Rat des Bezirks, darum bemüht, dass solche Leute in die Kirchenleitung gewählt würden, die keine Konfrontationspolitik gegenüber den staatlichen Stellen betreiben würden. So berichtete der Rat des Bezirks Rostock dem Staatssekretariat für Kirchenfragen im Jahr 1973, dass Gienke durch seine Kirchenleitung nicht die volle Unterstützung erhalte und versuche, eine neue Kirchenleitung aufzubauen:

„Daher auch das Suchen Gienkes, neue Kräfte für die Kirchenleitung zu gewinnen. Im Raum der Kirche spricht man davon, daß Gienke bemüht ist, selbst einen ehemaligen Bischofskandidaten, Superintendent Plath, für die Kirchenleitung zu gewinnen. [...] Der Bischof könnte aus dem Volumen der Mitarbeiter des Konsistoriums ohne weiteres die Stelle des Vizepräsidenten mit einem Juristen besetzen. Da er aber weiß, daß die vorhandenen Kräfte

227 Mitglied der Kirchenleitung von 1980 bis 1986 waren Bischof Horst Gienke, Propst Friedrich Harder, Propst Hans-Georg Haberecht, OKR Hans-Martin Harder, OKR Siegfried Plath, Superintendent Hans-Joachim Schwerin bis ca. 1987, gefolgt von Superintendent Reinhold Garbe, ferner die Pfarrer Otto Simon und Siegfried Hildebrand, die Kinderdiakonin Renate Engel, Prof. Dr. theol. Günter Haufe und die Laien Marie Luise Rudloff, Wolfgang Fiedler, Dietrich Affeld (der Präses zählte zu den Laien) und Herr Niemann.

228 Oberkonsistorialrat Harder wurde vom MfS seit 1988 als IM geführt. Gespräche mit dem MfS, in denen Harder auf eine mögliche IM-Tätigkeit hin geprüft wurde, begannen schon 1987.

229 Mitglied der Kirchenleitung von 1986 bis 1992 waren Bischof Horst Gienke, Propst Friedrich Harder, Propst Hans-Georg Haberecht, OKR Hans-Martin Harder, OKR Siegfried Plath, Superintendent Reinhold Garbe, die Pfarrer Reinhard Glöckner und Pfarrer Siegfried Hildebrand, Frau Zschokelt sowie die Laien Affeld (Präses), Peters, Rudloff, Sell und Gottschalk.

230 Die Unterlagen des MfS über den IM „Wirt" konnten für die vorliegende Arbeit nicht eingesehen werden.

keine Verhandlungspartner für den Staat sind, setzte er vorübergehend einen Theologen ein, der zumindest eine loyale Haltung hat."[231]

Die Bildung innerkirchlicher Gremien glich in allen Landeskirchen einer „Regierungsbildung", wie Planer-Friedrich schreibt.[232] Dies traf auch auf die Landeskirche Greifswald zu.
Welche Entwicklung nahmen Kirchenleitung und Konsistorium im Laufe der achtziger Jahre? Vor allem ist hier die Profilierung des Konsistoriums auf Kosten der Kirchenleitung zu nennen. Zum einen war dies auf die Kontakte zum MfS zurückzuführen. Aus Sicht des MfS waren die Gespräche mit den Oberkonsistorialräten und dem Bischof so ergiebig, dass bis auf OKR Nixdorf alle als IMB bzw. IME registriert wurden, also als IM „mit Feindberührung" bzw. „Experten-IM". Harder, Plath, Gienke und Ehricht waren für gewöhnlich sehr schnell über kirchenpolitische Ereignisse und Entwicklungen unterrichtet und hatten somit einen großen Informationsvorsprung. Zum anderen profilierte sich das Konsistorium gegenüber der Kirchenleitung, die nur alle vier Wochen zusammentrat, durch seine ständige Präsenz und seine Abgeschlossenheit nach außen hin.
Unmittelbar nach der Wende baute Hans-Martin Harder seine Position als Präsident des Konsistoriums weiter aus – es wurde ein Machtkampf zwischen Harder und Bischof Berger, den Berger nach eigener Einschätzung verlor. Es habe große Unterstützung in der Kirchenleitung gegeben, aber auch erhebliche Widerstände im Kollegium. Ab 1998 habe er aufgrund dessen sein Bischofsamt aufgeben wollen, so Berger im Gespräch.[233]
Erst Bergers Nachfolger Dr. Hans-Jürgen Abromeit konnte die große Eigenständigkeit des Konsistorialpräsidenten begrenzen. Im Herbst 2003 verließ Hans-Martin Harder aufgrund der Finanzkrise im Diakonischen Werk der Landeskirche seinen Posten als Vorstandsvorsitzender und als Kirchenpräsident. Das Misstrauensvotum gegen ihn stand auch in einem Zusammenhang mit der tief gehenden Enttäuschung über dessen Unfähigkeit, seine eigene Haltung als IM „Dr. Winzer" zu DDR-Zeiten zu überdenken, so Beobachter.[234] Parallel dazu überdachte Bischof Abromeit die Stellung des Konsistoriums in der Landeskirche. Eine weitere Ausdehnung konsistorialer Funktionen sollte verhindert werden:

231 BArch, DO-4/789. „Konzeption für das Gespräch des Vorsitzenden des Rates des Bezirkes mit Bischof Gienke von der evangelischen Landeskirche Greifswald" vom 27.9.1973.
232 Vgl. Götz Planer-Friedrich: Einfallstore der Stasi, in: Leonore Siegele-Wenschkewitz (Hg.): Die evangelischen Kirchen und der SED-Staat – ein Thema kirchlicher Zeitgeschichte, Frankfurt am Main 1993 (= Arnoldshainer Texte. Schriften aus der Arbeit der Evangelischen Akademie Arnoldshain, Bd. 77), S. 118.
233 Gespräch mit Altbischof Eduard Berger am 23.9.2015 in Radebeul.
234 Gespräch mit Pastor Dr. Irmfried Garbe, Dersekow, am 15.10.2015.

„Deshalb habe ich ja zusammen mit dem letzten Präsidenten des Konsistoriums, Peter von Loeper, festgehalten, dass das Konsistorium ein Dienstleister der Synode ist, ihr also untergeordnet ist. [...] Demokratie oder ein demokratischer Gedanke herrscht schon in der Kirche, wenn auch nicht absolut: Das Bekenntnis zum Beispiel ist nicht von demokratischen Entscheidungen abhängig. [...] Aber die Gestaltung der Kirche ist demokratisch fundiert in der Synode."[235]

In der Kirchenleitung hingegen wurde bisweilen scharf diskutiert. Insbesondere die Laien und Pfarrer aus Greifswald, die Mitglied dieses Gremiums waren, stellten die Entscheidungen von Bischof Gienke oft infrage. Dies führte zu einer erheblichen Verärgerung Gienkes und zu einer Verlagerung kirchenpolitisch wichtiger Fragen in das „engere Leitungsgremium".[236]
Die Kirchenleitung hatte durch den Ausbau des Konsistoriums seit 1972 stetig an Einfluss verloren. Auch gegenüber dem Bischof agierte sie bald nicht mehr auf „Augenhöhe". Gienkes Vorbehalte gegenüber der Kirchenleitung, die das Gewicht bischöflicher Entscheidungen nicht beachten und in unangebrachter Weise von ihrer „synodalen Mitverantwortung" Gebrauch machen würde, wie er in seiner Biografie schrieb, wurden bis 1989 immer gravierender:[237]

„Im Laufe der Jahre wandelte sich mit den Personen auch die Atmosphäre innerhalb der Kirchenleitung. Ein allzu sachlich bestimmtes Arbeitsklima ließ Spannungen wachsen. Der Anspruch einiger Mitglieder, die kirchenordnungsmäßigen Befugnisse der Kirchenleitung über das Notwendige hinaus auszuüben, ließ ungute Machtfragen zutage treten. Der Wille des kirchlichen Gesetzgebers, eine breite synodale Mitverantwortung durch ein eigenes kirchliches Organ, die Kirchenleitung, zu verankern, ist für eine evangelische Kirche gut zu verstehen. Vorausgesetzt dabei ist freilich das Vertrauen zu den Brüdern und Schwestern, die durch ihre hauptamtliche Arbeit im Konsistorium oder im Bischofs- und Propstamt und durch die Kontakte zu Fachleuten in anderen Landeskirchen einen starken Informationsvorlauf haben."

Es schlich sich eine grundlegende Spannung zwischen Bischof und Kirchenleitung (wie auch Landessynode) ein, und daraus folgend eine Trennung zwischen Entscheidungen, die die Kirchenleitung fällte, und solchen, die „anderswo" fielen. Die zunehmende Entfremdung zwischen den geborenen und den synodalen Mitgliedern wurde auch für die Außenstehenden deutlich, als

235 Gespräch mit Bischof Dr. Hans-Jürgen Abromeit am 29.9.2015 in Greifswald.
236 Vgl. BArch, DO-4/1684. „Einige Aspekte über die kirchenpolitische Situation in der Evangelischen Landeskirche Greifswald" (o. J., wahrscheinlich 1977).
237 Vgl. Gienke (1996), S. 300 f.

Bischof Gienke der Kirchenleitung seine Gastfreundschaft aufkündigte: Hatte diese bis 1981 immer in seiner Bischofskanzlei getagt, wurde sie fortan in die Räume am Karl-Marx-Platz 15 verlegt.[238] Im Umfeld der Domweihe kam es im Juli und August 1989 für kurze Zeit zu einer tatsächlichen Spaltung dieses Gremiums. Die Bedeutung des Konsistoriums stieg in gleichem Maße. Im Juni 1989 berichtete Siegfried Bohl (IM „Titus") über die Lage in der Kirchenleitung:

„Es ist leider festzustellen, daß die Kirchenleitung als starke Instanz der Kirche sehr an Bedeutung verloren hat, das Ansehen ist insgesamt gesunken. Das hängt damit zusammen, daß sich mehr und mehr mit sog. Aktualia beschäftigt wird bzw. werden muß als mit Grundfragen der Kirchen selbst. Dazu kommt die innerhalb der KL [Kirchenleitung] stark festzustellende Differenzierung der Auffassungen zu innerkirchlichen und gesellschaftlichen Fragen [...]."[239]

Das Konsistorium gewann an Einfluss – kein Einzelfall unter den evangelischen Kirchen in der DDR. Auch in anderen Landeskirchen hatte sich ein „Kirchenbeamtentum" entwickelt, mit dem Verhandlungen wesentlich leichter zu führen waren als mit der Kirchenleitung.[240] Aus staatlicher Sicht wurde diese Entwicklung auch deshalb begrüßt und gefördert, weil die Kirchenleitung immer weniger in wichtige Vorgänge einbezogen wurde und somit auch kirchenpolitisch brisante Entscheidungen nicht mehr in dem Maße fällte. Die Evangelische Landeskirche Greifswald wurde dadurch berechenbarer.
Die pommersche Kirchenleitung verzichtete im Frühjahr 1993 sowohl in Bezug auf Hans-Martin Harder als auch auf Siegfried Plath auf die Einleitung eines Disziplinarverfahrens, obwohl der Vorprüfungsausschuss der EKD in beiden Fällen eines für eine Option gehalten, es im Falle Plaths sogar empfohlen hatte. Plath entzog sich dem Verfahren durch Rückzug in den Ruhestand und Harder wurde von der Kirchenleitung mit Zustimmung des Bischofs entlastet, weil er in deren Beisein schuldhaftes Versagen eingestanden hatte.[241]

Schnell änderte sich jedoch Harders persönliche Sicht der Dinge, mal be-

---

238 Vgl. LKAG, Best. 5, Kirchenleitungssitzungen 1981, Dok. 7/81b, S. 6. Protokoll von der Kirchenleitungssitzung am 10.7.81.

239 BStU, BV Rostock, AIM 4171/90, Bd. II/1, Bl. 351/352. Bohl gehörte selber der Kirchenleitung nicht an, meinte aber wohl, auch von Grimmen aus bzw. als Vertrauter Horst Gienkes genügend Einblick in Greifswalder Angelegenheiten zu haben.

240 Vgl. dazu Uwe Funk: Die „Beheimatung" der „fünften Kolonne". Politikfeldanalytische Überlegungen zur DDR-Kirchenpolitik (Unveröffentlichtes Dokument im Privatbesitz), S. 42.

241 Gespräch mit Altbischof Eduard Berger am 23.9.2015. Dazu auch Clemens Vollnhals: Zugleich Helfer der Opfer und Helfer der Täter?, S. 436.

kannte er sich zu diesen Kontakten – sie seien seinerseits mit ‚Raffinesse und Verhandlungsgeschick'[242] geführt worden, aber nur dann, wenn das MfS offizielles Untersuchungsorgan des Staates gewesen sei.[243] Er habe in diesen Verhandlungen die DDR nicht verbessern, sondern nur Ergebnisse erzielen wollen, so Harder im April 2000. Schuldhaft sei nicht die Tatsache der Gespräche mit dem MfS an sich gewesen, sondern dass er nur einzelne und nicht die gesamte Kirchenleitung von diesen Kontakten unterrichtet habe.[244] Denjenigen, die damals das MfS genutzt hätten, um Menschen zu helfen, würden heute diese Kontakte vorgeworfen.[245] Dann wieder spielte er Anzahl und Inhalt der Treffen herunter.[246] Dann verstand Harder sich selbst als „Opfer" des MfS und der nachwendlichen öffentlichen Schelte. Er bemühte seinen ehemaligen Führungsoffizier Wegner um eine Eidesstattliche Erklärung zur Bestätigung seiner Unschuld.[247] Aber da, wo das MfS zur Entlastung herangezogen wurde, konnte von einer gelungenen Aufarbeitung nicht gesprochen werden, schrieb schon Ehrhart Neubert.[248]

Nicht Aufklärung, Schuld und Vergebung standen im Mittelpunkt Harders Argumentation, sondern die juristische Beweisbarkeit. Jeder, so Harder, der Kontakt zum MfS gehabt habe, sei als IM registriert worden. Dass sich 25 Jahre nach der Wende diese Auffassung immer noch hält, zeigt, dass Faktenwissen die Aufarbeitung weit weniger bestimmt hat als der Einfluss einzelner Persönlichkeiten, angefangen bei Gregor Gysi und Manfred Stolpe bis hin zu Hans-Martin Harder und Siegfried Plath.

Als Inoffizieller Mitarbeiter registriert wurde tatsächlich nur, wer sich zur Zusammenarbeit mit dem MfS bereit erklärt hatte, über einen längeren Zeitraum Treffen mit dem MfS durchführte und wessen Informationen für die Staatssicherheit von Interesse waren. Die Zahl der Erpressungen ist verschwindend gering, aber die Zahl derer, die einen Kontakt beim ersten Kontaktversuch direkt und unmissverständlich ablehnten, übersteigt die Zahl der tatsächlichen Werbungen um ein Mehrfaches. Die DDR-Bürger waren also in der großen Mehrzahl entschlossen, nicht für die Staatssicherheit zu arbeiten. Selbst Harder war vor 1985 nicht als potenzieller IM betrachtet

---

242 Zitiert nach Thomas Jeutner: Kritische Solidarität und Machtfrage, in: Mecklenburgische Kirchenzeitung, 55. Jg. (2000), Ausgabe 17/2000 vom 23.4.2000, S. 2.

243 Vgl. ebd.

244 Vgl. ebd.

245 So im Brief von Hans-Martin Harder an OKR Zeddies vom 19.6.1997. Von Hans-Martin Harder Rahel von Saß zur Kenntnis übergeben.

246 Gespräch mit Altbischof Eduard Berger am 23.9.2015.

247 Die Eidesstattliche Erklärung Wegners stellte Hans-Martin Harder für die vorliegende Arbeit zur Verfügung. Mit Verweis auf Ehrhart Neubert, vgl. Anm. 249, wurde auf die Zitation der Erklärung jedoch verzichtet.

248 Vgl. Ehrhart Neubert: Vergebung oder Weißwäscherei. Zur Aufarbeitung des Stasiproblems in den Kirchen, Freiburg i. Br. 1993, S. 111.

oder als IM geführt worden, obwohl er Kontakte zum MfS hatte. Er hatte sich damals nicht zur Zusammenarbeit bereit erklärt, sondern war nur an der Lösung von konkreten Sachfragen interessiert gewesen. Hinzu kommt, dass mit Ausnahme von Präses Affeld alle hier angeführten IM als IMB oder IME geführt wurden, also in den beiden höchsten Kategorien von IM. Das lässt nur den Schluss zu, dass das MfS einen großen Nutzen von diesen Mitarbeitern hatte.

5.3 Das Konsistorium

Das Konsistorium als kirchliche Verwaltungsbehörde koordinierte alle Bereiche der kirchlichen Arbeit. Es war in einzelne Geschäftsbereiche gegliedert, die durch drei Theologen, in den achtziger Jahren Dr. Siegfried Plath, Dr. Wolfgang Nixdorf und Dr. Christoph Ehricht, sowie durch einen Juristen, Hans-Martin Harder, geleitet wurden. Auch Harder blieb der Doktortitel nicht verwehrt, er wurde beim MfS als „Dr. Winzer" geführt.

Insgesamt beschäftigte das Konsistorium in den achtziger Jahren 45 bis 50 Mitarbeiter, unter denen dem Theologischen Leiter, Siegfried Plath, und dem Juristischen Leiter, Hans-Martin Harder, besondere Bedeutung zukamen.[249]

Die staatlichen Versuche, Einfluss auf die Kirchenleitung und das Konsistorium zu nehmen, fußten im Wesentlichen auf zwei Ansätzen: Alle staatlichen Organe und auch die SED führten regelmäßig Gespräche mit den Mitgliedern der Kirchenleitung und des Konsistoriums. Jedem Mitglied der Kirchenleitung war ein Gesprächspartner beim Rat der Stadt, des Kreises oder des Bezirks zugeordnet. Die „Konzeption der politisch-ideologischen Arbeit im Bereich der Greifswalder Landeskirche im Synodenzeitraum 1986–1992"[250] des Rates des Bezirks aus dem Jahr 1986 dokumentiert dies in typischer Weise. Von zentraler Bedeutung war die Einordnung der einzelnen Personen in ein Freund-Feind-Schema, das als Ausgangspunkt für die besondere Differenzierungsarbeit innerhalb der Kirche diente. Als „realistische Kräfte"[251] in der Kirchenleitung führt die Konzeption Bischof Gienke, Präses Affeld, Plath sowie die synodalen Mitglieder Peters und Gottschalk

249 Plath war von 1975 bis 1992 der Theologische Leiter des Konsistoriums und bis 1985 dessen Leiter insgesamt. Harder, der seit 1975 der Juristische Leiter war, nahm 1985 die Position des Leiters des Konsistoriums entsprechend der Kirchenordnung ein.

250 Vgl. LAG, BL Rostock IV E/ 2.14, Nr. 619, Bl. 54–60. Die endgültige Fassung konnte nicht aufgefunden werden. Höchstwahrscheinlich ist diese Konzeption im Rat des Bezirks Rostock entstanden.

251 Vgl. ebd., Bl. 55 (Rückseite). Als „realistisch" wurde die Anerkennung der staatlichen Politik bezeichnet.

auf. Hans-Martin Harder, Superintendent Schwerin, Propst Haberecht, Landespfarrer Hildebrand und Professor Haufe galten als „politische Mitte“ im Gegensatz zu den „konservativen“ Synodalen Sell und Glöckner. Als „indifferent“ galten Frau Rudloff, Frau Zschokelt und Propst Harder.[252] Die aus staatlicher Sicht „negativen“ Mitglieder der Kirchenleitung waren demnach Sell und Glöckner, denn die Bezeichnung „konservativ“ meinte eine sogenannte rückwärtsgewandte, bürgerliche und antisozialistische Haltung. Alle Mitglieder der Kirchenleitung erhielten „ständige Gesprächspartner“[253]. So waren die Gesprächspartner von Bischof Gienke der Vorsitzende des Rates des Bezirks Rostock sowie dessen Stellvertreter für Inneres.[254] Die Oberkonsistorialräte Harder und Plath sowie der Synodale Peters sprachen offiziell mit dem Referenten für Kirchenfragen beim Rat des Bezirks Rostock, Macht, sowie mit dem Leiter der Abteilung Kirchenfragen bei der Bezirksleitung der SED, Brüssow. Der Präses der Landessynode war dem Referenten Macht beim Rat des Bezirks sowie dem Stellvertreter Inneres beim Rat der Stadt zugeordnet. Alle anderen Mitglieder der Kirchenleitung hatten auf Kreis- oder Ortsebene Gesprächspartner. Hier wurde ein wichtiges Prinzip der staatlichen Gesprächspolitik deutlich. Neubert nennt dies das „Ebenenprinzip“[255]: eine klare Zuweisung, wer kirchlicherseits mit wem sprechen darf.

Das MfS versuchte darüber hinaus, einzelne Mitglieder dieser Gremien als Inoffizielle Mitarbeiter zu werben. Die „Koordinierungsvereinbarung“[256] der Bezirksverwaltungen des MfS in Rostock und Neubrandenburg aus dem Jahr 1986 belegt, dass mit diesen Kontakten kein Informationsaustausch, sondern eine langfristige Kontrolle der Kirche angestrebt war. Laut „Koordinierungsvereinbarung“ bestand das „politisch-operative Ziel“ darin, in der Kirchenleitung, der Synode und im Konsistorium „IM in Schlüsselpositionen“ einzusetzen, was auch bedeutete, dass die Staatssicherheit „entsprechenden Nachwuchs“[257] in Position bringen musste. Die Vereinbarung enthält eine genaue Aufschlüsselung der Anzahl von IM in kirchenleitenden Orga-

252 Vgl. ebd.

253 Damit waren staatliche Funktionäre gemeint, die einen ständigen Kontakt zu den Mitgliedern der Kirchenleitung halten sollten. Auch den Synodalen wurden solche „Gesprächspartner“ zugeteilt. Meistens waren dies die Referenten für Kirchenfragen bei den Räten der Kreise oder der Städte, in kleineren Ortschaften auch die Bürgermeister.

254 Ebenso waren auch der Vorsitzende des Rates des Bezirks Neubrandenburg und dessen Stellvertreter Inneres Ansprechpartner für Gienke, aber Leitbezirk war Rostock und daher der Kontakt nach Neubrandenburg vergleichsweise gering.

255 Vgl. Ehrhart Neubert (1993), S. 63.

256 Vgl. Dokumentenverzeichnis, Dok. 8, S. 429: „Koordinierungsvereinbarung zur langfristigen Planung und Organisation der politisch-operativen Abwehrarbeit in der Evangelischen Landeskirche Greifswald (ELKG) für den Zeitraum 1986 bis 1991“ vom 10. März 1986 (BStU, BV Neubrandenburg, Abt. XX-171).

257 Vgl. ebd., Bl. 60.

nen der Greifswalder Landeskirche. Demnach waren 1986 im Konsistorium und in der Kirchenleitung jeweils zwei Inoffizielle Mitarbeiter tätig.[258] Höchstwahrscheinlich waren damit OKR Plath (IM „Hiller“) und Bischof Gienke (IM „Orion“) sowie der Laie Peters (IM „Wirt“) und Präses Affeld gemeint.[259]

Wichtigstes Ziel des MfS war die „Schaffung perspektivvoller IM in den politisch-operativen Schwerpunkten“,[260] wozu nicht nur kirchenleitende Gremien, sondern auch die Jugend- und Studentenarbeit sowie die Partnerschaftsarbeit mit Gemeinden aus der Bundesrepublik Deutschland und die Friedens- und Ökologiegruppen gehörten. Man suchte „perspektivvolle [...] IM zur direkten Feindbekämpfung“.[261]

5.3.1 Siegfried Plath – IM „Hiller“

1973 kam Siegfried Plath als Konsistorialrat nach Greifswald und übernahm schon zwei Jahre später die Funktion des Theologischen Leiters. Plath, der bis dahin Superintendent in Grimmen gewesen war, war bereits im August 1960 geworben worden und hatte den Decknamen „Hiller“ erhalten. Er kannte diesen Decknamen, unterzeichnete sogar einmal eine Quittung mit „Hiller“[262]. Plaths langfristige Perspektive?: „Bischof der Landeskirche Greifswald“.[263]

Dabei wäre Siegfried Plath schon nach wenigen Monaten vom MfS fast wieder „fallengelassen“ worden. Eine Werbung „mit Handschlag“ hatte bewusst die schriftliche Verpflichtungserklärung ersetzt,[264] aber ein überzeugter Informant war Plath noch nicht geworden. Anfang Januar 1961 heißt es in einer „Einschätzung“, dieser lehne zwar die Kontakte nicht unumwunden ab, aber es gebe in der Zusammenarbeit keine Fortschritte, weil „Hiller“ sich weigere „über innerkirchliche Dinge zu berichten, weil er sich zu sehr als Christ fühlt und fest mit seiner Kirchenleitung verbunden ist. Wenn er auch Stellungnahmen führender Kirchenvertreter ablehnt“, habe Plath zu verstehen gegeben, „so ändert dieses doch nichts an seinem Treueverhältnis zu sei-

258 Vgl. ebd., Bl. 61.

259 Affeld hatte im Januar 1985 die Zusammenarbeit mit dem MfS von sich aus aufgekündigt. Da die „Koordinierungsvereinbarung“ jedoch vom März 1986 stammt, hätte er nicht mehr als IM gezählt werden dürfen. OKR Harder war 1986 noch nicht als IM registriert und kann hier nicht als vierter IM gezählt werden.

260 Vgl. BStU, BV Neubrandenburg Abt. XX-171, Bl. 61.

261 Vgl. ebd., Bl. 62.

262 Vgl. BStU, BV Rostock, AIM 0243/91, Bd. III/1, Bl. 70.

263 Vgl. ebd., Bd. I/1, Bl. 238.

264 Vgl. ebd., Bl. 128.

ner Kirchenleitung in Greifswald".[265]
Als Plath Bischof Krummacher von seinen Gesprächen mit dem MfS berichtet hatte, dies aber für sich behielt, stand für das MfS fest, „daß er sich nicht an die getroffenen Vereinbarungen gehalten hat. Er ist also auch in einem gewissen Grad unehrlich,"[266] hieß es.
Plath war Anfang der sechziger Jahre ein perspektivloser IM für die Stasi. Er befand sich beruflich in einer schwierigen Situation, heißt es in der Akte „Hiller", denn bei seinen Vorgesetzten sei er in Ungnade gefallen, weil er sich auf seiner Pfarrstelle zu staatsfreundlich geäußert hätte und ihm das Evangelische Konsistorium nun keine Stelle mehr in der Landeskirche anböte. Nur noch bei der Züssower Diakonie könne er anfangen.[267] Nach wie vor sei er gegenüber dem MfS-Mitarbeiter höflich, nenne aber keine Namen, und da sei auch keine Änderung zu erwarten, hieß es 1961.[268] Plaths politische Haltung scheint nicht eindeutig gewesen zu sein: Innerkirchlich wegen seiner DDR-freundlichen Sicht als der „rote Superintendent" verschrien, verhielt er sich gegenüber dem MfS nicht „rot" genug, um über Kollegen und andere Interna zu berichten.
Ein Jahr später war Plaths Distanz zum MfS immer noch genauso groß, so ein „Auskunftsbericht" vom Juli 1962:

„Bedeutende Fortschritte wurden in der Zusammenarbeit nicht gemacht, so daß schon in Erwägung gezogen wurde, den IM abzuschreiben. Da wegen Mangel an geeigneten IM das MfS noch auf diese Informationen aus dem Kirchenkreis Barth angewiesen ist, wird die Verbindung noch aufrecht erhalten."[269]

Man hätte die Akte also geschlossen, hätte es ergiebigere Informanten gegeben. So aber behielt man Siegfried Plath aus statistischen Gründen im Bestand. Immerhin traf er sich alle acht Wochen mit dem MfS, Gespräche grundsätzlich abgelehnt hatte er zu keinem Zeitpunkt.
Das Blatt wendete sich mit Plaths unerwartetem innerkirchlichen Aufstieg. 1964 wurde er Superintendent in Grimmen, 1973 holte ihn der neu gewählte Bischof als Konsistorialrat ins Konsistorium nach Greifswald. 1975 stieg Siegfried Plath zum Oberkonsistorialrat und Theologischen Leiter auf und blieb in dieser Position bis 1985. Zugleich war er auch Mitglied der Kirchenleitung, der Landessynode und der Konferenz der Kirchenleitungen des Bundes. Nachteilig wirkte sich jedoch auf Plaths Perspekive aus, dass er bereits in seiner

265 Vgl. ebd., Bl. 164.
266 Vgl. ebd.
267 Vgl. ebd., Bl. 19.
268 Vgl. ebd., Bl. 164.
269 Vgl. ebd., Bl. 170.

Grimmener Zeit so enge Beziehungen zum Staat gehabt hatte, dass Bischof Krummacher ihn verdächtigt habe, sehr enge Kontakte zum MfS zu unterhalten, und deshalb von ihm abgerückt sei.[270] Das Misstrauen, so die „Information über die Lage unter den evangelischen Pfarrern im Konsistorialbezirk Greifswald" vom 17. Juni 1977, sei „bis heute noch nicht ganz abgebaut".[271]
In Plaths Aufgabengebiet als Theologischer Leiter fielen unter anderem die Stellenbesetzung, die Jugendarbeit[272] und die Partnerschaftsarbeit. Er versuche, so notierte Plaths Führungsoffizier, bei Stellenbesetzungen in der Landeskirche auch im Sinne des MfS vorzugehen und kirchlicher- wie staatlicherseits gleichermaßen erwünschte Kandidaten zu Superintendenten zu ernennen oder in die Kirchenleitung zu berufen.[273] So habe Plath zum Beispiel den als „progressiv" bekannten Pfarrer Werner Lucas aus Jarmen (IM „Brunst"), dessentwegen es in seiner Gemeinde erhebliche Klagen gab, dennoch als Superintendenten einsetzen wollen.[274]
In diesen ersten Greifswalder Jahren wandelte sich Plaths Haltung zum MfS laut Akte deutlich. Immer wieder belegt die Akte „Hiller", wie Siegfried Plath aus eigenem Antrieb detailliert über Amtsbrüder und Laien berichtete und diese damit in Gefahr brachte. 1974 hieß es beispielsweise, „Hiller" berichte „[ü]ber operativ wichtige Ereignisse [...] von sich aus. So hat er auch darüber berichtet, daß die Person G. [geschwärzt] im Verdacht steht, für eine Organisation in der BRD Informationen zu sammeln."[275] Mit Kontakten zu bundesdeutschen Organisationen aber war immer der Verdacht der Spionage verbunden, eine Anschuldigung, die dem Betreffenden jahrelange Beobachtung, wenn nicht Haft, eingebracht haben könnte.
Und welche Folgen hatte es, dass Siegfried Plath dem MfS über zwei Pastoren seiner Umgebung berichtete, diese würden mit Sicherheit nicht zur Wahl gehen, beide hätten sich entsprechend geäußert?[276] Die Nichtteilnahme an der Wahl war aus staatlicher Sicht viel problematischer als ein ungültiger Stimmzettel oder das Kreuz an der falschen Stelle. Wenn Bürger nicht zur Wahl erschienen, dann konnte das im Wahlkreis kaum vertuscht werden und gefährdete damit die angestrebte Wahlbeteiligung von 100 Prozent. Eine Un-

---

270 Vgl. ebd., Bd. I/2, Bl. 47 f.
271 Ebd.
272 Seit 1984 wurde dieser Bereich durch Konsistorialrat Ehricht abgedeckt.
273 Vgl. BStU, BV Rostock, AIM 0243/91, Bd. I/2, Bl. 75. „Information" vom 4.10.1979.
274 Vgl. ebd. Werner Lucas sind im Frühsommer 1998 durch ein kirchliches Disziplinarverfahren sowohl seine Ordinationsrechte als auch sein Pensionsanspruch entzogen worden. Damit wurde in der Pommerschen Evangelischen Kirche zum ersten Mal die höchste disziplinarische Strafe, die im kirchlichen Raum möglich ist, verhängt. Deutlicher konnte sich die Landeskirche nicht distanzieren.
275 Vgl. BStU, BV Rostock, AIM 243/91, Bd. I/1, Bl. 17.
276 Vgl. BStU, BV Rostock, AIM 381/91, Bd. I/1, Bl. 52 vom 4.5.1984. Dieser Bericht ist Teil der Akte „Ingolf Seidel"/Christoph Ehricht.

tersuchung, inwiefern durch Plaths Informationen nachweislicher Schaden entstanden ist, steht noch aus.

Plath berichtete also mit der Zeit detailliert über innerkirchliche Vorgänge und Mitarbeiter. Im Sommer 1976 hieß es anerkennend über dessen Einsatzbereitschaft, er berichte zwar nur mündlich, sei aber „ein sehr beweglicher Mensch, der bereit ist, bei Notwendigkeit auch nachts oder in den frühen Morgenstunden zum Treff zu kommen. Dieses hat der IMS schon mehrfach bewiesen."[277]

Siegfried Plath war Gienkes „rechte Hand". Staatlicherseits hatte man dies schnell bemerkt und auch, dass Plath in politschen Dingen einen „besseren Durchblick" hatte als sein Bischof. In einem Bericht aus dem Jahr 1977 heißt es: „Plath hält die Kirchenpolitik des Bischofs für richtig und unterstützt diese. Im Wesentlichen hält er aber Gienke für naiv, der manche Dinge nicht verstünde und durchschaue."[278] Plath war aus Sicht des MfS außerdem der richtige Mann für die „innerkirchliche Disziplinierung".[279] Hier zeigt sich ein Muster, das bei den kirchenleitenden IM in der ELKG immer wieder erfolgreich angewendet wurde: Ein Amtsträger war unterfordert und daran interessiert, in die kirchenpolitisch schwer zu durchschauenden Beziehungen zum Rat des Bezirks Einblick zu erhalten. „Wissen ist Macht", auch Plath wusste dies. Er sehe darin eine Möglichkeit, so das MfS 1976 über Plath, „sich schnell bei unklaren Fragen eine Orientierung zu holen."[280]

„Auf Grund seiner Tätigkeit und Stellung in der Kirchenleitung und als Leiter des Konsistoriums der ev. Landeskirche Greifswald hat der IMS Möglichkeiten, von uns erkannte Schwerpunkte zu klären. Er kann bei besonderen Ereignissen, wie beim Fall Brüsewitz, beruhigend auf die Pfarrer in der Landeskirche einwirken."[281]

Am 7. Oktober 1978 erhielt Siegfried Plath den Kampforden der NVA in Bronze.[282]

Weder bei Plath noch bei den anderen kirchenleitenden Persönlichkeiten, die Kontakt zum MfS hatten, begnügte sich das MfS mit der Klärung von Sachfragen. Das MfS forderte immer weitergehende Eingriffe in das kirchliche Leben durch die IM, über die regelmäßig abgerechnet wurde. Parallel

277 Vgl. BStU, BV Rostock AIM 243/91, Bd. I/2, Bl. 35.

278 Vgl. ebd., Bd. II/1/2, Bl. 37. „Inoffizielle Einschätzung zur Person Dr. Plath – Oberkonsistorialrat Konsistorium Greifswald" vom 18.11.77.

279 Vgl. Tina Krone/Reinhard Schult: „Seid Untertan der Obrigkeit". Originaldokumente der Stasi-Kirchenabteilung XX/4, Berlin 1992, S. 12.

280 Vgl. BStU, BV Rostock, AIM 0243/91, Bd. I/2, Bl. 34.

281 Ebd.

282 Vgl. BStU, BV Rostock, AIM 0243/91, Bd. I/2, Bl. 70. „Vorschlag zur Auszeichnung mit der ‚Verdienstmedaille der DDR' anläßlich des 30. Jahrestages des MfS" vom 22.8.1979. Handschriftlicher Vermerk, dass die Auszeichnung geändert wurde in den „Kampforden in Bronze".

dazu stiegen die Belohnungen in Wert und Häufigkeit: Die Akte „Hiller" enthält einen eigenen 110 Blätter umfassenden Ordner mit Quittungen für Geschenke, Beköstigung und Ausgaben für IM „Hiller", die beim Leiter des Referates XX/4 in Rostock eingereicht werden mussten. Nur eine dieser Quittungen wurde von Plath selbst geschrieben und dann gezeichnet: als „Anerkennung für die gezeigten Leistungen in Vorbereitung und Durchführung der Sondersitzung der KKL", für die er 200 Mark der DDR erhalten habe.[283] Insgesamt beläuft sich der Gesamtbetrag der Quittungen auf 5.610,77 Mark, die letzte davon über 114,75 Mark am 25.9.1989 als „Anerkennung für die geleistete operative Arbeit".[284]

Plath holte in der Wende weit aus, um seine Kontakte zu rechtfertigen: Die Staatssicherheit habe als das entscheidende Staatsorgan gegolten, und die Stasi-Kontakte seien „von einem Kreis der Eingeweihten" mit Billigung der Bischöfe Krummacher und Gienke geführt worden, „weil sie in komplizierten Fällen ‚am effektivsten waren'".[285] Gegen die Behauptung, Krummacher habe die Kontakte gebilligt, erhob sich sofortiger Protest. Aber anders als in Thüringen beispielsweise, wo es auch Kontakte zum MfS gab, die aber formal wie Gespräche mit dem Rat des Bezirkes geführt wurden (sie mussten immer zu zweit geführt werden, stets wurde ein Protokoll angefertigt, das in die Ablage des Landeskirchenamtes gelegt wurde; immer im Dienstzimmer; grundsätzlich keine Geschenke, Gelder oder Vergünstigungen) und immer noch verhältnismäßig transparent waren, gab es diese Transparenz in Greifswald nicht. Gespräche mit dem MfS waren konspirativ, fanden innerhalb und außerhalb des Dienstzimmers statt, im Vier-Augen-Gespräch mit dem Stasi-Mann, in Hotels und Pkws; und zunehmend fanden auch Geschenke, Gelder und Vergünstigungen ihren Weg zu einzelnen kirchlichen Mitarbeitern.

Die Geheimhaltung der Treffen sei nötig gewesen, so Siegfried Plath bei den Anhörungen im Jahr 2000, sonst hätte die staatliche Seite nicht mitgemacht. Außerdem sei Konspiration unter Diktaturbedingungen erlaubt, wenn sie dem Widerstand diene, wie Beispiele im Nationalsozialismus belegen würden. Die DDR-Diktatur sei durch die Konspiration nicht stabilisiert worden, sondern kirchliche und gesellschaftliche Freiräume wären erhalten bzw. geschaffen worden, wandte Plath weiter ein. Diese Kontakte seien hilfreich gewesen, er sei möglicherweise manchmal ausgenutzt worden. Die Situation für die Christen hätte sich im Vergleich zu der in den fünfziger Jahren aber sehr verbessert, das hätte seinen Preis gehabt: ohne gelegentliche „schmutzige

283 Vgl. BStU, BV Rostock, AIM 0243/91, Bd. III/1, Bl. 70.

284 Vgl. ebd., Bl. 109.

285 Thomas Jeutner: „Freiwillig das Messer aus der Hand legen. Siegfried Plath und Christoph Demke in einer Anhörung der pommerschen Landessynode", in: Mecklenburgische Kirchenzeitung, Jg. 55 (2000), Nr. 9 vom 27.2.2000, S. 1.

Hände" sei es eben nicht gegangen.[286]

Während das Publikum in Züssow diese Aussagen weitgehend unkommentiert hinnahm, kam der Widerstand von ehemaligen Mitstreitern, die jahrelang gemeinsam in der Kirchenleitung gesessen hatten und sich gut kannten: Hans-Joachim Schwerin, ehemals Superintendent in Demmin, widersprach heftig:

„Dachte man, so nur könne man etwas bewegen, wie ich vernahm? Ich kenne genug Leute, welche etwas bewegt haben, ohne mit der Stasi in Verbindung gewesen zu sein. Außerdem ist der Satz, der der Stasibeziehung im kirchlichen Raum zugrunde lag: dass der Zweck die Mittel heiligt, in der evangelischen Theologie und Kirche immer als sehr fragwürdig angesehen worden. War das falsch? Hinzu kam, dass in unserer Pommerschen Kirche durch diese Relationen der leitenden Persönlichkeiten die Tendenz, eigentliche Überlegungen und Entscheidungen jenseits der synodal begründeten Kirchenleitung zu vollziehen, noch verstärkt wurde. Es gab augenscheinlich eine Kirchenleitung hinter der Kirchenleitung, die autoritäre Grundstruktur der Kirche wurde noch verstärkt."[287]

Siegfried Plath entging der Aufarbeitung durch seine Verabschiedung in den Ruhestand. Dennoch beschäftigte ihn das Konsistorium Anfang der neunziger Jahre noch auf Honorarbasis, unter anderem war er betraut mit dem Versetzungsverfahren von Heinz Wenzel und Siegfried Bohl, IM „Titus".[288]

5.3.2 Christoph Ehricht – IM „Ingolf Seidel"

Bis zum Jahre 1980 hatte sich das MfS durch seine Gesprächskontakte zum Bischof, zum Präses und zum Theologischen Leiter des Konsistoriums drei wichtige Gesprächsebenen eröffnet, durch die es hoffte, Informationen gewinnen und Einfluss nehmen zu können – die Beteiligten bestreiten, dass diese Strategie aufgegangen sei.[289] Diese Tendenz setzte sich mit der Annäherung an den Anfang 1984 in das Konsistorium berufenen Pfarrer Christoph Ehricht fort. Dabei spielte Plath (IM „Hiller") eine besondere Rolle: Er hatte sich im Mai 1984 gegenüber seinem Führungsoffizier über den neuen Kollegen sehr positiv geäußert:

286 Vgl. ebd.
287 Schwerin (2001), S. 136.
288 Dies geht aus einem Schreiben von Rechtsanwalt Prof. Dr. Christoph Nix an die Kirchenleitung der PEK hervor, ohne Datum, wahrscheinlich Juni 1994, S. 9, Privatarchiv Wenzel.
289 Vgl. Gespräch mit Altbischof Dr. Horst Gienke am 12.5.1998, mit Siegfried Plath am 12.8.1997 und mit Dietrich Affeld am 14.4.1998.

„Hiller' schätzte ihn als einen kirchenpolitisch ausgewogenen und stets um ein gutes Verhältnis mit staatlichen Organen bemühten Würdenträger ein. Er brachte zum Ausdruck, daß Dr. E. ein stets gesprächsbereiter Partner sei."[290]

Ehricht habe sich außerdem „gegenüber dem IM [Siegfried Plath alias „Hiller"] voller Sorge über die negativen Aktivitäten von Personen in dieser Arbeitsgruppe geäußert. Der IM [Siegfried Plath] schätzt ein, daß auch diese Tatsache für einen positiven Standpunkt von Dr. E. in diesen Fragen spricht."[291]

Plath führte laut Akte weitere Beispiele für Ehrichts angeblich loyale Haltung zum Staat an, über seine Motive kann nur spekuliert werden. Die Kontaktaufnahme mit Christoph Ehricht fand am 15. November des gleichen Jahres statt, Hauptmann Fiedler aus Rostock war selber angereist, der auch bis 1989 Ehrichts Gesprächspartner/Führungsoffizier bleiben sollte.[292] Im April 1985 meinte Fiedler offenbar, der Kontakt zu Ehricht sei stabil. Er schlug Ehricht deshalb vor, zum nächsten Gespräch einen weiteren MfS-Offizier dazuzuholen, ob ihm das recht sei? Ehricht war das nicht recht. „Er lege aus seiner Sicht Wert darauf, daß das Gespräch unter vier Augen persönlich mit dem Unterzeichner [Hptm. Fiedler] weitergeführt wird und keinen umfassenderen Charakter annimmt",[293] heißt es in Fiedlers anschließendem Bericht. Fiedler hatte eigentlich vorgehabt, seinen Mitarbeiter Wegner als Ehrichts Führungsoffizier einzuführen und sich selber zurückzuziehen.

Im „Vorschlag zur Kontaktierung des IM-Kandidaten ,Erich' heißt es dazu, der Mitarbeiter solle sich telefonisch anmelden, keinen konkreten Anlass nennen und sich „unter dem Namen ,Fischer'" vorstellen.[294] Interessant sind die Argumente, mit denen „Herr Fischer" Ehricht für sich gewinnen sollte: Ehrichts Bemühungen um ein gutes Staat-Kirche-Verhältnis seien nicht unbekannt geblieben, er sei der richtige Mann an dieser Stelle. Sorgen machten die Gruppen und die Friedensdekade, denn „[i]n der Landeskirche Greifswald darf es keine solche Entwicklung wie in der Berlin-Brandenburgischen Kirche geben".[295]

Tatsächlich fand das Gespräch dann Mitte November 1984 statt und verlief im Großen und Ganzen wie geplant. Allerdings mit dem Unterschied, dass sich der Leiter der Abteilung Kirchenfragen bei der Bezirksverwaltung

---

290 BStU, BV Rostock, AIM 0381/91, Bd. I/1, Bl. 53. „Information des IMS ,Hiller' vom 2. Mai 1984".

291 Vgl. ebd., Bl. 53.

292 Vgl. ebd., Bl. 79. „Bericht über die Kontaktaufnahme zum IM-Kandidaten ,Erich'" am 15.11.1984. Ehricht hatte als IM-Kandidat den Decknamen „Erich", erst als IM erhielt er den Decknamen „Ingolf Seidel".

293 Vgl. ebd., Bl. 94.

294 BStU, BV Rostock, AIM 0381/91, Bd. I/1, Bl. 75.

295 Vgl. ebd., Bl. 75.

Rostock, Jürgen Fiedler, selbst nach Greifswald begab und sich mit Funktion und Namen vorstellte. Das Gespräch fand in Ehrichts Wohnung statt, berichtete er später, er sei gleich auf zwei problematische Pfarrer am Ort zu sprechen gekommen, einen davon hätte Ehricht verteidigt.[296]

Am Ende des ersten Gespräches habe Christoph Ehricht zwar Geheimhaltung zugesagt, er würde aber Plath als Leiter des Konsistoriums von dem Besuch in Kenntnis setzen und ihn auch darüber informieren, daß er selbst um eine Fortsetzung der Gespräche gebeten habe, so Fiedler in seinem Bericht.[297]

Von hier aus entwickelte sich ein nach Aktenlage regelmäßiger Gesprächskontakt zwischen Jürgen Fiedler und Christoph Ehricht. Bereits im 2. Gespräch Anfang Dezember 1984 habe Ehricht ihn um eine Telefonnummer gebeten, unter der er ihn erreichen könne.[298] Fiedler hatte damit in kürzester Zeit sein Ziel erreicht: einen Gesprächspartner aufzubauen, den er nicht drängen musste, sondern der umgekehrt ihn, die Staatssicherheit, erreichen können wollte.

Dass Ehricht in diesen Gesprächen durchaus auch kirchliche Interessen vertrat, nahm Fiedler zu Protokoll. So hieß es über das Treffen im Dezember 1984, er habe Ehricht auf das zurückliegende Friedensforum angesprochen und auf die Jugendarbeit. Ehricht habe die kirchliche Jugendarbeit verteidigt und vom Staat mehr Freiheit für die Jugend gefordert.[299]

Im April 1985 traf man sich zum 3. Gespräch, Anlass war der bevorstehende Bugenhagen-Kirchentag in Greifswald. Ehricht, der zu diesem Zeitpunkt noch nicht als IM registriert war, sondern lediglich in einer IM-Vorlaufakte als IM-Kandidat „Erich" geführt wurde, wich Fiedler keineswegs aus. Ganz im Gegenteil, so Fiedler im anschließenden Bericht:

„Der IM selbst legte Wert darauf, daß ein weiterer Termin vereinbart wird und ging auf den entsprechenden Vorschlag des Mitarbeiters ein. Vereinbart wurde der 4. Juni 1985 um 18.00 Uhr. Hier wurde durch den Mitarbeiter insbesondere begründet, dann mit dem IM-Kandidaten über evtl. dem Mitarbeiter bekannt gewordene Aktivitäten zur Störung des Kirchentags zu sprechen. Dadurch werden Möglichkeiten durch die Landeskirche gegeben, hier Einfluß zu nehmen, daß etwaige Störungen rechtzeitig verhindert werden können."[300]

---

296 Vgl. ebd., Bl. 80.
297 Vgl. ebd., Bl. 83.
298 Vgl. ebd., Bl. 84.
299 Vgl. ebd.
300 Ebd., Bl. 94.

Was könnten solche „Störungen" gewesen sein? In der Regel ging es um Gruppen, die auf dem Kirchentag gesellschaftlich relevante Themen aufgreifen wollten: Umweltschutz, Friedensfragen, Aufrüstung. Welches Interesse konnte Ehricht daran haben, hier gemeinsame Sache mit dem Staat zu machen?

Aus Fiedlers Sicht verlief der Kontakt äußerst zufriedenstellend. Man traf sich im Juni und Oktober 1985, Gesprächsgegenstand waren Friedensaktivitäten und die Jugendarbeit der Landeskirche, vor allem in Stralsund. Im Oktober 1985 habe Ehricht ihm mitgeteilt, das Konsistorium habe die Offene Jugendarbeit in der Stralsunder Jakobikirche erst einmal verboten, zuständig für die Jugendarbeit sei jetzt der Pastor aus Rambin.[301]

Folgt man der Akte, war Fiedler am Ziel angekommen: Von Ehricht erfuhr er von internen Entscheidungen, Stellenbesetzungen und Konflikten in der Jugendarbeit. Das Ziel der Informationsgewinnung hatte er damit lange vor der eigentlichen Werbung erreicht. Und auch die Einflussnahme des MfS auf kirchliche Belange sah er als gegeben an. Im August 1985, knapp ein Dreivierteljahr nach Aufnahme der Verbindung zu Christoph Ehricht, notierte er in einer „Beurteilung", Ehricht setze nachweislich die Orientierungen des Mitarbeiters um.[302] Der „Bericht über ein weiteres Kontaktgespräch mit dem IM-Kandidaten ‚Erich'" vom 8. Oktober 1985 belegt dies. Ehricht, zuständig für die Evangelische Studentengemeinde in Greifswald, hatte die Suche nach einem neuen Studentenpfarrer angesprochen, da Pfarrer Lembcke die Landeskirche verlassen würde. Nun breitete er gegenüber Fiedler seine Gedanken aus: Er suche einen älteren Pastor als Leiter der ESG, der ruhig und besonnen die Studentengemeinde leiten und auch seelsorgerliche Funktionen übernehmen könnte, so die Akte „Erich":

„Er sprach den Mitarbeiter daraufhin auch an, ob er nicht einen geeigneten Kandidaten wüßte, der das Studentenpfarramt in Greifswald übernehmen könnte. Dies wurde vom Mitarbeiter verneint mit der Bemerkung, daß ein Kandidat, den er empfiehlt, sicherlich vom IM-Kandidaten nicht eingesetzt würde, weil er sofort im Verdacht stände, mit der Staatssicherheit zu tun zu haben. Diese Bemerkung akzeptierte der IM-Kandidat ohne Kommentar."[303]

Der eigentliche „Vorschlag zur Werbung" Ehrichts stammt überraschenderweise erst vom 16. April 1987. Warum Fiedler so lange mit einer formalen Registrierung gewartet hatte, geht aus den Akten nicht hervor. Inhaltlich hatte Ehricht längst allen Kriterien einer erfolgreichen Anwerbung entsprochen.

301 Vgl. ebd., Bl. 125.
302 Vgl. ebd., Bl. 15.
303 Ebd., Bl. 126.

Ziel der Werbung war es, vorbeugend „feindlich-negative" Aktivitäten durch innerkirchliche Auseinandersetzungen und Disziplinierung zu verhindern [sowie] den kirchenleitenden Einfluß zur Profilierung politisch-realistischer Kräfte zu verstärken und das Informationsaufkommen [...] zu verbessern".[304]
Die Kontakte des MfS zu Ehricht hatten fast „normalen" Charakter. Der Mitarbeiter des MfS traf sich mit Ehricht in dessen Wohnung und wurde dort von dessen Frau begrüßt, die um die Identität des Gastes gewusst habe.[305] Ehricht berichtete auch nach dem ersten Gespräch seinem Bischof und Plath von den Kontakten, die beide nicht auf einen Abbruch der Gespräche gedrängt, sondern nur darauf hingewiesen hätten, „daß man Wert darauf lege, diesen Kontakt nicht über Gebühr auszudehnen".[306]
Diese Mitteilung alarmierte Offizier Jürgen Fiedler. Dabei war es nicht Ehrichts Ankündigung, den Kontakten seien möglicherweise Grenzen gesetzt, sondern die Sorge, Gienke, Plath und Ehricht könnten sich nun dauerhaft austauschen. Ab sofort sollten die MfS-Kollegen ganz genau hinhören, ob die Kirchenvertreter sich inhaltlich abgestimmt hätten und im Austausch miteinander stünden,[307] so Fiedler. Später beruhigte Fiedler sich wieder. Ehricht habe sich zwar tatsächlich Gienke und Plath anvertraut, wie andere IM mitgeteilt hätten, aber es sei ihm selbst überlassen worden, ob er die Gespräche weiterführen wolle oder nicht. Seither könne aus Ehrichts Verhalten geschlossen werden, dass er niemanden mehr informiert hätte.[308]
In die Zuständigkeit Christoph Ehrichts innerhalb des Konsistoriums fielen bis 1989 die Jugend- und Studentenarbeit, die Friedens- und Umweltarbeit sowie die ökumenischen Kontakte. Das MfS interessierte sich für Oberkonsistorialrat Ehricht vor allem als Mitglied im Friedensausschuss der Landessynode und als Leiter der im Entstehen begriffenen Evangelischen Akademie. Auch Ehrichts Mitarbeit im Ausschuss „Kirche und Gesellschaft" der Bundessynode war aus Stasi-Sicht interessant. Deshalb sollte der IM „Ingolf Seidel" in seiner persönlichen Profilierung unterstützt werden, und zwar durch die „Förderung der Lösungen von Problemen" in seinem Amtsbereich, durch psychologische Hilfestellung zur Entwicklung der Persönlichkeit des IM, durch den „Einsatz weiterer IM zur Unterstützung progressiver Linien des IME" sowie durch die Unterstützung der fachlichen Profilierung des IME durch Übergabe von Material und Herstellung nützlicher Kontakte seitens des MfS.[309]

304 Vgl. ebd., Bl. 219. „Vorschlag zur Werbung des IM-Kandidaten ‚Erich' als IME" vom 16.4.1987.
305 Vgl. ebd., Bl. 95. „Ergänzung zum Kontaktgespräch mit dem Kand. ‚Erich'" vom 29.4.1985.
306 Vgl. ebd.
307 Vgl. ebd.
308 Vgl. ebd., Bl. 224.
309 Vgl. BStU, BV Rostock, AIM 0381/91, ebd., Bd. I/2, Bl. 62. „Einsatz- und Entwicklungskonzeption für den IME ‚Ingolf Seidel'" vom 29.8.1988.

Das MfS näherte sich Ehricht auf der gleichen Basis wie Plath und später Harder. Ehricht war bereit, über innerkirchliche Entwicklungen und sogar über konkrete Probleme mit dem MfS zu sprechen: „Durch den Kandidaten wird offensichtlich hoher Wert auf die Einschätzung zur politischen Situation seitens des Mitarbeiters gelegt, da diese auch seiner eigenen Profilierung dienlich sind",[310] notierte der Offizier des MfS über die Motivation Ehrichts im Werbungsgespräch. Daher könnten „gemeinsame Interessen und der gegenseitige Nutzen als wesentliche bindende Fakten zwischen Kandidat und Mitarbeiter aus Sicht des Kandidaten angesehen werden".[311] Ehricht wurde seitdem als IME („Experten-IM") geführt. Er solle langfristig, so die „Einsatz- und Entwicklungskonzeption" vom August 1988, „den Kontakt zum MfS als unverzichtbaren Bestandteil seiner eigenen Entwicklung" betrachten,[312] zugleich aber „nicht den Eindruck gewinn[en], staatlicher Interessenvertreter zu sein".[313] Diese Intention stand nicht nur hinter der Anwerbung Christoph Ehrichts, sondern hinter jedem Kontakt mit dem MfS. Hier wird deutlich, warum sich viele als IM geführte Personen nach der Wende dagegen verwahrt haben, kirchliche Interessen verraten zu haben.
Der fünfseitige „Vorschlag zur Werbung des IM-Kandidaten ‚Erich' als IME" vom 16. April 1987 ist ein Beleg dafür, dass das MfS zwar eine schlablonenhafte Terminologie pflegte, durchaus aber differenziert argumentieren konnte.

Üblicherweise gingen Werbungsvorschläge auf drei Fragen besonders ein:

- Worüber berichtet der Werbungskandidat, kann man ihn oder sie gezielt ausfragen?
- Erweisen sich die Informationen als korrekt, ist der Kandidat also „überprüft und zuverlässig"?
- Hat sich der Werbungskandidat einer dritten Partei offenbart oder kann er Stillschweigen bewahren?

Hauptmann Fiedler beantwortete keine der Fragen standardmäßig, sondern auf den Fall Ehricht alias „Erich" zugeschnitten. In der „Einschätzung der bisherigen Tätigkeit für die Sicherheitsorgane" hieß es:

„Seit der Kontaktaufnahme im April 1985 wurden mit dem IM-Kandidaten insgesamt 10 Gespräche durchgeführt.[...]
Zum gegenwärtigen Zeitpunkt kann davon ausgegangen werden, daß eine regelmäßige Gesprächsführung mit dem Mitarbeiter durch den Kandidaten

310 Vgl. ebd., Bd. I/1, Bl. 233.
311 Vgl. ebd.
312 Vgl. ebd., Bd. I/2, Bl. 62. „Einsatz- und Entwicklungskonzeption für den IME ‚Ingolf Seidel'" vom 29.8.1988.
313 Vgl. ebd., Bl. 60.

selbst akzeptiert und gewünscht wird. [...] Teilweise informierte er über geplante Stellenbesetzungen im Bereich der Jugendarbeit und berücksichtigte dabei Hinweise des Mitarbeiters (Ablehnung Wergin, Schwerin, als Landesjugendwart.)
Zu Personen selbst informierte der Kandidat bisher kaum, bestätigt oder widerspricht jedoch, wenn er vom Mitarbeiter mit Einschätzungen konfrontiert wird. Diese Haltung ist jedoch aus der Sicht seiner kirchlichen Position verständlich.
Bereitwillig informierte der IM auch über Ergebnisse der NSA-Reisen, wobei operativ-bedeutsame Erkenntnisse erarbeitet werden konnten. Ebenso informierte der IM-Kandidat über den Inhalt geplanter Veranstaltungen, soweit sie in seinen Verantwortungsbereich fallen. Insgesamt konnten mit dem IM-Kandidaten bisher 24 Informationen erarbeitet werden."[314]

Wie lang oder kurz, wichtig oder eher unbedeutend diese Informationen waren, gibt die Akte nicht her. Die Anzahl von „24 Informationen" sollte nur die faktische Zusammenarbeit mit Christoph Ehricht untermauern. Dabei sei die Zuverlässigkeit Ehrichts „differenziert einzuschätzen", denn konkrete Aufträge könne man ihm jetzt und wohl auch in Zukunft nicht geben, aber mit der richtigen Argumentation könne Ehricht leicht beeinflusst werden, so die Einschätzung:

„Dies geschieht jedoch nur dann, wenn es dem Mitarbeiter gelingt, die Notwendigkeit bestimmter Verfahrensweisen und Handlungen so zu begründen, daß der IM-Kandidat selbst davon überzeugt ist. Unter diesem Gesichtspunkt kann man dem IM-Kandidaten Zuverlässigkeit bescheinigen. Beispiele dafür sind geführte Auseinandersetzungen des IM-Kandidaten mit der in der OPK ‚Turm II'[315] (KD Stralsund) bearbeiteten Person, die Vorbereitung einer positiven Beschlußfassung zur Abrüstungsproblematik während der Synodaltagung im Herbst 1986 sowie die Unterstützung der Untersagung des Auftritts von Krawczyk in der Landeskirche Greifswald."[316]

Ist Christoph Ehricht, wie Friedrich Harder meint, „benutzt"[317] worden, hat aber eigentlich im besten Interesse der Kirche und ihrer Christen gehandelt? Das bleibt fraglich. Tatsache ist, dass der Schweriner Jugendwart Claus Wergin nach einem Gespräch Ehrichts mit dem MfS-Offizier Fiedler nicht die Stelle als Landesjugendwart erhielt, für die er sich beworben hatte, und dass Torsten Hennig wiederholt für seine Jugendarbeit in Stralsund diszi-

314 Vgl. BStU, BV Rostock, AIM 381/91, Bd. I/1, Bl. 222/223.
315 In der OPK „Turm II" wurde der Stralsunder Jugendwart Torsten Hennig bearbeitet.
316 Vgl. BStU, BV Rostock, AIM 381/91, Bd. I/1, Bl. 223.
317 Gespräch mit Propst i. R. Friedrich Harder am 29.9.2015.

pliniert wurde. Auch die Vorbereitungen zum Friedensseminar „Konkret für den Frieden VII" im Februar 1989 unter Leitung Ehrichts fanden in enger Abstimmung mit dem MfS statt. Christoph Ehricht musste die Gespräche mit MfS-Offizier Fiedler nicht führen. Er führte sie dennoch, weil er sie für nützlich hielt – Fiedler auch.

Im Gegensatz zu Harder und Plath wurde und wird Christoph Ehricht immer noch als umgänglicher, wenig in den Vordergrund tretender kirchlicher Amtsträger gesehen, der stets erfolgreich die Brücke zwischen Konsistorium und Gemeindeleben geschlagen habe. In Gesprächen in Vorbereitung dieser Arbeit wurde deutlich, dass Ehricht nach 1989 weniger Kritik auf sich gezogen hat als andere. Er sei zurückhaltend, dabei aber brüderlich aufgetreten, heißt es.[318] Möglicherweise hat dieses positive Nachwende-Echo auch dazu geführt, dass Ehricht aus seinen Kontakten zum MfS auch nach deren Bekanntwerden keinerlei berufliche Schwierigkeiten erwuchsen und er bis 2015 in einer leitenden Position im Konsistorium tätig sein konnte. In einem im Jahr 2013 erschienenen Aufsatz beschreibt Christoph Ehricht sein Gemeindeleben in Gützkow und die damaligen Bedrängungen als Pastor in der DDR – jedoch ohne jeden Hinweis auf seine Kontakte zum MfS und seine Registrierung als IM „Ingolf Seidel".[319] Jetzt, aus dem sicheren Ruhestand heraus, distanzierte sich Ehricht von einem offenen und reflektierten Umgang mit der DDR-Geschichte noch konkreter: Man könne niemanden der Zusammenarbeit mit dem MfS bezichtigen, der vom Synodalausschuss 1993 entlastet worden sei, heißt es in der Mecklenburgischen und Pommerschen Kirchenzeitung im Oktober 2015. Es sei Unrecht, ihn immer noch wegen seiner Kontakte zum MfS anzufragen.[320] Christoph Ehricht stellt die geheime Tätigkeit für das Ministerium für Staatssicherheit auf eine Stufe mit anderen Disziplinarvergehen und schreibt, jemanden – wie im Falle Siegfried Bohls geschehen – in einem Nachruf als IM zu bezeichnen, sei eine Verletzung der geistlichen Würde dieses Menschen.[321] Die Nordkirche verabschiedete Christoph Ehricht als „Zeitzeuge, Brückenbauer, Vollblutdiakoniker", als jemanden, der sich für Kirche und Gesellschaft besonders eingesetzt habe und ein Vermittler zwischen den Gruppen gewesen sei – allerdings wiederum ohne einen noch so dezenten Hinweis auf dessen Kontakte zum Ministerium

318 Gespräch mit Pfarrer Harro Lucht am 27.1.1998 und mit Pfarrer Arndt Noack am 14.4.1998.

319 Christoph Ehricht: Kirchengeschichte(n aus) der DDR – Erinnerungen eines pommerschen Theologen, in: Lernen aus der Geschichte – Magazin. Kirchen in der DDR – Zwischen Glaube und Politik, Ausgabe 05/2013, S. 4–7. URL: *http://lernen-aus-der-geschichte.de/sites/default/files/attach/lagmagazin_kirchen_in_der_ddr.pdf* [Stand: 8.3.2016].

320 Vgl. Christoph Ehricht: Leserbrief zum Artikel von Anne Drescher, in: Mecklenburgische & Pommersche Kirchenzeitung, Ausgabe 43 (2015) vom 25.10.2015, S. 5.

321 Vgl. ebd.

für Staatssicherheit.[322]
Das Aufarbeitungsgremium entlastete IM „Ingolf Seidel"/Christoph Ehricht mit der Begründung, dieser habe sich seinem Bischof und dem Leiter des Konsistoriums, Siegfried Plath, offenbart und beide hätten in ihrer Funktion als Vorgesetzte Ehricht daran hindern müssen, die Gespräche zu führen. Ehricht sowie andere IM der Landeskirche seien zudem „ohne ihr Wissen und ohne ihr Einverständnis" als IM geführt worden,[323] man dürfe auf die Stasiakten nicht „hereinfallen", so Friedrich Harder.[324]
Horst Gienke und Siegfried Plath anzulasten, was Ehricht selbst hätte tun müssen, entlässt ihn aus der persönlichen Verantwortung. Ehricht wie jeder Pastor, kirchliche Mitarbeiter und jedes ganz normale Kirchenmitglied war nicht legitimiert, mit dem MfS zu sprechen. Das war ihm bewusst, sonst hätte er über diese Gespräche kein Stillschweigen bewahrt. Dass er nichts von seinem Decknamen und der Registrierung gewusst hatte, ist irrelevant. Die Regel lautete nicht: „Du darfst keinen Decknamen haben", sondern: „Keine Gespräche mit dem MfS". Es war übliche Praxis, dem IM nicht darzulegen, wie dessen Informationen weiterverwendet wurden, d. h. ihn über die angelegte Akte und den gewählten Decknamen völlig im Unklaren zu lassen. Entscheidend war dessen Einwilligung, sich zu treffen, Informationen weiterzugeben und mit niemandem darüber zu sprechen.
Tausende Christen und Nichtchristen in der DDR hatten es viel schwerer als leitende Kirchenleute, dem Staatssicherheitsdienst und seinen Drohungen, Versprechungen, seinen Nachstellungen und seinem Eindringen in die Privatsphäre zu entgehen. Dennoch wurden sie keine IM. Sie wollten ihren Mitmenschen aufrechten Hauptes begegnen können, nicht lügen und nichts verheimlichen müssen. Sie empfanden jeden Kontakt zur „Firma", wie die Staatssicherheit oft genannt wurde, als ehrenrührig. Viele haben diese Abwehr auch als existentielle Bedrohung erlebt. Jedermann wusste, dass die Staatssicherheit Zugang zu allen Bereichen des Lebens hatte: zu Kindergarten und Schule, zum Fotoalbum in der Wohnzimmerschrankwand, zur Personalakte im Betrieb, zur Krankenakte des Ehepartners. Für das MfS war alles erreichbar. Einen Schutz- und Zufluchtsraum gab es nicht – abgesehen von der Kirche. Nicht wenige sind aus solchen Situationen als gebrochene Menschen hervorgegangen, weil sie während der Monate und Jahre der MfS-Nachstellungen nur noch auf sich selbst gestellt waren und mit physi-

322 Dezernent Dr. Christoph Ehricht in den Ruhestand verabschiedet. URL: *https://www.nordkirche.de/pressestelle/pressemitteilungen/detail/dezernent-dr-christoph-ehricht-in-den-ruhestand-verabschiedet.html* [Stand: 14.4.2016].
323 Vgl. „Nicht auf Stasi-Sicht hereinfallen", von Sybille Marx, in: Mecklenburgische & Pommersche Kirchenzeitung, Nr. 38 vom 20.9.2015, S. 13.
324 Vgl. ebd.

scher und psychischer Gewalt konfrontiert waren, die ein ganzes Leben belasten konnten. Die wahren Helden sind die, die „Nein“ zur Staatssicherheit gesagt haben. Manche von Anfang an, manche erst im Laufe der Zeit. Aber niemals die, die gesagt haben: „Ich wurde ausgenutzt.“
Denn keiner der hier beschriebenen Fälle stand unter derartigem Druck; jeder der kirchlichen Mitarbeiter hat aus freien Stücken und eigenem Interesse in die geheimen Kontakte eingewilligt und sich fundamental illoyal zu den Christen der DDR verhalten.
Die als IM geführten Mitarbeiter der Greifswalder Kirchenführung haben sich bis heute gar nicht oder nur vage öffentlich zu ihren Verstrickungen, Motivationen und Nachwende-Erkenntnissen geäußert. Im Gegenteil: Je länger die DDR zurückliegt, desto stärker verteidigen sie ihre Kontakte zum MfS.

5.3.3 Wolfgang Nixdorf – OV „Pharisäer“

Der OV „Pharisäer“, eröffnet im Sommer 1985, überrascht in mehrfacher Hinsicht. Zunächst einmal durch die Art der Akte: ein Operativer Vorgang. In Operativen Vorgängen bearbeitete das MfS sogenannte „feindlich-negative“ Personen, deren staatskritische Haltung bereits in einer Operativen Personenkontrolle (OPK) nachgewiesen worden war, das lag aber im Falle Nixdorfs bereits vier Jahre zurück.
Nixdorf war zwischen 1977 und 1981 in der OPK „Engel“ bearbeitet worden. Zu dieser Zeit war er Superintendent in Barth. Die Staatssicherheit wollte wissen, welchem kirchenpolitischen Lager Nixdorf zuzurechnen wäre. Das wusste man ganz genau, als er 1981 vom MfS aufgesucht und um ein Gespräch gebeten wurde: Nixdorf wies das Gespräch freundlich zurück und brachte den MfS-Mitarbeiter umgehend zur Tür. In der Akte liest sich diese „Abfuhr“ sehr sachlich. MfS-Offizier Wegner schrieb:

„Nach Aufklärung des N. durch die KD Ribnitz-Damgarten wurde im Zuge der Übernahme seiner Tätigkeit in Greifswald die OPK an die Abteilung XX/4 zur Prüfung einer operativen Nutzung des N. übergeben.
Im Ergebnis eines am 25.10.1981 durchgeführten Kontaktgespräches mit N. wurde die ablehnende Haltung des N. gegenüber jeglichen Kontakten zum MfS deutlich.“[325]

Nixdorf, 1935 in Breslau geboren, war über Halle und Dessau 1966 nach Greifswald an die Marienkirche gekommen. Von dort ging er 1973 als Super-

325 BStU, BV Rostock, I 726/88, Bd. I, Bl. 9, Privatarchiv Dr. Wolfgang Nixdorf.

intendent nach Barth und 1981 in das Konsistorium nach Greifswald, wo er zunächst Konsistorialrat, später Oberkonsistorialrat wurde. Eigentlich hätten Horst Gienke und Siegfried Plath Siegfried Bohl nach Greifswald holen wollen, aber es habe andere Stimmen gegeben, die ihn dringend um Übernahme der Stelle gebeten hätten, so Nixdorf im Gespräch.[326]

Nixdorf war als Konsistorialrat für mehrere Kirchenkreise und den Bereich Kirchenmusik zuständig. Außerdem leitete er das Pressereferat und war für die Aus- und Weiterbildung zuständig. Die Pressearbeit war es auch, die Leutnant Wegner in seinem „Eröffnungsbericht zum OV ‚Pharisäer'“ vom 28. August 1985 unterstrich, denn Nixdorfs Kontakte zu westlichen Journalisten, insbesondere zu den „Springer-Journalisten“, irritierten die Staatssicherheit,[327] vor allem im Zusammenhang mit den Kirchentagen 1985 und 1988 sowie der alljährlichen „Bachwoche“. Die Staatssicherheit meinte, Nixdorf beliefere die westlichen Besucher mit DDR-kritischen Informationen.

Obwohl von Anfang an deutlich war, dass die von Nixdorf weitergegebenen Materialien nicht der Geheimhaltung unterlagen, war der Verdacht der Begehung einer Straftat nach § 99 StGB der DDR – landesverräterische Nachrichtenübermittlung – der formale Eröffnungsgrund des Operativen Vorgangs (OV).[328]

Ungewöhnlich war auch der Deckname „Pharisäer“. Ein Pharisäer war jemand, der zur altjüdischen Gruppe der Pharisäer gehörte, in übertragener Bedeutung wird als „Pharisäer“ auch ein Heuchler bezeichnet. Warum Leutnant Wegner diesen Decknamen wählte, bleibt im Dunkeln. 1988 wurde die Akte geschlossen, der Verdacht des Landesverrats hatte sich nicht bestätigt.

Drittens überrascht die Akte auch in Bezug auf ihren Inhalt. Die darin abgelegten Berichte, Einschätzungen und Maßnahmepläne belegen, dass die Bezirksverwaltung Rostock den OV eröffnete, weil man Wolfgang Nixdorf nicht in das übliche kirchenpolitische Raster „feindlich-negativ“ (staatskritisch) bzw. „realistisch“ (die SED-Kirchenpoitik positiv unterstützend) einordnen konnte. Eine gemäßigte mittlere Position gab es aus MfS-Sicht nicht, getreu dem Motto: Wer nicht für uns ist, ist gegen uns.

Als Wegner die Akte „Pharisäer“ 1985 anlegte, konnte er schon auf einige IM zurückgreifen: So sind Siegfried Plath, Horst Gienke und Christoph Ehricht[329] ausdrücklich im „Maßnahmeplan zur Bearbeitung des OV ‚Pharisäer'“ erwähnt. Angesichts der am 4. Dezember 1989 vernichteten IM-Akte zu

326 Vgl. Gespräch mit OKR i. R. Wolfgang Nixdorf am 8.9.2015 in Schwerin.

327 BStU, BV Rostock, I 726/88, Bd. I, Bl. 11. „Eröffnungsbericht zum OV ‚Pharisäer'“ vom 28.8.1985, Privatarchiv Dr. Wolfgang Nixdorf.

328 Vgl. ebd.

329 Christoph Ehricht war zu dem Zeitpunkt noch IM-Kandidat und sein Einsatz im Sinne des Maßnahmeplanes noch als unsicher vermerkt worden.

Gienke ist der Hinweis auf „Orion“ besonders relevant.
Der „Maßnahmeplan“ vom 29. August 1985 sah vor, dass Siegfried Plath, IM „Hiller“, „Informationen über Auftreten und Aktivitäten des N. im Konsistorium“ sammeln und ansonsten Nixdorfs Auftreten für das MfS „bewerten“ sollte.[330] Außerdem sollte er mit Nixdorf „innerkirchliche Auseinandersetzungen“ führen, sollte dieser seine „berufliche Funktion“ ausnutzen. Ob es bei diesem Maßnahmeplan blieb oder dieser tatsächlich umgesetzt wurde, ist unklar. Schwerer wiegt da schon der Auftrag, auch Informationen „zur Persönlichkeit des N., zum Freizeit-, Familien- und Wohnbereich“ zu sammeln.[331]
Das Gleiche gilt für die „Zielstellungen“ von IM „Orion“ – Bischof Horst Gienke. Diese umfassten zwei Punkte: die „Einschätzung der Art und Weise der Ausübung der beruflichen Tätigkeit“ Nixdorfs sowie die „innerkirchliche Disziplinierung bei Mißbrauch der Funktion des N. sowie zur vorbeugenden Verhinderung einer feindlichen Ausstrahlung“.[332] Was davon umgesetzt wurde, ist weitgehend unklar. Das gesamte Umfeld der Familie Nixdorf sollte „aufgeklärt werden“, enge Familienmitglieder inbegriffen, um unter Freunden und Bekannten mögliche IM-Kandidaten zu finden.[333] 1986 kamen das Abhören des Privatanschlusses sowie die gezielte Postkontrolle privat wie auch im Konsistorium hinzu.[334]
Eine Reihe von Inoffiziellen Mitarbeitern berichteten im Laufe der Jahre über Wolfgang Nixdorf. Dazu gehörten die IM „Helene“, „Murner“, „E. Scherbe“, „Torsten“ (Wolfgang Schnur) und „Titus“ (Siegfried Bohl). Sie alle trugen Informationen über Nixdorfs berufliche Aktivitäten zum MfS, ohne jedoch regelmäßig oder gezielt eigesetzt worden zu sein. Einzig die Vikarin Ines Fleckstein, IM „Gisela“, die im Rahmen ihrer Ausbildung mit Wolfgang Nixdorf zu tun hatte, sollte den Kontakt zu diesem gezielt vertiefen.[335] Die Postkontrolle wurde in den kommenden Jahren das entscheidende Instrument in diesem OV.
Aufgefallen war Wegner auch, dass Wolfgang Nixdorf engen Kontakt hielt zu Marie Luise Rudloff, ihrerseits schon berentete Lehrerin und Mitglied der Kirchenleitung. Wegner vermutete dahinter geheime Informationskanäle zwischen der Kirchenleitung und dem Konsistorium und ließ ab Juni 1986 auch den Anschluss von Frau Rudloff abhören.[336]
Im „Zwischenbericht zum OV ‚Pharisäer‘“ vom 2. Mai 1986 hieß es, Nix-

330 Vgl. BStU, BV Rostock, I 726/88, Bd. I, Bl. 13.
331 Vgl. ebd.
332 Vgl. ebd.
333 Vgl. ebd., Bl. 15.
334 Vgl. ebd., Bl. 22.
335 Vgl. ebd., Bl. 21.
336 Vgl. ebd., Bl. 246. „Maßnahmeplan zur Bearbeitung des OV ‚Pharisäer‘“ vom 5.6.1986.

dorf sei „[a]ls Pressebeauftragter und Verantwortlicher für Aus- und Weiterbildung des Konsistoriums der ELKG […] aus politisch-operativer Sicht mit bedeutsamen Funktionen betraut. Er verfügt über umfangreiche Kenntnisse zu internen kirchlichen Problemen und Sachverhalten sowie Möglichkeiten und Voraussetzungen zur ideologischen Beeinflussung eines größeren Personenkreises."[337]

Im Mai 1986 war Wolfgang Nixdorf bereits fünf Jahre im Konsistorium angestellt. Umso überraschender ist die Notiz Wegners zum Abschluss des Zwischenberichtes, man komme bei Nixdorf nicht weiter, es könne „aufgrund fehlender operativer Möglichkeiten nicht eindeutig eingeschätzt werden", wo Nixdorf politisch stünde.[338] Hans-Martin Harder unterstütze Nixdorf, erhoffe sich von diesem aber auch eine Unterstützung seiner Position, hieß es.[339] Dies scheint nicht unwahrscheinlich, da Harder im Jahr zuvor unter heftigen innerkirchlichen Querelen Siegfried Plath als Leiter des Konsistoriums abgelöst hatte und seither um die Festigung seiner Position rang.

Offensichtlich von der Hauptabteilung XX/4 in Berlin initiiert, kam es im Juni 1986 zu einem Treffen der beiden Rostocker Offiziere Wegner und Fiedler mit Oberstleutnant Klaus Roßberg, Chef der Hauptabteilung XX/4 in Berlin. Wegner musste den Sachstand des OV „Pharisäer" darstellen, anschließend kam Roßberg zu Wort und fasste zusammen, „daß der OV an einem Hauptschwerpunkt gegnerischer Angriffe angesiedelt ist und eine gute Perspektive besitzt. Dementsprechend müsse dieser OV als tatsächlicher Schwerpunkt-Vorgang konzentriert mit allen zur Verfügung stehenden operativ-technischen Mitteln bearbeitet werden".[340] Der stichhaltige Nachweis des staatsfeindlichen Nachrichtenhandels sei schwierig, so Roßberg, daher ordne er eine neue Vorgehensweise an:

„Zielstellung müsse es deshalb sein, ‚Pharisäer' innerkirchlich zu diskreditieren und zu isolieren, ihn als unseriös darzustellen und so der Kirche als eine unbequeme Person erscheinen zu lassen, d[ie] in dieser Funktion nicht mehr tragbar ist. Dazu müssen offizielle und inoffizielle Mittel und Möglichkeiten genutzt werden. Eindeutig muß weiterhin der Nachweis einer unseriösen Berichterstattung erbracht werden."[341]

Roßberg gab hier das Signal, Nixdorfs berufliches wie auch privates Ansehen gezielt zu beschädigen. Entsprechende Rufmord-Kampagnen schienen im konservativen kirchlichen Milieu besonders vielversprechend, vor allem

337 Vgl. ebd., Bl. 239.
338 Vgl. ebd., Bl. 242.
339 Vgl. ebd.
340 Vgl. ebd., Bl. 303
341 Vgl. ebd., Bl. 303.

dann, wenn durch Fotomontagen in der Öffentlichkeit außereheliche Verhältnisse, Alkoholabhängigkeit oder Verschwendungssucht suggeriert werden konnten. War ein Gerücht einmal in Umlauf gebracht, musste der Betroffene schon sehr souverän sein und über ein intaktes Familienleben verfügen, um aus solchen Zersetzungsmaßnahmen unbeschadet hervorzugehen. Im Falle Nixdorfs konkretisierte Roßberg seine Anweisungen in zweifacher Hinsicht: Im beruflichen Umfeld seien „[d]ie IMB ‚Hiller' und der IME ‚Orion' [...] offensiv zu ‚Pharisäer' einzusetzen". Deren Führungsoffiziere sollten mit beiden das Verhalten von Nixdorf besprechen, und zwar seien Plath und Gienke die Erkenntnisse zu Wolfgang Nixdorf „differenziert mitzuteilen", also jeweils unterschiedlich akzentuiert.[342] Das war ein Paradebeispiel der innerkirchlichen Differenzierung, bei der zwei leitende IM durch das MfS so instruiert wurden, dass sie in ihrer Funktion als Vorgesetzte dem Kollegen erhebliche Schwierigkeiten machen und auf diesen Druck ausüben konnten, allerdings für diesen nicht als von außen gesteuert erkennbar.

Im privaten Umfeld sollten Nixdorfs finanzielle Verhältnisse geprüft und eventuelle Kontobewegungen dazu genutzt werden, ihn öffentlich zu diskreditieren.[343]

Wurden diese Ziele umgesetzt? Teilweise ja, denn am 21. Oktober 1986 berichtete Siegfried Plath alias IM „Hiller" seinem Führungsoffizier, er habe in der letzten Sitzung der Kirchenleitung Nixdorfs Artikel über die zurückliegende Bundessynode heftig kritisiert und behauptet, Nixdorf hätte genau so berichtet wie die westliche Presse, die nur die politisch brisanten Themen aufgreife. Er sei bei der Kirchenleitung aber auf Widerstand gestoßen, sodass Nixdorf seine Berichterstattung wohl nicht ändern werde.[344]

Der folgende Zwischenbericht vom Juni 1987 konstatierte, man habe im Fall Nixdorf immer noch nicht den landesverräterischen Nachrichtenhandel nachweisen können, was dann tatsächlich auch der Grund war, die Akte „Pharisäer" im Juni 1988 offiziell zu schließen.[345] Die Recherchen hätten lediglich ergeben, heißt es im „Abschlußbericht" vom 28. Juni 1988, dass es sich bei Nixdorf „um einen korrekten Kirchenbeamten [handelt], der von einer politisch-konservativen Einstellung geprägt ist und hiervon ausgehend sich dem Kurs seiner Kirchenleitung, auch im Ergebnis mehrfach realisierter innerkirchlicher Disziplinierungen, insgesamt unterordnet".[346]

„Die übrigen Zielstellungen bei der Bearbeitung des OV konnten erfolgreich

342 Vgl. ebd., Bl. 304.
343 Vgl. ebd.
344 Vgl. BStU, BV Rostock, AIM 02431/91, Bd. I/2, Bl. 30. „Mündlicher Bericht" von IM „Hiller" vom 21.10.1986.
345 Vgl. BStU, BV Rostock, I 726/88, Bd. II, Bl. 45. „Abschlußbericht zum Operativvorgang Pharisäer" vom 28.6.1988
346 Vgl. ebd.

realisiert werden. Von besonderer Bedeutung ist hierbei die langfristig angelegte und kontinuierlich betriebene innerkirchliche Disziplinierung des N., die auch zukünftig weiterhin wirksam werden wird."[347]

Disziplinierungsmaßnahmen durch den Bischof und Mitarbeiter des Konsistoriums werden wiederholt in der Akte angesprochen. In welchem Ausmaß sie stattgefunden haben, beleuchten die vorliegenden Dokumente nicht. Nixdorf selber sagte im Gespräch, die in der Akte notierten Disziplinierungsmaßnahmen durch Siegfried Plath und Bischof Horst Gienke habe er nicht gespürt. Auch die von Klaus Roßberg angeordneten Zersetzungsmaßnahmen durch gezielte Verleumdung hätten keine Früchte getragen, weder in Bezug auf ihn selber noch auf seine Ehefrau. Leben und Person beider hätten jeder Kampagne den Boden entzogen.
Für die Kinder der Familie Nixdorf jedoch waren die Jahre nach 1986 durchaus schwierig, beide Söhne erlebten Nachteile und Überwachung in besonders auffälliger Weise, so Nixdorf im Gespräch:

„Der ältere Sohn, Friedemann, geboren 1962, konnte nur eine Anstellung als Sozialarbeiter in Berlin finden und wurde durch einen angeblichen Freund, der sich später als höherer Mitarbeiter der Stasi erwies, genau beobachtet und überwacht. Der jüngere Sohn, Georg-Dietrich, geb. 1969, konnte nach der 10. Klasse nur eine Ausbildung als Tischler finden und wurde durch die Ausbilder als Republikfeind bezeichnet und behandelt. Die Schikanen gegen ihn wurden ab 1986 so schlimm, dass er illegal nach Berlin ging und sich dort einer Gruppe von sogenannten „Asozialen" anschloss."[348]

Post- und Telefonkontrolle allerdings seien offensichtlich gewesen, vor allem, wenn Briefkuverts auffällig geöffnet und dann wieder geschlossen worden waren.[349]
Roßbergs Intervention 1986 zeigt, dass man in Berlin Greifswald „wasserdicht" machen wollte und deshalb einen unklaren Punkt in den Reihen der leitenden Mitarbeiter nicht stehenlassen konnte. Abgesehen von dem einen Gespräch Roßbergs mit den Rostocker Kollegen in Berlin ergaben sich daraus aber keine umfangreichen Maßnahmen. Was bleibt, ist, dass Wolfgang Nixdorf durch seine Absage an die Staatssicherheit im Jahr 1981 ein eindeutiges Zeichen seiner Nicht-Bereitschaft zu jeglicher Zusammenabeit gegeben hat und durch seine ihn ausfüllende Tätigkeit im Pressereferat da-

347 Ebd.
348 Gespräch (telefonisch) mit Dr. Wolfgang Nixdorf am 29.3.2016.
349 So Wolfgang Nixdorf im Gespräch (telefonisch) am 29.3.2016. Die zwei Bände des OV „Pharisäer" bestehen zu einem erheblichen Teil aus abgefangener Post und innerkirchlichem Informationsmaterial, unterbrochen von Einsatzberichten und Maßnahmeplänen.

vor geschützt war, ambitionierte Pläne zu verfolgen, die Gespräche mit der Staatssicherheit hätten verlockend erscheinen lassen können. Und drittens war Nixdorf tatsächlich ein Mann der Mitte: Seine theologisch-konservative Prägung vermied starken kirchenpolitischen Dissens. Eine Existenz in der Mitte innerhalb einer kirchlichen Leitungsbehörde konnte sich das MfS jedoch nicht vorstellen – und schloss die Akte.

5.3.4 Hans-Martin Harder – IM „Dr. Winzer"

Als die MfS-Bezirksverwaltung Rostock 1987 Hans-Martin Harder ansprach, nachdem sie schon Horst Gienke, Siegfried Plath und Christoph Ehricht auf kirchenleitender Ebene für sich gewinnen konnte, muss es einen besonderen Grund gegeben haben. Immerhin war Harder schon seit 1967 beim Konsistorium tätig, länger als alle anderen leitenden Konsistoriumsmitglieder, länger sogar als der Bischof. 1987 war er schon seit zwei Jahren Leiter des Konsistoriums und damit zweithöchster Mann der Landeskirche. Er hatte Karriere gemacht. Und trotzdem machte die Rostocker Staatssicherheit den entscheidenden Schritt erst 1987.

20 Jahre lang hatte Harder seinen Dienst versehen, war sogar vom Ministerium für Staatssicherheit bearbeitet worden.[350] Im „Abschlußbericht" zur OPK „Advokat" vom 8. Dezember 1987 war man zu folgendem Eindruck gelangt:

> „H. verfügt glaubensmäßig über keine enge Bindung an die Kirche, er betrachtet sich mehr als kirchlicher ‚Manager'. H. ist stark materiell interessiert und wägt Entscheidungen sowohl im persönlichen wie auch im dienstlichen Bereich nach dem Vorteilsprinzip ab. Eine positive Entscheidung seinerseits setzt stets einen erkennbaren Vorteil in ideeller oder materieller Hinsicht voraus."[351]

Ob die Einschätzung Harders zutreffend war oder nicht, ist hier unerheblich. Entscheidend ist, dass das MfS meinte, nach jahrelanger Beobachtung nun plötzlich doch einen konspirativen Kontakt zu Harder herstellen zu können. Zum einen war Harder seit kurzem der aufsteigende Mann im Konsistorium und verfolgte offensichtlich weiterreichende Interessen. Zum anderen spielte

---

350 Vgl. Hans-Martin Harder: Zum Umgang mit der Vergangenheit der Kirche, in: Kirche – Recht – Wirtschaft. Aufsätze und Beiträge aus vier Jahrzehnten. Zum 65. Geburtstag herausgegeben von Susanne Harder-Sdzuj et al., Hamburg 2007, S. 266. Harder schreibt, dass etwa 20 Inoffizielle Mitarbeiter über ihn berichtet hätten. Meistens seien es „nichtige[...] Anlässe" wie eine „Synode, Treffen in Gemeinden, der Studentengemeinde oder bei ähnlichen Anlässen" gewesen, bei denen dann auch über ihn berichtet worden sei. Insgesamt umfasse seine Akte 7 Bände.

351 Vgl. BStU, BV Rostock, AIM 4155/90, Bd. I/1, Bl. 30.

die Antipathie zwischen Harder und dessen Amtsvorgänger Siegfried Plath eine Rolle. In der Landeskirche war das ein „offenes Geheimnis", im April 1986 gelangten Details des komplizierten Verhältnisses aber auch direkt nach Rostock: unter anderem von Hans-Martin Harder persönlich bei der SED-Bezirksleitung dort vorgetragen.

Reinhardt Brüssow, in Rostock für Kirchenfragen zuständiger SED-Funktionär, wusste das schon. Er hatte im April 1986 seine Kollegen in der Bezirksverwaltung der Stasi darauf aufmerksam gemacht, dass er Besuch von Frau Plath gehabt hätte, die um Unterstützung Siegfried Plaths gegen Hans-Martin Harder gebeten hätte.[352] Die Staatssicherheit holte weitere Informationen im Umfeld des Greifswalder Konsistoriums ein: Tatsächlich würden Plath und Harder gegeneinander arbeiten, aber Gienke habe nicht vor, Plath als Leiter des Konsistoriums zu ersetzen, sondern stünde „voll hinter Plath", hieß es in Plaths Akte.[353] Kam diese Information direkt von Horst Gienke? Es war dessen Führungsoffizier, Oberst Amthor, der am 10.4.1986 handschriftlich unter Hauptmann Wegners Bericht geschrieben hatte: „Es wurde bekannt, daß Bischof Dr. Gienke voll hinter Plath steht u. ihn in seiner Funktion belassen will."[354]

Auch Hans-Martin Harder erwähnte in einem Gespräch mit Reinhardt Brüssow seine internen Schwierigkeiten im Konsistorium.[355] Wenn sich Harder tatsächlich nur vorsichtig geäußert hatte – seine Andeutungen waren deutlich genug, um Brüssow auf die Spur zu setzen: Er meldete sich erneut bei der Bezirksverwaltung für Staatssicherheit. Der „Vorschlag zur Kontaktaufnahme vom 10.2.1987" jedenfalls bezieht sich ausdrücklich auf das Gespräch zwischen Harder und Brüssow: Harder habe sich andeutungsweise über seine Stellung im Evangelischen Konsistorium beklagt: Er als Chef des Konsistoriums fühle sich in den Hintergrund gedrängt, was unter „Entscheidende weiterere Gründe" für eine Kontaktierung Harders im Frühjahr 1987 vermerkt wurde:

„So wurde in einem Gespräch zwischen H. und dem Genossen Brüssow (Bezirksleitung der SED) im Januar 1987 deutlich, daß H. als Chef des Konsistoriums sich in dieser Hinsicht in den Hintergrund gedrückt fühlt. So glaubt er sich teilweise in bezug auf Gespräche Staat-Kirche isoliert, da hier meist der Bischof bzw. OKR Plath als Gesprächspartner in Erscheinung treten. H. brachte zum Ausdruck, daß ihm durch das Fehlen solcher Gespräche auch Informationen fehlen, die er insbesondere zur Gestaltung eines guten Staat-Kirche-Verhältnisses im Bereich seiner Mitarbeit im BEK nutzen könnte.

352 Vgl. BStU, BV Rostock, AIM 0243/91, Bd. I/2, Bl. 228.
353 Vgl. ebd., Bl. 229.
354 Ebd.
355 BStU, BV Rostock, AIM 4155/90, Bd. I/1, Bl. 53. „Vorschlag zur Kontaktaufnahme" vom 10.2.1987.

Insgesamt kann das Gespräch zwischen H. und Genossen Brüssow als intensiver Versuch von H. gewertet werden, neben dem Bischof und Dr. Plath eine zweite Strecke zum staatlichen Bereich und insbesondere zur Bezirksleitung der SED, als dem entscheidenden Machtorgan im Bezirk, aufzubauen. Es ist anzunehmen, daß H. aus einer solchen Verbindung seine Position aufwerten und sich damit Vorteile zur Festigung seiner Position als Chef des Konsistoriums verschaffen will.
Diese Bestrebungen des H. können für eine erfolgreiche Kontaktierung ausgenutzt werden."[356]

Am 7. April 1987 sollte die sogenannte „Kontaktaufnahme"[357] stattfinden, aber Hans-Martin Harder war wegen einer plötzlichen Dienstreise nicht mehr im Konsistorium anzutreffen, so Offizier Wegner. Konsistorialrat Wendt sollte ihn vertreten, hätte man ihm im Konsistorium gesagt, aber er habe sich lieber zurückgezogen und Hans-Martin Harder in dessen Privatwohnung aufgesucht. Angesichts dessen Eile habe er es jedoch vorgezogen, so anschließend in seinem Bericht über das fehlgeschlagene erste Gespräch, weder sein Anliegen noch seine Identität als MfS-Mitarbeiter zu nennen. Er habe lediglich ein „persönliches" Anliegen, habe er Harder gesagt, das er nur mit ihm direkt besprechen wolle, und würde lieber auf dessen Rückkehr warten. Zwischen Tür und Angel vereinbarte man einen neuen Termin für den 20. April.[358]
Am 20.4.1987 hatte Wegner wieder kein Glück – Hans-Martin Harder war nicht mehr in seinem Amtszimmer. Wiederum begab sich Wegner zu Harder privat nach Hause, wo es dann auch zum geplanten Gespräch kam.[359] Herr „Soldmann"[360] offenbarte sich als Mitarbeiter der MfS-Bezirksverwaltung Rostock, was Harder ohne besonderes Erstaunen zur Kenntnis genommen hätte, schrieb „Soldmann", eigentlich Wegner, später in seinem Bericht.[361] Von dort aus ergab sich bis September 1989 ein regelmäßiger Kontakt.
Im Vergleich zu Siegfried Plath, der 1987 bereits 27 Jahre beim Ministerium für Staatssicherheit als Inoffizieller Mitarbeiter registriert war, oder zu Bischof Gienke, der immerhin schon 15 Jahre Gespräche mit dem MfS führte, scheint Harders späte Anbindung an den Geheimdienst ungewöhnlich. Ohne den Hinweis auf die innerkirchlichen Querelen und sein laut Akten ausdrückliches Interesse an intensiveren Kontakten wie Plath und Gienke sie

356 Ebd., Bl. 53/54.
357 Vgl. ebd., Bl. 57.
358 Vgl. ebd., Bl. 58.
359 Vgl. ebd., Bl. 62.
360 Vgl. ebd., Bl. 57.
361 Vgl. ebd.

hatten, hätte man ihn wahrscheinlich nicht angesprochen. Seine Anwerbung war aus MfS-Sicht zusätzlich zu der von Plath, Ehricht und Gienke nicht nötig, zumal man bemerkt hatte, dass er innerkirchlich durchaus auch gegen den Staat Position bezog und „feindliche Kräfte" unterstützte. Harder habe während einer Veranstaltung in der Studentengemeinde gesagt, diese würde durch ihn und das Konsistorium Rückendeckung in Auseinandersetzungen mit dem MfS erhalten.[362] Er habe bis dahin „eine Linie verfolgt, die auf eine Konfrontation mit dem Staat, die Stärkung und Ermutigung negativer Kräfte innerhalb des Konsistoriums und der Kirchenleitung [...] gerichtet" sei, sei aber durch offensive Einflussnahme davon abgebracht worden.[363] 1987 hatte sich die Situation verändert, schien es der Stasi.

Die Gespräche mit Offizier Wegner fanden in der Regel in Harders Dienstzimmer statt. Sie dauerten 1,5 bis 2 Stunden und ergaben, wenn das Tonband abgeschrieben worden war, 10 bis 15 eng vom MfS-Offizier beschriebene Seiten.

Die eigentliche „Werbung" Harders, bis dahin „Kontaktperson Jupiter", fand im November 1988 statt. Der siebzehnseitige „Vorschlag zur Werbung eines IME aus dem Leitungsbereich der Evangelischen Landeskirche Greifswald (ELKG)" stammte vom 25.10.1988 und reflektierte vor allem die Motivation des künftigen IM:

> „Als Amtsträger dieser Ebene stellt sich nach Auffassung des Kandidaten der Kontakt [zum MfS] als objektive Notwendigkeit dar, die beiderseitig von Nutzen sein kann. Aufgrund der Spezifik anerkannte der Kandidat die Notwendigkeit der Wahrung der Vertraulichkeit seines Kontaktes zum MfS, bekundete jedoch, keine ‚Geheimniskrämerei' betreiben zu wollen, da ‚in unseren Kreisen solche Kontakte üblich' sind."[364]

Seit April 1987 seien 19 Gespräche geführt worden.[365]

> „Dabei wurde eine Vielzahl operativ-relevanter Informationen und Erkenntnisse zu den verschiedensten kirchlichen und gesellschaftlichen Problemkreisen, bezogen auf die verschiedensten Ebenen (Landeskirche, KKL, BEK, EKK) erarbeitet. Davon zwei Operativinformationen und weitere bedeutsame Informationen für die HA XX/4, auch zu operativ bearbeiteten Personen."[366]

Harder habe sich bisher auch nicht dekonspiriert, hieß es weiter. Der „Höhepunkt" Harders bisheriger Zusammenarbeit sei dessen Einsatz bei der Ta-

---

362 Vgl. ebd., Bl. 32.
363 Vgl. ebd., Bl. 33.
364 Ebd., Bl. 243.
365 Vgl. ebd., Bl. 240.
366 Ebd.

gung der Bundessynode in Dessau 1988 gewesen, weil er sich dort erstmals während der laufenden Synode in einem Pkw und in einer konspirativen Wohnung getroffen hätte und zudem über die interne Arbeit einzelner Ausschüsse berichtet hätte.[367]

Schon 1987 hatte Harder unmittelbar über das Geschehen in der Konferenz der Kirchenleitungen des Bundes und über die kurz darauf stattfindende Bundessynode berichtet. Anke Silomon schildert in ihrer Darstellung sehr ausführlich Gesprächsgegenstand, Zielrichtung und gemeinsame Interessenlage der Stasi und des Juristen, es ergibt sich das Bild einer engen und vertrauten Zusammenarbeit und der gemeinsamen „Stoßrichtung" gegen eine politische Synode.[368]

Mitte November 1988 fand das Werbungsgespräch statt. Harder wurde, folgt man der Akte, noch einmal ausdrücklich „darauf hingewiesen, keine Anrufe über sein Sekretariat vermitteln zu lassen und seinen Namen nicht zu nennen. Dies sagte er zu und bat gleichzeitig um rechtzeitige Kenntnis bei Problemfällen durch den MA [Mitarbeiter]."[369]

Beispiele für eine vom MfS gesteuerte innerkirchliche Instrumentalisierung gibt es viele. Sie betreffen den Umgang mit Ausreiseantragstellern, Vorfälle in der Jugendarbeit und der Studentengemeinde, den Zugang zu Kopierern bei Friedensseminaren, die Zulassung von Gruppen bei Kirchentagen usw. Anders als in den fünfziger Jahren musste der Staatssicherheitsdienst nicht mehr selbst eingreifen, sondern konnte, von jedermann unbemerkt, über hohe kirchliche Amtsträger eigene Interessen vertreten. Beispielsweise, wenn eine Junge Gemeinde ein Plakat aufgehängt hatte, das dem MfS aufgefallen war. In diesem Fall, den Harder selber beschreibt, wandte sich das MfS direkt an ihn mit der Bitte, dafür zu sorgen, dass der Aushang abgenommen würde. Er habe die entsprechenden Mitarbeiter kontaktiert und für die Abnahme des Aushangs gesorgt und später von dem Mitarbeiter gehört, ihm sei dieser Weg lieber gewesen als die direkte Vorladung zum MfS.[370] Das war schnell, effektiv und niemand fühlte sich vom Staat beobachtet oder kontrolliert.

2007 verteidigte Hans-Martin Harder seine Treffen mit Stasi-Offizieren in mehreren Aufsätzen: Man hätte in Greifswald eine „Linie" verfolgt, „die mit dem übereinstimmte, was auch in anderen Landeskirchen praktiziert wurde. Vor solchen Kontakten wurde nachdrücklich gewarnt und herausgestellt, dass dafür im gemeindlichen Leben auch kein Anlass bestehe. Und indivi-

---

367 Vgl. ebd., Bl. 242.

368 Vgl. Anke Silomon, Synode und SED-Staat, 1997, S. 70-72.

369 Vgl. BStU, BV Rostock, AIM 4155/90, Bd. I/1, Bl. 249.

370 Vgl. Hans-Martin Harder: Zum Umgang mit der Vergangenheit der Kirche, in: Kirche – Recht – Wirtschaft. Aufsätze und Beiträge aus vier Jahrzehnten. Zum 65. Geburtstag herausgegeben von Susanne Harder-Sdzuj, Reimund B. Sdzuj, Susan Harder und Hans-Christian Harder, Peter Lang Verlag 2007, S. 267/268.

duell kamen solche Kontakte ohnehin nicht in Betracht."[371] Es sei Politik in Greifswald gewesen, „dass Kontakte zur Staatssicherheit ausschließlich über das Konsistorium, und zwar dort von OKR Dr. Plath und OKR Harder, wahrzunehmen sind".[372] Er habe nicht anders gehandelt als andere Leitende Juristen wie Manfred Stolpe, Gerhard Lotz und Detlef Hammer.

Diese Darstellung deckt sich nicht mit denen der leitenden Bischöfe der betreffenden Jahre. Werner Leich sagte gegenüber dem Nachrichtenmagazin „Spiegel" bereits 1992, in Thüringen hätte man streng darauf geachtet, jegliche Konspiration zu vermeiden, und hätte deshalb Gespräche immer zu dritt geführt und stets die Kirchenleitung über den konkreten Inhalt informiert. Die Gespräche habe er als unangenehm empfunden und sei im Nachhinein betrachtet zu ängstlich gewesen.[373]

Der mecklenburgische Bischof Heinrich Rathke hat seit der Wende mehrfach die dortige Position beschrieben – keine Gespräche mit dem MfS – und auch die weitgehende Zurückweisung von Gesprächen mit dem MfS seitens der leitenden Bischöfe im Kirchenbund betont. In Thüringen habe man einen differenzierten Ansatz gehabt, während man in Dessau am meisten Verständnis für die Greifswalder Sonderposition aufgebracht hätte.[374]

Hans-Martin Harder rückte die Gespräche mit dem MfS nach der Wende in die Nähe selbstbewusst geführter Verhandlungen mit dem Staat. Was er damit meinte, spiegelt sich in den Akten anschaulich wider. So vermerkte MfS-Offizier Wegner im September 1987, Harder habe gesagt, Gespräche mit ihm wären kein Problem, aber er würde nicht über alles reden:

„Es gibt natürlich auch Dinge, die ich Ihnen nicht sagen kann, die auch der Sache nicht dienlich wären, wenn wir uns darüber unterhalten würden. Das ist wahrscheinlich wesentlich weniger, als man allgemein annimmt. [...] Die Kontakte, die ich bisher zu Vertrauten der Staatssicherheit gehabt habe, haben mir eigentlich den Eindruck vermittelt, daß in Ihrem Dienstbereich ein erheblich größeres Maß an Verständnis für unsere Situation besteht als bei staatlichen Stellen. Das liegt natürlich auch an der Qualifikation, die uns da entgegenkommt, das ist natürlich auf der Ebene der Kreise verschieden. Ich muß aber sagen, wir sind damit ganz gut gefahren, auch wenn wir es nicht an die große Glocke hängen. [...] Von der Warte empfinde ich es als angenehmer, wenn Sie von uns direkt die Informationen bekommen, als wenn Sie sie aus zweiter Hand bekommen und sich erst einen Vers darauf machen müssen. [...]

371 Vgl. ebd., S. 244.
372 Ebd.
373 Vgl. U. Schwarz/P. Wensierski, S. 24 ff.
374 LKAS, Bestand Heinrich Rathke, Ordner I/1 (A-K) (1998/2014), Bl. 115.

Trotzdem wird die Masse der Kontakte und Probleme über den RdB laufen. Ich kann mir jedoch gut vorstellen, daß gerade in Krisenzeiten die Kontakte zum MfS sich als sehr stabil und stabilisierend auswirken könnten."[375]

Auf dem Podium der Züssower Anhörungen im April 2000 relativierte Hans-Martin Harder die Bedeutung seiner MfS-Kontakte. Diese hätten eine untergeordnete Rolle im Vergleich zu anderen Gesprächen mit staatlichen Stellen gespielt und seien nur dann geführt worden, wenn das MfS Untersuchungsorgan gewesen sei. Er hätte einzelne Mitglieder der Kirchenleitung immer informiert. Der Fehler habe nur darin bestanden, dass er nicht grundsätzlich die gesamte Kirchenleitung davon informiert habe.[376]
Waren damit die Gespräche mit dem MfS legitimiert? Hätte die Kirchenleitung, mit dieser Information konfrontiert, diese Politik unterstützt?
Friedrich Harder war langjähriges Mitglied der Kirchenleitung, ebenso Hans-Joachim Schwerin. Weder der eine noch der andere wusste von Kontakten zum MfS.[377] Es wäre seiner Ansicht nach aber in jedem Fall Gienkes Aufgabe gewesen, diese Kontakte zu beenden, sobald sie ihm bekannt geworden seien, und das habe er nicht getan, so Friedrich Harder im Gespräch. Gienke habe sich in diesen Dingen oftmals anders entschieden als andere.[378] Keiner der leitenden Mitarbeiter hätte sich ausdrücklich den Anweisungen des Bischofs oder der Kirchenleitung widersetzt, hätte es solche gegeben, so Friedrich Harder. Die Aktenlage würde nur belegen, dass Plath, Harder und Ehricht IM-Akten beim MfS hatten, aber keinen „Seitenwechsel" vollzogen hätten, und weiter:.

„Die MfS-Dokumente sind Akten, die die Wahrheit nur so darstellen, wie das MfS sie hingedreht hat. Die IM und diejenigen, die unter der Stasi gelitten haben, waren allesamt Opfer der Stasi, die einen wie die anderen. Sie sind alle irgendwie benutzt worden."[379]

Unstrittig ist, dass Hans-Martin Harder in seiner 20-jährigen Tätigkeit als Jurist immer wieder Christen seiner Landeskirche gegenüber dem Staat vertreten hat. Verweigerung des Wehrdienstes, Dienst als Bausoldat, Benachteiligung in Schule und Universität, Antrag auf Übersiedlung, alle diese Probleme kamen auf seinen Tisch. War eine erfolgreiche „Verhandlungsführung" von Kanälen zum Geheimdienst abhängig? Nichts deutet derzeit da-

375 BStU, BV Rostock, AIM 4155/90, Bd. I/1, Bl. 83/84.
376 Vgl. Thomas Jeutner: „Kritische Solidarität und Machtfrage", in: Mecklenburgische Kirchenzeitung, 55. Jg. (2000), Ausgabe 17/2000 vom 23.4.2000, S. 2.
377 Vgl. Gespräch mit Propst i. R. Friedrich Harder am 29.9.2015; Vgl. auch Schwerin (2001), S. 136.
378 Vgl. Gespräch mit Propst i. R. Friedrich Harder am 29.9.2015 in Altefähr.
379 Ebd.

rauf hin. Die Greifswalder Landeskirche hat in den sogenannten „Einzelfällen" weder mehr erreicht noch ist sie schneller zum Ziel gekommen als eine der anderen Landeskirchen. Hinweise auf einen bewussten „Seitenwechsel" finden sich aber dennoch, nämlich bereits beim ersten Treffen zwischen Harder und dem MfS-Offizier im Frühjahr 1987. Offizier Wegner alias „Herr Soldmann" hatte Hans-Martin Harder zu Gesprächsbeginn eine Liste mit gestohlenen Kunstobjekten mit der Bemerkung vorgelegt, Harder möge sie auf Diebesgut aus der Landeskirche Greifswald hin prüfen. Im Nachgang notierte der Stasi-Offizier, er sei erstaunt darüber gewesen, dass Harder über sein Erscheinen nicht überrascht gewesen sei und auf die Liste reagiert habe, „als sei es die normalste Sache, daß der M[itarbeiter] zu ihm kommt und um Unterstützung bittet".[380] Daraufhin konnte der MfS-Offizier forscher werden und Harder auf dessen Loyalität testen. Würde er seine Kontakte zum Ministerium für Staatssicherheit offenbaren, wenn er die Liste intern seinem Kollegen zur Prüfung vorlegt, fragte Wegner alias „Soldmann".

„‚Einen müsste ich beteiligen, aber es ist die Frage, ob Ihnen das recht ist. Das ist der Leiter der Bauabteilung, Herr [geschwärzt], der mit der Inventarliste umzugehen weiß.'
‚Inwieweit müßten Sie ihm Einzelheiten mitteilen?'
‚Dem brauche ich bloß zu sagen, ich kann das sogar so hinstellen, daß das vom Berliner Konsistorium gekommen wäre. Ich brauche ihm den Zweck nicht zu sagen, sondern bloß, daß er die prüfen möchte. Ich werde das so einrichten.'"[381]

War hier nicht doch ein Seitenwechsel erfolgt? Aus der Perspektive „Soldmanns" sicherlich. Harder hätte gezeigt, heißt es im darauffolgenden Treffbericht, dass er vertraulich mit dem MfS umgehen wolle. Er habe eine Telefonnummer erhalten, unter der er den Mitarbeiter erreichen könnte, wenn er dem MfS die Liste zurückgeben möchte: „2412878".[382]
Bis Ende 1989 folgten zahlreiche Treffen mit MfS-Offizier Wegner. Auf den ersten Kontakt im April 1987 folgte die Werbung im November 1988. Dabei war Harder bis etwa 1985, als er das Amt des Leiters des Konsistoriums übernahm, als feindlich-negativ und reaktionär eingestuft worden. Noch im Mai 1985 hatte er Studenten der ESG beigestanden, die mit dem Staat in Konflikt geraten waren, und in diesem Zusammenhang eine Veranstaltung in der Studentengemeinde besucht, die von den dort eingeschleusten IM als „feindlich" beschrieben wurde. Harder habe der ESG bei weiteren Schwie-

380 Vgl. BStU, BV Rostock, AIM 4155/90, Bd. I/1, Bl. 62.
381 Ebd., Bl. 63.
382 Vgl. ebd., Bl. 63.

rigkeiten seine Unterstützung zugesichert, berichteten sie weiter.[383] Mit Übernahme des Amtes des Konsistorialpräsidenten sei Harders Engagement in dieser Richtung zurückgegangen. Er habe den Kontakt zu den staatlichen Stellen gesucht und in der Folge konspirativ mit dem MfS zusammengearbeitet.[384] Er sei ihm lediglich wichtig, dass die Gespräche mit Mitarbeitern des Ministeriums für Staatssicherheit nicht an die „große Glocke gehängt" würden.[385]

Worin liegen nun die Gründe für Harders Gesinnungswandel? Darüber kann letztlich nur spekuliert werden. Ein treibendes Moment im Greifswalder Konsistorium wie in manch anderer kirchlichen Verwaltungsbehörde der achtziger Jahre war der Konkurrenzkampf zwischen ihren theologischen und den juristischen Mitgliedern. Schon die Ausbildung zum Theologen bzw. Juristen bereitete auf sehr verschiedene Berufsbilder vor, die die jeweiligen Personen unterschiedlich prägten. Hans-Martin Harder stammte aus einem Pfarrhaushalt, brachte also die entsprechende Sozialisation mit, legte aber ansonsten größten Wert auf einen pragmatischen Ansatz. So überrascht es nicht, dass Harder 2006 in einem Sammelband unter dem Titel „Leiten in der Kirche" mit Texten aus 40 Jahren deutlich seine Kritik an der Geringschätzung konsistorieller Aufgaben formulierte. Er sprach von der „Erledigung der geistlichen Aufgaben" auf der einen Seite und der anspruchsvollen Verwaltung andererseits, denn dort käme es auf „Geschick und Umsetzung von Fragen der Organisation und Leitung für das Erscheinungsbild eines Kirchenkreises" an.[386]

Ende 1988 waren schließlich drei von vier Oberkonsistorialräten sowie der Bischof in Greifswald beim MfS als Inoffizielle Mitarbeiter registriert. Die entscheidenden Funktionen in der Kirchenleitung und im Konsistorium waren mit Personen besetzt, die abseits ihrer Gremien eigene Informationskanäle bedienten und benutzen. Dietrich Affeld und Siegfried Bohl gehörten zum engsten Umfeld Gienkes, sie hatten sich zwar nicht gegenüber Gienke offenbart – zumindest steht davon nichts in den Akten –, aber sie wussten sich im Einklang mit diesem. Siegfried Plath verschaffte sich im Laufe der 27 Jahre als IM „Hiller" einen stetigen Informationsvorsprung und damit eine starke Position in der ganzen Landeskirche – im übrigen auch viel Misstrauen – und Hans-Martin Harder versuchte ab 1988, sich mithilfe der SED

383 Vgl. ebd., Bl. 32. „Abschlußbericht zur OPK ‚Advokat'" vom 8.12.1987. „Advokat" war ein Deckname für Harder während der OPK. Weitere Decknamen Harders waren „Jupiter" und „Dr. Winzer".

384 Vgl. ebd., Bl. 59. Das erste Gespräch mit Harder als anzuwerbendem IM fand am 20.4.1987 statt.

385 Vgl. ebd., Bl. 83.

386 Vgl. Hans-Jürgen Abromeit et al. (Hg.): Leiten in der Kirche. Rechtliche, theologische und organisationswissenschaftliche Aspekte (= Greifswalder theologische Forschungen, hg. von Jörg Ohlemacher, Bd. 13), Frankfurt am Main 2006, S. 8.

(und des MfS) erfolgreicher gegenüber Plath durchzusetzen. Waren diese menschlichen Verwerfungen, beruflichen und kollegialen Spannungen und zu alledem die geheimen Verbindungen zum Ministerium für Staatssicherheit offensichtlich für einen Besucher in der Karl-Marx-Straße? Wohl kaum. Nach außen hin machte das Konsistorium einen beschaulichen Eindruck, am Rande der Altstadt in einem gründerzeitlichen Altbau gelegen. Um die 50 Mitarbeiter waren hier beschäftigt, die Atmosphäre sei keineswegs Stasi-geprägt gewesen, so Wolfgang Nixdorf. Außerdem habe es im Konsistorium immer auch eine deutliche interne Kritik gegeben, auch eine Kritik aus dem Mittelbau am Oberbau und kritische Auswertungen auf Sitzungen der Referate – unterhalb der Ebene der Oberkonsistorialräte.[387]

5.4 Die Landessynode

Die Landessynode war das größte Gremium der Landeskirche: 65 bis 75 Synodale trafen sich mindestens einmal im Jahr, meist in den Züssower Diakonie-Anstalten, um über Fragen des Kirchenlebens zu beraten. Die Landessynode gehörte daher ebenso wie die Kirchenleitung und das Konsistorium zu den Schwerpunkten der Beobachtung durch das MfS.[388]
Zu den Synodalen gehörten Laien genauso wie Pastoren, kirchliche Mitarbeiter, der Bischof und beide Pröpste, der Juristische wie der Theologische Leiter des Konsistoriums, außerdem ein Vertreter der Superintendenten und der landeskirchlichen Werke[389] sowie ein Mitglied der Theologischen Sektion der Ernst-Moritz-Arndt-Universität. Da die Landessynode laut Artikel 128 (7) der Kirchenordnung an keine Weisungen gebunden war und demokratisch nach dem Mehrheitsprinzip entschied, war sie aus staatlicher Sicht schwierig zu beeinflussen und kaum zu lenken. Gleichzeitig waren ihre Entscheidungen sowohl für die Kirchenleitung als auch für die Landeskirche bindend.[390]
Gegenüber der Landessynode wandten die staatlichen Stellen die gleichen Methoden an wie gegenüber der Kirchenleitung. Vonseiten der Räte der Kreise wurden Gespräche mit allen Landessynodalen geführt, ebenso wie in der Kirchenleitung waren den einzelnen Synodalen Mitarbeiter der Räte der Städte, Kreise und des Bezirks zugeordnet. Diese hatten jedoch kaum einen

387 Vgl. Gespräch mit Dr. Wolfgang Nixdorf am 8.9.2015 in Schwerin.
388 Vgl. dazu Ulrich Schröter: Die „Bearbeitung" der Landeskirche Berlin-Brandenburg durch das MfS, in: Clemens Vollnhals (Hg.), Die Kirchenpolitik von SED und Staatssicherheit. Eine Zwischenbilanz, Berlin 1996 (= Wissenschaftliche Reihe des BStU, Bd. 7), S. 194.
389 Dazu gehörte beispielsweise die Diakonie.
390 Vgl. Kirchenordnung der Evangelischen Landeskirche Greifswald, in: Eckhard Gummelt (1993).

nachweisbaren Einfluss auf die Entscheidungsfindung der Landessynode. Gleichzeitig versuchte das MfS, unter den Synodalen Inoffizielle Mitarbeiter zu werben oder IM in die Landessynode einzuschleusen. Sie sollten nicht nur Informationen über den Ablauf und über besondere Ereignisse weitergeben, sondern in bestimmten Ausschüssen der Synode mitarbeiten und versuchen, eine vorher mit dem Mitarbeiter des MfS abgesprochene Richtung durchzusetzen. In den achtziger Jahren wurde es immer wichtiger für das MfS, IM zu gewinnen, die über wichtige Entwicklungen nicht nur detailliert berichten konnten, sondern auch in der Lage waren, deren Auswirkungen einzuschätzen. Die Gewichtung fiel dem Staatssicherheitsdienst bei den zunehmenden komplizierten Entwicklungen und Spannungen in der Synode schwer. Einer von ihnen war der langjährige Präses der Landessynode, Dietrich Affeld.

5.4.1 Dietrich Affeld – IM „Dietrich"

Schon im Jahr 1970 registrierte die Staatssicherheit in Rostock den damaligen Greifswalder Lehrer für Russisch, Englisch und Deutsch und Vizepräsidenten der Landessynode, Dietrich Affeld, als IM „Dietrich". 1974 wurde er zu deren Präses gewählt und war damit nicht nur geborenes Mitglied der Kirchenleitung, sondern auch deren stellvertretender Vorsitzender.
Affeld sollte als IM die Greifswalder Landessynode, die Synode der Evangelischen Kirche der Union[391] und die Kirchenleitung positiv beeinflussen und die Linie Bischof Gienkes in der Landessynode unterstützen. Weiter hieß es in dem „Vorschlag zur Anwerbung" vom 1. Dezember 1970:

„Entsprechend seiner Funktion als langjähriges Mitglied der Synode und seit November 1970 als Vizepräsident der Landessynode hat er einen guten Einblick in innerkirchliche Vorgänge und Vorhaben. [...] Unter diesen Aspekten ist in der Perspektive die Möglichkeit gegeben, gewisse staatliche Bestrebungen in der Synode anklingen zu lassen bzw. selbige zu fördern (Einflußnahme in unserem Interesse)."[392]

Oftmals trug Dietrich Affeld Gienkes Kurs aus Überzeugung mit, gleichwohl waren beide auch durchaus in einigen Punkten unterschiedlicher Ansicht, vor allem was die Bedeutung der Laien in der Landeskirche anging. Affeld war zudem der einzige kirchenleitende Greifswalder IM, der lange vor Ende der DDR diese Kontakte abbrach: Im Februar 1985 erklärte er seinem

391 Die Evangelische Kirche der Union (EKU) war ein Zusammenschluss von fünf ostdeutschen und zwei westdeutschen evangelischen Kirchen, der zwischen 1953 und 2003 bestand und aus der Kirche der Altpreußischen Union hervorgegangen war.

392 BStU, BV Rostock, AIM 944/86, Bd. I/1, Bl. 255. „Vorschlag zur Anwerbung" vom 1.12.1970.

Führungsoffizier, zu weiteren Gesprächen sei er nicht bereit:[393]

> „Begründet wurde diese Haltung von ihm mit Diskussionen über das MfS innerhalb der Kirchenleitung in den letzten Wochen. Ausgangspunkt dafür waren Berichte an die Kirchenleitung über eine Reihe von Gesprächen von Mitarbeitern des MfS mit kirchlichen Amtsträgern und Laien im Bezirk Neubrandenburg. Zu Kontakten mit dem MfS bestehen bei einer Reihe [von] Kirchenleitungsmitgliedern starke ablehnende Haltungen."[394]

Affeld habe gesagt, würde er in einer solchen Diskussion konkret gefragt, ob er auch Gespräche mit dem MfS führe, könne er nicht lügen. Es sei ihm wichtig, er könne sagen, diese Kontakte hätten lediglich in der Vergangenheit stattgefunden.[395]
Mit seiner Familie redete Dietrich Affeld weder über die Stasi-Kontakte noch über deren Abbruch. Wohl auch deshalb nicht, so sein Sohn Ernst-Ulrich Affeld, weil Teile der Familie sehr konträr zur DDR eingestellt waren.[396]
Im Dezember 1998 stellte Dietrich Affeld in Reaktion auf die Veröffentlichung des „Greifswalder Wegs" die Entstehung und den Verlauf seiner Anbindung an das MfS, seine Bedrängnis und schließlich das Ende der Gespräche in einem langen Brief dar. Er schrieb, er habe den Kontakt zu MfS-Offizier Fiedler in dem Augenblick aufgegeben, als er gemerkt habe, dass dieser versuchte, nicht nur an Informationen heranzukommen, sondern auch Einfluss auf ihn zu nehmen.[397]
Jürgen Fiedler bestätigt dies in seinem Bericht über das Treffen am 2. Februar 1985. Er schrieb, Affeld hätte schon am Telefon angekündigt, keine weiteren Kontakte mehr unterhalten zu wollen, und hätte dies mit derzeit im Konsistorium laufenden Diskussionen über Verbindungen zwischen der Kirche und dem MfS in Neubrandenburg begründet.[398] Weiter schreibt er über Affeld: „Er bot dem Mitarbeiter an, daß er ihn interessierende Probleme über den Referenten für Kirchenfragen des Rates des Bezirkes an ihn herantragen lassen kann, da mit diesem unproblematisch jederzeit Gespräche geführt werden können."[399] Dieser Eintrag Fiedlers belegt sehr deutlich die in der Landeskirche übliche und erwartete Haltung der Kirche: Mit dem MfS redet man nicht, sondern lediglich mit den örtlichen Referenten für Kirchenfragen.

---

393 Vgl. ebd., Bd. I/2, Bl. 146. „Aktenvermerk zum Treff mit dem IMS ‚Dietrich' vom 6.2.1985".
394 Vgl. ebd.
395 Vgl. ebd.
396 Mail von Ernst-Ulrich Affeld an Rahel Frank vom 19.4.2016.
397 Brief von Präses i. R. Dietrich Affeld an Rahel von Saß vom 6.12.1998.
398 BStU, BV Rostock, AIM 944/86, Bd. I/2, Bl. 146, „Aktenvermerk zum Treff mit dem IMS ‚Dietrich' vom 6.2.1985".
399 Ebd., Bl. 147.

Affeld war im Übrigen auch der einzige IM im Greifswalder Umfeld, in dessen Akte immer wieder Berichte Anderer abgeheftet sind, unter anderem seines damaligen Schwiegersohnes, Pfarrer Gunnar Fischer (IM „Nikolaus"), und des damaligen CDU-Kreissekretärs Manfred Bertling (IM „Heinrich Schade"). Fischer hingegen führt in einem Schreiben im Nachgang zum Greifswalder Weg 1998 an, es gebe keinen Beleg dafür, dass diese Informationen nur von ihm hätten kommen können.[400] Dietrich Affeld habe familienintern nie über Vertrauliches in seiner Tätigkeit als Präses der Synode gesprochen, so Fischer.[401] Die Darstellung seines Falles ziele auf eine Belastung seiner Person, nicht auf Ausgewogenheit, und sei aus seiner Sicht daher hier nicht differenziert genug.

Affeld sollte vor allem die bischöfliche Linie unterstützen. Dabei versuchte Affeld in seiner Funktion als Präses von Anfang an, die Rolle der Laien in der Landeskirche Greifswald zu stärken, in dieser Frage durchaus auch in Auseinandersetzung mit Gienke. Affeld war darin sehr authentisch, denn er war der „oberste Laie" in der Landeskirche und hatte jahrzehntelange Erfahrungen als Lehrer in der hochpolitischen DDR-Volksbildung gemacht. Erfahrungen im Umgang mit den hauptamtlichen Kirchenvertretern hatten ihn gelehrt, wie wichtig der Blick von außen auf die Kirche ist. Das Ergebnis war die 1980 erstmals angewendete neue Kirchenordnung, die die innere Demokratisierung der Greifswalder Kirche wesentlich vorangetrieben hat.[402]

Dietrich Affeld war für das MfS von Interesse, weil er als Mitglied von Synode und Kirchenleitung Einblick in kirchliche Interna hatte. Als Präses konnte er die thematische Arbeit der Synode inhaltlich lenken. Es war ihm möglich, den günstigsten Zeitpunkt für entsprechende Eingaben auszuwählen und Kandidaturen von Synodalen für innerkirchliche Stellen zu beeinflussen. Es gibt jedoch keinen Hinweis darauf, dass er in dieser Weise die Interessen des MfS umgesetzt hätte.

Affeld, als Lehrer eine Ausnahmeerscheinung in der kirchenfeindlichen Welt der Volksbildung, hat unter seinen Kontakten zum Ministerium für Staatssicherheit gelitten. Im Dezember 1998 erinnerte er sich an die Anfänge:

„Das Interesse des MfS bestand von Anfang an darin, Einfluß auf synodale Entscheidungen zu nehmen. Deshalb hat das MfS im Jahre 1970 versucht, Kontakt zu mir zu bekommen. Im gleichen Jahr wurde ich zum Vizepräses gewählt. Eine entscheidende Einflußnahme auf die Lösung von Personal- und

400 So Gunnar Fischer in seinem Brief an Rahel von Saß vom 25.11.1998.

401 Vgl. Gunnar Fischer per Email an Rahel Frank vom 29.8.2016.

402 Zu den wichtigen Veränderungen dieser Kirchenordnung zählt beispielsweise, dass die Anzahl der Laien in der Kirchenleitung um zwei erhöht wurde und dass die Laien bei der Wahl der Superintendenten beteiligt wurden (vorher wurden sie durch die Kirchenleitung berufen). Vgl. Kirchenordnung der Evangelischen Landeskirche Greifswald, in: Eckhard Gummelt (Hg.): Kleines „ABC" der Landeskirche., Greifswald 1993.

Sachproblemen ist aber nicht festzustellen."[403]

Wie „ergiebig" die Gespräche mit Affeld für die Stasi waren, beibt unklar.[404] Allerdings bleibt die Tatsache bestehen, dass der Kontakt zwischen dem MfS und Affeld 15 Jahre lang andauerte. Dietrich Affeld selbst sah dies anders und schrieb 1998, „daß es richtiger heißen müsste, daß das MfS Kontakt zu mir gehalten hat, denn es gibt kein einziges Beispiel, daß ich Kontakt zum MfS etwa gesucht habe".[405] Er habe in eine inoffizielle Zusammenarbeit nie eingewilligt, von seiner Registrierung als IM nichts gewusst und lediglich im Rahmen seiner legalen Möglichkeiten Informationen zu Problemen in der Landessynode gegeben, so Dietrich Affeld im Gespräch im April 1998.[406] Die MfS-Akten beschreiben Dietrich Affelds Haltung zum MfS als kooperativer:

„A. hat im Verlauf der geführten Aussprachen seine Bereitschaft gegeben, als Christ unserem Staat zu dienen, und gab verschiedene brauchbare Informationen und Hinweise über innerkirchliche Probleme. [...] Er willigte ein, inoffizieller Art [sic!] mit dem MfS zusammenzutreffen und wurde auf die wesentlichsten Verhaltensweisen hingewiesen. Er sah die Notwendigkeit ein, sich ein Pseudonym zuzulegen, und er wird auf der Linie XX/4 als IMS unter dem Decknamen ‚Dietrich' registriert."[407]

Die Treffen fanden in der Wohnung von Familie Affeld statt. Dietrich Affeld kannte den Decknamen, unter dem das MfS ihn führte. Außerdem vereinbarte man ein Erkennungswort, allerdings ist unklar, warum: Codes waren nur dann notwendig, wenn der IM den Führungsoffizier telefonisch erreichen wollte, ohne seinen Namen zu nennen. Die Akte „Dietrich" jedenfalls nennt hier die Losung „Viele Grüße vom Bruder aus Schalksmühle"[408], einem Ort in Nordrhein-Westfalen.
Warum sich Dietrich Affeld dennoch nicht dazu durchrang, sich jemandem anzuvertrauen und die Kontakte zu beenden, muss offenbleiben. Immerhin bleibt auch nachträglich fraglich, ob eine Offenbarung Gienke gegenüber die Erleichterung gebracht hätte, die Affeld offensichtlich suchte. „Er hat vieles mit sich selbst ausgemacht", schreibt Sohn Ernst-Ulrich über seinen Vater:

---

403 Brief von Präses i. R. Dietrich Affeld an Rahel von Saß vom 6.12.1998.
404 Aber auch im Fall von Dietrich Affeld muss festgehalten werden, dass er grundsätzlich zu Kontakten mit dem MfS bereit gewesen war und über 15 Jahre Kontakt zur Staatssicherheit hielt. Wären diese Gespräche aus Sicht des MfS ohne Ergebnis gewesen, wäre der Kontakt nicht gehalten worden.
405 Vgl. Brief von Dietrich Affeld an Rahel von Saß vom 6.12.1998.
406 Vgl. Gespräch mit Präses i. R. Dietrich Affeld, Greifswald, am 14.4.1998.
407 Vgl. BStU, BV Rostock, AIM 944/86, Bd. I/1, Bl. 21.
408 Vgl. ebd., Bl. 18.

„Wahrscheinlich hat das mit seinen traumatischen Erfahrungen im Krieg zu tun. Er wurde darüber längere Zeit krank. Dann war wohl die Offenbarung im Vertrauensausschuss eine tatsächliche Erleichterung. Innerfamiliär erfuhren wir davon nichts, was Auswirkungen auf die Atmosphäre (stark unterkühlt) zu Hause hatte."[409]

Es überrascht daher nicht, dass Dietrich Affeld der Erste war, der sich im Herbst 1991 dem Vertrauensausschuss offenbarte. 1998 beleuchtete er in wenigen Absätzen die damaligen Gespräche mit dem MfS und die Spannung zwischen kirchlicher Gemeinschaft und Treffen hinter verschlossenen Türen:

„Es ist richtig, wenn Sie in Ihrem Buch schreiben, daß die Gespräche mit dem Vertreter des MfS in der Wohnung stattgefunden haben. Das geschah aber nie ohne Vorbereitung im Gebet. Während des Gesprächs hat meine Frau dann im Nebenzimmer im Gebet verharrt. Ich wollte und will nur unserem Herrn nachfolgen und ihn nicht verleugnen.
Eine Konsequenz aus der Tatsache, daß Gespräche stattgefunden haben, ist die notwendige Offenlegung vor Schwestern und Brüdern. Leider habe ich mich nicht dazu durchgerungen, dies vor der Wende zu tun. Nach der Wende habe ich dies ohne Rücksicht auf Folgen getan. So habe ich als erster Synodaler den Vertrauensrat aufgesucht.
Innere Freiheit, die an Jesus Christus und die Schwestern und Brüder gebunden bleibt, kann man mit niemand anderem teilen. Wahrhaftigkeit ist notwendige Voraussetzung für die Gemeinschaft in Jesus Christus. Ich weiß mich in unserer Kirche geborgen als einer Gemeinschaft von Sündern, die von Gott in Jesus Christus begnadigt sind."[410]

Es werde leichtfertig mit dem Wort „Anpassung" umgegangen, so Affeld weiter, dabei sei es keine Anpassung, sondern eine Herausforderung gewesen, sich auch als Lehrer zum christlichen Glauben zu bekennen und dann auch noch das Amt des Vizepräses und später Präses zu übernehmen. „Warum hat die SED-Presse denn bis zuletzt verschwiegen, daß ich Lehrer bin? Doch allein aus dem Grunde, weil sie mein Handeln als grenzüberschreitend und deswegen als gefährlich ansah. Präses und Lehrer – das durfte nicht sein."[411] „Geborgenheit zu suchen und zu finden, war wohl sein andauerndes Thema", so Sohn Ernst-Ulrich Affeld über den Vater.[412] Und lag darin nicht auch die Suche, dem andauernden Druck von staatlicher Seite, ob im Beruf oder als Präses, zu entgehen? Einmal mehr wird deutlich, dass es die Laienchristen in

409 Mail von Ernst-Ulrich Affeld an Rahel Frank vom 19.4.2016.
410 Brief von Präses i. R. Dietrich Affeld an Rahel von Saß vom 6.12.1998.
411 Ebd.
412 Vgl. Mail von Ernst-Ulrich Affeld an Rahel Frank vom 19.4.2016.

der DDR besonders schwer hatten, erhobenen Hauptes durch die Diktatur zu gehen, „Nein“ zu sagen, wo sie „Nein“ für richtig hielten und die Konsequenzen für das eigene Leben und das ihrer Ehepartner und Kinder zu tragen.
Heinrich Wackwitz, ehemals Superintendent in Greifswald, schrieb Ende 1999, Affeld sei möglicherweise beides gewesen, IM und Betroffener:

„Auch er stand als Lehrer innerhalb des Volksbildungssystems auf extrem schwierigem Posten. Daß er zunächst einmal dem Bischof und der Kirchenführung blind vertraut hat, sollte man ihm nicht übelnehmen. Aber er hat dann doch für sich zu eigenen Akzenten gefunden und hat versucht, nach bestem Wissen und Gewissen zu handeln zum Wohl seiner Kirche.“[413]

Affeld selber nahm die Treffen mit Hauptmann Fiedler anders wahr. Er habe immer nur über Dinge betreffs der Landessynode gesprochen, die ihm kraft seines Amtes erlaubt gewesen seien, niemals aber über Personen berichtet.
Ganz so eindeutig ist das Bild Affelds in der Landeskirche dennoch nicht. Er galt als enger Vertrauter Horst Gienkes, zusammen mit Siegfried Plath und Hans-Martin Harder einer der Entscheidungsträger der Landeskirche. Diese vier bildeten aus Sicht des Rates des Bezirkes Rostock das „enge Leitungsgremium“. Innerkirchlich hatten sie einen anderen Namen, man nannte sie die „Viererbande“[414] – ein Terminus, der die große Distanz vieler in der Landeskirche zur Kirchenführung verdeutlicht.

5.4.2 Die Greifswalder Landessynode aus staatlicher Perspektive: Beobachtung, Auswertung, Anwerbung?

Die Tagungen der Frühjahrs- und Herbstsynode fanden in der Regel in den Züssower Diakonieanstalten statt und waren nicht nur für die Synodalen zeitaufwändig. Auch der Rat des Bezirkes Rostock, die dortige SED-Leitung und die Mitarbeiter der Kirchenabteilung XX/4 des MfS in Rostock[415] waren involviert. In der Regel hatten sie schon Wochen vorher über zu erwartende inhaltliche Schwerpunkte, die politische Brisanz und besonders aktive Synodale beraten. Ziel war es, brisante politische Stellungnahmen, die möglicherweise von westlichen Medien aufgegriffen würden, zu vermeiden. Der Berichtsausschuss war deshalb besonders im Blick, weil dort Stellungnahmen

413 Brief von Superintendent i. R. Heinrich Wackwitz an Rahel von Saß vom 29.12.1999.
414 LAG, BL IV E/ 2.14, Nr. 613, Bl. 259, Informationsbericht über die kirchenpolitische Situation im Bezirk Rostock Mai-Juni 1989 vom 6.7.1989.
415 Vgl. Ammer/Memmler, S. 12. Insgesamt hatte die Abteilung XX der BV Rostock 1989 76 Mitarbeiter. Nach Vollnhals (1996), S. 90, hatte die Abteilung XX/4 in Rostock 1968 3 Mitarbeiter. Die Zahl wird auch 1989 unter zehn geblieben sein.

für die kirchliche Öffentlichkeit formuliert wurden. Kirche sollte Kirche bleiben, das heißt unpolitisch und auf sich selbst beschränkt.
Rund um die Synode fanden Treffen der Staatssicherheit mit ihren IM statt. Wo und wann man sich während der Landessynode traf, wurde vorher genau vereinbart, denn die betreffenden IM waren in den Tagesablauf der Synode eingebunden, mussten also durchgängig anwesend sein. Gleichzeitig aber ging es der Staatssicherheit darum, von möglichen Diskussionen oder Beschlüssen sofort zu erfahren, um über anwesende IM Einfluss zu üben. Typisch ist eine Notiz des Führungsoffiziers von Hans-Martin Harder vom Oktober 1987 in Bezug auf die bevorstehende Landessynode:

„Freitag am günstigsten, da dann Ausschußarbeit [am] Sonnabend noch beeinflußt werden kann. Sonnabendabend wäre deshalb laut H[arder] für MA [Mitarbeiter] ohne Bedeutung, da alles gelaufen und nicht zu verändern ist. Vereinb[arung:] H. ruft MA im Hotel an zur Terminvereinbarung."[416]

Wie hoch die Anzahl der IM unter den Synodalen tatsächlich war, ist schwierig festzustellen. Ein Schätzwert von 25 % aller Landessynodalen, wie ihn Ehrhart Neubert angibt,[417] scheint in Bezug auf die Greifswalder Landeskirche zu hoch. Die „Koordinierungsvereinbarung" von 1986 gibt lediglich an, dass zwei Synodale als IM registriert waren, ohne jedoch zwischen Laien und kirchlichen Mitarbeitern zu unterscheiden.[418] Bischof Gienke und Jürgen Peters aus der Kirchenleitung sowie Siegfried Plath aus dem Konsistorium zählten dazu.[419] Hinzu kam IM „Titus" (Superintendent Bohl), der durch das MfS wegen seiner Tätigkeit in der Landessynode sowie als Vorsitzender des Kirchentagsausschusses angeworben worden war.[420] So notierte Bohls Führungsoffizier Wegner – der auch Hans-Martin Harders MfS-Kontakt war, über Siegfried Bohl:

„In der Zusammenarbeit mit dem MfS zeigt der IM eine hohe Einsatzbereitschaft. Er ist überprüft, ehrlich und zuverlässig und realisiert operative Aufgabenstellungen. Der IM ist an der Entwicklung der Vertraulichkeit der Beziehungen zum MfS stark interessiert. Hinweise auf eine Dekonspiration liegen nicht vor.
Der IM übergibt kircheninterne Informationen und Materialien, die beim Zeitpunkt der Übergabe z.T. selbst im engsten kirchenleitenden Bereich noch nicht bekannt bzw. verbreitet sind, wie z.B. zu geschlossenen Ausschußsit-

416 BStU, BV Rostock, AIM 4155/90, 8/10/87, I/1, Bl. 110.
417 Vgl. Ehrhart Neubert: Zur Instrumentalisierung von Theologie und Kirchenrecht durch das MfS, in: Clemens Vollnhals (1996), S. 338.
418 Vgl. BStU, BV Neubrandenburg, Abt. XX-171, Bl. 61.
419 OKR Hans-Martin Harder kann als IM erst ab Dezember 1988 gerechnet werden.
420 Vgl. BStU, BV Rostock, AIM 4171/90, Bd. I/1, Bl. 198-202.

zungen im Rahmen der Tagungen der Landessynode, zur Kirchentagsarbeit, der Tätigkeit des Ökumenisch-missionarischen Vorbereitungsausschusses und zur Situation in der Kirchenleitung und im Evangelischen Konsistorium der ELKG. Der IM berichtet dabei auch personenbezogen."[421]

An anderer Stelle ist von „konkret personenbezogene[r] Berichterstattung" die Rede.[422]

Ob Siegfried Bohl Bischof Gienke mitgeteilt hat, dass er Kontakte zum MfS unterhalte, kann weder bestätigt noch dementiert werden. Aus anderen Vorgängen ist aber bekannt, dass Gienke nicht darauf drängte, Kontakte zum MfS zu beenden, wenn sie ihm bekannt wurden. Das Gleiche kann auch im Zusammenhang mit Siegfried Bohl angenommen werden, der zudem ein enger Freund Gienkes war und mit ihm kirchenpolitisch übereinstimmte.[423] „Titus" wurde schnell zum IMB „befördert".

Als Mitglied der Synode hatte Siegfried Bohl für das MfS einen besonderen Wert, denn er war bereit, „in ganz konkreter Form über interessante [...] innerkirchliche Vorgänge [zu berichten]".[424] Weiter lobte Oberleutnant Wegner IM „Titus" als effektiv und mitdenkend im Sinne des MfS, vor allem in Bezug auf den Berichtsausschuss der Landessynode. Bohl habe sich unmittelbar nach Kontaktaufnahme schon zweimal während der Synode mit ihm getroffen, davon einmal in einem Hotelzimmer, und habe konspirative Verhaltensweisen gezeigt.[425]

„Bedeutsam in höchstem Grade war die Informierung [sic!] über Inhalt und Verlauf sowie Ergebnisse der Arbeit des Berichtsausschusses, in dem alle gesellschafts-politischen [sic!] Fragen behandelt und als Vorlage eingebracht werden. Diese Tagungen finden in geschlossenem Rahmen statt, d.h. unmittelbare Kenntnis erhalten nur die mitarbeitenden Ausschussmitglieder, bevor die Stellungnahme der Synode zur Kenntnis gegeben wird.
Durch Beeinflussung des MA gelang es, daß der Kandidat entgegen seiner ursprünglichen Absicht im Berichtsausschuß mitarbeitete und dort positive Gesichtspunkte mit einbrachte."[426]

Der Berichtsausschuss hatte aus Sicht der staatlichen Stellen eine wichtige Funktion, da hier Texte, die an die Öffentlichkeit weitergingen, diskutiert und formuliert wurden. Der Berichtsausschuss gab die Eingaben an die Lan-

421 BStU, BV Rostock, AIM 4171/90, Bd. I/1, Bl. 223.
422 Vgl. ebd., Bl. 244. „Einschätzung zur Zusammenarbeit mit dem IMB ‚Titus', I/929/84, im Zeitraum April–September 1987" vom 16.4.1987.
423 Vgl. Gespräch mit Altbischof Dr. Horst Gienke am 12.5.1998.
424 Vgl. BStU, BV Rostock, AIM 4171/90, Bd. I/1, Bl. 207.
425 Vgl. ebd., Bl. 206.
426 Vgl. ebd., Bl. 207.

dessynode weiter, die anschließend über diese abstimmte. Eine Einflussnahme auf diesen Ausschuss sollte politische Provokationen abwenden. Bohl traf sich offenbar auch während der Landessynode mit dem MfS und bot diesem dadurch die Möglichkeit, indirekt auf den konkreten Wortlaut Einfluss zu nehmen.

In einem Gespräch in Vorbereitung dieser Arbeit widersprach Siegfried Bohl jedoch der Darstellung des MfS, er habe Aufträge angenommen. Er habe zwar Gespräche mit dem MfS geführt, aber nie über Personen oder innerkirchliche Angelegenheiten berichtet. Er habe diese Gespräche als „Kriseninteryention" verstanden.[427] Bohls Führungsoffizier Wegner dagegen betonte in einem Informationsbericht vom November 1985 das Gegenteil:

> „Im Gegensatz zu dem während des Kontaktgespräches am 1.11.85 formulierten Grundsatz, während des Verlaufs der Synode oder anderen Veranstaltungen keine Auskunft zu internsten Angelegenheiten zu geben, sondern erst hinterher, informierte der Kandidat ausführlich über die geschlossene Sitzung des Berichtsausschusses, dem wichtigsten Ausschuß, und informierte damit über internste kirchliche Probleme. Die Angaben des IM-Kandidaten wurden am 3.11.85 durch die Stellungnahme des Berichtsausschusses als vollständig, objektiv und wahrheitsgemäß bestätigt."[428]

Im Januar 1986 bezog sich Wegner in dem Vorschlag zur Registrierung Bohls als IM auf diesen Einsatz im Berichtsausschuss. Es könne eingeschätzt werden, „daß der Kandidat durch die gezeigten Verhaltensweisen und mitgeteilten internen kirchlichen Informationen seine bewußte Unterstützung für die Arbeit des MfS dokumentiert"[429] habe. Dabei war Bohl nicht nur wichtig als Informant über die Ereignisse auf den Landessynoden, sondern auch hinsichtlich der Bundessynode.[430] Er galt als ein sachverständiger Amtsträger, der die Entwicklungen und Tendenzen abschätzen konnte, und dies war für das MfS sehr wichtig. Für die Bewirtung von „Titus" oder für „Präsentbeutel", mit denen es sich für die Zusammenarbeit während der Landessynode bedankte, gab das MfS jeweils zwischen 100 und 150 Mark aus.[431]

---

427 Vgl. Gespräch mit Superintendent i. R. Siegfried Bohl, Reinberg, am 4.8.1997.

428 BStU, BV Rostock, AIM 4171/90, Bd. I/1, Bl. 186.

429 Vgl. ebd., Bl. 207.

430 Vgl. ebd., Bl. 243.

431 Beispielsweise heißt es auf einer Quittung vom 6.11.1989: „In Würdigung der gezeigten Leistungen in Vorbereitung und Durchführung der Tagung der Landessynode der ELKG vom 2.–5.11.89 erhält der IMB ‚Titus' am 4.11.89 ein Präsent in Höhe von 100,- (einhundert) Mark. Aufgrund [der] Persönlichkeit und Stellung ist eine pers. Quittung [sic!] durch den IM nicht möglich." (BStU, BV Rostock, AIM 4171/90, Bd. I/1, Bl. 342). Die Quittung wurde vom IM nicht unterschrieben. Sie diente lediglich dem Führungsoffizier des MfS als Nachweis für seine Ausgaben.

Erfolg und Misserfolg maß die Staatssicherheit grundsätzlich statistisch. Bis 1990 sollten laut Koordinierungsvereinbarung „je Diensteinheit entsprechend den vorliegenden objektiven Voraussetzungen und Möglichkeiten zwei weitere IM unter Synodalen" geworben werden.[432] Besonderes Interesse hatte das MfS an inoffiziellen Kontakten zu „den synodalen Mitgliedern der Kirchenleitung",[433] weil diese sowohl in der Synode als auch in der Kirchenleitung für das MfS tätig werden konnten.

Auf die evangelischen Synoden Einfluss zu nehmen wurde nicht nur über die Anwerbung von IM versucht, sondern auch durch die Instrumentalisierung kirchenleitender Amtsträger. In Vorbereitung auf die Bundessynode beispielsweise, die mit ihren Beschlüssen und Eingaben für die westdeutsche Presse ein politisches Barometer darstellte und in den achtziger Jahren auch eine große Ausstrahlung auf die Basisgruppen in der DDR hatte, war eine innerkirchliche Orientierung auf einen staatsfreundlichen Kurs von großem Wert. So berichtete der Rat des Bezirkes Rostock 1986 an die SED-Bezirksleitung über den Stand der Vorbereitungen für die Bundessynode in der Greifswalder Landeskirche:

„OKR Dr. Plath, der im Auftrag des Bischofs an der Synode teilnahm, führte vorher mit den Bundessynodalen der Landeskirche eine gemeinsame Beratung durch mit dem Ziel, diese auf eine einheitliche Linie festzulegen, die im Interesse einer sachlichen und konstruktiven Beziehung von Staat und Kirche liegen sollte. In Vorbereitung der Landessynode werden zur Zeit Gespräche mit allen Synodalen geführt mit dem Ziel, einen Synodenverlauf zu sichern, der das Verhältnis von Staat und Kirche nicht belastet."[434]

„Sachlich" und „konstruktiv" waren Umschreibungen für einen kirchenpolitischen Kurs, der Konflikte mit dem Staat vermied und von sich aus auf staatliche Interessen positiv reagierte. Ob Plath in diesem Sinne tätig wurde, ist nicht belegt. Deutlich wird jedoch das große Interesse, dass das MfS an einer innerkirchlichen Abstimmung im Blick auf die Bundessynode hatte. Stets wurden die IM in der Kirchenleitung und in der Landessynode in Vorbereitung der jährlichen Tagung aufgefordert, bestimmte Themen anzusprechen, sie in eine bestimmte Richtung zu lenken oder gänzlich zu unterbinden. Dieser Art der Einflussnahme war aus dem Plenum der Synode besonders schwer zu begegnen, weil nicht offensichtlich war, vor welchem Hintergrund diese oder jene Meinung vertreten wurde.

---

432 Vgl. BStU, BV Neubrandenburg, Abt. XX-171, Bl. 66.

433 Vgl. ebd., Bl. 64.

434 Landesarchiv Greifswald (LAG), BL Rostock IV E/ 2.14, Nr. 613, Bl. 157. Diese Gespräche wurden in der Regel von den Referenten für Kirchenfragen des jeweiligen Kreises geführt, die dann ihrerseits der MfS-Kreisdienststelle berichteten.

Die Infiltration staatlicher Interessen in die Landessynode über IM genauso wie über Gespräche bei den Räten der Kreise oder beim Rat des Bezirkes wurde wesentlich durch die Haltung Bischof Gienkes gegenüber der Synode begünstigt. Er lehnte demokratische Strukturen im kirchlichen Raum vehement ab. Diese Haltung spiegelt ein „Aktenvermerk" über ein Gespräch Gienkes mit Vertretern des Rates des Bezirks unter Anwesenheit des Staatssekretärs für Kirchenfragen, Gysi, am 28. Februar 1984 wider. Gienke hatte demnach Folgendes in Bezug auf die Landessynode gesagt:

„Die Strukturen der protestantischen Kirche in Deutschland sind nach Meinung des Bischofs unglücklich verlaufen, da sie mehr oder weniger nur mit dem Korsett des Staatskirchentums behaftet waren. Die Ansätze der Herausbildung von Rangordnungen sind nach Meinung von Bischof Gienke bei der formalen Trennung von Staat und Kirche in der Weimarer Republik im Spiel mit der Demokratie untergegangen. [...] Aus verständlichen Gründen könne die Kirche aber vom synodalen Prinzip nicht abweichen. Diese Probleme entstehen dann, wenn sich Synoden in politische Fragen einmischen, wo sie kein Mandat haben oder ihnen die Sachkenntnis fehlt. Deutlich wird dies immer, wenn es um die Staat-Kirche-Beziehungen oder um ausschließliche Kompetenzfragen des Staates geht. Bestimmte Synodale wollen sich artikulieren. Sogenannte Wahrheits- oder Prinzipienfragen werden ‚ausgereizt', so daß es dann mit der Lauterkeit und Ehrlichkeit einer Synode auch für manche Kirchenleitung kompliziert wird. [...] Der Bischof gab zu verstehen, daß in der Greifswalder Kirche geklärt sei, wer die politische Linie bestimmt. Die Kirchenleitung würde auch weiterhin bemüht sein, Tendenzen, die das Staat-Kirche-Verhältnis belasten, zurückzudrängen und den innerkirchlichen Polarisierungsprozeß weiter zu fördern."[435]

Ähnliche Äußerungen finden sich auch in Gienkes Memoiren, die indirekt die dahinterstehende Haltung des Bischofs bestätigen: seine fundamentalen Vorbehalte gegenüber demokratischen Elementen in der Kirche, hier insbesondere in der Landessynode, vor allem dann, wenn die Synode den seichten Umgang Gienkes und seiner Mitarbeiter mit der staatlichen Seite durch kritische Stellungnahmen gefährdete. „So konnten die Rollen doch nicht verteilt sein, daß die einen als Elefanten im Porzellanladen tanzen durften und die anderen die Scherben zu kitten hatten."[436]

Die Akten des Staatssekretariats für Kirchenfragen fassen Gienkes Äußerun-

---

[435] Vgl. LAG, BL Rostock IV E/ 2.14, Nr. 614, Bl. 132. „Aktenvermerk über ein Gespräch, das am 28.2.1984 der Staatssekretär für Kirchenfragen, Gen. Gysi, und der Stellvertreter des Vorsitzenden des Rates des Bezirks Rostock für Inneres, Gen. Haß, mit Bischof Dr. Gienke führten".

[436] Gienke (1996), S. 303.

gen anlässlich dieses Gesprächs, an dem auch Staatssekretär Klaus Gysi[437] teilgenommen hatte, wesentlich kürzer und prägnanter zusammen. In einem „Aktenvermerk" von Gysi heißt es, Gienke habe versichert, dass das synodale Prinzip auch für die Kirchen nicht leicht sei, leider aber nicht einfach wieder abgeschafft werden könne,[438] und weiter dazu in Gienkes Memoiren:

> „Synoden sind in den evangelischen Kirchen als Darstellung der Gesamtheit der Gemeinden oder der Kirchen gut und notwendig, aber sie sollten viel bescheidener mit ihren umfassenden Kompetenzen umgehen. [...] Aber kann man solchen Erwartungen noch eine Chance geben? Haben die Synoden nicht soviel Blut geleckt, daß sie kaum bereit sein werden, freiwillig etwas von ihrer Macht aus den Händen zu geben?"[439]

Im Gespräch im Mai 1998 führte Altbischof Gienke zwei Gründe an, derentwegen er sich von den synodalen Elementen im kirchlichen Raum distanziert habe. Kritische Stimmen auf der Synode seien erstens nie die Stimme der Gemeinde gewesen, die habe ihm gegenüber keine Kritik geäußert. Es seien Einzelne gewesen, die „persönlich nicht immer ernst zu nehmen" gewesen seien.[440]

Zweitens hätte die Synode immer wieder seine Kompetenz infrage gestellt und damit ihre eigene Kompetenz überschritten.[441] Die Synoden als demokratisches Element in den evangelischen Kirchen waren für ihn ein Störfaktor, weil sie seiner Politik des vertrauensvollen Gesprächs mit den staatlichen Stellen bisweilen kritisch gegenüberstanden. Vor allem aber stand hinter seiner Ablehnung der Synoden die Befürchtung, dass diese durch politisch provokante Beschlüsse die staatlichen Vertreter verärgern und das Staat-Kirche-Verhältnis gefährden könnten. In seinen Memoiren schreibt Gienke:

> „Schon in der ersten Phase meines Dienstes versuchte ich, Beschlußvorlagen des Berichtsausschusses ändern zu lassen, die mit ihren politischen Aussagen auf die sachlichen und mehr und mehr konstruktiven Beziehungen zu den staatlichen Gesprächspartnern auf der Bezirksebene keine Rücksicht nahmen."[442]

In der Rückschau wird deutlich, dass Horst Gienke das synodale Element in der Kirchenordnung nicht schätzte. Dies drückte sich unter anderem auch in seiner wiederholten Abwesenheit bei Landes- und Bundessynoden aus,

437 Klaus Gysi war der Vater von Gregor Gysi, MdB und Mitglied der Partei Die Linke.
438 Vgl. Funk (1992), S. 31.
439 Vgl. Gienke (1996), S. 225.
440 Vgl. Gespräch mit Bischof i. R. Gienke, Westerstede, am 12.5.1998.
441 Vgl. Gienke (1996), S. 224/225.
442 Gienke (1996), S. 302

beispielsweise 1985 und 1986. Die Landessynode wurde aus den wichtigen Entscheidungen zunehmend herausgehalten, was sich auch in den jährlichen Bischofsberichten widerspiegelte, weil dort zentrale Fragen kirchlichen Lebens nicht mehr angesprochen wurden. Der exakt in diesem Ton gegebene Bischofsbericht auf der Herbstsynode 1987 war dementsprechend der Beginn der sich formierenden innerkirchlichen Opposition gegen Bischof Gienke.[443]

5.5 Die Pfarrerschaft

Das Kapitel zu den Pastorinnen und Pastoren in der Landeskirche Greifswald stieß bei der Erstauflage des Buches 1998 auf den größten Widerstand. Man fühlte sich „in einen Topf geworfen" mit all jenen, die Stasi-Kontakte gehabt und Gespräche geführt hatten. Neben allem, was man an der Arbeit für richtig und wichtig befunden hatte – in Bezug auf die Pfarrerschaft sei die Realität anders gewesen, schrieben viele.

Hans-Joachim Schwerin, bis 1991 Superintendent von Demmin, war einer dieser Absender. Die Pastoren der Greifswalder Landeskirche seien dem Bischof gegenüber in kirchenpolitischer Hinsicht kritisch gewesen, in den Konventen hätten sie deutlich ihre Meinung geäußert – der „Greifswalder Weg" sei nicht der Weg der Pastoren gewesen, so Schwerin.[444]

„Die Pfarrerschaft hatte insgesamt ein gutes Gefühl für den Totalanspruch des Staates und hatte diesbezüglich viel Negatives erfahren, weshalb in den Jahren 1950 bis 1990 nur ganz wenige Pastoren in politischen Gremien mitwirkten. […] Es gab in den Konventen der Pastoren Vertrauensverhältnisse – man war relativ offen miteinander. Das habe ich in verschiedenen Konventen erlebt. […] Dass die Pfarrer in Pommern immer nur politisch still gewesen seien – so könnte man vielleicht denken. Teilweise stimmt es, teilweise nicht. Im Kirchenkreis Demmin kam es im Jahr 1985 und auch 86 zu Gesprächen mit Dr. Will vom Staatssekretariat für Kirchenfragen in Gegenwart der politischen Herren. Die Brüder haben ziemlich rücksichtslos und ehrlich die DDR-Politik kritisiert, z. B. die bösen Taten der Sowjetarmee vor 40 Jahren und dass darüber nichts gesagt werde usw. Will beschwerte sich anschließend bei Plath. In anderen Konventen war man auch in diesem Sinne tätig."[445]

Tatsächlich muss das Bild in Bezug auf die Pfarrerschaft im Vergleich zur Erstauflage dieses Buches von 1998 geändert werden. Ein Bild, das auf-

443 Vgl. Gespräch mit Pfarrer i. R. Rainer Berndt, Trassenheide, am 18.11.2015.
444 Vgl. Brief von Dr. Hans-Joachim Schwerin an Rahel von Saß vom 2.12.1998.
445 Vgl. ebd.

grund staatlicher wie kirchlicher Quellen entstanden war, das sich aber angesichts zahlreicher Briefe, Gespräche und Interviews nicht halten lässt. Die Konvente der Pastoren waren durch eine große Bandbreite politischer Positionen und relative Offenheit miteinander gekennzeichnet. Eine offene kritische Position zur Kirchenpolitik unter Bischof Gienke zeigte sich nach derzeitigem Kenntnisstand jedoch auf landeskirchlicher Ebene erstmals auf der Herbstsynode 1987 und wurde gegen Sommer 1989 zunehmend lauter: als Protest gegen die Domeinweihung, gegen die Aussagen Gienkes zum brutalen Vorgehen des chinesischen Militärs gegen Demonstranten auf dem Tian'anmen-Platz in Peking am 3./4. Juni 1989, als Protest gegen kirchliche Erholungsheime auf Hiddensee und in Zinnowitz und als Protest gegen die Einladung Honeckers und den folgenden Briefwechsel. Besonders traten hier die Konvente Usedom, Stralsund und Greifswald hervor.
Im Spätsommer 1989 war die Spannung unter den Pastoren der Landeskirche so groß, dass mindestens zwei Konvente den Bischof um Rücktritt baten – lange vor dessen tatsächlichem Rücktritt im November: die Konvente in Stralsund und auf Usedom.[446] Der emeritierte Stralsunder Propst Lange schrieb am 11. September dem Trassenheider Kollegen Berndt über einen kürzlichen Besuch Bischof Gienkes. Die Begegnung sei enttäuschend gewesen, so Lange. Er habe Bischof Gienke bitten wollen, einen Generalkonvent der Pastoren einzuberufen, um dem drohenden Ansturm aus der Landeskirche entgegenzuwirken. Aber das komme inzwischen nicht mehr infrage, denn es „ginge dabei nicht nur um die Pastoren, sondern genau so um die anderen Mitarbeiter und um viele Gemeindeglieder".[447] Es sei kein Problem der Pastoren mit ihrem geistlichen Leiter mehr, sondern eines der Christen mit ihrem Bischof. In dem Augenblick, als er ihm antragen wollte, mit Rücksicht auf seine Gesundheit seinen Rücktritt für April 1990 zu planen, sei Gienke taktisch klug aufgebrochen, schrieb Lange. Nun gäbe es nur noch einen Weg: die Abstimmung in der Landessynode. „Sie sehen daraus, daß die Landessynode die letzte Instanz ist, die ja auch erst in einem Vierteljahr tagen wird. So lange sollte man nicht warten, sonst kommt die Landeskirche noch mehr in Verruf."[448] Schon jetzt könnten jedoch Einzelpersonen oder Konvente an die Kirchenleitung schreiben und diese bitten, den Rücktritt des Bischofs vorzubereiten, so Siegfried Lange.[449]
Warum wurden diese theologisch, politisch und individuell unangepassten

[446] Schreiben von Propst i.R. Lange, Stralsund, an Pastor Berndt, Trassenheide, vom 11.9.1989. Privatarchiv Pastor i. R. Rainer Berndt.
[447] Vgl. ebd.
[448] Schreiben von Propst i. R. Siegfried Lange, Stralsund, an Rainer Berndt vom 28.7.1989. Privatarchiv Rainer Berndt.
[449] Vgl. ebd.

Stimmen erst im Sommer und Herbst 1989 als eigenständige Kraft in der Landeskirche hörbar? Zum einen täuscht dieser Eindruck. Heftige Diskussionen hatte es in den Konventen der Pastoren und Superintendenten immer gegeben, aber danach ging man auseinander und traf sich erst beim nächsten Konvent wieder. Ein Generalkonvent war unter Horst Gienke nie einberufen worden, der Ruf nach einer Versammlung aller Pastoren der Landeskirche kam erst im Zusammenhang mit der Domweihe wieder auf.

Die pommersche Pastorenschaft war zudem wesentlich inhomogener bzw. „bunter" – im Hinblick auf ihre theologische wie geografische Herkunft – als beispielsweise die der mecklenburgischen Landeskirche. Politische Meinungen gingen unter Umständen weit auseinander,[450] was sich auch darin zeigte, dass wesentlich mehr Pfarrer zur Wahl gingen als in Mecklenburg.[451] Beispielsweise lag die Wahlbeteiligung der ELKG bei den Wahlen zur Volkskammer und zum Bezirkstag 1976, 1979 und 1981 jeweils 3–5 % über dem Gesamtdurchschnitt der evangelischen Kirchen. Auch bei den Kommunalwahlen 1984 bestätigte sich dieses Bild: 91,3 % aller Pfarrer der Greifswalder Landeskirche waren zur Wahl gegangen, in der mecklenburgischen Landeskirche 84,7 %. Waren in der Greifswalder Kirche 1984 64,7 % der Stimmabgaben offen gegeben worden, was als ein Zeichen für die positive Einstellung zum Staat gewertet wurde, so waren es in der Landeskirche Mecklenburg 56,4 %.[452]

Die Pastoren und Mitarbeiter der Landeskirche Greifswald kamen aus allen Landeskirchen der DDR und brachten ihre jeweiligen Traditionen und Bekenntnisse mit. Zum Beispiels war die Hierarchie, die in Mecklenburg stark ausgeprägt war, in Pommern längst nicht so sichtbar. Pfarrer galten bei ihren Vorgesetzten als Individualisten,[453] auch wegen ihres oft sehr individuellen Lebensweges in der DDR bedingt, der nicht dem üblichen Muster von Kinderkrippe – Jungpionier – Thälmannpionier – Jugendweihe entsprach. So berichtete Propst Andreas Haerter, der Druck des Staates habe auf ihn schon in jungen Jahren gewirkt:

„Angefangen mit dem Kind, das sich nicht entschieden hat, in der DDR geboren zu werden, sondern die Eltern haben das entschieden; auch haben die Eltern entschieden, dass ihre Kinder nicht zu den Pionieren gehen. Mit der Schulzeit verbinden sich schlimme Erinnerungen, auch der Weg zum Abitur war versperrt. Es folgten drei unbeschwerte Jahre bis zum kirchlichen Abitur am Proseminar in Naumburg. Unter dem Schutz der Kirche leben

450 Gespräch mit Pfarrer Rainer Berndt, Trassenheide, am 18.11.2015.

451 Vgl. BArch, DO-4/1133. „Wahlbeteiligung zu den Wahlen zur Volkskammer und zum Bezirkstag am 14. Juni 1981".

452 Vgl. LAG, BL Rostock IV E/ 2.14, Nr. 601, S. 81 ff.

453 Vgl. Gespräch mit Altbischof Eduard Berger am 23.9.2015.

und lernen zu dürfen, war eine großartige Erfahrung. Es herrschte ein Geist der Freiheit, den es draußen nicht gab. Um die DDR-Realität wieder in den Blick zubekommen, riet mir der Naumburger Rektor Rainer Bohley jedoch, für das Theologiestudium eine staatliche Universität zu wählen. Nach dem Staatsexamen in Greifswald, mitten in einem Forschungsstudium versuchte die Stasi mich zu erpressen, um mich zu einer Mitarbeit als IM zu bewegen. Ich weigerte mich und informierte Bischof Gienke, so dass mir später nichts mehr passiert ist. Allerdings bin ich dann in den Schoß der Kirche geflüchtet und habe mit dem Vikariat begonnen. [...] Aber da muss man schon sehen, dass wir in der Kirche ja in einer ganz besonderen Situation waren. In dem Moment, wo ich Vikar war, hatte ich den Schutz der Kirche. Alle anderen waren oft schon am Arbeitsplatz direkt dem Druck der Partei ausgesetzt."[454]

Der Rat des Bezirks Rostock versuchte auf drei Wegen, die Pfarrerschaft in seinem Sinn zu beeinflussen: durch regelmäßige Gespräche mit den staatlichen Stellen, durch die Verteilung von Gratifikationen in verschiedener Form und durch die Unterwanderung durch das MfS. Die regelmäßig durchgeführten Gespräche galten bei den Pastoren und Mitarbeitern als „Pflichtübung". Die Pfarrer wurden einzeln oder in Gruppen zu Gesprächen eingeladen und sollten dort mit der jeweils aktuellen „Politik der Partei in Kirchenfragen" vertraut gemacht werden. Die Referate auf Kreisebene legten anschließend über die Anzahl der von ihnen geführten Einzel- und Gruppengespräche Rechenschaft gegenüber dem Bezirk ab, ebenso das Referat auf Bezirksebene gegenüber dem Staatssekretariat für Kirchenfragen und der Bezirksleitung der SED. Beispielsweise hieß es im „Informationsbericht" des Referates Kirchenfragen beim Rat des Bezirks Rostock über die kirchenpolitische Lage im Februar und März 1982, es seien in dieser Zeit „3 Gruppengespräche mit Leitungskräften der Greifswalder Kirche, 4 Gruppengespräche mit Pfarrern (45 Teilnehmer) und 75 Einzelgespräche" durchgeführt worden.[455] Die Anzahl dieser Gespräche hing von der jeweiligen politischen Situation ab und konnte erheblich zunehmen. Das Ziel dieser Gespräche bestand nicht nur in einer Vermittlung der Linie der SED, sondern vor allem auch darin, dass einzelne Pfarrer ermutigt werden sollten, vor ihren Kollegen entsprechende „positive" Positionen zu beziehen.

Besondere Aufmerksamkeit richteten der Bezirk Rostock und die Abteilungen Inneres der Kreise auf die Superintendenten. In den 15 Kirchenkreisen der Landeskirche Greifswald waren – wenn alle Stellen besetzt wa-

454 Gespräch mit Propst Andreas Haerter am 18.11.2015.
455 Vgl. LAG, BL Rostock IV E/ 2.14, Nr. 613, Bl. 17.

ren – 15 Superintendenten tätig.[456] Alle fünf bis sechs Wochen traf sich der Konvent der Superintendenten. Ähnlich wie beim Konsistorium hatte auch diese Stelle eine kirchenpolitische Funktion. Der Rat des Bezirks Rostock beobachtete daher Gienkes Versuche, nach seinem Amtsantritt eine mittlere Amtsträgerschaft aufzubauen, die seinen kirchenpolitischen Kurs unterstützte, und schrieb in einer „Einschätzung des Bischofs Horst Gienke" aus dem Jahr 1975, Gienke sei bemüht, „seine Leitungsgremien (Kirchenleitung, Superintendenten) mit solchen Kadern neu zu besetzen, die um ein gutes Verhältnis zum sozialistischen Staat bemüht sind".[457]

Umso kritischer wurden Amtsträger wie die Superintendenten Metz, Torkler und Zarnekow staatlicherseits beobachtet, die den Kurs der Landeskirche Greifswald kritisierten, weil sie meinten, die Landeskirche würde der Politik des Staates zu weit entgegenkommen und die Einschränkungen des kirchlichen Lebens nicht in den Mittelpunkt der Gespräche mit dem Staat stellen. Sie bemängelten, dass diese Gespräche nicht der Kirche dienten, sondern der staatlichen Seite Handlungsvorteile brächten.[458]

Staatlicherseits meinte man, die Gesprächsbereitschaft der Gemeindepfarrer hinge von der politischen Haltung der Superintendenten ab.[459] Dies war ein Trugschluss, denn nirgendwo war die Unabhängigkeit und Freiheit in der Kirche größer als im Pfarramt. In den zahlreichen Interviews mit Pastoren, Laien und Superintendenten hieß es immer wieder, dass man sich gegenseitig nicht bevormundet habe. Der Rat des Bezirkes Rostock hat diese Pluralität nie verstanden, er war ja auch aus der mecklenburgischen Landeskirche anderes gewohnt, und suchte weiterhin nach politisch „loyalen" Superintendenten. Auch deshalb, weil aus deren Reihen für gewöhnlich die Mitarbeiter des Konsistoriums und die beiden Pröpste rekrutiert wurden. Die „Koordinierungsvereinbarung" des MfS aus dem Jahr 1986 stellte nur einen Amtsträger innerhalb dieser Gruppe fest.[460] Dies war der im Februar 1986 angeworbene Grimmener Superintendent Bohl. Informationen über die Gruppe der Superintendenten konnten nun zum MfS gelangen, aber eine Einflussnahme gelang nicht. In den Berichtsakten von IM „Titus" nehmen Aussagen über die Superintendentenkonvente nur einen sehr geringen Raum ein.

Auch die administrativen Organe waren an den Superintendenten wegen deren Mittlerfunktion zwischen der Kirchenführung und den Pfarrern interes-

456 Dies war insbesondere in der ersten Hälfte der achtziger Jahre nicht der Fall. Teilweise war die Hälfte der Stellen unbesetzt.

457 Vgl. LAG, BL Rostock IV E/ 2.14, Nr. 601, Bl. 2.

458 Vgl. SAPMO-BArch, DY 30/IV B 2/14/130, Fiche 2, Bl. 112 f. „Einige Aspekte über die kirchenpolitische Situation in der Evangelischen Landeskirche Greifswald" (undatiert, wahrscheinlich 1977).

459 Vgl. LAG, BL Rostock IV E/ 2.14, Nr. 619, Bl. 58.

460 Vgl. BStU, BV Neubrandenburg Abt. XX-171, Bl. 61.

siert. So heißt es in einem Vermerk über ein Gespräch von Bischof Gienke beim Rat des Bezirks im Dezember 1985, man habe Gienke „nahegelegt, auf die Superintendenten stärker einzuwirken, damit diese sich in politischen Gesprächen stärker engagieren. Eine aufgeschlossene politische Haltung der kirchlichen Amtsträger würde auch die staatlichen Organe ermutigen, sich bei Baufragen aufgeschlossener zu verhalten“[461] – eine sehr direkte Anspielung auf den zunehmenden Verfall von Kirchen und Kapellen, zu deren Erhalt die Greifswalder Kirche – wie alle anderen Kirchen im Bund – zwingend die staatliche Zustimmung und Hilfe benötigte: in Fragen der Genehmigung, der finanziellen staatlichen Zuschüsse, der Einfuhr von Baumaterialien aus dem westlichen Ausland und so weiter.[462]

Eine ganze Anzahl politischer Organisationen sollte die Pfarrerschaft politisch „auf Linie“ bringen. Eine der Ersten war der 1958 gegründete Pfarrerbund, der jedoch aufgrund seiner großen Nähe zu staatlichen Positionen kaum Fuß fassen konnte und 1974 bereits aufgelöst wurde. Hingegen spielte die „Nationale Front“ bei der politischen „Erziehung“ der Pfarrer durchaus eine Rolle. Sie war ein Zusammenschluss aller Parteien und „Massenorganisationen“ der DDR, der die Politik der SED denjenigen Bürgern nahebringen sollte, die nicht Mitglied der SED waren. Insbesondere die dort angesiedelte „Arbeitsgemeinschaft Christliche Kreise“ (AGCK) versuchte, die Gemeindepfarrer an sich zu binden. Auch die Einbindung von Pfarrern in die CDU war relativ weit verbreitet. Die CDU sollte jedoch nicht nur die „Politik der Partei in Kirchenfragen“ vermitteln, sondern auch kirchliche Amtsträger „abschöpfen“. Eine zentrale Figur war der Kreissekretär der CDU in Greifswald, Manfred Bertling, der als IM „Heinrich Schade“ unter anderem intensiv über Präses Dietrich Affeld und Studentenpfarrer Harro Lucht berichtete.[463]

Darüber hinaus versuchte der Staat, Pfarrer durch kleinere oder größere Zuwendungen für sich zu gewinnen. Entweder wurden diese direkt an einzelne Pfarrer weitergegeben – meistens in Form von Präsenten –, oder einzelne kirchliche Vorhaben wurden unterstützt. Für diese Zwecke bestanden bei den Referaten für Kirchenfragen sogenannte „Sonderkonten Kirchenfra-

---

461 Vgl. BArch, DO-4/789. „Anlage zum Aktenvermerk über das Gespräch zwischen dem Stellvertreter des Vorsitzenden des Rates des Bezirks und dem Bischof Dr. Gienke am 6.12.1985“.

462 Vgl. dazu auch den Beitrag von Gunther Kirmis in Garbe/Nixdorf (2005). S. 19–36.

463 Bertling war ein „Import“ aus Mecklenburg. Nachdem Manfred Bertling in Rostock-Südstadt Diakon gewesen war, dort von der Staatssicherheit angeworben worden war und sich dem Bischof offenbart hatte, unterstützte Heinrich Rathke Bertling über lange Zeit darin, die endgültige Trennung vom MfS zu vollziehen. Nachdem Rathke wiederholt mit neuen Kontakten Bertlings zum MfS konfrontiert war, hielt er Abstand zu diesem. Bertlings Position in Rostock war nicht mehr zu halten, er verließ die kirchliche Anstellung, wurde hauptamtlicher CDU-Funktionär und ging als solcher nach Greifswald.

gen".[464] Diese waren 1954/55 eingerichtet worden, ihre Verwendung wurde mehrfach geändert. Die zur Verfügung stehenden Mittel sollten zunächst an die Gemeindepfarrer gehen. Es stellte sich jedoch sehr schnell heraus, dass der Erfolg sehr gering war, besonders im Bezirk Rostock, wo die Gesamtaufwendungen für die evangelischen Pastoren besonders niedrig waren.[465] Peter Beier unterscheidet in seiner detaillierten Studie zu den „Sonderkonten Kirchenfragen" hinsichtlich der Verteilung von Zuwendungen drei große Gruppen. Danach hat ein großer Teil der Pfarrer niemals Zuwendungen erhalten, ein weiterer großer Teil hat zwar Präsente oder Vergleichbares entgegengenommen, aber diese bewegten sich in dem damals üblichen Rahmen, und der dritte und kleinste Teil nahm bewusst Zuwendungen in einem überdurchschnittlichen Umfang entgegen, so Beier. Dabei wertet Beier als überdurchschnittliche Zuwendung Geschenke im Wert von mehr als 50 Mark für einen einfachen Gemeindepfarrer. Er kommt zu dem Schluss, dass 5 bis 10 % aller Pfarrer der evangelischen Kirche in diesem Sinne überdurchschnittlich beschenkt worden seien.[466]
Die durchschnittlichen Ausgaben für „Zuwendungen" in den achtziger Jahren nahmen wieder zu und lagen bei durchschnittlich 5.000–6.000 M pro Jahr. Ihren Höchststand erreichten sie 1987 mit etwa 33.000 Mark der DDR. 1988 waren es noch etwa 28.000 Mark. Insgesamt wurde im Bezirk Rostock immer mehr für „Veranstaltungen" als für „Zuwendungen" ausgegeben. Bezeichnend ist auch, dass erhebliche Gelder in andere Bereiche gegangen sein müssen, insgesamt etwa 60–80 %.[467]
Die Mehrheit der Pastoren ließ sich durch materielle Anreize jedoch nicht manipulieren, und damit erreichten die staatlichen Stellen nur die Amtsträger, die sie sowieso auf „politisch-realistischen" Positionen wussten. Besonders einflussreichen Pfarrern, die der Staat für seine Politik gewinnen wollte, wurden mitunter auch Urlaubsplätze angeboten. Zu diesem Zweck führte das Staatssekretariat für Kirchenfragen zwei Erholungsheime in Juliusruh und in Tabarz. Die Belegung dieser Heime war ein häufiges Thema auf den Tagungen der Referate für Kirchenfragen der Bezirke mit dem Staatssekretär. Beispielsweise hatten die Bezirke Rostock und Halle im Jahr 1986 ihr Kontingent nur mangelhaft ausgenutzt und wurden aufgefordert, verstärkt unter den Pfarrern zu werben:

„Nur an ‚Dauergästen' sind wir nicht interessiert. Vielmehr sollte darauf orientiert werden, progressive Amtsträger und solche, mit denen es sich lohnt, weiter zu arbeiten, als Gäste zu gewinnen.

464 Vgl. Peter Beier (1997).
465 Vgl. ebd., S. 244.
466 Vgl. ebd.
467 Vgl. ebd., S. 245.

Entsprechend der von uns gegebenen Orientierung sollten für das Haus ‚Fortuna', Tabarz, vorrangig Amtsträger in höheren kirchlichen Funktionen gewonnen werden."[468]

Diese Strategie hatte jedoch kaum Erfolg, denn die Heime waren in einem sehr schlechten baulichen Zustand, und die Taktik, die hinter dem Angebot stand, war nicht verborgen geblieben.

Je weiter sich die DDR der internationalen Gemeinschaft öffnete – vor allem seit der Unterzeichnung der Schlussakte von Helsinki 1975 – desto subtiler ging die Staats- und Parteiführung gegen ihre eigene Bevölkerung vor. Das MfS nahm alles in den Blick, was aus der uniformierten Gesellschaft der DDR herausragte. Die evangelische Kirche gehörte dazu. Das Interesse des MfS richtete sich vor allem auf Pfarrer, die in ihrer Gemeinde eine aktive Umwelt-, Friedens- oder Jugendarbeit betrieben. Ziel war es dann, detaillierte Informationen über die Mitglieder dieser Kreise zu sammeln, um Entwicklungen abschätzen und auffällige einzelne Personen beobachten zu können. Es ist jedoch kennzeichnend für das Verhältnis der Greifswalder Landeskirche zu den staatlichen Stellen im Bezirk Rostock, dass nur wenige Pfarrer als IM des MfS angeworben wurden. Die „Koordinierungsvereinbarung" der beiden Bezirksverwaltungen des MfS weist für das Jahr 1986 unter 210 Pfarrern nur einen einzigen Inoffiziellen Mitarbeiter des MfS aus![469] Bei diesem Pfarrer handelte es sich um den Jarmener Pfarrer Werner Lucas, der seit 1961 IM des MfS war. Das MfS hatte scheinbar kein Interesse an einer flächendeckenden Unterwanderung der Pfarrerschaft, da alle wichtigen kirchenpolitischen Fragen über das Konsistorium geregelt werden konnten.

Hans-Martin Harder hingegen interpretiert diesen Umstand ganz anders in seiner 2007 erschienenen Aufsatzsammlung:

„Aus der Mecklenburger Landeskirche wurde uns unmissverständlich mitgeteilt, daß jeder Kontakt über die offiziellen Partner hinaus abgelehnt würde. Dies betraf also nicht nur CDU und SED, sondern ebenso das Ministerium für Staatssicherheit. Diese Haltung kannten wir und respektierten sie selbstverständlich auch. Sie hatte allerdings zur Folge, dass bestimmte Probleme deutlich anders verhandelt wurden und hingenommen wurde, dass sie möglicherweise keiner Lösung zugeführt werden konnten."[470]

In Greifswald sei kein einziger Wehrdienstverweigerer deswegen verhaf-

---

468 BArch, DO-4/1633. „Zuarbeit zur Sektorenleitertagung am 27.–28.2.1986".

469 Vgl. BStU, BV Neubrandenburg, Abt. XX-171, Bl. 61. Gunnar Fischer, IM „Nikolaus", ging 1986 erst in seine erste Pfarrstelle nach Ueckermünde und war deshalb wahrscheinlich noch nicht in dieser Statistik erfasst.

470 Hans-Martin Harder: Zum Umgang mit der Vergangenheit der Kirche (2007), S. 245.

tet worden, so schreibt Harder weiter, und stellt in den Raum, dass dies in Mecklenburg wegen der dortigen Politik anders gewesen sei. Er habe dem damaligen mecklenburgischen Bischof Stier dies auch vertraulich mitgeteilt und ebenso, dass er gegenüber staatlichen Stellen auch für Wehrdienstverweigerer aus dessen Landeskirche eingetreten sei, was Stier sehr geärgert hätte.[471] „Ich jedenfalls habe mich manchmal gefragt, bis an welche Grenze ich wohl gehen könnte, ohne mir dauerhafte Probleme einzuhandeln. Vorsorglich war meine Frau darüber informiert, was zu tun sei, wenn ich eines Tages einmal nicht nach Hause käme“, so Harder weiter.[472]

Hatten es die Greifswalder Christen tatsächlich leichter als die Schweriner, wie Hans-Martin Harder es nahelegt? Stand die Greifswalder Kirche ihren Christen näher als die mecklenburgische, war hilfreicher und effektiver in der Lösung ihrer Probleme? Dafür gibt es keine Anhaltspunkte. Auch in Bezug auf benachteiligte christliche Schüler und Studenten liegen keine Zahlen vor, die belegen bzw. widerlegen würden, dass die Greifswalder Kirchenpolitik tatsächlich einen positiven Einfluss auf die sogenannte „Einzelfalllösung“ gehabt hätte. Entsprechende Studien dürften auch schwierig zu erbringen sein. Weder in den SED-Unterlagen noch in Akten des Rates des Bezirkes und auch nicht in den MfS-Akten sind bisher Grundsatzentscheidungen oder wenigstens allgemeine Bemerkungen in die eine oder andere Richtung gefunden worden. Da die Differenzierungspolitik zwischen beiden Landeskirchen eines der drei wichtigen kirchenpolitischen Instrumente der achtziger Jahre war und diese Strategie auch offensichtlich erkennbar war, wenn sie es aus taktischen Gründen sein sollte – sonst wirkt ja die Differenzierung nicht –, muss man davon ausgehen, dass die Christen beider Landeskirchen kirchenpolitisch gleich behandelt wurden, sich die Greifswalder Seite also über eine Bevorzugung täuschen ließ.

Innerhalb der Pfarrerschaft waren alle politischen Positionen vertreten, von einer grundsätzlichen Gegnerschaft zur DDR bis hin zur aktiven Mitarbeit in der Nationalen Front. Dabei ist überraschend, dass es keinerlei Verlautbarungen aus der Bischofskanzlei zur Problematik „Mitarbeit in gesellschaftlichen Organisationen“ gegeben hatte. Unausgesprochen aber galt in den Konventen die Regel: Gespräche werden nur mit den Referenten für Kirchenfragen auf der Kreis- bzw. Bezirksebene geführt. Kontakte zum MfS gehören nicht dazu. Wer sie dennoch hatte, tat dies im klaren Widerspruch zu seinen Kollegen. Die Pfarrer hielten sich mehrheitlich an diese Regel, ohne darauf extra eingeschworen worden zu sein wie in Thüringen oder in Mecklenburg, es war eine Selbstverständlichkeit.

---

471 Vgl. ebd.

472 Vgl. ebd., Bl. 256.

Trotzdem erhofften sich insbesondere jüngere Pfarrer ein stärkeres Engagement für die gesellschaftlichen und politischen Fragen der Zeit – nicht im Sinne einer politischen Mitarbeit in der Nationalen Front, sondern im Sinne eines Austauschs unter den Pastoren in den einzelnen Konventen. Das war auch Ernst-Ulrich Affelds Motivation – Sohn des Präses Dietrich Affeld –, im Frühjahr 1983 befreundete Kollegen zu sich ins Pfarramt nach Kröslin einzuladen. Man wollte über die kirchenpolitische Situation und gemeinsame Positionen gegenüber den staatlichen Stellen beraten und so in einem kleinen Kreis die Vereinzelung der Pfarrer aufheben. Über Gunnar Fischer, IM „Nikolaus", erhielt das MfS von dem geplanten Treffen Nachricht und machte daraus in seinen Akten eine „innerkirchliche Oppositionsbewegung".[473] In der Erinnerung von Gunnar Fischer ging es bei dem diesbezüglichen Gesprächsgang mit dem Mitarbeiter des MfS nicht um eine „innerkirchliche Oppositionsbewegung", sondern um die Gefahren für ein stabiles Staat-Kirche-Verhältnis, wenn sich die eigene Leitung der PEK immer weiter von den Fragestellungen der eigenen Basis entfernt.[474] Daher habe es, so Fischer, auch „nie weitere Versuche des MfS, über ihn zu diesen geplanten Treffen Informationen zu erhalten", gegeben.[475] Zu einer Einflussnahme der Stasi kam es letztlich nicht, der Kreis fiel aus internen Gründen auseinander. Besonders stark geriet der Pfarrkonvent von Greifswald-Stadt in den achtziger Jahren in das Blickfeld des MfS und anderer staatlicher Stellen. Dieser Konvent bestand aus den Pfarrern und Vikaren, die an den sechs Stadtkirchen beschäftigt waren. Im Zusammenhang mit der Renovierung des Greifswalder Doms, fehlenden Mitteln für andere Baumaßnahmen und vor dem Hintergrund der unmittelbaren Nähe zum Konsistorium entwickelte sich dieser Konvent im Laufe der achtziger Jahre zu einem besonders kritischen Diskussionsforum. Aus diesem Grund wurden innerhalb des Pfarrkonventes mehrere Pfarrer durch das MfS observiert und IM in den Kreis eingeschleust. Dazu gehörte beispielsweise die Vikarin Ines Fleckstein alias IM „Gisela". Der Greifswalder Superintendent Wackwitz wurde regelmäßig zu Gesprächen beim Rat der Stadt vorgeladen und ebenso regelmäßig aufgefordert, die kritischen Mitglieder stärker zu kontrollieren.

Trotzdem bleibt am Ende dieses Kapitels die wichtigste Botschaft, dass die pommersche Pfarrerschaft sehr gewissenhaft und unabhängig mit den Kontakten zum Staat umgegangen ist. Trotz des Fehlens entsprechender Weisungen vom Bischof, trotz der festen Etablierung von MfS-Kontakten des Konsistoriums wie des Bischofs, trotz einer intensiven Bearbeitung durch alle

473 Vgl. BStU, BV Rostock, AIM 2603/91, Bd. II/2, Bl. 220. „Operative Einzelinformation zum Gemeindepfarrer Ernst-Ulrich Affeld" vom 23.2.83.

474 So Gunnar Fischer in einer Email an Rahel Frank vom 30.8.2016

475 Vgl. ebd.

staatlichen Stellen, auch durch das MfS, hielten 97 % der pommerschen Pastoren zu ihrer Kirche und ihren Gemeinden und distanzierten sich vom Staat. Ausnahmen hat es gegeben, aber nur sehr vereinzelt. Ein wesentlicher Grund war die Unabhängigkeit der Pastoren, die dazu geführt hatte, dass man an Dingen festhielt, die man für richtig hielt. Mit der Einstellung „keine Gespräche mit dem MfS“ sind viele Pastoren in die Pommersche Kirche gekommen. Das war auch die gängige Praxis in der DDR, so der langjährige Oberkirchenrat der Berlin-Brandenburgischen Kirche, Ulrich Schröter, in einem Vortrag über die „Staatssicherheit im kirchlichen Raum“ aus dem Jahr 2014. Schröter fasste zusammen, was seit 1989 zunehmend in Vergessenheit geraten ist, nämlich dass ein „allgemeiner kirchlicher Grundsatz für Theologiestudenten, für Mitglieder des Gemeindekirchenrats (GKR) und für kirchliche Mitarbeiter“ bestanden hätte, der besagte habe: Keine Gespräche mit dem MfS.[476] Dies bestätigte auch Arnold Fuchs, mehrere Jahre Mitglied des Gemeindekirchenrats an der Christuskirche in Greifswald. Dass die Staatssicherheit versuchte, Mitglieder des Gemeindekirchenrats anzusprechen, sei auch Thema unter dessen Mitgliedern gewesen. Nicht unbedingt als ein Tagesordnungspunkt, aber am Rande von Sitzungen sei darüber deutlich und einmütig diskutiert worden: „Wir führen mit der Stasi keine Gespräche“, sei der Tenor gewesen. „Das betraf auch den Umgang mit zu befürchtenden Anwerbeversuchen durch die Stasi (sog. ‚operative Gespräche‘). Durch Erörterungen mit dem Gemeindepastor und Kirchenältesten war klar, wie mit so einer Situation hätte umgegangen werden können: Durchbrechen der Konspiration, z.B. durch ein Gespräch mit dem Pastor oder im Konsistorium. Dieser heute trivial klingende Weg war dann in der konkreten Betroffenheit nicht leicht zu gehen, da Folgen am Arbeitsplatz oder anderer Art nicht ausblieben.“[477]

„Studenten an kirchlichen Ausbildungsstätten mussten unterschreiben, dass sie Kontaktversuche melden. Auch für Pfarrer und höhere Geistliche galt: keine eigenständigen und anderen verborgenen Verbindungen zu staatlichen Stellen, insbesondere zum MfS. Das war allen bekannt – auch dem MfS.“[478]

Im Falle der Kontaktaufnahme sollte auf den Superintendenten oder andere Vorgesetzte verwiesen werden. Wer sich nicht daran hielt und dennoch in Gespräche mit dem MfS einwilligte, verblüffte vor allem einen: den Stasi-Offizier. Denn sogar im Studium an der Juristischen Hochschule des MfS in

[476] Vgl. Ulrich Schröter: Die Staatssicherheit im kirchlichen Raum. Ein schwieriges Kapitel der DDR-Kirchengeschichte (Leicht überarbeiteter Vortrag vom 15.5.2013 im Theologischen Konvikt Berlin und bei der Seniorenakademie der Evangelischen Kirchengemeinde Lichtenberg, am 10.4.2014); abgedruckt in: Jahrbuch für Berlin-Brandenburgische Kirchengeschichte. Jahrgang 70/2015, S. 291–306, hier S. 291 ff.

[477] Vgl. Gespräch mit Dr. Arnold Fuchs am 2.8.2016.

[478] Ebd.

Potsdam wurde gelehrt, dass Pastoren keine Gespräche mit dem Staatssicherheitsdienst führen dürfen. MfS-Offizier Jürgen Lorenz, ausgerechnet von der Bezirksverwaltung Rostock, hatte dazu 1980 seine Abschlussarbeit geschrieben. Der Titel lautete „Wie kann nach erfolgter Werbung eines evangelischen Theologen für die inoffizielle Zusammenarbeit das Vertrauensverhältnis zum MfS und dem IM-führenden Mitarbeiter entwickelt werden?“[479]
Darin schreibt Lorenz, es sei „bekannt, dass in jeder Landeskirche die offizielle Weisung, zumindest jedoch die nachdrückliche moralische Verpflichtung, besteht, jeden Kontakt eines Theologen zum MfS der Kirchenleitung zu melden“.[480] Daher würden „Theologen-IM“ gerade in der Phase der ersten Kontakte und der Anwerbung penibel auf die Einhaltung der Konspiration achten, so Lorenz, der dann noch hinzufügte: „Theologen-IM [sind] sehr gute Beobachter“.[481]
Theologen, so Lorenz, würden derzeit meistens auf der Basis ihrer politischen Überzeugung geworben[482] – Werbung auf Druck spielte für das MfS 1980 keine Rolle mehr.
Das hatte schon Lorenz’ Kollege Eckhard Kufahl, ebenfalls von der BV Rostock, in seiner Abschlussarbeit im Jahr zuvor bestätigt. Sein Thema lautete „Welche wesentlichen Momente sind im Gewinnungsprozeß von Theologen für die Zusammenarbeit mit dem MfS zu nutzen?“, und er gab auf vier Seiten „Hinweise und Schlußfolgerungen für eine erfolgreiche Gewinnung von Theologen zur inoffiziellen Zusammenarbeit mit dem MfS“.[483] In beiden Arbeiten ging es darum, den einzelnen Theologen erfolgreich aus dem „Korpsgeist“ seines Konventes herauszulösen und, wenn das geschehen war, dazu zu motivieren, den Kontakt zum MfS möglichst langfristig zu halten. Kufahl hatte erkannt, dass es die fruchtbare Spannung zwischen Gemeinschaft und Individualismus war, die die evangelische Kirche stärkte: Dort, wo ein verbindlicher und verbindender Korpsgeist bestand, gleichzeitig aber auch ein ausgeprägter Individualismus der Pastoren zugelassen wurde, hatte das MfS besonders wenig Aussichten auf Erfolg.
Auch Eduard Berger erinnerte sich an seine Besuche in den Gemeinden gern, auch an die Unabhängigkeit, die ihm dort begegnete:

„Ich bin immer noch ein überzeugter Verfechter des vielpoligen Aufbaus in den evangelischen Landeskirchen. Evangelische Kirchen und Gemeinden

[479] BStU, MfS JHS Potsdam, MF VVS 842/80.
[480] Ebd., S. 31. Lorenz spricht ausdrücklich von einer „Meldepflicht jedes Kontaktes zum MfS“, Vgl. ebd., S. 9.
[481] Vgl. ebd., S. 25.
[482] Vgl. ebd., Bl. 8.
[483] Vgl. Eckhard Kufahl: Welche wesentlichen Momente sind im Gewinnungsprozeß von Theologen für die Zusammenarbeit mit dem MfS zu nutzen?, Fachschulabschlußarbeit, eingereicht am 4.1.1979, VVS 797/79, 35 Blatt, BV Rostock.

sind keine Betriebe. Ich habe die Bewegungsfreiheit immer sehr geschätzt, die jeder Pfarrer in seinem Amt hat. Und ich habe mich auch selber oft unbequem und unangepasst verhalten als Pfarrer.
Die meist kleinen und zudem oft dörflichen Gemeinden und ihre Pfarrer und Mitarbeiter in Pommern habe ich gern besucht und hatte auch den Eindruck, meistens herzlich willkommen zu sein. Unter dem hohen Himmel und vor dem weiten Horizont habe ich mich immer wohlgefühlt und tue dies unbeschwert auch jetzt wieder."[484]

Vielfalt sei ein Reichtum der Kirche, so Berger abschließend im Gespräch. Anordnen und Befolgen hingegen seien keine Option für kirchliches Leitungshandeln.[485]

5.6 Zusammenfassung

Gemessen an den Zielen gelang den staatlichen Organen die Einflussnahme auf die kirchlichen Leitungsgremien und Amtsträger in einem bedenklichen Maße. Zeigten die Gespräche bei den Kreisen und beim Bezirk vergleichsweise wenig Wirkung auf die Pfarrer, waren die Eingriffe des MfS umso nachhaltiger. Dabei zeichnet sich die deutliche Tendenz ab, dass die obersten kirchenleitenden Amtsträger zur inoffiziellen Zusammenarbeit mit dem MfS bereit waren, auf der mittleren und unteren Ebene der Landeskirche hingegen Kontakte zum Staatssicherheitsdienst nicht in einem entsprechenden Umfang zu verzeichnen sind. Im Rahmen dieser Arbeit können nur einige Gründe dafür angeführt werden.
Das wichtigste kirchenpolitische Instrument aller staatlichen Organe im Bezirk Rostock war das Gespräch. Dabei konzentrierten sich die administrativen Organe auf Gruppengespräche, während das MfS ausschließlich auf der Basis von Einzelgesprächen arbeitete. Obwohl die administrativen und die konspirativen Organe kirchenleitende Amtsträger wie auch Gemeindepfarrer und kirchliche Mitarbeiter ansprachen, gab es kaum Überschneidungen. Hauptziel der „Zuwendungen“ der administrativen Organe war die einfache Pfarrerschaft, das MfS war vor allem an Synodalen und kirchenleitenden Amtsträgern interessiert.[486]
Hatte der Staatssicherheitsdienst ein Interesse an hohen Kirchenfunktionären, weil dort Entscheidungen über Stellenbesetzungen, öffentliche Ver-

484 Gespräch mit Altbischof Eduard Berger am 23.9.2015 in Radebeul.
485 Vgl. ebd.
486 Vgl. Peter Beier (1997), S. 265.

lautbarungen der Kirche usw. getroffen und der kirchenpolitische Kurs der Landeskirche bestimmt wurde, richteten sich die administrativen Organe an die Gemeindepfarrer. Ziel des MfS war die verdeckte Einflussnahme auf kirchliche Entscheidungen und Entwicklungen, Ziel der administrativen Organe war die „Erziehung“ von Amtsträgern, die sich in der Öffentlichkeit zur Politik der SED bekennen und durch ihre Autorität in den Gemeinden zur Festigung des Sozialismus an der untersten Ebene beitragen würden. Die Einflussnahme war dort besonders wirksam, wo demokratische Strukturen, die auf Diskussion und Abstimmung beruhten, nur schwach ausgebildet waren oder aufgrund informeller Strukturen umgangen werden konnten. Je größer und je demokratischer organisiert die Gremien waren, desto schwieriger wurde es für das MfS, Einfluss zu nehmen. So konnten sich die Pfarrerschaft und die Landessynode ihre Unabhängigkeit leichter bewahren, weil sie unberechenbar blieben, während die Kirchenleitung inhaltlich sehr stark dominiert war durch die hauptamtlichen Mitarbeiter der Kirche, die wiederum in einem engen Kontakt zu den staatlichen Organen standen. Hier hatte die Greifswalder Kirche an Freiheit eingebüßt.

Die Profilierung des Konsistoriums als Vermittler zwischen der Landeskirche und den staatlichen Organen nahm in den achtziger Jahren kontinuierlich zu. Die Überschaubarkeit der kleinen Landeskirche und die in Konsistorium und Kirchenleitung aufeinandertreffenden Persönlichkeiten begünstigten diese Entwicklung.

Die Rolle der Pfarrerschaft in der Greifswalder Landeskirche zwischen Kirche und Staat fand sowohl in der Pommerschen Evangelischen Kirche selbst als auch in der Forschung bisher nur wenig Beachtung. Erstmals thematisiert wurde das kirchenpolitische Selbstverständnis der Gemeindepfarrer nach der „Wende“ unter dem Eindruck der Aufdeckung der Stasi-Kontakte Einzelner. Damals wurde festgestellt, dass es in der Greifswalder Landeskirche einen „zweifelhaften Konsens“[487] gegeben habe, der in einer vergleichsweise unreflektierten und politisch nicht interessierten Haltung eines bedeutenden Teils der Pfarrerschaft bestanden hätte.

Inzwischen lässt sich sagen: Ein Konsens im Hinblick auf politisches Desinteresse bestand nicht, wohl aber eine stille Übereinkunft, dass die kirchenpolitische Haltung des einzelnen Amtsträgers nicht Gegenstand der internen Auseinandersetzung in den Konventen und Synoden usw. ist. Dahinter mag – positiv gedacht – auch eine lange Tradition der pommerschen Kirche stehen, verschiedene politische, theologische sowie gesellschaftliche An-

[487] Die Formulierung vom „zweifelhaften Konsens“ stammt von Pfarrer Ulrich von Saß. Vgl. dazu: Ulrich von Saß: „Keine Gespräche mit Geheimdiensten. Staat und Kirche in Pommern – ein ‚zweifelhafter Konsens‘“, in: die kirche. Evangelische Wochenzeitung (Greifswalder Ausgabe), Jg. 47 (1992), Ausgabe 32/1992 vom 9.8.1992, S. 5.

sichten nebeneinander zu dulden. Daraus folgte jedoch auch, dass es gegen den kirchenpolitischen Kurs der Landeskirche von der Gemeindeebene nur wenige Einwände gab und die pommersche Pfarrerschaft nach außen den Eindruck erweckte, geschlossen hinter dem kirchenpolitischen Kurs ihres Bischofs zu stehen. Kritische Anfragen aus den Kirchenkreisen gab es auch, aber sie waren bis zum Sommer 1989 auf den je eigenen Kirchenkreis beschränkt bzw. bewegten sich auf der Ebene von Briefen zwischen dem Bischof und dem Konsistorium sowie dem jeweiligen Pastor oder Mitarbeiter. So gab es beispielsweise eine erhebliche Auseinandersetzung zwischen dem Superintendenten Schwerin und Hans-Martin Harder vom Konsistorium über die Neubesetzung der Position des Leiters des Demminer Kirchenguts. Die Spannbreite des politischen Engagements der Pfarrer war in der Landeskirche Greifswald sehr hoch. Dies war der Konsens, der auf der einen Seite eine große Freiheit für den Gemeindepfarrer bedeutete. Auf der anderen Seite kam es durch die starke Stellung des einzelnen Pfarrers zu keiner gemeinsamen Meinungsbildung und zu keinen Reaktionen gegenüber kirchenleitenden Amtsträgern und deren Kirchenpolitik. Die Herausbildung neuer Aufgaben und Verantwortungsgebiete der Kirche war unter diesen Bedingungen sehr erschwert. Damit setzte sich in den achtziger Jahren unter den Pfarrern das fort, was schon die Geschichte der Landeskirche geprägt hatte: der „Weg der Mitte“[488], der durch eine große innerkirchliche Akzeptanz von unterschiedlichen politischen Ansichten und deren Auswirkungen auf das kirchliche Leben geprägt war. Eine ähnlich Haltung der (vor)pommerschen Pfarrer hatte sich auch während des Nationalsozialismus gezeigt, als Pfarrer der Bekennenden Kirche und der Deutschen Christen nebeneinander amtierten und die Vikare in einem gemeinsamen Gottesdienst ordiniert wurden. Hier hat sich ein „regionaler Politikstil“[489] etabliert, der Toleranz praktizierte. Die Vorgänge vor Ort waren wichtiger als das, was in Greifswald und Stralsund passierte und vice versa: jede Ebene blieb für sich, und die innerkirchliche Kommunikation litt. Erstmals öffentlich thematisiert hatte dies wohl der damalige Leiter der Züssower Diakonie-Anstalten, Friedrich Bartels, im Mai 1989:

„Es ist hohe Zeit, daß wir über Resignation und Demonstration hinauskommen. […] Auch die ‚Berichte aus der Kirchenleitung‘ können offenbar nicht im Klartext reden, sie haben den Informationsgehalt von staatlichen Kommuniqués (‚beiderseits interessierende Fragen‘) […] Um so mehr ist dialogisches

[488] Vgl. Eckhard Gummelt, S. 14.

[489] Uwe Funk weist darauf hin, dass landsmannschaftliche Traditionen in der Kirchengeschichte bisher nicht untersucht worden seien, jedoch durchaus Einfluss auf kirchenpolitische Entwicklungen hatten. Vgl. dazu Funk (1994) (Wissenschaftliches Kolloquium bei der Evangelischen Akademie Berlin-Brandenburg, Reihe Nachlese, Bd. 4/94), S. 67.

Verhalten in unseren Gemeinden und im Umgang untereinander erforderlich. Dafür ist Begegnung Voraussetzung, die Dezernenten des Konsistoriums sind in keinem Konvent (ohne aktuellen Anlaß) anwesend. Generalkonvente gibt es seit 20 Jahren nicht mehr – wo kann Diskussion, Information, Beratung, Meinungsbildung, Lösungssuche stattfinden? Und es ist Ernstnehmen des Gesprächspartners erforderlich, die ‚Kultur des Streitens' ist bei uns verkommen zu Taktieren und Administrieren. [...] In solcher Situation taucht die Frage nach der Struktur auf. Solange in einer herkömmlichen Struktur vertrauensvoll und Sicherheit vermittelnd gehandelt wird, spielt ihre Form keine Rolle. Es legt sich zur Zeit nahe, über eine unabhängige, flexibel handlungsfähige Kontrollinstanz nachzudenken."[490]

Bartels formulierte in wenigen Worten den Kern des innerkirchlichen Konflikts, nämlich das Fehlen eines gleichberechtigten Diskurses.

[490] Friedrich Bartels: Lesermeinung, in: die kirche. Evangelische Wochenzeitung (Greifswalder Ausgabe), Jg. 44 (1989), Ausgabe 20/1989 vom 21.5.1989, S. 4.

6 Konfliktfelder zwischen der Landeskirche Greifswald und dem Bezirk Rostock

Nicht alle Bereiche der kirchlichen Arbeit waren für den Staat gleichermaßen interessant. Aufmerksamkeit zogen vor allem solche Ereignisse bzw. Tätigkeitsfelder auf sich, die „aus hervorgehobenem Anlaß stattfanden, nicht unbedingt einen störungsfreien Ablauf erwarten ließen oder zu Aktivitäten genutzt wurden, die [...] als feindlich verstanden [wurden]".[491] Die Schwerpunkte der Beobachtungs- und Beeinflussungstätigkeit des Staates waren in allen Landeskirchen die Gleichen: die Jugend- und Studentenarbeit, die Friedens-, Umwelt- und Menschenrechtsgruppen, die Partnerschaftskontakte zwischen Kirchgemeinden in der DDR und in der Bundesrepublik Deutschland sowie besondere Ereignisse wie Kirchentage. Im Folgenden werden drei Bereiche der Arbeit in der Landeskirche Greifswald näher betrachtet: die staatliche Einflussnahme auf die Kirchentage 1985 und 1988, auf die Jugend- und Studentenarbeit sowie auf die Basisgruppen in den achtziger Jahren. Diese Bereiche sind kirchenpolitisch besonders interessant, weil sie an der kirchlichen Basis angesiedelt waren, eine große Ausstrahlung in den gesellschaftlichen Raum hatten und die Abhängigkeit des Verhältnisses zwischen Staat und Kirche von außen- und innenpolitischen Entwicklungen sehr deutlich machen.

6.1 Die Kirchentage 1985 und 1988 in Greifswald und Rostock

Kirchentage waren besondere Ereignisse im Leben der evangelischen Kirche in der DDR. Aus der Situation der unterdrückten Minderheit heraus boten sie den oft kleinen Gemeinden eine Möglichkeit, sich außerhalb kirchlicher Mauern zu ihrem Glauben zu bekennen, sich zu treffen und eine große Gemeinschaft zu bilden. Kirchentage waren Veranstaltungen, die im Straßenbild nicht zu übersehen waren. Die dadurch entstehende Öffentlichkeitswirksamkeit christlichen Lebens in der atheistischen Gesellschaft wollte die SED kontrollieren, wenn nicht einschränken. Im Folgenden soll gezeigt werden, mit welchen Mitteln und Methoden die politischen Institutionen im Bezirk Rostock – die SED, der Rat des Bezirks und das MfS – versucht

491 Vgl. Roßberg/Richter (1996), S. 63.

haben, Einfluss auf die Kirchentage 1985 und 1988 zu nehmen.
Die Landeskirche Greifswald war in den achtziger Jahren an mehreren Kirchentagen beteiligt. Für die Untersuchung wurden bewusst zwei gegensätzliche Kirchentage ausgewählt, weil die unterschiedlichen Voraussetzungen und Interessenlagen von Staat und Kirche zu unterschiedlichen Wegen bei der Vorbereitung und Durchführung dieser kirchlichen Großveranstaltungen führten.

6.1.1 Der Kirchentag 1985: „Durch den Glauben reich sein"

„Durch den Glauben reich sein. Die Evangelische Landeskirche Greifswald lädt ein zum 9. Kirchentag vom 21. bis 23. Juni 1985" – mit diesen Worten wurden die Gäste des Greifswalder Kirchentags in das Thema eingeführt und mit dem Ablauf der drei Tage vertraut gemacht. Ein Blick auf den Terminplan zeigte, dass nicht übermäßig viele, dafür aber mit internationalen Gästen aufwartende Veranstaltungen stattfinden sollten. Das Interesse war geweckt, und der Kirchentag 1985 wurde ein großer Erfolg für die Landeskirche.
Der Erfolg des Kirchentages zeigte sich nicht nur in der Resonanz bei den Christen in der Greifswalder Landeskirche, sondern spiegelte sich auch in den nationalen und internationalen Reaktionen auf den Kirchentag zu Ehren des pommerschen Reformators Johannes Bugenhagen. Dieser Kirchentag wirkte weit über die Grenzen der Landeskirche hinaus, was nicht nur auf die gute Vorbereitung durch den Greifswalder Kirchentagsausschuss zurückzuführen war. Maßgeblichen Anteil an der Vorbereitung und Durchführung hatten auch die staatlichen Organe im Bezirk Rostock, die der Landeskirche Greifswald in vielen organisatorisch-technischen Fragen ungewöhnlich weit entgegengekommen waren. Welches Interesse hatte der Staat an diesem Kirchentag im Jahr 1985?
Robert F. Goeckel betrachtet das in den achtziger Jahren häufiger zu beobachtende staatliche Entgegenkommen bei kirchlichen Großveranstaltungen als Ausdruck der Anerkennung der Bedeutung von Kirche in der Gesellschaft, jedoch nicht im Sinne einer Aussöhnung des Marxismus mit der Religion. Vielmehr sei es der SED darum gegangen, das historische Erbe der Kirche zur eigenen Legitimation zu nutzen.[492] Martin Luther war demnach nicht nur Reformator und Kirchengründer, sondern auch eine historische Persönlichkeit im Kampf gegen die katholische Kirche und den Römischen

[492] Vgl. Robert F. Goeckel (1995), S. 282.

Kaiser deutscher Nation, Karl V.

Dass der Staat kirchlichen Traditionen mehr Raum geben wollte, so Goeckel, habe sich bei den Luther-Ehrungen 1983 und auch beim Berliner Kirchentag 1987 gezeigt. Goeckel meint weiter, diese neue Haltung habe der Staat durch groß angelegte Veranstaltungen, eigene Komitees, durch Übertragung der zentralen Veranstaltungen in den Medien und anderweitiges Entgegenkommen bekundet.[493] Sein Ziel sei dabei die Nutzung der außenpolitischen Kontakte der Kirchen gewesen, die als inoffizielle Kanäle das Bild der DDR im westlichen Europa und insbesondere in der BRD positiv beeinflussen sollten.[494] Was nun an den Kirchentagen 1985 bzw. 1988 interessant ist, das ist nicht so sehr die Tatsache, dass die DDR-Regierung jeweils eigene Ziele verfolgte, sondern vielmehr, wie sich diese Ziele innerhalb von drei Jahren geändert hatten. Anhand der Kirchentage lässt sich beispielhaft die Verschränkung der Kirchenpolitik mit der Innen- und Außenpolitik zeigen.

Für die erste Hälfte der achtziger Jahre sind bislang nur wenige Dokumente bekannt, die Aufschluss über die Haltung des Staates zu Kirchentagen geben. Dazu gehört die „Konzeption zur staatlichen Einflußnahme auf die Kirchentage" vom 27. Oktober 1981. Dieses Konzept bezieht sich zwar auf die Kirchentage im Jahr 1983, behielt jedoch seine Gültigkeit auch darüber hinaus. Darin legte der damalige Staatssekretär für Kirchenfragen, Klaus Gysi, fest, dass die Kirchentage nicht über einen regionalen Charakter hinausgehen dürften und ökumenischen Gästen besonders großzügige Einreisemöglichkeiten zu schaffen seien.

Hinsichtlich kirchlicher Großveranstaltungen waren auch die „Ergebnisse und Schlußfolgerungen zu den Kirchentagen 1983" aus der Dienststelle des Staatssekretärs für Kirchenfragen maßgebend. Diese Konzeptionen und Maßnahmen wurden nicht nur beim Kirchentag 1983 angewendet, sondern auch beim Greifswalder Kirchentag 1985 sowie drei Jahre später beim Kirchentag in Rostock. Es lassen sich vier Grundlinien ablesen:

- Die Kirchentage sollten regionalen Charakter haben.
- Die ökumenischen Beziehungen sollten gefördert werden, allerdings nur in engen Grenzen.
- Die Kirchenleitungen und ihre Vertreter sollten persönlich haftbar gemacht werden, wenn es zu rechtlichen Verstößen kommen sollte.[495]
- „Mit echten Kompromissen" sollten staatliche Zielsetzungen durchgesetzt werden.[496]

493 Vgl. ebd.
494 Vgl. ebd., S. 317.
495 Vgl. BArch, DO-4/1391. „Ergebnisse und Schlußfolgerungen zu den Kirchentagen 1983 (Entwurf)" vom 6.7.1983, S. 3.
496 Vgl. ebd.

Die ersten Vorbereitungen zum Bugenhagen-Kirchentag begannen auf kirchlicher Seite mit der Gründung des Bugenhagen-Komitees im Oktober 1981, dessen Vorsitz Bischof Gienke hatte.[497] Parallel dazu bildete sich ein Greifswalder Kirchentagsausschuss, dessen Vorsitzender Superintendent Bohl wurde. Schon im Dezember 1983 deutete der Rat des Bezirks klar seine eigenen Ambitionen an. In einem „Vermerk" über ein Gespräch mit dem Stellvertreter für Inneres beim Rat des Bezirks Rostock, Jürgen Haß, notierte Oberkonsistorialrat Harder:

> „Zum Bugenhagenjubiläum insgesamt machte Herr Haß den Vorschlag, etwa Ende Januar 1984 ein Gespräch als Auftakt zu veranstalten, an dem auch der Staatssekretär für Kirchenfragen beteiligt sein möchte. In diesem Zusammenhang sei zu grundsätzlichen Fragen auch einer staatlichen Bugenhagenehrung Stellung zu nehmen. Er stelle sich auch die wissenschaftliche Einordnung im wesentlichen so vor, wie dies durch die Lutherehrung 1983 vorgegeben sei. Es solle eine Arbeitsgruppe von kirchlichen und staatlichen Vertretern gebildet werden, zumal es nicht nur um Fragen ginge, die in der Stadt Greifswald zu erörtern seien."[498]

Im Februar 1984 kamen zu einem ersten, den Kirchentag betreffenden Gespräch der Stellvertreter Inneres des Rates des Bezirks Rostock, Jürgen Haß, mit Bischof Gienke und den Oberkonsistorialräten Harder und Plath zusammen. Anwesend waren auch Reinhardt Brüssow als Leiter der Abteilung Kirchenfragen bei der Bezirksleitung der SED in Rostock und Roland Macht als Hauptreferent für Kirchenfragen beim Rat des Bezirks. Die Anwesenheit des Staatssekretärs für Kirchenfragen aus Berlin, Klaus Gysi, gab dem Gespräch eine besondere Bedeutung und machte deutlich, dass der Kirchentag 1985 aus Sicht des Staates eine überregionale Bedeutung erlangen sollte.[499] Aufschlussreich ist die unterschiedliche Überlieferung des Gespräches in den staatlichen bzw. kirchlichen Akten. In dem staatlichen Aktenvermerk des Rates des Bezirks Rostock werden die einzelnen Forderungen an die Greifswalder Landeskirche aufgelistet: Alle kirchlichen Schritte sollten mit der Abteilung Kirchenfragen des Rates des Bezirks abgesprochen werden. Die Bugenhagen-Ehrung dürfte nicht so groß werden wie die Luther-Ehrung 1983.

497 Vgl. LKAG, Best. 5, Kirchenleitungssitzungen 1981, Dok. 10/81b. Protokoll von der Sitzung der Kirchenleitung der ELKG am 16.10.1981, S. 4. Dem Bugenhagen-Komitee gehörten u.a. Bischof Gienke, Präses Affeld, Superintendent Bohl, die Pfarrer Buske, Ehricht, Springborn und Konsistorialrat Krasemann an.

498 LKAG, Best. 5, Abt. C, Nr. 30235, Bd. IV, Dok. 1/84, S. 3. „Vermerk" von Harder vom 1.1.1984 zum Gespräch beim Rat des Bezirks Rostock am 29.12.1983.

499 Vgl. LAG, BL IV E/ 2.14, Nr. 614, Bl. 130. „Aktenvermerk über ein Gespräch, das am 28.2.1984 der Staatssekretär für Kirchenfragen, Gen. Gysi, und der Stellvertreter des Vorsitzenden des Rates des Bezirks Rostock für Inneres, Gen. Haß, mit Bischof Dr. Gienke führten".

Die Feierlichkeiten in Lutherstadt Wittenberg und Greifswald dürften nicht verbunden werden[500] und der Kirchentag solle den Charakter einer „örtliche[n] Gemeindeveranstaltung" tragen. Zudem sollten die Einladungen nur mit Zustimmung des Staatssekretärs bzw. seiner Untergeordneten versandt werden, insgesamt sei staatlicherseits an nicht mehr als 100 ausländische Gäste gedacht. In einem Vermerk von Oberkirchenrat Harder zu demselben Gespräch dagegen heißt es kurz und knapp, der Kirchentag solle regionalen Charakter haben, woraus sich eine direkte Zuständigkeit des Rates des Bezirks Rostock ergebe, aber gleichzeitig habe der Staatssekretär seine wohlwollende Unterstützung zugesagt.[501] Diese Auflagen scheinen widersprüchlich: Einerseits sollte der Kirchentag in Greifswald ein besonderes Gewicht erhalten – die Anwesenheit des Staatssekretärs bekräftigte dies –, andererseits sollten die Festlichkeiten auf die Greifswalder Landeskirche begrenzt werden. Aber gerade diese Gewichtung war kein Widerspruch, sondern Programm. Die Greifswalder Kirche sollte innenpolitisch hervorgehoben werden.

Der Rat des Bezirks Rostock machte schon im März 1984 ungewöhnliche Zugeständnisse. Alle Fragen hinsichtlich der von der Kirche für die Veranstaltungen gewünschten Plätze – unter anderem auch der Marktplatz mitten in der Stadt – sollten bis April geklärt werden. Selbst hinsichtlich der notwendigen Druckerzeugnisse gab es keine Probleme, was sehr ungewöhnlich war.[502] Im August 1984 stimmte der Rat des Bezirks der Bitte der Greifswalder Kirchenleitung definitiv zu, dass das Kreiskulturhaus in Greifswald an zwei Tagen offenstehe für kirchliche Veranstaltungen, dass die Klosterruine Eldena für eine Abendveranstaltung genutzt werden könne, dass die Abschlussveranstaltung auf dem Platz der Freundschaft, dem größten Platz in Greifswald, stattfinden dürfe. Zudem bewilligte der Rat des Bezirks Rostock den Druck der meisten beantragten Faltblätter, Plakate und Liederzettel.[503] Die staatlichen Organe verhielten sich sehr entgegenkommend, was ein großes Interesse an der kirchlichen Veranstaltung annehmen ließ. Die Möglichkeit, einen öffentlichen Platz für eine kirchliche Veranstaltung zu nutzen, war der deutlichste Hinweis auf dieses Interesse, denn hier wurde „Öffentlichkeitswirksamkeit" geradezu gefördert. Alle diese Zusagen wurden seitens des Rates des Bezirks eingehalten.

Der Anschein einer unkomplizierten Vorbereitung täuscht jedoch. In dem

500 1985 fanden zu Ehren von Johannes Bugenhagen als Schüler Martin Luthers auch Festveranstaltungen in Lutherstadt Wittenberg statt.

501 Vgl. LKAG, Best. 5, Abt. C, Nr. 30235, Bd. IV, Dok. 3/84. „Vermerk" von OKR Harder über Gespräch beim Rat des Bezirks am 28.2.84.

502 Vgl. ebd., Bd. IV, Dok. 4/84. „Vermerk" von OKR Harder über ein Gespräch mit Herrn Macht am 6.3.1984.

503 Vgl. LAG, BL Rostock IV E/ 2.14, Nr. 614, Bl. 179. „Konzeption für das Gespräch mit Bischof Dr. Gienke am 10.8.1984, 14.00 Uhr, in Stralsund, Rathaus Achtmannskammer".

Gespräch beim Rat des Bezirks im Januar 1985[504] wurden die Bedingungen für das staatliche Entgegenkommen deutlicher ausgesprochen. Es sollte einen „echten Kompromiß" geben: Die Mensa der Ernst-Moritz-Arndt-Universität durfte zur Verpflegung der Kirchentagsgäste genutzt werden. Der Staat sicherte auch zu, Parkmöglichkeiten in der Stadt bereitzustellen und die ambulante Versorgung zu sichern. Zudem sollte die einzige Freilichtbühne in Greifswald zur Verfügung stehen.[505] Im Gegenzug forderte man das „Nichtzulassen von politischen Provokationen oder Aussagen während der Veranstaltungen, die das bestehende Verhältnis Staat-Kirche belasten könnten [...], eine ständige vertrauensvolle Zusammenarbeit als Voraussetzung für die kirchenpolitische und organisatorische Vorbereitung der Veranstaltungen [...] und bei Erfordernis [die] Einleitung von Disziplinierungsmaßnahmen".[506] Außerdem sollte es in der Stadt selbst keinerlei Werbung an Gebäuden oder am Ortseingang geben, und auch in Rostock durfte nur in kirchlichen Schaukästen geworben werden. Für den Kirchentag durfte nicht extra, sondern nur im Zusammenhang mit der Bugenhagen-Ehrung am 24. Juni geworben werden. Außerhalb der Greifswalder Landeskirche waren Plakate oder Kirchentagsfahnen untersagt,[507] und selbst die einfachen Plakatständer, die am Greifswalder Bahnhof aufgestellt werden sollten, durften nur auf der Rückseite Hinweise auf das Programm des Kirchentages enthalten.[508]

Seitens der Greifswalder Landeskirche wurden die Versuche des Rates des Bezirks, Einfluss zu nehmen, durchaus bemerkt. In einem Vermerk über ein Gespräch Hans-Martin Harders Ende Januar 1985 beim Rat des Bezirks Rostock heißt es, staatlicherseits würde davon ausgegangen, dass alle Veranstaltungen als Einheit unter dem Gesamtbegriff der Bugenhagen-Ehrung zu sehen seien.[509] Dabei ginge man von folgenden Grundsätzen aus: Der gesamtgesellschaftliche Bezug und eine entsprechende Einordnung der Feierlichkeiten müssten unbedingt herausgestellt werden. Die Veranstaltungen sollten in einer „niveauvollen Durchführung" ablaufen, „gerade auch unter dem Gesichtspunkt der Öffentlichkeitswirksamkeit auch über die DDR hinaus". Die Vermeidung von Provokationen und die Beachtung der Verfassung

504 Vgl. LAG, BL Rostock IV E/ 2.14, Nr. 615, Bl. 11. „Information über das am 31.1.1985 stattgefundene Gespräch zwischen dem Stellvertreter des Vorsitzenden des Rates des Bezirkes Rostock für Inneres, Gen. Haß, und dem Bischof der Greifswalder Landeskirche, Dr. Gienke" vom 31.1.85.

505 Vgl. ebd., Bl. 12.

506 Vgl. LAG, BL Rostock IV E/ 2.14, Nr. 615, Bl. 11. „Information über das am 31.1.1985 stattgefundene Gespräch zwischen dem Stellvertreter des Vorsitzenden des Rates des Bezirkes Rostock für Inneres, Gen. Haß, und dem Bischof der Greifswalder Landeskirche, Dr. Gienke" vom 31.1.85.

507 Vgl. ebd., Bl. 12.

508 Vgl. LKAG, C 30235, Bd. IV, Dok. 2/85. „Vermerk" von Harder über Gespräch beim Rat des Bezirks, Abt. Inneres, am 30.1.1985.

509 Vgl. ebd.

der DDR seien staatlicherseits besonders deutlich angesprochen worden. „Auf dieser Grundlage", notierte Harder, „könne [Haß] jede Unterstützung zusagen, wobei man in Einzelfragen nicht kleinlich sein wolle."[510]

Kirchentage waren innerhalb der kirchenpolitischen Konzeption der SED die Ausnahme von der Regel. Die Gemeinden und die kirchlichen Arbeitsfelder wie Jugend- und Studentenarbeit verließen ihre kirchlichen Räumlichkeiten und präsentierten sich mitten in der Gesellschaft. Westdeutsche und internationale Gäste zogen viel Publikum an, und es gab Kinder- und Jugendveranstaltungen, die nicht die FDJ organisiert hatte. Kirchentage wurden in der atheistischen Bevölkerung durchaus wahrgenommen, die Christen wurden plötzlich als große Gruppe sichtbar. Entsprechend schwierig waren in der Regel die vorbereitenden Verhandlungen, während derer die staatliche Seite versuchte, die zahlreichen Anfragen und Überlegungen der kirchlichen Organisatoren so weit wie möglich zurückzuweisen. Wenn man das Recht der Kirchen auf Kirchentage schon nicht zurückweisen konnte, dann durften diese zumindest nicht für die sozialistische Jugend attraktiv werden.

Alles musste zäh verhandelt werden: öffentliche Toiletten, die medizinische Versorgung, die Gästeliste, die Anmietung öffentlicher Hallen, die Bereitstellung öffentlicher Parkplätze, die Genehmigung von Jugendveranstaltungen unter offenem Himmel etc. Umso überraschender war es, dass der Rat des Bezirkes und das MfS in Rostock bereit waren, die Wünsche und Vorstellungen der Greifswalder Vertreter beim Greifswalder Kirchentag 1985 so weit wie möglich umzusetzen. Dafür sollte die Landeskirche Greifswald für größtmögliche innerkirchliche Ruhe sorgen. So wurde in diesem Sinne den kirchlichen Vertretern das Angebot gemacht, sie über eventuelle Ruhestörer in ihrer Landeskirche zu unterrichten, denn dadurch sei der „Landeskirche [die Möglichkeit] gegeben, hier Einfluß zu nehmen, daß etwaige Störungen rechtzeitig verhindert werden können",[511] heißt es in einem Bericht des Hauptmanns Fiedler über ein Gespräch mit dem IM-Kandidaten[512] „Erich" am 26. April 1985.[513]

Diese Forderung kam nicht von ungefähr. In ähnlicher Weise wie bei der Vorbereitung der Luther-Ehrungen[514] versuchte der Staat, eine kirchliche Veranstaltung zu überlagern, sie als solche in den Hintergrund zu drängen. Alle Veranstaltungen sollten „als Einheit unter dem Gesamtbegriff Bugen-

510 Vgl. ebd.

511 Vgl. BStU, BV Rostock, AIM 381/91, Bd. I/1, Bl. 94, „Bericht über das 3. Gespräch mit dem IM-Kandidaten Erich" am 24.4.1985.

512 Unter einem IM-Kandidaten verstand das MfS eine Person, die als IM geworben werden sollte, wo die eigentliche Werbung jedoch noch nicht stattgefunden hatte. Die Gespräche des MfS mit IM und IM-Kandidat unterschieden sich in ihrem Charakter und ihrer Intention kaum.

513 Dass Konsistorialrat Ehricht das Angebot angenommen hat, ist nicht belegt.

514 Vgl. dazu auch Robert F. Goeckel, S. 278 ff.

hagenehrungen“ verstanden werden. Die Bugenhagen-Ehrung war jedoch nur der letzte Veranstaltungstag und sollte im Anschluss an den eigentlichen Kirchentag begangen werden. Die „Beachtung des gesamtgesellschaftlichen Bezugs und der entsprechenden Einordnung“, wie der Rat des Bezirks sie forderte, zielte auf eine „Entkirchlichung“ des Kirchentages, der zu einem öffentlichen Ereignis werden sollte. Aus diesem Grund wurde auch deutlich auf eine Disziplinierung provokativer Elemente gedrängt. Staatlicherseits befürchtete man wohl vor allem Aktionen der Studentengemeinde. Offensichtlich gingen die drei Greifswalder Vertreter auf diese Forderung ein, denn die staatlichen Akten berichten, der Kompromiss sei „durch den Bischof als Grundlage und Basis der Vorbereitung [...] anerkannt und als sachlich und vernünftig bezeichnet [worden]“.[515]

Auch das Ministerium für Staatssicherheit nahm Einfluss auf die Vorbereitung des Kirchentages 1985, allerdings erst relativ spät.[516] Anlass für eine gewisse Unruhe im MfS war eine (angebliche) Fahnenverbrennung in der Greifswalder Studentengemeinde im Januar 1985, die staatlicherseits als Vorbote sogenannter „provokativer Aktionen“ gewertet wurde.[517] Mithilfe von Oberkonsistorialrat Harder und wegen des bevorstehenden Kirchentages fiel das Urteil für die betroffenen Studenten insgesamt recht milde aus.[518] Es begannen jedoch ausgedehnte Aktivitäten des MfS in der Landeskirche, um ähnliche Vorfälle zu vermeiden.

Anfang Februar wandte sich das MfS an den Präses des Landessynode, Affeld, der jedoch bei dieser Gelegenheit die Zusammenarbeit mit dem MfS aufkündigte. Daraufhin wurden sowohl Superintendent Bohl als auch Konsistorialrat Ehricht vom MfS angesprochen und eine „Sicherung“ des Kir-

---

515 Vgl. LAG, BL Rostock IV E/ 2.14, Nr. 615, Bl. 11. „Information über das am 31.1.1985 stattgefundene Gespräch zwischen dem Stellvertreter des Vorsitzenden des Rates des Bezirkes Rostock für Inneres, Gen. Haß, und dem Bischof der Greifswalder Landeskirche, Dr. Gienke“.

516 Es ist anzunehmen, dass vorher schon in den Jahresarbeitsplänen der Bezirksverwaltungen des MfS in Rostock und Neubrandenburg sowie zentral in Berlin Überlegungen zum bevorstehenden Kirchentag angestellt wurden, jedoch konnten entsprechende Dokumente nicht gefunden werden.

517 In diesem Fall setzte sich die Landeskirche jedoch für die Studenten ein, die die Fahne angeblich verbrannt hatten. Zu ähnlichen Aktionen, die staatsfeindlich hätten ausgelegt werden können, kam es bis zum Juni nicht.

518 Im Januar 1985 waren drei Studenten der Greifswalder Studentengemeinde verhaftet worden, weil sie unter dem Verdacht standen, an einer Fahnenverbrennung beteiligt gewesen zu sein. Auf dem Dachboden bei Martin Bernhardt, der zu einer Buchpremiere eingeladen hatte, wurde dabei die Flagge der DDR angezündet. Unter den Eingeladenen befanden sich sowohl IM als auch der Studentenpfarrer Lucht. Es dauerte nicht lange, und der Staatssicherheitsdienst wurde tätig, der IM „Anne Becker“ hatte ausführlich berichtet. Aufgrund der guten Beziehungen zur Kirchenleitung in Greifswald und mit Blick auf den Kirchentag 1985, der in Greifswald begangen werden und staatlicherseits zur Repräsentation des guten Staat-Kirche-Verhältnisses vor ausländischen Gästen genutzt werden sollte, fielen die Strafen vergleichsweise „milde“ aus. Zwei der Studenten wurden zu 5 Monaten Haft verurteilt, und Martin Bernhardt musste für 3 Jahre sein Studium unterbrechen.

chentags angemahnt. Bohl war aus Sicht des MfS besonders wichtig, da er der Vorsitzende des Kirchentagsausschusses war. Dessen Führungsoffizier Wegner notierte über sein Gespräch am 23. April 1985:

„Im weiteren Verlauf des Gesprächs wurde vom Mitarbeiter auf den eigentlichen Gegenstand hingewiesen. Dies beziehe sich auf den Kirchentag 1985 in Greifswald, bei dem der IM mit hauptamtlichen Aufgaben betraut ist. Ihm wurde kurz die Bedeutung des Kirchentages aus der Sicht des Mitarbeiters erklärt. Diese bestehe vor allem darin, daß der Greifswalder Kirchentag der einzige große Kirchentag 1985 in der DDR ist, [und] daß [...] ein starkes internationales Interesse an der Veranstaltung in Greifswald gegeben ist."[519]

Besonders betonte der Mitarbeiter des MfS „die Rolle des Kirchentages bei der Dokumentierung des erreichten Staat-Kirche-Verhältnisses im Bezirk Rostock zwischen den staatlichen Organen und der Landeskirche Greifswald".[520] Störungen durch „Kirchentouristen bzw. Tramper [...], die meinen, hier Stimmung machen zu können", wollte das MfS vermeiden.[521] Laut Akten ging Bohl auf die staatlichen Befürchtungen ein. Um den Kirchentag vor Störungen zu schützen, dürften nur angemeldete Gäste die Kirchentagsveranstaltungen besuchen. Die Anmeldekarten würden zudem an den Eingängen überprüft. Aus Sicht des MfS reichten diese Zusagen augenscheinlich nicht aus. Wegner machte Bohl den Vorschlag, dass die Hinweise, die das MfS über eventuelle Störungsversuche erarbeite, an die Verantwortlichen für den Kirchentag weitergeleitet werden könnten, „um sie vorbeugend in die Lage zu versetzen, Provokationen und Störaktionen zu verhindern".[522] Mit anderen Worten: Die Kirche sollte die geheimdienstlich erworbenen Kenntnisse nutzen und so gegen unliebsame Gäste vorgehen.

Einen Tag nach dem Besuch Wegners bei Bohl suchte Wegners Vorgesetzter, MfS-Offizier Fiedler, Oberkonsistorialrat Ehricht auf. Er notierte über die Zusammenkunft:

„Er [Ehricht] wertete die Einschätzung des Mitarbeiters sehr positiv und stimmte dem zu, daß der Kirchentag im Ergebnis eine Ausstrahlung der Linie der Landeskirche Greifswald, in der Gestaltung des Verhältnisses Staat-Kirche auf die gesamte DDR erreichen muß. Diese Ausstrahlung betrifft noch weiter die Frage der internationalen Anerkennung der Kirchenpolitik des Staates, die hier erfolgreich in Greifswald demonstriert werden kann. Auch in

519 Vgl. BStU, BV Rostock, AIM 4171/90, Bd. I/1, Bl. 150. „Bericht über das 3. Gespräch mit dem IM-Kand. ‚Grimm'" am 23.4.1985.
520 Vgl. ebd.
521 Vgl. ebd.
522 Vgl. ebd., Bl. 153.

dieser Frage hatte der IM-Kandidat gleiche Auffassungen."[523]

Bemerkenswert ist, dass Fiedler von einer „Linie" der Landeskirche sprach, die besonders herausgestellt werden sollte. Hier wurde sichtbar, dass es den staatlichen Stellen nicht nur um eine außenpolitische Demonstration ging, sondern im Hintergrund auch eine „Botschaft" an die anderen evangelischen Landeskirchen gehen sollte, dass nämlich die Position der Greifswalder Landeskirche gegenüber dem Staat begrüßt würde und man daher staatlicherseits auch zu weitgehenden Zugeständnissen bereit sei. Die Landeskirche Greifswald wurde in gewisser Weise – obwohl man das in Greifswald nicht bemerkt zu haben scheint – gegen den Kirchenbund ausgespielt. Dies war die sogenannte „Differenzierungspolitik" der SED.
Im Sinne dieser Differenzierung versuchten der Rat des Bezirkes in Rostock, die dortige SED-Bezirksleitung und die Bezirksverwaltung des MfS, Einfluss auf die Veranstaltungen des Kirchentages zu nehmen. Sie drängten darauf, dass „provokative" Veranstaltungen wie Schriftstellerlesungen nicht stattfänden. Dem kam die Landeskirche Greifswald nach. Auch die Veranstaltung „Meditation für die Jugend", die Sonnabendnacht in der Jakobikirche stattfinden sollte, war dem Staat ein „Dorn im Auge", weil diese Veranstaltung die Einzige für die Jugend auf dem gesamten Kirchentag war und man einen großen Andrang erwartete. Besondere Aufmerksamkeit richtete das MfS auf Aktionen von Gruppen und Veranstaltungen unter Beteiligung von ausländischen Gästen. Hier versuchte der Staatssicherheitsdienst, ein Höchstmaß an Einfluss zu nehmen. Ursache dafür waren die Jugendveranstaltungen auf dem Kirchentag in Rostock im Jahr 1983, als Greifswalder Jugendmitarbeiter in der Rostocker Sport- und Kongresshalle ein sehr kritisches Programm organisiert hatten, das sogar von bundesdeutschen Fernsehsendern teilweise übertragen worden war.[524] Derartige Erfahrungen wollte man auf jeden Fall vermeiden.
Mittelpunkt des Bugenhagen-Kirchentages waren drei Foren am Sonnabendnachmittag. Insbesondere das Forum C, eine Veranstaltung zum Thema „Durch den Glauben reich sein – Hunger nach Recht und Frieden", wurde durch das MfS beobachtet, weil hier als „reaktionär" eingeschätzte Pfarrer, u. a. der Studentenpfarrer Lucht, an der Vorbereitung und Durchführung beteiligt waren. Laut Akten des MfS bestätigte Bohl die Bedenken gegen Studentenpfarrer Lucht. Auch innerkirchlich gebe es diese Vorbehalte, man werde deshalb zwei Personen in dieses Forum schicken, die für einen ordnungs-

523 Vgl. BStU, BV Rostock, AIM 0381/91, Bd. I/1, Bl. 91. „Bericht über das 3. Gespräch mit dem IM-Kandidaten ‚Erich'" am 24.4.1985.
524 Günter Lembcke, Landesjugendpfarrer in der Landeskirche Greifswald zwischen 1982 und 1985, in einem Brief an Rahel von Saß vom 29.9.1998.

gemäßen Verlauf sorgen würden.[525] Die Landeskirche Greifswald werde alles tun, soll Bohl dem MfS-Offizier zugesagt haben, um einen ruhigen Verlauf des Kirchentages zu sichern. So sei „zum Beispiel die Vorbereitungsgruppe für den Abschlußgottesdienst auf dem Markt in Greifswald aufgelöst worden, da diese nicht die vorgegebene Linie zum Kirchentag einhalten wollte".[526] Einzelne im Vorbereitungsausschuss des Kirchentages hätten damals versucht, ausgewiesene Jugendveranstaltungen zu verhindern, so Landesjugendpfarrer Lembcke. Ähnlich wie drei Jahre später beim Kirchentag 1988 wurde argumentiert, dass die Veranstaltungen des Bugenhagen-Kirchentages insgesamt sehr jugendgemäß seien und kein weiterer Bedarf in dieser Richtung bestehe. Die von Lembcke schließlich durchgesetzte Veranstaltung wurde letztlich so spät abends angesetzt, dass man hoffte, die Teilnehmerzahl würde nicht sehr hoch werden.[527]

Tatsächlich wurde das Forum C, das nicht einmal ausdrücklich für Jugendliche ausgeschrieben worden war, mit etwa 950 Jugendlichen sogar die am besten besuchte Veranstaltung des Kirchentages insgesamt.[528] Die Marienkirche als größte Kirche in Greifswald bot dafür den entsprechenden Raum. Der auch in der DDR bekannte Theologe Jörg Zink aus der Bundesrepublik Deutschland bot zum Thema „Frieden und Gerechtigkeit" bzw. „Reichtum und Glauben" Bibelarbeit an. Und auch die am Sonnabendabend um 22.00 Uhr stattfindende Veranstaltung „Jugend lädt ein zur Meditation" fand eine unerwartete Resonanz. Der Abend der Meditation wurde zur Fürbitte genutzt, zum stillen Bedenken der Aufgabe der Christen in der Welt und an ihrem jeweiligen Platz. Die Gebete der Jugendlichen fanden große Beachtung.

Auch das MfS interessierte sich für eine Auswertung des Kirchentages. Über ein Nachgespräch mit IM-Kandidat „Grimm" (Superintendent Bohl) über das „Forum C" und die „Meditation für die Jugend" notierte der Mitarbeiter des MfS in seinem Treffbericht:

„Der IM-Kandidat sprach dann von sich aus 2 Veranstaltungen an, die dem Inhalt und Anliegen des Kirchentages widersprachen, die Veranstaltung ‚Meditation für die Jugend' und Teile des ‚Forums C'. Der Kandidat brachte in deutlicher Form seine Ablehnung zu der Form und dem Inhalt der Jugendveranstaltung zum Ausdruck. Er könne es verstehen, wenn der Staat mit Sanktionen reagieren würde."[529]

525 Vgl. BStU, BV Rostock, AIM 4171/90, Bd. I/1, Bl. 152.
526 Vgl. ebd.
527 Vgl. Brief von Günter Lembcke an Rahel von Saß vom 29.9.1998.
528 Vgl. Wolfgang Nixdorf: „Zahlen vom Kirchentag", in: die kirche. Evangelische Wochenzeitung (Greifswalder Ausgabe), Jg. 40 (1985), Ausgabe 29/1985 vom 21.7.85, S. 4.
529 BStU, BV Rostock, AIM 4171/90, Bd. I/1, Bl. 166. „Bericht über [das] Kontaktgespräch mit IM-Kandidat ‚Grimm'" am 22.7.1985.

Nach dem Kirchentag ging es weiter: Landesjugendpfarrer Lembcke sollte wegen der Gebete während der Veranstaltung „Meditation für die Jugend" diszipliniert werden. MfS-Offizier Wegner notierte über ein Gespräch mit Bohl Ende Juli 1985:

„In der Auswertungssitzung zum Kirchentag und einem Gespräch zwischen dem Kandidaten und dem Bischof wurde festgelegt, die Veranstaltung mit Lembcke auszuwerten und ihn zu disziplinieren. Durch den Mitarbeiter wurde dies begrüßt und betont, daß eine innerkirchliche Disziplinierung größere Erziehungswirkung hat als eine staatliche."[530]

Lembcke wurde nicht gerügt, jedoch verstärkten sich in der Folgezeit innerkirchliche Auseinandersetzungen, die auf Unstimmigkeiten während der Vorbereitung des Kirchentages, insbesondere wegen der Eingriffe „von oben" in die Planung der Jugendveranstaltungen, zurückzuführen waren.[531]

Für die Greifswalder Christen waren die Gottesdienste am Sonntagvormittag besondere Höhepunkte. In den Greifswalder Gemeinden predigten an diesem Tag nicht nur Dr. Plath, sondern auch Bischof Stier aus der Mecklenburger Landeskirche, der Bischof der Provinzsächsischen Kirche, Demke, sowie dessen Vorgänger, Altbischof Werner Krusche, ebenso die beiden aus Schweden angereisten Bischöfe Lindegard und Hallgren.[532] Auch der Generalsekretär des Lutherischen Weltbundes, Carl Mau, war nach Greifswald gereist und hielt in der Marienkirche einen Gottesdienst. Im Anschluss fand am Sonntag ein Forum mit dem Titel „Sie fragen – Wir antworten" statt, in dem Mitglieder der Kirchenleitung, Bischof Gienke und Gäste sich für Fragen der Kirchentagsbesucher bereitstellten. Den Abschluss des Kirchentages bildete der Gottesdienst auf dem Greifswalder Marktplatz unter Leitung von Bischof Gienke.

Die Anzahl der ökumenischen Gäste war beachtlich: Mit 181 geladenen ausländischen Teilnehmern waren fast doppelt so viele Personen in die DDR eingereist, wie in dem Gespräch beim Rat des Bezirks am 28. Februar 1984 der Kirchenleitung signalisiert worden waren.[533] Darunter befanden sich 21 Bischöfe, 39 leitende kirchliche Vertreter und 19 Vertreter von Staat und Wirtschaft.[534] Als Vertretung der DDR-Regierung hatte Gienke

530 BStU, BV Rostock, AIM 4171/90, Bd. I/1, Bl. 167.

531 Vgl. Brief von Günter Lembcke an Rahel von Saß vom 29.9.1998.

532 Vgl. Durch den Glauben reich sein: 9. Kirchentag der Evangelischen Landeskirche Greifswald, Greifswald, 21.–23. Juni 1985; 1535–1985 Reformationsjubiläum; Ökumenischer Festakt zum 500. Geburtstag von Johannes Bugenhagen, Greifswald, 24. Juni 1985 (Kirchentagsreader). Hg.:

533 Vgl. LAG, BL Rostock IV E/ 2.14, Nr. 614, Bl. 131. „Aktenvermerk über ein Gespräch, das am 28.2.1984 der Staatssekretär für Kirchenfragen, Gen. Gysi, und der Stellvertreter des Vorsitzenden des Rates des Bezirks Rostock für Inneres, Gen. Haß, mit Bischof Dr. Gienke führten".

534 Vgl. BArch, DO-4/4875, o. Pag. „Übersicht über die eingeladenen ausländischen Gäste anläßlich des Kirchentages und der Bugenhagen-Ehrung vom 20.–27.6.1985 nach beruflicher Stellung".

den Staatssekretär für Kirchenfragen mit einem seiner Mitarbeiter eingeladen. Die „Grunderwartung[...] des Staates an die internationale Tätigkeit der Kirchen“, wie sie 1980 vom Staatssekretariat für Kirchenfragen formuliert worden war, hatten der Greifswalder Bischof und sein Leitungsstab erfüllt: die Demonstration eines guten Verhältnisses zwischen Staat und Kirche im Angesicht ausländischer Gäste.[535] Der Gottesdienst Gienkes auf dem Greifswalder Marktplatz wurde live im DDR-Fernsehen übertragen und in der „Aktuellen Kamera“[536] des Tages erwähnt. Wer nicht auf dem Marktplatz gewesen war, konnte im DDR-Fernsehen erfahren, wie gut es den Christen in der DDR ging:

„Werden wir diese Stunde hier je wieder vergessen? Kirchentag auf dem Greifswalder Marktplatz. Ja, wir Christen haben unseren Platz in unserer Gesellschaft, gleichberechtigt, gleichgeachtet, chancengleich. Das sind keine leeren Worte, das wird Schritt um Schritt mit Leben erfüllt. Immer deutlicher wird es sichtbar, was auf dem Marktplatz geschieht. Warum kann und soll es nicht überall Wirklichkeit sein? – In jeder Schulklasse, in jedem Elternaktiv, in jedem Altersheim und in jeder Krankenstube. Darüber freuen wir uns und wissen uns durch Vertrauen zu Vertrauen gerufen, zum Wort und zur Tat unseres Glaubens mitten in unserem Land und mitten in unserer Gesellschaft.“[537]

Wer auf dem Marktplatz gestanden und die Rede von Chancengleichheit, Gleichberechtigung und Gleichachtung gehört hatte, fragte sich, ob er Wahrnehmungsstörungen hatte. Chancengleichheit der Christen in der DDR? Gleichberechtigung und Gleichachtung von Männern und Frauen, Christen und Atheisten im Jahr 1985? Aber im Unterschied zu 1989 wurde der Bischof nicht offen mit dem Widerspruch konfrontiert. Der Kirchentag kam und ging und war im Nachhinein betrachtet ein Vorbote der Domeinweihung 1989.

Der Kirchentag 1985 war sowohl für den Staat als auch für die Kirche ein großer Erfolg. Etwa 8.000 Teilnehmer hatten nach Angaben der Kirchenzeitung am Abschlussgottesdienst teilgenommen. Auch der Besuch aller anderen Veranstaltungen war wesentlich besser gewesen, als man erwartet hatte. Das Forum C war mit 950 Besuchern der größte Publikumsmagnet, aber die Foren A und B hatten ebenfalls 650 bzw. 750 Teilnehmer. An den acht

535 Vgl. BArch, DO-4/4875, o. Pag. „Informationsbericht“ des Staatssekretariats für Kirchenfragen vom 22.4.1980.
536 Nachrichtensendung des staatlichen Fernsehens in der DDR.
537 BArch, DO-4/789. In dem „Aktenvermerk über das am 14.8.1985 stattgefundene Gespräch zwischen dem Stellvertreter des Vorsitzenden für Inneres des Rates des Bezirks Rostock und Bischof Dr. Gienke“ vom 27.8.1985 sind Teile der Predigt wiedergegeben.

parallelen Gottesdiensten hatten rund 6.000 Menschen teilgenommen.[538] Dennoch gab es im Nachhinein erhebliche Missstimmungen in der Landeskirche, vor allem wegen des finanziellen Ausmaßes und des äußeren Glanzes des Kirchentages, aber auch die Rolle des Bischofs wurde kritisiert. Er habe in seinem Repräsentationsbedürfnis die kleine Landeskirche finanziell überfordert,[539] hieß es, und tatsächlich waren die Kosten erheblich gewesen. Allein 17.800 M waren für Geschenke ausgegeben worden.[540] An die übrig gebliebenen teuren Plaketten aus Meißner Porzellan, die für die Gäste angefertigt worden waren, erinnerten Kritiker in den folgenden Jahren immer wieder.[541] Weniger bekannt war, dass Bischof Gienke, so berichtete Siegfried Bohl seinem MfS-Führungsoffizier, „für ausgewählte ökumenische Gäste eine in Leder gebundene Schrift Bugenhagens“ hatte drucken lassen, die nur der Bischof selber überreichen durfte.[542]

Die staatlichen Stellen nutzten Gienkes positive Predigt, indem sie ihn entstellend zitierten. Der einzige Satz, der Kritik am Staat-Kirche-Verhältnis andeutete, wurde herausgeschnitten: „Warum kann und soll es nicht überall Wirklichkeit sein?“ 1989 wurden die Medien in ähnlicher Weise benutzt, um allen Landeskirchen unmissverständlich zu zeigen, dass Horst Gienke überraschend umfangreiche Unterstützung erhielt. So mussten es zumindest seine Kritiker in der eigenen Landeskirche auffassen, während er selbst die gute Zusammenarbeit mit den staatlichen Stellen hervorhob. In seinem Bericht vor der Landessynode Ende Oktober betonte der Bischof noch einmal das staatliche Entgegenkommen: Die „Regierung der Deutschen Demokratischen Republik [habe] dem Bugenhagen-Gedenken unter bewusster Fortführung der kulturpolitischen Erberezeption eine deutliche Aufmerksamkeit gewidmet“. Die Empfänge des Staatssekretärs für Kirchenfragen im Rahmen der Jubiläumstage im Juni 1985 und während des wissenschaftlichen Symposiums im September waren tatsächlich etwas Besonderes. Daher dankte Gienke dem Rat des Bezirks Rostock, „der in vorbildlicher Weise für klare Entscheidungen, gute Koordination und vertrauensvolle Lösungen gesorgt“ habe.[543] Vor der Landessynode im Herbst 1985 sagte er:

538 Vgl. Wolfgang Nixdorf: „Zahlen vom Kirchentag“, in: die kirche. Evangelische Wochenzeitung (Greifswalder Ausgabe), Jg. 40 (1985), Ausgabe 29/1985 vom 21.7.1985, S. 4.

539 Vgl. Siegfried Plath in einem Gespräch am 12.08.1997.

540 Vgl. LAG, BL Rostock IV E/ 2.14, Nr. 635, Bl. 56 (Rückseite).

541 Aus den MfS-Akten geht hervor, dass der Führungsoffizier von Superintendent Bohl – zusammen mit einer Einladung zum Kirchentag – eine der ersten dieser Plaketten aus Meißner Porzellan erhalten hat. Vgl. BStU, BV Rostock, AIM 4171/90, Bd. I/1, Bl. 154. „Bericht über das 3. Gespräch mit dem IM-Kandidaten ‚Grimm‘“ am 2.5.1985.

542 BStU, BV Rst, AIM 4171/90, Bd. I/1, Bl. 154.

543 Vgl. SAPMO-BArch, DY 30/IV B 2/14/132. Fiche 3, Bl. 127–128. „Bericht des Bischofs vor der Landessynode“ vom 31.10.1985. Alle Berichte der evangelischen Bischöfe wurden auch im SED-Archiv abgelegt.

„Es war von Anfang an der erklärte Wille der staatlichen Vertreter, die guten Erfahrungen im Lutherjahr fortzusetzen. Das ist gelungen. Es ist darüber hinaus, nach unserer gemeinsamen Überzeugung, eine neue Qualität in der vertrauensvollen Zusammenarbeit zwischen Staat und Kirche erreicht worden. [...] Wir haben den staatlichen Vertretern den Dank unserer Landeskirche ausgesprochen."[544]

Auch staatlicherseits war man mit dem Kirchentag zufrieden. So berichtete Werner Jarowinsky, im Politbüro zuständig für Kirchenfragen, Erich Honecker schriftlich vom Erfolg des Greifswalder Kirchentags. Jarowinskys Information wurde für so wichtig erachtet, dass handschriftlich vermerkt wurde: „an alle Mitgl. u. Kand. des PB". Staatssekretär Klaus Gysi bedankte sich ausführlich beim 1. Sekretär der Bezirksleitung der SED in Rostock, Ernst Timm, für die konzeptionellen Vorarbeiten und die gegebene staatliche Unterstützung der Greifswalder Kirche.[545] Es sei, so Gysi an SED, Rat des Bezirks und Stasi, „insgesamt kirchenpolitisch bei Euch eine sehr positive Arbeit geleistet worden".[546]
Das MfS gab das positive Echo an seine Inoffiziellen Mitarbeiter weiter. Ende Juli traf sich MfS-Oberleutnant Wegner mit Siegfried Bohl und „bedankte sich zunächst für die bisher gezeigte Bereitschaft des Kandidaten zur Unterstützung der Arbeit des MfS, insbesondere in Durchführung und Vorbereitung des 9. Kirchentages." Dies sei ein „Stück spezielle, praktizierte, vertrauensvolle Staat-Kirche-Politik."[547] „Titus" erhielt laut MfS-Akten für seinen Einsatz in Vorbereitung des Kirchentages einen Bildband im Wert von 40,00 Mark.[548] Auch beim nächsten Kirchentag im Sommer 1988 in Rostock griff man gerne wieder auf ihn zurück.

6.1.2 Der Kirchentag 1988: „Brücken bauen"

„Brücken bauen – Programm" – ein wenig nüchtern informiert das grau-grüne Heft den Leser über die Veranstaltungen zu diesem gemeinsamen Kirchentag der Mecklenburger und der Greifswalder Landeskirche vom 16. bis 19. Juni 1988 in Rostock. Vielfalt und Aktualität des Programmes jedoch waren überzeugend. Unter den sechs Themenbereichen fanden sich Veran-

544 Vgl. ebd., Bl. 128.
545 BArch, DO-4/980, o. Pag. Brief von Staatssekretär für Kirchenfragen, Klaus Gysi, an die Bezirksleitung der SED, 1. Sekretär, Genosse Ernst Timm vom 16.7.1985.
546 Vgl. ebd.
547 Vgl. BStU, BV Rostock, AIM 4171/90, Bd. I/1, Bl. 166.
548 Vgl. ebd., Bl. 162.

staltungen wie „Als Christ leben in der sozialistischen Gesellschaft",[549] „Der Mensch im Spannungsfeld von Macht und Ohnmacht", „Umweltprobleme in der Landwirtschaft und in der Stadt" und auch „Homosexualität – Wie gehen wir damit um?" Der Kirchentag 1988 in Rostock lud zu einer Diskussion nicht nur über Kirche, sondern über Christen in der Gesellschaft ein. Damit bot er Informationsmöglichkeiten, die in der DDR-Gesellschaft sonst nirgendwo zu finden waren.

Der Kirchentag 1988 fand unter Voraussetzungen statt, die sich sehr von denen des Jahres 1985 unterschieden. Zum einen handelte es sich um einen gemeinsam verantworteten Kirchentag der beiden Landeskirchen im Norden der DDR. Sowohl Christen aus der Greifswalder als auch aus der Mecklenburger Landeskirche waren an der Planung und Durchführung beteiligt. Die Arbeit im gemeinsamen Kirchentagsausschuss war daher immer Ergebnis eines landeskirchlichen Verständigungsprozesses. Zum anderen war das Verhältnis zwischen Staat und Kirche seit November 1987 von Krisen geschüttelt. Die geheimdienstliche Durchsuchung der Umweltbibliothek der Zionskirche in Berlin am 24./25. November 1987 war der Anfang harter Auseinandersetzungen zwischen dem Bund der Evangelischen Kirchen und der SED-Führung gewesen,[550] die Verhaftung von Demonstranten bei der Luxemburg-Liebknecht-Demonstration am 18. Januar 1988 und deren anschließende Abschiebung in die Bundesrepublik hatten den Dialog ebenfalls sehr erschwert. Ein Versuch seitens der Konferenz der Kirchenleitungen, zum zehnten Jahrestag des Gesprächs vom 6. März 1978 den Dialog wieder aufzunehmen, scheiterte.[551] Das Politbüro bewegte sich auf eine kirchenfeindliche Position zu, wie es sie seit Jahrzehnten nicht mehr gegeben hatte.

549 In dieser Veranstaltung sollte das Arbeitspapier der Mecklenburger Landessynode Gesprächsgegenstand sein. Dieses Papier „Als Christ leben in der sozialistischen Gesellschaft" war wegen seiner klaren Worte über die fehlende Gleichberechtigung von Christen und Atheisten in der DDR damals sehr aktuell. Eine Veranstaltung auf dem Kirchentag zu diesem Thema musste als politisches Zeichen verstanden werden.

550 In dieser Nacht wurden die Räume der Umweltbibliothek in der Zionsgemeinde durch die Staatsanwaltschaft überprüft und mehrere Personen verhaftet. Die Umweltbibliothek in Berlin war ein sehr bekanntes Umweltzentrum in der DDR.

551 Vgl. BArch, DO-4/1473. Bei dem Gespräch zwischen Leich, Jarowinsky und dem Staatssekretär für Kirchenfragen am 3.3.1988 wurde Leich und seinen Begleitern ein Forderungskatalog vorgetragen: Die kirchenleitenden Persönlichkeiten sollten weniger Interviews geben, sie sollten die Kirche zu einer deutlicheren (ablehnenden) Haltung gegenüber den Basisgruppen veranlassen und betonter als bisher die Friedensbemühungen des Staates öffentlich würdigen.

Wie angespannt die SED war, zeigt das chiffrierte Fernschreiben Honeckers an die 1. Sekretäre der SED-Bezirksleitungen vom 18. Februar 1988:

„werte genossen,
in der letzten zeit wurde in einigen bezirken und kreisen verstaerkt versucht, unter dem dach der kirche konterrevolutionaere aktionen gegen staat und gesellschaft zu provozieren. die hintermaenner dieser aktionen haben zum teil in berlin-west ihren sitz. sie stützen sich aber auch [...] auf buerger der deutschen demokratischen republik."[552]

Aufgrund dieser angespannten innenpolitischen Situation waren die staatlichen Interessen am Kirchentag 1988 andere als 1985, als die DDR-Führung versucht hatte, über den Kirchentag in Greifswald ihre außenpolitische Reputation zu stärken und daher auch bereit gewesen war, kirchlichen Interessen in einem hohen Maße entgegenzukommen. 1988 hingegen ging es der SED und damit der Regierung der DDR vor allem um die Aufrechterhaltung des Status quo im Verhältnis zur Kirche. Unberechenbarkeit, Aggressivität und Feindlichkeit kennzeichneten nun das staatliche Vorgehen.[553] Insbesondere die Friedens- und Umweltgruppen, die seit Anfang der achtziger Jahre entstanden waren, wurden zu Brennpunkten der Auseinandersetzung zwischen Kirche und Staat. In dieser Situation wurde die Kirche in die Verantwortung genommen für Probleme in der Gesellschaft, deren Ursachen in der Wirtschaft und in der Politik lagen. Ihr wurde die Auflage erteilt, die Gruppen zu beruhigen und meist innerkirchlich zu verbieten. Die Amtskirche sollte – in den Landeskirchen unterschiedlich stark – zum Schutz der Machtverhältnisse in der DDR instrumentalisiert werden.
Jede Landeskirche stellte sich dieser Herausforderung auf andere Weise, eine Abstimmung innerhalb des Bundes der Evangelischen Kirchen in der DDR gab es nicht. Die Kirchentage des Jahres 1988 – insgesamt fanden in diesem Jahr vier statt – brachten die Haltung der jeweiligen Landeskirchen zum Staat besonders klar zum Ausdruck, weil sie ein zweifaches „Bekenntnis" der jeweiligen Kirchenleitungen und Kirchentagsausschüsse voraussetzten: eine klare Position in Bezug auf den Staat und eine daraus folgende, ebenso klare Position in Bezug auf die verschiedenen Basisgruppen. Die gemeinsame Vorbereitung und Durchführung des Kirchentages durch die Greifswalder und die Mecklenburger Landeskirche war daher an einigen Punkten schwierig. Von staatlicher Seite wurde dies durchaus als Chance zur „Differenzierung" gesehen. Solange sich die Kirchentagsausschüsse aus Greifswald und Schwerin nicht in allen Punkten einig waren, bot sich für die staatlichen Stellen

552 Vgl. LAG, BL Rostock IV E/ 2.14, Nr. 619, Bl. 96.
553 Vgl. Funk (1992), S. 37.

im Bezirk Rostock die Möglichkeit, die aus ihrer Sicht jeweils günstigere Entscheidung zu fördern sowie interne Auseinandersetzungen zwischen den Mitgliedern des Greifswalder und des Mecklenburger Landesausschusses, die sich in dem gemeinsamen Kirchentagsausschuss regelmäßig trafen, zu schüren. Man wollte ein engeres Zusammengehen beider Landeskirchen verhindern.

Der Rat des Bezirks Rostock, die dortige SED-Bezirksleitung und die Bezirksverwaltung des MfS arbeiteten mit den ihnen zur Verfügung stehenden Mitteln und Strategien, um vom Kirchentag möglichst wenig nach außen dringen zu lassen und einen möglichst großen Einfluss auf einzelne Veranstaltungen zu nehmen.[554] Die Angst, Gruppen oder engagierte Einzelpersonen könnten auf Kirchentagen in staatsfeindlicher Weise öffentlich werden, war groß. Aus diesem Grund traten im Vergleich zum Kirchentag 1985 erhebliche Verschärfungen ein.

Grundlage für alle Entscheidungen in Bezug auf die Kirchentage war ein von der Arbeitsgruppe Kirchenfragen beim ZK der SED erstellter „Maßnahmeplan in Vorbereitung auf die vier regionalen Kirchentage“ vom 10. März 1988. Dieser legte fest, dass alle Entscheidungen der administrativen Organe der Zustimmung durch die Bezirksleitung der SED bzw. das Sekretariat des ZK der SED bedurften.[555] Die Rostocker Bezirksbehörden, nämlich der Rat des Bezirks, die Bezirksleitung der SED und die Bezirksverwaltung des MfS, gründeten in Vorbereitung auf den Kirchentag am 22. März 1988 die „Arbeitsgruppe zur parteimäßigen Koordinierung und Kontrolle der politischen Aktivitäten zum Kirchentag“.[556] Mitglieder waren unter anderem die Herren Macht und Haß vom Rat des Bezirks, Abteilung Inneres, sowie der Stellvertreter Operativ der Bezirksverwaltung des MfS, Amthor. Es versteht sich von selbst, dass auch der Mitarbeiter für Kirchenfragen bei der SED-Bezirksleitung, Röhl, Mitglied dieser Arbeitsgruppe war.[557] Die Ziele der Arbeitsgruppe waren nicht grundlegend anders als die beim Kirchentag 1985: Der Kirchentag sollte auf religiöse Themen beschränkt und regional begrenzt werden. Für alle Vorkommnisse waren auch 1988 die Kirchenlei-

554 Die Planung des Kirchentages 1988 in Rostock lief wesentlich über den dortigen Rat des Bezirks, obwohl Rostock zur Landeskirche Mecklenburg gehörte und Ansprechpartner der Mecklenburger Landeskirche formal der Rat des Bezirks Schwerin war. Eine detailliertere Untersuchung müsste der Beteiligung der staatlichen Stellen im Bezirk Schwerin weiter nachgehen.

555 Vgl. Funk (1992), S. 57.

556 Vgl. Martin Henschel: Kirchliches Leben und religiöses Brauchtum in Rostock. Einige Beispiele von Anfechtung und Behauptung in der Zeit von 1945 bis 1989, in: Georg Diederich/Bernd Schäfer: Religiöses Brauchtum und kirchliches Leben im Alltag der DDR – zwischen Anfechtung und Behauptung. Forschungsstudie, in: Leben nach 1989 – Aufarbeitung und Versöhnung. Zur Arbeit der Enquete-Kommission des Landtags Mecklenburg-Vorpommern, Bd. VI, Schwerin 1996, S. 249.

557 Vgl. LAG, BL Rostock IV E/ 2.14, Nr. 598, Bl. 49 ff.

tungen verantwortlich zu machen. Neu war die Anweisung, internationale Veranstaltungen und jegliche Foren zu unterbinden. Besondere Befürchtungen hegte die Arbeitsgruppe wegen möglicher Störungen durch Übersiedlungsersuchende. Die DDR-Führung versuchte 1988, jeden Einblick in die marode DDR von außen und jede Diskussion über die Zustände im Inneren zu verhindern. Drei Strategien zeichneten sich besonders ab: administrative Maßnahmen, die Differenzierung zwischen der Greifswalder und der Mecklenburger Landeskirche und die Instrumentalisierung Einzelner in der Greifswalder Leitung. Differenzierung und Instrumentalisierung waren wesentlich nur über den Einsatz von Inoffiziellen Mitarbeitern möglich, die wichtige Informationen erbringen und Einfluss auf Entscheidungen nehmen konnten. Stellvertretend für andere Inoffizielle Mitarbeiter, die zum Kirchentag 1988 eingesetzt waren, soll im Folgenden der IM „Titus", Superintendent Bohl, näher betrachtet werden.

Bohl gehörte in Bezug auf das Kirchentagsgeschehen zu den wichtigsten Inoffiziellen Mitarbeitern des MfS aus dem Greifswalder Bereich. Er war bereits im Zusammenhang mit dem Kirchentag 1985 als „positiv-realistischer" Superintendent aufgefallen, in Vorbereitung des Kirchentages 1988 kam man auf ihn zurück. Als Superintendent von Grimmen und Mitglied der Landessynode war Bohl gut in die Landeskirche eingebunden. Als Leiter des Greifswalder Kirchentagsausschusses und als Mitglied des Geschäftsführenden Ausschusses hatte er einen direkten Einfluss auf alle Entscheidungen, die den Kirchentag betrafen. Er war zudem Mitglied des Zentralen Kirchentagsausschusses in Berlin und eng mit Oberkonsistorialrat Plath und Bischof Gienke befreundet.

Der Vorschlag zur Werbung Bohls gründete sich nicht nur auf dessen Funktionen, sondern auch auf dessen schon früher gezeigte Bereitwilligkeit, interne Informationen auch über Personen an den Staatssicherheitsdienst weiterzugeben.[558] Schon im Oktober 1985 war Bohl „zur aktuellen Informationsgewinnung über den Stand der Vorbereitungen zum Kirchentag, über Pläne und Absichten" sowie zur „Einflußnahme [...] zur Verhinderung von feindlichen Plänen und Absichten hinsichtlich eines politischen Mißbrauchs des Kirchentages" eingesetzt worden.[559] Nachdem sich Bohl als zuverlässig und staatsloyal erwiesen hatte, registrierte man ihn im Februar 1986 bei der Bezirksverwaltung des MfS in Rostock als IM „Titus".[560] Schwerpunkt des

558 Vgl. BStU, BV Rostock, AIM 4171/90, Bd. I/1, Bl. 154. Dort heißt es in Bezug auf den Kirchentag 1985: „Der IM-Kandidat zeigte keinerlei Hemmungen, über die Probleme des Kirchentages mit dem Mitarbeiter zu sprechen und hatte auch keine Bedenken, konkret in einigen Fällen mit Namen zu arbeiten."

559 Vgl. ebd., Bl. 175. „Operative Einzelinformation" vom 19.10.1985.

560 Vgl. ebd., Bl. 213. „Bericht über das Werbungsgespräch IM-Kand. ‚Grimm'" vom 17.2.1986.

Einsatzes waren „Synoden, Kirchentage und zentrale kirchliche Veranstaltungen".[561] In der „Einschätzung der Zusammenarbeit mit dem IMB ,Titus'" vom September 1987 hieß es:

„Hier erfolgt durch den IMB eine laufende aktuelle Einschätzung des Vorbereitungsstandes und sich abbildender Tendenzen sowie eine aktive vorbeugende Einflußnahme auf die Verhinderung einer mißbräuchlichen Nutzung des Kirchentages durch feindliche und politisch negative Personenkreise. Durch den Einsatz des IMB in den leitenden Gremien der Kirchentagsvorbereitung ist im Vergleich zu früheren Kirchentagen erstmals die aktuelle und laufende Gewinnung streng interner Informationen zum Vorbereitungsstand und vorhandenen unterschiedlichen Positionen durch einzelne Mitglieder und die Einflußmöglichkeit in einer hohen Qualität gegeben."[562]

Im März 1986 fand die erste gemeinsame Sitzung der beiden Landesausschüsse, die von der Mecklenburger und der Greifswalder Landeskirche zur Vorbereitung des Rostocker Kirchentages gebildet worden waren, statt. Die Greifswalder Tendenz, wichtige Gremien von Laien frei zu halten, zeigte sich auch hier. Obwohl Kirchentage immer eine Sache der Laien gewesen waren und sich gerade hier Chancen boten, diese zu Wort kommen zu lassen, gab es im Greifswalder Landesausschuss nur einen einzigen Laien, alle anderen Mitglieder waren Pfarrer oder kirchliche Mitarbeiter. Von kirchenleitender Seite war Plath in den Landesausschuss entsandt, dessen Vorsitz Superintendent Bohl innehatte. Vorsitzender des Mecklenburger Landesausschusses war der Rostocker Pfarrer Joachim Gauck. Kennzeichnend für den Arbeitsstil der Greifswalder und der Mecklenburger Landeskirche war der unterschiedliche Umgang mit dem MfS, das großes Interesse an der Arbeit dieses gemeinsamen Kirchentagsausschusses hatte. Es versuchte sehr schnell, die einzelnen Mitglieder der beiden Landesausschüsse anzusprechen, um diese für eine inoffizielle Mitarbeit zu gewinnen. Gauck sprach die Werbungsversuche des Staatssicherheitsdienstes in einer gemeinsamen Sitzung an, da sich mehrere Mitglieder aus dem Mecklenburger Landesausschuss bei ihm gemeldet hatten, die durch das MfS angesprochen worden waren. Gauck bat nun darum, dass sich jeder, der jetzt kontaktiert werde, an ihn wende, er werde dagegen vorgehen. Greifswalder Mitglieder folgten diesem Aufruf nicht.[563]
Die Meinungen über die Beteiligung der Greifswalder an dem gemeinsamen Kirchentag in Rostock 1988 waren sehr gespalten. Insbesondere an der Kirchenspitze in Greifswald verhielt man sich abwartend. In diesem Sinne war

561 Vgl. BStU, BV Rostock, AIM 4171/90, Bd. I/1, Bl. 210.
562 Ebd., Bl. 245.
563 Gespräch mit Pfarrer Dietmar Prophet, Stralsund, am 29.6.1998.

es bemerkenswert, dass im Frühjahr 1986 ein Gespräch des Greifswalder Kirchentagsausschusses mit der Kirchenleitung stattfand, bei dem Bischof Gienke und Oberkonsistorialrat Plath deutlich gegen den Kirchentag 1988 agierten. Gienke gab gegenüber den Mitgliedern des Greifswalder Kirchentagsausschusses zu bedenken, ob nicht durch die Zusammenarbeit mit der Evangelisch-Lutherischen Landeskirche Mecklenburgs (ELLKM) beim Kirchentag 1988 die eigene Landeskirche zu kurz komme.[564] Der Kirchentag 1988 sei „unglücklich", weil viele Gemeinden nicht mit einbezogen würden. Gienke selbst würde deshalb eine Orientierung auf den Landeskirchentag 1991 befürworten. Plath stimmte dem Bischof bei, indem er anmerkte, der Kirchentag 1988 sei zwar eine Bereicherung für die Mitarbeiter, aber eine Verarmung für die Gemeinden.
Wie konnte ein Kirchentag eine „Verarmung für die Gemeinden" bedeuten, und warum baute Plath einen Gegensatz zwischen Mitarbeitern und Gemeinden auf? Plaths Argumentation schien vorgeschoben zu sein. Besonders für eine kleine Landeskirche war die enge Gemeinschaft mit anderen Kirchen eine Bereicherung und Plaths Aussage eine grobe Verdrehung der Tatsachen. In dieser Aussprache drückte sich sehr klar die Position des Bischofs und seines engsten Vertrauten aus: Der Kirchentag 1988 war kein Hauptanliegen der Greifswalder Kirche, sie würde sich in Zukunft auf Landeskirchentage beschränken. Dies entsprach der staatlicherseits gewünschten Orientierung auf regionale Kirchentage. Es scheint, als habe hier die Sorge um das gute Verhältnis zu den staatlichen Stellen, das durch einen gemeinsamen Kirchentag mit der politisch konfrontativer agierenden Landeskirche Mecklenburg gefährdet werden konnte, Ausdruck gefunden.
Die durch Gienke und Plath „verordnete" Isolation der gesamten Landeskirche hätte – wäre sie durchgeführt worden – erhebliche negative Auswirkungen für die Gemeinden gehabt, denn Kirche lebt von Gemeinschaft, nicht von Abgrenzung. Gienke und Plath änderten ihre Meinung nicht. Gienke erschien nicht zum Kirchentag seiner eigenen Landeskirche 1988 in Rostock – wegen einer Dienstreise nach Israel – und Plath nahm so gut wie nie teil an den gemeinsamen Sitzungen des Landesausschusses, dem er angehörte.
Die Vorbereitungen zum Kirchentag begannen bereits im Herbst 1986. Wie beim Kirchentag 1985 war der Hauptansprechpartner der Rat des Bezirks, Abteilung Inneres. Die konkreten Verhandlungen waren jedoch komplizierter geworden. Der Rat des Bezirks sprach mit zwei Landeskirchen, die kirchenpolitisch nicht an einem Strang zogen. Immer wieder gab es vom

[564] Im Folgenden beziehe ich mich auf unveröffentlichte Unterlagen aus dem Privatarchiv von Traute Renius zum Kirchentag 1988, darin: „Gesprächsprotokoll der Begegnung Kirchenleitung und Landesausschuß Kirchentag".

Referat für Kirchenfragen Forderungen, die Themen zu ändern, unliebsame Mitwirkende aus den Vorbereitungen zu nehmen und die Gruppen auf genaue Konzepte festzulegen. Dahinter stand das Ziel, den Kirchentag in seiner Öffentlichkeitswirksamkeit einzuschränken.[565]

Zurückhaltung und Konfrontationsvermeidung der Greifswalder Landeskirche spiegelten sich auch in der Frage des Kirchentagsmottos wider. Der zentrale Kirchentagsausschuss in Berlin hatte für 1988 „Umkehr führt weiter" vorgeschlagen – und alle anderen Kirchentage waren dabei geblieben. Dieses Motto wurde nicht nur, aber doch maßgeblich von den Greifswalder Mitgliedern kritisiert. Er sei zu negativ, theologisch unverständlich und daher nicht geeignet. Man einigte sich auf das Motto „Brücken bauen" – gegen die Stimme des Vorsitzenden des Mecklenburger Ausschusses, Joachim Gauck.[566] Die Brisanz dieser Änderung muss vor der damaligen gesellschaftlichen Situation in der DDR gesehen werden. Die Basisgruppen im Friedens-, Umwelt- und Menschenrechtsbereich forderten international wie national eine „Umkehr", womit indirekt und direkt eine starke Kritik an der DDR-Regierung verbunden war. Dass der Rostocker Kirchentag als einziger der vier Kirchentage im Jahr 1988 von dem gegebenen Motto abwich, war ein politisches Signal: Man wollte keine Konfrontation.

Auf die Bitte des gemeinsamen Kirchentagsausschusses, sich in die Gestaltung des Kirchentagsprogramms für die Jugendlichen einzubringen, reagierte der Greifswalder Jugendwart Schröder unmittelbar. Eine ausführliche Darstellung von Schröders Vorstellungen findet sich in der Akte von IM „Titus" (Siegfried Bohl),[567] der Oberleutnant Wegner am 28. Juli 1987 von Schröders Vorstellungen berichtete. Schröder habe sich über die Gängelung der Jugendarbeit auf dem Kirchentag beschwert und hätte gefordert, die Verantwortung für die Jugendveranstaltungen direkt in die Hände der Jugendmitarbeiter zu legen, ohne die Kontrolle des Kirchentagsausschusses dazwischen. Schröder hätte die Bereitstellung eines Gemeindezentrums oder eigener kirchlicher Räumlichkeiten für den gesamten Zeitraum des Kirchentages und eine freie Themenwahl gefordert. Themen wie die Probleme der kirchlichen Jugendarbeit, die fehlende Reisefreiheit, die freie Entwicklung der Persönlichkeit, den Abbau von Feindbildern und die Wehrdienst-Thematik hielte er für aktuell.[568] Er rechnete wohl auch nicht damit, dass diese Wün-

565 Beispielsweise heißt es in einem Bericht des IM „Titus" über ein Treffen der beiden Landeskirchen beim Rat des Bezirks Rostock im April 1988, die mecklenburgische Seite hätte die „staatlichen Vorgaben bzw. erfolgten Streichungen als Rückfälle in ‚stalinistische Zeiten' und ‚politische Eiszeit'" bewertet, so Bohl. Vgl. BStU, BV Rostock, AIM 4171/90, Bd. II/1, Bl. 225.

566 Privatarchiv Traute Renius zum Kirchentag 1988: „Protokoll der gemeinsamen Sitzung der Landesausschüsse Greifswald und Mecklenburg am 6.6.1986 in Rostock".

567 Vgl. BStU, BV Rostock, AIM 4171/90, Bd. II/1, Bl. 152/153.

568 Vgl. ebd.

sche berücksichtigt würden, sie waren allzu brisant und wurden geschlossen von den Mitgliedern aus der Greifswalder und aus der Mecklenburger Landeskirche abgelehnt.[569]
Das MfS interessierte sich für diesen Teil des Kirchentages besonders, da große Jugendveranstaltungen immer auch ein Anziehungspunkt für nicht kirchlich gebundene Jugendliche waren. Im Kirchentagsausschuss war man sich in der Frage, welche Jugendveranstaltungen es geben sollte und welchen Umfang diese einnehmen sollten, wohl nicht im Klaren. Insgesamt war man nicht daran interessiert, große Veranstaltungen zu organisieren, und es spricht für sich selbst, dass Bohl seinem Führungsoffizier berichtete, man habe den neuen Greifswalder Landesjugendpfarrer Affolderbach mit der Planung von Jugendveranstaltungen beauftragt. Dieser sei „sachlich, politisch realistisch denkend“[570] und berichte über alle seine Schritte dem Geschäftsführenden Ausschuss. Er empfinde Kontrolle nicht als Beschneidung, der Kirchentag für die Jugend werde bewusst ruhig verlaufen. Es werde viel Musik, aber keine Spielszenen geben wie im Forum C beim Kirchentag 1985. Im Januar 1988 war die Planung des Jugendprogrammes immer noch in der Schwebe. Bohl berichtete dem MfS von der Sitzung des Kirchentagsausschusses am 21. Januar 1988:

> „Es gab bereits Vorstellungen, hier für die Jugendarbeit am Sonnabend Basisgruppen einzubeziehen. Dies wurde in der Form insgesamt abgelehnt durch den Geschäftsführenden Ausschuß, selbst der Begriff ‚Basisgruppen‘ wurde im Protokoll gestrichen. Der Geschäftsführende Ausschuß behält sich hier weiterhin vor, bei Nichteignung bestimmter Programmteile gerade aus dem Jugendbereich hier Änderungen oder Verbote vorzunehmen.“[571]

Die Kombination von Basisgruppen und Jugendarbeit hätte bei den staatlichen Stellen tatsächlich erheblichen Widerstand hervorgerufen. Hier waren zwei neuralgische Punkte zwischen Staat und Kirche betroffen. Die Greifswalder, aber ebenso auch die Mecklenburger wollten den Staat nicht herausfordern. Das Jugendprogramm auf dem Kirchentag wurde denkbar schmal. Im Kirchentagsreader waren für Sonnabend und Sonntag nur Veranstaltungen zwischen 14.00 Uhr und 17.00 Uhr ausgewiesen, darunter zwei Gruppengespräche zu den Themen Frieden, Ökologie und Dritte Welt. Dort befand sich auch Arndt Noack, der zusammen mit Ulrike Poppe zum Thema „Demokratie Jetzt“ arbeitete. Neben einem Kirchentagscafé und einem Volleyball-Turnier gab es einige Veranstaltungen zur Bibelarbeit. Allein Karl

569 Vgl. ebd., Bl. 153.
570 Vgl. BStU, BV Rostock, AIM 4171/90, Bd. II/1, Bl. 218.
571 Ebd., Bl. 203.

Scharnwebers Musikwerkstatt am Sonnabendnachmittag in der Petrikirche hat eine große Gruppe Jugendlicher angezogen.
Innerhalb des gemeinsamen Kirchentagsausschusses wurde besonders über den Umgang mit den Basisgruppen diskutiert. Beide Landeskirchen vertraten hierzu konträre Standpunkte. In diesem Punkt versuchte insbesondere das MfS, Einfluss auf die Landeskirche Greifswald auszuüben, um eine starke oder unkontrollierte Teilnahme von Gruppen beim Kirchentag zu verhindern. So erhielt der Vorsitzende des Landesausschusses der ELKG, Bohl, im Juni 1986 den Auftrag, „zielgerichtet Einfluss zu nehmen auf eine vorbeugende Verhinderung poli[tisch]-negativer Handlungen und Aktivitäten" und auf die „Teilnahme [von] Basisgruppen, NSW-Journalisten, ökumenische[n] Gäste[n]".[572] Auch IM „Gisela", Vikarin Ines Fleckstein, wurde eingespannt. Sie erhielt Anfang Juni den Auftrag, zur „Klärung und Konkretisierung" Hinweise auf Gruppen zu erbringen, die am Kirchentag 1988 teilnehmen würden.[573] Im Dezember 1986 berichtete der IM „Titus" laut Unterlagen des MfS, dass die Mitglieder des Greifswalder Kirchentagsausschusses „weder an Einzelpersonen noch an Gruppen eigene Veranstaltungspunkte"[574] vergeben wollten. Bohls Führungsoffizier musste jedoch in seinem Bericht einschränkend hinzufügen: „Inwieweit die Mecklenburger Seite diesen Auffassungen folgt, ist zur Zeit nicht bekannt."[575] Die Mecklenburger Mitglieder im Kirchentagsausschuss waren jedoch nicht dieser Ansicht. Schon im Januar 1987 wurde über den Umgang mit Gruppen in einer gemeinsamen Sitzung der Kirchentagsausschüsse diskutiert. Am Ende hatte man sich darauf geeinigt, „zur Kompensierung möglicher negativer Auswirkungen auch die Basisgruppen mit eigenen Programmen" einzubeziehen.[576] Damit war gemeint, dass die Basisgruppen nun doch von Anfang an in die Vorbereitung des Kirchentages mit einbezogen werden sollten, um einen parallelen Kirchentag, wie es ihn 1987 in Berlin gegeben hatte,[577] zu vermeiden. Dieser Kompromiss wurde beiden Landeskirchen gerecht, indem er sowohl auf die traditionellen Gemeinden als auch auf die progressiven Gruppen einging.[578] Staatlichen Interessen kam dieser Weg nur teilweise ent-

572 Vgl. ebd., Bl. 45. „Treffgespräch mit dem IM ‚Titus'" am 30.6.1986. „Neuer Auftrag und Verhaltenslinie". NSW war eine in der DDR gebräuchliche Abkürzung im staatlichen Raum für nichtsozialistisches Wirtschaftsgebiet. „NSW-Personen" waren Personen, die ihren Wohnsitz in kapitalistischen Staaten hatten.

573 Vgl. BStU, BV Rostock, AIM 4164/90, Bd. II/6, Bl. 341. „Neuer Auftrag und Verhaltenslinie" vom 4.6.1988.

574 Vgl. BStU, BV Rostock, AIM 4171/90, Bd. II/1, Bl. 91.

575 Ebd.

576 Vgl. ebd., Bl. 100.

577 In Berlin hatte 1987 parallel zum offiziellen Kirchentag der BBK ein „Kirchentag von unten" stattgefunden, der zwischen Staat und Kirche sowie unter den Gemeinden für eine erhebliche Unruhe gesorgt hatte.

578 Privatarchiv Traute Renius zum Kirchentag 1988: „Protokoll der Sitzung der LA [Landesausschüsse] Mecklenburg und Greifswald am 12.9.1986" in Rostock.

gegen, denn die „Basisgruppen“ waren nicht ausgeladen worden und veranstalteten nun Programme, die wesentlich schwieriger zu beeinflussen waren als die durch die beiden Ausschüsse der Landeskirchen geplanten.

Viele Friedens-, Umwelt- und Menschenrechtsgruppen hatten sich für die „Arbeitsgruppe 2: Frieden – Gerechtigkeit – Bewahrung der Schöpfung“ (AG 2) beworben, die unter Leitung von Pfarrer Dietmar Prophet aus der ELKG stand. Diese Arbeitsgruppe zog besonders großes Interesse auf sich, weil in ihren sechs Untergruppen Friedens- und Umweltthemen in einen politischen, gesellschaftlichen und ethischen Kontext gerückt wurden und eine ganz neue Relevanz erhielten. Die einzelnen Arbeitsgruppen fragten beispielsweise nach neuen Wegen der Friedenserziehung, der Erhaltung von Lebensqualität und dem „Neuen Denken“, der von Gorbatschow eingeleiteten Reform der Ideologie.[579] Vielleicht war es der Tenor des Programms dieser Arbeitsgruppe, der die Menschen anzog: „Umkehr führt weiter“. Damit hatte diese Themengruppe als Einzige auf dem Kirchentag das ursprüngliche Motto aufgegriffen und den Nerv der Zeit getroffen.

Das Interesse der staatlichen Stellen an einer genauen Information über die Vorbereitung dieser „AG 2“ war entsprechend groß. Bohl als Mitglied des Geschäftsführenden Ausschusses berichtete mehrfach über den jeweiligen Vorbereitungsstand. Die Aufmerksamkeit richtete sich speziell auf eine Untergruppe der „AG 2“ unter Leitung von Heiko Lietz. Dessen Gruppe arbeitete zu einem Thema, das nur wenige Monate zuvor auf dem Seminar „Konkret für den Frieden VI“ in Cottbus bearbeitet worden war und das auf staatlicher Seite für Beunruhigung sorgte: „Der Mensch im Spannungsfeld von Macht und Ohnmacht“. Es war also wohl kein Zufall, dass sich Bohl an den Leiter der „AG 2“, Dietmar Prophet, wandte und diesem mitteilte, dass „hier aufgrund der personellen Besetzung konkreter Einfluss auf die Vorbereitung in Form von vorgegebenen Schwerpunkten für die inhaltliche und thematische Ausgestaltung der Gruppenarbeit“[580] durch den gemeinsamen Landesausschuss genommen werden solle.

Dietmar Prophet hatte selber mit Wissen Bohls über mehrere Jahre Kontakte zum MfS, hat diese aber selber beendet[581] und ist deshalb auch vom Aufarbeitungsgremium der Greifswalder Landeskirche nach der Wende entlastet worden.

Es gab jedoch auch weniger subtile Methoden, um die thematische Arbeit der „AG 2“ zu behindern. So wurde Prophet durch Herrn Macht vom Referat für Kirchenfragen beim Rat des Bezirks aufgefordert, ein genaues Pro-

579 Andere Themen waren „Wesen des Friedens“ und „Natur und Mensch“.
580 Vgl. BStU, BV Rostock, AIM 4171/90, Bd. II/1, Bl. 144.
581 Gespräch mit Pfarrer i. R. Dietmar Prophet, Stralsund, am 29.6.1998.

gramm der einzelnen Untergruppen seiner Arbeitsgruppe beim Rat des Bezirks, Abteilung Kirchenfragen, vorzulegen. Dies wurde allseits als Schikane aufgefasst, und die Untergruppen gaben entsprechende Entwürfe nicht ab. In den Akten des MfS spiegelt sich Prophets Reaktion darauf ungenau wider. Dort heißt es, er sei sehr verärgert über das Verhalten der Untergruppen, die ihn boykottiert hätten, und habe daher alle Gruppen zusammengestrichen, von denen kein Feinprogramm vorgelegen habe.[582]
Überdies sollte die Verlegung dieses Themenbereichs in die katholische Christuskirche am Rostocker Stadtrand mögliche Konflikte umgehen. Bohls Führungsoffizier notierte dazu: „Zum einen, weil diese Kirche nicht so im Mittelpunkt der Interessen steht wie die Kirchen im Stadtzentrum – Marienkirche/Petrikirche –, wo diese Arbeitsgruppe zunächst wirksam werden sollte, und zum anderen durch die Einbindung in die katholische Kirche", wodurch die Wahrung der äußeren Verhaltensweisen gewährt sei.[583]
Auch durch die Einschleusung von „politisch-realistisch denkende[n] Referenten aus dem DDR-Kirchenbereich" in die „AG 2" soll Bohl versucht haben, „eine positive Grundlage und Orientierung für die Diskussion und Gruppenarbeit [zu] bilden und somit nach Möglichkeit die Ansatzpunkte für politisch-negative Diskussionen und Aktivitäten so gering als [sic!] möglich zu halten".[584] Ohne Erfolg: Mit Mut und großer Offenheit wurden dort die Probleme der DDR-Gesellschaft thematisiert.
Unbestritten ist, dass sowohl die Mecklenburger als auch die Greifswalder Landeskirche Konfrontationen mit dem Staat bis zu einem gewissen Grad vermeiden wollten. Letztlich aber stellte sich mehrfach der Vorsitzende des Mecklenburger Landesausschusses, Joachim Gauck, vor die Basisgruppen. Heiko Lietz, langjähriger Pastor in Güstrow und wegen seiner Arbeit in verschiedenen Basisgruppen im OV „Zersetzer" bearbeitet, war ein besonders „rotes Tuch" für den Staat. Deshalb notierte das MfS im Mai 1988:

„Durch die Greifswalder Seite erfolgte die Benennung von Problemen der AG 2, die zu einer möglichen Konfrontation mit dem Staat führen können. Durch Gauck wurde informiert, daß er zwei Gespräche mit Lietz zur Problematik, speziell zur Gestaltung eines möglichen ‚Kirchentags von unten', hatte. Lietz habe dabei erklärt, daß von der AG 2 keine Aktivitäten ausgehen werden, die dem Anliegen des Kirchentages zuwiderlaufen würden bzw. zur Konfrontation mit dem Staat führen könnten. Gauck erklärte, daß er keinen Grund habe, an der Aufrichtigkeit von Lietz zu zweifeln."[585]

582 Vgl. BStU, BV Rostock, AIM 4171/90, Bd. II/1, Bl. 260.
583 Ebd., Bl. 182. „Mündlicher Bericht" vom 11.11.1987. Dahinter stand die Idee, dass die katholische Kirche von ihrem Hausrecht Gebrauch machen konnte.
584 Vgl. ebd., Bl. 210.
585 Ebd., Bl. 238.

Die im März 1988 von der SED-Bezirksleitung gegründete „Arbeitsgruppe zur parteimäßigen Koordinierung und Kontrolle der politischen Aktivitäten zum Kirchentag“ hatte schon im Voraus eine große Anzahl von Berichterstattern über den Kirchentag ausgebildet. Diese „Informatoren“ hatten jeweils zu zweit eine Veranstaltung zu besuchen und darüber einen standardisierten Bericht über Inhalt und auffällige Teilnehmer, Altersdurchschnitt und Anzahl der Personen im Informationszentrum in der Bezirksleitung der SED abzugeben.[586] Zu den „Informatoren“ der SED gehörten Studenten der Ingenieurhochschule Warnemünde, Mitarbeiter einzelner Abteilungen der SED-Bezirksleitung und des Rates der Stadt Rostock sowie Mitarbeiter des CDU-Bezirksvorstandes.[587] Auch diese CDU-Mitglieder wurden durch die SED planmäßig und zielgerichtet auf dem Kirchentag eingesetzt. Beispielsweise berichteten diese Informatoren über einen Baum im Vorraum der Christuskirche, an dem folgende Schilder hingen:

„Ich habe einen Traum, daß eines Tages
die Diktatur abgeschafft wird und Demokratie herrscht
statt Wehrkunde – ‚Friedensstunde‘
warum im Staat keine unabhängigen Gewerkschaftsgruppen und [keine] Opposition
keine Feindseligkeiten zwischen den Menschen und mit der Umwelt
keine Waffen
für ältere Bürger Pflegeheime mit idealen Bedingungen
ungehinderter Informationsfluß
Rechtssicherheit
Meinungsfreiheit
[keine] Ohnmacht gegen Polizei
freie Selbstbestimmung

586 Vgl. dazu auch Martin Henschel: Kirchliches Leben und religiöses Brauchtum in Rostock. Einige Beispiele von Anfechtung und Behauptung in der Zeit von 1945 bis 1989, in: Georg Diederich/Bernd Schäfer: Religiöses Brauchtum und kirchliches Leben im Alltag der DDR – zwischen Anfechtung und Behauptung. Forschungsstudie, in: Leben nach 1989 – Aufarbeitung und Versöhnung. Zur Arbeit der Enquete-Kommission des Landtags Mecklenburg-Vorpommern, Bd. VI, Schwerin 1996, S. 249. Henschel weist auf die Informatoren der SED-Bezirksleitung hin. Zur Arbeitsgruppe der SED gehörten neben dem Leiter der Abteilung Kirchenfragen der SED-Bezirksleitung auch der Leiter des Referates für Kirchenfragen sowie der Stellvertreter Inneres beim Rat des Bezirks. Von der Bezirksverwaltung des MfS waren der Stellvertreter Operativ und der Leiter der Abt. XX/4 anwesend (Vgl. LAG, BL Rostock IV E/ 2.14, Nr. 598, Bl. 49). Sie wurde geleitet vom Stellvertretenden Sekretär der SED-Bezirksleitung, Genossen Haß, in ihr arbeiteten auch Mitarbeiter des Staatssekretärs für Kirchenfragen und der Arbeitsgruppe Kirchenfragen beim ZK der SED (Vgl. LAG, BL Rostock IV E/ 2.14, Nr. 600, Bl. 118).

587 Vgl. LAG, BL Rostock IV E/ 2.14, Nr. 599, Bl. 22. Aus dem „Maßnahmeplan zum Einsatz der politischen MA/Evangelischer Kirchentag in Rostock vom 16.6.–19.6.1988“ des Bezirksverbandes der CDU geht hervor, dass jeweils zwei bis drei CDU-Mitglieder auf den wichtigsten Veranstaltungen eingesetzt waren. Insbesondere Mitarbeiter der CDU-Kreisvorstände wurden als Informatoren eingesetzt (Vgl. LAG, BL Rostock IV E/ 2.14, Nr. 598, Bl. 145 f.).

erlebte Unmündigkeit
alternativlose Volksbildung
Fehlen persönlicher Freiheitsentscheidungen
totale Willkür bei der Rechtsauslegung
Entmündigung durch gesellschaftliche Organe
militarisierende Tendenzen in allen Bereichen
[abgeschafft werden]"[588]

Die Arbeitsgruppe der SED-Bezirksleitung wandte sich augenblicklich an den Kirchentagsausschuss und forderte den Abbau des „Baumes", was auch geschah. Deutlich wird hier, dass nicht nur das MfS, sondern auch die SED ein „Spitzelsystem" aufgebaut hatte, um den Kirchentag zu kontrollieren und Einfluss nehmen zu können. In der Gesamtauswertung des Kirchentages durch die SED hieß es, es sei durch die SED abgesichert gewesen, dass „an allen Veranstaltungen und offiziellen Begegnungen Unionsfreunde aktiv und überzeugend aufgetreten sind und Einfluss genommen haben. Durch eine zwischen den Bezirksverbänden abgestimmte und detaillierte Berichterstattung war kontinuierlich die Möglichkeit des ständigen Überblicks über Inhalt und Verlauf des Kirchentages gegeben."[589]
Eine besondere Problematik bestand in der Teilnahme von „Übersiedlungsersuchenden" (ÜSE) am Kirchentag. Sie waren aus staatlicher Sicht eine Gefahr, weil sie als DDR-Bürger „im Wartestand" nichts mehr zu verlieren hatten und deshalb ihre Forderungen ohne Rücksicht auf staatliche Repressionen äußern konnten. Kirchen sahen dieses Engagement oft mit gemischten Gefühlen, denn die Antragsteller auf Ausreise (AStA), wie sie auch genannt wurden, verkomplizierten die Gespräche mit allen staatlichen Stellen und der SED. Es spielte aber auch die in den evangelischen Kirchen weit verbreitete Ablehnung einer Ausreise aus der DDR eine Rolle. „Wo Gott uns hingestellt hat, da bleiben wir" – das sollte auch für die Laien gelten. Insbesondere dann, wenn diese eigentlich keine Not litten und den Eindruck machten, „drüben" nur ein leichteres Leben zu suchen. Entsprechend ist die Haltung der evangelischen Kirchen zu Antragstellern auf Ausreise bis heute umstritten. Es gibt aber inzwischen ein Umdenken, eine Offenheit, sich mit den damaligen Beweggründen auseinanderzusetzen.
Die Antragsteller engagierten sich vor allem in der „Arbeitsgruppe 2". Schon im November 1987 wurde Bohl vom MfS darauf aufmerksam gemacht, dass Antragsteller die „AG 2" mit vorbereiten würden, und im Treffbericht heißt es, es sei über „Maßnahmen zur Unterbindung" ihrer aktiven Mitarbeit be-

588 LAG, BL Rostock IV E/ 2.14, Nr. 600, Bl. 108.
589 Vgl. LAG, BL Rostock IV E/ 2.14, Nr. 600, Bl. 128.

raten worden.[590] Insgesamt ist es jedoch bemerkenswert, dass ausschließlich die „Arbeitsgruppe 2" in das Visier der staatlichen Organe geriet. Die Arbeitsgruppe 3 („AG 3") „Kirche – Gesellschaft – Politik" war nicht weniger gesellschaftspolitisch orientiert. Dort fanden Veranstaltungen mit dem Titel „Ein leichtes Leben ist das nicht – Randgruppen – progressiv in der Gesellschaft" und „Ist noch Staat mit dem Staat zu machen? – Zentralismus und kein Ende" statt.[591] Der Unterschied bestand aus staatlicher Sicht nicht in den Themen, sondern in der Teilnehmerschaft. Zur „AG 3" kamen einzelne Bürger, während sich zur „AG 2" offenbar vornehmlich Gruppen angemeldet hatten, die als Unruhestifter galten. Hinzu kam, dass die Arbeitsgruppe der SED zur Kontrolle des Kirchentages scheinbar einen größeren Einfluss auf die „AG 2" als auf die „AG 3" ausüben konnte und gegenüber den vorgesetzten Stellen der Eindruck erweckt werden sollte, dass eine besondere Einflussnahme gewährleistet sei. Im Sinne der Planerfüllung hat das MfS also möglicherweise die „AG 3" nicht problematisiert, aber dennoch in ähnlicher Weise bearbeitet. Hier würde eine genauere Untersuchung sicherlich Aufschluss geben.

Eine interessante Gruppe war auch die „AG 6.1" unter dem Thema „Gemeinde – Kirche – Zukunft". Hier wurden Fragen nach dem Weg der Kirche, nach der Bedeutung von Laien in der Kirche, nach der Öffnung der Kirche für Nicht-Getaufte und nach den innerkirchlichen Entscheidungsprozessen gestellt. In Anlehnung an Gorbatschows Politik sollten „Klarheit", „Durchsichtigkeit" und „Neues Denken" auch in der Kirche verwirklicht werden. In ganz anderer Weise interessant war der am Sonnabend um 15.00 Uhr in der Universitätskirche stattfindende Vortrag von Manfred Stolpe zum Thema „Kirche in der DDR – Christsein im Sozialismus". Zur gleichen Zeit fand in der Andreaskirche eine Podiumsdiskussion zum Thema „Wirklichkeit und Traum zwischen Marxisten und Christen" unter Teilnahme von Prof. Fritzsche, Prof. Olof Klohr und Dr. Jens Langer statt. Klohr, der erste Professor für „Wissenschaftlichen Atheismus" in der DDR, war durchaus ein interessanter Gast bei diesem Kirchentag. Nicht zu vergessen sind auch die (wenigen) Veranstaltungen, die von Pfarrern und Mitarbeitern der Greifswalder Landeskirche gestaltet wurden. Beispielsweise fand am Sonnabend um 17.00 Uhr in der Heiligen-Geist-Kirche eine Podiumsdiskussion unter Leitung von Plath zum Thema „Was unsere Sache ist" statt, in der die Aufgaben der Kirche in der Gesellschaft im Mittelpunkt standen. Schriftsteller wie Werner Heiduczek und Jürgen Rennert lasen aus ihren Werken, Theologen wie Dorothee Sölle aus der Bundesrepublik, Christoph Magirius und Dietrich Mendt sowie Alt-

590 Vgl. BStU, BV Rostock, AIM 4171/90, Bd. II/1, Bl. 179.
591 Privatarchiv Traute Renius: „Überarbeitete Vorlage des Themenausschusses" (o. A.).

bischof Werner Krusche zogen durchaus das Publikum an.
Auch der „Markt der Möglichkeiten“ wurde durch die staatlichen Organe beobachtet. Als höchstes offizielles kirchenpolitisches Organ hatte das Staatssekretariat für Kirchenfragen vorsorglich darauf hingewiesen, dass Stände zu Themen der Volksbildung, der Rechtssicherheit, des Strafvollzugs, zur „Solidarischen Kirche“ und zu weiteren gesellschaftspolitischen Fragen verhindert werden müssten.[592] Laut MfS-Unterlagen erklärte Bohl seine Bereitschaft, auf den Markt der Möglichkeiten Einfluss zu nehmen. Er würde sich für die Verlegung des Markts in das Innere der Petrikirche und eine ständige Betreuung durch ein Mitglied des Kirchentagsausschusses einsetzen.[593] Der Markt fand tatsächlich im Inneren der Kirche statt, was aber nicht eindeutig auf eine Einflussnahme Bohls zurückzuführen ist. Offensichtlich aber war, dass eine Veranstaltung hinter den Kirchentüren weniger im Stadtbild auffiel als ein Markt unter freiem Himmel, den auch kirchenferne Rostocker vielleicht besucht hätten.
Das MfS versuchte von Anfang an, auf inhaltliche Fragen Einfluss zu nehmen. Dabei sollte 1988 im Vergleich zu vorhergehenden Kirchentagen den Wünschen der Kirche nicht entgegengekommen werden. So berichtete der Rat des Bezirks an die SED-Bezirksleitung in Rostock:

> „Die von den Bischöfen angedeuteten Wünsche der zu erwartenden staatlichen Unterstützung, die sich auf Druckerzeugnisse, Zurverfügungstellung von Freiflächen, Transportleistungen u. a. m. bezogen, wurden durch entsprechende Bemerkungen versucht zu minimieren.“[594]

Dass die Nutzung der Sport- und Kongresshalle abgelehnt wurde, ist das wichtigste Beispiel für diese administrative Strategie. Schon im Juni 1986 notierte der Führungsoffizier von Bohl nach einem Gespräch mit diesem über die gerade zurückliegende Tagung der beiden Landesausschüsse: „Obwohl noch nicht offen diskutiert, ist deutlich geworden, daß ein Großteil von Personen aus den Ausschüssen auf eine Nutzung der SKH [Sport- und Kongreßhalle] in Rostock reflektiert.“[595] Martin Henschel weist in seiner Studie darauf hin, dass 1988 an den Rat der Stadt Rostock die Anwei-

---

592 Vgl. LAG, BL Rostock IV E/ 2.14, Nr. 598, S. 170 f. „Hinweise für die Tätigkeit der staatlichen Arbeitsgruppen zur operativen Absicherung und politischen Einflußnahme auf die Kirchentage in Erfurt, Rostock und Halle, ausgehend von der Durchführung des Kirchentages in Görlitz vom 3.–5.6.1988“.

593 Vgl. BStU, BV Rostock, AIM 4171/90, Bd. II/1, Bl. 267. „Information zum Rostocker Kirchentag“ vom 16.6.1988: „Der Markt der Möglichkeiten vor der Petrikirche am Sonnabend ist noch ungeklärt. Die Quelle wird hierzu auf den Verantwortlichen Einfluß nehmen, um diesen [Markt] in die Kirche zu verlegen.“

594 LAG, BL Rostock IV, E/ 2.14, Nr. 599, Bl. 2. „Information zu dem vom 16.–19.6.1988 stattfindenden Kirchentag der Greifswalder und Mecklenburgischen Landeskirche in Rostock“.

595 BStU, BV Rostock, AIM 4171/90, Bd. II/1, Bl. 50.

sung erging, „im Zusammenhang mit den zuständigen Einrichtungen zu sichern, dass während der Zeit des Kirchentags geeignete Veranstaltungen und attraktive öffentlichkeitswirksame Angebote, vor allem im Bereich des Sports und der Kultur, organisiert werden."[596] Oberleutnant Wegner ordnete tatsächlich umgehend die „Einflußnahme auf die Partner des Zusammenwirkens hinsichtlich einer transparenten Begründung gegenüber der Kirche für die Nichtnutzbarkeit der Sport- und Kongreßhalle zum ursprünglich geplanten Termin in Abstimmung mit dem Handballverband der DDR"[597] an. Bohls Information hatte dazu geführt, dass der Staat schon früh über die geplante Nutzung der Sport- und Kongresshalle informiert war und genügend Zeit hatte, eine andere Nutzung in die Wege zu leiten. So geschah es auch. Die Kongresshalle sei zum geplanten Zeitpunkt nicht frei, hieß es, da der Handballverein die Nutzung bereits beantragt hätte. Die Greifswalder konzentrierten sich laut MfS-Akten auf die Suche nach anderen Möglichkeiten, die Mecklenburger jedoch betrachteten dies als Degradierung kirchlicher Anliegen im Vergleich zu Sportveranstaltungen.

Als „Erfolg" gegenüber den Kirchen sah der Rat des Bezirks Rostock auch die Verlegung der Abschlussveranstaltung des Kirchentages aus dem Stadtzentrum in den Barnstorfer Wald an, weil der Kirchentag damit an den Rand der Stadt verlegt und dessen „Öffentlichkeitswirksamkeit" begrenzt worden war. Darüber hinaus hatte der Rat des Bezirks auf Veranlassung der SED-Bezirksleitung eine Reihe von Veranstaltungen parallel zum Kirchentag organisiert, die potenzielle Teilnehmer von einem Besuch des Kirchentages abhalten sollten. In einer Information der AG Kirchenfragen beim ZK der SED hieß es:

„Zur Zeit des Kirchentages fanden auf Initiative der Bezirksleitung der SED im Rahmen der Urlaubergestaltung zahlreiche kulturelle und sportliche Veranstaltungen statt. Dies und auch die Tatsache, daß die Abschlußveranstaltung am Stadtrand, im Barnstorfer Wald, stattfand, trug wesentlich dazu bei, daß der Kirchentag im öffentlichen Leben der Stadt nicht besonders in Erscheinung trat."[598]

In die gleiche Richtung ging auch die verspätete Auslieferung der Program-

596 Vgl. Martin Henschel: Kirchliches Leben und religiöses Brauchtum in Rostock. Einige Beispiele von Anfechtung und Behauptung in der Zeit von 1945 bis 1989, in: Georg Diederich/Bernd Schäfer: Religiöses Brauchtum und kirchliches Leben im Alltag der DDR – zwischen Anfechtung und Behauptung. Forschungsstudie, in: Leben nach 1989 – Aufarbeitung und Versöhnung. Zur Arbeit der Enquete-Kommission des Landtags Mecklenburg-Vorpommern, Bd. VI, Schwerin 1996, S. 249.

597 BStU, BV Rostock, AIM 4171/90, Bd. II/1, Bl. 134. „Operativinformation" vom 9.6.1987.

598 LAG, BL Rostock IV E/ 2.14, Nr. 600, Bl. 162.

me zehn Tage vor Beginn des Kirchentages.[599]

Ein weiteres Mittel, den Kirchentag in seiner Ausstrahlung zu schwächen, war die „Differenzierung". Hinter dieser Strategie verbarg sich der Versuch, die beiden Landeskirchen gegeneinander auszuspielen, Auseinandersetzungen zwischen ihnen zu provozieren und Entscheidungsprozesse zu verzögern, um ein geschlossenes Vorgehen der Mecklenburger und Greifswalder Landeskirche gegenüber dem Staat zu verhindern. Die „Nutzung der vorhandenen inoffiziellen Möglichkeiten zur Realisierung innerkirchlicher Auseinandersetzungen mit den Mitgliedern des Kirchentagsausschusses der Evangelischen Landeskirche Mecklenburgs" sowie die „Gewährleistung der staatlichen Zurückweisung der Einladung von NSW-Personen, die als negativ bekannt sind", waren ausdrücklich in operativen Materialien des MfS zum Kirchentag 1988 vorgesehen.[600]

Ein besonderer Streitpunkt zwischen den Greifswalder und den Mecklenburger Mitgliedern des gemeinsamen Kirchentagsausschusses war die Einladung von Alt-Bundeskanzler Helmut Schmidt zum Kirchentag. Die Initiative zur Einladung von Schmidt kam hauptsächlich aus der Landeskirche Mecklenburg und wurde besonders intensiv von Bischof Stier betrieben. Im gemeinsamen Kirchentagsausschuss diskutierte man über die Schmidt-Einreise: Einerseits wäre der Auftritt Schmidts ein „Publikumsmagnet" für den gesamten Kirchentag, andererseits kam aus beiden Landesausschüssen auch die Anmerkung, eine Öffnung nach Osten sei angebracht, und man wolle daher die östlichen evangelischen Kirchen einladen. Auch Bischof Gienke soll sich gegen eine Einreise von Schmidt geäußert haben.[601]

Von staatlicher Seite wurde der Besuch Schmidts nicht begrüßt, aber die Verweigerung der Einreiseerlaubnis hätte den Kirchentag möglicherweise noch populärer gemacht und wäre außenpolitisch ein Affront gegenüber dem Altbundeskanzler gewesen. Schmidt kam zum Kirchentag und füllte die größte Rostocker Kirche, die Marienkirche. Viele waren jedoch im Nachhinein enttäuscht, denn er hatte sich zur innenpolitischen Situation der DDR nur andeutungsweise geäußert.

Diese „Differenzierungspolitik" ist in Greifswald nicht unbemerkt geblieben. So meldete der Rat des Bezirks Rostock an das Staatssekretariat für Kirchenfragen über ein Gespräch mit Bischof Gienke im Mai 1988 im Vorfeld des Kirchentags:

---

599 Privatarchiv Traute Renius zum Kirchentag 1988: „Ergebnisprotokoll der gemeinsamen Sitzung der Landesausschüsse des Kirchentages Greifswald und Mecklenburg am 14. Oktober 1988 in Güstrow".

600 Vgl. BStU, BV Rostock, AIM 4171/90, Bd. II/1, Bl. 187. „Operativinformation" vom 4.12.1987.

601 Vgl. LAG, BL Rostock IV E/ 2.14, Nr. 600, Bl. 162. Information der AG Kirchenfragen beim ZK der SED vom Juni 1988.

„Im weiteren Meinungsaustausch bezog sich Dr. Gienke auf das am 15.4.88 beim Vorsitzenden des Rates des Bezirks stattgefundene Gespräch mit beiden Bischöfen zu Fragen des bevorstehenden Kirchentages. Der Bischof begrüßte die Position der Kirchentagsausschüsse zur Einreise Schmidts, die damit den staatlich dargestellten Standpunkt respektieren. Er erklärte, daß auch die ‚Kameraderie' unter den Bischöfen Grenzen habe. Landesbischof Stier würde in dieser Angelegenheit seine Fäden bis nach Berlin weiterspinnen. Sie als Greifswalder Landeskirche empfinden eine derartige Lage als peinlich. Er sei jedoch nicht in der Lage, Landesbischof Stier zur Zurückhaltung in dieser Frage zu beeinflussen. Der Rat des Bezirks sollte wissen, daß die Greifswalder Landeskirche sich von einem derartigen Stil distanziert, dies nicht nur wegen des Kirchentages, sondern sie möchte ein offenes Verhältnis zu den staatlichen Organen und keinen Verdächtigungen ausgesetzt sein, erklärte der Bischof."[602]

Deutlicher konnten die erheblichen Spannungen nicht zur Schau gestellt werden.[603] Seine Beziehungen zu Mecklenburg seien gut gewesen, schrieb Gienke dann jedoch in seinen Memoiren:

„Aber solche Versuche [der Spaltung] konnten angesichts der vielen Beziehungen zwischen den beiden Kirchen keinen Schaden für das Gemeindeleben anrichten. Kirchentage feierte man mehr und mehr gemeinsam. Jede staatliche Spaltungspolitik war solange zur Erfolglosigkeit verurteilt, wie sie in den Kirchen keinen Nährboden fand."[604]

Bohls Führungsoffizier notierte dagegen am letzten Veranstaltungstag, dem 18. Juni 1988, dass es wegen des Vortrags von Schmidt zwischen der Mecklenburger und der Greifswalder Landeskirche zu erheblichen Spannungen gekommen sei. Bohl distanzierte sich gegenüber Wegner von der Lautsprecherübertragung des Schmidt-Vortrags nach draußen: Dies sei wieder einmal ein Beweis, „daß insbesondere durch die Mecklenburger Seite verantwortliche Festlegungen nicht durchgesetzt werden und verabredete Zusagen gebrochen werden. Die Quelle erklärte, für sie sei das der letzte gemeinsame KT [Kirchentag]",[605] heißt in den Akten.

Auf die Greifswalder Organisatoren sei Verlass, während der mecklenburgische Bischof kirchenpolitisch unzuverlässig war – so sah man es jedenfalls in der Rostocker SED-Bezirksleitung:

602 BArch, DO-4/1474.

603 Die Tatsache, dass Bischof Gienke an dem Kirchentag seiner eigenen Landeskirche nicht teilgenommen hatte, wurde selbst auf staatlicher Seite als „eigenartig" bewertet. Vgl. LAG, BL IV E/ 2.14, Nr. 600. Bl. 162.

604 Gienke (1996), S. 262.

605 BStU, BV Rostock, AIM 4171/90, Bd. II/1, Bl. 276. „Information zum Rostocker Kirchentag" vom 19.6.1988.

„OKR Dr. Plath hat sich im Auftrag der Greifswalder Landeskirche in mehreren Veranstaltungen zur konstruktiven Kirchenpolitik bekannt. Dagegen äußerte sich Bischof Stier während des gesamten Kirchentages weder zum Friedensengagement der Christen noch zur Fortführung des Weges vom 6.3.1978. Seine wahre Haltung brachte er u. a. beim Essen mit Helmut Schmidt zum Ausdruck. Er griff die Äußerung Schmidts zur Wiedervereinigung beider deutscher Staaten (nach kapitalistischer Prägung) auf und bekannte sich dazu."[606]

Die Eröffnungspredigt des Kirchentages von Siegfried Plath, dem ranghöchsten anwesenden Greifswalder Vertreter, hatte auf viele enttäuschend gewirkt, weil sie keinen gesellschaftlichen Bezug hatte. Umso größer war die Begeisterung über die Predigt von Joachim Gauck im Abschlussgottesdienst. Sie vereinte alle Christen aus Mecklenburg wie aus Greifswald und darüber hinaus in der Wahrheit, dass Christen in der DDR noch nicht gleichberechtigt waren. 20.000 Menschen hörten mit großer Spannung diese Predigt, die den Kirchentag endlich zu einem politischen Forum machte.

„Als Kind, Frau und Mann, als Christen und Staatsbürger erleben wir oft mehr Dunkelheit als Licht. Mancher kommt sich benachteiligt vor – aber mancher ist es auch. [...] Ungleichmäßig sind die Licht- und Klimazonen über die Erdkugel verteilt, Fülle und Mangel im Leben der Menschheit desgleichen. Vor dem Licht ist die Nacht. Aber in der Tiefe der Nacht wird für den, der wachen muß, die Sehnsucht nach dem Licht am heftigsten. Man kann diese Sehnsucht am Morgen schnell vergessen. Ob das gut ist? [...] Hoffnung wächst nicht aus HABEN, sondern aus SEIN. Wenn sie echt ist, riskiert sie etwas. Nicht Idylle, sondern Veränderung umgibt sie. Eine Schwester von ihr heißt Unruhe. Bitte erschrecken wir nicht, sondern bedenken wir, wohin uns die Ruhe gegenüber allem Unheil geführt hat! Die etablierte Christen- und Bürgergemeinschaft muß wohl lernen, ihren Unruhestiftern zu danken. Sie lehren uns: finde dich nicht ab mit dem, was du vorfindest. [...] Nehmen wir Abschied, Freunde, vom Schattendasein, das wir leben in den Tarnanzügen der Anpassung."[607]

Es waren solche Sätze, ungeschützt und direkt, die in der DDR nur die Kirche aussprechen konnte. Es waren Reden wie diese, die die Wende vorberei-

606 LAG, BL Rostock IV E/ 2.14, Nr. 613, Bl. 233. Bezirksleitung der SED, Abteilung Kirchenfragen. „Mündlicher Bericht über die kirchenpolitische Situation" (o. A.). Im Original steht „Weitervereinigung", nicht „Wiedervereinigung". Gemeint war „Wiedervereinigung", was auch in anderen Quellen bestätigt wird.

607 LAG, BL Rostock IV E/ 2.14, Nr. 600. Bl. 109–110. Auszug aus der Predigt von Pastor Joachim Gauck beim Abschlussgottesdienst auf dem Kirchentag in Rostock am 19.6.1988.

teten und die der evangelischen Kirche das Vertrauen und den Rückhalt in der breiten Bevölkerung einbrachten, die ein Jahr später in der Friedlichen Revolution zum Tragen kamen.
Es wäre sicher zu kurz gegriffen, in „Nacht“ und „Dunkelheit“ nur Anspielungen auf das Leben der Christen in der DDR zu sehen. Diese Metaphern meinten ebenso die globalen Menschheitsprobleme wie die Bewahrung des Friedens im Atomzeitalter, die Nöte der Dritten Welt und die weltweite Zerstörung der Natur. Gauck schloss aber eben nicht ausdrücklich aus, dass Nacht und Dunkelheit auch in der DDR zu Hause waren. Diese Botschaft griff das Bedürfnis vieler Kirchentagsbesucher auf, die gekommen waren, um sich der Unterstützung der Kirche in einer schweren Zeit zu vergewissern, und sich Mut zu machen.

6.1.3 „Abschied vom Schattendasein in den Tarnanzügen der Anpassung“ – Zusammenfassung

Joachim Gauck hatte in seiner Ansprache Atmosphäre und Ziele der Wende um ein Jahr vorweggenommen. Sein Aufruf, die erzwungene Anpassung aufzugeben und mit neuer Hoffnung auf Veränderung in die Öffentlichkeit zu gehen, traf den Nerv der Zeit.
Zugleich war der Kirchentag in Rostock 1988 noch ein Paradebeispiel für den Versuch von Partei und Staat, Einfluss auf die evangelische Kirche zu nehmen. Dem massiven Einsatz von Kräften stehen jedoch nur wenige offensichtliche Erfolge gegenüber. Dazu gehörten die Verhinderung der Nutzung der Sport- und Kongresshalle sowie die Verringerung der Teilnehmerzahlen durch gleichzeitig stattfindende Veranstaltungen. Auch die verspätete Auslieferung der Programme hat möglicherweise dazu geführt, dass weniger Besucher am Kirchentag teilnahmen. Insgesamt waren das MfS und damit auch alle nachfolgenden staatlichen Organe und die SED gut über den jeweiligen Vorbereitungsstand des Kirchentages informiert – aber sie konnten keinen starken inhaltlichen Einfluss ausüben. Martin Henschel weist auf die Podiumsdiskussion am Eröffnungstag hin, bei der Vertreter der Rostocker Partnerstädte Turku, Szczecin und Bremen miteinander sprachen. Dass der Rat des Bezirks dieses Forum nicht hatte verhindern können, wertet Henschel als Zeichen dafür, dass dessen Position im Jahr 1988 schon geschwächt gewesen sei.[608] „Erfolge“ konnte er

608 Vgl. Martin Henschel: Kirchliches Leben und religiöses Brauchtum in Rostock. Einige Beispiele von Anfechtung und Behauptung in der Zeit von 1945 bis 1989, in: Georg Diederich/Bernd Schäfer: Religiöses Brauchtum und kirchliches Leben im Alltag der DDR – zwischen Anfechtung und Behauptung. Forschungsstudie, in: Leben nach 1989 – Aufarbeitung und Versöhnung. Zur Arbeit der Enquete-Kommission des Landtags Mecklenburg-Vorpommern, Bd. VI, Schwerin 1996, S. 249.

nur noch im administrativen Bereich erzielen, also in der Eindämmung der Öffentlichkeitswirksamkeit des Kirchentages.
Der Kirchentag 1988 war für die Kirche trotz aller Versuche staatlicher Einflussnahme ein großer Erfolg. Die „Arbeitsgruppe Information“ der SED-Bezirksleitung zählte 2.000 Dauerteilnehmer, 80 Veranstaltungen und 10.000 Besucher auf dem Abschlussgottesdienst.[609] Nach Angaben der CDU waren sogar 17.000 Menschen zum Abschlussgottesdienst gekommen, und von Greifswalder Seite zählte man sogar 20.000 Besucher und 90 Veranstaltungen.[610] Mit 150 ökumenischen Gästen aus elf Ländern war die internationale Vielfalt nur etwas geringer als die auf dem Kirchentag 1985.[611]
Inhaltlich entsprach der Kirchentag überwiegend den Plänen der Landeskirche Mecklenburg. Die Öffnung der Kirche für gesellschaftspolitische Fragen stand im Mittelpunkt. Bei der Nachbesprechung im Oktober 1988 stellten die beiden Landesausschüsse fest, dass die Themen gut angekommen seien und sich die Kirchentagsbesucher aktiv an den Veranstaltungen beteiligt hätten.[612] Es wurden jedoch auch kritische Gedanken geäußert. So war im Vorwege nicht befriedigend geklärt worden, für welche Zielgruppe der Kirchentag konzipiert werden sollte.[613] Hatte die Kirche auf die politischen und gesellschaftlichen Fragen der Zeit zu reagieren und sich für eine gesellschaftspolitisch relevante Theologie zu öffnen oder stand weiterhin das traditionelle Gemeindeleben im Mittelpunkt der kirchlichen Arbeit? Dahinter verbarg sich die Frage nach dem Weg der Kirchen in der DDR insgesamt. Eine besondere Brisanz erhielt diese Frage im Zusammenspiel der beiden Landeskirchen, weil diese jeweils eine der beiden Richtungen vertraten und somit ein grundlegender Dissens gegeben war.
Ein Vergleich der beiden hier vorgestellten Kirchentage verdeutlicht vor allem eines: die Abhängigkeit der Rostocker von der Berliner Linie der SED. 1985 war es das Ziel der DDR-Führung, am Beispiel des Greifswalder Kirchentages nach außen ein (vermeintlich) gutes Verhältnis zwischen dem Staat und der Kirche in der DDR zu demonstrieren, während es 1988 nur um die Aufrechterhaltung der Machtverhältnisse ging. Auch ein Kirchentag, der nur in der Landeskirche Greifswald stattgefunden hätte, wäre konfliktträchtig verlaufen. Es waren die innenpolitischen Umstände, die das Verhältnis zwi-

609 Vgl. LAG, BL Rostock IV, E/ 2.14, Nr. 600, Bl. 113.
610 Vgl. LAG, BL Rostock IV, E/ 2.14, Nr. 630, Bl. 17.
611 Vgl. LAG, BL Rostock IV, E/ 2.14, Nr. 600, Bl. 127.
612 Vgl. Privatarchiv Traute Renius zum Kirchentag 1988: Notizzettel „Nachgedanken zum KT [Kirchentag] ’88“.
613 Vgl. ebd.: „Ergebnisprotokoll der gemeinsamen Sitzung der Landesausschüsse des Kirchentages Greifswald und Mecklenburg am 14. Oktober 1988 in Güstrow“. Gauck sagte lt. Protokoll: „Wir müssen uns entscheiden, welches unser kirchliches Basisfeld beim Kirchentag ist. Unser Feld waren und sind die in der Kirche und Gesellschaft engagierten Menschen.“

schen Staat und Kirche im Jahr 1988 unter Spannung setzten. Die beiden Kirchentage 1985 und 1988 machten somit die Spannweite des Verhältnisses zwischen der Landeskirche und dem Bezirk in den achtziger Jahren sichtbar. Konnten die SED und der Rat des Bezirks Rostock die Kirchentagsplanung beinflussen? Unabhängig von der konkreten gesamtpolitischen Situation war immer die absolute Kontrolle das Ziel der SED. Diese erreichte sie nicht. Das MfS als ausführendes Organ hingegen hatte das Ziel, so früh und so vollständig wie möglich die Informationen aus dem kirchlichen Raum zu erhalten. Hier muss ein weitgehender Erfolg des Staates eingeräumt werden. Die Gewinnung wichtiger Informationen konnte teilweise durch den Staat zum Schaden der Kirchen ausgenutzt werden, wie am Beispiel der Sport- und Kongresshalle gezeigt wurde. Sobald es jedoch um die Beeinflussung von Gruppen ging, konnten die staatlichen Stellen nicht mehr direkt eingreifen, und der „Erfolg" blieb aus. Dies zeigte sich am Beispiel der Arbeitsgruppe 2. Von besonderer Bedeutung war der Einsatz Inoffizieller Mitarbeiter des MfS, vor allem der Bohls, die im Anschluss an den Kirchentag auch belohnt wurden. So erhielt „Titus" laut MfS-Akten in „Anerkennung der hohen Einsatzbereitschaft und der erreichten operativen Arbeitsergebnisse während des Einsatzes zum Rostocker Kirchentag" ein „Präsent (Genußmittel)" im Wert von 183,10 Mark.[614] Schon im September 1987 soll Bohl – so stellt es sich in den Akten des MfS dar – ein Geschenk im Wert von 53,75 Mark erhalten haben.[615]

IM „Gisela" gehörte auch zur Vorbereitungsgruppe und wurde „für den Einsatz zum Kirchentag" vom MfS mit 200 Mark bezahlt.[616] Ein Beweis, dass Bohl und Fleckstein die Bezahlung oder das Präsent angenommen haben, existiert jedoch nicht. Beide trafen sich laut Berichtsakten während des Kirchentages vier Mal mit ihrem Führungsoffizier, Oberleutnant Wegner. Bohl soll sich laut Akten des MfS bei telefonischen Kontakten mit dem Staatssicherheitsdienst eines gesonderten Decknamens, nämlich des Wortes „Wahl", bedient haben.[617]

Wenn sich auch die unterschiedlichen kirchenpolitischen Wege der beiden Landeskirchen anhand des Kirchentages 1988 gut abzeichnen – insbesondere im Verhalten den Gruppen gegenüber –, so sollte das Bild doch nicht einseitig negativ für die Landeskirche Greifswald ausfallen. Klar scheint, dass sich die ELKG eher bremsend in die Vorbereitung eingemischt hat. Vereinzelt wurde darüber hinaus festgestellt, Stier und Gauck hätten versucht, sich den Vorstellungen der SED von Sicherheit und Ordnung zu widersetzen,

---

614 Vgl. BStU, BV Rostock, AIM 4171/90, Bd. I/1, Bl. 336.
615 Vgl. ebd., Bl. 326.
616 Vgl. BStU, BV Rostock, AIM 4164/90, Bd. III/1, Bl. 112.
617 Vgl. BStU, BV Rostock, AIM 4171/90, Bd. II/1, Bl. 243.

Gienke hingegen habe in allen Belangen nachgegeben.[618] Beteiligte wie Bischof Gienke betonten jedoch in Gesprächen auch mehrfach, dass die Landeskirche Mecklenburg zwar nach außen einen Konfrontationskurs mit dem Staat eingegangen wäre, aber nicht immer konsequent auch die Folgen getragen hätte. Sie hätte angesichts der staatlichen Repressionen eine „Opferrolle" eingenommen und die Greifswalder Kirche, die sie als zu staatstreu kritisierte, bei Bedarf in die Verhandlungen zur Vorbereitung des Kirchentages eingeschaltet. Durch das gute Verhältnis zu den staatlichen Stellen sei manches Ziel der Mecklenburger Landeskirche erreicht worden, was ohne die Greifswalder Hilfe nicht möglich gewesen wäre. Das „Mecklenburgische Heldentum" sei daher nur begrenzt heldenhaft gewesen.[619] Die folgenden 12 Monate sollten zeigen, dass die Mecklenburger durchaus eine starke Stimme gegenüber dem Staat hatten und keineswegs auf Greifswalder Vermittlung angewiesen waren.

6.2 Die Jugend- und Studentenarbeit

Die Jugend- und Studentenarbeit wurde besonders kritisch beobachtet. Der Staat sah in der kirchlichen Arbeit mit Jugendlichen und jungen Erwachsenen nicht nur eine Verletzung seines Erziehungsmonopols, sondern vor allem eine Gefährdung seiner ideologischen Vormachtstellung. Die Jugend sollte möglichst wenig Kontakt zur Kirche haben, denn Kirche war ein Relikt der bürgerlichen Gesellschaft und stand daher dem Erziehungsziel in den Schulen entgegen: der Prägung der „sozialistischen Persönlichkeit". Die Jugend sollte von der wissenschaftlichen Weltanschauung überzeugt und klassenbewusst sein.[620]

Diesem Anspruch konnte aus der Perspektive der SED ein religiös gebundener Mensch nicht gerecht werden, weil dieser, so wurde vorausgesetzt, die wissenschaftliche Weltanschauung ablehne, Kontakte in das „nichtsozialistische Wirtschaftsgebiet" habe und damit „westlicher Feindtätigkeit" ausgesetzt sei. Umso mehr, wenn diese Schüler auch noch zu den Klassenbesten gehörten.

---

618 Vgl. Unabhängiger Verein zur historischen, politischen und juristischen Aufarbeitung der DDR-Vergangenheit e. V. (UVA): Abschlußbericht der ersten Arbeitsgruppe zur Aufarbeitung der SED-Archive der ehemaligen Bezirke Schwerin, Neubrandenburg und Rostock in den Landesarchiven Greifswald und Schwerin, Rostock 1994, S. 95.

619 Gespräch mit Altbischof Dr. Horst Gienke am 12.5.1998.

620 Vgl. dazu auch Jörg Ohlemacher/Reimund Blühm: Repression gegen die christliche Jugend im Bildungs- und Erziehungsbereich. Forschungsstudie, in: Leben in der DDR, Leben nach 1989 – Aufarbeitung und Versöhnung. Zur Arbeit der Enquete-Kommission des Landtages Mecklenburg-Vorpommern, Bd. VII, Schwerin 1997, S. 101–231.

Im Folgenden wird nur ein kleiner Ausschnitt betrachtet: die Beobachtung und die Einflussnahme auf die gemeindeübergreifende Jugendarbeit in der ELKG und die Evangelische Studentengemeinde in Greifswald.[621]

Was waren die „Evangelischen Studentengemeinden"? Was bedeutete „kirchliche Jugendarbeit"? Die Evangelischen Studentengemeinden (ESG) hatten ihre Ursprünge in der im 19. Jahrhundert gegründeten und 1938 verbotenen Deutschen Christlichen Studentenvereinigung (DCSV). Sie wurden nach Kriegsende neu gegründet und inhaltlich sowie strukturell vollständig reorganisiert, sodass sie als relativ „junger" Zweig der kirchlichen Arbeit zu betrachten sind. Die Studentengemeinden bestanden an allen Hoch- und Fachschulorten der DDR und waren organisatorisch an die jeweilige Landeskirche angegliedert. In der DDR bestanden 33 Evangelische Studentengemeinden. Sie waren durch eine Zentralstelle in Berlin miteinander verbunden.[622] In Greifswald hatte der Studentenpfarrer die Leitung, ein studentischer Senat stand ihm zur Seite. Der Senat stellte innerhalb der ESG Greifswald eine Art Vorstand dar, wurde durch einen Senatspräsidenten geleitet und übte einen entscheidenden Einfluss auf die inhaltliche Arbeit der ESG und auf deren Eingliederung in die Landeskirche aus. Er bestand aus den ehemaligen Vertrauensstudenten, die jedes Semester gewählt wurden und nach ihrer Amtszeit in den Senat gingen.[623] Für den Staat waren die Studentengemeinden ein Schwerpunkt der Observierung, weil ihre thematische Arbeit sehr gesellschaftspolitisch ausgerichtet war. Zudem waren sie relativ lose an die landeskirchlichen Strukturen angegliedert, was die Einflussnahme von außen sehr erschwerte. Hinzu kam, dass die Mitglieder der ESG als zukünftige Akademiker für die DDR dringend zur Leistungssteigerung in Wirtschaft und Wissenschaft benötigt wurden und deswegen ihre ideologische Einbindung besonders wichtig war. Außerdem galt die Funktion des Studentenpfarrers als Sprungbrett für eine kirchliche Karriere, was die Aufmerksamkeit staatlicher Stellen zusätzlich erhöhte.[624]

Die evangelische Jugendarbeit hingegen hat ihre Ursprünge im 1844 gegründeten Christlichen Verein Junger Männer (CVJM). Die Landeskirche Greifswald war traditionell sehr eng mit dessen Zielen verbunden und pflegte die Verbindungen zum Jungmännerwerk in Berlin, dem Nachfolger des CVJM

621 Ein genaueres Bild ergäbe sich bei einer gleichzeitigen Betrachtung der Vorgänge an den Schulen, Ausbildungsstätten und der Universität in Greifswald sowie durch eine Untersuchung der staatlich gelenkten Freizeiteinrichtungen im Bezirk Rostock. Außerdem müssten die „Jungen Gemeinden", die von den einzelnen Pfarrern geleitet wurden, mit untersucht werden.

622 Vgl. hierzu auch Axel Noack: Feindobjekt: Evangelische Studentengemeinde, in: Clemens Vollnhals (Hg.): Die Kirchenpolitik von SED und Staatssicherheit. Eine Zwischenbilanz (= Wissenschaftliche Reihe des BStU, Bd. 7), Berlin 1996, S. 298–328.

623 Hier wird explizit nur der Aufbau der ESG Greifswald beschrieben. In anderen ESGn waren die Strukturen jedoch vergleichbar.

624 Vgl. Axel Noack (1996), S. 306.

in der DDR. Im Unterschied zu den Studentengemeinden trug die Jugendarbeit den Bedürfnissen von jungen Leuten Rechnung, die nicht studierten, sondern sich in der Lehre befanden oder bereits einem Beruf nachgingen und den Anschluss an die etablierten Gemeinden noch nicht gefunden hatten. Vor allem aber Schüler der höheren Klassen nahmen an der Jungen Gemeinde oder an übergemeindlichen Veranstaltungen der Jugendarbeit teil. Beide boten ihnen die Möglichkeit, den Kontakt zur Kirche nicht zu verlieren oder ihn – auch ohne Taufe oder Konfirmation – überhaupt erst aufzubauen.
Im Unterschied zur Studentenarbeit, die von einem Pfarrer allein geleitet wurde, wurde die Jugendarbeit von vielen Mitarbeitern auf allen Ebenen betrieben. In der Greifswalder Landeskirche leiteten der Landesjugendpfarrer die Kreisjugendpfarrer und der Landesjugendwart die Kreisjugendwarte bzw. Stadtjugendwarte an. Landesjugendwart und Landesjugendpfarrer waren gehalten, eng zusammenzuarbeiten, ebenso die Jugendpfarrer und Jugendwarte. Die Jugendarbeit in der ELKG war demnach ein Geflecht aus unterschiedlichen Ansätzen, Persönlichkeiten und Bedürfnissen der Jugendlichen. Diese Strukturen erklären, warum sich die Jugendarbeit sehr viel langsamer entwickeln konnte als die ESG: In Bezug auf die ESG konnte kaum ein kirchliches Gremium Einspruch erheben, die Jugendarbeit war hingegen auf allen Ebenen rechenschaftspflichtig. So bildeten sich in der Landeskirche Greifswald auch nur drei größere Zentren der Jugendarbeit heraus, nämlich Stralsund, Grimmen und Greifswald.
Im Folgenden wird die Sicht der staatlichen Stellen auf die ESG in Greifswald und die Jugendzentren in Grimmen, Stralsund und Greifswald betrachtet. Aus welchen Gründen und mit welchen Mitteln versuchten die staatlichen Organe an diesen Orten, Einfluss auf die kirchliche Arbeit zu nehmen? Die zeitliche Unterteilung richtet sich vornehmlich nach dem vorhandenen Quellenmaterial. Hinsichtlich der ESG erscheint daher ein Einschnitt nach der Beendigung des Operativen Vorgangs „Apostel" im Jahr 1987 sinnvoll. Der Beginn der innenpolitischen Krise 1987/88 führte zu einer Annäherung der Jugend- und Studentenarbeit in der Landeskirche Greifswald, sodass eine gemeinsame Darstellung dieser beiden Bereiche kirchlicher Arbeit für die Jahre 1988 und 1989 angemessen scheint. Aufgrund der Quellenlage muss die Darstellung der Geschichte der Studentengemeinde in Greifswald in den letzten Jahren der DDR jedoch lückenhaft bleiben. Die entsprechenden Un-

terlagen des MfS konnten bisher nur partiell eingesehen werden.[625]
Die Observierung der kirchlichen Jugend- und Studentenarbeit durch staatliche Organe im Auftrag der SED beschreibt nur einen Ausschnitt der Auseinandersetzung zwischen Staat und Kirche um die Erziehung der Jugend. Das staatliche Interesse an der Studenten- und Jugendarbeit in den achtziger Jahren wird vor dem Hintergrund der Entwicklung des Erziehungssystems in der DDR besonders deutlich.

6.2.1 Vorgeschichte: Die Bedeutung der Jugend für den Staat

Die Auseinandersetzung zwischen weltlicher und kirchlicher Macht um die Erziehung der Jugend begann bereits im August 1945 mit dem Befehl Nr. 40 der Sowjetischen Militär-Administration in Deutschland (SMAD), der die Schließung aller privaten sowie konfessionellen Schulen anordnete. In dem Gesetz zur Demokratisierung der Schulen vom Mai 1946 manifestierte sich ein Grundsatz, der bis 1989 seine Gültigkeit behielt: Die Erziehung der Jugend, so hieß es in dem Gesetz, sei ausschließlich Sache des Staates.[626]
Die staatliche Einflussnahme auf Bildung und Erziehung der jungen Generation wurde bis 1980 erheblich verstärkt. Das belegt nicht nur das Verbot des Religionsunterrichts an den Schulen von 1953,[627] sondern das belegen vor allem die Jugend- und Bildungsgesetze aus den sechziger Jahren. So erhob das Jugendgesetz aus dem Jahr 1963 den Staat zum Erzieher der Kinder und Jugendlichen, ohne ausdrücklich auch den Eltern das Erziehungsrecht einzuräumen.[628] Das „Gesetz über das einheitliche sozialistische Bildungssystem" von 1965 legte darüber hinaus auch die Unterrichtsinhalte fest und bestimmte als Erziehungsziel die Formung einer „sozialistischen Persönlichkeit".[629] Für ein religiöses Bekenntnis boten diese Gesetze keinen Raum mehr.
Die einheitliche und staatlich gelenkte Erziehung der Jugend wurde durch den Ausbau des Bildungs- und Erziehungssystems in den siebziger Jahren

625 Das MfS observierte die ESG Greifswald auch nach Luchts Weggang. Die entsprechenden IM-Akten konnten jedoch nicht eingesehen werden. Interessant ist hierzu die an der MfS-Hochschule in Potsdam-Golm 1988 entstandene Diplomarbeit von Major Eberhard Schnitzer. Vgl. Eberhard Schnitzer: Die Entwicklung von IM unter der studentischen Jugend für den Einsatz in der Evangelischen Studentengemeinde Greifswald und die Gewährleistung ihres gesellschaftlich effektiven Einsatzes zur wirksamen Aufklärung und Bekämpfung von Erscheinungsformen der politischen Untergrundtätigkeit, unveröffentlichte Diplomarbeit 1988; BStU, ZA, JHS 458/88.
626 Vgl. Pollack (1994), S. 95.
627 Vgl. Wolfgang Nixdorf: Und dennoch ging es weiter ... Die politische Macht und die Bachwoche, in: Matthias Schneider (Hg.): Bach in Greifswald. Zur Geschichte der Greifswalder Bachwoche 1946–1996, Frankfurt am Main 1996, S. 88.
628 Vgl. Pollack (1994), S. 193.
629 Vgl. Jörg Ohlemacher/Reimund Blühm (1997), S. 122.

weiter forciert.[630] Aufgrund der hohen Beschäftigungszahlen waren nahezu alle Kinder und Jugendlichen sowie „Jungerwachsenen“ (18 bis 25 Jahre) vom Kindergarten über Schule und Berufsausbildung bis hin zum Arbeitsplatz einer ideologischen Vereinnahmung ausgesetzt.[631] Das 3. Jugendgesetz von 1974 konkretisierte die Erziehungsziele des sozialistischen Staates, indem es die Ausprägung der „sozialistischen Persönlichkeit“ als oberstes Ziel bestätigte und die besondere Aufgabe der Jugend bei der Verteidigung ihrer Heimat herausstrich.[632] Erziehung hatte nun einen klaren militärischen Aspekt. Dieser Zusammenhang zwischen Schule und Wehrdienst wurde 1978 mit der Einführung des Wehrkundeunterrichts ganz offensichtlich und führte Anfang der achtziger Jahre mit der Aktion „Schwerter zu Pflugscharen“ und der Etablierung von Friedenskreisen unter dem Dach der Kirche zu einer verschärften Beobachtung der kirchlichen Jugend- und Studentenarbeit.

Mit ihren Jugendgesetzen und Schulordnungen schränkte die DDR die christlichen Schüler und Studenten gezielt in ihrer Glaubensfreiheit ein. Durch die Betonung einer vermeintlichen Unvereinbarkeit von Christsein und Staatsbürgertum der DDR wurden sie dazu gedrängt, ihren Glauben nicht öffentlich zu thematisieren.[633] Einen offen erklärten und hart geführten Kampf gegen die Jungen Gemeinden und die ESG hat es nach 1952/53 zwar nicht mehr gegeben, aber das MfS wurde immer präsenter.[634] Eines der wichtigsten Dokumente für die Arbeit des MfS gegen Jugendgruppen aus dieser Zeit ist die „Dienstanweisung Nr. 4/66 zur politisch operativen Bekämpfung der politisch-ideologischen Diversion und Untergrundtätigkeit unter jugendlichen Personenkreisen in der DDR“ vom 15. Mai 1966.[635] Die Dienstanweisung galt bis 1989 und richtete sich gegen alle Aktivitä-

630 Vgl. dazu auch Hermann Weber (1989), S. 428.

631 Vgl. Jörg Ohlemacher/Reimund Blühm(1997), S. 127. Mit der außenpolitischen Öffnung Anfang der siebziger Jahre, insbesondere im Gefolge der deutsch-deutschen Verträge 1972, wurde der Druck auf die Kinder und Jugendlichen erhöht, um sie gegen die „imperialistischen“ Einflüsse „immun“ zu machen.

632 Vgl. Hermann Weber (1989), S. 429.

633 Vgl. Jörg Ohlemacher/Reimund Blühm (1997), S. 113.

634 Vgl. Jörn Mothes: Die vom MfS entwickelten Strukturen und Strategien zur Durchsetzung der Jugendpolitik der SED, in: Jörn Mothes et al. (Hg.): Beschädigte Seelen. DDR-Jugend und Staatssicherheit, Rostock/Bremen 1996, S. 51. Mothes weist darauf hin, dass die meisten der theoretischen Dokumente über die Arbeit des MfS mit jugendlichen IM und gegen jugendliche Gruppen aus dem MfS aus den sechziger Jahren stammen.

635 Vgl. Thomas Ammer/Hans-Joachim Memmler: Staatssicherheit in Rostock. Zielgruppen, Methoden, Auflösung, Köln 1991, S. 103. Das erste theoretische Dokument zur Arbeit des MfS unter jugendlichen Gruppen waren jedoch die „Arbeitshinweise für die politisch-operative Bekämpfung der politisch-ideologischen Diversion und Untergrundtätigkeit unter jugendlichen Personenkreisen in der DDR“ von 1963, in denen festgelegt wurde, dass ein „lückenlose[s] inoffizielle[s] Netz[...] “ unter den Jugendlichen, die feindliche Tätigkeiten ausüben, aufgebaut werden sollte. Vgl. Jörn Mothes: Die vom MfS entwickelten Strukturen und Strategien zur Durchsetzung der Jugendpolitik der SED, in: Jörn Mothes et al. (Hg.): Beschädigte Seelen. DDR-Jugend und Staatssicherheit, Rostock/Bremen 1996, S. 55.

ten, die als „politische Untergrundtätigkeit" (PUT) verdächtigt wurden.[636] Diese Dienstanweisung führte erstmals zu einer verstärkten Werbung von jugendlichen IM an den Polytechnischen Oberschulen (POS), den Erweiterten Oberschulen (EOS) und im Gefolge von Haftstrafen.[637] Auch die Werbung von Jugendlichen durch „Druck" wurde 1966 als legitimes Mittel festgehalten.[638] Die dafür nötigen Informationen wurden vor allem durch die „Abteilung M" des MfS erbracht, die Briefe, Pakete und Telegramme kontrollieren und zu diesem Zweck auch Sendungen zurückhalten und Objekte entnehmen durfte.[639] Allerdings bevorzugte das MfS Inoffizielle Mitarbeiter, die auf der Basis der „Überzeugung" gewonnen wurden, da solche IM zuverlässiger arbeiteten als jene, die unter Druck, also wider Willen, gewonnen wurden.

Die „Erste Durchführungsbestimmung zum Befehl 11/66"[640] vom 8. August 1969 sah in der kirchlichen Jugendarbeit einen „Konzentrationspunkt[...] negativer Jugendlicher".[641] Die „Pläne und Maßnahmen reaktionärer Kirchenkreise zur Erweiterung ihrer Basis unter der Jugend und die Wirksamkeit ihrer bürgerlichen und feindlichen Ideologien" sollten mithilfe aller staatlichen Organe ausfindig gemacht werden, „um den reaktionären kirchlichen Einfluß" einzuschränken.[642]

---

636 Unter „politischer Untergrundtätigkeit" (PUT) verstand das MfS „eine der gefährlichsten Erscheinungsformen subversiver Tätigkeit". Die politische Untergrundtätigkeit war in dem Verständnis des MfS von feindlichen Kräften aus dem Ausland inspiriert und diente der „Schaffung einer personellen Basis im Innern der DDR", um letztlich die Arbeiter- und Bauernmacht zu beseitigen. Daher war die PUT ein Straftatbestand. Vgl. Siegfried Suckut (Hg.): Das Wörterbuch der Staatssicherheit. Definitionen zur „politisch-operativen Arbeit", 2. Aufl., Berlin 1996 (Analysen und Dokumente – Wissenschaftliche Reihe des BStU, Band 5), Stichwort „Untergrundtätigkeit, politische". S. 377.

637 Vgl. Thomas Ammer/Hans-Joachim Memmler: Staatssicherheit in Rostock. Zielgruppen, Methoden, Auflösung, Köln 1991, S. 103 f.

638 Vgl. ebd., S. 103. Werbung auf „Druck" meinte Erpressung mit moralischen oder juristischen Fehltritten einer Person. Fälle dieser Art sind sehr selten, da die erzwungenen Gespräche mit dem MfS in der Regel nicht lange hielten.

639 In den Unterlagen des MfS finden sich immer wieder interne Vermerke der MfS-Dienststellen, die auf die Kontrolle des Postverkehrs hinweisen. Beispielsweise teilte die Abteilung M der Bezirksverwaltung des MfS in Rostock im Jahr 1989 dem Leiter der Abteilung XX in der gleichen Behörde mit, dass die aus einer Sendung an den Greifswalder Studentenpfarrer entnommenen „Umweltblätter", die als politische Untergrundarbeit bewertet wurden, nicht lange zurückgehalten werden dürften, sondern baldmöglichst wieder in den Postverkehr gelangen müssten. Andernfalls könne es zur „Dekonspiration der Arbeit der Abteilung M im nationalen Postverkehr" kommen. Handschriftlich findet sich ein Vermerk auf dem Brief, dass die Sendung zwei Tage später weitergeleitet worden ist. Dokument aus Privatarchiv Arndt Noack, OV „Pate".

640 Der vollständige Titel lautet „Erste Durchführungsbestimmung zum Befehl 11/66 zur Verhinderung der Gefährdung der öffentlichen Ordnung durch Verbreitung dekadenter Einflüsse unter jugendlichen Personenkreisen, insbesondere zur Vorbereitung des 20. Jahrestages der DDR".

641 Zit. nach Thomas Ammer/Hans-Joachim Memmler: Staatssicherheit in Rostock. Zielgruppen, Methoden, Auflösung, Köln 1991, S. 104.

642 Zit. nach ebd., S. 104.

In den siebziger Jahren nahm die Bedeutung des MfS zur „Sicherung" des Staates nach innen erheblich zu. Insbesondere die Jugend galt als ein Schwerpunkt der Bearbeitung, da diese als vorrangiges Ziel der feindlichen Tätigkeit aus dem westlichen Ausland galt. Ein Grund dafür war die Befürchtung der SED, die Jugendlichen könnten unter dem Eindruck der Öffnung gegenüber dem westlichen Ausland durch den deutsch-deutschen Grundlagenvertrag 1972 verstärkt Fluchtversuche in die Bundesrepublik Deutschland unternehmen. Das spiegelt auch eine Analyse der Bezirksverwaltung des MfS in Neubrandenburg aus dem Jahr 1974 wider:

„Jugendliche Gruppen mit staatsfeindlichen Tendenzen bilden sich in der Regel [...] in kirchlichen Bereichen, insbesondere in den ESG, KSG und Jungen Gemeinden. [...] [Sie] werden dadurch gekennzeichnet, daß [...] die Gruppe sozialdemokratische und andere bürgerliche Theorien und Ideologien bzw. linkssektiererische oder maoistische Auffassungen vertritt, erste Anzeichen der Erarbeitung einer gemeinsamen politisch-ideologischen Plattform oder Konzeption bestehen, sich Tendenzen der Absicherung und konspirative Verhaltensweisen in der Gruppe abzeichnen [...]."[643]

Gegen die angeblich feindlichen jugendlichen Gruppen wurde die „Richtlinie Nr. 1/76 zur Entwicklung und Bearbeitung Operativer Vorgänge" eingesetzt. Diese Richtlinie war eines der wichtigsten Grundlagendokumente für den Kampf des MfS gegen die entstehenden Basisgruppen seit Ende der siebziger Jahre. In dieser Richtlinie heißt es:

„Die politisch-operativen Zielstellungen der Bearbeitung Operativer Vorgänge bestehen darin, durch eine offensive, konzentrierte und tatstandsbezogene Bearbeitung die erforderlichen Beweise für den Nachweis des dringenden Verdachtes eines oder mehrerer Staatsverbrechen bzw. einer Straftat der allgemeinen Kriminalität zu erbringen [...]."[644]

Durch die Einschleusung von IM in diese sogenannten feindlichen Gruppen sollten Informationen zum MfS gelangen, Einfluss genommen und die Gruppe von innen heraus untergraben werden. Misstrauen, Unsicherheit, Konflikte sollten die Arbeitsatmosphäre stören und die Gruppe langfristig auseinanderreißen. Diese Methode hieß in der Sprache des MfS „Zersetzung" und war das wichtigste Instrument des Geheimdienstes, um einzelne

643 BStU, ZA, MfS VVS 23-19/74. Zit. nach Jörn Mothes: Die vom MfS entwickelten Strukturen und Strategien zur Durchsetzung der Jugendpolitik der SED, in: Jörn Mothes et al. (Hg.): Beschädigte Seelen. DDR-Jugend und Staatssicherheit, Rostock/Bremen 1996, S. 61. „Klassifizierungsmerkmale von negativen jugendlichen Gruppen".

644 Richtlinie Nr. 1/76 zur Entwicklung und Bearbeitung Operativer Vorgänge (OV) (GVS MfS 008-100/76), veröffentlicht in: David Gill/Ulrich Schröter: Das Ministerium für Staatssicherheit. Anatomie des Mielke-Imperiums, Berlin 1991, S. 373.

Personen psychisch zu zerstören, sie zur Zusammenarbeit mit dem MfS zu zwingen und die entsprechenden Gruppen auseinanderzutreiben. Die „Zersetzung“ war durch die Beteiligten kaum als solche zu erkennen. Zudem war zu DDR-Zeiten kaum bekannt, wie subversiv und psychologisch ausgerichtet die Methoden des MfS waren. Folgende „Formen, Mittel und Methoden der Zersetzung“ führte die Richtlinie Nr. 1/76 auf:

„Bewährte anzuwendende Formen der Zersetzung sind:
- systematische Diskreditierung des öffentlichen Rufes, des Ansehens und des Prestiges auf der Grundlage miteinander verbundener wahrer, überprüfbarer und diskreditierender sowie unwahrer, glaubhafter, nicht widerlegbarer und damit ebenfalls diskreditierender Angaben;
- systematische Organisierung beruflicher und gesellschaftlicher Mißerfolge zur Untergrabung des Selbstvertrauens einzelner Personen;
- zielstrebige Untergrabung von Überzeugungen im Zusammenhang mit bestimmten Idealen, Vorbildern usw. und die Erzeugung von Zweifeln an der persönlichen Perspektive;
- Erzeugen von Mißtrauen und gegenseitigen Verdächtigungen innerhalb von Gruppen, Gruppierungen und Organisationen;
- Erzeugen bzw. Ausnutzen und Verstärken von Rivalitäten innerhalb von Gruppen, Gruppierungen und Organisationen mit ihren internen Problemen mit dem Ziel der Einschränkung ihrer feindlich-negativen Handlungen;
- örtliches und zeitliches Unterbinden bzw. Einschränken der gegenseitigen Beziehungen der Mitglieder einer Gruppe, Gruppierung oder Organisation auf der Grundlage geltender gesetzlicher Bestimmungen, z. B. durch Arbeitsplatzbindungen, Zuweisung örtlich entfernt liegender Arbeitsplätze usw.

[...]

Bewährte Mittel und Methoden der Zersetzung sind:
- das Heranführen bzw. der Einsatz von IM, legendiert als Kuriere der Zentrale, Vertrauenspersonen des Leiters der Gruppe, übergeordnete Personen, Beauftragte von zuständigen Stellen aus dem Operationsgebiet [Bundesrepublik Deutschland], andere Verbindungspersonen usw.;
- die Verwendung anonymer oder pseudonymer Briefe, Telegramme, Telefonanrufe usw.; kompromittierender Photos, z. B. von stattgefundenen oder vorgetäuschten Begegnungen;
- die gezielte Verbreitung von Gerüchten über bestimmte Personen einer Gruppe, Gruppierung oder Organisation;

- gezielte Indiskretion bzw. das Vortäuschen einer Dekonspiration von Abwehrmaßnahmen des MfS;
- die Vorladung von Personen zu staatlichen Dienststellen oder gesellschaftlichen Organisationen mit glaubhafter oder unglaubhafter Begründung."[645]

Das Ziel eines Operativen Vorgangs (OV) war der Nachweis eines Verdachtes einer kriminellen oder moralisch anfechtbaren Handlung einer Person, um diese strafrechtlich zur Verantwortung zu ziehen.[646] Ziel eines OV war also die Einleitung eines Ermittlungsverfahrens und die damit verbundene Stigmatisierung der betroffenen Person als „kriminelles Element".

6.2.2 Die Evangelische Studentengemeinde in Greifswald 1980 bis 1987 im Spiegel des OV „Apostel"

Im Folgenden steht die Evangelische Studentengemeinde (ESG) in Greifswald im Mittelpunkt. Betrachtet werden die Ziele und Methoden des MfS, mit denen es versuchte, die inhaltliche Arbeit der ESG zu lenken, um deren Öffentlichkeitswirksamkeit einzuschränken. Der Darstellung liegt der Operative Vorgang (OV) „Apostel" zugrunde, der über Studentenpfarrer Harro Lucht angefertigt wurde und die Zeit zwischen 1981 und 1987 umfasst.
Als Studentenpfarrer Bindemann 1980 die Landeskirche Greifswald verließ, war die Suche nach einem Nachfolger nicht nur für die evangelischen Studenten in Greifswald, sondern auch für die dortige Kreisdienststelle des MfS interessant. Der Staatssicherheitsdienst hatte erkannt, dass nicht nur die ständige offizielle und inoffizielle Kontrolle der Studentenarbeit durch das MfS und andere Organe, sondern auch das politische Profil des jeweiligen Studentenpfarrers die inhaltliche Arbeit und die Wirkung der ESG nach außen beeinflussen konnten. Als Leiter der Studentengemeinde hatte der Pfarrer die Möglichkeit – und nach Ansicht des MfS die Pflicht –, dafür zu sorgen, dass Provokationen gegenüber dem Staat vermieden wurden. Aus diesem Grund war die Kreisdienststelle Greifswald an einem staatsloyalen Studentenpfarrer interessiert. Eine direkte Einflussnahme war jedoch weder dem MfS noch der Greifswalder Kirchenleitung, die in Lucht ebenfalls nicht den geeigneten

645 Ebd., S. 390 f.
646 Vgl. ebd., S. 354. „Mit den IM und GMS [Gesellschaftliche Mitarbeiter Sicherheit] sind Informationen und Beweise zu erarbeiten, aus denen sich Hinweise auf die Verletzung konkreter Straftatbestände ergeben."

Studentenpfarrer sah und ihn als „Revoluzzer“[647] bezeichnete, nicht möglich. Die Wahl des Studentenpfarrers war Angelegenheit des Senats der ESG.
Harro Lucht war sicher nicht der Mann, den das Referat XX/2 der Kreisdienststelle Greifswald, das für die Bearbeitung der ESG zuständig war, gern sah: Nachforschungen in der MfS-Zentrale hatten ergeben, dass Lucht den Wehrdienst verweigert hatte und Anfang der siebziger Jahre bereits „politisch negativ“ aufgefallen war.[648] Schon im März 1981, noch bevor Lucht seine Arbeit richtig aufgenommen hatte, begann daher der IM „Ikarus“ über Lucht zu berichten und die Arbeit in der ESG im Sinne des MfS zu beeinflussen. Als FDJ-Sekretär an der Universität in Greifswald und als Atheist versammelte „Ikarus“ eine Gruppe von ESG-Besuchern um sich, die die Zusammenarbeit zwischen Studentenpfarrer und Studentengemeinde schon in den ersten Monaten zu einem „Machtkampf“ werden ließen. Dabei war die Vermischung von Christen, Atheisten und Studenten, die sich dem christlichen Glauben wieder annähern wollten, in den achtziger Jahren in den ESGn nichts Ungewöhnliches. Ungewöhnlich war jedoch, dass es sich bei dem Kopf der „atheistischen Fraktion“ um den Senatspräsidenten der Studentengemeinde handelte und dass dieser ein Inoffizieller Mitarbeiter des MfS war.
Parallel versuchte das MfS, Lucht kriminelle Handlungen nachzuweisen. Der konkrete Anlass war, dass Studenten des Friedenskreises der ESG eine Eingabe an die Landessynode gerichtet und darin gefordert hatten, dass diese sich für die Einführung eines Sozialen Friedensdienstes (SoFd) einsetzen möge. Luchts Ankündigung, die Diskussion über den Sozialen Friedensdienst in der ESG zu unterstützen und nicht zu bremsen, alarmierte die Staatssicherheit. Am 30. November 1981 wurde die Operative Personenkontrolle (OPK) mit dem Decknamen „Apostel“ eingeleitet, die eine längerfristig angeordnete Beobachtung Luchts wie auch der ESG selbst bedeutete.[649] Unter „Begründung der Notwendigkeit der OPK“ hieß es:

„Die ESG Greifswald, der L. seit 1981 von der Kirchenleitung berufen als Studentenpfarrer vorsteht, stellt einen Freizeitkonzentrationspunkt überwiegend jugendlicher studentischer Personenkreise dar, die unter den dort vorherrschenden Bedingungen mit negativen und feindlichen ideologischen

647 Vgl. Eberhard Schnitzer: Die Entwicklung von IM unter der studentischen Jugend für den Einsatz in der Evangelischen Studentengemeinde Greifswald und die Gewährleistung ihres gesellschaftlich effektiven Einsatzes zur wirksamen Aufklärung und Bekämpfung von Erscheinungsformen der politischen Untergrundtätigkeit, unveröff. Diplomarbeit des MfS, 1988. Schnitzer schreibt, Luchts Berufung sei trotz der Meinung „kirchenleitender Persönlichkeiten“, Lucht sei ein „Revoluzzer“, erfolgt (BStU, ZA, JHS 458/88, Bl. 12).

648 Da dieser Abschnitt für die Bearbeitung der ESG in den achtziger Jahren keine weiteren Folgen hatte, wird nicht weiter darauf eingegangen.

649 Die Folge war, dass einzelne Mitglieder der ESG, die den IM auffielen, ebenfalls operativ „bearbeitet“ wurden.

Auffassungen, Denk- und Verhaltensweisen konfrontiert werden."[650]

An dieser Beschreibung wird bereits eines der wesentlichen Motive des Staates, gegen die ESG vorzugehen, deutlich: Es war die Andersartigkeit der kirchlichen Jugend und der Jugendlichen und Studenten, die sich in kirchlichen Räume aufhielten. Sie passten nicht in das Bild der geistig wie optisch uniformierten staatlichen Jugendorganisation FDJ.

Weiter waren für das MfS die „zunehmende Aktivierung der Partnerschaftskontakte nach der BRD, den Niederlanden, Norwegen und nach Polen" sowie die in der ESG vorhandene und von Lucht geduldete Haltung zu „Frieden schaffen ohne Waffen" Gründe für eine intensive Bearbeitung.[651] Wesentlich für die Einleitung der OPK waren auch Luchts Kontakte zu einem der Studentenpfarrer aus der BRD, der Mitglied von Amnesty International war.[652] Von Anfang an waren daher die IM „Ikarus", „Sven-Ake", „Nikolaus", „Heinrich Schade" und der GMS[653] „Margitta" in der OPK „Apostel" eingesetzt. Sie sollten Lucht kriminelle Handlungen nachweisen und dessen Kontakte in das nichtsozialistische Ausland (NSA) beobachten.[654]

Auch dies war typisch für die Arbeitsweise des MfS: Feindliche Handlungen wurden immer als aus dem Ausland gesteuert verstanden und auf Kontakte in die Bundesrepublik Deutschland oder andere westliche Staaten zurückgeführt. Diese „feindliche Tätigkeit aus dem Operationsgebiet" war die Ursache dafür, dass der Partnerschaftskreis der ESG, der unter anderem Kontakte nach Holland, in die Schweiz und in die Bundesrepublik unterhielt, stark observiert wurde.

Der „Maßnahmeplan zur OPK ‚Apostel'" vom 30. November 1981 sah den zusätzlichen Einsatz von zwei IM vor. Dabei hatte sich die Argumentationslage verändert. Die IM hatten nun den Auftrag, Informationen zu beschaffen, mit denen sich beweisen ließe, dass Lucht seine Pflichten vernachlässigte und dadurch das Staat-Kirche-Verhältnis gefährdet sei.[655] Das MfS war also nicht mehr an einer Kriminalisierung Luchts interessiert – offenbar hatte sich kein Tatbestand finden lassen –, sondern es suchte nach Informationen, mit denen es sich an die Kirchenleitung der ELKG wenden und die Beendigung der Tätigkeit Luchts bzw. eine starke Einflussnahme auf Lucht einfordern konnte. Die drohende „Verschlechterung des Staat-Kirche-Verhältnis-

650 OV „Apostel", Bd. I/1, Bl. 20. „Einleitungsbericht zur OPK ‚Apostel'" vom 30.11.1981.
651 Vgl. ebd.
652 Vgl. ebd., Bl. 21.
653 Gesellschaftliche Mitarbeiter Sicherheit waren Personen, die aufgrund ihrer Funktion mehr oder weniger verpflichtet waren, dem MfS Auskunft zu geben (oftmals Betriebsdirektoren, städtische Verwaltungsangestellte usw.).
654 Vgl. OV „Apostel", Bd. I/1, Bl. 21. „Einleitungsbericht zur OPK ‚Apostel'" vom 30.11.1981.
655 Vgl. ebd., Bl. 22.

ses“ war in solchen Situationen immer das Druckmittel. Um Informationen zu erlangen, die Luchts Tätigkeit und Person in der Landeskirche untragbar machen könnten, wurden darüber hinaus Post- und Telefonkontrolle angeordnet. Außerdem wurden Ermittlungen zu Luchts persönlichem Umfeld, seinem Vater, seiner Ehefrau und seinem Bruder sowohl im privaten als auch im beruflichen Bereich angeordnet.[656]

Im April 1982 wandelte die Kreisdienststelle die Operative Personenkontrolle „Apostel“ in einen Operativen Vorgang um.[657] Diese „Umregistrierung“ einer OPK in einen OV bedeutete, dass das Interesse des MfS an der ESG gestiegen war. Dem Staatssicherheitsdienst war es nicht gelungen, Lucht kriminelle Handlungen nachzuweisen. Ausschlaggebend war nun der Friedensarbeitskreis der ESG, der als Beginn einer unabhängigen Friedensbewegung unter dem Dach der Greifswalder Landeskirche betrachtet wurde. Nach wie vor stand die Person Luchts im Zentrum des OV, in dem geprüft werden sollte, „welche Erkenntnisse geeignet sind, die Kirchenleitung der Landeskirche Greifswald durch offensives Vorgehen des Staatsapparates zu zwingen, innerkirchliche Auseinandersetzungen mit dem Bearbeiteten zu führen“.[658]

Der „Operativplan“ vom April 1982 spezifizierte noch einmal die Einsatzrichtungen der einzelnen IM in diesem OV. Die beiden höchstrangigen IM, die IMB „Ikarus“ und „Michael Burkhardt“, sollten zur „Aufklärung der Persönlichkeit“ berichten,[659] andere IM waren eingesetzt, um die Arbeitskreise der ESG zu untersuchen.[660] Kennzeichnend für den Einsatz dieser IM war, dass die Ergebnisse bereits bei der Eröffnung des OV feststanden. Ihr Auftrag bestand in einer „Nachweisführung“, nicht in einer Überprüfung. So hieß es in Bezug auf den IM „Michael Burkhardt“:

„Die Informationserarbeitung durch den IM konzentriert sich auf
- die Nachweisführung, daß der ‚Friedenskreis‘ der Schwerpunkt der ideologisch negativ-feindlichen Aktivität der ESG ist und Konzentrationspunkt entsprechend feindlich-negativer Kräfte ist [...]
- die Nachweisführung, daß die Tätigkeit des ‚Friedenskreises‘ feindlich-negative Absichten verfolgt und mit der Leitungstätigkeit und dem taktischen Verhalten von L. im Zusammenhang steht.“[661]

Der IM „Michael Burkhardt“ sollte darüber hinaus „unter Ausnutzung der engen Kontakte […] zum Finanz-V[ertrauensstudenten] […] Einblick in die

656 Vgl. ebd., Bl. 23. „Maßnahmeplan“ vom 30.11.1981. „M-Kontrolle“ und „Postzollfahndungs-Kontrolle“ waren inoffizielle Überprüfungen der Briefe, Pakete und Päckchen einer Person.

657 Vgl. ebd., Bl. 35. „Stellungnahme zur Umregistrierung der OPK ‚Apostel‘“ vom 26.4.1982.

658 Vgl. ebd.

659 Vgl. ebd., Bl. 30. „Operativplan zum Operativvorgang ‚Apostel‘“ vom 14.4.1982.

660 Vgl. ebd., Bl. 31.

661 Ebd., Bl. 32.

Finanzunterlagen der ESG [...] nehmen, Manipulationen an Konten durch L[ucht] fest[...] stellen und beweiskräftig bzw. legalisierbar [...] dokumentieren."[662]

Schon im Sommer 1982 änderte sich die Konzeption für den OV „Apostel". Die ESG wurde der „politisch-ideologischen Diversion" (PID) zugerechnet. „Politisch-ideologische Diversion" meinte in der Sprache des MfS einen „langfristig angelegten, mehrstufigen Prozeß", der auf die „Zersetzung des sozialistischen Bewußtseins bzw. die Störung und Verhinderung seiner Herausbildung, [...] in der Inspirierung antisozialistischer Verhaltensweisen bis hin zur Begehung von Staatsverbrechen" zielte.[663] Die neue „Zielstellung" der IM wurde nun erweitert auf „die wirksame Aufklärung und Bekämpfung von erkannten Zielpersonen", wobei „Zielpersonen" solche Personen waren, die als sogenannte „Drahtzieher" galten.[664] Auch diese sollten durch Postkontrollen und Telefonüberwachung observiert werden.[665] Gleichzeitig versuchte die Kreisdienststelle Greifswald, seine IM in leitende Positionen der ESG zu bringen. Sie sollten Vertrauensstudenten werden, um Einfluss auf die inhaltliche Arbeit und somit indirekt auf die Ausstrahlung der Studentengemeinde zu nehmen.[666] Im August 1982 konnte das MfS als Erfolg vermelden, dass der IM „Michael Burkhardt" inzwischen Vertrauensstudent[667] und Verbindungsmann der ESG nach Berlin geworden war. Die „Hauptaufgabe" der IM bestand nun sogar „in der perspektivischen Einnahme von Aktiv-Positionen"[668], d. h., dass die IM die ESG langfristig übernehmen sollten. Dies war eine typische „Zielstellung" des MfS, die den Strukturen der ESG nicht Rechnung trug. So war die Wahl zum Vertrauensstudenten von außen kaum zu beeinflussen, da diese nach dem Mehrheitsprinzip gewählt wurden. Die IM waren immer weit in der Minderzahl. Die ständige Fluktuation unter den Besuchern der ESG erschwerte die Einflussnahme durch das MfS, da immer neue Bestandsaufnahmen, Zielsetzungen und Methoden zur Er-

662 Ebd., Bl. 31. In den Akten kommen beide Schreibweisen vor: „Michael Burkhardt" und „Michael Burkhard".

663 Vgl. Siegfried Suckut (Hg.): Das Wörterbuch der Staatssicherheit. Definitionen zur „politisch operativen Arbeit", 2. Aufl., Berlin 1996 (= Wissenschaftliche Reihe des BStU, Band 5), Stichwort „Politisch-ideologische Diversion", S. 303.

664 Vgl. OV „Apostel", Bd. I/1, Bl. 36–46. „Zwischenbericht zum OV ‚Apostel'" vom 3.8.1982.

665 Vgl. ebd., Bl. 45.

666 Vgl. Eberhard Schnitzer: Die Entwicklung von IM unter der studentischen Jugend für den Einsatz in der Evangelischen Studentengemeinde Greifswald und die Gewährleistung ihres gesellschaftlich effektiven Einsatzes zur wirksamen Aufklärung und Bekämpfung von Erscheinungsformen der politischen Untergrundtätigkeit, unveröffentlichte Diplomarbeit des MfS 1988; BStU, ZA, JHS 458/88, Bl. 13.

667 „Vertrauensstudent" war ein wichtiges Amt in der Greifswalder Studentengemeinde. Aus dem Kreis der Studierenden wurden je Semester zwei „V-Studenten" gewählt, die auf Programm und Ablauf der Veranstaltungen Einfluss hatten. Nach Ablauf des halben Jahres waren die Vertrauensstudenten automatisch Mitglied des Senats der ESG in Greifswald.

668 Vgl. OV „Apostel", Bd. I/1, Bl. 43.

reichung dieser Ziele ausgearbeitet werden mussten. Dies spiegelt sich auch im OV „Apostel" wider, in dem halbjährlich neue Maßnahmepläne abgelegt sind. Nicht zuletzt die IM selbst wechselten an andere Universitäten oder waren aufgrund ihrer Studienbelastungen nicht immer in gleicher Weise in der ESG präsent.

Der Einsatz der IM konnte also nicht verhindern, dass die Ausstrahlung der ESG innerhalb von Greifswald weiter zunahm. Die ESG hatte eine „Massenbasis bei der Durchsetzung und Realisierung der selbständigen kirchlichen Friedensarbeit"[669] bekommen und wurde damit zu einer ernstzunehmenden Konkurrenz für die Arbeit der FDJ, insbesondere in einer so kleinen Stadt wie Greifswald. Bei den „Offenen Montagsveranstaltungen" kamen oft bis zu 200 Personen in die ESG,[670] vor allem zu Vortragsabenden mit bekannten Zeitgenossen wie Albrecht Schönherr, Gottfried Forck, Bärbel Bohley usw. Die Evangelische Studentengemeinde war das „kulturelle Zentrum der Stadt" geworden.[671] Mehrere Aspekte sorgten sowohl beim MfS als auch beim Rat der Stadt für Unruhe. Zum einen waren es die Themen und Gäste in der ESG, die oft politisch oder gesellschaftspolitisch ausgerichtet waren, und zum anderen die Tatsache, dass die Themen große Aufmerksamkeit auf sich zogen. Hinzu kam jedoch – und dies sollte im Verlauf der achtziger Jahre noch zunehmen –, dass bei Weitem nicht alle Besucher getauft oder konfirmiert waren, sondern dass viele (atheistische) Studenten Kontakt zur Kirche suchten. Es war das „Offene", was das MfS an den Montagabenden besonders störte.

Der Friedensarbeitskreis war von Anfang an der größte und bedeutendste Kreis der Studentengemeinde. 1982/83 war die kirchliche Friedensarbeit für die DDR-Führung der neuralgische Punkt überhaupt.[672] Aus staatlicher Sicht erschien die ESG – entgegen dem „Operativplan" vom August 1982 – nun doch als „Basis des politischen Untergrundes unter reaktionär-klerikalen Kreisen"[673] (PUT), weil sie für die Schaffung einer eigenständigen kirchlichen Friedensarbeit unabhängig von der des Staates eintrat.[674] Die PUT galt als die Steigerung zur politisch-ideologischen Diversion, sie war strafrechtsrelevant und zielte nach Ansicht des MfS auf „konterrevolutio-

669 Vgl. ebd., Bl. 47.

670 Gespräch mit Pfarrer Harro Lucht, Neuruppin, am 27.1.1998.

671 Vgl. Robert Conrad/Lutz Wohlrab/Martin Bernhardt: Zerfall und Abriß. Greifswald in den achtziger Jahren, Berlin 1996, S. 78.

672 1981/82 hatten die Aktion „Schwerter zu Pflugscharen" und nachfolgende Aktionen wie Friedenswerkstätten und Friedensseminare zu radikalen Maßnahmen des Staates gegen die kirchliche Jugend- und Studentenarbeit geführt. Es kam zum Verbot des Abzeichens „Schwerter zu Pflugscharen", und Schülern, Lehrlingen und Studenten wurde die Relegierung von ihrer Schule bzw. Ausbildungsstätte angedroht. Vgl. dazu Ehrhart Neubert (1997), S. 335–498.

673 Vgl. OV „Apostel", Bd. I/1, Bl. 47.

674 Vgl. ebd., Bl. 48.

näre Veränderungen zur letztlichen Beseitigung der Arbeiter- und Bauernmacht" ab.[675] Es zeichnete sich eine deutliche Verschärfung der Observierung der ESG ab.

Diese Verschärfung war in den Ereignissen des Frühjahrs 1982 begründet. Ausgangspunkt war der 13. Februar 1982 in Dresden, wo das erste Friedensforum stattfand und wo am Abend dieses Tages eine große Demonstration an der Ruine der Dresdener Frauenkirche in der gesamten Republik Aufsehen erregte.[676] Angesichts der atomaren Aufrüstung in Ost und West verstärkten sich die nichtstaatlichen Friedensbemühungen auch in der DDR, und insbesondere die Jugend wurde aktiv. Die Friedenswerkstatt in Berlin entstand, die Friedensgottesdienste wurden erstmals auch in Greifswald durchgeführt. „Schwerter zu Pflugscharen" hatte unter Schülern und Studenten im Bezirk Rostock sehr starke Wirkung gezeigt. Das kirchliche Bemühen um Frieden und Abrüstung wurde von der SED als „Pazifismus" bewertet, wobei der Begriff „Pazifismus" eine negative Konnotation bekam. Die freie politische Meinungsbildung in der ESG in Diskussionen und Vorträgen förderte die Bildung eines politischen Bewusstseins, das unabhängig von staatlichen Vorgaben war. Die „Ergänzung zur Konzeption für die vorgangsmäßige Bearbeitung der ESG Greifswald im Rahmen des OV ‚Apostel' für den Bearbeitungszeitraum 1983"[677] vom 25.11.1982 sprach von „Stützpunkten" und „Hintermännern" der ESG und deren „Bloßstellung, Isolierung und Kriminalisierung".[678]

Jugendliche IM sollten sogenannte „feindlich-negative" Gruppen erkunden und wenn möglich ihre Aktivitäten stören.[679] Schon die Anwerbung von Jugendlichen stockte jedoch. Die Angst, entdeckt zu werden, war groß, viele gaben die Zusammenarbeit mit dem MfS deshalb schnell wieder auf.[680] Weil es in der ESG also nicht genug IM gab bzw. diese keine einflussreichen Positionen erreichten, wurden zunehmend die kirchenleitenden IM in die Kontrolle der ESG wie der Jugendarbeit mit einbezogen. So hieß es im November 1982, dass die „Prüfung und Einleitung von Maßnahmen zur Ein-

675 Vgl. Siegfried Suckut (Hg.): Das Wörterbuch der Staatssicherheit. Definitionen zur „politisch operativen Arbeit", 2. Aufl., Berlin 1996 (= Wissenschaftliche Reihe des BStU, Band 5), Stichwort „Untergrundtätigkeit, politische", S. 377.

676 Vgl. dazu Ehrhart Neubert (1997), S. 395 ff.

677 Vgl. OV „Apostel", Bd. I/1, Bl. 50. „Ergänzung zur Konzeption für die vorgangsmäßige Bearbeitung der ESG Greifswald im Rahmen des OV ‚Apostel' für den Bearbeitungszeitraum 1983" vom 25.11.1982.

678 Vgl. ebd.

679 Vgl. Jörn Mothes: Die vom MfS entwickelten Strukturen und Strategien zur Durchsetzung der Jugendpolitik der SED, in: Jörn Mothes et al. (Hg.): Beschädigte Seelen. DDR-Jugend und Staatssicherheit, Rostock/Bremen 1996, S. 64.

680 Vgl. Thomas Auerbach: Desinteresse, Disziplinlosigkeit, Dekonspiration. Die Probleme des MfS mit jugendlichen IM, in: Jörn Mothes et al. (Hg.): Beschädigte Seelen, DDR-Jugend und Staatssicherheit, Rostock/Bremen 1996, hier S. 278.

flussnahme von IM […] innerhalb der Kirchenleitung Greifswald mit dem Ziel, eine Einschränkung der Wirksamkeit dieser Personen innerhalb und außerhalb der ESG zu erreichen bzw. Einfluß auf die inhaltliche Gestaltung der ESG-Arbeit zu nehmen", erfolgen solle.[681] IM der Kirchenleitung waren zu diesem Zeitpunkt Bischof Dr. Gienke, Konsistorialpräsident Plath und der Präses der Synode, Herr Affeld. Hier begann die Geschichte der Instrumentalisierung des Konsistoriums gegenüber der Studenten- und Jugendarbeit.

Auch die Strategien des MfS änderten sich. Das Spektrum psychischer Methoden wurde erweitert und verstärkt gegen einzelne Personen in der ESG eingesetzt. Beispiel dafür ist der Versuch des Staatssicherheitsdienstes, den Studenten Martin Bernhardt durch Zersetzungsmaßnahmen innerhalb der ESG zu isolieren und dem Schutz des Studentenpfarrers zu entziehen. Dabei verfolgte das MfS zwei Ziele gleichzeitig. Zum einen sollte Bernhardt, der einer der Köpfe des Partnerschaftskreises der ESG war und als „feindlich-negativ" galt, aus der Studentengemeinde ausgeschlossen werden. Damit wollte man ihm als Person schaden, weil er dann einen wesentlichen sozialen Bezugspunkt verlieren und – so dachte der Staat – kein Forum für seine Ansichten mehr haben würde. Zum anderen sollte durch den Entzug einer wichtigen Person innerhalb des Partnerschaftskreises dessen Arbeit insgesamt gestört werden. Im Anschluss an derartige „Zersetzungsmaßnahmen" sollten Personen mit solchen Meinungen gefördert werden, die die Partnerschaftsarbeit im Sinne staatlicher Interessen führen würden.[682] Deshalb hatte der IM „Ikarus" im März 1982 den Auftrag, zu Pfarrer Lucht zu gehen und diesen gegen Bernhardt aufzuhetzen. In dem entsprechenden Bericht über das Gespräch des IM mit Lucht heißt es:

„Der IM zeigte dem L. auf, wie B. in der Vergangenheit durch provozierendes Verhalten in der ESG aufgetreten sei und schon mehrfach von ESG-Funktionären in die Schranken gewiesen werden mußte. Der IM schlug vor, daß sich die ESG offiziell im Interesse keiner Belastungen des Verhältnisses Kirche-Staat von B. lösen sollte."[683]

Der IM „Ikarus" konnte den Auftrag seines Führungsoffiziers nicht umsetzen. Lucht war der Meinung, dass die ESG für Bernhardt eine Schutzfunk-

681 Vgl. OV „Apostel", Bd. I/1, Bl. 51.

682 Diese Kontakte der kirchlichen Jugend der DDR in nichtsozialistische Länder waren nicht unwichtig für die SED, weil sie, wenn sie durch das MfS kontrolliert waren oder sonst klar die Position der DDR vertraten, auch eine Möglichkeit boten, dass „politisch progressive" Positionen in einem privaten Rahmen glaubhaft transferiert werden konnten.

683 OV „Apostel", Bd. II/1, Bl. 150. „Information über Haltungen und Reaktionen des Studentenpfarrers der ESG Greifswald, Lucht, Harro, zur OPK ‚Schleicher'" vom 25.3.1982.

tion habe, die aufrechterhalten werden müsse.[684] In der Folgezeit wurden mehrere IM eingesetzt, um Informationen zu erarbeiten, die „geeignet sind, B.s Wirken, vor allem in möglicher Kooperation mit [...], durch Isolation zurückzudrängen. B. ist dabei als Provokateur in der ESG darzustellen bzw. zu entlarven."[685] Vergleichbare Zersetzungsmaßnahmen wurden auch gegenüber anderen Mitgliedern der ESG angewandt. Sie hatten das Ziel, die internen Konflikte der ESG zu schüren und Aktionen, die öffentlichkeitswirksam werden könnten, zu verhindern.[686]

Eine wichtige Strategie in der Bearbeitung der ESG wurde erstmals 1982 erwähnt: In der „Stellungnahme zur Umregistrierung der OPK ‚Apostel',“ vom 26. April 1982, unterzeichnet von Oberleutnant Fiedler und dem Leiter der Abteilung, Major Krull, heißt es, es solle geprüft werden, „welche Erkenntnisse geeignet sind, die Kirchenleitung der Landeskirche Greifswald durch offensives Vorgehen des Staatsapparates zu zwingen, innerkirchliche Auseinandersetzungen mit dem Bearbeiteten [Studentenpfarrer Lucht] zu führen."[687] Die Instrumentalisierung vor allem des Konsistoriums wurde noch einmal im „Operativplan“ vom April 1984 als eindeutiges Ziel formuliert, wobei es vor allem um die Einschränkung des Besucherkreises der ESG ging.[688] Ziel war eine unpolitische ESG, die nur auf einem kleinen Kreis von Studenten beruhte. Nach Aussage von Lucht kam es jedoch erst seit 1985 zu deutlichen Versuchen des Konsistoriums, in diesem Sinne Einfluss auf die ESG zu nehmen. Dies habe sich beispielsweise in der Aufforderung von Konsistorialpräsident Harder gegenüber Lucht gezeigt, so erinnerte sich Lucht, die Anzahl der Arbeitskreise der ESG einzuschränken, da ihm diese sonst über den Kopf wüchsen.[689] Ähnlich argumentierte Harder offenbar auch in den folgenden Jahren gegenüber Arndt Noack, ab 1987 Studentenpfarrer in Greifswald. Dort soll Harder vor einer Politisierung der Studentenarbeit gewarnt und Noack gebeten haben, die Studenten nicht in diese Richtung zu „treiben“.[690]

Das wichtigste Instrument in den achtziger Jahren war und blieb der verstärkte Einsatz von IM und deren Profilierung in Einflusspositionen der ESG. Hinsichtlich der Profilierung der eingesetzten IM in Richtung Vertrauensstudenten hatte das MfS 1983 schon einige Fortschritte erzielt. Seit dem Frühjahrssemester 1983 waren zwei der IM V-Studenten: der IM „Burkart“

684 Vgl. ebd.
685 Ebd., Bd. I/1, Bl. 68. „Operativplan zum OV ‚Apostel'“ vom 21.4.1983.
686 Vgl. ebd., Bl. 64.
687 Vgl. ebd., Bl. 35.
688 Vgl. ebd., Bl. 72.
689 Gespräch mit Pfarrer Harro Lucht, Neuruppin, am 27.1.1998.
690 BStU, Ast, Rst, AIM 4155/90, Bd. I/1, Bl. 172.

und der IM „Ikarus".[691] Dazu kamen noch der IMS „Regina Wolff" und der IMB „Roland".[692] Parallel begann eine ausgedehnte „Aufklärung"[693] der ständigen Besucher der ESG, insbesondere die Leiter der fünf Arbeitskreise wurden überprüft. Bis Frühjahr 1984 sollten noch zwei weitere IM hinzukommen und die IM „Reiner Tulpe" und „Regina Wolff" bis zum Frühjahr 1984 als V-Studenten aufgebaut sowie ein weiterer IM „zur Anschleusung an Lucht" geworben werden.[694] Einzelne Arbeitskreise der ESG wie der Partnerschaftskreis und der Friedenskreis standen immer im Zentrum der Beobachtung, weil sie Kontakte in die Bundesrepublik unterhielten bzw. die Friedenspolitik der DDR, die Militarisierung und die Drangsalierung von Bausoldaten thematisierten.

Entsprechend waren die IM hauptsächlich auf den Partnerschafts- und den Friedensarbeitskreis angesetzt.[695] Erstmals wurde 1983 auch der Taufkreis observiert, denn die staatlichen Stellen wollten wissen, ob es wirklich zu einer „Taufwelle" kommen würde. Durch koordinierte Einsätze aller IM waren auch die Holländertreffen der ESG „abgesichert".[696] Die IMB „Nikolaus" und „Heinrich Schade" sollten weiterhin außerhalb der ESG den Kontakt zu Lucht halten.[697] 1983 waren acht jugendliche IM in der ESG eingesetzt. Vier davon waren in der höchsten Kategorie als „IM mit Feindberührung" (IMB) eingeordnet. Aus Sicht des MfS handelte es sich hier durchaus um „operative Erfolge". Allerdings waren diese Erfolge eher statistischer Art. Keiner der Arbeitskreise wurde durch einen IM geleitet. Aber IM „Reiner Tulpe" sollte zum Vertrauensstudenten aufgebaut und die IM in kirchenleitenden „Spitzenpositionen"[698] gegen die ESG in Stellung gebracht werden.[699] Die inhaltliche Arbeit konnte durch die Inoffiziellen Mitarbeiter nicht verändert werden, geschweige denn die Arbeitskreise von innen „zersetzt" werden. Die IM waren zwar in die ESG integriert, aber sie hatten nur „Beobachtungsposten". Zudem konnte das MfS trotz dieses massiven Einsatzes keine Anhaltspunkte für Straftaten entdecken und hatte damit keine Mittel in der Hand, um offiziell gegen bestimmte Studenten des Friedens- und Partnerschaftskreises

691 Vgl. OV „Apostel", Bd. I/1, Bl. 54. Sachstandsbericht zum OV ‚Apostel'" vom 9.3.1983.

692 Bei derartigen Aufzählungen muss bedacht werden, dass von den einmal angeworbenen IM einige bereits nach wenigen Semestern nicht mehr am Hochschulort sind. So waren im Juli 1983 nicht mehr acht IM, sondern „nur" noch sechs IM in der ESG eingesetzt, zwei waren aus Greifswald weggegangen.

693 Vgl. OV „Apostel", Bd. I/1, Bl. 64–73. „Operativplan zum OV ‚Apostel'" vom 21.4.1983. Mit „Aufklärung" war in der Diktion des MfS die Informationsbeschaffung zu einer Person hinsichtlich ihrer politischen Haltung zum Staat, ihres persönlichen Umfeldes etc. gemeint.

694 Vgl. ebd.

695 Vgl. ebd., Bl. 65.

696 Vgl. ebd., Bl. 66.

697 Vgl. ebd., Bl. 67.

698 Vgl. ebd., Bl. 72.

699 Vgl. ebd.

oder gegen den Studentenpfarrer vorzugehen. Aus diesem Grund wurde etwa 1983/84 das Privatleben der Studenten mit in die Untersuchung einbezogen und der Kanon der Straftaten erweitert. Auch moralische Kriterien wurden bei der Kriminalisierung von Personen angelegt. So sollten beispielsweise die „Normen des Zusammenlebens" zur eventuellen strafrechtlichen Verfolgung geprüft werden.[700]

Die ESG hatte Mitte der achtziger Jahre eine so große Ausstrahlung in Greifswald, dass immer mehr Studenten aus Fachbereichen wie beispielsweise Pädagogik, Kunst oder Germanistik kamen.[701] Diese Entwicklung löste in der Kreisdienststelle des MfS Betriebsamkeit aus, denn die Ausbildung der Lehrer war – vor dem Hintergrund der Aufgabe der Volksbildung und der Bedeutung der Jugend – ein überaus heikles Thema.[702] Die IM hatten vor allem den Auftrag, wieder stärker auf eine theologische Ausrichtung der Arbeit der ESG zu dringen, denn dadurch „würde unter Berücksichtigung der derzeitigen Situation und des personellen Profils der ESG im Ergebnis der Durchsetzung dieser Maßnahmen eine schleichende Unzufriedenheit [...] und ein Zersetzungs- und Differenzierungsprozeß am Laufen gehalten werden."[703] Dazu gehörten vor allem die Diskreditierung von Lucht selbst und von ihm nahestehender Personen, und das alles „zur Aufrechterhaltung einer instabilen Situation innerhalb der ESG".[704]

Obwohl die Kreise mal mehr, mal weniger Mitglieder hatten, die Leitung oft wechselte und kein Kreis sich wirklich regelmäßig traf, zählte das MfS im Februar 1984 sieben Arbeitskreise mit Teilnehmerzahlen bis zu 10 Personen.[705] Diese Klassifizierungsbemühungen sollten belegen, dass es sich um organisierte Strukturen mit feindlich-negativen Zielen handelte. Hier zeigt sich besonders deutlich die Arbeitsweise des MfS, das die Gesellschaft nur durch einen Filter der Klassifizierung wahrnahm und in der Zuordnung der Bürger zu den einzelnen Schubladen seine wichtigste Aufgabe erblickte. Schwerpunkt der Beobachtung war nach wie vor der Friedensarbeitskreis

700 Vgl. ebd., Bl. 69.

701 Vgl. ebd., Bd. II/1, Bl. 267. „Information zum Entwicklungsstand der ESG" des IM „Reiner Tulpe".

702 Vgl. dazu auch Eberhard Schnitzer: Die Entwicklung von IM unter der studentischen Jugend für den Einsatz in der Evangelischen Studentengemeinde Greifswald und die Gewährleistung ihres gesellschaftlich effektiven Einsatzes zur wirksamen Aufklärung und Bekämpfung von Erscheinungsformen der politischen Untergrundtätigkeit, unveröffentlichte Diplomarbeit des MfS 1988; BStU, ZA JHS 458/88, Bl. 15. „Besorgniserregend ist aber dennoch die regelmäßige Teilnahme von Pädagogikstudenten, weil dafür Sorge zu tragen ist, dass für den Lehrerberuf geeignete FDJ-Mitglieder für das Lehrerstudium ausgewählt und vorbereitet werden. Wir halten es dabei mit dem Leninschen Ratschlag, eine Armee von Lehrern heranzubilden, die mit der Partei, mit ihren Ideen eng verbunden, von ihrem Geist durchdrungen ist."

703 Vgl. OV „Apostel", Bd. I/1, Bl. 62.

704 Vgl. ebd., „Sachstandsbericht zum Operativen Vorgang ‚Apostel'" vom 9.3.1983.

705 Vgl. ebd., Bl. 80. „Zwischeneinschätzung zum Bearbeitungsstand des OV ‚Apostel'" vom 9.2.1984.

(FAK). Kritisiert wurde, dass der FAK seine Wirksamkeit nach außen hin zu vergrößern versuchte.[706] So habe er Veranstaltungen durchgeführt, in denen die „‚Widersprüche‘ sozialistischer Außen-, Friedens- und Innenpolitik der DDR“ und die „sogenannte[n] Militarisierungstendenzen in der DDR“ thematisiert worden seien. Darüber hinaus habe der FAK zu den gesetzlichen Bestimmungen hinsichtlich von Wehrdienstverweigerungen und besonderer Bestimmungen für ROA (Reserveoffiziersanwärter) und OaZ (Offizier auf Zeit) informiert. Es ist nicht verwunderlich, dass die „Zwischeneinschätzung“ zu dem Ergebnis kam, es sei eine „operativ relevante Lageentwicklung [...] vorhanden.“[707]

Trotz dieser und weiterer Maßnahmen konnte das MfS nicht wirklich etwas in der ESG ausrichten. Weder durch den Einsatz einer Vielzahl von IM noch durch die Instrumentalisierung des Konsistoriums oder durch Post- und Telefonkontrolle konnten die Inhalte der ESG-Arbeit oder die Ausstrahlungskraft beeinflusst werden. Die Ausarbeitung des „Maßnahmeplan[es] zur operativen Bearbeitung des ‚Friedenskreises‘ der ESG Greifswald“ im März 1984 war eine direkte Reaktion auf diese Situation.[708] Dieser verfolgte vor allem das Ziel, die studentische Friedensarbeit zurück in die Räumlichkeiten der ESG zu verlegen. Der Friedensarbeitskreis der ESG sollte auf keinen Fall öffentlichkeitswirksam werden. Der Maßnahmeplan legte fest, dass die Führungsoffiziere die einzelnen IM profilieren sollten. Das bedeutete, dass jeder IM einen für ihn vorgesehenen Platz in der ESG einnehmen und einen bestimmten Charakter „spielen“ sollte. In dem „Maßnahmeplan“ vom März 1984 hieß es:

„Bei der Erarbeitung der Verhaltenslinie für den

- IMB ‚Michael Burkhardt‘ ist davon auszugehen, daß er im Arbeitsbereich den Status eines engagierten Christen einnehmen soll und in der ESG den progressiven Standpunkt der Kirchenleitung zum Ausdruck bringt sowie Mißfallen über nicht abgestimmte Aktivitäten mit der Kirchenleitung äußert.
- [Bei] IMB ‚Lukas‘ ist zu berücksichtigen, daß er als ruhiger, sachlicher und überlegt auftretender Laie bekannt ist. Innerhalb der Auseinandersetzungen im ‚Friedenskreis‘ tritt er als der zur realistischen kirchlichen Linie tendierende, schlichtende, aber dennoch Zweifelnde und Suchende auf.
- bei IMS ‚Reiner Tulpe‘ ist seine Einschleusung durch den IMB ‚Lukas‘ in den ‚Friedenskreis‘ zu beachten. Der IMS ist als Suchender und Schlichtender aufzubauen.“[709]

706 Vgl. ebd., Bl. 85.
707 Vgl. ebd., Bl. 82.
708 Vgl. ebd., Bl. 86–88. „Maßnahmeplan zur operativen Bearbeitung des ‚Friedenskreises‘ der ESG Greifswald (Ergänzung der Bearbeitungskonzeption zum OV ‚Apostel‘“ vom 13.3.1984.
709 Ebd., Bl. 86/87.

Im Juli 1984 berichteten 7 jugendliche IM über die Studentengemeinde,[710] sie waren in den beiden entscheidenden Arbeitskreisen eingesetzt. Weder der Friedens- noch der Partnerschaftskreis und auch keiner der anderen drei Kreise wurden jedoch durch einen IM geleitet, wie es durch das MfS vorgesehen war. Eine Führungsposition konnte bis dahin – und das änderte sich auch bis 1987 nicht – nur der IM „Lukas" einnehmen. Er war seit April 1984 Vertrauensstudent, es gab jedoch in jedem Semester zwei „V-Studenten". Es ist bezeichnend für die Arbeit des MfS, dass in der „Einschätzung zum Stand der offiziellen Durchdringung" zu „Lukas" dennoch stand: „Leitung der ESG". So viel Einfluss hatte ein einzelner IM nicht.
Als weiteres Ziel des MfS wurde nun, im Juli 1984, die Observierung des Ökologiekreises angestrebt, da Partnerschafts-, Friedens- und Taufkreis bereits unter „operativer Kontrolle" waren. Dabei erwähnte der „Sachstandsbericht" vom Juli 1984 mit keinem Wort, dass sich die Zahl der IM im Vergleich zum Vorjahr verringert hatte: Die IM „Roland" und „Regina Wolff" wurden unter den eingesetzten IM nicht mehr aufgeführt. Stattdessen kam IM „Claudia" hinzu.[711] Darüber hinaus meinte das MfS, nun rechtlich gegen Lucht vorgehen zu können. Der IM „Friese" hatte berichtet, dass auf einer Veranstaltung „nichtlizensierte Druckerzeugnisse"[712] mit Wissen Luchts durch Mitglieder der ESG verkauft worden seien. Die Kreisdienststelle Greifswald beantragte bei der Bezirksverwaltung in Rostock gegen Lucht Disziplinierungsmaßnahmen, die sowohl durch die staatlichen Organe als auch durch die kirchlichen Vorgesetzten umgesetzt werden sollten:

> „Es wird vorgeschlagen, durch geeignete Quellen innerhalb der Kirchenleitung Greifswald den Sachverhalt mit dem Ziel innerkirchlicher Auseinandersetzung/Disziplinierung auszuwerten. Des weiteren wird gebeten zu prüfen bzw. zu veranlassen, inwieweit über den R. d. Bezirks [Rat des Bezirks], Abt. Innere Angelegenheiten, und territoriale staatliche Organe, analoge Maßnahmen möglich sind, um auf die Einhaltung gesetzlicher Bestimmungen zu drängen."[713]

Zu einem Eingriff gegen Lucht ist nichts bekannt.

---

710 Vgl. ebd., Bl. 100. „Sachstandsbericht" vom 30.7.1984.

711 Vgl. ebd.

712 Vgl. ebd., Bl. 325. Die Kirchen in der DDR konnten die von ihnen benötigten Materialien nicht einfach drucken, sondern mussten dafür beim Staat Drucklizenzen beantragen. Die Herstellung „nichtlizensierter Druckerzeugnisse" bedeutete ein Vergehen gegen die Druckverordnung und wurde – in Abhängigkeit von der jeweiligen innenpolitischen Situation – mehr oder weniger streng geahndet.

713 Ebd., Bd. II/1, Bl. 324. „Disziplinierungsmaßnahmen zum Stud.-Pfarrer Lucht (OV ‚Apostel')" vom 25.7.1984.

Bis zum Jahreswechsel 1984/85 gewann die ESG weiter an Ausstrahlung.[714] Dabei war ein besonderer „Dorn" im Auge, dass sich die Arbeitskreise nicht mehr kontinuierlich in den Räumen der ESG am Karl-Marx-Platz 15 trafen, in unmittelbarer Nähe des Konsistoriums, sondern in den Wohnungen der Teilnehmer. Oft handelte es sich dabei um Abrisshäuser, in denen die Studenten illegal wohnten. Dem MfS ging es nicht nur um den Rechtsverstoß, sondern vor allem um die Aufsichtspflicht, die Lucht in Bezug auf Veranstaltungen in den Räumen der ESG hatte. Wenn die Arbeitskreise jedoch außerhalb der ESG tagten, dann war Lucht nicht mehr im Hinblick auf seine Pflichten als Studentenpfarrer zu kritisieren.
Der „Sachstandsbericht zum OV ‚Apostel'" vom Februar 1985 strebte folgerichtig an, „durch kurzfristige, nachhaltige Zersetzungs- und Verunsicherungsmaßnahmen vor allem zu den außerhalb der ESG agierenden Arbeitskreisen eine Rückverlegung der Arbeitskreistätigkeit in kircheneigene Räume zu erreichen, um die Lage kontrollfähig und operativ beeinflußbar zu beherrschen."[715] Die jugendlichen IM hatten jedoch nicht genug Einfluss, um entsprechend den Plänen ihrer Führungsoffiziere handeln zu können – obwohl in den „Sachstandsberichten", „Maßnahmeplänen" und „Operativplänen" immer von der vollständigen Durchdringung der ESG die Rede war. Deshalb griff das MfS auf die „IM in kirchenleitenden Positionen" zurück. 1984 waren das Präses Affeld, Bischof Gienke und Oberkonsistorialrat Plath. Offensichtlich gingen die kirchlichen Leiter jedoch nicht direkt gegen Lucht vor, sodass es in einem Bericht über die vorgesehene Disziplinierung lediglich hieß, „daß sich kirchenleitenderseits verstärkt mit dem Studentenpastor Lucht und den aufgeworfenen Problemen beschäftigt wird und entsprechende Kontrollhandlungen realisiert werden sollen".[716] Nach Aussagen von Studentenpfarrer Lucht gab es 1984/85 mehrere Gespräche mit Mitgliedern des Konsistoriums, die solchen „Kontrollhandlungen" recht nahe kamen.[717] So habe Harder in dem bereits zitierten Gespräch mit Lucht darauf gedrängt, dass die Anzahl der Arbeitskreise reduziert werde, da sie nicht mehr zu übersehen seien. Lucht sah hier im Nachhinein eine Verbindung zu der durch das MfS geforderten Einschränkung des Personenkreises der ESG. Harder habe ihn auf diese Problematik auch nicht wieder angesprochen, obwohl sich an der breiten Basis der Studentengemeinde nichts änderte.

---

714 Vgl. dazu: Robert Conrad/Lutz Wohlrab/Martin Bernhardt: Zerfall und Abriß. Greifswald in den 80er Jahren, Berlin 1996, S. 78, Anmerkung 15.

715 OV „Apostel", Bd. I/1, Bl. 107. „Sachstandsbericht" vom 27.2.1985.

716 Ebd., Bd. II/1, Bl. 347. „Einleitung innerkirchlicher Disziplinierungsmaßnahmen zum Studentenpastor Lucht der ESG Greifswald" vom 28.12.1984.

717 Im Folgenden beziehe ich mich auf ein Gespräch mit Pfarrer Harro Lucht am 27.1.1998.

Noch einmal, nämlich beim Friedensforum 1984, versuchte das Konsistorium lenkend einzugreifen. Plath habe im November 1984 auf der Treppe des Konsistoriums und im Hinblick auf das einige Minuten später beginnende Friedensforum zu ihm gesagt, so Harro Lucht in der Rückschau: „Aber dass Sie mir nichts über Mittelstreckenraketen sagen!" Er sei daraufhin direkt zum Friedensforum gegangen und habe die Andacht mit Worten zu den neuen Aufrüstungsmaßnahmen begonnen. Die Studentengemeinde habe zudem ein großes Plakat von der Empore in der Jakobikirche entrollt, auf dem deutlich zu lesen war: „Wir verzichten auf den Schutz durch Atomwaffen."[718]
Parallel dazu finden sich im OV „Apostel" auch immer wieder Hinweise darauf, dass Hans-Martin Harder die Studenten der ESG in ihrer DDR-kritischen Haltung unterstützte – auch das MfS bemerkte dies. So erwähnt der „Zwischenbericht zum OV ‚Apostel'" vom 30. Juli 1985 eine Veranstaltung der ESG, bei der Hans-Martin Harder als Referent sprach.

„Im Ergebnis des Auftretens von H. fühlten sich die Anwesenden bezüglich der Ansichten über Praktiken des MfS und der empfundenen ‚Unrechtmäßigkeit' der strafprozessualen Maßnahmen bestärkt und wurden von H. regelrecht aufgefordert, ihre Existenz als ESG zu demonstrieren."[719]

Als die ESG 1987 eine Veranstaltung mit Stefan Krawczyk und Freya Klier geplant hatte, verbot Harder das Programm sofort.[720] Die ESG schrieb daraufhin einen Brief an die Kirchenleitung, in dem sie sich über diesen Eingriff beschwerte. In der Kirchenleitung gab es durchaus unterschiedliche Meinungen, vor allem die beiden Pröpste waren der Ansicht, dass „man noch mehr mit den Leuten der ESG [hätte] sprechen müssen, ohne hier schon Maßnahmen des Verbotes anzudeuten bzw. auszusprechen".[721] MfS-Offizier Wegner war ebenso verblüfft. Er notierte über ein Treffen mit Harder im April 1987:

„‚Advokat' hob die Schwierigkeiten bei der Entscheidung hervor, da ESG und Junge Gemeinde die Sache anders betrachten als [die] Kirchenleitung. Deshalb sei man im Gespräch mit ihnen zur Erläuterung der Vorgehensweise. Er betonte auch nach eigenem Erleben eines Programms von Krawczyk, daß ‚dies nicht so dringend ist, um jedem zu Gehör gebracht zu werden' und daß ‚wir keinen Krawczyk brauchen, der uns auf die Sprünge hilft'.
Durch den MA wurde dann auf die Spezifik der Aufgabe des MfS zur Gewährleistung der staatlichen Sicherheit im Zusammenhang mit den Versuchen feindlicher Kräfte, die Kirche für ihre Ziele zu mißbrauchen, eingegangen. Der vorbeugende Charakter der Tätigkeit des MfS zur Verhinderung dieser Ab-

718 Ebd.
719 OV „Apostel", Bd. I/1, Bl. 112.
720 Vgl. Gespräch mit Pfarrer Arndt Noack am 14.4.1998.
721 BStU, BV Rostock, AIM 4155/90, Bl. I/1, Bl. 70.

sichten wurde im weiteren hervorgehoben. ‚Advokat' stimmte dem zu, daß dies auch im Interesse der Kirche liegt und klar sei, daß sich die Tätigkeit nicht gegen die Kirche richtet.
Abschließend äußerte er sich wörtlich: ‚Gut, wir werden mal über die Dinge im Kontakt bleiben, und hier melde ich mich mal, wenn wir zurechtgekommen sind.'"[722]

In diesem Zusammenhang forderte das Konsistorium zum wiederholten Male, die ESG solle sich eine Ordnung geben. Sie war schon mehrfach angemahnt und von der Studentengemeinde durch Passivität oder langwierige Formulierungs- und Entscheidungsprozesse hinausgezögert worden. Es ging nicht nur um eine Ordnung, die interne Fragen regeln sollte, sondern es ging um eine Festlegung von Verantwortlichkeiten. Nicht nur die staatlichen Stellen wollten diese Frage geregelt sehen, sodass sie in kritischen Fällen eine einzelne Person für allgemeine Vorgänge zur Rechenschaft ziehen konnte. Auch das Konsistorium hatte ein Interesse daran. Die Betonung von Verantwortlichkeiten war nicht mit der Anerkennung von Kompetenzen verbunden, sondern diente der innerkirchlichen Kontrolle.
1985/86 prägten vor allem einzelne Veranstaltungen das Bild der Greifswalder ESG. Im Frühjahr 1986 waren Jürgen Kuczynski, Gabriele Eckart und Stefan Heym zu Gast. Dabei ist bezeichnend, dass die zahlreichen Besucher der ESG und das Echo bei den Greifswalder Studenten vom MfS kaum wahrgenommen wurden. Herausragend waren die Veranstaltungen mit den Berlin-Brandenburgischen Altbischöfen Albrecht Schönherr und Kurt Scharf, wobei Scharf 1961 aus der DDR ausgebürgert worden war. Allein dieser Besuch machte die staatlichen Stellen „fuchsteufelswild".[723] Dass die ESG einen erklärten Feind der DDR einlud, war eine Provokation. Die staatlichen Stellen schikanierten Scharf bei seiner Ein- und Ausreise entsprechend.
Andere Veranstaltungen mit herausragenden Gästen wurden nicht in den Unterlagen des MfS dokumentiert. So waren beispielsweise auch Stephan Hermlin, Lutz Rathenow, Sascha Anderson, Heiner Müller, Rainer Eppelmann und Bärbel Bohley zu Gast in der ESG Greifswald.
Ebenso verhielt es sich mit dem Echo, das diese Veranstaltungen unter den Greifswalder Studenten erhielten. Die Angaben des MfS, die Besucherzahlen seien von 35 auf 70 und bisweilen auf 120 Personen gestiegen, sind nicht ganz korrekt. Bisweilen kamen zu den Lesungen, Ausstellungen und Diskus-

722 Ebd., Bl. 65/66.
723 Vgl. Gespräch mit Pfarrer Harro Lucht am 25.4.1998.

sionen bis zu 250 Menschen.[724] Dies war eine bewusste Untertreibung, die nicht die ESG, sondern die Mitarbeiter des MfS schützen sollte, die dagegen nicht hatten einschreiten können.
Bereits im Mai 1985 war das MfS über einen IM informiert worden, dass Lucht die Landeskirche Greifswald 1986 verlassen wolle. Als Lucht 1987 dann Greifswald verließ, wurde der OV „Apostel" archiviert.[725] Bei der Einleitung des OV „Apostel" im April 1984 waren die „Erarbeitung von Beweisen für strafrechtlich relevante Handlungen des L. bzw. der Erarbeitung kompromittierenden Materials"[726] sowie die „vorbeugende Verhinderung von öffentlichkeitswirksamen feindlich-negativen Aktivitäten"[727] die Ziele. Weder konnte Lucht ein strafrechtlicher Verstoß nachgewiesen noch die Öffentlichkeitswirksamkeit eingeschränkt oder gar verhindert werden. Dieses Ergebnis findet sich allerdings nicht in den Akten des MfS. Vielmehr heißt es dort, Lucht sei durch das Konsistorium zur Aufgabe seiner Tätigkeit gedrängt worden, die innerkirchliche Disziplinierung habe Früchte getragen.[728] Dabei wurde geflissentlich übersehen bzw. nicht notiert, was Lucht mehrmals deutlich gesagt hatte: Seine Dienstzeit von sechs Jahren gehe zu Ende, und er werde keine Verlängerung beantragen. Das MfS brüstete sich also mit einem „Erfolg", der keiner war. Insofern sah man beim MfS den Weggang Luchts nicht ungern. Im „Abschlußbericht zum Operativ-Vorgang ‚Apostel'" vom 3. März 1987 stellte das MfS fest, es seien wesentliche Erfolge erzielt worden, der bestimmende Stamm der ESG sei zerfallen, die ESG-Veranstaltungen fänden nicht mehr den früheren Zulauf, und es gebe keine konkreten Vorstellungen zur Planung der näheren Zukunft innerhalb der ESG.[729] Diese Feststellung beschrieb die Realität in keiner Weise. Schwankungen der Besucherzahlen und Auflösungserscheinungen bei einzelnen Arbeitskreisen lagen in der Natur der Arbeit einer Studentengemeinde, die sich halbjährlich gestaltete und neuen Ideen Platz bot. Tatsächlich muss vielmehr festgestellt werden, dass trotz des Einsatzes von 14 jugendlichen Inoffiziellen Mitarbeitern[730] und der Hinzuziehung der entsprechenden Ansprechpartner im Konsistorium die eigentlichen Ziele des Operativen Vorgangs nicht erreicht

724 Vgl. ebd.
725 Anfang der achtziger Jahre waren neben Harro Lucht noch weitere „Zielpersonen" im OV „Apostel" bearbeitet worden, dies war jedoch schon 1984/85 beendet worden.
726 OV „Apostel", Bd. I/I, Bl. 30. „Operativplan zum Operativen Vorgang ‚Apostel'" am 14.4.1982.
727 Ebd., Bl. 40. „Zwischenbericht zum OV ‚Apostel'" vom 3.8.1982.
728 Vgl. ebd., Bl. 117. Dort heißt es: „Im Ergebnis operativer Einflußnahme auf die Kirchenleitung durch die Abteilung XX [...] wurde erreicht, daß der Studentenpfarrer L. aus kirchenleitender Sicht als wesentlicher, den Gesamtzustand begünstigender Faktor erkannt und damit untragbar wurde. Seine Ablösung erfolgt im Frühjahr 1986."
729 Vgl. ebd., Bd. II/1, Bl. 469. „Abschlußbericht zum Operativ-Vorgang ‚Apostel'" vom 3.3.1987.
730 Das waren die IM „Anne Becker", „Rix", „Claudia", „Lukas", „Friese", „Ikarus", „Makatsch", „Heinrich Schade", „Mathias Sturm", „Reiner Tulpe", „Sven Ake", „Eva", „Lars", „W. Schmidt". Vgl. OV „Apostel", Privatarchiv Harro Lucht.

wurden. Seit 1981 hatte die ESG Veranstaltungen organisiert, die erhebliche Anziehungskraft auf die Greifswalder Jugend hatten. Man meinte, dies hätte nun ein Ende. Die im März 1986 entstandene „Koordinierungsvereinbarung" des MfS stellte fest, dass die „Arbeit der ESG [...] in der Vergangenheit unter Leitung des Studentenpastors Lucht durch vielfältige Aktivitäten mit teilweise großer Öffentlichkeitswirksamkeit und politisch-negativer bzw. feindlicher Ausstrahlung gekennzeichnet [war]. Dabei erfolgte ein Zusammengehen mit Personenkreisen aus dem nichtkirchlichen Bereich, die alternative, antistaatliche und feindliche Positionen vertreten."[731] Aus diesem Grund strebte die Koordinierungsvereinbarung die „Einsetzung eines neuen Studentenpastors mit politisch loyalen Positionen", „die Verhinderung öffentlichkeitswirksamer Aktionen" und die „Verhinderung der Aktivierung und Neuformierung des Friedens- und Ökokreises" an.[732]

Da Lucht erst 1987 die Landeskirche verließ, blieb dem MfS genügend Zeit, um die „Einsetzung eines neuen Studentenpastors mit politisch loyalen Positionen" zu betreiben.[733] Der neue Studentenpfarrer sollte nicht nur staatsloyal eingestellt, sondern auch Inoffizieller Mitarbeiter des MfS sein. Ein möglicher Kandidat stand in Greifswald bereits zur Verfügung. Gunnar Fischer (IM „Nikolaus") war 1976 von der Kreisdienststelle Leipzig in einer für ihn schwierigen Situation angeworben worden.[734] Entsprechend leicht war es für die Staatssicherheit in Leipzig, Fischer für sich zu verpflichten. Fischer, der nicht aus einem evangelischen Pfarrhaus stammte und sein Studium daher nicht aufgrund seiner Sozialisation, sondern aus völlig eigenem Antrieb aufgenommen hatte und gegen große Widerstände verteidigen musste, war in mehrfacher Hinsicht eine Ausnahme unter den Kommilitonen. Die zunächst erzwungenen, später aber durchaus aus eigenem Antrieb fortgeführten Stasi-Kontakte fügten sich in diese Außenseiterposition ein.

Fischers „Einsatzkonzeption" zielte darauf hin, „perspektivisch eine Leitungsfunktion in der ESG zu übernehmen, Pläne und Absichten des [Leipziger Studenten]pfarrers in Erfahrung zu bringen, Veranstaltungen der ESG mit unter op. Kontrolle zu halten [und] op. interessante Hinweise zu Problemen der sogenannten Partnerschaftsarbeit mit BRD-Gemeinden zu erarbeiten".[735] Diese Einsatzrichtung wurde beibehalten, als Fischer von Leipzig an den Greifswalder Bodden wechselte. Und als „Nikolaus" 1986 Greifswald verließ, um in Ueckermünde sein Vikariat zu beginnen, orientierte

731 BStU, BV Neubrandenburg, Abt. XX-171, Bl. 69. „Koordinierungsvereinbarung zur langfristigen Planung und Organisation der politisch-operativen Abwehrarbeit in der Evangelischen Landeskirche Greifswald (ELKG) für den Zeitraum 1986 bis 1991 vom 10.3.1986".

732 Ebd., Bl. 70.

733 Ebd.

734 Die Einsatzrichtung bezog sich auf die ESG Leipzig.

735 BStU, BV Rostock, AIM 2603/91, Bd. I/1, Bl. 65. „Vorschlag zur Werbung eines IM" vom 8.12.1976.

ihn das MfS darauf, seine Beziehungen zur ESG zu intensivieren, um „ein Vertrauensverhältnis aufzubauen und Einfluß in Vorbereitung auf die Wahlen des neuen [Studenten]pfarrers“[736] zu nehmen. Langfristiges Ziel waren die „Übernahme der Funktion des [Studenten-]Pfarrers“[737] und die Bildung einer ESG, die missliebige Jugendliche „diszipliniert und erzieht“.[738] Zum Treffen des IM „Nikolaus“ am 15. September 1986 notierte dessen Führungsoffizier Schnitzer, Aufgabe sei die „Klärung von objektiven Möglichkeiten zur Entwicklung des Kontaktes zur ESG und der Perspektive, dass spätestens 1989 die Amtsübernahme“[739] erfolgt.

Eberhard Schnitzer war seit ca. Juni 1986 der Führungsoffizier von IM „Nikolaus“. Schnitzers Interesse an der Greifswalder Studentengemeinde ging über den Einsatz von Gunnar Fischer hinaus. 1988 reichte er an der Juristischen Hochschule in Potsdam seine Abschlussarbeit zum Thema „Die Entwicklung von IM unter der studentischen Jugend für den Einsatz in der Evangelischen Studentengemeinde Greifswald und die Gewährleistung ihres gesellschaftlich effektiven Einsatzes zur wirksamen Aufklärung und Bekämpfung von Erscheinungsformen der politischen Untergrundtätigkeit“ ein.[740]

Laut Unterlagen des MfS kannte Gunnar Fischer die genauen Pläne des MfS. In der „Einschätzung des IMB ‚Nikolaus‘“ vom Mai 1987 heißt es, das Ziel sei die „Übernahme der Funktion des Studentenpfarrers“.[741]

Die genauen Pläne des MfS gekannt zu haben, weist Fischer jedoch zurück.[742] Er habe nie den Kontakt zur ESG von sich aus gesucht und habe den damaligen Studentenpastor Arndt Noack nicht einmal „vom Sehen“ gekannt.[743] Fischer weist auch auf eine Passage in seiner Akte hin, aus der seine Vorbehalte gegenüber der Karriereplanung des MfS hervorgehen würden, die jedoch nicht entlastend herangezogen worden sei. Fischer bezieht sich dabei auf folgende Aktennotiz vom 3. Februar 1981:

„Ersten Andeutungen des Mitarbeiters, auf eine gewählte Leitungsfunktion in der LK [Landeskirche, RF] nach 1986 hinzuarbeiten, wich der IM nicht aus. Eine solche Perspektive aus operativen Gesichtspunkten lasse sich aber erst später entscheiden, und die Realisierung *hängt auch von der Kirchenleitung* ab.“[744]

---

736 Ebd., Bd. I/1, Bl. 443. „Einsatz- und Entwicklungskonzeption für den IMB ‚Nikolaus‘“ vom 2.6.1986.

737 Ebd.

738 Ebd.

739 Ebd., Bd. II/3, Bl. 478.

740 BStU, ZA, JHS 458/88.

741 BStU, BV Rostock, AIM 2603/91, Bd. I/1, Bl. 443.

742 Gespräch mit Pfarrer Gunnar Fischer, Ueckermünde, am 8.8.1997.

743 Ebd.

744 Zitiert aus Schreiben von Gunnar Fischer an den Landesbeauftragten für Mecklenburg-Vorpommern für die Unterlagen des Staatssicherheitsdienstes der ehemaligen DDR vom 14.12.1998. (=BStU, BV Rostock, AIM I 2603/91, Bd. I/1, Bl. 219.)

Fischer markierte den Hinweis auf die Kirchenleitung in seinem Schreiben, weil er sich damit von den Intentionen des MfS abgesetzt habe, so meinte er. Die Lebenssituation, in der er geworben worden sei, habe einen erheblichen Einfluss auf seine Bindung an das MfS gehabt und die Darstellung im „Greifswalder Weg" habe dies nicht angemessen widergespiegelt: Er sei 19 Jahre jung gewesen und unter Druck geworben worden.[745]

Tatsächlich waren die Umstände der Werbung Gunnar Fischers besonders belastend. Mit 19 Jahren war Fischer jung und dem Druck der Stasi kaum gewachsen – nicht anders als andere Neunzehnjährige. Dazu sei seine Unterbringung unmittelbar nach der Geburt bis zum Alter von mehr als drei Jahren in einem Kinderheim gekommen, so Fischer.[746] Auch die spätere Kindheit bei der alleinerziehenden Mutter, die scheinbar mit der Erziehung ihres einzigen Kindes deutlich überfordert war, habe für ihn schwerwiegende Folgen gehabt. Heute würde in vergleichbaren Fällen das Jugendamt wegen Kindeswohlgefährdung aktiv werden, so Fischer weiter.[747] Das ändere nichts an seiner Verantwortung für sein damaliges Handeln, schreibt Gunnar Fischer, zeige aber, wie gezielt und skrupellos das MfS seinerzeit menschliche Schwächen ausgenutzt habe.[748]

Die Tatsache, dass er in der Folge eine handschriftliche Verpflichtungserklärung unterzeichnete, wurde ihm vom Greifswalder Überprüfungsausschuss als willentliche Zusammenarbeit mit dem MfS ausgelegt – in Übereinstimmung mit dem Vorgehen in allen anderen kirchlichen Überprüfungsgremien. Tatsächlich hätte diese Bewertung aber in doppelter Hinsicht schon 1993 hinterfragt werden müssen: Erstens deshalb, weil fraglich ist, wie viel Überzeugung hinter einer unter Druck geschriebenen Verpflichtungserklärung wirklich steht, oder ob nicht doch die Angst vor dem Geheimdienst die treibende Kraft gewesen war. Und zweitens, weil das Fehlen einer Verpflichtungserklärung keineswegs bedeutete, dass der geworbene IM nicht wusste, worauf er sich eingelassen hatte.

In seinem Schreiben vom November 1998 sprach Gunnar Fischer darüber hinaus auch die oftmals kritisierte Verletzung des Beichtgeheimnisses an, die sich aus den Stasiakten ergäbe. Er habe es nicht, wie seitens des MfS und dann dementsprechend auch im „Greifswalder Weg" dargestellt, in seiner Bedeutung schwächen wollen, sondern ausdrücklich auch gegenüber der Stasi dessen Unverletzbarkeit betont, so Fischer.[749]

745 Vgl. ebd.
746 Vgl. Gunnar Fischer per Email an Rahel Frank vom 29.8.2016.
747 Vgl. ebd.
748 Vgl. ebd.
749 Brief von Gunnar Fischer an Rahel von Saß vom 25.11.1998.

Das Beichtgeheimnis wird tatsächlich in der Akte „Nikolaus" erwähnt. 1985 notierte der MfS-Offizier Lorenz, „Nikolaus" habe Bedenken, über vertrauliche Gespräche zu berichten. Er habe die Einhaltung des Beichtgeheimnisses noch einmal zur Bedingung für seine Kontakte zum MfS gemacht und werde nichts berichten, was das Beichtgeheimnis gefährde.[750] Im Februar 1986, kurz bevor er seine erste Pfarrstelle in Ueckermünde antrat, soll Fischer trotz dieser Bedenken bereit gewesen sein, auch als Pfarrer mit dem MfS zusammenzuarbeiten, denn „ein prinzipielles[751] Beichtgeheimnis bei der evangel[ischen] Kirche im Sinne des [Beichtgeheimnisses] der kath[olischen] Kirche gibt es nicht. Es handelt sich dabei in erster Linie um vertrauliche Informationen aus der Seelsorge um die Christen, die glauben, im Pfarrer einen Vertrauten zu finden".[752]
In seinem Schreiben vom 14. Dezember 1998 ging Fischer auf diese beiden Zitate ein und wies sie mit der Begründung zurück, hier werde erstens ein MfS-Offizier zitiert und zweitens werde „deutlich, daß einer Einschränkung des Beichtgeheimnisses nicht das Wort geredet wird, eher im Gegenteil".[753] Auch der Eindruck, er habe sich durch das MfS in die ESG einschleusen lassen, sei falsch, so Fischer. Er habe weder Kontakt zur noch Interesse an der ESG gehabt und habe verhalten auf die Versuche reagiert, ihn in eine entsprechende Leitungsfunktion zu bringen, das stehe auch in der Akte.[754] Tatsächlich finden sich auch hier entsprechende Belege in den Berichten,[755] aber ergibt sich daraus nun eine grundlegend andere Sicht auf die Gespräche, die Gunnar Fischer mit dem MfS-Offizier führte? Eine Gesamtübersicht der mehrbändigen Akte zeigt, dass es Schwankungen im Verhältnis zwischen IM und Führungsoffizier gegeben hatte, sie lagen in veränderten familiären Verhältnissen und besonderen beruflichen Belastungen des IM „Nikolaus".
In einem Schreiben vom August 2016 verweist Fischer jedoch darauf, dass seine Entscheidung, ein Pfarramt in Ueckermünde zu übernehmen, nicht im Sinne des MfS gelegen habe. Auch die „Einsatz- und Entwicklungskonzeption" vom 2. Juni 1986 habe dies festgestellt: „Der IM übernimmt die Pfarrstelle in Ueckermünde. Eine Einflußnahme auf die Leitung der Landeskirche

750 BStU, BV Rostock, AIM 2603/91, Bd. I/1, Bl. 283 f. Dort heißt es: „Als Pfarrer müsse er allerdings eine Bedingung stellen, daß von ihm in der Zusammenarbeit nicht die Verletzung des Beichtgeheimnisses gefordert werde."

751 Fischer bemerkte in Vorbereitung dieser Auflage hierzu, dass der Begriff „prinzipielles" Beichtgeheimnis keine Wortschöpfung von ihm gewesen sei, sondern er hier „Beichte als Sakrament" gemeint habe, denn die evangelische Kirche kenne nur Taufe und Abendmahl als Sakrament. Vgl. Email von Gunnar Fischer an Rahel Frank vom 30.8.2016.

752 Ebd., Bl. 323.

753 Schreiben von Gunnar Fischer an den Landesbeauftragten für Mecklenburg-Vorpommern für die Unterlagen des Staatssicherheitsdienstes der ehemaligen DDR vom 14.12.1998, S. 2. (=Brief von Gunnar Fischer an Rahel von Saß vom 25.11.1998.)

754 Ebd.

755 BStU, BV Rostock, AIM I 2603/91, Bd. I/1, Bl. 219.

ist aus dieser Position heraus kaum möglich. Überprüfungen sind durch den Einsatz von IM … (XX u. KD Ueckermünde) und durch Maßnahmen der Abteilung 26 (_A) zu realisieren."[756]

Dennoch finden sich in der mehrbändigen Akte „Nikolaus" weder Hinweise auf den Versuch Fischers, die Kontakte zum MfS abzubrechen, noch Zweifel an deren Richtigkeit. Erst fünf Jahre später, im Juli 1994, äußerte sich Gunnar Fischer in einem Schreiben an das „Gremium zur Aufarbeitung der Vergangenheit" ausführlich zu seiner Motivation, auch zu der Erkenntnis, ausgenutzt worden zu sein.[757]

> „a) Möglichkeiten, wie aus den Bindungen an das MfS zu entkommen ist, wurden nicht mehr durchdacht. Gerade mit Übernahme eines Pfarramtes wäre durch eine gezielte Dekonspiration dem MfS der Boden für die Kontakte entzogen worden.
> b) Die kritische Nachfrage, warum und wozu diese Gespräche mit den MfS-Leuten dienen sollten, wurde verdrängt. Ich ließ mich mit der Begründung abspeisen, dies alles diene der Vermeidung von Konflikten und Spannungen zwischen Staat und Kirche.
> c) Die Auswirkungen der Gespräche hatte ich nicht mehr in der Hand. Mein Eindruck, daß für andere Menschen kein sichtbarer Schaden entstand, mag im konkreten Fall zutreffen, aber daß es dem MfS nicht einfach um Informationen so schlechthin, sondern um Macht über Menschen ging, um die Verhinderung von Veränderungsprozessen, […] hätte ich sehen müssen."[758]

Vor allem aber sei es die „Suche nach passenden Begründungen für die Kontakte gewesen", die er im Rückblick als Fehler sehe, so Fischer: „Selbstbetrug statt klare Absage" nannte er seine innere Haltung bis 1989.[759] Als Sünde im biblischen Sinne bezeichnete er vor allem sein Unvermögen, sich seiner Kirche und seiner Gemeinde anzuvertrauen: „Es ist die Gemeinschaftslosigkeit, die zur Sünde wird, das Sicht-Nicht-Hineinversetzen-Können in den anderen Menschen bei aller äußerlichen Wohlanständigkeit."[760]

Gunnar Fischer bestreitet seine Kontakte zum Ministerium für Staatssicherheit zwischen 1976 und 1989 nicht. Was er zurückweist, ist die Interpretation der Stasiakten, als habe er gezielt und wissentlich der Kirche Schaden

---

756 BStU, BV Rostock, AIM I 2603/91, Bd. I/1, Bl. 442 und 444. Zitiert nach Email von Gunnar Fischer vom 29.8.2016.

757 Das Schreiben stellte Gunnar Fischer auszugsweise zur Verfügung. Vgl. Email von Gunnar Fischer an Rahel Frank vom 29.8.2016.

758 Vgl. Brief von Gunnar Fischer an das Gremium zur Aufarbeitung der für Vergangenheit in der Pommerschen Kirche vom 18.07.1994. Fischer zitiert hier Rudi Pahnke: „Petrus, Judas und die Akten". Seite nicht angegeben.

759 Vgl. ebd.

760 Vgl. ebd.

zufügen wollen. Entlastende Passagen seien ungenügend oder gar nicht zitiert worden, so Gunnar Fischer, beispielsweise eine weitere Aktennotiz vom 16.11.1985.[761]

Auch über Oberkonsistorialrat Ehricht versuchte das MfS, Einfluss auf die Besetzung der Stelle des Studentenpfarrers zu nehmen. So notierte sich Major Fiedler über ein Gespräch mit Ehricht am 8. Oktober 1985:

„Er [Ehricht] sprach den Mitarbeiter daraufhin auch an, ob er nicht einen geeigneten Kandidaten wüßte, der das Studentenpfarramt in Greifswald übernehmen könnte. Dies wurde vom Mitarbeiter verneint mit der Bemerkung, daß ein Kandidat, den er empfiehlt, sicherlich vom IM-Kandidaten nicht eingesetzt würde, weil er sofort im Verdacht stände, mit der Staatssicherheit zu tun zu haben. Diese Bemerkung akzeptierte der Kandidat ohne Kommentar."[762]

Diese Passage zwingt zur Interpretation: Hat Christoph Ehricht tatsächlich eine zentrale Personalfrage der Landeskirche mit Fiedler besprochen? Fiedler ging darauf nicht ein: Er könne ja keinen Hinweis geben, der befolgt würde. Auf einer versteckten Ebene wurde das genaue Gegenteil ausgesprochen, nämlich dass Ehricht bereit war, staatlichen Bedenken und Hinweisen einen gewissen Raum zuzugestehen. Fiedler kam in einer ähnlichen Angelegenheit später auf Oberkonsistorialrat Ehricht zurück.

Im September 1987 kam Pfarrer Arndt Noack als Nachfolger von Harro Lucht in die Landeskirche Greifswald. Die Wahl des studentischen Senats war eindeutig gewesen. Dabei entsprach der neue Studentenpfarrer keineswegs den Wünschen staatlicher Stellen, denn Noack hatte sich stark in der Bewegung „Schwerter zu Pflugscharen" sowie in der Partnerschaftsarbeit von Jugendlichen engagiert. Offensichtlich war man auch auf kirchenleitender Seite abwartend. Als sich Noack bei Bischof Gienke vorstellte, war nicht die theologische, sondern die gesellschaftliche Position Noacks Gesprächsgegenstand. Gienke bemerkte bei dieser Gelegenheit, die ELKG habe ein sehr gutes Verhältnis zum Staat und das solle auch so bleiben. Es befände sich ja in Lubmin ein Kernkraftwerk. Wie er, Noack, dazu stünde? Die zweite Frage bezog sich auf Noacks Einstellung zum Wehrdienst. Gienke betonte, Noack sei ja nun Wehrdienstverweigerer, aber er müsse doch auch die Wehrdienstleistenden unter seinen Schutz stellen. Das war zumindest ein ungewöhnliches Einstellungsgespräch, und die sich hier bereits andeutenden Meinungs-

---

761 Vgl. Brief von Gunnar Fischer an den Landesbeauftragten für Mecklenburg-Vorpommern für die Unterlagen des Staatssicherheitsdienstes der ehemaligen DDR vom 14.12.1998, S. 2 (=BStU, BV Rostock, AIM 2603/91, Bd. I/1, Bl. 284). Dieses Zitat konnte nicht überprüft werden.

762 BStU, BV Rostock, AIM 0381/91, Bd. I/1, Bl. 126. „Bericht über ein weiteres Kontaktgespräch mit dem IM-Kandidaten ‚Erich'" vom 8.10.1985.

verschiedenheiten wurden innerhalb der nächsten beiden Jahre stärker.[763]
Es gab jedoch auch Fälle in den achtziger Jahren, in denen einzelne Mitglieder der Kirchenleitung und des Konsistoriums der ESG gegen Eingriffe des Staates beistanden, unter anderem Hans-Martin Harder. Beispielsweise unterstützte Harder Torsten Hennig und Martin Bernhardt. Hans-Martin Harder hatte sich zweimal für Hennig eingesetzt: einmal 1981, als dieser den Aufnäher „Schwerter zu Pflugscharen" nicht abnehmen wollte und ihm mit Exmatrikulation gedroht wurde. Harder habe ihn damals dazu bewegt, so Hennig im Gespräch, diesen abzunehmen, da ein Christ ja nicht die Provokation nach außen hin bräuchte, um seine Meinung zu zeigen. Eine ähnliche Situation habe er mithilfe Harders zwei Jahre später lösen können und sei deshalb nicht exmatrikuliert worden. Damals wollte Hennig nicht an dem Zivilverteidigungskurs an der Universität teilnehmen und bekam erhebliche Schwierigkeiten, offiziell mit der Begründung, Hennig sei „Pazifist". Hennig wandte sich an den juristischen Leiter des Konsistoriums, Hans-Martin Harder, der ihm Mut zugesprochen habe. In einem Vermerk über das Gespräch mit Hennig schrieb Harder im November 1982: „Ich habe Herrn Hennig heute persönlich über den Stand der Sache unterrichtet und ihm Mut gemacht, auf die zu erwartenden Gespräche gelassen und ruhig zuzugehen", denn es werde „offensichtlich versucht, ihn nach und nach zu verunsichern und ihn möglichst zu bewegen, selbst aufzugeben! Ich habe ihm Mut gemacht, durchzuhalten. Das Ergebnis bleibt abzuwarten."[764]
Allerdings habe Harder das, was er zuerst gut gemacht habe, später wieder verloren: Als ehrenamtlicher Mitarbeiter habe er keine Probleme mit Hans-Martin Harder gehabt, aber dann als hauptamtlicher. Regelmäßig sei er, oft zusammen mit Bernd Schröder, bei Plath, Harder und Ehricht gewesen und sei diszipliniert worden.[765]
Die Hilfe Oberkonsistorialrat Harders im Fall Martin Bernhardts war noch brisanter. Bernhardt war zusammen mit zwei Freunden im Januar 1985 verhaftet worden, weil sie an einer Fahnenverbrennung beteiligt waren. Auf dem Dachboden eines Studenten aus der ESG, der zu einer Buchpremiere eingeladen hatte, wurde dabei die Flagge der DDR angezündet. Unter den Eingeladenen befanden sich sowohl IM als auch der Studentenpfarrer Lucht. Es dauerte nicht lange, und der Staatssicherheitsdienst wurde tätig, der IM „Anne Becker" hatte ausführlich berichtet.[766] Aufgrund der guten

763 Gespräch mit Pfarrer i. R. Arndt Noack, Ranzin, am 14.4.1998.
764 Torsten Hennig, Privatarchiv. „Vermerk" von Hans-Martin Harder vom 10.11.1982 über ein Gespräch mit Torsten Hennig.
765 Vgl. Gespräch mit Torsten Hennig am 17.4.1998.
766 Vgl. zu diesem Vorfall auch Robert Conrad/Lutz Wohlrab/Martin Bernhardt: Zerfall und Abriß. Greifswald in den 80er Jahren, Berlin 1996.

Beziehungen zur Kirchenleitung in Greifswald und in Voraussicht auf den Kirchentag 1985, der in Greifswald begangen und staatlicherseits zur Repräsentation des guten Staat-Kirche-Verhältnisses vor ausländischen Gästen genutzt werden sollte, wurde dieses Ereignis nicht öffentlich diskutiert. Dieser Standpunkt wurde auch gegenüber Dr. Ehricht ausgesprochen. In dem „Bericht über das 4. Kontaktgespräch mit dem IM-Kandidaten ‚Erich'" vom 4. Juni 1985 heißt es:

„Vom Mitarbeiter wurde darauf eingegangen, daß der Dank [den Ehricht für die milde Bestrafung der drei Studenten ausgesprochen hatte, d. Verf.] die eine Seite ist, aber wesentlich sei es, wie seitens des Konsistoriums und der Kirchenleitung hier langfristig Einfluß genommen werden soll, um derartige Vorkommnisse in der Perspektive auszuschließen. Das Gleiche sei auch in bezug auf die Ereignisse in Stralsund wichtig."[767]

Darüber hinaus wurde Ehricht direkt aufgefordert, „seinen Einfluß auch auf die Studentengemeinde auszurichten". Konkret ging es dem Mitarbeiter des MfS um die Programmgestaltung und die Wahl der Referenten. Er bat Ehricht, ein entsprechendes Gespräch mit Lucht nicht im offiziellen Rahmen zu führen, sondern „auf seine persönlichen Verbindungen zu Studentenpastor Lucht" zurückzugreifen.[768]

Noch eineinhalb Jahre später spielte der Fall Bernhardt eine Rolle. Im „Bericht über ein 2. Kontaktgespräch mit ‚Advokat'" vom 7. Mai 1987 heißt es, Harder habe die Angelegenheit angesprochen und positiv gewertet, dass der Staat bei Bernhardt nicht das volle Strafmaß angewendet hätte. Trotzdem komme der Student nun in eine Situation, wo von ihm erbrachte Prüfungsleistungen möglicherweise nicht mehr anerkannt würden. Demnach bat Harder den MfS-Offizier darum, sich für Bernhardt einzusetzen.[769] Das MfS willigte ein, aber nicht ohne Hintergedanken. Man wollte diesen Fall dazu nutzen, Harder die „Vorteilhaftigkeit des Kontaktes zum MfS" deutlich zu machen.[770]

Im Herbst des gleichen Jahres organisierten Arndt Noack und Bernd Schröder, Stadtjugendwart in Greifswald, eine Ausstellung von Bildern Martin Bernhardts in der Greifswalder ESG. Entsprechend verärgert war man beim MfS über diese „Dreistigkeit". Noack sei von Harder bereits diszipliniert worden, und zu Bernd Schröder habe Harder „in vollem Maße Unterstützung, Einflußnahme, Disziplinierung zu[gesagt], obwohl Schröder schwer zu

767 BStU, BV Rostock, AIM 0381/91, Bd. I/1, Bl. 98. „Bericht über das 4. Kontaktgespräch mit dem IM-Kandidaten ‚Erich'" vom 4.6.1985.

768 Vgl. ebd., Bl. 99.

769 BStU, BV Rostock, AIM 4155/90, Bd. I/1, Bl. 73.

770 Ebd., Bl. 74.

fassen sei".[771] Studenten- und Jugendarbeit sprachen also in weiten Teilen die gleichen Themen und Gruppen an und arbeiteten insgesamt eng zusammen – was sich auch rund um die Wiedereinweihung des Domes im Mai/ Juni 1989 zeigen sollte.

6.2.3 Die Jugendarbeit 1980 bis 1987

Es sei vorweggenommen: Die folgenden Ausführungen berühren nur die Zentren der übergemeindlichen Jugendarbeit in der Greifswalder Landeskirche, v. a. in Stralsund und Greifswald. Diese entstanden aber erst in der ersten Hälfte der achtziger Jahre und erreichten ihren Höhepunkt etwa 1987/88. Was die einzelnen Gemeinden ihren Jugendlichen anboten und die Probleme, die daraus vor Ort entstanden, müsste anderswo weiter untersucht werden.

Die Jugendarbeit der evangelischen Kirchen umfasste weit größere Gruppen als die Studentenarbeit, diese Gruppen waren zudem sozial sehr gemischt und die Altersspanne war beträchtlich. Die Jugendarbeit richtete sich sowohl an Konfirmanden als auch an Schüler, Lehrlinge, Bausoldaten, Wehrdienstleistende und junge Erwachsene, die bereits im Arbeitsprozess standen. Dementsprechend vielfältig war das Angebot. Das Interesse des Staates, Einblick in die Jugendarbeit zu erhalten, nahm zu, als sich seit Ende der siebziger Jahre neue Arbeitsformen herausbildeten, die eine größere Anzahl von Jugendlichen anzogen. Insbesondere gilt dies für die aus der Berlin-Brandenburgischen und der Sächsischen Landeskirche kommende „Offene Jugendarbeit". Bekannt geworden ist diese Richtung der kirchlichen Jugendarbeit mit den seit 1979 in Berlin-Pankow stattfindenden „Bluesmessen". Mehr oder weniger schnell übernahmen Jugendwarte und Jugenddiakone aus anderen Landeskirchen diese Arbeitsformen und Methoden.

Im Folgenden steht die „Offene Jugendarbeit" in der Landeskirche Greifswald im Vordergrund, weil diese durch die staatlichen Stellen besonders intensiv beobachtet wurde. Im Zentrum stehen entsprechende Initiativen in Greifswald und Stralsund sowie etwas am Rande in Grimmen. Damit wird nur ein kleiner Teil der Arbeit mit Jugendlichen erfasst. Ähnlich wie im Abschnitt über die Beobachtung und Beeinflussung der ESG steht hier die Frage im Vordergrund, was den Staat an der „Offenen Jugendarbeit" interessierte und wie er versuchte, Einfluss zu nehmen.

Die Greifswalder Jugendarbeit war zwar stark durch traditionelle Arbeitswei-

771 Ebd., Bl. 109.

sen geprägt,[772] aber sie nahm die Anregungen aus den anderen Landeskirchen schnell auf. So hatte beispielsweise die Greifswalder Kreissynode[773] in ihrer Sitzung Ende 1979 beschlossen, eine „Offene Jugendarbeit" einzurichten.[774] Sie forderte unter anderem dazu auf, einen „Besuchsdienst bei Randsiedlern" einzurichten. Damit waren eben jene Menschen gemeint, die nur einen losen Kontakt zur Kirche hielten. Die achtziger Jahre waren das „missionarische Jahrzehnt". Missionarisch in dem Sinne, dass die Landeskirchen in der DDR insbesondere solche Gruppen in den Blick nehmen wollten, die am Rande oder außerhalb der etablierten Kirche standen. Die BV Rostock des MfS war offenbar selber unsicher, ob die Stralsunder Jugendarbeit damit Erfolg hatte. Im Februar 1988 errechnete man in Rostock, dass 50 % der Mitglieder des im Jakobiturm gegründeten Friedenskreises keinen kirchlichen Hintergrund hätten,[775] auf der anderen Seite, so Christian Halbrock in seiner Arbeit, hieß es zwei Wochen später in einem anderen Bericht, die Mitglieder gehörten doch alle zu genuin kirchlichen Kreisen.[776] Die Bundessynode jedenfalls und im Anschluss auch die Greifswalder Landessynode bekräftigten im Herbst 1981 noch einmal die besondere Bedeutung der Jugendarbeit und forderten dazu auf, aktiver zu werden.[777] Die Stralsunder Jugendarbeit unter Johannes Düben und Torsten Hennig unter Mitarbeit von Bernd-Dietrich Krummacher und Sabine Düben jedenfalls entwickelte sich zu einem Zentrum der Regimekritiker, so Halbrock.[778] Das Nebeneinander von kirchlicher Jugendarbeit, der Herausgabe von Samisdat-Zeitschriften wie den „Turmblättern", friedenspolitischer Arbeit im Friedenskreis und der Anziehungskraft auf Andersdenkende habe „amorphen Charakter"[779] getragen, so Halbrock, und sei damit durchaus politischer Protest gewesen, was der Staat auch so erkannt habe.[780] Torsten Hennig war 1984 nach Stralsund gekommen, zu einer Zeit, als man in Greifswald schon lange die Notwendigkeit erkannt hatte, personell aufzustocken. Ein erster Schritt war die Einführung von Stadtjugendwart Thieme im Juni 1980 gewesen, und im Juni 1982 kam der neue Landesjugendpfarrer Günter Lembcke nach Greifswald. Aber auch 1982 waren immer noch 12 der insgesamt 15 Kirchenkreise ohne einen Mitarbeiter für

772 Gespräch mit Pfarrer i. R. Heinz Wenzel am 17.4.1998 in Grimmen.
773 Die 15 Kirchenkreise hatten jeweils eine Kreissynode.
774 Vgl. LKAG, Best. 5, Abt. C, Kreissynoden und Pfarrkonvente. Dok. 1/80, „Bericht des Kreiskirchenrats vor der Kreissynode Greifswald-Stadt am 17.11.1979 in der Odebrechtstiftung".
775 Vgl. Christian Halbrock, , S. 263.
776 Vgl. ebd.
777 Vgl. Stellungnahme zu den Berichten, in: Greifswalder Informationsdienst, hg. von der Pressestelle der Evangelischen Landeskirche Greifswald, Nr. 5/1981 vom 16.11.1981, S. 8.
778 Vgl. ebd., S. 266.
779 Vgl. ebd.
780 Vgl. ebd., S. 268.

Jugendarbeit, und dies sollte sich bis 1989 nur wenig ändern.[781] Deutlich war dennoch das Bemühen der Greifswalder Kirche, die Jugendarbeit zu fördern. Dies bedeutete jedoch nicht automatisch eine Förderung aller neuen Ansätze – der „Offenen Jugendarbeit" beispielsweise stand man an der Kirchenspitze in Greifswald eher ablehnend gegenüber.

Die Entwicklung dieser neuen Ansätze lief nicht überall gleich gut an. Vor allem lag dies daran, dass bestimmte Gruppen von Jugendlichen nicht überall präsent waren und sich somit Jugendarbeit eher in den konventionellen Bahnen bewegte, sich auf die konfirmierten Jugendlichen konzentrierte und weiterhin an die Gemeinde angebundenen war. Die Gegebenheiten waren also andere als in Berlin beispielsweise. Insgesamt bildeten sich in der Landeskirche drei größere Zentren der Jugendarbeit heraus: Stralsund, Greifswald und Grimmen.

Die Grimmener „Offene Jugendarbeit" begann eigentlich in Greifswald im neu erbauten Gemeindezentrum Christuskirche, das zwischen zwei Neubaugebieten lag und sich damit sehr gut dafür eignete, neue Arbeitsformen auszuprobieren und die „Randsiedler" zu erreichen.

Heinz und Dorothea Wenzel kamen im Sommer 1983 an den Bodden, um sich für die Pfarrstelle an der Christuskirche zu bewerben. Sie wollten dort eine „Offene Jugendarbeit" aufbauen, wie sie sie bereits im südbrandenburgischen Lauchhammer praktiziert hatten.[782] Man sei gemeinsam mit dem Greifswalder Pfarrer Richter durch den Rohbau gelaufen und habe die Fertigstellung des Gemeindezentrums besprochen, erinnerten sie sich im Gespräch. Die Beschlüsse der Kreissynode von 1979 über die Förderung der „Offenen Jugendarbeit"[783] wären hier verwirklicht worden. Nur wenige Wochen später meldeten sich Wenzels beim Evangelischen Konsistorium Greifswald. In dem festen Glauben, die Berufung würde ohne weitere Probleme erfolgen, wurden sie überrascht. Ohne jede Begründung lehnte Plath die Bewerbung von Pfarrer Wenzel ab. Als Alternative bot man Wenzels eine Pfarrstelle in Grimmen an, knapp 30 km westlich von Greifswald gelegen. Dorthin gingen sie dann auch. Schon im September 1983, nur wenige Wochen nach dem Einzug, stattete Bischof Gienke den Wenzels einen Besuch ab. Er konkretisierte, was sich schon in dem Gespräch mit Plath deutlich gezeigt hatte: eine „Offene Jugendarbeit" sei in der Landeskirche Greifswald nicht nötig, so Gienke, sie sei etwas „spezifisch Südliches"[784]. Damit war klar,

[781] Vgl. LKAG, Best. 5, Kreissynoden und Pfarrkonvente, Dok. 7/82b, S. 1. Protokoll der Kirchenleitungssitzung am 21.5.1982.

[782] Im Folgenden beziehe ich mich auf ein Gespräch mit Pfarrer i. R. Heinz Wenzel und Dorothea Wenzel am 17.4.1998 in Grimmen.

[783] Ebd.

[784] Gespräch mit Heinz und Dorothea Wenzel am 17.4.1998 in Grimmen.

dass eine Jugendarbeit, die auch Jugendliche ohne kirchlichen Hintergrund und mit unkonventionellen Methoden ansprechen wollte, keine Unterstützung erfahren würde.

Trotzdem: Innerhalb weniger Monate sammelte sich eine beträchtliche Gruppe Jugendlicher im neuen Gemeindehaus in Grimmen. Das blieb auch den staatlichen Stellen nicht verborgen. In diesem Zusammenhang wurde im April 1984 erstmals der Superintendent von Grimmen, Siegfried Bohl, von Jürgen Fiedler, Mitarbeiter des Staatssicherheitsdienstes, aufgesucht und zur Jugendarbeit in seinem Kirchenkreis befragt. Fiedler, der parallel auch Gespräche mit Christoph Ehricht (IM-Kandidat „Erich", ab 1987 IM „Ingolf Seidel") und wenig später Ines Fleckstein (IM „Gisela") führte, machte ihn unter anderem auf die Jugendarbeit von Pastor Wenzel aufmerksam: Man habe dort alkoholisierte Jugendliche angetroffen, Pfarrer Wenzel habe seine Aufsichtspflicht verletzt.[785] Die Arbeit Wenzels schade seinem (Bohls) Ansehen, hieß es.[786]

Bohl ließ sich nicht unmittelbar auf die Argumentation Hauptmann Fiedlers ein: Wenzels Aktivitäten seien nicht politisch motiviert, sondern er komme aus der Offenen Jugendarbeit und versuche, besonders gefährdete Jugendliche zu erreichen. Die Aufsichtspflicht müsse natürlich gewahrt sein.[787] Fiedler wiederum wiederholte noch einmal, was er schon mehrfach gesagt hatte: man sei nur um das Staat-Kirche-Verhältnis im „Verantwortungsbereich" Superintendent Bohls besorgt und wolle ihn vorsorglich auf mögliche Komplikationen vorbereiten.[788] Aufschlussreich ist dann die folgende Wendung des Gespräches, in der Fiedler Bohl einen kirchenpolitischen Winkelzug vorschlug, durch den Wenzel staatlicherseits zur Aussprache zitiert werden konnte, ohne dass Bohls in Erscheinung treten müsse:

> „Entsprechend eines [sic!] Vorschlages des Mitarbeiters, ob der IM-Kandidat die dargestellten Fakten zur Nutzung für eine offizielle Auswertung durch den Rat des Kreises zur Verfügung gestellt haben möchte, wurde ihm ein derartiges Vorgehen zugesichert. Offensichtlich ist der IM-Kandidat bemüht, das Gespräch mit dem Mitarbeiter als vertraulich zu behandeln."[789]

Das MfS wandte sich bewusst nicht an Pfarrer Wenzel selbst, denn von staatlicher Seite wollte man erreichen, dass die Auseinandersetzung um die Grimmener Jugendarbeit innerkirchlich erfolgte. Bohl gegenüber argumentierte der Staatssicherheitsdienst, man wolle ihn über Schwierigkeiten in

785 Vgl. BStU, BV Rostock, AIM 4171/90, Bd. I/1, Bl. 95 (alte Zählung).
786 Ebd., Bl. 97/98 (alte Zählung).
787 Ebd., Bl. 98 (alte Zählung).
788 Ebd.
789 Ebd.

seinem Verantwortungsbereich aufklären, die seinem Ruf schaden könnten. Der Mitarbeiter des MfS, der Bohl nun mehrfach aufsuchte, notierte in den entsprechenden Berichten über die Gespräche mit dem Superintendenten, dass dieser bereitwillig und konkret Auskunft gebe, was er „mit dem Hinweis auf den innerkirchlichen Charakter der Veranstaltung hätte ablehnen können".[790]

Dies war ein gezieltes „Störfeuer" der Staatssicherheit, denn in der Kirchenleitung selber war die Reaktion auf die Arbeit von Wenzel und Süptitz durchaus positiv. So heißt es im Protokoll der Kirchenleitungssitzung vom 23. September 1983, Pastor Wenzel, obwohl erst seit wenigen Wochen in Grimmen zuhause, würde bereits eine engagierte Jugendarbeit betreiben und hätten schon einen größeren Kreis von Jugendlichen um sich gesammelt. Auch seine Frau sei als Gemeindekatechetin schon tätig.[791]

Zentrum der Grimmener Jugendarbeit war das neue Gemeindehaus. Dort fanden nicht nur die Konfirmandenstunden statt, sondern vor allem gab es für die Jugendlichen die Möglichkeit, sich zu beschäftigen. Die 30 bis 35 Jugendlichen, die regelmäßig in das neue Gemeindehaus kamen, waren in der Mehrzahl weder getauft noch konfirmiert. Grimmen, das sonst kaum für Jugendliche attraktiv war, hatte nun einen Platz für sie, wo von Montag bis Samstag jeden Tag etwas los war. Das Angebot reichte von Gesprächsabenden über Tischtennis, Billard, Kartenspiel und persönliche Begegnungen bis hin zu Radtouren. Es bestanden Beziehungen zum Landesjugendpfarramt und zu Jugendwarten in der Landeskirche, daraus ergaben sich auch gemeinsame Aktivitäten. Innerhalb der Jugendarbeit entwickelten sich verschiedene Arbeitskreise, unter anderem ein Ökologiekreis, der beim MfS auf verstärktes Interesse stieß: In die Jugendgruppen bei Wenzels sollten nun jugendliche IM eingeschleust werden. Dazu erarbeitete der Staatssicherheitsdienst ein „Eignungsprofil". Der IM sollte zwischen 14 und 16 Jahre alt sein und bereits Kontakt zur Jungen Gemeinde haben. Er oder seine Eltern sollten glaubhafte Verbindungen zur Kirche aufweisen können und gleichzeitig eine positive Einstellung zum Staat haben. 1984 wurde dann der IM „Christian" per Handschlag geworben und 1986 IM „Christiane".[792] Beide gingen noch zur Schule und trafen sich alle 14 Tage in einem Auto vor Grimmen, „in den Schulferien alle 3 Wochen"[793]. Sie wurden nicht konkret auf die Jugendar-

790 Vgl. ebd., Bd. I/1. Bl. 135/136.

791 Landeskirchliches Archiv Greifswald, Kirchenleitungssitzungen 1983, Protokoll der KL-Sitzung am 23.9.1983, Dok. 9/83b, S. 4.

792 Vgl. OPK „Konvent". Detaillierter kann über die Maßnahmen des MfS gegen die Jugendarbeit in Grimmen nichts gesagt werden, da der größte Teil der OPK „Konvent", in der Heinz Wenzel observiert wurde, nicht erhalten ist.

793 Privatarchiv Pfarrer Heinz Wenzel. OPK „Konvent" (Band- und Blattzählung nicht erkennbar). „Bericht über durchgeführte Werbung" des IM „Christian" vom 21.6.1984.

beit bei Wenzels hin geworben, sondern unter dem Vorwand, das MfS interessiere sich für die Situation der Jugendlichen in der Kleinstadt.[794]

1986 leitete das MfS gegen Pfarrer Wenzel eine Operative Personenkontrolle ein. Diese sollte nachweisen, dass Wenzels Jugendarbeit im Vorfeld der „politischen Untergrundtätigkeit" angesiedelt sei. Vor allem sollten öffentlichkeitswirksame Aktionen verhindert werden, also Veranstaltungen, die Aufmerksamkeit außerhalb kirchlicher Kreise auf sich ziehen könnten. Als Gründe für die Einleitung der OPK notierte das MfS, Wenzel sei Pazifist und unterhalte intensive Kontakte nach Eckernförde.[795] Dahinter standen Vorwürfe der Propagierung der Wehrdienstverweigerung und der Aufnahme des „Spatendienstes" sowie der Vorwurf, Wenzel würde die „Friedenspolitik" der DDR ablehnen und mit der pazifistischen Bewegung in der Bundesrepublik sympathisieren.[796]

In jedem Jahr fand eine Radtour der älteren Jungen Gemeinde statt, die sehr beliebt war und von den Jugendlichen allein organisiert und durchgeführt wurde. Auf einer dieser Radtouren, im Sommer 1988, starb der Jugendliche Wolfgang Schneider auf ungeklärte Weise. Die damaligen Ereignisse konnten aufgrund staatlichen Widerstandes niemals geklärt werden. Eine Beteiligung des Staatssicherheitsdienstes an dem Tod von Wolfgang Schneider kann bis heute weder bestätigt noch ausgeschlossen werden.[797] Wenzels erinnerten sich, dass die ältere Gruppe, die auf dieser Radtour gewesen war, anschließend auseinanderfiel.

Seit 1984 berichtete Superintendent Siegfried Bohl, IM „Titus", über Wenzel, vor allem über dessen Jugendarbeit. Beide waren Mitglied des gleichen Gemeindekirchenrats. Mit der Aufdeckung von Bohls Anbindung an das MfS nach der Wende hätten die Konflikte zwischen beiden Pastoren, die sich oftmals im Gemeindekirchenrat entluden, zu ganz wesentlichen Teilen als von der Stasi initiiert aufgeklärt werden können.

Dass es nach der Wende drei Jahre dauerte, bis sich die Landessynode zum Vorwurf der Inoffiziellen Mitarbeit Siegfried Bohls beim MfS als IM „Titus" und zu dessen Berichten über einen Amtsbruder äußerte, hatte die Aufarbeitung von Anfang an erheblich belastet. Erst im November 1993 entschied die Landessynode mit 38 zu 11 Stimmen bei mehreren Enthaltungen, Bohl müsse die Gemeinde verlassen, aber Wenzel auch. Zur Begründung hieß es:

---

794 Vgl. OPK „Konvent", Bd. II/1, Bl. 68. „Plan zur Durchführung der Kontaktaufnahme zum IM-Kandidaten ‚Christiane'" vom 24.3.1986.

795 Vgl. ebd., Bd. I/1, Bl. 1. „Übersichtsbogen zur operativen Personenkontrolle ‚Konvent'" vom 6.2.1986.

796 Vgl. ebd.

797 Gespräch mit Pfarrer i. R. Heinz Wenzel und Dorothea Wenzel am 17.4.1998 in Grimmen. Die genauen Umstände des Todesfalls sind bisher nicht aufgeklärt worden.

„Die Synode empfindet schmerzlich die Verhärtungen in der Kirchgemeinde Grimmen. Sie meint, daß es sich um zwei Konflikte handelt. Auf der einen Seite sieht sie jahrelange nicht aufgearbeitete persönliche und dienstliche Konflikte. Auf der anderen Seite sieht sie die öffentlich erörterten Stasi-Probleme. Die Synode fordert, die beiden Konfliktfelder klarer voneinander zu trennen und ihre Aufarbeitung zu beschleunigen. [...] Um der Gemeinde willen bittet die Synode beide Pastoren, die Pfarrstellen freizugeben und Grimmen zu verlassen."[798]

Bohl sollte nun doch aufgrund seiner Stasi-Tätigkeit die Gemeinde verlassen, Wenzel „um der Gemeinde willen". Siegfried Bohl reichte am 31.11.1993 seinen Antrag auf Beurlaubung bei Bischof Berger ein, Wenzels Antrag lag zu diesem Zeitpunkt bereits vor.

Daraufhin war die Entscheidung der Landessynode auch Thema in der Sitzung der Kirchenleitung vom 17. Dezember 1993. Die Kirchenleitung schloss sich der synodalen Entscheidung ausdrücklich nicht an, sondern kritisierte sie scharf, weil darin die fachliche Beurteilung der IM-Tätigkeit Bohls mit persönlichen und fachlichen Differenzen beider Pastoren vermengt worden sei. Die Synode habe mit ihrer Erklärung „genau das Gegenteil von dem, was die Synode gefordert hat [erreicht]: Die beiden Konfliktfelder werden miteinander verbunden und ihre Bewältigung dadurch verzögert. Die K[irchenleitung] ist sich dessen bewußt und wird dies erforderlichenfalls vor der Synode vertreten."[799]

Damit war die Entscheidung der Landessynode, beide Pastoren in eine andere Pfarrstelle zu versetzen, inhaltlich nicht mehr gerechtfertigt, wurde aber trotzdem verwaltungsrechtlich in Gang gesetzt: Konsistorialpräsident Harder eröffnete ein Versetzungsverfahren gegen Heinz Wenzel.

Währenddessen warteten alle Beteiligten und Zuschauer auf eine Nachricht vom Vorprüfungsausschuss der EKD. Bis dahin hatte niemand Einsicht in Akten des MfS zu „Titus" gehabt, lediglich ein Artikel im Nachrichtenmagazin „Der Spiegel" vom Juni 1993 hatte Einblick in die Tätigkeit von „Titus" gegeben.[800]

Der Vorprüfungsausschuss der EKD tagte zum Fall Bohl erst im März 1994 und stellte ebenfalls fest, es liege eine schuldhafte Verletzung der Verschwiegenheitspflicht seitens Bohls vor, auch eine langjährige Tätigkeit für das MfS

798 Zitiert nach Schreiben von Prof. Dr. Christoph Nix, Rechtsanwalt in Berlin, an die Kirchenleitung der Pommerschen Evangelischen Kirche im Versetzungsverfahren gegen den Pfarrer Heinz Wenzel aus Grimmen, ohne Datum, wahrscheinlich vom Juni 1994, Privatarchiv Wenzel.

799 Vermerk zur Mitteilung des Präsidiums der Landessynode der PEK an das Konsistorium der PEK vom 22.11.1993 vom 17.12.1993, Privatarchiv Wenzel.

800 „Lamm unter Wölfen", in: Der Spiegel, Nr. 23 (1993), vom 7.6.1993, S. 65-67.

habe bestanden. Ein Dienstrechtsverfahren halte man dennoch nicht für geboten, sondern lediglich eine dienstrechtliche Maßnahme.[801]
Dieser Bescheid traf Ende März in Greifswald ein. Am 14.4.1994 saß das Gremium für Aufarbeitung in Greifswald unter Propst Haberechts Leitung zusammen und entschied anders: Bohl hätte formal nicht mit der Stasi reden dürfen, ein Disziplinarverfahren gegen Bohl sei geboten. Bei vorzeitiger Versetzung in den Ruhestand und damit Beendigung seines Dienstes könne allerdings auf das Disziplinarverfahren verzichtet werden.[802]
Beide Stellungnahmen, die des EKD-Vorprüfungsausschusses und die des Greifswalder Aufarbeitungsgremiums, lagen der Kirchenleitung vor, die noch im Mai 1994 zum Fall IM „Titus" tagte. Die Mitglieder der Kirchenleitung hatten nun zwei gegensätzliche Empfehlungen vor sich liegen und folgte dem des Vorprüfungsausschusses: kein Disziplinarverfahren, ein Verweis reiche als Schlussstrich unter die Angelegenheit „Titus" aus, denn:

„Superintendent Bohl war kein Mitarbeiter des MfS. Superintendent Bohl hat über Pfarrer Wenzel, auch aus der Sicht des MfS, nichts Nachteiliges berichtet und seinen Amtsbruder in dessen gemeindlichem Dienst helfen wollen. Unabhängig davon hat es in den Gesprächen von Superintendent Bohl mit dem MfS [eine] schuldhafte Verletzung der Verschwiegenheitspflicht gegeben.[803]

Die Kirchenleitung überging damit die Stellungnahme ihres eigenen Aufarbeitungsgremiums. Die Tatsache einer langjährigen Tätigkeit für die Staatssicherheit durch Siegfried Bohl war kein Thema, sondern wurde auf das Verhältnis zwischen zwei Pastoren reduziert und in diesem Fall noch versehen mit einem diffamierenden und bevormundenden Unterton: Bohl habe seinem Amtsbruder bei der Ausübung seiner gemeindlichen Aufgaben behilflich sein wollen. Die Fakten der Stasiakte kamen nicht zur Sprache: Dauer, Intensität, Motivation, Vergünstigungen, Schaden für die Landeskirche. Kein Wort von Bohls Treffen parallel zur Landes- und Bundessynode, von intensiven Gesprächen während der Kirchentage mit Fiedler und Wegner, von vereinbarten Decknamen parallel zur Bundessynode („Wahl", 1987) von Berichten über Mitarbeiter jenseits von Heinz und Dorothea Wenzel, nichts von Geschenken und Aufmerksamkeiten – alles Aspekte, die mit Heinz Wen-

801 Vgl. Votum des Gremiums zur Aufarbeitung der Vergangenheit zu Superintendent Bohl vom 28.4.1994, Privatarchiv Heinz Wenzel.

802 Schreiben des Synodalausschusses für die Fälle nach § 57 Pfarrerdienstgesetz an die Kirchenleitung der PEK vom 2.12.1993, Dr. Winter. Privatarchiv Wenzel.

803 Stellungnahme der Kirchenleitung vom 24. Mai 1994. Zitiert nach Schreiben von Prof. Dr. Christoph Nix, Rechtsanwalt in Berlin, an die Kirchenleitung der Pommerschen Evangelischen Kirche im Versetzungsverfahren gegen den Pfarrer Heinz Wenzel aus Grimmen, vom Juni 1994, S. 13.

zel und dessen Verständnis von Offener Jugendarbeit nichts zu tun hatten. Heinz und Dorothea Wenzel suchten sich rechtlichen Beistand. Sollten sie wirklich wie Siegfried Bohl den Ort verlassen und damit auf eine Stufe mit ihm gestellt werden?
Rechtsanwalt Christoph Nix zeigte sich in seiner 25 Seiten starken Stellungnahme überrascht davon, dass sich die Landeskirche schützend vor ihren eigenen IM stellte. Als Beleg für das „zweierlei Maß", mit dem der unangepasste Wenzel und Superintendent Bohl/IM „Titus" innerkirchlich gesehen wurden, fügte Nix eine Notiz aus der IM-Akte an: Dort stehe, dass „Titus" „im Verteidigungsfall zur Verfügung" stehe.[804] Eine kurze Erläuterung folgte: Laut Geheimer Verschlusssache des MfS vom März 1984 habe die Staatssicherheit in Krisensituationen den Einsatz von „Lager-IM" geplant. Sie sollten vorgeben, angeblich mit inhaftiert worden zu sein, um dann unter den inhaftierten Personen zu spitzeln. Nach Christoph Nix war Bohl dafür vorgesehen,[805] und tatsächlich findet sich ein entsprechender Hinweis in der IM-Akte.
Siegfried Bohl ließ sich zum 1.12.1993 beurlauben und ging anschließend in den Ruhestand, ein Disziplinarverfahren wurde nicht eingeleitet. Zu einer Aussprache mit seinem Amtsbruder Wenzel kam es ebenfalls nicht. „Und wenn man dann liest", so Heinz Wenzel, „dass er gesagt hat, er habe damals getan, was richtig und sinnvoll war, dann habe ich dafür kein Verständnis."[806]
Die Enttäuschung in der politischen Gemeinde Grimmen über den Umgang mit Heinz und Dorothea Wenzel war groß. Viele schrieben direkt an das Konsistorium und baten um ein Überdenken der Gleichsetzung mit Bohl, der erzwungenen Versetzung, der fehlenden Anerkennung für jahrelange erfolgreiche Jugendarbeit in einem ansonsten vernachlässigten Teil der Landeskirche. Diese Enttäuschung sei geblieben, so Dorothea Wenzel:

> „Ich mache das ein bisschen an dem Versetzungsverfahren fest. Damals haben viele an das Konsistorium geschrieben, zum Beispiel aus dem Lehrerseminar. Dass damals nichts passiert ist und wir in die Prärie geschickt wurden, das ist hängen geblieben."[807]

Die Tatsache, dass Bohls IM-Tätigkeit ihren Schwerpunkt nicht in Heinz Wenzel hatte und der Schaden für die Kirche in ganz anderen Bereichen lag, wurde in mehr als 25 Jahren nicht zur Kenntnis genommen: Siegfried Bohl

804 BStU, Ast, Rst, AIM 4171/90, Bd. I/1, Bl. 22.
805 Schreiben von Prof. Dr. Christoph Nix an die Kirchenleitung der Pommerschen Evangelischen Kirche im Versetzungsverfahren gegen den Pfarrer Heinz Wenzel aus Grimmen, ohne Datum, wahrscheinlich vom Juni 1994, Privatarchiv Wenzel.
806 Gespräch mit Pfarrer i. R. Heinz Wenzel und Dorothea Wenzel, Grimmen, am 15.10.2015.
807 Ebd.

berichtete seit 1984 vor allem über die Landessynode, die Bundessynode, die Kirchentage 1985 und 1988 sowie die Friedensarbeit in der Landeskirche – daneben immer wieder auch über Heinz Wenzel. Aus der weitreichenden und problematischen Tätigkeit eines Superintendenten für die Staatssicherheit wurde in der Öffentlichkeit ein Konflikt eines Pastors mit seinem Vorgesetzten.
Erst Bischof Berger vermochte es, im Oktober 1995 einen seelsorgerlichen, um Vergebung bittenden Brief an seinen Grimmener Pastor zu schreiben. Er sehe, dass die DDR für Wenzel noch nicht Vergangenheit sei, weil viele Fragen zur IM-Tätigkeit Siegfried Bohls noch nicht beantwortet seien.

„Ich sehe betroffen auf die sehr lange und zermürbende Zeit und die sehr begrenzten Ergebnisse, die unsere Bemühungen als Pommersche Kirche kennzeichnen, aufzuklären und zu beurteilen, was Ihnen zugefügt worden ist. [...]
Wir haben lange gehofft, schneller voranzukommen und vor allem Ergebnisse zu erzielen, die Ihrem Verlangen nach Gerechtigkeit entsprechen. Wir sehen aber, daß nur wenig von alledem, gemessen an unseren und erst recht Ihren Erwartungen, geschehen ist. [...]
Und ich möchte Sie für unsere Kirche ausdrücklich um Vergebung bitten. Ich wage dies, weil die Gemeinschaft der Christen ohne Vergebung nicht entstanden wäre und auch nicht bestehen kann."[808]

Berger bestätigte, dass die Erwartungen der Betroffenen und das, was die Aufarbeitung an Resultaten hervorgebracht hat, nicht übereinstimmten, es gebe eine „unüberbrückbare Kluft". Oftmals seien konkrete Ergebnisse und Entscheidungen der Aufarbeitung sogar ganz ausgeblieben. Das Verlangen nach Gerechtigkeit habe nicht befriedigt werden können.[809]
Einige Wochen später erhielten Wenzels auch ein Schreiben von Konsistorialpräsident Hans-Martin Harder. Obwohl es formal eine Entschuldigung war, verpackte Harder darin Schuldzuweisungen an Dritte und Vorwürfe an Wenzels selbst. Die damalige Eröffnung eines Versetzungsverfahrens sei ein Fehler gewesen. „Allerdings ging die auch am wenigsten auf unsere Initiative zurück, sondern wurde im Einvernehmen mit Ihnen und nach ständigem Drängen der Kirchgemeinde Grimmen eingeleitet." Wenzels hätten zugestimmt, der Gemeindekirchenrat hätte die Versetzung unbedingt gewollt, das Konsistorium habe nur Aufträge ausgeführt. Die Rolle von Kirchgemeinderat, Bohl und Synode wurde nicht infrage gestellt.

808 Schreiben von Bischof Eduard Berger an Heinz und Dorothea Wenzel vom 30.10.1995. Privatarchiv Wenzel.
809 Ebd.

Der Konflikt wurde nie gelöst. Siegfried Bohl ging in den Ruhestand, fand aber keine Worte der Entschuldigung für seinen Vertrauensmissbrauch gegenüber Heinz und Dorothea Wenzel. Er starb im August 2015 ohne eine persönliche Aussprache. Heinz Wenzel schied nach schwerer Krankheit 1995 aus dem pfarramtlichen Dienst in Grimmen aus und wechselte in die Polizeiseelsorge, bevor auch er nach einiger Zeit in den Ruhestand ging.
Heinz und Dorothea Wenzel streben nicht mehr nach einer Richtigstellung oder gar Rehabilitierung. Eduard Berger hatte in seinem Brief 1995 einen wichtigen Schritt gemacht, auch wenn das Schreiben trotz aller Aufrichtigkeit unkonkret geblieben war. Aber dass das Unrecht benannt wurde, das hatte gut getan. Und auch, wenn im Miteinander mit der Kirchgemeinde Grimmen noch nicht alles gesagt ist, mit den Menschen, die ihnen in Grimmen auf der Straße begegnen, sind sie eng verbunden, so Heinz Wenzel:

„Wir schreien ja nicht mehr, da geht so viel Kraft und Zeit verloren. Wir verwenden unsere Energie für andere, aktuelle Projekte. Aber die eigentlichen Früchte unserer Arbeit sind dann doch tagtäglich zu sehen, indem wir vielfach Hilfe von ehemalige Jugendlichen aus der Offenen Jugendarbeit und der Jungen Gemeinde bekommen – auch heute noch – und dass wir nie bei unseren Projekten um Hilfe bitten mussten, sondern die Hilfe kommt ungefragt. Und die Leute grüßen, und manchmal erkennt man sie gar nicht mehr. Es ist aber immer die Frage da: ‚Müssen wir zur Kirche gehören?' ‚Nein', sagen wir dann immer, ‚das müssen Sie nicht.' [...] Du musst nicht von Gott sprechen, du musst es machen."[810]

Was fehle, das sei die Offenheit. Und wenn die Gemeindearbeit in der etablierten Kirche nicht so positiv gehe, wie man sich das wünsche, dann hieße es oft entschuldigend: „Aha, das ist das Misstrauen, das damals entstanden ist."[811] So auch im 2015 erschienenen Bildband „Die Marienkirche Grimmen und ihre Gemeinde", wo stehe, dass der „Konflikt [...], den ein Pfarrer und Superintendent in der Gemeinde ausgetragen hätten", immer noch nachwirke.[812] Der Superintendent habe der Stasi über seinen Amtsbruder berichtet und damit das „Vertrauen nachhaltig untereinander und in der Kirchgemeinde Grimmen beschädigt".[813]
Die Erlebnisse von Heinz und Dorothea Wenzel spiegeln wider, wie sehr die Staatssicherheit das Leben vor der Wende beeinflusst hat und wie weit die Auswirkungen noch in die Nachwendezeit reichten. Sie sind auch ein Bei-

810 Gespräch mit Pfarrer i. R. Heinz Wenzel und Dorothea Wenzel, Grimmen, am 15.10.2015.
811 Ebd.
812 Norbert Buske, Haik Thomas Porada, Wolfgang Schmidt (Hg.): Die Marienkirche und ihre Gemeinde. Beiträge zur Kirchengeschichte einer pommerschen Stadt, S. 327.
813 Vgl. ebd.

spiel dafür, wie die gleichen Personengruppen vor und nach der Wende in Konflikt mit der Kirchenverwaltung kommen konnten.
Trotzdem: Wenzels sind geblieben. Sie haben inzwischen zwei Kindergärten und eine Begegnungsstätte eröffnet, und dass bei ihnen die christliche Botschaft nicht auf Plakaten steht, sondern in der menschlichen Begegnung steckt, das brachte und bringt ihnen die Sympathien vieler nicht-kirchlicher Grimmener ein. Sie vermieden „dieses frömmelnde, dauerfröhliche Jesus-liebt-Dich-Grinsen",[814] denn nicht überall, wo Gott drin sei, stehe auch Gott drauf, so Wenzels Auffassung von Kirche in der Gesellschaft.
Pastor Wolfgang Schmidt, 2012 nach Grimmen gekommen und eigentlich nicht involviert in die 30 Jahre alten Geschichten, war trotz mehrfacher Nachfragen nicht zu einem Gespräch bereit. Auch die langjährige Präses der Pommerschen Synode und derzeitige Vizepräses der Synode der Nordkirche, Elke König, lehnte ein Gespräch zum Kirchenkreis Pommern ab.
Siegfried Bohl ist im August 2015 verstorben. Eine überraschende Diskussion über seinen Nachruf in der Kirchenzeitung,[815] in der dezent von Kontakten zum MfS zu lesen war, löste einen Sturm der Entrüstung aus, der sogar der Frankfurter Allgemeinen Zeitung eine Meldung wert war.[816] Darin hieß es, Kontakte zum MfS seien „normal" gewesen, jedermann habe gewusst, dass nur durch Gespräche mit der Staatssicherheit etwas zu erreichen gewesen wäre.[817] Christoph Ehricht, seit 1987 registriert als IM „Ingolf Seidel", setzte sich in einem Leserbrief für eine ungetrübte, „Stasi-freie" Erinnerung an Bohl ein, andere in der Landeskirche stimmten dem zu. Loyalitäten werden hochgehalten und nachweisbare Fehleinschätzungen nicht korrigiert. Die Gefahr dabei ist nicht nur, dass historische Fakten verklärt und Unrecht nicht benannt wird. Darüber hinaus und viel nachhaltiger als der Vertrauensmissbrauch Bohls an Wenzel wirkten die Personalisierung des Konfliktes und die Parteiennahme innerhalb der Gemeinde für die eine oder andere Seite weiter. Hatte die Staatssicherheit nicht genau diese Selbstzerfleischung intendiert? Dem hätte nur wirksam begegnet werden können, wäre Siegfried Bohls Verhältnis zur Staatssicherheit eindeutig beschrieben, bewertet und für die Öffentlichkeit dokumentiert worden. Warum ist das nicht geschehen? Vier Gründe sollen hier summarisch angeführt werden:

---

814 Gespräch mit Pfarrer i. R. Heinz Wenzel und Dorothea Wenzel, Grimmen, am 15.10.2015.

815 Vgl. „Verkündigung durch Wort und Posaune. Der frühere Superintendent aus Grimmen, Siegfried Bohl, ist tot", in: Mecklenburgische & Pommersche Kirchenzeitung, Nr. 38/2015 vom 20.9.2015, S. 9.

816 Vgl. Frank Pergande: Ein Nachruf und seine Folgen. In der pommerschen Kirche wird über die DDR-Vergangenheit gestritten - wieder einmal, in: FAZ vom 14.11.2015, S. 12.

817 Vgl. ebd.

1. Bohls Akte wurde vor dem Hintergrund seiner Auseinandersetzung mit Heinz Wenzel gesehen. Bohl war ein Sympathieträger, Wenzel nicht. Bohl entsprach dem konservativen Bild eines Pastors, Wenzel nicht. Bohl erlebte Unterstützung, Wenzel nicht.
2. Die formale Begutachtung der Bohl'schen IM-Akte trat dabei in den Hintergrund. Aspekte wie die Dauer, die Anzahl der Treffen, die Gesprächsgegenstände, die vielfache Verletzung von Verschwiegenheitspflicht, die Berichte über die Kirchentagsarbeit, die Landes- und Bundessynoden, haben eine sehr untergeordnete Rolle gespielt.
3. Der widersprüchliche Umgang mit der „Akte Bohl" ist wesentlich das Ergebnis der letzten Phase der Entscheidungsfindung, bei der das Gremium zur Aufarbeitung der Vergangenheit in seiner Entscheidung von der Kirchenleitung übergangen wurde. Die Kirchenleitung hatte entgegen der Empfehlung des Gremiums entschieden, dass Bohl a) „nichts Nachteiliges" über Wenzel berichtet habe und b) diesem in seiner Amtsführung habe helfen wollen.[818] Ein Dienstverfahren sei nicht geboten, lediglich die Eintragung eines Verweises. Das Gremium zur Aufarbeitung der Vergangenheit unter Haberecht hatte hingegen die schärfste und in sich einzige folgerichtige Entscheidung getroffen: die Einleitung eines Disziplinarverfahrens.
Siegfried Bohl wie auch Siegfried Plath konnten sich einem Disziplinarverfahren entziehen, in dem sie in den Ruhestand gingen. Mithilfe eines formalen Schrittes waren aber jahrelange Verletzungen Dritter nicht zu beheben. Und wer sagt eigentlich, dass es „nur" Wenzels waren, die unter den Kontakten von „Titus" zur Staatssicherheit gelitten haben?
4. Für Heinz Wenzel musste es zwischen 1989 und 1994 so aussehen, als ob die Landeskirche eine Stellungnahme zum Fall Bohl/IM „Titus" verzögere. Erst am 31.11.1993 hatte Bohl in einem Schreiben an den Bischof um seine Beurlaubung gebeten, und dies wohl aufgrund der synodalen Entscheidung, beide Pastoren hätten Grimmen zu verlassen. Bis dahin hatte er unbehelligt seinen Dienst als Superintendent weiter versehen. Vier Monate später, am 31.3.1994, gab der EKD-Vorprüfungsausschuss im Fall Bohl eine Empfehlung: Eine schuldhafte Verletzung der Verschwiegenheitspflicht seitens Bohls habe es gegeben, auch eine langjährige Tätigkeit für das MfS, aber ein Dienstrechtsverfahren hielte man nicht für geboten, sondern lediglich eine dienstrechtliche Maßnahme.

818 Stellungnahme der Kirchenleitung vom 24. Mai 1994. Zitiert nach Schreiben von Prof. Dr. Christoph Nix, Rechtsanwalt in Berlin, an die Kirchenleitung der Pommerschen Evangelischen Kirche im Versetzungsverfahren gegen den Pfarrer Heinz Wenzel aus Grimmen, vom Juni 1994.

Am 14.4.1994 saß das Gremium für Aufarbeitung in Greifswald unter Haberechts Leitung zusammen und entschied anders: Geboten sei ein dienstrechtliches Verfahren, das nur durch den Eintritt in den Ruhestand umgangen werden könne. Die Kirchenleitung schloss sich dieser Stellungnahme nicht an, sondern beschloss einen einfachen Verweis, und Bohl ging damit endgültig in den Ruhestand.

Christian Dietrich, evangelischer Pfarrer und seit 2013 Landesbeauftragter für die Stasi-Unterlagen in Thüringen, sieht hier einen wesentlichen Nachholbedarf bei den Kirchen: „Gerade bei der Aufarbeitung innerkirchlicher Verletzungen sollte die Kirche zeigen, dass sie Körperschaften öffentlichen Rechts sind und Rehabilitierungen auch als Rechtsakte verstehen. Vorrangig sind dabei die noch offenen arbeits- bzw. dienstrechtlichen Rehabilitierungen vorzunehmen."[819] Die Landesbeauftragte für Mecklenburg-Vorpommern für die Stasi-Unterlagen Anne Drescher hat diesen Missstand immer wieder thematisiert.[820]

Jugendarbeit war aber nicht auf Grimmen beschränkt, sondern fand in allen Gemeinden statt und erreichte übergemeindlichen Charakter v. a. in den Kreisstädten, beispielsweise in Stralsund. Unter Jugendwart Düben war schon Anfang der achtziger Jahre der Turm der Jakobikirche zu einem Jugendzentrum ausgebaut worden. Düben hatte eingeführt, dass die Junge Gemeinde und die „Offene Jugendarbeit" parallel stattfanden. Torsten Hennig, der 1983 der Nachfolger von Düben wurde, führte dies weiter. Während sich in dem großen oder kleinen Gemeindesaal die „Junge Gemeinde" traf, konnten andere Jugendliche Tischtennis spielen, Tee trinken, Musik hören etc. Das Jugendzentrum erhielt schnell großen Zulauf.

Dübens Arbeit zog gezielt Jugendliche an, die nicht zur Kirche gehörten und die nach SED-Lesart durch die Kirche „vereinnahmt" wurden – anders schien der Zulauf politisch nicht erklärbar. Immer wieder wurden der Superintendent von Stralsund und das Konsistorium in Greifswald eingeschaltet. Die Kirchenleitung unterstützte die „Offene Jugendarbeit" nicht. Man wusste, dass der Staat auf eine Ausdehnung der eindeutig religiös gestalteten Jugendarbeit auf nicht kirchlich gebundene Jugendliche und demnach auch auf nichtkirchliche Themen sehr empfindlich reagierte, und wollte sich, so scheint es, staatlicher Kritik nicht aussetzen. Wichtiger noch war die konservative, distanzierte Grundhaltung in der Greifswalder Landeskirche zur Offenen Jugendarbeit.

---

819 Christian Dietrich: Das politische Mandat der Christen bzw. der Kirche in der Diktatur und die Erinnerung von Schuld und Scheitern, in: Kirchen-DDR-Geschichte zwischen Gedächtnispolitik und Erinnern, in: Abgeschlossen? Stand und Folgen der Aufarbeitung der Geschichte der Kirchen in der DDR. Tagung an der Martin-Luther-Universität Halle-Wittenberg, Halle, 12.–13.6.2015 (= epd-Dokumentation 40/2015), S. 26.

820 Ausführlich in der Mecklenburgischen und Pommerschen Kirchenzeitung, Vgl. Anm. 1293.

Der Konflikt zwischen dem Konsistorium und der Stralsunder Jugendarbeit Mitte 1983 spiegelte sich sehr anschaulich in der Auseinandersetzung um die Verwendung der Stralsunder Jakobikirche wider. Bis 1983 war das Langschiff der Jakobikirche von einem Kaufhaus als Warenlager genutzt worden, dann wurde das Gebäude wieder an die Landeskirche zurückgegeben. Die Landeskirche entschied, dass die Jakobikirche weiterhin als Lager zu nutzen sei, der kirchliche Bauhof erhielt hier seine Räumlichkeiten. Es wurden Betonmauern in der Kirche hochgezogen und Räume mit festen Wänden eingerichtet, die den Innenraum nahezu unkenntlich machten. Zum eigentlichen Streit jedoch führte die Nutzung des Turms der Jakobikirche als Jugendzentrum. Der Eingang vom Turm in das Langschiff wurde zugemauert und die Mauer mit einem Stacheldrahtzaun versehen. Die Jugendarbeit wurde nicht nur symbolisch durch einen Stacheldraht von der Kirche getrennt, sondern die Jugendlichen wurden mit der Begründung, sie könnten sich an den Baumaterialien bereichern, auch noch kriminalisiert. Auf Protest der Jugendmitarbeiter in Stralsund wurde der Stacheldraht auf der Steinmauer später verblendet, abgebaut wurde er nie.[821]

6.2.4 Mit neuer Schärfe – die Jugend- und Studentenarbeit und die innenpolitische Krise 1988/89

Im Herbst 1987 begann das Ende der DDR. Den Anfang machte die geheimdienstliche Durchsuchung der Umweltbibliothek in der Zionskirche in Berlin am 24./25. November 1987. Einen offenen Angriff auf die evangelischen Kirchen hatte man nicht erwartet, die Spannung übertrug sich auf Kirchgemeinden und Basisgruppen in der ganzen DDR. Im Januar 1988 verschärfte sich die Situation, als es anlässlich der Verhaftung und Abschiebung von Bürgerrechtlern im Anschluss an die Liebknecht-Luxemburg-Demonstration in Berlin am 18. Januar 1988 zu Protestaktionen in der ganzen DDR kam. Die Radikalität der Maßnahmen und die in den Medien wahrnehmbare politische Verhärtung in der DDR machten alle Hoffnungen auf ein Einschwenken der DDR-Führung in den Perestroika-Kurs der Sowjetunion zunichte. Im Februar sandte der Generalsekretär der SED, Erich Honecker, persönlich an alle 1. Sekretäre der Bezirksleitungen der SED ein chiffriertes Telegramm, das den harten Kurs offiziell bestätigte, indem es von „konterrevolutionären Aktionen“ und „Hintermännern“ mit Sitz in West-Berlin sprach.[822] Die staatlichen Stellen auf der Kreis- und Ortsebe-

821 Gespräch mit Torsten Hennig, Stralsund, am 17.4.1998.

822 Vgl. LAG, BL IV E/ 2.14, Nr. 619, Bl. 96.

ne reagierten in dieser Situation äußerst empfindlich. Das registrierte auch Bischof Gienke und schickte Siegfried Plath zum Rat des Bezirks Rostock. In dem „Informationsbericht über die kirchenpolitische Situation im Bezirk Rostock Februar und März 1988" heißt es:

„OKR Plath bat am 16.3. im Auftrag seines Bischofs um ein Gespräch mit dem Stellv. des Vorsitzenden für Inneres, Gen. Haß. In diesem Gespräch erklärte Dr. Plath, daß man ihn beauftragt habe, im Namen seiner Landeskirche zu erklären, daß sie sich von den Ereignissen während und nach der Demonstration zu Ehren von K. Liebknecht und R. Luxemburg eindeutig distanziere und die Maßnahmen des Staates akzeptiere. Der Kurs des 6.3.78 werde in seiner Landeskirche beibehalten, das sei auch die einmütige Position des Superintendentenkonvents [...]."[823]

Die Dokumente der SED-Bezirksleitung in Rostock geben ein ähnliches Gespräch auch zwischen dem Präses der Landessynode, Dietrich Affeld, und dem 1. Sekretär der SED-Bezirksleitung wieder.[824] Angesichts der öffentlichen Erregung darüber, dass es auf offener Straße Verhaftungen gegeben hatte und die Verhafteten zur Ausreise gezwungen worden waren, ist die staatsloyale Haltung Gienkes und seiner engsten Mitarbeiter kritisch zu sehen. Die kirchliche Basis solidarisierte sich in dieser Situation nicht nur gegen den Staat, sondern auch gegen das Konsistorium.
Etwa ab 1988 wurde die Jugendarbeit – stärker als die ESG – zum Anziehungspunkt für unzufriedene Jugendliche. Das lag vor allem daran, dass die meisten wichtigen Stellen in der Jugendarbeit der Landeskirche wieder besetzt werden konnten. Im September 1986 traten Stadtjugendwart Bernd Schröder und Landesjugendwart Frank Schindler ihren Dienst an. Schon im Juli war Landesjugendpfarrer Johannes Affolderbach nach Greifswald gekommen. Auch auf der Kreisebene hatte sich die Stellenbesetzung seit 1982, als nur in drei von fünfzehn Kirchenkreisen ein Jugendmitarbeiter zur Verfügung stand, wesentlich gebessert. 1988 waren in den 15 Kirchenkreisen sechs Jugendwarte und acht Kreisjugendwarte angestellt.[825]
Die Stellenbesetzung war aus staatlicher Sicht durchaus von Bedeutung. Die Position des Landesjugendwartes war eine der höchsten Stellen in der Ju-

823 BArch, DO-4/1133, o. Pag. „Informationsbericht über die kirchenpolitische Situation im Bezirk Rostock Februar und März 1988", S. 4. Dass diese Meldung auch an die SED-Bezirksleitung ging, kann als gegeben betrachtet werden, da die Informationsberichte des Bezirks immer an beide Organe gesandt wurden.

824 Vgl. LAG, BL Rostock IV E/ 2.14, Nr. 615, Bl. 101.

825 Ganz gelöst waren die personellen Schwierigkeiten jedoch nicht, da nicht jeder Kreis wenigstens einen der beiden Mitarbeiter hatte. Vgl. LAG, BL Rostock IV E/ 2.14, Nr. 630. Bl. 14–29. „5. ordentliche Tagung der VIII. Landessynode vom 3. bis 6. November 1988", „Bericht des Konsistoriums".

gendarbeit der Greifswalder Landeskirche. Im März 1986, als in der Landeskirche ein neuer Landesjugendwart gesucht wurde, sprach das MfS Oberkonsistorialrat Ehricht direkt darauf an.[826] Es ging um die Stelle des Landesjugendwartes, da der zur Diskussion stehende Bewerber, der Schweriner Diakon Claus Wergin, aus staatlicher Sicht nicht der „Wunschkandidat“ war. Laut Unterlagen des MfS war dessen Bewerbung Gesprächsgegenstand am 27. März 1986:

> „Der Mitarbeiter wies den Kandidaten auf vorliegende Erkenntnisse zum Wirken des [Wergin] im Paulskirchenkeller in Schwerin hin, ohne konkrete Sachverhalte zu nennen. Er machte das Angebot, auch konkrete Sachverhalte zur Kenntnis zu geben, die Ausdruck dafür sind, daß [Wergin] für eine solche Position in der Landeskirche Greifswald ungeeignet ist.“[827]

Einen Monat später trafen sich wiederum Ehricht und der Mitarbeiter des Staatssicherheitsdienstes, der sich immer noch sehr für die Neubesetzung der Stelle des Landesjugendwarts interessierte und deshalb zügig von der Jugendarbeit auf die Frage der Stellenbesetzung überleitete:

> „Der IM-Kandidat betonte, daß ein neuer Kandidat dafür ins Auge gefaßt wurde, aber dies bisher nicht einmal dem Bischof [...] zur Kenntnis gegeben wurde. Auf die vom Mitarbeiter daraufhin locker hingeworfene Bemerkung, daß er es dem Bischof auch nicht verraten wird, nannte der Kandidat einen [...], der an einer kirchlichen Ausbildungsstätte der [...] Landeskirche tätig ist.“[828]

Claus Wergin wurde abgelehnt.[829] Die Weitergabe von Informationen an das MfS durch Ehricht, die nicht einmal dem Bischof bekannt gewesen seien, wurde vom MfS als ein ausreichender Beweis für Ehrichts Einwilligung in die Zusammenarbeit mit dem Staatssicherheitsdienst betrachtet. Eine schriftliche Verpflichtung erfolgte nicht. Im „Vorschlag zur Werbung“ vom 16. April 1987 hieß es dann auch über Ehricht: „Teilweise informierte er über geplante Stellenbesetzungen im Bereich der Jugendarbeit und berücksichtigte dabei Hinweise des Mitarbeiters (Ablehnung [Wergin], Schwerin, als Landesjugendwart).“[830] Oberkonsistorialrat Ehricht meinte nach der Wende, zu Unrecht als IM registriert worden zu sein.[831]

---

826 Vgl. BStU, BV Rst, AIM 0381/91, Bd. I/1, Bl. 126.
827 BStU, BV Rst, AIM 0381/91, Bd. I/1, Bl. 164. „Bericht über ein weiteres Kontaktgespräch mit dem IM-Kandidaten ‚Erich‘“ am 27.3.1986.
828 Ebd., Bl. 174. „Bericht über ein weiteres Kontaktgespräch mit dem IM-Kandidaten ‚Erich‘“ am 30.4.1986.
829 Claus Wergin bestätigte in einem Telefonat die hier vorgetragene Darstellung der Ereignisse.
830 BStU, BV Rostock, AIM 0381/91, Bd. I/1, Bl. 223. „Vorschlag zur Werbung“ vom 16.4.1987.
831 Gespräch mit Oberkonsistorialrat Ehricht, Greifswald, am 23.7.1997.

Die Greifswalder Jugendarbeit bekam unter Stadtjugendwart Bernd Schröder „neuen Wind in die Segel". Schröder kam aus der „Offenen Jugendarbeit" in Berlin-Pankow und hatte also entsprechende Erfahrungen in diesem Bereich. In seinem Bericht an die Kreissynode von Greifswald im Januar 1987 nannte er drei Ziele seiner Arbeit: die „Stärkung der organisatorischen Eigenverantwortlichkeit in den bestehenden Gruppen", die „Öffnung für noch unbekannte und bisher nicht beachtete Aufgabenbereiche" sowie den Aufbau einer „Teestube" als regelmäßigem Treffpunkt. Innerhalb kurzer Zeit entstanden unter Schröders Leitung ein Friedenskreis, eine Theatergruppe, ein Ökologiekreis und die Teestube. Letztere war ein Raum in der Domstraße mitten im Stadtzentrum, der als allgemeiner Treffpunkt allen Jugendlichen der Stadt – nicht nur den religiös gebundenen – zur Verfügung stand. Im Stadtzentrum gelegen, fand er viel Zulauf. Unmittelbar daneben hatte die Kreisdienststelle des MfS ihren Sitz. Im Laufe der Jahre kamen weitere Arbeitsgruppen hinzu, so unter anderem die Gruppe „Denkmalpflege" sowie ein zweiter Theaterkreis.[832] Die Besonderheit dieser Kreise und Veranstaltungen lag darin, dass sie übergemeindlich organisiert waren. Die sechs Kirchgemeinden von Greifswald hatten jeweils ihren eigenen Konfirmandenkreis, und Schröder betrieb zusätzlich „offene Stadtjugendabende", Faschingsfeste, eine regelmäßige „NVA-Beratung" mit Rechtsanwalt Schnur (IM „Torsten") und gemeinsam mit der katholischen Kirche ökumenische Jugendveranstaltungen sowie verschiedene Feste im laufenden Jahr.[833] Die breite Palette an Veranstaltungen und der starke politische und gesellschaftliche Bezug, insbesondere im Friedenskreis, waren aus staatlicher Sicht Ausdruck einer „feindlich-negativen" und „politischen Untergrundtätigkeit".[834]

Unter dem Eindruck der innenpolitischen Verschärfung rückten die Mitarbeiter der Jugendarbeit enger zusammen und die ESG gliederte sich bisweilen ein. Dabei war zu verzeichnen, dass die Jugendarbeit Ende der achtziger Jahre gesellschaftspolitisch aktiver wurde, während gleichzeitig die Außenwirkung der ESG zurückging. Dies hing vor allem mit dem starken Druck auf die Studenten durch die Universität wie mit dem Wechsel im Studentenpfarramt zusammen. Die Studenten wurden durch ihre FDJ-Leitungen stark unter Druck gesetzt, den Kontakt zur ESG einzuschränken bzw. auf-

832 Gespräch mit Bernd Schröder, Wittenförden, am 23.3.1998.

833 Vgl. LKAG, Best. 5, Kreissynoden und Pfarrkonvente. Dok. 4/88, Anlage 4, „Bericht an die Kreissynode am 30.1.1988 zur Situation der Jugendarbeit in Greifswald unter dem Thema: Gemeinsam leben" von Bernd Schröder.

834 Als „PUT" (Politische Untergrundtätigkeit) bezeichnete das MfS „eine der gefährlichsten Erscheinungsformen subversiver Tätigkeiten, [...] um damit den Prozeß konterrevolutionärer Veränderungen zur letztlichen Beseitigung der Arbeiter-und-Bauern-Macht in Gang zu setzen". Vgl. Wörterbuch der Staatssicherheit, hg. von S. Suckut, S. 377.

zugeben.[835] In der Jugendarbeit wurde dagegen zunehmend an den Brennpunkten gearbeitet. So kam es, dass politisch besonders interessierte Studenten mitunter zu Veranstaltungen der Jugendarbeit gingen. Ein Beispiel dafür war der von der Greifswalder Jugendarbeit aufgebaute Ökologiekreis. Diese Verlagerung und starke Hinwendung zu gesellschaftspolitischen Fragen registrierte auch die Bezirksverwaltung des MfS in Rostock, sie reagierte mit dem Befehl zur „Organisierung der politisch-operativen Abwehrarbeit unter Jugendlichen und Jungerwachsenen" vom 6. Januar 1987.[836] In diesem Befehl war nicht mehr in erster Linie die Partnerschaftsarbeit, sondern die ökologische Arbeit als staatsfeindlich eingestuft.[837] In gleichem Maße wuchs der Druck auf das Konsistorium. So kam es mehrfach zu innerkirchlichen Disziplinierungen von Harder und Plath gegenüber Studentenpfarrer Noack. Noack war tatsächlich durch Harder zu einem disziplinierenden Gespräch vorgeladen worden und beschwerte sich seinerseits über die Einmischung des Konsistoriums in die Angelegenheiten der ESG.[838] Harders Führungsoffizier notierte über Harder alias „Jupiter":

> „Jupiter betrachtet die Entwicklung in der ESG aufmerksam und auch mit Sorge. [...] Es bestünde die Gefahr, daß Noack die Studenten zur innerkirchlichen Opposition treiben könnte."[839]

Das MfS hatte bemerkt, dass die kritischen kirchlichen Mitarbeiter, Jugendlichen und Studenten nicht nur für den Staat, sondern auch für die Kirchenführung eine Belastung waren und dass daher zwischen dem MfS und dem Konsistorium Interessengemeinsamkeiten bestanden. Harder soll gegenüber dem MfS-Offizier Wegner „eine persönliche laufende Einflußnahme, Kontrolle und Disziplinierung" zugesagt haben.[840]

Besonders deutlich äußerte sich Studentenpfarrer Noack. Dieser hatte sich, nachdem er im Juni 1987 seinen Dienst in der ELKG aufgenommen hatte, innerhalb eines Jahres so weit politisch positioniert, dass zu seiner Person

835 Gespräch mit Pfarrer i. R. Arndt Noack am 14.4.1998.

836 Vgl. Ammer/Memmler, S. 107.

837 Dies spiegelte die Interessen der DDR wider: 1987 war ein Staatsbesuch von Honecker in der Bundesrepublik geplant, die Partnerschaftsarbeit konnte staatlicherseits zur Verbesserung des Ansehens der DDR im westlichen Ausland genutzt werden – was auch geschah. Die Veröffentlichung der ökologischen Schädigung in der DDR durch die Industrie konnte das Image der DDR im Westen erheblich schädigen. Daher sollten die Ökologiekreise keinerlei Wirksamkeit erlangen.

838 Gespräch mit Pfarrer i. R. Arndt Noack am 14.4.1998.

839 BStU, BV Rostock, AIM 4155/90, Bd. I/1, Bl. 172. Harder hatte hier noch den Decknamen „Jupiter", weil er noch nicht als IM registriert war, sondern noch den Status eines IM-Kandidaten hatte. Dies darf jedoch weder darüber hinwegtäuschen, dass Harder wie ein IM geführt wurde und dieselben Aufgaben hatte, noch darüber, dass Harder von der wahren Identität seines Gesprächspartners Kenntnis hatte.

840 Vgl. ebd., Bl. 173.

im Februar 1989 der OV „Pate“ eingeleitet wurde. Das MfS interessierte sich vor allem für den in der ESG neu entstandenen Arbeitskreis „Demokratie in unserem Lande“ sowie für die Kontakte der ESG zur Berliner Umweltbibliothek. Auch der enge Kontakt zwischen Noack und Greifswalder Übersiedlungsersuchenden wurde beobachtet, da die staatlichen Stellen den Standpunkt vertraten, Antragsteller dürften keinen Raum in der Kirche und keine Unterstützung durch diese in irgendwelcher Form erhalten, solange sie klar als Antragsteller zur Kirche kämen, keine Kirchensteuern zahlten oder sonst sichtbar auftraten.[841] Noack hatte mehrfach die Räumlichkeiten der ESG für Veranstaltungen von Antragstellern zur Verfügung gestellt und war durch Konsistorialpräsident Harder zur Rede gestellt worden, der ihm klar jede Unterstützung im Falle eines Konfliktes mit den staatlichen Stellen verweigerte.[842] Im Frühjahr 1989 beschäftigte sich die ESG außerdem mit den bevorstehenden Kommunalwahlen und diskutierte Möglichkeiten der Wahlkontrolle, die einzelne Studenten dann teilweise auch durchführten. Dies reizte das MfS besonders, gegen Noack vorzugehen. Man meinte wie schon zu Zeiten Luchts, Problemen mit der ESG durch repressive Maßnahmen gegen den Studentenpfarrer begegnen zu können. Der OV „Pate“ hatte dann auch zum Ziel, Noack Verstöße gegen § 218 StGB-DDR (Zusammenschluss zur Verfolgung gesetzwidriger Ziele) nachzuweisen. Dies gelang jedoch nicht, denn der Herbst 1989 setzte den Aktivitäten des MfS ein Ende.[843]
Mehrfach finden sich im OV „Pate“ konkrete Benennungen von „operativ veranlaßte[n] Disziplinierungsmaßnahmen“[844] durch Harder bzw. Plath. In einem „Bericht zur Durchführung des OV ‚Pate‘“ vom 15. Dezember 1987 hieß es konkret, dass „in Abstimmung mit der Abt. XX [...] geeignete Maßnahmen (Kirchenleitung bzw. Abt. Inneres) zur Einflußnahme bzw. Disziplinierung des ‚Pate‘ festzulegen [seien], um den Mißbrauch der ESG für feindlich-negative Aktivitäten zu verhindern und insbesondere die Einbeziehung der Jungen Gemeinden in die Tätigkeit der ESG zu stoppen“. Die Beziehung zwischen Schröder und Noack sollte einer „offensive[n] Zersetzung“ ausgesetzt werden.[845] Interessant aber ist vor allem, dass die Kirchenleitung beide disziplinieren sollte. Wie sich die Staatssicherheit dies vorstellte, bleibt unklar, denn die Kirchenleitung tagte nur einmal monatlich und wäre zudem auch nicht zuständig gewesen.[846]

841 Vgl. OPK „Pate“. ZMA 41062, Bd. I/1, Bl. 1 f. „Zwischenbericht zum OV ‚Pate‘“ vom 7.6.1989.
842 Gespräch mit Pfarrer i. R. Arndt Noack am 14.4.1998.
843 Ebd.
844 Vgl. OPK „Pate“. ZMA 41062, Bd. I/1, Bl. 8 (MfS-Zählung). „Eröffnungsbericht zum OV ‚Pate‘“ vom 21.2.1989.
845 Vgl. ebd.
846 Vgl. Eckhard Gummelt, S. 49.

Auch der Stralsunder Stadtjugendwart Torsten Hennig geriet immer wieder in Konflikte mit dem Konsistorium. Im Februar 1988 erwog das MfS, gegen Hennig ein Ordnungsstrafverfahren wegen des Drucks von nicht genehmigten Schriften einzuleiten. Dazu kam es dann allerdings nicht, weil man glaubte, Hennig wirkungsvoller über das Konsistorium disziplinieren zu können.[847] Auslöser war das im Januar 1988 erstmals erschienene „Turmblatt", ein Informationsblatt für die Junge Gemeinde und die offenen Jugendkreise in Stralsund, das von Hennig herausgegeben wurde. Dessen Inhalt war hochbrisant. Gleich die erste Ausgabe beschäftigte sich mit den Ereignissen in der Berliner Zionskirche im November 1987 und auf der Luxemburg-Liebknecht-Demonstration, ebenfalls in Berlin, im Januar 1988. Das MfS wurde durch die beiden IM „Glas" und „Tom Cievert" sofort unterrichtet. Hennig erzeuge „eine gewisse Oppositionshaltung gegen den sozialistischen Staat" und beeinflusse Jugendliche negativ, hieß es.[848] Wie in anderen Zusammenhängen auch, interessierte sich das MfS insbesondere für die Verbindungen Hennigs in das „nichtsozialistische Wirtschaftsgebiet". Die IM unter den Jugendlichen sollten herausfinden, ob Hennig Material aus der Partnergemeinde in der Bundesrepublik erhielt und ob es zu einer ideologischen Beeinflussung durch Hennig komme. Die Beobachtung der Kontakte Hennigs zu Lübecker Gemeinden war lange Zeit der Schwerpunkt der Observierung. Der Friedenskreis im Jakobiturm wurde zum Hauptziel des OV „Halbkreis". Ein mehrere Seiten langer „Einsatzplan" sah sogar die Kontrolle und langfristige Überwachung des Wohnhauses von Hennig vor.[849] In den weiteren Ausgaben des „Turmblattes" waren das Statut der FDJ und die Relegierungen von Schülern der Berliner Carl-von-Ossietzky-Oberschule[850] von Hennig aufgegriffen worden.

In Greifswald war die Situation ähnlich wie in Stralsund. Dort wurden unter der Leitung von Stadtjugendwart Schröder die „Gehversuche" herausgebracht. Diese waren ähnlich gesellschaftspolitisch wie die „Turmblätter". Die Referate Kirchenfragen bei den Räten der Kreise in Stralsund und Greifswald versuchten, über den jeweiligen Superintendenten einzugreifen und die „Turmblätter" bzw. die „Gehversuche" zu verbieten. So beschwerte sich der Referent für Kirchenfragen des Bezirks, Herr Macht, in einem Gespräch bei Plath am 16. März des Jahres über Hennig. Dieser lasse die „Turmblätter" offen herumliegen und beachte nicht die Beschränkung auf den innerkirch-

847 Vgl. BArch, DO-4/1133, o. Pag. „Informationsbericht über die kirchenpolitische Lage im Bezirk Rostock August/September 1988".

848 Vgl. OV „Halbkreis", BStU, MfS, BV Rostock, AOP 1402/91, Bd. I/1, Bl. 13.

849 Vgl. ebd., Bl. 10. „Operativplan zum OV ‚Halbkreis'" vom 29.2.1988.

850 Im Herbst 1988 wurden erstmals seit langer Zeit wieder Schüler aus politischen Gründen von der Schule verwiesen.

lichen Raum.[851] Und Siegfried Bohl berichtete seinem Führungsoffizier im Februar 1989 wiederum, dass die Kirchenleitung den beiden Superintendenten Torkler und Wackwitz die Empfehlung gegeben hätte, den Druck der nicht genehmigten „Turmblätter“ bzw. „Gehversuche“ einzustellen.[852] Dazu kam es aber nicht.

Darüber hinaus hatte Torsten Hennig in Stralsund – Jugendwart Schröder und Studentenpfarrer Noack versuchten in Greifswald das Gleiche – die Einrichtung von Fürbittengebeten für die bei der Januar-Demonstration in Berlin verhafteten Bürgerrechtler angeregt. Diese Anregung wurde von einem Friedenskreis im Jakobiturm unterstützt, der gemeinsam von Hennig und Pfarrer Bernd-Dietrich Krummacher geleitet wurde und großen Zulauf hatte. Sowohl der Friedenskreis an sich als auch die angeregten Fürbittengebete lösten beim Staat Betriebsamkeit aus, die dadurch erhöht wurde, dass im Friedenskreis auch Übersiedlungsersuchende mitarbeiteten. Die staatlichen Maßnahmen richteten sich nun, im Frühjahr 1988, nicht mehr nur gegen eine Weiterführung der „Turmblätter“, sondern gegen Hennig direkt. Die bis dahin bestehende Operative Personenkontrolle wurde umgewandelt in den Operativen Vorgang „Halbkreis“, der die Aufgabe hatte, den Friedenskreis zu zersetzen und Hennig Verstöße gegen § 219 StGB-DDR (Ungesetzliche Verbindungsaufnahme) nachzuweisen.[853]

Für besondere Verärgerung beim Rat des Bezirks sorgte ein Offener Brief an den 1. Sekretär des FDJ-Zentralrates, Eberhard Aurich, der im „Turmblatt“ abgedruckt worden war. In einem Bericht der Kreisdienststelle des MfS in Stralsund über Stadtjugendwart Hennig wurden diese Vorgänge genau in ihrer „feindlich-negativen“ Bedeutung beschrieben, und es ist bemerkenswert, dass der Mitarbeiter des MfS, Oberst Holtz, hinzusetzte: „Ich bitte um Kenntnisnahme und empfehle keine öffentlichkeitswirksame Auswertung, da die Disziplinierung des H. über den Rat des Bezirks (Konsistorium) vorgesehen ist.“[854] Man beachte die Reihenfolge: Das MfS weist an, dass die Disziplinierung Hennigs an den Rat des Bezirks Rostock weitergereicht und von dort dem Konsistorium übertragen werde. Weder das MfS noch die Abteilung Kirchenfragen traten offen in Erscheinung. Hennig wurde durch seine eigene Kirchenleitung im staatlichen Auftrag „diszipliniert“. Hennig

851 Vgl. LKAG, Best. 5, C 30235, Bd. V, Dok. 8/88, 25.5.1988, S. 2. „Vermerk“ vom 30.5.88 über Gespräch mit Roland Macht am 25.5.1988.

852 Vgl. BStU, BV Rostock AIM 4171/90, Bd. II/1, Bl. 326. Superintendent i. R. Heinrich Wackwitz bestätigte diesen Vorgang allerdings nicht.

853 Vgl. OV „Halbkreis“, BStU, MfS, BV Rostock, AOP 1402/91, Bd. I/1, Bl. 15.

854 Ebd., Bd. I/2, Bl. 185. „Verleumdung einzelner Bereiche der sozialistischen Verhältnisse in der DDR durch den Kreisjugendwart der evangelischen Kirche im kircheninternen ‚Turmblatt‘ der Jungen Gemeinde“ vom 5.5.1988.

bestätigte dies in einem Gespräch.[855] Auch in den kirchlichen Akten ist ein entsprechendes Gespräch des Rates des Bezirks mit dem Konsistorium belegt. Ein „Vermerk" von Plath über ein Gespräch mit dem Referenten für Kirchenfragen, Herrn Macht, am 25. Mai 1988 bestätigt, dass dieser Hennig über das Konsistorium disziplinieren wolle. Macht äußerte gegenüber Plath, er wolle ein Verfahren gegen Hennig wegen des „Turmblattes" nicht, obwohl er es jederzeit eröffnen könne. Macht schlug vor, der Kirchenleitung sollten die „Turmblätter" mit der Frage vorgelegt werden, ob sie diese Erzeugnisse zu decken bereit sei.[856] Dahinter verbarg sich die Absicht, mit einem leicht drohenden Unterton die Greifswalder Landeskirche daran zu erinnern, dass sie weiter an ihrem kirchenpolitischen Kurs festhalten solle.

Zu einem Gespräch mit der gesamten Kirchenleitung kam es zwar nicht, aber es begann eine Reihe von Vorladungen zu Gesprächen mit Plath, Harder und Ehricht, also mit Vertretern des Konsistoriums, in denen nicht nur Hennig, sondern auch der Greifswalder Jugendwart Schröder auf die Grenzen ihrer Möglichkeiten hingewiesen wurden.[857] So heißt es in einem „Zwischenbericht" des MfS im OV „Halbkreis", dass seit dem Erscheinen des ersten „Turmblattes" eine Wandlung von einem aggressiven zu einem religiös orientierten Inhalt zu verzeichnen sei. Dies ginge nicht zurück auf Einspruch des Stralsunder Superintendenten Torkler, sondern auf „disziplinierende Einflußnahme durch das Konsistorium Greifswald und des IME ‚Ingolf'".[858]

In Bezug auf die von Schröder verantworteten „Gehversuche" wurde vom Rat des Bezirks Rostock ein Gespräch mit Schröder selbst und dessen direktem Vorgesetzten, Superintendent Wackwitz, anberaumt.[859] Nach Aussagen von Schröder habe Wackwitz ihn jedoch nicht eingeschränkt, insofern hatte das Gespräch aus staatlicher Sicht nicht den gewünschten Erfolg.

Nachweisbar ist dagegen die Instrumentalisierung des Konsistoriums in Bezug auf den Arbeitskreis „Frieden und Gerechtigkeit" der Greifswalder Jugendarbeit, der wegen des großen Interesses der Jugendlichen dem Staat ein Dorn im Auge war. Hier nutzte man einen Vorwand. Ein höchstwahrscheinlich vom MfS fingierter anonymer Brief ging an den stellvertretenden Oberbürgermeister von Greifswald, Udo Schulz. Darin hieß es:

„Seit einem halben Jahr besuche ich die Teestube der evangelischen Stadtjugendarbeit in Greifswald. Die bisherigen Zusammenkünfte haben mir ge-

855 Gespräch mit Torsten Hennig am 17.4.1998.

856 Vgl. LKAG, Best. 5, C 30235, Bd. V, Dok. 8/88, 25.5.1988, S. 2. „Vermerk" vom 30.5.88 über Gespräch mit Roland Macht am 25.5.1988.

857 Gespräch mit Torsten Hennig am 17.4.1998.

858 OV „Halbkreis", BStU, MfS, BV Rostock, AOP 1402/91, Bd. I/1, Bl. 4 (MfS-Zählung, da BStU-Zählung unleserlich).

859 Vgl. LKAG, Best. 5, C 30235, Bd. V, Dok. 5/88 vom 30.3.1988. „Auszugsweise Abschrift zur besonderen Vorlage aus der Sitzung des Kollegiums am 28.3.1988".

holfen, mich besser im Leben behaupten zu können. [...] Freunde luden mich ein, am 28.1.88 gemeinsam eine Veranstaltung des Friedenskreises zu besuchen. Doch was ich dort erlebte, widerspricht meinem Anspruch, als Christ für den Frieden einzutreten. Ein [...] aus Dresden, der den Friedenskreis leitet, erzählte, daß er Mitglied der Initiative für Frieden und Menschenrechte ist."[860]

Dieser Brief bot den staatlichen Stellen die Möglichkeit, ein „klärendes Gespräch“ mit Oberkirchenrat Plath zu führen.[861] Das Gespräch mit Plath am 2. Februar 1988 über Schröder und den Leiter des Kreises spiegelt sich in den Unterlagen des MfS sehr unklar wider: Der Rat der Stadt trug seine Beschwerden gegen die Teestube und gegen die Person des Leiters vor, worauf Plath gesagt haben soll, dieser könne, wenn er den Staat gefährde, inhaftiert werden.[862] Diese Formulierung wird in anderen Akten weder bestätigt noch widerlegt.
Die SED-Kreisleitung in Greifswald berichtete im März 1988, der Stellvertreter Inneres des Rates der Stadt Greifswald, Schulz, habe gegenüber Harder und Wackwitz „mit Nachdruck die Forderung erhoben, sich von [...] zu distanzieren“. Weiter heißt es in dem Bericht:

„Während der Superintendent bis zur Stunde eine schwankende Haltung einnimmt, hat OKR Harder die Forderungen vorbehaltlos akzeptiert [...] Bischof und Konsistorium brachten zum Ausdruck, sich solchen möglichen Entwicklungen konsequent entgegenzustellen."[863]

Von dem Gespräch mit Harder erhielt auch das Staatssekretariat für Kirchenfragen Nachricht. In dem entsprechenden „Informationsbericht“ heißt es, Harder habe mit Betroffenheit auf die Tätigkeit dieses Friedenskreises und ihres Leiters reagiert und zugesagt, „nach Wegen zu suchen, die Arbeit dieses Kreises zu ‚beenden‘“.[864]
Seit die Vorbereitungen zur Domeinweihung begonnen hatten, war eine konkrete Einflussnahme auf Noack und andere kirchliche Mitarbeiter und Studenten jedoch nicht mehr möglich. Dazu war es zu spät, denn aus der ganzen Landeskirche meldeten sich kritische Stimmen. Die Mitarbeiter der kirchli-

860 BArch, DO-4/1133, o. Pag. Anonymer Brief an den Stellv. OB Greifswald, Udo Schulz, vom 28.1.1988.
861 Der Brief denunzierte darüber hinaus den Greifswalder Superintendenten Wackwitz, Studentenpfarrer Noack und Stadtjugendwart Schröder.
862 Vgl. BStU, BV Rostock, AIM 0243/91, Bd. I/3, Bl. 5.
863 Privatarchiv Arndt Noack: „Einschätzung der kirchenpolitischen Lage im Territorium Greifswald Stadt und im Landkreis der SED-Kreisleitung Greifswald" vom 15.3.1988.
864 Vgl. BArch, DO-4/1133. „Informationsbericht über die kirchenpolitische Situation im Bezirk Rostock Dezember '87/Januar '88" vom 15.2.1988.

chen Jugend- und Studentenarbeit wurden zum Motor innerkirchlicher Kritik. Besonders deutliche Worte fand Stadtjugendwart Schröder. Dieser sprach, so berichtete der 1. Sekretär der Kreisleitung der SED nach Rostock, in einer Jugendveranstaltung im Juni 1989 in Anwesenheit von Bischof Gienke von einem „trauten Verhältnis staatlicher Gewalt und innerkirchlicher Macht".[865] Ehricht und Plath wurden noch im Juni 1989 durch den Rat des Bezirks Rostock aufgefordert, die „oppositionellen Gruppierungen" in Stralsund und Greifswald in der Jugendarbeit sowie in der ESG einzuschränken. Beide lehnten jedoch ab – die Stimmung sei nicht entsprechend.[866]
Die Eingabe des Jugendwartkonventes an die Kirchenleitung vom September 1989 hatte in diesem Zusammenhang eine besondere Bedeutung, weil sich darin zum ersten Mal eine Gruppe kirchlicher Mitarbeiter geschlossen über den Leitungsstil und die Inhalte der Kirchenpolitik der ELKG in den letzten Monaten beschwerte. Die Eingabe demonstrierte, dass es nicht einzelne Jugendmitarbeiter der ELKG waren, die gegen den Bischof „Stimmung machten", sondern dass der Unmut allgemein war. In der Eingabe heißt es:
„Es belastet uns,

- [...] daß die Bemühungen um ein gutes Verhältnis zum Staat das Vertrauen zu Mitarbeitern und Landeskirchen auf's Spiel setzen. [...] Brüder und Leitungsgremien wurden in dieser Weise nicht ernstgenommen.
- [...] daß der Bischof unserer Landeskirche wenig Bereitschaft zum echten Dialog erkennen läßt. Wir wünschen uns eine offenere Informationspraxis, ein stärkeres Einbeziehen der Mitarbeiter und Laien in Überlegungen über den Weg unserer Kirche und größere Bereitschaft zum Hören, Akzeptieren und zu fairer Auseinandersetzung mit unterschiedlichen Standpunkten."[867]

Dieser Brief sorgte für erhebliche Unruhe, weil er explizit das mangelnde Vertrauen innerhalb der Landeskirche ansprach und von einer Gruppe bekannter kirchlicher Mitarbeiter verfasst war.

865 LAG, BL Rostock IV E/ 2.14, Nr. 612, Bl. 55. „Auszug aus der Berichterstattung des 1. Sekretärs der Kreisleitung der SED Greifswald an den Genossen Timm für den Monat Juni". Ernst Timm war 1. Sekretär der SED-Bezirksleitung in Rostock.

866 Vgl. BArch, DO-4/1192-1, o. Pag. „Aktenvermerk über ein Gespräch mit OKR Dr. Plath und OKR Dr. Ehricht am 28.6.1989 beim Rat des Bezirks Rostock".

867 „Eingabe zu Leitungsfragen in der Greifswalder Landeskirche" vom 7.9.1989. Privatarchiv Torsten Hennig.

6.2.5 Zusammenfassung

Die Intensivierung der Jugendarbeit, wie sie in der Landeskirche Greifswald 1987 bis 1989 stattfand, zeichnete sich in der ganzen DDR ab. Nicht nur das MfS, auch das Staatssekretariat für Kirchenfragen beobachtete die Entwicklungen aufmerksam.[868] Während das Ministerium für Staatssicherheit die Ursachen für die verstärkte Jugendarbeit in der feindlichen Tätigkeit aus dem „Operationsgebiet", also der Bundesrepublik Deutschland, sah, stellte Klaus Gysis Dienststelle fest, die Probleme mit der kirchlichen Jugendarbeit seien hausgemacht. Sie werden darauf zurückgeführt,

> „daß es nach wie vor gravierende Fälle von sektiererischen Entscheidungen bei der Zulassung zur EOS und zum Studium sowie politisch und weltanschaulich falsche Beurteilungen von Schülern und Studenten gibt, die Christen sind, sich bewußt von ihrem Glauben her gesellschaftlich engagieren und nicht selten hervorragende Leistungen nachweisen können. [...] Es gilt die Feststellung, daß kirchliche Jugendarbeit überall dort über starke Positionen verfügt, wo es dem sozialistischen Jugendverband, den verantwortlichen staatlichen Stellen und gesellschaftlichen Kräften noch nicht im erforderlichen Maß gelingt, auf die Bedürfnisse der Jugendlichen einzugehen und diese zu befriedigen."[869]

Das Staatssekretariat für Kirchenfragen war in der Kirchenpolitik nicht sehr einflussreich, die strategischen Konzeptionen richteten sich nicht nach seinen oftmals klar formulierten Analysen und Einschätzungen, sondern nach den Zielen und Prinzipien der SED. Die SED setzte nicht auf eine Änderung der eigenen Erziehungs- und Jugendpolitik, sondern auf eine innerkirchliche Auseinandersetzung. Die leitenden kirchlichen Amtsträger sollten mit der Aufrechterhaltung des (vermeintlich) guten Verhältnisses zwischen Staat und Kirche erpresst und so dazu gebracht werden, innerkirchlich die „Störenfriede" zur Ruhe zu bringen. Diese Politik wurde sowohl durch die Räte der Kreise und den Rat des Bezirks, Abteilung Inneres, als auch durch das MfS durchgesetzt. Sie führte dazu, dass der Staat nicht mehr repressiv in Erscheinung trat und langfristig ein Differenzierungsprozess in der Kirche initiiert wurde. Je stärker die kirchliche Leitungsebene in dieser Weise wirksam wurde und staatliche Wünsche innerkirchlich nach unten weitergab, desto größer wurden die Spannungen zwischen „oben" und „unten". Diese Strategie wurde in der ELKG besonders intensiv angewandt. Sie basierte insbesondere

868 Vgl. BArch, DO-4/807, o. Pag., Staatssekretariat für Kirchenfragen: „Aktuelle Entwicklungen in der kirchlichen Arbeit mit Kindern und Jugendlichen" vom 5.2.1981.

869 Ebd., „Schlußfolgerungen zur Arbeit der staatlichen Organe mit kirchlichen Jugendmitarbeitern und zu kirchlichen Massen- und Jugendveranstaltungen" (wahrscheinlich 1984).

auf Oberkonsistorialrat Plath und Konsistorialpräsident Harder, die Strategie zur Instrumentalisierung des Konsistoriums ging auf.

Damit stand die Landeskirche Greifswald jedoch offenbar nicht allein, denn in seiner „Analyse der Jugendarbeit im ersten Halbjahr 1986" stellte das Staatssekretariat für Kirchenfragen fest, dass sich die „feindlich-negativen Kräfte" in den evangelischen Kirchen nicht mehr gegen den Staat direkt richteten, sondern in erster Linie gegen die Kirchenleitungen, da diese im Verbund mit dem Staat eine „voranschreitende[...] Eingrenzung des Handlungsspielraumes politisch-negativer Kräfte" vornähmen.[870]

Die Bearbeitung der Studentengemeinde und der Jugendarbeit war in Mitteln und Zielen identisch. Im Vordergrund stand das Ziel, die Öffentlichkeitswirksamkeit der Evangelischen Studentengemeinde wie der Jugendarbeit zu unterbinden und somit den Zulauf aus der Stadt einzudämmen. Das Ministerium für Staatssicherheit, das Inoffizielle Mitarbeiter in Gruppen einschleuste, um Informationen zu gewinnen und Einfluss auf innerkirchliche Entwicklungen nehmen zu können, konnte keine wesentlichen Erfolge erzielen. Zwar war diese Unterwanderung bei den stark fluktuierenden und losen Verbindungen in den Studentengemeinden besonders leicht, da ein kontinuierliches Engagement einen schnellen Aufstieg in studentische Funktionen garantierte und sich niemand darüber wunderte,[871] aber die Schnelllebigkeit der ESG erschwerte es dem MfS, deren Aktivitäten zu beeinflussen oder gar zu lenken. So entstand im zuständigen Referat der Kreisdienststelle des MfS halbjährlich – mit jedem neuen Semester – auch ein neuer „Maßnahmeplan" oder „Sachstandsbericht". Zudem wechselten nicht nur die beobachteten Studenten, sondern auch die beobachtenden IM. Dass das MfS in Bezug auf die ESG und Jugendarbeit keinen wesentlichen Erfolg verzeichnen konnte, lag auch an der demokratischen Organisation beider Bereiche, in denen Entscheidungen immer in einem Gremium nach dem Mehrheitsprinzip gefällt wurden. Das MfS stieß hier an die Grenzen seiner Macht, und es ist besonders wichtig festzuhalten, dass diese Grenzen in einem Bereich gesetzt wurden, der besonders „offen" strukturiert war.

Grundlage für seine Arbeit und daher vorrangiges Ziel des MfS war die möglichst frühzeitige und vollständige Information über Entwicklungen, Ereignisse und Personen der Jugend- und Studentenarbeit in der ELKG. Durch die große Zahl der in die ESG integrierten IM wurden dem MfS überaus viele Details aus dem kirchlichen Leben bekannt, sodass zumindest eine Chance bestand, Personen im Sinne staatlicher Interessen zu beeinflussen,

870 Vgl. ebd., o. Pag. „Abt. II: Information über überregionale kirchliche Jugendveranstaltungen im 1. Halbjahr 1986", S. 2.

871 Vgl. Axel Noack (1996), S. 310.

also zu manipulieren. Tatsächlich jedoch waren die Versuche der Einflussnahme im Wesentlichen nicht erfolgreich. Es gelang dem MfS lediglich, die Anzahl der IM in der Jugend- und Studentenarbeit zu erhöhen und ab Mitte der achtziger Jahre konstant zu halten. So waren zur Bearbeitung des OV „Apostel" zwischen 1981 und 1986 insgesamt 16 jugendliche IM eingesetzt.[872] Die IM „Nikolaus", „Heinrich Schade", „Erwin" sowie der GMS „Margitta" berichteten ebenfalls über die ESG, allerdings aus der Universität, der CDU oder dem Rat der Stadt Greifswald heraus. Dabei war von großer Bedeutung, dass nicht nur IM unter den Studenten oder den Jugendlichen selbst, sondern auch kirchenleitende Mitarbeiter angeworben werden konnten.[873] Deren Wert war verständlicherweise sehr hoch, denn hier wurde über Fragen wie die Stellenbesetzungen in der Landeskirche, über Grundlinien der landeskirchlichen Politik gegenüber dem Kirchenbund, über besondere kirchliche Ereignisse und vor allem über das konkrete Verhältnis zu den staatlichen Stellen entschieden. Besonders hinzuweisen ist auf die Kontakte des MfS zu Konsistorialrat Ehricht als Dezernent für Jugendfragen, die sich im Mai 1987 zu einem IM-Verhältnis verdichteten.[874] Dennoch: Einem der wichtigsten Ansprüche des MfS an seine Tätigkeit, feindlichen Aktivitäten vorbeugend entgegenzuwirken, konnte es nicht gerecht werden. Es war nur in der Lage zu reagieren.[875]

Entscheidend dafür, dass das MfS in diesen Bereichen nicht so erfolgreich wie gewünscht war, waren drei grundlegende Verzerrungen in seiner Wahrnehmung der ESG und der Jugendarbeit: Erstens war das MfS dem unruhigen und wechselhaften ESG-Leben nicht gewachsen. Es war nicht in der Lage, lose Strukturen als lose zu belassen, sondern klassifizierte an der Realität vorbei. Das betraf die Untergruppen „Friedensfördernde Kinderliteratur", „Dritte Welt" und „Friedenstheorie/Abrüstung". Dadurch wurde die Bedeutung der ESG mitunter erheblich überbewertet.

Zweitens ging man im staatlichen Bereich davon aus, dass auch in der ESG eindeutige hierarchische Weisungsbefugnisse gegeben seien. Daher wurde die

---

872 Als IM waren eingesetzt: „Ikarus", „Sven-Ake", „Friese", „Burkart" (später „Lukas"), „M. Burkhardt", „Anne Becker", „Claudia", „Regina Wolff", „Reiner Tulpe", „W. Schmidt", „Eva", „Lars", „Roland", „Rix", „Makatsch", „Mathias Sturm". Die Führung dieser IM lag wesentlich in den Händen von Hauptmann Hille und Oberleutnant Neumann, die den Einsatz ihrer IM in der ESG auf zwei Personengruppen konzentrierten: Hauptmann Hille auf den OV „Apostel" und Oberleutnant Neumann auf den OV „Aussteiger". In der ESG liefen demnach zwei operative Bearbeitungen gleichzeitig, und das Informationsaufgebot war dementsprechend groß.

873 Bis 1985 waren Bischof Gienke, Siegfried Plath und Präses Affeld als IM registriert. Nach 1985 kamen OKR Ehricht und OKR Harder hinzu. Affeld sagte sich 1985 vom MfS los.

874 Vgl. BStU, BV Rostock, AIM 0381/91, Bd. I/1, Bl. 227. „Bericht über die durchgeführte Werbung des IM-Kandidaten ‚Erich' als IME" vom 8.5.1987.

875 Vgl. Jörn Mothes: Die vom MfS entwickelten Strukturen und Strategien zur Durchsetzung der Jugendpolitik der SED, in: Jörn Mothes et al. (Hg.): Beschädigte Seelen. DDR-Jugend und Staatssicherheit, Rostock/Bremen 1996, S. 54.

Person des Studentenpfarrers gegenüber den Studenten der ESG überbetont und daraus der Schluss gezogen, ein Wechsel im Studentenpfarramt würde die Strukturen der ESG wesentlich ändern; ähnlich überbetont wurde auch die Weisungsbefugnis des Konsistoriums gegenüber der ESG.

Kennzeichnend für die schematisierte Wahrnehmung der Kirche war drittens die Angst des MfS vor Unterwanderungen und „Missbrauch" der Kirche. Darunter verstand es solche Handlungen, die „die Verbindungsaufnahme und das Zusammenwirken mit feindlichen Stellen und Kräften sowie kirchlichen Einrichtungen im Operationsgebiet [Bundesrepublik Deutschland], die Herstellung bzw. Übernahme und Verbreitung antisozialistischer Konzeptionen und Plattformen, die Suche, Sammlung und Zusammenführung feindlich-negativer Kräfte [...] zum Inhalt" hatten.[876] Der „Missbrauch der Kirche" basierte nach Ansicht des MfS immer auf einer feindlichen Tätigkeit aus dem westlichen Ausland, die die Beseitigung der Arbeiter- und Bauernmacht zum Ziel hatte. „Missbrauch der Kirche" meinte in diesem Sinne eine vom Feind gesteuerte Ausdehnung des Einflusses der Kirche auf alle gesellschaftlichen Bereiche. Der Kampf gegen den „Missbrauch der Kirche", so analysierten Saß und Suchodoletz die Denkschemata des MfS, war in der dialektisch verdrehten Perspektive des MfS kein Kampf gegen die Kirche, sondern die „Befreiung der Kirche von der Gefahr, mißbraucht zu werden".[877]

Die Angriffe der Stasi auf ESG und Jugendarbeit waren dennoch schwerwiegend: für den einzelnen Studenten oder Jugendlichen, für die angeworbenen jugendlichen IM, für die kirchliche Arbeit insgesamt. Die jugendlichen IM, die die Hauptlast der Ermittlungen im Auftrag des MfS trugen, wurden von dem Staat missbraucht. Sie wurden dazu bewogen, sich oft für viele Jahre in einem doppelten Leben unter Freunden, die ihre ideologischen Feinde waren, zu bewegen. Viele hielten diese Spannungen nicht aus, viele leiden bis heute darunter.[878] Die Studenten und kirchlichen Mitarbeiter, die das Ziel der MfS-Aktivitäten darstellten, hatten oft harte Zeiten durchzustehen, so beispielsweise Martin Bernhardt, der innerhalb der ESG isoliert werden sollte, oder Claus Wergin, dessen Bewerbung als Landesjugendwart im Jahr 1987 aufgrund der Mitsprache des MfS nicht erfolgreich war.

---

876 Siegfried Suckut (Hg.): Das Wörterbuch der Staatssicherheit. Definitionen zur „politisch operativen Arbeit", 2. Aufl., Berlin 1996 (= Wissenschaftliche Reihe des BStU, Band 5), Stichwort „Kirchen, Mißbrauch der", S. 211.

877 Vgl. Ulrich von Saß/Harriet von Suchodoletz: „feindlich-negativ". Zur politisch-operativen Arbeit einer Stasi-Zentrale, Berlin 1990, S. 48.

878 Vgl. Thomas Auerbach: Desinteresse, Disziplinlosigkeit, Dekonspiration. Die Probleme des MfS mit jugendlichen IM, in: Jörn Mothes et al. (Hg.): Beschädigte Seelen. DDR-Jugend und Staatssicherheit, Rostock/Bremen 1996, S. 278. Der Sammelband „Beschädigte Seelen" ist insgesamt zu diesem Thema äußerst aufschlussreich.

Die Strategien, mithilfe derer das MfS die Jugendarbeit und die ESG in Greifswald kontrolliert hat, sind im Wesentlichen im Laufe der achtziger Jahre die Gleichen geblieben. Einen Abschluss bildet in gewisser Weise die Diplomarbeit von Eberhard Schnitzer an der MfS-Hochschule in Potsdam aus dem Jahr 1988 über die ESG in Greifswald. Aus dieser Arbeit geht deutlich hervor, dass vor allem die psychologischen Strategien im Umgang mit jugendlichen IM weiter an Bedeutung gewannen.[879]
Die Rolle von kirchlicher Jugend und Jugendarbeit ist durchaus auch in einem größeren Kontext zu sehen. Friedhelm Jostmeier hat die Junge Gemeinde im Bezirk Leipzig in den fünfziger und sechziger Jahren untersucht und sie in die Tradition der Widerstandsgeschichte eingeordnet.[880] In Anlehnung an den Resistenzbegriff von Martin Broszat, der als „Resistenz" sehr unterschiedliche persönliche wie auch allgemeine Formen der Ablehnung einer Ideologie unabhängig von ihrer jeweiligen Motivation versteht, kommt Jostmeier zu dem Schluss, die Jungen Gemeinden seien ein „Resistenzpotential" gewesen.[881] Sie hätten sich unterhalb des offenen Widerstandes der totalitären Vereinnahmung widersetzt. Ein paralleler Schluss ließe sich auch in Bezug auf die Jugend- und Studentenarbeit in Greifswald ziehen.

6.3 Demokratie von unten – die Basisgruppen in der Greifswalder Landeskirche

Das Bild der evangelischen Kirche der DDR in den achtziger Jahren wäre unvollständig ohne die vielfältigen Gruppen. Sie waren Ausdruck einer Öffnung der Kirche für gesellschaftliche Fragen, wie beispielsweise die Erhaltung des Friedens und die Bewahrung der Natur, Menschenrechte und die Akzeptanz gesellschaftlicher Minderheiten wie der Homosexuellen und vieles andere mehr. Das Verhältnis zwischen Staat und Kirche wurde erheblich durch diese Gruppen tangiert, weil die SED in der Kritik an einzelnen Bereichen der Gesellschaft die Machtfrage gestellt sah.
Seit dem Bau der Mauer im Jahre 1961 war die DDR ein geschlossenes System, dessen wichtigstes Merkmal die weitgehende Abschottung von äußeren

879 Vgl. Eberhard Schnitzer: Die Entwicklung von IM unter der studentischen Jugend für den Einsatz in der Evangelischen Studentengemeinde Greifswald und die Gewährleistung ihres gesellschaftlich effektiven Einsatzes zur wirksamen Aufklärung und Bekämpfung von Erscheinungsformen der politischen Untergrundtätigkeit, unveröffentlichte Diplomarbeit des MfS 1988; BStU, ZA, JHS 458/88.

880 Vgl. Friedhelm Jostmeier: SED und Junge Gemeinde im Bezirk Leipzig (1950–1963). Kirchliche Jugendarbeit und Resistenz, in: Staat-Kirche-Beziehungen in der DDR und anderen ehemals realsozialistischen Ländern 1945 bis 1989, Berlin 1994 (Wissenschaftliches Kolloquium bei der Evangelischen Akademie Berlin-Brandenburg, Reihe Nachlese, Bd. 4/94), S. 99–108.

881 Vgl. ebd., S. 100.

Einflüssen war.[882] Wirtschaftliche und politische Entwicklungen zwangen die DDR-Führung, diese Geschlossenheit teilweise aufzuheben. Über Fernsehen oder Radio war die Verbreitung westlicher Informationen bis in (fast) jeden Haushalt möglich.[883] Ausnahmen waren der äußerste Nordosten und Südosten der DDR um Greifswald und Dresden herum. Hier lebte man im „Tal der Ahnungslosen".

Die ständige Konfrontation mit dem Wohlstand und den bürgerlichen Freiheiten in der Bundesrepublik machten die Schwächen des kommunistischen Systems besonders deutlich. Jahrzehnte der Planwirtschaft hatten dazu geführt, dass das in der Gesellschaft überall eingeforderte Bekenntnis zum Staat DDR bei vielen nur noch ein Lippenbekenntnis war. Die kontrollierte Gesellschaft löste sich stückweise auf. Die Basisgruppen übten sich in Demokratie ein und initiierten einen Prozess der Demokratisierung der DDR-Gesellschaft. Der evangelischen Kirche kam dabei eine überragende Rolle zu, weil sie schon frühzeitig ihre Räume und – vergleichsweise primitiven – Vervielfältigungsgeräte zur Verfügung gestellt hatte.

Philipp Busch nennt drei Strömungen, die die Entwicklung der DDR und der Kirchen in den achtziger Jahren entscheidend bestimmten: die „linke Opposition", die „offene Arbeit der Kirchen" und die Gruppen der Wehrdienstverweigerer und Bausoldaten.[884] Harald Wagner fasst die Ursprünge weiter und weist darauf hin, dass es eine Opposition nicht erst seit Ende der siebziger Jahre, sondern schon seit Beginn der DDR gegeben hat. Die „marxistische Kritik an den stalinistischen Deformationen der Gesellschaft" und die Kritik an dem Alleinvertretungsanspruch „des herrschenden Vulgärmarxismus" seien die beiden Grundlinien der Opposition in der DDR gewesen, so Wagner.[885] Auch innerhalb der evangelischen Kirche gab es Abwehrversuche gegen das atheistische System. Zu nennen wären hier beispielsweise die Anhänger von Otto Dibelius und dessen 1959 erschienener Streitschrift „Obrigkeit".[886]

882 Vgl. dazu ausführlicher Pollack (1994).

883 Vgl. Dietrich Staritz: Geschichte der DDR, 2. Aufl., Frankfurt am Main 1985 (= Neue Historische Bibliothek, Neue Folge, Bd. 260), S. 287. Nach Staritz verfügten im Jahr 1980 38 % der Familien über einen Pkw. In fast allen Haushalten gab es einen Fernseher, eine Waschmaschine und einen Kühlschrank.

884 Vgl. Philipp Busch: Die Treffen „Konkret für den Frieden" in Schwerin (1985) und Greifswald (1989). Expertise, in: Leben in der DDR, Leben nach 1989 – Aufarbeitung und Versöhnung. Zur Arbeit der Enquete-Kommission des Landtages Mecklenburg-Vorpommern, Bd. VII, Schwerin 1997, hier S. 236.

885 Vgl. Harald Wagner: Kirchen, Staat und politisch alternative Gruppen. Engagement zwischen Evangelium und Reglementierung, in: Horst Dähn (Hg.): Die Rolle der Kirchen in der DDR, München 1993 (= Geschichte und Staat, Bd. 291), hier S. 105.

886 Zur Bildung eines nationalen Widerstandes vgl. die ausführliche Darstellung in Ehrhart Neubert (1997).

Die Sammlung der Gruppen unter dem Dach der Kirche begann jedoch im Wesentlichen erst in den achtziger Jahren. Die Opposition, die sich im kirchlichen Umfeld zusammenfand, zeichnete sich durch ihre soziologische Vielfalt und eine streng demokratische Arbeitsweise aus. Sie war konfessionell nicht gebunden, wobei wohl davon ausgegangen werden kann, dass die überwiegende Mehrheit protestantischen Glaubens war. Atheisten ebenso wie Katholiken und Freikirchler füllten die Gruppen.[887] Nach Lothar Probst waren die wichtigsten Arbeitsprinzipien der Basisinitiativen das Vermeiden hierarchischer und stattdessen der Aufbau demokratischer Strukturen, eine klare „Selbstbestimmung" der Mitglieder, die gleichberechtigte Informationsverteilung an alle sowie als grundlegendes Arbeitsprinzip die Konfliktbearbeitung im Diskurs.[888] Diese Prinzipien machten es den staatlichen Stellen schwer, in die Gruppen einzudringen und von innen ihre Arbeit zu beeinflussen, denn durch das Mehrheitsprinzip hatten Inoffizielle Mitarbeiter innerhalb der Gruppen nicht genügend Stimmkraft, um Entscheidungen zu verändern. Im Unterschied zu oppositionellen Gruppen der fünfziger und sechziger Jahre waren die Gruppen der achtziger keine „elitären" Zusammenschlüsse, sondern vereinten Menschen aller Berufe und aus allen sozialen Schichten, wenn auch der Anteil der Akademiker sehr hoch war. Zentrale Themen in den Gruppen waren der Machtanspruch der SED, das Primat des Rechts vor der Politik, die Umwelt- und Friedenspolitik der DDR, die innenpolitische Entmündigung und geistige Zwangsjacke, die innere soziale Ungerechtigkeit und die Verflechtung der DDR in internationale Systeme zur Ausbeutung der Dritten Welt.[889] Ehrhart Neubert, der sich schon zu DDR-Zeiten mit der Formierung von Gruppen an der kirchlichen Basis beschäftigt hatte, sieht als eigentliche Grundlage dieser Emanzipation den Widerstand gegen das sozialistische Menschenbild der DDR in seiner Einseitigkeit und gegen die Übermacht einer Ideologie.[890]

Im Verhältnis zwischen Kirche und Staat nahmen die Gruppen die Rolle des Hofnarren ein. Sie brachten sowohl im Staat als auch in der Kirche Kritik an. Sie forderten von beiden, die Themen der Gruppen zu ihren eigenen zu machen, und sie forderten sowohl im Staat als auch in der Kirche Mitbestimmung. Die Landeskirchen gerieten unter zweifachen Druck. Zum einen

---

887 Vgl. dazu auch Lothar Probst: Die Rolle von kirchlichen Basisgruppen und Netzwerken vor und in der Wende in Mecklenburg-Vorpommern, in: Aufarbeitung und Versöhnung. Zur Arbeit der Enquete-Kommission des Landtages Mecklenburg-Vorpommern, Bd. IX, Schwerin 1997, hier S. 280. In der Anbindung der Gruppen an die Kirche lag ein ständiges Konfliktpotenzial mit dem Staat, der die Landeskirchen aufforderte, diese Kreise, weil sie thematisch nicht immer erkennbar theologisch orientiert waren und ihre Mitglieder nicht immer Mitglied der Kirche waren, zu unterbinden.

888 Vgl. ebd.

889 Vgl. Ehrhart Neubert (1997), S. 548.

890 Vgl. ebd., S. 545–548.

mussten sie sich nach ihrem eigenen Tun befragen lassen und zum anderen gegenüber dem Staat eine Position zu diesen Gruppen, die sich unter ihrem Dach sammelten, beziehen, die überwiegend gegen diese gerichtet war. Der Widerstand gegen die sogenannten Basisgruppen war daher anfänglich in allen evangelischen Landeskirchen hoch. Markus Meckel, einer der führenden Köpfe in der Friedensarbeit, formulierte 1984 über die Friedenskreise – und diese trafen auch auf alle anderen Arbeitsgruppen und Kreise in den achtziger Jahren unter dem Dach der Kirche zu – drei Aussagen: Sie seien Randgruppen der Gesellschaft und der Kirche und stünden in kritischer Solidarität zur DDR.[891]
Die Herausbildung dieser Gruppen verlief in den acht evangelischen Landeskirchen unterschiedlich schnell und mit unterschiedlichen Akzenten. Auch regionale Mentalitäten und geografische Besonderheiten hatten Einfluss auf die Entstehung und den Charakter der Gruppen. Diese Unterschiede spiegeln sich auch in Zahlen wider: Ende 1988 existierten in der ganzen DDR rund 320 Basisgruppen unterschiedlichster Thematik,[892] davon bestanden in der Landeskirche Greifswald wohl weniger als zehn, wenn man die Friedens- und Umweltgruppen in den Jungen Gemeinden und private Kreise hinzurechnet. Mitunter wird sogar nur von vier Gruppen gesprochen: einer landeskirchlichen Ökologiegruppe, dem „Arbeitskreis Frieden und Gerechtigkeit" der Greifswalder Jugendarbeit, dem Friedenskreis der Christuskirche und dem Ökologiekreis der ESG.[893] Hinzu kamen kleinere und teilweise nur sporadisch bestehende Gruppen in einzelnen Gemeinden, insgesamt waren es aber nur wenige Gruppen. Im Vergleich dazu bestanden 1987 in der Landeskirche Mecklenburg ungefähr zwanzig etablierte und selbstständig arbeitende Gruppen, die eigene Aktionen unternahmen und sich untereinander vernetzten.[894]
Dass es in der Greifswalder Kirche vergleichsweise wenige Gruppen gab, hatte seine Ursache auch darin, dass der Nordosten der DDR auch damals nur dünn besiedelt war und die ländlich geprägte Region nur zwei größere Städte aufwies, nämlich Stralsund und Greifswald. Hinzu kam, dass diese Region längst nicht so von Umweltzerstörungen betroffen war wie die südliche DDR. Die Veränderungen im Greifswalder Bodden aufgrund der Einleitung

891 Vgl. Kai Langer (1997), S. 178 f.
892 Vgl. Eberhard Kuhrt/Hansjörg F. Buck/Gunter Holzweißig (Hg.): Am Ende des realen Sozialismus. Die SED-Herrschaft und ihr Zusammenbruch, Opladen 1996 (= Beiträge zu einer Bestandsaufnahme der DDR-Wirklichkeit in den 80er Jahren, Bd. 1), S. 17.
893 Vgl. Kai Langer (1997), S. 45. Dass es in der Evangelischen Landeskirche Greifswald außerdem eine „Umweltbibliothek" gegeben hat, konnte in Gesprächen mit Zeitzeugen nicht bestätigt werden.
894 Vgl. dazu Lothar Probst (1997), hier S. 199–201.

des Kühlwassers vom Lubminer Kernkraftwerk wurden allerdings zunehmend thematisiert. Die Bildung der sogenannten Basisgruppen hatte viel mit Informationsaustausch, Diskussionen, gegenseitiger Unterstützung usw. zu tun, und insofern war es nicht unbedeutend, dass die ELKG am Rande der DDR und in einem Gebiet lag, in dem kein „Westfernsehen“ empfangen werden konnte. Auch die besonders abwartende und eingrenzende Position des Konsistoriums sowie der starke Zugriff des MfS auf diese Gruppen verzögerten eine breitere basisdemokratische Gruppenbewegung in Greifswald.

6.3.1 Die Friedensarbeit

Die Friedensbewegung war die größte basisdemokratische Bewegung in der ELKG der achtziger Jahre. Sie setzte sich aus einzelnen Gruppen und Veranstaltungen, die im Laufe der Jahre auch Verbindungen untereinander aufbauten, zusammen. Dazu gehörten die jährliche Friedensdekade, die Friedensgottesdienste ebenso wie die Friedensforen. Diese Veranstaltungen wurden von Arbeitskreisen vorbereitet, die sich innerhalb von Gemeinden gebildet hatten. Die DDR-Führung begegnete der kirchlichen Friedensbewegung mit großem Misstrauen. Auf der einen Seite war sie an dem Friedensengagement der Kirchen sehr interessiert, da sie die Unterstützung der Kirchen bei der außenpolitischen Darstellung der DDR als friedliebendem Staat durchaus wünschte. So wurden insbesondere hohe kirchliche Amtsträger aufgefordert, ihre internationalen ökumenischen und weltlichen Kontakte zu nutzen, um auch im westlichen Ausland zu bestätigen, dass Frieden und Sozialismus zusammengehörten, quasi zwei Seiten einer Medaille seien. So hieß es in einem Papier der SED-Bezirksleitung in Rostock, das zur Beratung der Kreisleitungen der SED im Jahr 1983 angefertigt worden war, dass das „Eintreten für unsere Friedenspolitik […] der Wertmesser für Kirche im Sozialismus [ist]“.[895] Auf der anderen Seite versuchte die SED, jede Diskussion über die Entmilitarisierung der DDR zu verhindern. Um so misstrauischer und feindseliger wurde sie, als sich eine Friedensbewegung an der Basis der Kirche bildete, die den Themenkreis erweiterte und nicht mehr in Übereinstimmung mit staatlichen Zielen – und auch nicht mehr mit den Äußerungen des Kirchenbundes – stand und von sich behauptete, sie sei unabhängig. Die vor allem in der Berlin-Brandenburgischen und Sächsischen Landeskirche entstandenen Basisgruppen wandten sich gegen den 1978 an den Schulen eingeführten Wehrkundeunterricht und die sich seitdem abzeichnende wei-

---

895 LAG, BL IV E/ 2.14, Nr. 619, Bl. 17. „Material für die Beratung mit den 1. Kreissekretären“ (1983).

tere Militarisierung der Gesellschaft. Sie forderten von der DDR ebenso die Abrüstung wie von den NATO-Staaten und engagierten sich für die Einführung eines zivilen Wehrersatzdienstes. Hier setzten massive Kontrollen und Beobachtungen durch das MfS ein. Die SED hatte zwei Grundanliegen an die kirchliche Friedensbewegung, nämlich die Anbindung basisdemokratischer Gruppen an die Kirche zu verhindern und geeignete Personen aus der obersten Kirchenhierarchie dazu zu bringen, sich im Sinne der DDR über das Maß hinaus außenpolitisch einzusetzen.[896] Eine besondere Schnittstelle waren die Gemeindepfarrer, weil diese den Kirchenämtern untergeordnet waren und deren Kirchenpolitik in die Gemeinden hineintragen sowie entstehenden Basisgruppen entgegentreten sollten. In einer Konzeption über die Einflussnahme der Räte der Kreise und des Rates des Bezirks Rostock auf die Greifswalder Landeskirche aus dem Jahr 1986 hieß es daher:

„Für die politisch-ideologische Arbeit gelten langfristig folgende Orientierungen: Die Erläuterung der Friedenspolitik der sozialistischen Staaten ist nach wie vor der Arbeitsschwerpunkt. Die Arbeit ist darauf zu konzentrieren, daß Amtsträger die historische Kontinuität sozialistischer Friedenspolitik eingehender verstehen und damit weiter von neutralistischen Positionen abrücken."[897]

In den staatlichen wie in den kirchlichen Verlautbarungen im Bezirk Rostock bzw. in der Landeskirche Greifswald wurde diese Ambivalenz zwischen Friedensbewegung unten und der Amtskirche oben durch eine einfache Unterscheidung quasi legitimiert: Während Aktivitäten wie die Reisen von Bischof Gienke, Vorträge zur Friedensproblematik usw. vor der Nationalen Front als eigenständiger, aber nicht als unabhängiger Beitrag zur Friedensbewegung betrachtet wurden, war die Friedensbewegung der Gruppen – und Ähnliches trifft später auch auf die Umweltbewegung zu – unabhängig und somit nicht legal. Wie in allen gesellschaftlichen Fragen ging der Staat davon aus, dass nur eine geschlossene Einheit Stärke bewirke und dass jede Abspaltung somit eine bewusste Schwächung staatlicher Interessen sei. Von dort bis zur Kriminalisierung der Gruppen war es nicht mehr weit.
Aus der Sicht der Kirche war die Friedensarbeit eines der zentralen Themen des Evangeliums. Man kann wohl sagen, dass dies auch die Motivation war, die in der Greifswalder Landeskirche allem friedenspolitischen Handeln zu-

896 Vgl. dazu auch Funk (1992), S. 27.
897 LAG, BL IV E/ 2.14, Nr. 619, Bl. 54 (Rückseite). „Konzeption der politisch-ideologischen Arbeit im Bereich der Greifswalder Landeskirche im Synodenzeitraum 1986–1992 (Entwurf)".

grunde lag.[898] Darüber hinaus jedoch wurde die Friedenspolitik zu einem kirchenpolitischen Gradmesser. Bischof Gienke wurde zu einem Protagonisten der Instrumentalisierung der Amtskirche. Die lavierende Haltung des Kirchenbundes insgesamt gegenüber dem Staat spiegelt dies wider.[899] Gienke selbst stellt seine Rolle in seinen Memoiren 1996 so dar:

„Kaum war der Auftrag der Konferenz der Kirchenleitungen zur Teilnahme am Weltkongreß der Friedenskräfte in Moskau zur Zufriedenheit erfüllt, als es sich schnell einbürgerte, bei heiklen Missionen wieder an den Mann in Greifswald zu denken. Im Herbst 1974 hatte er als Gast des Bundes der DDR-Kirchen zur EKD-Synode nach Westberlin zu reisen, das damals als Platz für kirchliche Kontakte zwischen Ost und West in staatlicher Sicht noch ein brisantes Pflaster war."[900]

1981/82 waren die Auseinandersetzungen zwischen Staat und Kirche um eine eigenständige Friedensbewegung besonders scharf. Auslöser war die Bewegung „Schwerter zu Pflugscharen", die ihren Beginn bei der Friedensdekade im Herbst 1981 genommen hatte und im Frühjahr 1982 besonders stark wurde. Friedensgottesdienste und das Seminar „Konkret für den Frieden" sowie die Friedenswerkstätten entstanden ebenfalls in dieser Zeit. Die große Distanz, die der Greifswalder Bischof gegenüber diesen Gruppen und deren Veranstaltungen hatte, spiegelt sich deutlich im Bericht des Rates des Bezirks an die SED-Bezirksleitung in Rostock über ein Gespräch mit Gienke im Dezember 1983 wider:

„In diesem Zusammenhang kam der Bischof auf innerkirchliche Erscheinungen zu sprechen und bezog sich hierbei auf Kräfte, die in ihren politischen Äußerungen das bestehende Staat-Kirche-Verhältnis belasten und die konstruktiven Bemühungen des Staates in Frage stellen. Die staatlichen Vertreter sollten aber wissen, daß eine solche Äußerung nicht die Meinung der Kirche ist, sondern derer, die andere Weltanschauungen und Positionen vertreten."[901]

Schwierigkeiten mit den Friedensgruppen gab es in allen Landeskirchen. Auch in der Mecklenburger Kirche stand der Oberkirchenrat den entsprechenden Initiativen zunächst abwartend gegenüber und versuchte, eine ge-

---

898 So sagte Horst Gienke beispielsweise in einem Interview im Jahr 1982, die Überzeugung, dass Gottesglaube und Frieden zusammengehören, sei Anlass für die Kirchen, sich friedenspolitisch zu engagieren (vgl. LAG, BL Rostock IV E/ 2.14, Nr. 616, Bl. 89 ff. Interview mit Bischof Gienke am 20.9.82 auf der Ferienwelle von Radio DDR).

899 Vgl. Ehrhart Neubert (1997), S. 269.

900 Gienke (1996), S. 291.

901 LAG, BL Rostock IV E/ 2.14, Nr. 613, Bl. 72. „Information" über ein Gespräch zwischen dem Stellvertreter des Vors. des Rates des Bezirks für Inneres, Gen. Haß, und Gienke am 29.12.83.

wisse Kontrolle über diese Gruppen, ihre Ziele und die führenden Leute der Gruppen zu etablieren.[902] Mit der Gründung der „Arbeitsgruppe Frieden“ im Jahr 1985 wurden diese Gruppen jedoch anerkannt und es wurde ihnen kirchlicher Schutz zuteil. In der ELKG hingegen kam es mitunter zu einem gemeinsamen Vorgehen kirchlicher und staatlicher Vertreter gegen die Gruppen.

Entscheidend für die Entwicklung der Basisgruppen in der Landeskirche Greifswald war die Haltung des Konsistoriums zu den Gruppen. Christoph Ehricht war für die landeskirchliche Friedensarbeit zuständig. Er war der führende Kopf des synodalen Friedensausschusses und leitete seit 1986 einen Ökologiekreis, der zwar nicht der Synode angeschlossen war, aber in ähnlicher Weise arbeitete.[903] Der Leiter des Konsistoriums, Harder,[904] war Ansprechpartner für die Übersiedlungsersuchenden, Bausoldaten und Wehrdienstverweigerer. So erstaunt es nicht, dass schon 1983 eine vertrauensvolle Zusammenarbeit zwischen dem Bezirk Rostock und der Kirchenführung in den Quellen festgehalten wurde. So findet sich auch unter den Akten des Konsistoriums ein Vermerk von Oberkonsistorialrat Harder in Bezug auf die Friedensaktivitäten. Es sei gemeinsam festgestellt worden, „dass in allen diesen Fragen auch weiterhin schnelle und unmittelbare Kontakte zwischen den Vertretern von Staat und Kirche zu suchen sind“.[905]

Neubert nennt drei Maßnahmen des Staates zur Eindämmung der Wirksamkeit der Basisgruppen, nämlich die Störung der Arbeit durch das MfS durch Zersetzungsmaßnahmen, die Erpressung der Kirchenleitungen, indem diese moralisch und rechtlich in die Verantwortung genommen wurden, sowie die Beeinflussung der innerkirchlichen Diskussion über die Basisgruppen durch „progressive“ kirchliche Kräfte, die für eine Theologisierung der Themen sorgen und die antisozialistische Stoßrichtung dämpfen sollten. Der Staat forderte von den Kirchen, die Gruppen zu vereinnahmen und somit zu verhindern, dass diese eine Legalisierung im gesellschaftlichen Raum entsprechend dem Schlussdokument der Konferenz über Sicherheit und Zusammenarbeit in Europa (KSZE) von 1975 anstrebten.[906] Philipp Busch ergänzt die Maßnahmen zur Beeinflussung kirchlicher Basisgruppenarbeit um die „Aufklärung von Plänen und Absichten, die Ermittlung von Teilnehmern und die Organisierung der Teilnahme von inoffiziellen Mitarbeitern

902 Vgl. dazu Heiko Lietz: Die Entwicklung der Opposition im Norden, in: Leben in der DDR, Leben nach 1989 – Aufarbeitung und Versöhnung. Zur Arbeit der Enquete-Kommission des Landtages Mecklenburg-Vorpommern, Bd. IX, Schwerin 1997, S. 197–228.

903 Der Ökologiekreis wurde 1986 von Ehricht gegründet, in ihm war jeweils ein Vertreter aus jedem Kirchenkreis vertreten.

904 Seit März 1985 war Harder Leiter des Konsistoriums, davor war es Oberkonsistorialrat Plath.

905 LKAG, Best. 5, C 30235, Bd. IV, Dok. 1/84, S. 2, 29.12.1983.

906 Vgl. Ehrhart Neubert (1993), S. 76 f.

sowie die Verhinderung der Teilnahme unerwünschter Besucher".[907] Dahinter stand die Angst, aus der Basisgruppenbewegung könne eine „DDR-Solidarność" entstehen.[908] Dem MfS kam eine besondere Bedeutung bei der Auseinandersetzung mit der kirchlichen Friedensarbeit zu. In Bezug auf die ELKG war die Koordinierungsvereinbarung aus dem Jahr 1986 das zentrale Dokument für die operative Arbeit. Sie sah als „politisch-operative[s] Ziel" die „Verhinderung eines politischen Missbrauchs der verfassungsgerechten Wirkungsmöglichkeiten der ELKG zur Organisierung von Erscheinungen der politischen Untergrundtätigkeit, insbesondere zur Schaffung einer staatlich unabhängigen Friedens- und Ökologiebewegung und weiterer alternativer Zusammenschlüsse im Sinne einer inneren Opposition" vor.[909]

Eine umfassende Darstellung der Friedensarbeit kann im Folgenden nicht gegeben werden. Stattdessen wurden zwei Beispiele für die Friedensbewegung in der ELKG ausgewählt, die die Konflikte zwischen dem Rat des Bezirks Rostock und der Landeskirche Greifswald exemplarisch verdeutlichen: der Friedensausschuss der Landessynode und das Seminar „Konkret für den Frieden VII".

Der Friedensausschuss der Landessynode kann insofern als basisdemokratische Gruppe eingeordnet werden, als er Teil eines demokratischen Gremiums, nämlich der Landessynode, war, auf deren Forderung hin er 1981 eingerichtet wurde. Allerdings war ein nicht unerheblicher Teil seiner Mitglieder hauptamtlich in der ELKG angestellt und gehörte somit nicht zu den Laien. Aber gerade dies war wiederum typisch für die ELKG, in der kirchliche Mitarbeiter in den Basisgruppen einen recht großen Anteil ausmachten. Den staatlichen Stellen war dies bereits 1977 aufgefallen.[910] Zudem ergibt sich durch die direkte Anbindung des Friedensausschusses an kirchliche Strukturen und durch die starke Unterwanderung durch IM in den Quellen ein relativ klares Bild der Versuche seiner Beeinflussung.

Das Seminar „Konkret für den Frieden VII" war dagegen eine typische basisdemokratische Veranstaltung. Ihm kam über die Grenzen der Landeskirche hinaus eine besondere Bedeutung zu, weil es ein DDR-weites Seminar war, das seit 1983 jährlich einmal in einer Landeskirche durchgeführt wurde. Es verdient eine nähere Betrachtung, weil es 1989 zum letzten Mal stattfand und in der Greifswalder Kirche zu Gast war. Erste Arbeiten liegen zu diesem Seminar bereits vor, die allerdings weitgehend ohne Kenntnis der Akten des MfS entstanden und daher ergänzungsbedürftig sind.

---

907 Vgl. Philipp Busch (1997), S. 240 f. Vgl. dazu auch Funk (1992), S. 39 f.

908 Vgl. Frederic Hartweg (1995), S. 399.

909 Vgl. BStU, BV Neubrandenburg Abt. XX-171, Bl. 4.

910 Vgl. DO-4/1684. Dort heißt es, dass feindliche Kräfte sich v. a. gegen die Entscheidungsfreiheiten des Bischofs und der Kirchenleitung richteten und unter diesen weniger Laien als vielmehr kirchliche Mitarbeiter und Pfarrer seien.

6.3.1.1 Der Friedensausschuss der Landessynode

Die Greifswalder Landessynode beschloss auf ihrer Tagung im November 1981 die Gründung eines ständigen „Ausschusses für Friedenserziehung". Mitglied waren sechs Pfarrer, zwei Jugendwarte, ein Superintendent, ein Rechtsanwalt, ein Angestellter des Konsistoriums und zwei Laien.[911] Vorsitzender des Friedensausschusses war Pfarrer Dietmar Prophet, aber der leitende Kopf war Christoph Ehricht, der zu diesem Zeitpunkt noch Pfarrer in Gützkow war.[912] Noch im November 1981 wurde Oberkonsistorialrat Harder in den Ausschuss berufen,[913] im Laufe der Legislaturperiode sowie infolge der Neuwahl der Synode 1986 kamen weitere Mitglieder hinzu, unter ihnen die Vikarin Ines Fleckstein (IM „Gisela").

Warum wurde der Friedensausschuss[914] gegründet? Die Eingabe an die Synode im Herbst 1981, die die Bildung eines Friedensausschusses forderte, war eine Reaktion auf die Diskussion um den Wehrkundeunterricht und die Einrichtung eines „Sozialen Friedensdienstes". Im „Greifswalder Informationsdienst", einem vom Konsistorium herausgegebenen Heft, hieß es, der Ausschuss solle „die verschiedenen Friedensaktivitäten koordinieren, Impulse geben und Informationsmaterial für Gemeinden und Gruppen bereitstellen".[915] Damit war die ELKG eine der ersten, wenn nicht die erste Landeskirche, die einen synodalen Ausschuss für Frieden gründete und somit auf die Probleme der Zeit reagierte. Aufschlussreich ist jedoch eine Notiz in der IM-Akte des Präses der Landessynode, Dietrich Affeld. Danach soll Affeld gesagt haben, dass die Bildung dieses Friedensausschusses insofern positiv zu sehen sei, als dieser Ausschuss unter ständiger Kontrolle der Kirchenleitung stünde und alle Arbeitsergebnisse und Papiere, die entstünden, zuerst von der Landessynode genehmigt werden müssten, bevor sie an die Gemeinden gingen.[916]

Der Ausschuss war verantwortlich für die Durchführung zentraler Veranstaltungen in der Landeskirche, insbesondere im Rahmen der jährlichen Friedensdekade. Er war aber auch ausschlaggebend in der friedenspolitischen Diskussion auf den Tagungen der Landessynode, die für die staatlichen Organe von besonderem Interesse waren. Aus dem Ausschuss gingen Vorschläge

911 Vgl. BStU, BV Rostock, AIM 944/86, Bd. II/2, Bl. 74 (Rückseite, alte MfS-Zählung).

912 Gespräch mit Pfarrer Dietmar Prophet am 29.6.1998.

913 Vgl. LKAG, Best. 5, Kirchenleitungssitzungen 1981, Dok. 12/81a, S. 4. Protokoll von der Kirchenleitungssitzung am 27.11.1981.

914 Zunächst hieß diese Arbeitsgruppe „Ausschuß für Friedenserziehung". Dieser Titel wurde 1986 geändert in „Friedensausschuß", der aus Gründen der besseren Lesbarkeit im Folgenden verwendet wird.

915 Drei Tage, die es in sich hatten, in: Greifswalder Informationsdienst, hg. von der Pressestelle der Evangelischen Landeskirche Greifswald, Nr. 5/1981 vom 16.11.1981, S. 1.

916 Vgl. BStU, BV Rostock, AIM 944/86, Bd. II/2, Bl. 75 (alte MfS-Zählung).

und Eingaben an die Synode, die dann mit einfacher Mehrheit entschied. Detaillierte Hinweise über Ziele und Mittel des Staatssicherheitsdienstes sind vor allem über die Dokumente zum IM „Ingolf Seidel" alias Christoph Ehricht überliefert. Ehricht, der seit 1984 im Konsistorium angestellt war und sich den Gesprächen mit dem MfS nicht verschlossen hatte, wurde mehrfach auf eine aktive Einflussnahme auf die Arbeitsrichtung und die Ergebnisse des Friedensausschusses im Sinne staatlicher Interessen angesprochen. Es zeichnet sich relativ klar ab, dass Ehricht in den ersten Jahren seiner Mitarbeit, als er noch Pfarrer in Gützkow war, unabhängiger agierte und erst in der zweiten Hälfte der achtziger Jahre begann, kirchenpolitisch Rücksichten zu nehmen, und bei brisanten Themen darauf achtete, dass keine unangenehmen Folgen für die Kirche daraus erwüchsen.[917] Beispielsweise forderte MfS-Offizier Fiedler Ehricht im Januar 1986 auf, dafür zur sorgen, dass der Ausschuss offiziell die neuesten Abrüstungsvorschläge der Sowjetunion (SU) unterstützt. Es sei nicht ausreichend, wenn die Kirchen Abrüstungsvorschläge der SU nur „begrüßen" würden. In dem Bericht über dieses Gespräch schrieb Fiedler:

„Um diese Vorschläge Realität werden zu lassen, bedarf das der aktiven Unterstützung der gesamten friedliebenden Menschen. Aber die Kirchen würden sich beispielsweise sehr zurückhalten in bezug auf offizielle Meinungsäußerungen im Sinne einer Unterstützung dieser Vorschläge. [...] Die Erarbeitung einer entsprechenden Beschlußvorlage für die Synodaltagung der ELKG im April 1986 durch den Synodalausschuß ‚Friedenserziehung' würde der Mitarbeiter als einen gewünschten Beitrag zur Unterstützung dieser Vorschläge der Sowjetunion ansehen."[918]

Dass Christoph Ehricht den Auftrag aus MfS-Sicht zur Zufriedenheit erfüllt hatte, steht im „Bericht über ein weiteres Kontaktgespräch mit dem IM-Kandidaten ‚Erich'" vom April 1986:

„Dem IM-Kandidaten wurde im Gesprächsverlauf der Dank für den positiven Beschluß der Landessynode zu Friedensfragen ausgesprochen. Er bestätigte, daß der Ausschuß ‚Friedenserziehung' den Entwurf als Beschlußvorlage in den Berichtsausschuß eingebracht hatte und sie der Auffassung sind, damit einen konstruktiven Beitrag geleistet zu haben. [...] Im Berichtsausschuß selbst gab es dazu jedoch einige Auseinandersetzungen [...]."[919]

917 Vgl. Gespräch mit Reinhard Glöckner am 10.7.1998 und mit Manfred Sell am 3.12.1997.
918 Vgl. BStU, BV Rostock, AIM 0381/91, Bd. I/1, Bl. 141.
919 Vgl. ebd., Bl. 171.

Die Bedeutung des Friedensausschusses spiegelt sich auch in dem starken Interesse des MfS wider, den Kreis dauerhaft zu unterwandern und möglichst viele Inoffizielle Mitarbeiter einzuschleusen. Im Jahr 1986 hatten neben Oberkonsistorialrat Ehricht als Vorsitzendem auch Pfarrer Prophet, der bald Vorsitzender wurde,[920] und Oberkonsistorialrat Harder Kontakte zum Ministerium für Staatssicherheit. Auch Rechtsanwalt Wolfgang Schnur war längere Zeit Mitglied des Friedensausschusses, und gleichzeitig IM „Torsten" des MfS. Schnur war Mitte der achtziger Jahre aus der Greifswalder in die Mecklenburger Landeskirche gegangen. Seit 1986 versuchte der Staatssicherheitsdienst, die junge Vikarin Ines Fleckstein, IM „Gisela", in den Friedenskreis einzuschleusen. „Gisela" hatte den Auftrag, den Kontakt zu Ehricht auszubauen, um über ihn in den Friedensausschuss hineinzukommen und Einblick in die landeskirchliche Arbeit mit Wehrdienstverweigerern, für die Ehricht ebenfalls verantwortlich war, zu nehmen.[921] Darüber hinaus hatte sie die „operative Zielstellung", vom Friedensausschuss ein Mandat als Delegierte zum Jungmännerwerk in Berlin zu erhalten. In einem Bericht von einem Treffen mit „Gisela" Mitte Februar 1987 notierte ihr Führungsoffizier Wegner:

„Das Gespräch fand [unleserlich] mit der Zielstellung der Schaffung einer Förderverbindung hinsichtlich der beruflichen Perspektive des IM statt. Wesentlich ist dabei die Nutzung von Möglichkeiten im Jungmännerwerk durch Erreichung einer offiziellen Beauftragung aus dem Bereich der ELKG. Von besonderer Bedeutung für die weitere Entwicklung des IM stellt sich die Möglichkeit der Mitarbeit im Friedensausschuß der ELKG dar und speziell die Möglichkeit der persönlichen Gesprächsführung mit [geschwärzt] am 17.3.87."[922]

Zu wem „Gisela" am 17. März 1987 Kontakt aufnehmen sollte, bleibt unklar. Die Akten des MfS legen jedoch nahe, dass es sich um OKR Ehricht handelte – der davon nichts wusste, denn die gegenseitige Konspiration besaß auch unter IM höchste Priorität. Tatsache ist jedoch, dass sie am 17. März 1987 erstmals an einer Tagung des Friedensausschusses teilnahm und anschließend über das Gehörte berichtete. Das MfS verbuchte diese

920 In einem Gespräch am 29.6.1998 betonte Prophet, dass Treffen seinerseits mit dem MfS zwar stattgefunden hätten, aber bis 1988 nur etwa fünf und ohne dass er über Personen berichtet hätte. Außerdem habe er von jedem Treffen seinem Vorgesetzten, Superintendent Bohl, berichtet und den Kontakt in dem Moment abgebrochen, als es dem MfS um Personen gegangen sei. Die Unterlagen des MfS konnten hierzu nicht eingesehen werden und umfassen, so Prophet, nur wenige Blätter.

921 Vgl. BStU, BV Rostock, AIM 4164/90, Bd. I/4, Bl. 175. „Kurzeinschätzung zum Stand operativer langfristiger Entwicklung des IMB" vom 15.11.1986.

922 Vgl. ebd., Bd. II/5, Bl. 148.

Teilnahme als Erfolg, denn nun war eine ständige Informationsgewinnung über einen der wichtigsten Friedenskreise in der ELKG gesichert. „Gisela" berichtete über Personen, Meinungen und Vorhaben, unter anderem auch von einer Diskussion über das Fehlen von Basisgruppen in der Landeskirche Greifswald. Ehricht habe die Diskussion mit dem Einwurf abgebrochen, so „Gisela", „der Synodalausschuß wäre nicht dazu berufen, jetzt Basisgruppen zu gründen, und vielleicht ist es doch bezeichnend, daß es in Greifswald keine gibt, indem der Synodalausschuss die Arbeit vielleicht so gut macht, daß die anderen meinen, da ist es wirklich vernünftig untergebracht".[923] An der kirchlichen Basis gab es erhebliche Kritik an dem Friedensausschuss, dieser sei zu staatsfreundlich und zu wenig kritisch. Man wünschte sich mehr Konfrontation mit den staatlichen Zielen der Friedens- und Umweltpolitik.[924] Aus Sicht des MfS wurde Ehricht zu einem vertrauenswürdigen kirchlichen Mitarbeiter, der an einem guten Verhältnis zwischen Staat und Kirche interessiert sei. Der „Vorschlag zur Werbung" vom 16. April 1987 beruhte wesentlich auf Ehrichts Tätigkeit im Friedensausschuss sowie später als Leiter des Ökologiekreises.[925] Es wurden umfangreiche Entwicklungskonzeptionen zur Förderung von Ehricht erarbeitet, die seine Karriere in der Landeskirche unterstützen sollten. Das MfS nannte dies eine Unterstützung des „Prozess[es] der innerkirchlichen Profilierung".[926]
Bereits Ende März 1987 hatte „Gisela" den Kontakt zum Jungmännerwerk in Berlin aufgebaut.[927] Dort nahm sie am Arbeitskreis „Frieden" teil. Somit hatte das MfS sein Ziel erreicht.[928] Im September desselben Jahres konstatierte der Führungsoffizier von „Gisela" – inzwischen war das der Leiter des Referates XX/4 der Bezirksverwaltung des MfS in Rostock, Major Fiedler – in einer „Einschätzung der Zusammenarbeit mit dem IMB ‚Gisela'":

> „Durch engagiertes Wirken des IMB [...] sind im Friedensausschuß zunehmend direktere Möglichkeiten der Einflußnahme gegeben, können politisch-negative Entwicklungstendenzen rechtzeitig erkannt und vorbeugende Maßnahmen eingeleitet werden."[929]

Zu diesen „Maßnahmen" gehörten auch die „Einleitung von Kontrollmaßnahmen bzw. eine Bearbeitung zu Mitgliedern des Friedensausschusses". Au-

923 Vgl. ebd., Bl. 257.
924 Vgl. Gespräch mit Pfarrer Dietmar Prophet am 29.6.1998.
925 Vgl. BStU, BV Rostock, AIM 0381/91, Bd. I/1, Bl. 219–226. „Vorschlag zur Werbung" vom 16.4.88.
926 Vgl. ebd., Bd. I/2, Bl. 62.
927 Vgl. BStU, BV Rostock, AIM 4164/90, Bd. II/5, Bl. 268.
928 Aus staatlicher Sicht war das Jungmännerwerk wegen der Impulse für die Jugendarbeit interessant, die von dort ausgingen.
929 Vgl. BStU, BV Rostock, AIM 4164/90, Bd. II/5, Bl. 203. „Einschätzung der Zusammenarbeit mit dem IMB ‚Gisela'" vom 16.9.1987.

ßerdem ergab sich aus der Mitarbeit von „Gisela“ im Friedensausschuss auch der „Aufbau von Förderverbindungen innerhalb der Evangelischen Landeskirche Greifswald“, worunter das MfS ausdrücklich Bischof Dr. Gienke, Oberkonsistorialrat Dr. Plath und Konsistorialrat Dr. Ehricht verstand.[930] „Gisela“ berichtete ihrem Führungsoffizier auch über die Tagung des Friedensausschusses am 6. Januar 1988, auf der sich Pfarrer Glöckner sehr kritisch über die Haltung von Bischof und Konsistorium zur Arbeit der Gruppen geäußert hatte: Es würde in Greifswald versucht, die eigentlich basisdemokratischen Gruppen nicht zu Wort kommen zu lassen und stattdessen von oben zu dirigieren. Harder, Plath und Gienke würden sich ständig als „Friedensapostel“ ausgeben, seien aber „letztendlich der größte Bremsklotz für Initiativgruppen und Friedensaktionen in der Landeskirche“. Glöckner habe vor allem Bischof Gienke kritisiert:

„Es ist alles sinnlos, entweder der Bischof erscheint nicht oder es bleibt bei einem freundlichen Anlächeln und Händeschütteln, ja ... wir meinen doch alle dasselbe und es würde letztlich doch nichts dabei herauskommen. Auf die Anfrage, warum man sich so etwas gefallen lasse und die Leute nicht ranzitiere, daß sie von ihren Erfahrungen z. B. in Moskau oder so berichten, kam nur ein ziemlich allgemeines Hohngelächter, Frau [...] meinte, das habe man oft genug probiert, die Kirchenzeitung hat Gienke aufgefordert, über Moskau zu berichten, er hat da die Aussage verweigert, hat aber über den Rundfunk [...] davon erzählt genauso wie Frau Lewek über das DDR-Fernsehen. Insgesamt kam bei dieser ganzen Diskussionsrunde über die Führung der Landeskirche doch sehr viel Gift und verborgene Aggressionen zum Vorschein [...].“[931]

Es wird hier deutlich, dass auch innerhalb des Friedensausschusses Widerstand gegen die Greifswalder Friedenspolitik geäußert wurde. Dies führte unter anderem dazu, dass der Versuch von „Gisela“ und „Ingolf Seidel“ alias Oberkonsistorialrat Ehricht scheiterte, mit dem sie den konziliaren Prozess „Frieden, Gerechtigkeit, Bewahrung der Schöpfung“ im Jahr 1989 in den Mittelpunkt der Arbeit des Friedensausschusses stellen und somit die aktuellen Bewegungen in der Gesellschaft der DDR in ihrer Brisanz ausklammern wollten. Zum ersten Mal musste „Giselas“ Führungsoffizier notieren, dass es „trotz offensiven Auftretens [...] nicht gelungen [sei], die Problematik von Basel in den Mittelpunkt der weiteren Tätigkeit des FAS mit Blick auf die Herbstsynode zu stellen. Der IM fand keinerlei Unterstützung bei den übrigen Mitgliedern.“[932]

---

930 Vgl. ebd., Bd. II/6, Bl. 233. „Einschätzung und Präzisierung der Konzeption IMB ‚Jörg Sander‘“ vom 2.12.1988.

931 Vgl. ebd., Bl. 124, „Tagung des Friedensausschusses in Greifswald vom 6.1.1988“.

932 Vgl. ebd., Bd. II/7, Bl. 228.

Insgesamt bleibt festzustellen, dass der Friedensausschuss der Landeskirche Greifswald, der als einer der ersten in der ELKG gegründeten Friedenskreise eine Vorreiterrolle und als Friedenskreis der Landessynode eine besondere Aufgabe der Förderung basisdemokratischer Entwicklungen hatte, durch das MfS erheblich attackiert wurde. Mit oder ohne Erfolg?
Die Berichte von „Gisela" führten zu einer klaren Transparenz des Geschehens in diesem Kreis. Über den Kontakt zu Ehricht war das MfS über die Ziele des Kreises ebenfalls unterrichtet. Aber konnte das MfS auch Einfluss auf die Tätigkeit des Ausschusses nehmen? Wohl kaum, denn dazu war der Einfluss von „Gisela" zu gering. Ihre Funktion bestand vor allem darin, über das Geschehen im Ausschuss zu berichten. Wichtig war aber die Position Christoph Ehrichts zwischen der Amtskirche und der Gruppe. Seine Stimme hatte als Oberkonsistorialrat Gewicht. Während „Gisela" Informationen nur weitergeben konnte, konnte Ehricht den Charakter der Arbeit beeinflussen. Die „Einsatz- und Entwicklungskonzeption" zu Christoph Ehricht vom 29. August 1988 listete unter den Schwerpunkten des IM „Ingolf Seidel" die Arbeit im Friedensausschuss auf, gefolgt von der Akademiearbeit und einem verstärkten Einsatz als Reisekader im westlichen Ausland im Rahmen der Ökumene. [933]

6.3.1.2 „Konkret für den Frieden VII" in Greifswald 1989

Das Seminar „Konkret für den Frieden VII", das im Februar 1989 in Greifswald stattfand, gehört zu den wenigen Ereignissen in der Geschichte der Landeskirche Greifswald, die bereits in der Forschung betrachtet wurden. Hervorzuheben ist der ausführliche Aufsatz von Philipp Busch über die Friedensseminare 1985 in Schwerin und 1989 in Greifswald.[934] Auch auf Beiträge von Lothar Probst[935] und Kai Langer[936] konnte zurückgegriffen werden. „Frieden konkret VII", wie es auch kurz genannt wurde, findet ebenfalls in der 1997 erschienenen, sehr hilfreichen „Geschichte der Opposition in der DDR"[937] von Ehrhart Neubert Beachtung. Das vorliegende Kapitel versucht

933 Vgl. BStU, BV Rostock, AIM 381/91, Bd. I/2, Bl. 61.
934 Philipp Busch: Die Treffen „Konkret für den Frieden" in Schwerin (1985) und Greifswald (1989). Expertise, in: Leben in der DDR, Leben nach 1989 – Aufarbeitung und Versöhnung. Zur Arbeit der Enquete-Kommission des Landtages Mecklenburg-Vorpommern, Bd. VII, Schwerin 1997, S. 233–307.
935 Lothar Probst: Die Rolle von kirchlichen Basisgruppen und Netzwerken vor und in der Wende in Mecklenburg-Vorpommern, in: Leben in der DDR, Leben nach 1989 – Aufarbeitung und Versöhnung. Zur Arbeit der Enquete-Kommission des Landtages Mecklenburg-Vorpommern, Bd. IX, Schwerin 1997, S. 275–314.
936 Vgl. Kai Langer (1997), S. 9–169.
937 Vgl. Ehrhart Neubert (1997), S. 793–800.

daher nur eine Ergänzung in Details und stützt sich dabei vorwiegend auf den Quellenbestand des Ministeriums für Staatssicherheit. Die Unterlagen des MfS ermöglichen vor allem für die Vorbereitungsphase des Seminars einen detaillierteren Blick auf die Friedensarbeit in der Greifswalder Kirche, als es in den bisher erschienenen Arbeiten möglich war.

Die Seminare „Konkret für den Frieden" gehörten bis 1989 zu den zentralen und wichtigsten Veranstaltungen der Basisgruppen in der DDR. Sie waren zugleich Delegiertentreffen, Basissynoden und Seminare[938] und dienten vor allem der Vernetzung der verschiedenen Friedens-, Umwelt-, Dritte-Welt- und Menschenrechtsgruppen untereinander. Diese Seminare bezogen ihre Bedeutung nicht nur aus der Sammlung basisdemokratischer Kräfte der ganzen DDR, ihrer Zusammenführung und dem Ideenaustausch, sondern auch aus der unmittelbaren Anbindung an die jeweils gastgebende Landeskirche. Diese war gezwungen, eine Stellung zwischen Basisgruppen und staatlichen Forderungen einzunehmen, sich in gewisser Weise zu positionieren.[939]

Zur Vorgeschichte: Das erste Seminar „Konkret für den Frieden" fand 1983 in Berlin statt. Die folgenden Seminare tagten 1984 in Eisenach, 1985 in Schwerin, 1986 in Stendal, 1987 in Leipzig und 1988 in Cottbus. Höhepunkte waren die Veranstaltungen „Frieden konkret III" in Schwerin und „Frieden konkret V" in Leipzig, da beide wesentliche inhaltliche Veränderungen brachten: 1985 nahmen zum ersten Mal nicht nur Friedensgruppen teil, sondern auch Frauen-, Ökologie- und Dritte-Welt-Gruppen, und erstmals wurde ein Fortsetzungsausschuss zur Wahrung der Kontinuität und Etablierung des Seminars gegründet. 1987 kam es erstmals zu einer größeren Anzahl von Beschlüssen des Seminars, die das „Neue Denken" von Gorbatschow in die DDR holten.[940] Hinzu kam, dass in Leipzig besonders viele Delegierte teilnahmen, insgesamt waren es etwa 200.[941]

Der unmittelbare Vorgänger von Greifswald, „Frieden konkret VI" in Cottbus 1988, hatte die staatlichen Stellen aufgeschreckt. Dort hatte eine Arbeitsgruppe unter dem Titel „Umgang mit staatlichem Zwang und persönlicher Ohnmachtserfahrung" festgestellt, dass die DDR eine Diktatur sei und Druck auf das Denken und Handeln ausübe.[942] In dem Bericht des Rates des Bezirks Cottbus wurden die Papiere zur Standortbestimmung der einzelnen

938 Vgl. Philipp Busch (1997), S. 296.
939 Auf dieses Spannungsfeld hat schon Busch hingewiesen. Vgl. ebd., S. 253.
940 Vgl. ebd., S. 250.
941 Vgl. ebd. Die Anzahl der Teilnehmenden sagt jedoch nichts über das Interesse der Delegierten an dem Seminar aus, sondern sie richtete sich nach den räumlichen Möglichkeiten der gastgebenden Landeskirche. Oftmals wurde die Anzahl der Delegierten begrenzt, sodass zwar zahlenmäßig weniger, dafür aber nicht weniger engagierte Personen anreisten. Dennoch wirkte sich eine große Teilnahme natürlich positiv auf das Seminar aus.
942 Vgl. LAG, BL Rostock IV E/ 2.14, Nr. 598, Bl. 42 f.

Arbeitsgruppen aufgeführt. In Rostock war man an dem Bericht interessiert, weil man wissen wollte, wie sich die Gruppen zum Kirchentag im Juni 1988 in Rostock und zum Seminar „Konkret für den Frieden VII" in Greifswald im Februar 1989 verhalten würden. Danach hatte die Arbeitsgruppe 2 in Cottbus ihren Standort so formuliert:

„Die Gruppen erwarten, daß die Kirchen Räume zur Verfügung stellen [...]. Die Gruppen erwarten, daß ihr Anspruch auf Öffentlichkeitswirksamkeit kirchlicherseits akzeptiert wird. Die Gruppen sind bereit, die Konsequenzen für ihre Aktivitäten zu tragen und wünschen in kritischen Situationen, die zu staatlichen Eingriffen führen, von den Kirchen nicht zuerst geheimdiplomatische Bemühungen und Teilnahme der kirchlichen Mandatsträger am Spiel der Mächtigen."[943]

Die Gruppen formulierten den Anspruch, auch nach außen hin sichtbar zu werden, und dies machte die staatlichen Stellen vorsichtig.

Das Seminar „Frieden konkret VII" stand 1989 an einem Wendepunkt. Es brauchte ein neues Ziel; dieses sollte in der Sammlung und Koordination aller Gruppen in der DDR, also in der Vernetzung bestehen.[944] Zum einen waren die Basisgruppen längst nicht mehr unter einem Thema zu vereinen und eine gemeinsame Arbeit war schwieriger geworden als in den vorhergehenden Jahren. Die Meinungsverschiedenheiten über die inhaltliche Gestaltung des Treffens zeigten sich bereits im breiten Spektrum der Mitglieder des Fortsetzungsausschusses, dem die Vorbereitung des Seminars oblag. Zum anderen hatten sich im Laufe der achtziger Jahre Kommunikationsstrukturen der Basisgruppen untereinander herausgebildet, die dem Friedensseminar, das nur einmal jährlich stattfand, Konkurrenz machten. Nach Neubert war dieses Seminar jedoch bis 1989 das zentrale und wichtigste seiner Art in der Basisgruppenbewegung der DDR.[945]

Unter den allgemeinen gesellschaftlichen Bedingungen war das Seminar im Februar 1989 aus staatlicher Sicht von besonderer Bedeutung. Insbesondere ging es darum, die Ziele des Seminars früh zu erfahren, um auf die gastgebende Landeskirche Druck auszuüben und die geplante weitere Vernetzung der Gruppen untereinander zu verhindern. Die Oberkonsistorialräte Ehricht, Plath und Harder sollten dafür sorgen, dass durch das Seminar keine radikalen Entschließungen abgefasst würden und an die Öffentlichkeit dringen könnten. In der „Information zum Seminar Konkret für den Frieden VII" vom 21. Februar 1989 hieß es, sie würden daher durchgehend am

943 Vgl. ebd., Bl. 40 (Rückseite).
944 Vgl. Ehrhart Neubert (1997), S. 794.
945 Vgl. ebd., S. 793.

Seminar teilnehmen. Es sollten keine Papiere oder Beschlüsse gefasst werden, sondern das Seminar sollte nur beratenden Charakter haben, und zahlenmäßig sollte man sich auf 220 Personen beschränken. „Die Leitung hat auch bewußt das Tagungsbüro und die Nutzung der Vervielfältigungstechnik ins Konsistorium gelegt, um notfalls vom Hausrecht Gebrauch machen zu können", so Wegner.[946]

Busch weist darauf hin, dass der Kopierer nicht zufällig im Konsistorium stand und somit immer eine Kontrolle über die entstehenden Papiere gegeben war. Er spricht von der „Personalisierung" der Verantwortung.[947] Der Abschlussbericht des Rates des Bezirks in Cottbus stellte ausdrücklich fest, dass sich „die schon bei der Veranstaltung 1987 in Leipzig praktizierte Linie, die gastgebende Landeskirche durch den Staat zum Inhalt, Ablauf und Organisation in die politische Verantwortung zu nehmen", bewährt habe.[948]

Busch nennt vier staatliche Strategien, mit denen versucht wurde, den Ablauf des Seminars sowie dessen Ergebnisse zu beeinflussen: den ständigen Kontakt der staatlichen Stellen (insbesondere des MfS) zum Konsistorium, die Beschränkung der Teilnehmerzahlen, die Kontrolle der Vervielfältigungsapparate und die Einflussnahme auf die Gestaltung des Seminarablaufes.[949] Im Wesentlichen handelte es sich also um organisatorische Maßnahmen, die auf einem möglichst weitgehenden Einfluss des Konsistoriums beruhten. Dem MfS kam dabei eine besonders große Bedeutung zu. Es setzte an zwei Punkten an: bei den Inoffiziellen Mitarbeitern im Fortsetzungsausschuss und im Konsistorium. Dabei waren die bereits bestehenden Kontakte zu IM wie „Gisela", „Ingolf Seidel", „Dr. Winzer" sowie Rechtsanwalt Schnur (IM „Torsten") die Anknüpfungspunkte. Buschs Erkenntnis, dass das Konsistorium in Greifswald gegenüber den staatlichen Stellen überaus kooperationsbereit gewesen sei, muss auch hier bestätigt werden. Der Grund dafür lag allerdings nicht nur darin, dass durch den Staat Druck auf die Landeskirche ausgeübt worden war, sondern ebenso auch darin, dass es zwischen der Landeskirche Greifswald und dem Bezirk Rostock teilweise eine Übereinstimmung der Interessen gab. Diese bestand zum damaligen Zeitpunkt vor allem in der Sicherung der Domeinweihung im Juni 1989. Hinzu kam die Instrumentalisierung der Landeskirche im Sinne einer Stärkung der innenpolitischen Situation. Im „Arbeitsplan des Sektors Kirchenfragen" beim Rat des Bezirks vom 4. Januar hieß es ausdrücklich, die ELKG solle sich als Gastgeber im Sinne ihrer „kirchenpolitischen Verantwortung" einsetzen:

946 Vgl. dazu auch Martin Henschel (1996), S. 244.
947 Vgl. Philipp Busch (1997), S. 285 und S. 287.
948 Vgl. LAG, BL Rostock IV E/ 2.14, Nr. 598, Bl. 38. „Abschlußbericht zu der vom 26. bis 28.2.1988 in Cottbus stattgefundenen Veranstaltung ‚Frieden konkret VI'" vom 29.2.1988.
949 Vgl. Philipp Busch (1997), S. 285 f.

„Es ist darauf Einfluß zu nehmen, daß die Greifswalder Landeskirche realistisch denkende Vertreter verantwortlich macht. Auf dieser Grundlage sind mit den zuständigen kirchlichen Verantwortlichen KR Dr. Ehricht und OKR Dr. Plath die erforderlichen Gespräche zu führen."[950]

Das Seminar sollte also nicht nur ruhig verlaufen, sondern auch als positiv-realistisches Signal die DDR stabilisieren. Dazu war es bereits zu spät, und die Landeskirche Greifswald wollte auch nicht zu sehr staatlichen Erwartungshaltungen entsprechen.
Die Einladung zum Seminar erging von der jeweils gastgebenden Landeskirche. Greifswald hatte sich bis dahin merklich aus der Basisgruppenarbeit zurückgezogen und war nun an der Reihe, das Seminar auszurichten. Nachdem seit 1983 in allen anderen Landeskirchen die Seminare „Konkret für den Frieden" stattgefunden hatten, wäre das Nicht-Aussprechen der Einladung einer offenen Konfrontation mit den Basisgruppen in der ganzen DDR wie auch mit den anderen Landeskirchen gleichgekommen. Dass die ELKG auf dem Seminar „Konkret für den Frieden VI" in Cottbus die Einladung ausgesprochen hatte, war eine „Vernunftgeburt". Mit ihrer inzwischen auch in den anderen Landeskirchen bekannt gewordenen gruppenfeindlichen Kirchenpolitik hatte sich die ELKG in eine Außenseiterposition gebracht und sah sich sowohl im Kirchenbund als auch in der eigenen Landeskirche starkem Druck ausgesetzt. Das Friedensseminar sollte nun, so Harder gegenüber dem MfS, dazu genutzt werden, „das insbesondere bei Basisgruppen angeschlagene Image der ELKG als ‚staatshörige Kirche' zu korrigieren und richtigzustellen. Der Bischof und einige Leitungsmitglieder leiden unter diesem Makel und beabsichtigen [...] eine gewisse Rehabilitation zu erreichen."[951] Ehricht äußerte sich in ähnlicher Weise wie Harder, wie ein anderer IM dem MfS berichtete:

„Er sagte mir, daß die Landeskirche schon seit Jahren unter den Druck der in der DDR tätigen Friedenskreise geraten sei. Der Vorwurf dieser Kreise gegenüber der Landeskirche besteht darin, daß die KL sich allen Bestrebungen, die die Friedens- und Umweltgruppen [...] in Szene gesetzt haben, widersetzt hat und denen, die als Organisatoren in Erscheinung traten, keine Möglichkeit für ihre Entfaltung geboten oder eingeräumt hat. So wurde nach seinen Darlegungen mehrfach versucht, derartige Veranstaltungen mit Hilfe der Kirchenleitung durchzuführen, was sie bisher abgelehnt hat. Nun aber habe man sich diesem Druck nicht länger widersetzten können

950 LAG, BL Rostock IV E/ 2.14, Nr. 619, Bl. 122. „Arbeitsplan des Sektors Kirchenfragen für das erste Halbjahr 1989" vom 4.1.1989.
951 Vgl. BStU, BV Rostock, AIM 4155/90, Bd. II/1, Bl. 32.

und hätte es auch für unklug gehalten, das weiter zu tun."[952]

Dabei gab es in der Greifswalder Kirche insgesamt relativ wenig Gruppen, wie Zahlen aus dem Jahr 1988 nahelegen: Im November 1988 bestanden in der sächsischen Landeskirche 82 verschiedene Gruppen, in Thüringen 60, in der Anhaltischen Kirche 70, in Berlin 80 und in der Greifswalder und Mecklenburger Kirche zusammen nur 25 Gruppen, von denen die meisten in Mecklenburg angesiedelt waren.[953]
Man kann wohl sagen, dass das Seminar auf Betreiben Ehrichts in die Landeskirche Greifswald kam, er hatte das Seminar gegen den Widerstand der Kirchenleitung nach Greifswald geholt. Ehricht und Plath waren die Ansprechpartner für die staatlichen Stellen.[954] Mit der Zusage der Kirchenleitung für das Seminar war gleichzeitig eine interne Abstimmung verbunden, dass eine deutliche Kontrolle ausgeübt werden sollte. Schon im März 1988 notierte der Führungsoffizier von Harder, dass „eine intensive und langfristige Einflußnahme/Kontrolle in Vorbereitung des Seminars auf Ebene der LK" geplant sei,[955] und Ehricht soll gesagt haben, er „wolle in jedem Fall verhindern, dass dies Seminar ein politisches Forum in der ELKG" werde.[956] Dies sollte besondere Unterstützung durch die Zusammenarbeit zwischen Harder und Rechtsanwalt Schnur erfahren, der den Fortsetzungsausschuss juristisch beriet und mit Harder sehr gut bekannt war.[957] Dass beide IM des MfS waren, hat die Informationsweitergabe an alle staatlichen Stellen besonders gut abgesichert. Ein Seminar sollte also stattfinden, aber unter weitgehender Kontrolle des Konsistoriums und damit unter Beschränkung seiner Öffentlichkeitswirksamkeit, denn die für Juni geplante Einweihung des Greifswalder Doms in Anwesenheit von Honecker durfte durch staatsfeindliche Beschlüsse oder Aktionen dieses Seminars nicht gefährdet werden. Ausgesprochen oder unausgesprochen – zwischen Konsistorium und Rat des Bezirks war ein Einverständnis über bestimmte Modalitäten erzielt worden, die insbesondere die Öffentlichkeitswirksamkeit des Seminars

952 Vgl. BStU, BV Rostock, AIM 0381/91, Bd. I/2, Bl. 78. „Bericht von einer Quelle [...] über ein Gespräch mit Ehricht über Frieden Konkret VII" vom 1.2.1989.
953 Vgl. BStU, BV Rostock, AIM 4164/90, Bd. I/7, Bl. 50. Die Zahlen beruhen auf Angaben, die die Mitglieder des Fortsetzungsausschusses „Konkret für den Frieden VII" bei der Tagung im November 1988 intern gesammelt hatten und die von „Gisela" insgeheim auf Tonband mitgeschnitten worden waren.
954 Vgl. LAG, BL IV E/ 2.14, Nr. 619, Bl. 122. „Arbeitsplan des Sektors Kirchenfragen für das 1. Halbjahr 1989" vom 4.1.1989.
955 Vgl. BStU, BV Rostock, AIM 4155/90, Bd. I/1, Bl. 143.
956 Vgl. BStU, BV Rostock, AIM 0381/91, Bd. I/2, Bl. 13.
957 Vgl. BStU, BV Rostock, AIM 4155/90, Bd. I/1, Bl. 143.

einschränken sollten.[958]

In der Phase der Vorbereitung hatte der Fortsetzungsausschuss die Organisation in der Hand.[959] Mitglieder waren unter anderem Oberkonsistorialrat Ehricht, Pfarrer Dietmar Prophet und Ines Fleckstein, der Greifswalder Landesjugendpfarrer Affolderbach sowie Ulrike Poppe und Hans-Jochen Tschiche, die beide aus der aktiven Berliner Basisgruppenarbeit kamen.[960] Mehrere Mitglieder des Ausschusses waren IM des MfS, so die Vikarin Fleckstein (IM „Gisela"), Oberkonsistorialrat Ehricht (IM „Ingolf Seidel") und Rechtsanwalt Schnur (IM „Torsten"). Ines Fleckstein hatte bereits an früheren Friedensseminaren teilgenommen. So wurde sie für ihre Teilnahme bei den Friedensseminaren 1987 bzw. 1988 jeweils vom MfS ausgezeichnet.[961] Bereits zur ersten Tagung des Fortsetzungsausschusses im April 1988 erhielt „Gisela" den Auftrag, auf eine „theologische Grundausrichtung" des Seminars zu orientieren und solche Maßnahmen zu unterstützen, die eine „Kontrolle/Einflußnahme [des] Konsistorium[s] gewährleisten".[962]

In diesem Zusammenhang gab es mehrere Gespräche mit Vertretern des Konsistoriums. Ehricht und Landesjugendpfarrer Affolderbach gehörten zur Ad-hoc-Gruppe und waren verantwortlich für die Vorbereitungen. Laut Akten des MfS hatte Ehricht schon im Voraus eine starke Begrenzung der Teilnehmerschaft angeordnet. Ursprünglich sollten alle 352 Gruppen der DDR durch einen Delegierten vertreten sein, durch die Landeskirche wurde dies aber mit der Begründung abgelehnt, es stünden im Februar nicht genügend große Räumlichkeiten zur Verfügung.[963] Diese Begrenzung kam den staatlichen Stellen sehr gelegen. Die Verschickung der Einladungen lag in der Hand von Landesjugendpfarrer Affolderbach, der diese zur Gegenzeichnung an das Konsistorium weitergab. Es war auch von großem Nutzen für das MfS, dass alle Anmeldungen an „Gisela" geschickt wurden. Da „Gisela" die Anmeldungen für das Seminar zuerst erhielt, konnte sie die Liste direkt und ohne aufzufallen an das MfS weitergeben. Im November 1988 notierte ihr Führungsoffizier:

958 Vgl. BStU, BV Rostock, AIM 0381/91, Bd. I/2, Bl. 78. Ehricht habe gesagt, „die Veranstaltung [soll] nicht öffentlichen Charakter tragen, um denjenigen, die sich möglicherweise militant in der Friedensfrage engagieren (evtl. auch staatsfeindlich) keine Möglichkeit zu geben, wirksam zu werden". (Vgl. dazu auch Busch, S. 285).

959 Seit „Konkret für den Frieden III" in Schwerin im Jahr 1985 wurde zur Vorbereitung eines Seminars ein Fortsetzungsausschuss gewählt, so wurde auch einer nach Abschluss von „Frieden konkret VI" in Cottbus gewählt.

960 Vgl. Gespräch mit Pfarrer Johannes Affolderbach, Dresden, am 17.6.1998.

961 Vgl. BStU, BV Rostock, AIM 4154/90, Bd. III/1, Bl. 91 und Bd. III/1, Bl. 103. „Gisela" erhielt laut Unterlagen des MfS im März 1987 130,00 Mark für ihren Einsatz bei „Konkret für den Frieden V" und im Februar 1988 „Zur Würdigung ausgezeichneter operativer Ergebnisse zum ‚Friedensseminar Konkret VI'" 150,00 Mark.

962 Vgl. ebd., Bd. II/6, Bl. 226. „Neuer Auftrag und Verhaltenslinie" vom 30.3.1988.

963 Vgl. BStU, BV Rostock, AIM 0381/91, Bd. I/2, Bl. 78 f.

„In Realisierung des langfristig gestellten Auftrags ist es dem IM gelungen, Einladungen zum Seminar ‚Konkret für den Frieden' zu beschaffen. Damit wurde eine op[erativ] bedeutsame Aufgabe erfüllt.
Maßn[ahmen]: Nutzung der Einladungen in Abt[teilung] HA XX/4 und BVn [Bezirksverwaltungen] zur Gewährleistung Teilnahme realistisch denkender kirchlich gebundener Personen am Seminar bzw. für entsprechende Quellen.
[...]
Bemerkung zur Einladung
Die Einladungen wurden durch den IM legendiert ohne Nachweisführung beschafft. [unleserlich]. Da keine Nachweisführung und keine Kontrolle möglich ist, wer die Einladung erhalten hat, können sie legendiert zur Einladung gewünschter Personen (unter Beachtung einzuhaltender Grundkriterien) genutzt werden."[964]

Dass „Gisela" Einladungen erhalten hatte, bedeutete durchaus einen Erfolg für das MfS. Ob diese Einladungen durch das MfS genutzt wurden, ist jedoch nicht bekannt. Nach erfolgter Anmeldung und Einquartierung der Gäste konnte „Gisela" ihrem Führungsoffizier eine Liste der Quartiere und Gäste in Greifswald und damit auch der Quartiersleute übergeben.[965] Philipp Busch weist in seinem Artikel außerdem darauf hin, dass die Anmeldungen, die nach dem eigentlichen Anmeldeschluss in Greifswald eingingen, nicht an „Gisela", sondern an Christoph Ehricht gingen und dieser nach eigenem Befinden entscheiden konnte, wer eine Einladung erhielt. Deutlich ist, dass schon in der Vorbereitung eine Einflussnahme durch zwei IM ausgeübt wurde, die nicht im Sinne des Seminars lag, wurde doch die Zusammensetzung der Teilnehmerschaft und somit die politische Brisanz des Seminars bereits im Voraus beeinflusst. Fleckstein, Ehricht, Harder, Schnur und Plath waren nicht die Einzigen, die regelmäßig Kontakt zum MfS hatten. Darüber hinaus verschaffte sich das MfS offensichtlich zusätzliche Kenntnisse über das Seminar, denn im Fortsetzungsausschuss war mehrfach das Verschwinden von Adressen, Papieren und Karteibüchern zu verzeichnen.[966]
Auch der Bezirk Rostock wollte verhindern, dass die entstehenden Papiere in großem Umfang kopiert würden. „Dies wurde während des Treffens dann so umgesetzt, dass der Kopierer im Konsistorium zur Vervielfältigung von den Teilnehmern an ‚Frieden konkret' nicht eigenständig benutzt werden konnte",[967] schreibt Philipp Busch in seiner Darstellung dieses Seminars. Tatsächlich gestattete Konsistorialpräsident Harder, so die Akten des MfS über den

964 Vgl. BStU, BV Rostock, AIM 4164/90, Bd. II/7, Bl. 55 f.
965 Vgl. ebd., Bl. 118.
966 Vgl. Ehrhart Neubert (1997), S. 794.
967 Vgl. Philipp Busch (1997), S. 285.

IM „Dr. Winzer“, nach Beendigung des Seminars nicht die Veröffentlichung aller Texte von „Frieden konkret VII“, sondern verbot die Veröffentlichung der Eingabe an die tschechoslowakische Regierung als wichtigsten Text im Greifswalder Informationsdienst. Diese Eingabe fordert dazu auf, die im Januar 1989 in Prag bei einer Demonstration festgenommenen tschechischen Oppositionellen wieder freizulassen. Oberkonsistorialrat Nixdorf gab entsprechend Harders Anordnung nur einen Teil der Ergebnisse im „Greifswalder Informationsdienst“ wieder.[968] In einem Bericht des Referats für Kirchenfragen beim Bezirk Rostock an das Staatssekretariat für Kirchenfragen vom November 1988 heißt es:

„Die kirchenleitenden Kräfte und der Bischof sind an einem politisch störungsfreien Verlauf auch deshalb interessiert, damit die Domeinweihung (11.6.89) nicht belastet wird. Die in den letzten Jahren geübte Praxis, bei den ‚Frieden konkret‘ Seminaren Beschlüsse, Eingaben und auch andere Papiere zu formulieren und zu beschließen, soll bei dieser Veranstaltung nicht weitergeführt werden. Sollte es dennoch zur Vervielfältigung von Papieren kommen, ist OKR Plath beauftragt, für einen verantwortlichen Umgang damit zu sorgen.“[969]

Das Tagungsbüro und die Vervielfältigungstechnik seien in das Konsistorium gelegt worden, um „notfalls bei größeren Problemen vom Hausrecht Gebrauch machen zu können“. Weiterhin sollte Einfluss darauf genommen werden, dass keine Beschlüsse gefasst würden und das Seminar nur beratenden Charakter habe.[970] Hans-Martin Harder und Rechtsanwalt Schnur hätten dafür sorgen wollen, dass keine politisch-provokativen und spontanen Eingaben und Beschlüsse verabschiedet würden.[971] Harder, Ehricht und Plath würden zur Kontrolle des Seminars durchgängig daran teilnehmen.[972] Unklar war im März 1988 noch, ob der Veranstaltungsort Stralsund oder Greifswald sein würde. Konsistorialpräsident Harder betrachtete als Vorteil von Greifswald, dass dort „die Einfluß- und Maßnahmemöglichkeiten des Konsistoriums direkter und kürzer“ seien.[973]
Zum Friedensseminar wurden alle Plätze ausgenutzt, es hatten sich rund 200 Personen angemeldet, die 171 Gruppen verschiedenster Thematik aus der

968 Vgl. BStU, BV Rostock, AIM 4155/90, Bd. II/1, Bl. 42.
969 BArch, DO-4/1133. „Informationsbericht über die kirchenpolitische Situation im Bezirk Rostock Oktober/November 1988“.
970 Vgl. BStU, BV Rostock, AIM 4155/90, Bd. II/1, Bl. 31.
971 Vgl. Philipp Busch (1997), S. 285. Nach Busch hat Schnur gegenüber dem Rat des Bezirks zugesagt, sich gegen Beschlüsse einzusetzen, die nicht zu verantworten seien. Diese Einflussnahme sei allerdings gescheitert.
972 Vgl. BStU, BV Rostock, AIM 4155/90, Bd. II/1, Bl. 31.
973 Vgl. ebd., Bd. I/1, Bl. 143.

ganzen DDR vertraten. Ehrhart Neubert hat eine genaue Aufschlüsselung vorgenommen: 31 Personen waren nicht erschienen, 50 Personen kamen aus Friedensgruppen, 42 aus Ökologiegruppen, 20 aus Dritte-Welt-Gruppen, elf Personen aus Frauengruppen, neun als Vertreter der Christlichen Friedenskonferenz (CFK), fünf Delegierte von Menschenrechtsgruppen, sieben aus Arbeitskreisen zu Wehrdienstfragen und 27 Delegierte aus „thematisch gemischten Gruppen".[974] Damit war eine repräsentative Auswahl aller Gruppen gegeben, und es zeichnete sich ein klares Bild von den 1989 interessierenden basisdemokratischen Themen ab.

Inhaltlich war das Seminar durch Gegensätze bis hin zu Unvereinbarkeiten gekennzeichnet. Die Eröffnungspredigt von Bischof Gienke und die Begrüßungsrede von Gerd Poppe machten die extremen Positionen deutlich. Gienke ging über theologische Fragen nicht hinaus, während Poppe mehr Öffentlichkeit, mehr Kontakte und neue Kommunikationsfelder erschließen wollte.[975] Unter den elf Arbeitsgruppen erregten die beiden von Heiko Lietz geleiteten Gruppen zu den Themenkreisen „Legalität und Legitimität" sowie zum Widerstandsrecht, wie es bei Bonhoeffer formuliert ist, besonders viel Aufmerksamkeit. Insgesamt gab es wohl eine breite Tendenz, in die Gesellschaft hinein zu wirken, ohne gegen die Gesetze der DDR zu verstoßen. Es sollte auf staatliche Stellen zugegangen werden. Inhaltlich gab es eine Schwerpunktverschiebung weg von den Themen Frieden, Gerechtigkeit, Umwelt hin zu gesellschaftspolitischen Fragen.

Es war überdies ein Novum, dass in Greifswald erstmals auch ein hochrangiger staatlicher Vertreter zu einem Thema sprach, und zwar der stellvertretende Leiter des Kernkraftwerkes „Bruno Leuschner", das sich in unmittelbarer Nähe von Greifswald befand. Bezeichnend war die offenkundige Absicht, durch eine Beschränkung auf 20 Personen ein ruhiges Publikum zu stellen, das sich der sozialistischen Atompolitik widerspruchslos fügte. Die Arbeitsgruppe von Tschiche löste sich wegen ernsthafterer Auseinandersetzungen auf.[976] Ein Gegengewicht stellten die Vertreter der CFK und der CDU dar. Philipp Busch weist in seiner Darstellung darauf hin, dass außer dem MfS auch die CDU und die CFK in die Vorbereitungen des Seminars eingespannt wurden.[977] Sie hatten den Auftrag, einen positiv realistischen Einfluss auf das Seminar auszuüben.

---

974 Vgl. Ehrhart Neubert (1997), S. 795. Philipp Busch gibt ähnliche Zahlen an. Er nennt 189 Delegierte aus 170 Gruppen, wobei hier sicherlich die Mitglieder der Greifswalder Kirche mitgezählt sind, vgl. Philipp Busch (1997), S. 287.

975 Im Folgenden beziehe ich mich auf Ehrhart Neubert (1997), S. 796–798.

976 Diskussionsgegenstand war Tschiches Papier „Teilhabe statt Abgrenzung".

977 Vgl. Philipp Busch (1997), S. 258.

Trotz vielfacher Absprachen zwischen Staat und Kirche und trotz des Einsatzes mehrerer IM konnten der tatsächliche Verlauf, die Anzahl und Brisanz der Verabschiedungen, Eingaben, „offenen Briefe“ sowie die Durchführung von Aktionen kaum beeinflusst werden. Die Teilnehmer fassten zahlreiche Beschlüsse, die meisten waren inhaltlich wenig brisant. Im Vergleich zu den vorangegangenen hochpolitischen Seminaren in Leipzig und Cottbus war das sehr ungewöhnlich. Neubert führt das auf die Ängstlichkeit der Delegierten zurück, die sich nicht hätten entschließen können, die ihnen aufgetragene politische Rolle auch zu tragen. 1989 nahm fast ein Drittel der Teilnehmer zum ersten Mal als Delegierte ihrer Gruppen teil.[978] Dies war zum einen auf die inhaltliche Unsicherheit zurückzuführen, die in Vorbereitung des Seminars deutlich geworden war. Es ergab sich die Frage, welchen Sinn „Frieden konkret“ in Zukunft haben sollte.[979] Zum anderen war dieses Seminar immer mehr in den Einfluss der Berliner Gruppen geraten, die die Interessen der „Provinz-Gruppen“ in den Hintergrund drängten. Diejenigen, die sich schon lange engagiert hatten, zogen sich nun oft zurück und machten neuen Delegierten Platz. Hinzu kam höchstwahrscheinlich auch der Einfluss des MfS. Wie groß dieser letztlich war, kann jedoch nicht festgestellt werden. Er war sicher nicht sonderlich groß, denn unter den Teilnehmenden gab es nur wenige unbekannte Gesichter. Die meisten Delegierten waren schon lange in der Basisgruppenarbeit engagiert und kannten sich untereinander. Dass sich unter ihnen viele IM befanden, ist wohl auszuschließen.

Harder, Plath oder Ehricht mischten sich in die Diskussionen kaum ein. Sie hatten ausdrücklich erklärt, eine gewisse Distanz zum Seminar halten zu wollen und sogar weniger staatsfreundliche Entschlüsse zu billigen, um den schlechten Ruf der Landeskirche zu verbessern.[980] Die „durchgängige Teilnahme des Konsistoriums“ am Seminar war nicht unbedingt – wie das MfS es interpretierte – eine Kontrollmaßnahme, sondern eine formale Anerkennung der Bedeutung der Veranstaltung. Der weitestgehende Schritt des Friedensseminars war wohl die Verabschiedung einer Eingabe an die Regierung der ČSSR. Dieser „offene Brief“ forderte die Freilassung der bei einer Demonstration in Prag wenige Monate zuvor Verhafteten. Hans-Martin Harder zeigte sich beeindruckt von Wolfgang Schnur, wie er gegenüber Oberleutnant Wegner vom MfS sagte:

„[Der] Beschluß zur ČSSR hat viel Mühe gemacht, den noch vom Tisch zu wischen, dies ist ausschließlich Schnur zu verdanken, und zwar gegen die Geschäftsordnung. Er hat dort ein gehöriges Potential und eine Vertrauensstel-

978 Vgl. ebd., S. 260.
979 Vgl. Ehrhart Neubert (1997), S. 799.
980 Vgl. BStU, BV Rostock, AIM 4155/90, Bd. II/1, Bl. 32.

lung im Seminar, die unglaublich sind, dem werden Sachen abgenommen, die ‚wir nicht mal zu denken wagen'; er hat eine ganz starke, ungefährdete Stellung; […]." [981]

Von staatlicher Seite war man mit dem Verlauf des Seminars zufrieden, wobei das MfS, so Busch, noch mehr Begrenzungen und Beschränkungen durch Ehricht und Harder erwartet hatte. Der Staatssicherheitsdienst bemängelte, dass nicht deutlich genug realistische Positionen in die Diskussionen eingebracht worden seien und reaktionären Kräften nicht genügend entgegengetreten worden sei.[982] Unruhen, die über den Rahmen des Seminars hinaus hätten wirken können, hatte es jedoch nicht gegeben, und der „störungsfreie Ablauf" war gesichert worden. Erstmals waren bei einem Friedensseminar Vertreter der CFK aufgetreten.[983] Nach Ende des Seminars „Konkret für den Frieden VII" schrieb der Rat des Bezirks an das Staatssekretariat für Kirchenfragen:

„Breiten Raum nahm im Berichtszeitraum die Sicherung der politischen Einflußnahme in der Vorbereitungsphase von ‚Frieden konkret VII' ein. Seitens der staatlichen Organe wurden zahlreiche Gespräche mit kirchenleitenden Vertretern der Greifswalder LK geführt, u.a. mit dem im Fortsetzungsausschuß für ‚Frieden konkret VII' mitwirkenden KR Ehricht, um einen ordnungsgemäßen und störungsfreien Verlauf des Seminars zu gewährleisten."[984]

Oberkonsistorialrat Ehricht erhielt „für die Durchsetzung der Interessen des MfS in Vorbereitung der Veranstaltung ‚Konkret für den Frieden'" ein Buch im Wert von 34,00 Mark, eine vergleichsweise verhaltene Danksagung des MfS.[985] Ehricht hat das Geschenk möglicherweise als Geburtstagsgeschenk entgegengenommen und von dem Zusammenhang mit „Konkret für den Frieden" nicht unbedingt etwas gewusst. „Gisela" hingegen erhielt für den Einsatz bei diesem Seminar 200,00 Mark und auch für weitere IM sind Benzin- und Fahrtkostenzuschüsse in den Unterlagen des MfS belegt.[986] Das MfS war mit seinen Ergebnissen offensichtlich zufrieden.
Auch von kirchlicher Seite war man mit dem Basisgruppentreffen zufrieden. Die „LK hat erhebliche Punkte gesammelt", soll Harder gegenüber seinem Führungsoffizier bemerkt haben, denn die Basisgruppen hätten „nicht Un-

981 Vgl. ebd., Bl. 41 f.
982 Vgl. Philipp Busch (1997), S. 285.
983 Vgl. Martin Henschel (1996), S. 244.
984 BArch, DO-4/1133. „Informationsbericht über die kirchenpolitische Situation im Bezirk Rostock – Januar/Februar 1989" vom 6.3.1989.
985 Vgl. BStU, BV Rostock, AIM 0381/91, Bd. I/2, Bl. 74, vom 3.2.1989.
986 Beispielsweise hat der IM „Nikolaus" insgesamt 161,00 Mark Benzingeld bzw. Fahrtkostenzuschüsse erhalten. Vgl. BStU, BV Rostock, AIM 2603/91, Bd. II/4, Bl. 495 f.

kompliziertheit und Lockerheit sowie praktizierte Nichteinmischung erwartet, sehr positiv hat sich das hier praktizierte gute Staat-Kirche-Verhältnis ausgewirkt".[987] In einem ersten Treffen mit Harder nach dem Seminar notierte der Mitarbeiter des MfS sogar, dass Harder einen positiven Eindruck von den Basisgruppen gehabt habe und hier über eine Kursänderung nachdenke. Die Gruppen sollten ernster genommen werden. Allerdings meinte Harder keine grundlegende Änderung des Verhältnisses zwischen der Amtskirche und den Gruppen, sondern eine Annäherung, die dazu dienen sollte, in einem freundlicheren Ton deutliche Grenzen zu ziehen. „Gisela" berichtete anschließend ihrem Führungsoffizier, das Seminar sei bei den Teilnehmern gut angekommen, weil das MfS nicht sichtbar gewesen sei.[988] Im Vergleich mit dem vorhergehenden Seminar in Cottbus war das MfS tatsächlich nicht bemerkt worden.

Trotzdem waren viele Teilnehmer nach dem Seminar unzufrieden. Es wurde kritisiert, dass wichtige Fragen, die die Delegierten bewegt hatten, nicht angesprochen worden waren und die angestrebte stärkere Vernetzung der Gruppen nicht erreicht worden war. Es sei keine Atmosphäre entstanden, in der frei hätte gearbeitet werden können, fasst Busch die Kritik in seiner Studie über „Frieden konkret VII" zusammen.[989] Und auch Neubert äußert sich kritisch über dieses Seminar, weil seine Beschlüsse nicht so weitreichend gewesen waren, wie sie hätten sein können.[990] „Konkret für den Frieden VII" hatte seiner Ansicht nach politisch nicht genügend ausgesagt und insgesamt an Profil verloren. Dies lag nach Neubert jedoch nicht nur an der Beeinflussung von außen durch das MfS oder von innen durch das Konsistorium, sondern auch an den „Hemmungen und Ängstlichkeiten unter den Delegierten, die politische Rolle [...] anzunehmen [...]".[991]

Wie groß war der Einfluss der staatlichen Stellen und des Konsistoriums auf das Seminar? Philipp Busch kommt zu einem relativ gemäßigten Urteil über die staatliche bzw. kirchliche Beeinflussung dieses Seminars. Er spricht lediglich von einer deutlichen „Kooperationsbereitschaft" des Evangelischen Konsistoriums und des Bischofs gegenüber den staatlichen Stellen und konstatiert eine „Personalisierung der Verantwortung", weil sich die ELKG die Verantwortung für den ruhigen Verlauf habe aufdrängen lassen. Busch weist darauf hin, dass das Konsistorium in einem Maße kooperationsbereit gegenüber dem Staat gewesen sei, wie es der Oberkirchenrat der Landeskirche

987 Vgl. BStU, BV Rostock, AIM 4155/90, Bd. II/1, Bl. 41.

988 Vgl. BStU, BV Rostock, AIM 4164/90, Bd. II/7, 000131. „Gisela" bezog sich hier auf die Erfahrungen bei „Konkret für den Frieden VI" in Cottbus, wo das Seminar und die Teilnehmer ganz offensichtlich beobachtet und abgeschirmt worden waren.

989 Vgl. Philipp Busch (1997), S. 261.

990 Vgl. Ehrhart Neubert (1997), S. 794.

991 Vgl. ebd., S. 789.

Mecklenburg nicht gewesen sei, als dort 1985 das Friedensseminar stattgefunden habe.[992] Über die „Kooperationsbereitschaft" hinaus gab es jedoch auch klare Eingriffe in die Arbeit des Fortsetzungsausschusses und in die eigentliche Durchführung des Seminars. Von besonderer Bedeutung war dabei die Informationsweitergabe durch „Gisela", was zu einer großen Transparenz in der Vorbereitung geführt und überhaupt erst eine konkrete Einflussnahme auf das Seminar ermöglicht hatte. Das Ziel der staatlichen Stellen und des Konsistoriums war zumindest erreicht worden: „Frieden konkret VII" wurde zu keinem „Störfall" zwischen Kirche und Staat. Dies war jedoch nicht in erster Linie das Ergebnis einer Beeinflussung durch das MfS oder die Folge innerkirchlicher Kontrolle, sondern Umständen zu verdanken, die in den Gruppen selbst lagen.
„Frieden konkret VII" war das letzte Friedensseminar dieser Art, das folgende war für Mai 1990 in Eisenach geplant, fand jedoch nicht mehr statt. Die starke Unterwanderung der Friedensarbeit in der DDR durch das MfS – nicht nur in der Landeskirche Greifswald – führte dazu, dass sich im Laufe der achtziger Jahre die Exponenten der basisdemokratischen Gruppen nicht mehr nur im innerkirchlichen Raum engagierten, sondern politische Parteien gründeten. So gehörte der Greifswalder Studentenpfarrer Arndt Noack zu den Begründern der Sozialdemokratischen Partei in der DDR (SDP). Die drei weiteren Gründungsmitglieder stammten ebenfalls aus der kirchlichen Friedensarbeit.[993] Einige der IM gingen diesen Weg mit, ob aus freien Stücken und ehrlicher Überzeugung heraus oder im Auftrag des MfS, muss im Einzelfall geprüft werden. Beispiele dafür sind Ibrahim Böhme und Wolfgang Schnur, die an leitender Stelle die Gründung der SDP und des „Demokratischen Aufbruchs" mitgestalteten.
Der Staatssicherheitsdienst jedoch versuchte Ende 1989, durch seine Umbenennung in Amt für Nationale Sicherheit (AfNS), personelle Reduktion seines Mitarbeiterstabes und schnelles Abgucken westlicher Geheimdienststrukturen „wendetauglich" zu werden – zu spät und erfolglos.[994]

---

992 Vgl. Philipp Busch (1997), S. 287.

993 Vgl. Anm. 1337. In einem Gespräch am 14.4.1998 erinnerte sich Noack, dass er im September 1989 Oberkonsistorialrat Plath vertraulich berichtet hatte, dass er und weitere drei Pfarrer eine neue Partei gegründet hätten [die SDP, RF.]. Noack habe Plath ausdrücklich um Stillschweigen von einigen Tagen gebeten. Plath sei jedoch bereits am nächsten Tag zum Rat der Stadt Greifswald gegangen und habe dort von der neu gegründeten Partei berichtet. Noack wurde unverzüglich beim Rat der Stadt vorgeladen.

994 Vgl. Ulrich von Saß: „Nichts als Spott für alle Geheimdienste der Welt", in: die kirche, Evangelische Wochenzeitung (Greifswalder Ausgabe), Jg. 47 (1992), Ausgabe 10/1992 vom 9.3.1992, S. 1.

6.3.2 Die Umweltbewegung

Der Schutz der Natur trat ebenso wie der des Friedens Ende der siebziger Jahre verstärkt in das Bewusstsein der Öffentlichkeit. Parallel zur Friedensbewegung entstand auch eine Umweltbewegung.[995]

Zwischen der Friedens- und der Umweltarbeit bestanden von Anfang an viele Verbindungen. So war zwar oftmals eine strenge thematische Trennung zwischen der Friedens- und Umweltbewegung gegeben, aber organisatorisch wurde die Nähe in den achtziger Jahren bewusst beibehalten und seit 1986 im konziliaren Prozess für „Frieden, Gerechtigkeit und Bewahrung der Schöpfung" fest verankert.[996] Dies wurde von den staatlichen Organen durchaus bemerkt und erhöhte die Aufmerksamkeit.

Ab 1982 kam es über das Forschungsheim Wittenberg zu einer ersten Vernetzung der Ökologiegruppen.[997] In das öffentliche Bewusstsein drang die Umweltbewegung jedoch erst ab etwa 1984 stärker, als innerhalb der Basisgruppen eine Umstrukturierung stattfand, die ihre Ursache in allgemeinen Ermüdungserscheinungen der Friedensbewegung nach der Stationierung der Mittelstreckenraketen Ende 1983 hatte. Die Folge war, dass es zu einer Abwanderung aus den Friedensgruppen und zu einer Zuwanderung in die Umwelt- und Dritte-Welt-Gruppen kam.

Die Reaktionen der DDR-Führung auf diese kirchliche Umweltbewegung waren nicht grundsätzlich ablehnend, wie die Gründung der „Gesellschaft für Natur und Umwelt" (GNU) im März 1980 gezeigt hatte. Von Anfang an suchten Umweltgruppen aus dem kirchlichen Raum den Kontakt zur GNU, entdeckten jedoch ebenso schnell deren begrenzte Möglichkeiten. Umgekehrt wurde das ernst gemeinte, nicht auf Provokation ausgerichtete Engagement der Christen staatlicherseits durchaus wahrgenommen. Beispielsweise hieß es in dem internen Dokument des Staatssekretariats für Kirchenfragen „Die Haltung der Kirchen in der DDR zu Fragen des Umweltschutzes" vom Oktober 1982:

„In den meisten kirchlichen Materialien zu Ökologiefragen wird sichtbar, daß die interessierten kirchlichen Kreise in der DDR sich relativ gründlich mit einschlägiger marxistischer Literatur beschäftigt haben, daß marxistische Grundpositionen sowie die juristischen Regelungen in der DDR bejaht werden und in verschiedener Hinsicht Übereinstimmung ausdrücklich festgestellt wird."[998]

995 Vgl. Philipp Busch (1997), S. 242.
996 Vgl. Ehrhart Neubert (1997), S. 617–620.
997 Vgl. Philipp Busch (1997), S. 243.
998 BArch, DO-4/801. „Die Haltung der Kirchen in der DDR zu Fragen des Umweltschutzes" (1982).

Das Dokument kam zu dem Schluss, dass die kirchliche Ökologiebewegung im und nicht gegen den Sozialismus arbeiten wolle. Dennoch wurden die Umweltaktivitäten seit etwa 1983 immer stärker kritisiert. Es ist auffällig, dass allein das Staatssekretariat für Kirchenfragen zu einer anderen Beurteilung der Lage kam. In einer internen Analyse vom November 1984 hieß es:

„Die Mehrzahl der in kirchlichen Umweltschutzgruppen mitarbeitenden christlichen Bürger engagiert sich hier aus ehrlicher Sorge und Verantwortung für den Schutz und die Erhaltung von Natur und Umwelt. Sie verstehen ihr Engagement auch aus christlicher Sicht als Teil ihrer staatsbürgerlichen Pflichten auf der Grundlage der Verfassung der DDR."[999]

Die Umweltarbeit reflektierte sehr schnell die Situation in der DDR. Sie verwies auf die Umweltverschmutzung in der DDR durch die Schwerindustrie und auf ökonomisch-finanzielle Ursachen, wie sie an der Mülldeponie Schönberg oder der Verschmutzung der Elbe deutlich wurden. Gerade dies, vor Ort etwas tun zu können, sprach viele Menschen an. Die Umweltbewegung erhielt erheblichen Zulauf von Jugendlichen. Außerdem verbanden diese Umweltgruppen ihr Engagement mit Forderungen nach Partizipation in der Gesellschaft und nach einer Demokratisierung. Die Umweltbewegung, die sich unter dem Dach der Kirche einen Platz gesucht hatte, wurde nun als Angriff auf die sozialistische Gesellschaftsordnung und als Verletzung des Prinzips der Trennung von Kirche und Staat betrachtet.[1000] Die DDR führte die vermeintliche Einheit von Ökologie und Ökonomie[1001] ins Feld und begriff die Forderung nach einer umweltverträglichen Industrie als Ausdruck einer „bürgerlichen Ideologievorstellung".[1002] Es bleibt aber bemerkenswert, dass diese kirchliche Bewegung nicht von vornherein durch den Staat unterbunden wurde.

Die eigentliche Umweltarbeit begann in der ELKG erst 1984, im Vergleich zu anderen Landeskirchen also recht spät. In Greifswald war das Engagement in Umweltfragen möglicherweise deshalb nicht so groß wie anderswo, weil dieses Gebiet industriell nur wenig belastet war.[1003] Den entscheidenden Anstoß gab die Bundessynode im Herbst 1984, die in diesem Jahr in Greifswald

999 Ebd. „Entwurf. Zur Tätigkeit der ‚Ökologie- und Umweltschutzgruppen' im kirchlichen Raum" vom 16.11.1984.

1000 Vgl. BArch, DO-4/1395. „Kurzeinschätzung zu dem Material ‚Agrarwirtschaft und Umwelt'" vom 13.8.1984.

1001 Vgl. Ehrhart Neubert (1997), S. 446.

1002 Vgl. BArch, DO-4/801. „Konzeption zum Informationsgespräch des Staatssekretärs für Kirchenfragen mit der Konferenz der Kirchenleitungen in der DDR (KKL) zu Fragen ‚Wissenschaftlich-technischer Fortschritt und die Aufgaben auf dem Gebiet der Ökologie'" vom 24.1.1980.

1003 In der ELKG wurde vor allem die Erwärmung des Greifswalder Boddens durch die Einleitung von Kühlwasser des KKW „Bruno Leuschner" kritisiert. In der Kritik am Lubminer Atomkraftwerk waren sich die Umwelt- und Friedensbewegungen besonders nahe.

zusammengetreten war und ein stärkeres Engagement der Christen in Umweltfragen gefordert hatte. Die wenige Wochen später tagende Greifswalder Landessynode beschloss zum einen die Gründung einer landeskirchlichen Arbeitsgruppe zu Umweltfragen und zum anderen die Durchführung einer Umweltwoche im März 1985.[1004] Im Unterschied zum Friedensausschuss, der 1981 gegründet und der Landessynode angeschlossen worden war, wurde der Ökologiekreis in die Hände des Konsistoriums gelegt. Die Verantwortung für die inhaltliche Arbeit hatte Dr. Ehricht. Damit war – ebenso wie beim Friedensausschuss – eine innerkirchliche Aufsicht möglich.
Eine derartige Entwicklung war vom Rat des Bezirks offensichtlich erwartet worden, denn schon im August 1984, noch vor der Tagung der Bundessynode, fand ein Gespräch des Stellvertreters für Inneres, Haß, mit Bischof Gienke statt, in dem dieser gefragt wurde, was die Bundessynode in Umweltfragen vorhabe. Folgt man dem Bericht von Haß an das Staatssekretariat für Kirchenfragen, dann hat Gienke dort gesagt:

„Der Wille des Vorstandes und des Präsidiums der Synode bestünden darin, daß die Umweltfrage nicht als gesellschaftliches Phänomen betrachtet wird, naive Umweltdiskussionen oder gar radikale Vorstellungen gewisser Kräfte der Synode helfen der Kirche nicht, sondern provozieren negative Auswirkungen. Bereits jetzt gebe es Anzeichen dafür, daß bestimmte Leute die Synode mißbrauchen wollen. [...] Gienke bat gleichzeitig darum, daß die staatlichen Organe mögliche negative Aussagen der Synode nicht der Greifswalder Landeskirche anlasten mögen."[1005]

Im Sinne der Konfliktvermeidung ging man in Greifswald auf Abstand zur Umweltarbeit und versicherte dafür dem Rat des Bezirks seine Zuverlässigkeit.
Das MfS wurde aktiv. Der Staatssicherheitsdienst wandte sich an Konsistorialrat Ehricht als dem Leiter des landeskirchlichen Ökologiekreises. Bereits im Juni 1985 war Ehricht vom MfS auf den unter seiner Leitung entstehenden Umweltkreis angesprochen und nach dessen Zielen befragt worden. Der Offizier des MfS notierte als Ehrichts Antwort, dass der neue Kreis die gleichen Ziele wie der Staat vertrete.

1004 Es war wohl bezeichnend, dass diese Umweltwoche in der Landeskirche kaum Resonanz fand. Dies geht aus einer Mitteilung des Rates des Bezirks Rostock, Abteilung Inneres, an das Staatssekretariat für Kirchenfragen hervor, wonach die Ökologiewoche in der Landeskirche keinerlei Reaktion erlebte. Das Konsistorium hätte Material bereitgestellt, das nicht abgerufen worden sei (vgl. BArch, DO-4/802).

1005 BArch, DO-4/789. „Informationsbericht über das am 10.8.1984 geführte Gespräch des Stellvertreters des Vorsitzenden des Rates des Bezirkes, Gen. Haß, mit Dr. Gienke in Stralsund" vom 14.8.1984.

Es käme darauf an, „hier nicht eine weitere Bewegung entstehen zu lassen, ähnlich der Friedenskreise in der Vergangenheit, sondern [...] von vornherein die gemeinsame Verantwortung von Christen und Nichtchristen für die Erhaltung der Umwelt zu sehen und auch alle Umweltschutzaktivitäten einzubetten in die staatlich geschaffenen Möglichkeiten, insbesondere im Bereich des Ministeriums für Umweltschutz und im Bereich des Kulturbundes und der dort bestehenden Arbeitsgruppe ‚Natur und Umwelt'".[1006]

Einem „Bericht über ein weiteres Kontaktgespräch mit dem IM-Kandidaten ‚Erich'" vom Oktober 1985 zufolge sagte Ehricht gegenüber dem Mitarbeiter vom MfS, dass er die Gründung dieses Kreises vorrangig „als offensive Maßnahme [betrachte], um Ökologiegruppen oder -kreisen, die sich gegen [die] staatliche Umweltpolitik aussprechen, den Boden zu entziehen und andererseits Möglichkeiten zu finden, um als Kirche verantwortlich, gemeinsam mit der Gesellschaft, etwas für die Umwelt zu tun."[1007] 1986 gründete Ehricht den Ökologiekreis, der aber nicht mehr in der Landeskirche aktiv wurde.
Das MfS interessierte sich vor allem für die Namen der Mitglieder dieses Kreises und wandte sich aus diesem Grund an den Grimmener Superintendenten Bohl (IM „Titus"). Nachdem dieser mehrfach im Laufe des Jahres 1986 auf diesen Kreis angesprochen worden war, jedoch nichts Wesentliches über diese Gruppe sagte, wurden laut Akten des MfS im November 1986 acht Mitglieder namentlich bekannt.[1008] Die Zusammensetzung des Kreises war kennzeichnend für die Greifswalder „Basisgruppen": fünf Pfarrer und drei Laien. Angesichts der unmittelbaren Nähe zum Kernkraftwerk Lubmin lag es nahe, dass hier auch der Schwerpunkt der Arbeit lag. Bohl versuchte, eventuelle Bedenken der staatlichen Seite zu zerstreuen. Laut Unterlagen des MfS äußerte er, „daß durch die Übernahme der Leitung des Kreises durch [Ehricht] eine politisch-realistische Ausrichtung in der Tätigkeit und Zielstellung der Arbeit zu erwarten ist. Ein politischer Missbrauch im Sinne antistaatlicher Aktivitäten ist nicht zu befürchten."[1009] Im November 1986 teilte die Kreisdienststelle Greifswald den Rostocker Kollegen mit, dass man jetzt „IM in Spitzenpositionen" installiert hätte.[1010] Als sich 1987 ein eigenständiger Ökologiekreis in Greifswald gebildet hatte, forderte MfS-Offizier Fiedler Ehricht auf, „eine Einbindung in den landeskirchlichen Arbeitskreis Ökologie" zu erreichen. Damit sei „eine ständige Kontrolle der Aktivitäten

1006 Vgl. BStU, BV Rostock, AIM 0381/91, Bd. I/1, Bl. 101.
1007 Vgl. ebd., Bl. 129.
1008 Vgl. BStU, BV Rostock, AIM 4171/90, Bd. II/1, Bl. 84.
1009 Vgl. ebd., Bl. 20.
1010 Vgl. ebd., Bl. 83.

dieser Gruppe durch die Landeskirche" verbunden.[1011] Obwohl nichts darüber gesagt werden kann, ob dieser „Auftrag" tatsächlich an Ehricht herangetragen und wie er von diesem aufgenommen wurde, so zeigt er doch die Absicht des MfS, alle Arbeitskreise unter die Kontrolle des Konsistoriums zu stellen.

6.3.3 Die Ausreisewilligen

Die Ausreisewilligen – in der staatlichen Terminologie die „Übersiedlungsersuchenden" (ÜSE)[1012] – gehörten im eigentlichen Sinn nicht zu den „Basisgruppen". Wenn sie hier dennoch aufgenommen werden, dann folgt diese Einordnung der staatlichen Wahrnehmung, in der die Antragsteller zur besonders hartnäckigen und unberechenbaren gesellschaftlichen Opposition gehörten, enge Beziehungen nach Westdeutschland hatten und gezielt Kontakt zur Kirche suchten, um dort Unterstützung zu finden.

Aus staatlicher Sicht waren Übersiedlungsersuchende ein besonderer Schwerpunkt der Beobachtung, weil diese durch ihren Antrag auf Entlassung aus der Staatsbürgerschaft der DDR ihre Distanz zum SED-Staat und ihre positive Haltung zum „Klassenfeind" in der Bundesrepublik Deutschland offensichtlich gemacht hatten. In ihrer außerordentlichen Angst vor einem Massenexodus der Bevölkerung und in der Vorstellung befangen, dass alle negativen Entwicklungen in der DDR ihren Ursprung im westlichen Ausland hätten, wurden die Antragsteller durch die SED in Verbindung mit Organisationen wie „Amnesty International" oder Menschenrechtsgruppen in der Bundesrepublik gebracht und stärksten staatlichen Repressalien ausgesetzt. Im Unterschied zu jedem anderen gesellschaftlichen Bereich wurde gegenüber den Antragstellern auf eine verdeckte staatliche Tätigkeit mitunter durchaus verzichtet. Die Drangsalierung dieser Bürger war Teil des öffentlichen Geschehens in der DDR und konnte dies sein, weil ein Teil der Bevölkerung in der DDR die Maßnahmen wie Verhöre, Verhaftungen und öffentliche Anprangerung für gerechtfertigt hielt. Es gab hier einen weit verbreiteten, subtilen gesellschaftlichen Konsens.

Die Antragsteller wiederum hatten oftmals nichts mehr zu verlieren und waren deshalb auch bereit, öffentlich auf ihre Situation aufmerksam zu machen. In der Kirche sahen sie einen geschützten Raum, der ihnen vor allem die Selbstorganisation ermöglichte, die unbedingt notwendig war, damit sie die Isolierung von Freunden, Arbeitskollegen und Familie überwinden und sich

---

1011 Vgl. BStU, BV Rostock, AIM 0381/91, Bd. I/1, Bl. 228.

1012 Ein anderer Begriff für „ÜSE" war „AstA" (Antragsteller auf ständige Ausreise).

besser gegen Repressalien wie plötzliche Verhaftungen schützen konnten. Die Antragsteller auf Übersiedlung waren somit vom ersten Tag an ein zentraler Gesprächsgegenstand zwischen Kirche und Staat.
Die Positionsfindung der Landeskirchen zu diesen DDR-Bürgern war geprägt durch ihre jeweiligen allgemeinen kirchenpolitischen Grundsätze. Jede Landeskirche entschied in eigener Verantwortung, wie weit sie den Antragstellern entgegenkam, welche Bedingungen für Veranstaltungen der Antragsteller in kirchlichen Räumen galten und wie sie gegenüber den staatlichen Stellen ihre Position verteidigte. Die Position, die die Greifswalder Kirche wählte, ist somit auch als Kennzeichen des „Greifswalder Wegs" zu verstehen.
Seit den siebziger Jahren waren die Ausreiseanträge aus der DDR zu einem der wichtigsten Probleme der Innenpolitik geworden. Bis 1983 war die Entlassung aus der Staatsbürgerschaft der DDR rechtlich nicht möglich, sondern jeder Antrag auf Übersiedlung wurde als rechtswidrig und somit kriminell betrachtet. Fluchtversuche als die einzige Möglichkeit, in das westliche Ausland zu gelangen, wurden nach § 213 StGB-DDR mit mehreren Jahren Haft bestraft. Zwar wurden durchaus Genehmigungen zur Übersiedlung in die Bundesrepublik Deutschland und andere westlichen Staaten erteilt, aber die dahinterstehenden staatlichen Erwägungen blieben grundsätzlich im Dunkeln.[1013]
1983 legalisierte die DDR die ständige Ausreise im Sinne der Familienzusammenführung.[1014] Die Einrichtung dieser Möglichkeit stand in direktem Zusammenhang mit der erstarkenden Friedens- und Umweltbewegung, denn bei den nun bewilligten Anträgen handelte es sich überwiegend um politisch motivierte und keine „humanitären Fälle".[1015] Offensichtlich meinte die DDR-Führung, durch die Ausreise unliebsamer Bürger würde die innenpolitische Unruhe leichter bewältigt werden. Dieser Schluss täuschte jedoch, denn die Ausreisewelle nahm weiter zu und nicht ab. So stieg die Anzahl der Antragsteller im Bezirk Rostock von 677 Personen 1983 auf 2.839 im Jahr 1989.[1016] Die größte Zunahme war von 1987 (1.526 Personen) auf 1988 (2.232) zu verzeichnen. Der verstärkten Bewilligung durch die zuständigen

---

1013 Vgl. dazu auch Hans-Hermann Lochen/Christian Meyer-Seitz (Hg.): Die geheimen Anweisungen zur Diskriminierung Ausreisewilliger. Dokumente der Stasi und des Ministeriums des Innern, Köln 1992.

1014 Vgl. Eberhard Kuhrt/Hannsjörg F. Buck/Gunter Holzweißig (Hg.): Am Ende des realen Sozialismus. Die SED-Herrschaft und ihr Zusammenbruch, Opladen 1996 (= Beiträge zu einer Bestandsaufnahme der DDR-Wirklichkeit in den 80er Jahren, Bd. 1), S. 18.

1015 Vgl. Robert F. Goeckel (1995), S. 297.

1016 Vgl. Kai Langer (1997), S. 27. Bei Langer findet sich eine Aufstellung der ÜSE im Bezirk Rostock zwischen 1983 und 1989, Stand jeweils 1.1. des Jahres (1989: 31.12.1989). 1983: 677 Personen, 1984: 808, 1985: 1.365, 1986: 1.218, 1987: 1.526, 1988: 2.232, 1989: 2.839.

Behörden folgte wieder eine Phase der Drangsalierung.[1017] Die Gründung einer Arbeitsgruppe bei der Bezirksleitung der SED, die sich ausschließlich mit der „Zurückdrängung, Vorbeugung und Verhinderung von Übersiedlungsersuchen“[1018] im Bezirk beschäftigte, stand wohl in engem Zusammenhang mit dieser Zunahme der Anträge.

Aus kirchlicher wie aus staatlicher Sicht war mit dem durch die Ausreise verursachten Verlust an Menschen eine Vielzahl von Problemen verbunden. Die Kirche hatte kein Interesse an einer Ausweitung der Ausreisewelle, weil mehr als die Hälfte der Antragsteller zu ihren Mitgliedern zählte.[1019] Aus Sicht des Staates bedeutete die jährliche Ausreise von Bürgern, unter denen sich überdurchschnittlich viele Akademiker befanden, einen großen Aderlass an Fachkräften. Aber schon lange bevor ein Mensch die DDR endgültig verließ, setzten Maßnahmen wie Disqualifizierung oder Versetzung bis hin zur Beendigung des Arbeitsverhältnisses ein, die nicht nur diese ÜSE selbst, sondern ebenso auch den Betrieb und den Staat schädigten. Hinzu kam die Angst der SED-Führung, die ÜSE könnten öffentlichkeitswirksame Aktionen wie Kirchenbesetzungen oder Demonstrationen veranstalten, die innen- wie außenpolitisch deutlich machen würden, wie viele Bürger tatsächlich die DDR verlassen wollten. Besonders große Befürchtungen bestanden staatlicherseits, dass diese Antragsteller zu einem Motor der kirchlichen Basisgruppen werden und somit die unruhige Stimmung verstärken könnten. Diese Befürchtungen waren durchaus berechtigt. Die Kirche sollte die Etablierung dieser Personengruppen im kirchlichen Raum unterbinden. Dies wurde als Beitrag zur Aufrechterhaltung des guten Verhältnisses zwischen Staat und Kirche betrachtet und somit zu einem Druckmittel des Staates gegen die Kirchen.

Die Antragsteller auf Ausreise wurden vom Tag des Bekanntwerdens, dass sie über einen entsprechenden Antrag nachdachten, bis zu ihrem letzten Tag in der DDR schikaniert: durch die Volkspolizei, die Räte der Kreise und Städte, den Rat des Bezirks, durch das Ministerium für Staatssicherheit, durch ihre Betriebe, durch die Schulen, in die ihre Kinder gingen usw. Sie wurden systematisch drangsaliert, sodass viele nach kurzer Zeit gesellschaftlich isoliert und am Ende ihrer Kräfte waren.

In dieser Situation kam der evangelischen Kirche eine besondere Bedeutung zu, auch wenn viele Antragsteller erst jetzt den Weg in die Kirche fanden. Im kirchlichen Raum wurden Themen diskutiert, die die Ungerechtigkeit in der

---

1017 Vgl. Gerhard Wettig: Niedergang, Krise und Zusammenbruch der DDR. Ursachen und Vorgänge, in: Eberhard Kuhrt/Hannsjörg F. Buck/Gunter Holzweißig (Hg.): Am Ende des realen Sozialismus. Die SED-Herrschaft und ihr Zusammenbruch, Opladen 1996 (= Beiträge zu einer Bestandsaufnahme der DDR-Wirklichkeit in den 80er Jahren, Bd. 1), hier S. 405.

1018 Zit. nach Kai Langer (1997), S. 68.

1019 Vgl. Robert F. Goeckel (1995), S. 298.

DDR, den fehlenden Umweltschutz, das Volksbildungssystem, den waffenlosen Wehrdienst u. a. betrafen. Die Kirche – und hier vor allem die evangelische Kirche – war ein Ort, an dem die staatlich organisierte Isolation dieser Menschen aufgehoben wurde, wo sie andere ÜSE trafen und sich austauschen konnten. Weil aber nicht immer deutlich war, dass sie auch an kirchlichen Glaubensfragen interessiert waren, und weil sie ein sehr großes Interesse vornehmlich an gesellschaftspolitischen Themen hatten, wurde ihnen oft vorgeworfen, über die kirchlichen Kreise ihre eigenen Anträge beschleunigen zu wollen. Hier trat ein Konflikt zutage, der in vielen Gemeinden zu erheblichen Störungen zwischen den Antragstellern und den Gemeindekirchenräten sowie dem Pfarrer führte. Moralische Diskussionen über das Für und Wider einer Ausreise stellten die Gemeinden wie die neu Hinzukommenden oftmals auf eine harte Probe. Die Antragsteller forderten der Kirche das ab, was sich diese auf die Fahnen geschrieben hatte: offen zu sein für alle. Sie brachten neue Gedanken und eine radikale Sicht der DDR in die Diskussionen. Sie lebten in einem offenen Konflikt mit dem Staat. Wenn man mit der DDR niemals in Konflikt geraten war, dann konnte man auch nicht deren Grenzen erkennen. Die Antragsteller hatten diese Grenzen oftmals sehr deutlich erleben müssen und waren häufig zu keinem Einlenken mehr bereit. Im Umgang mit diesen Menschen wurde allen anderen – und auch der Institution Kirche – die Bedeutung des Wortes „Anpassung“ besonders vor Augen geführt.[1020]

Eine Position zu den Antragstellern zu finden, war für die evangelische Kirche schwierig und wurde Jahr für Jahr schwieriger, denn die Ausreisewilligen radikalisierten sich, wurden mutiger und forderten oftmals von der Kirche als Institution wie von den Gemeinden vor Ort, eindeutige Positionen gegenüber dem Staat zu beziehen. Gleichzeitig waren sie selbst schon „mit einem Bein“ im Westen und hatten die Konsequenzen ihrer Radikalität, so der Vorwurf, nicht mehr zu fürchten.

Geschlossen bestand in allen Landeskirchen die Meinung, dass die DDR der Ort sei, an den Gott die Christen hingestellt habe, damit sie dort blieben, und dass daher ein Verlassen dieses Ortes nicht ohne Weiteres möglich sei. Dennoch ergaben sich Unterschiede in der Stellung der Amtskirche zu den Antragstellern. Waren es bedrängte Einzelne, dann mussten sie Hilfe in der Kirche finden. Als in Not geratenen Menschen musste und wollte die Kirche ihnen die Tür öffnen, jedoch nicht auf die dahinterstehenden politischen Argumente eingehen. Die evangelische Kirche hatte seit den siebziger Jahren eine Reihe von Konzepten entwickelt, mit denen sie – ohne jemals einen Konsens zu finden – auf „Problemgruppen“ zugehen konnte.

1020 Gespräch mit Pfarrer Uwe Stegen am 25.6.1998.

Die ÜSE waren ja nicht die ersten „Nicht-Angepassten", sondern zuvor waren es die Wehrdienstverweigerer, die Bausoldaten und die Basisgruppen gewesen, denen gegenüber sich die Kirche positionieren musste. Konnte man aber diesen Menschen gerecht werden, indem man sie nur als einzelne, persönlich schikanierte Menschen und nicht als ÜSE erkannte? Inwieweit die Übersiedlungsersuchenden also als eine Minderheit in ihrer Bedrängung wahrgenommen wurden, hing von der politischen Einstellung der Kirchenführung ab. Eine klare Entscheidung gab es nur in wenigen Landeskirchen; die Berlin-Brandenburgische wäre hier als Erste zu nennen, die deutlich für die ÜSE eintrat und deren besondere Lebenssituation und die Repressionen des Staates durchaus wahrnahm. In der Landeskirche Greifswald hingegen wurde eine Position bezogen, die nur den Einzelnen und nicht das Methodische in der staatlichen Drangsalierung wahrnahm. Zwar wurde ihnen sowohl durch den Bischof als auch durch seine leitenden Mitarbeiter Harder und Plath Hilfe gewährt, jedoch nur unter Aufrechterhaltung der durch den Staat aufgezwungenen Isolation. Die ÜSE durften nicht als Gruppen in Erscheinung treten und sich, um Aufnahme in der Kirche zu finden, an keiner hervorgehobenen Position betätigen. Hier wurde Druck direkt vom MfS auf das Konsistorium übertragen und von dort an die Gemeinden weitergegeben.
Erst seit Ende der achtziger Jahre kam es in der Landeskirche Greifswald zu gehäuften Kontaktaufnahmen von Antragstellern zur evangelischen Kirche. Überwiegend handelte es sich dabei um Akademiker im Alter von 30 bis 45 Jahren, die aus unterschiedlichsten Gründen die DDR verlassen wollten. Vergleichsweise viele kamen aus dem Gesundheitswesen.[1021] Schon vorher hatte es ÜSE in der ELKG gegeben, aber es waren überwiegend Einzelpersonen gewesen, wohingegen es seit etwa 1986 besonders viele Familien waren. Seit 1987/88 zeichnete sich in der ELKG ein Prozess der Formierung und Sammlung von ÜSE innerhalb und am Rand von Gemeinden ab. Einen entscheidenden Anstoß gab die Verhaftung von Bürgerrechtlern bei der Luxemburg-Liebknecht-Demonstration am 18. Januar 1988 in Berlin. Sehr schnell versuchten die Antragsteller, sich untereinander zu verständigen und ihre persönliche Lage zu diskutieren. Diese Entwicklung, die sich auch in der ELKG abzeichnete, machte die Stasi nervös, die sich umgehend an das Konsistorium wandte. Nicht ohne Grund fiel in diese Zeit – Ende 1987 – die Kontaktaufnahme des MfS zu Konsistorialpräsident Harder.[1022] So fiel

1021 Hier und im Folgenden beziehe ich mich auf ein Gespräch mit Pfarrer Uwe Stegen am 25.6.1998 und mit Pfarrer Martin Stemmler am 1.7.1998.

1022 Der Konsistorialpräsident Hans-Martin Harder war seit 1985 in einer OPK bearbeitet worden, hatte jedoch zu erkennen gegeben, dass er an einer Aufrechterhaltung des Kontaktes zum MfS interessiert wäre. Daher wurde die OPK in einen IM-Vorlauf und anschließend in eine Registrierung als IM „Dr. Winzer" umgewandelt.

in dem Gespräch mit Oberstleutnant Wegner am 8. Oktober 1987 das entscheidende Zeichen Harders, der Wegner um Hilfe für einzelne Antragsteller in der Landeskirche Greifswald gebeten hatte, die sich an ihn gewendet hatten. Dieser sagte Harder „in Einzelfällen Unterstützung" zu.[1023] Ziel des MfS war es jedoch nicht, aus humanitären Gründen und aufgrund des guten Verhältnisses zu Harder besondere Erschwernisse zu vermeiden, sondern durch die Einflussnahme auf kirchenleitende Amtsträger zu verhindern, dass die Antragsteller ein Forum für sich im kirchlichen Raum fänden. Deren gesellschaftliche Isolation sollte also auch im kirchlichen Raum aufrechterhalten bleiben.

Der bevorstehende Kirchentag in Rostock zwang den Staat wie die Kirche zur Standortbestimmung. In vielen Basisgruppen wirkten ÜSE in verantwortlichen Positionen aktiv mit. Sollte diese Vermischung von Themen untersagt werden oder mitgetragen? Es begann eine innerkirchliche Positionsfindung zu den Antragstellern. Im September 1988 notierte der Führungsoffizier von Konsistorialpräsident Harder nach einem Gespräch mit diesem:

> „Nach übereinstimmender Meinung von Kirchenleitung und Leitung des Konsistoriums haben solche Art von Gruppen in der Kirche nichts zu suchen, dürfen als Gruppen keinen Raum bekommen und nicht anderweitig Unterstützung finden. Die LK vertritt die Auffassung, daß ÜSE ihre Dinge individuell auf dem gesetzlich zulässigen Wege regeln müssen. Dies wird ihnen auch kirchlicherseits in Gesprächen angeraten. Es wird durch die KL nicht zugelassen, daß unter dem Deckmantel irgendeiner nichtkirchlichen Gruppe (nicht nur ÜSE) Zugang zur Kirche gewährt wird. Er betonte, daß die KL [Kirchenleitung] im Raum der LK [Landeskirche] keine Wismarer Verhältnisse haben möchte."[1024]

Mit „Wismarer Verhältnisse" spielte Harder auf die Häufung von Antragstellern in Wismar und die besondere Selbstorganisation dieser Gruppe an. Harder und Bohl wurden aufgefordert, auf dem Superintendentenkonvent eine entsprechende Haltung zu vertreten.[1025] Ob diese dort in entsprechender Weise aktiv wurden, ist nicht überliefert. Dass Konsistorialpräsident Harder diese Position gegenüber den ÜSE jedoch durchsetzte, zeigte sich deutlich am Beispiel der ÜSE in Stralsund, was im Folgenden näher betrachtet wird.

1023 Vgl. BStU, BV Rostock, AIM 4155/90, Bd. I/1, Bl. 109. In dem Gespräch mit Wegner vom MfS soll Harder „um die Beschaffung bzw. Hinweis auf Erlangung sog. A-Scheins (Geschwindigkeitsaufhebung) für Bischof und H." gebeten haben. Ob Harder oder der Bischof den A-Schein erhielten, ist nicht bekannt.

1024 Vgl. ebd., Bl. 205.

1025 Vgl. ebd., Bl. 206.

Insgesamt wurde eine Praxis üblich, in der Gruppen von ÜSE in der Landeskirche Greifswald durch das Konsistorium weitgehend unterbunden wurden. In diesen Fällen kamen Harder oder Plath auf den entsprechenden Pfarrer oder kirchlichen Mitarbeiter zu und machten mehr oder weniger unverblümt deutlich, dass ein offenes Bekenntnis zu diesen Menschen als ÜSE nicht Sache der Kirche sei. Kirchlichen Schutz fanden dagegen Pfarrer, wenn sie ÜSE in Gruppen integrierten, ohne ausdrücklich auf die Ausreisethematik in Titel oder Inhalt ihrer Arbeit hinzuweisen. Dann handelte es sich um seelsorgerische oder gemeindekirchliche Arbeit. Voraussetzung dafür war jedoch, dass die ÜSE Mitglieder der Kirche waren. ÜSE, die nicht Mitglied der Kirche waren und in kirchlichen Kreisen mitarbeiteten, blieben ein Stein des Anstoßes – auch beim Konsistorium. In diesen Fällen wurden Gespräche mit den Pfarrern und Mitarbeitern geführt und das MfS setzte in diesen Gruppen Zersetzungsmaßnahmen ein. Für diese Kirchenpolitik in der ELKG gegenüber den ÜSE werden im Folgenden Beispiele angeführt. Im Mittelpunkt stehen Antragsteller in Stralsund in den Jahren 1988 und 1989.
In der Landeskirche Greifswald beschäftigte man sich mit der Frage, wie sich die Kirche gegenüber diesen Antragstellern verhalten sollte, erst vergleichsweise spät. Zwar hatten einzelne Antragsteller auch schon Anfang der achtziger Jahre Hilfe durch Oberkonsistorialrat Harder erhalten, aber die Antragsteller als Gruppen wurden erst im Laufe des Jahres 1988 im kirchlichen Leben sichtbar. Einen entscheidenden Anstoß gab die Verhaftung von Bürgerrechtlern bei der Luxemburg-Liebknecht-Demonstration am 18. Januar 1998 in Berlin.
Vielleicht zum ersten Mal wurde diese Frage auf dem Konvent der Superintendenten der ELKG am 21. Januar 1988 gestellt. Bischof Gienke soll dort vor dem Hintergrund der Verhaftungen gesagt haben, dass „staatlicherseits weiter konstruktiv und positiv an der Ausgestaltung des Weges vom 6.3.78 gearbeitet wird und in keiner Weise eine Änderung des staatl[ichen] Kurses zu verzeichnen bzw. zu befürchten sei".[1026] Superintendent Bohl berichtete gegenüber seinem Gesprächspartner vom MfS, dass die Superintendenten der Ansicht gewesen seien, dass die Ereignisse in Berlin keine kirchliche Meinungsbildung erforderlich machten, denn bei den Verhafteten hätte es sich „um fast ausschließlich Antragsteller auf Übersiedlung" gehandelt:

„Es wurde lediglich benannt, daß drei kirchliche Mitarbeiter unter den Verhafteten sein würden, wofür Bischof Forck verantwortlich zeichnen müßte. Es gab keinerlei Tendenzen, daß die Kirche sich mit diesen Leuten solidarisch erklären sollte oder müßte. Allerdings kam individuell zum Ausdruck, daß es

[1026] Vgl. ebd., Bl. 199.

bestimmte Vorbehalte gab, daß in gewisser Weise die individuellen Freiheiten nach Demonstrationen nicht durchgesetzt werden können, da dies ein Ideal der Kirche darstelle. Dazu gab es allerdings auch solche Positionen, daß letztlich sich alles den bestehenden staatlichen Gesetzen und den konkreten gesellschaftlichen politischen Bedingungen unterordnen müsse."[1027]

Unter den Superintendenten wurde darüber hinaus auch gefragt, welche Position die Kirche zu den basisdemokratischen Gruppen überhaupt einnehmen sollte.[1028] Eine gemeinsame Antwort fand man nicht. Deutlich wurde jedoch, dass es gegenüber einer mehrheitlichen Meinung durchaus einzelne Amtsträger in der ELKG gab, die kritischere Positionen vertraten. Dazu gehörte beispielsweise Superintendent Wackwitz.
Im September 1988 beschäftigte sich offensichtlich auch die Greifswalder Kirchenleitung mit der Frage, wie sich die ELKG den Antragstellern gegenüber verhalten sollte. Nach einem Bericht des IM „Titus" – Superintendent Siegfried Bohl –, der selbst kein Mitglied der Kirchenleitung war, beschloss diese, dass die ÜSE keinen Raum in der Kirche und somit keine Unterstützung als Gruppe erfahren sollten. Gegenüber den Übersiedlungsersuchenden sollten keine Kompromisse eingegangen werden.[1029] Zwar hatte sich die Diskussion um das Verhältnis zwischen den Antragstellern und der Kirche vor allem im Gefolge des Kirchentages im Juni 1988 ergeben, aber sie wurde bewusst im Blick auf eine ÜSE-Gruppe in Stralsund geführt, die Kontakt zur Kirchgemeinde in Knieper-West unter Pfarrer Uwe Stegen gefunden hatte und sich dort um eine engere Anbindung bemühte. Aus der Berlin-Brandenburgischen Landeskirche war bekannt, dass die Antragsteller dort Unterstützung von der Landeskirche in ihrer Situation erhielten – auch als Gruppen.[1030] In der Stralsunder Gemeinde Knieper-West fanden schon seit längerer Zeit „offene Gesprächsabende" unter Leitung von Pfarrer Stegen statt, an denen auch Antragsteller teilnahmen. Am 8. November war Konsistorialpräsident Harder zum Thema „Als Christ leben in der DDR" eingeladen und berichtete Herrn Wegner vom MfS:

„Durch die ÜSE wurde in Stralsund ihre Forderung nach einem eigenen Raum in der Kirche bekräftigt und angefragt, warum ÜSE in Berlin oder Rostock Unterstützung fänden bei der Kirche, nur im Bereich Greifswald nicht. Durch Harder wurde hierzu eindeutig und definitiv die Haltung der KL und des Kon-

---

1027 BStU, BV Rostock, AIM 4171/90, Bd. II/1, Bl. 200.
1028 Vgl. ebd., Bl. 199.
1029 Vgl. ebd., Bl. 297.
1030 Aus dem folgenden Bericht von Harder geht hervor, dass die ÜSE in Stralsund bereits an Stolpe geschrieben und diesen um Unterstützung gebeten hatten. Stolpe wiederum soll das Konsistorium in Greifswald gebeten haben, sich der Antragsteller anzunehmen.

sistoriums dargestellt, wonach es jetzt und zukünftig keinen Raum und keine andere Unterstützung wie etwa in Berlin für die ÜSE-Gruppen gibt und geben wird. Dies war auch als klare Linie an die anwesenden Pastoren gerichtet."[1031]

Harder wurde bei dieser Gelegenheit gefragt, ob Stegen die Genehmigung für eine Raumvergabe vom Gemeindekirchenrat (GKR) benötige; Harder bestätigte das. „Dieser benötige jedoch nicht nur die Genehmigung vom GKR, sondern von Harder selber, und diese Genehmigung werde er nie erteilen. Er begründete dies damit, dass die ÜSE jede Art von Veranstaltung in der Kirche besuchen können, Sonderveranstaltungen für ÜSE seien nicht Sache der Kirche und würden deshalb nicht zugelassen."[1032] Genauso ging das Konsistorium vor. Schon im Oktober/November 1988 hatten sich mehrere Antragsteller bei Stegen gemeldet und angefragt, ob sie in seiner Gemeinde einen Raum bekämen, um sich dort zu treffen. Stegen bat sich Bedenkzeit aus, sagte aber zumindest, dass er sich das vorstellen könne, die ÜSE sollten ein paar Tage später wiederkommen. Absichten in dieser Richtung und auch Stegens Einstellung waren dem MfS schon seit längerer Zeit bekannt, denn schon in einem Treffgespräch mit Harder am 15. November 1988 notierte der MfS-Offizier als Ergebnis des Gesprächs, dass sich Harder für die „Verhinderung der Einbindung der ÜSE-Gruppe Stralsund in die KG Knieper-West bei Pfarrer Stegen mit eigenen Arbeitsmöglichkeiten" einsetzen würde.[1033] Weiter heißt es in dem Bericht über das Gespräch mit Harder alias IM-Kandidat „Jupiter":

„J. bedankte sich für den Hinweis und sagte eine kurzfristige Einflußnahme zu. Er versicherte, daß er das Problem im Sinne der vorgenannten Positionen klären wird, die Gruppe also auch in Knieper-West keinen Raum bekommen wird."[1034]

Eine weitere Strategie des MfS gegenüber den Antragstellern war die Aushöhlung dieser Gruppen von innen. Unter den ÜSE waren besonders viele IM, und alle technischen Möglichkeiten wurden genutzt, um über eventuelle Vorhaben der ÜSE unterrichtet zu sein.[1035] Tatsache ist, dass die staatlichen Stellen schon sehr früh von der möglichen Eingliederung der Antragsteller in die Gemeinde Stegens erfuhren und Konsistorialpräsident Harder informierten. Ob durch einen IM oder durch operative Technik in den Räumen der

1031 BStU, BV Rostock, AIM 4155/90, Bd. II/1, Bl. 4.
1032 Ebd.
1033 Vgl. ebd., Bl. 2.
1034 Ebd., Bl. 5.
1035 Gespräch mit Pfarrer Ulrich von Saß, Wittenförden, am 16.10.1998.

Stralsunder Gemeinde, bleibt ungewiss. Harder rief schon kurze Zeit später bei Pfarrer Stegen an. Er hätte Informationen vom Rat des Bezirks, dass sich Antragsteller in Räumlichkeiten der Gemeinde Knieper-West treffen wollten. Dies fände jedoch nicht die Zustimmung des Konsistoriums. Harder brachte deutlich zum Ausdruck, dass eine Zuwiderhandlung Stegens Konsequenzen hätte, die sich dieser vorher überlegen solle. Stegen sah sich damals nicht in der Lage, gegen das Konsistorium zu entscheiden, obwohl er das Anliegen der ÜSE als berechtigt einschätzte. In einem Gespräch sagte Stegen, er habe diese Situation als tief bedrückend empfunden und den Altefährer Pfarrer Stemmler angerufen, der bereits zu diesem Zeitpunkt einen Kreis von Antragstellern betreute und diese ÜSE dann zu sich einlud.[1036]

Das Konsistorium hatte hier in die gemeindekirchliche Arbeit eingegriffen. Warum? Zum einen hatte das MfS offensichtlich erfolgreich Druck ausgeübt. Es war aber auch eine in den evangelischen Kirchen vielerorts anzutreffende Einstellung, dass Antragsteller keine Angelegenheit der Kirche seien. Die Argumente, die oft herangezogen wurden, waren, dass die ÜSE nicht immer Mitglied der Kirche seien oder mit einer zweifelhaften Motivation in die Kirche eingetreten seien. Sie brächten Themen in die Gemeindearbeit, die nicht eigentlich theologisch, sondern politisch begründet seien. Häufig, wohl nicht nur in der ELKG, standen dahinter Bedenken, dass das Verhältnis zum Staat, so gut oder schlecht es auch sein mochte, gefährdet werden könnte. In einer Gesprächsnotiz über ein Treffen des MfS-Offiziers Wegner mit Konsistorialpräsident Harder am 5. November heißt es:

„Die zugesicherte Einflußnahme der Quelle bezüglich der ÜSE-Stralsund hat besonderen Wert hinsichtlich der Verhinderung des Eindringens solcher Gruppierungen in legale Wirkungsmöglichkeiten der Landeskirche."[1037]

Harder verhinderte das „Eindringen in legale Wirkungsmöglichkeiten" nicht sofort, aber in den folgenden Monaten unternahm das Konsistorium entscheidende Schritte in diese Richtung.

Im Dezember 1988 meldeten sich die Antragsteller auf den Rat Stegens hin bei Pfarrer Stemmler in Altefähr – einen Steinwurf entfernt von Stralsund – und fanden Aufnahme. Dort bestand bereits eine intensive Arbeit mit und von ÜSE, beispielsweise ein Arbeitskreis „Ökologische Versammlung", in dem Antragsteller und andere Gemeindeglieder zusammenarbeiteten. Somit war eine wichtige Forderung des Konsistoriums erfüllt, dass die ÜSE nicht als Gruppe, sondern als einzelne Personen aufgenommen wurden und keine eigene ÜSE-Gruppe entstand. Innerhalb dieses Arbeitskreises gab es

1036 Gespräch mit Pfarrer Uwe Stegen, Stralsund, am 25.6.1998.
1037 BStU, BV Rostock, AIM 4155/90, Bd. I/1, Bl. 198.

eine „Christliche Arbeitsgemeinschaft KSZE", in der nur Antragsteller zusammenarbeiteten. Gegen diese Form der Arbeit hatte das Konsistorium nichts einzuwenden, solange nach außen nicht ersichtlich war, dass es sich um ÜSE handelte und Themen, die mit Ausreise zusammenhingen, behandelt würden. Das MfS hingegen versuchte, auch diese Gruppen auseinanderzutreiben. Als die Gruppe aus Stralsund im Dezember 1988 anlässlich des Tages der Menschenrechte mit Stemmler in Altefähr eine Rüstzeit und einen Gottesdienst plante, wussten Harder und Plath sehr schnell davon. Sowohl der Rat des Bezirks Rostock als auch das MfS intervenierten beim Konsistorium. Am 7. Dezember 1988 wurden Stemmler und zwei Antragsteller ins Konsistorium geladen und unumwunden aufgefordert, die Rüstzeit abzusagen. Im Bericht des MfS-Offiziers über ein Gespräch mit Harder einen Tag danach heißt es, vonseiten des Konsistoriums „erfolgte die Forderung, selbständig von diesem Vorhaben zurückzutreten, ansonsten werde die Veranstaltung verboten".[1038] Selbst wenn der Kirchgemeinderat Altefähr seine Zustimmung geben sollte, die Erlaubnis müsse beim Chef des Konsistoriums eingeholt werden und der werde sie nicht geben. Die Rüstzeit wurde abgesagt. Propst Friedrich Harder, der direkt neben dem Rüstzeitheim wohnte, wurde von Konsistorialpräsident Hans-Martin Harder aufgefordert, die Belegung des Heimes sowie den Gottesdienst zu kontrollieren und dem Konsistorium von beidem zu berichten. Dies ist auch geschehen.[1039] Darüber hinaus wurde Stemmler aufgefordert, den für den kommenden Sonntag zu Menschenrechtsfragen geplanten Gottesdienst unpolitisch zu gestalten, das vorgesehene Thema käme dafür nicht infrage.[1040] Pastor Stemmler fand eine salomonische Lösung: Er lud ersatzweise für die abgesagte Rüstzeit in sein Haus zu einem Familientreffen ein, anstelle des untersagten thematischen Gottesdienstes wurde ein Gottesdienst mit den vorbereiteten Texten außerhalb des Gemeindegottesdienstes gefeiert.

Im März 1989 informierte der nun schon mehrfach zurechtgewiesene Stemmler das Konsistorium darüber, dass die ÜSE in die Gemeindearbeit in Altefähr integriert werden wollten, es bereits gute Veranstaltungen gegeben habe und er dem nicht ablehnend gegenüberstehe.[1041] Das Evangelische Konsistorium in Greifswald jedoch sah sich veranlasst, Stemmler und der

1038 Vgl. ebd., Bd. II/1, Bl. 20.

1039 Propst i. R. Friedrich Harder kam hier zwar dem Auftrag nach, wurde aber insgesamt nicht im Sinne einer Disziplinierung tätig. Als es im Juni 1989 um die Kontrolle der ÜSE ging, die die Domeinweihung nicht stören sollten und daher unter innerkirchliche Kontrolle gestellt werden sollten, stellte IM „Titus" gegenüber dem MfS fest, dass Propst Harder dafür nicht infrage komme, weil er selbst politisch auf oppositioneller Seite stünde. Vgl. BStU, BV Rostock, AIM 4171/90,II/1, Bl. 345.

1040 Vgl. Gespräch mit Pfarrer Martin Stemmler, Putbus, am 1.7.1998.

1041 Vgl. BStU, BV Rostock, AIM 4155/90, Bd. II/1, Bl. 34/35.

Gemeinde in Altefähr noch einmal deutlich zu machen, dass eigene Veranstaltungen von Antragstellern nicht befürwortet würden.[1042] Oberkonsistorialrat Ehricht berief sich hier auf eine gemeinsame Position der Gliedkirchen des Bundes der Evangelischen Kirchen (BEK) in der DDR, wonach besondere Veranstaltungen für ÜSE nirgendwo Zustimmung fänden. Tatsächlich war man sich auf Bundesebene einig, dass Übersiedlung nicht die Lösung der Probleme der DDR sei, gleichzeitig wurde auf Bundesebene aber auch die Notwendigkeit der Integration dieser Menschen in die Gemeinden betont. So hieß es in einer Presseerklärung des BEK aus dem März 1988 über ein Gespräch zwischen dem Vorsitzenden der KKL, Bischof Leich, und Erich Honecker:

„Jeder, der geht, läßt andere einsamer zurück. Jeder, der ihm Anvertraute hinterläßt, schafft eine nur schwer schließbare Lücke. Schmerz und Zorn über solchen Verlust dürfen aber nicht zu moralischer Verurteilung und Ausgrenzung führen. [...] Die Seelsorge an Menschen in äußerer und innerer Not ist Aufgabe aller Gemeindeglieder, kirchlicher Mitarbeiter und Pfarrer. Dies gilt unabhängig davon, wie die jeweilige Notlage zustande gekommen ist. [...] Vielmehr kommt es darauf an, daß Menschen in dieser Lage in alle Lebensformen der Gemeinde integriert bleiben oder integriert werden."[1043]

Die Landeskirchen legten die Integration nicht immer gleich aus. So war auch in der Landeskirche Greifswald bekannt, dass in der Berlin-Brandenburgischen Kirche (BBK) eine offene Gruppenseelsorge betrieben wurde, sich die ÜSE unter kirchlichem Dach treffen und über ihre Situation sprechen konnten. Harder bezog sich auf die BBK und meinte, diese Politik würde die ELKG nicht verfolgen.[1044] In Mecklenburg ging man zwar nicht so weit wie in der BBK, reglementierte aber auch keine kirchlichen Gruppen, die unter Verantwortung einzelner Pastoren standen. Die „Wismarer Verhältnisse" belegen dies deutlich.

Neben den ÜSE-Kreisen in Stralsund und in Altefähr gab es auch weitere Kreise in der ELKG, in denen ÜSE mitarbeiteten und die die Aufmerksamkeit des MfS auf sich zogen. Dazu gehörten unter anderem der Friedenskreis der Christuskirche, der, wie sich das MfS gegenüber Harder im Dezember 1988 beschwerte, von zwei ÜSE geleitet würde,[1045] und die Arbeitsgemeinschaft Denkmalpflege, die von ÜSE organisiert würde und von Stadtjugendwart Schröder einen Raum erhalten hätte.[1046] Über den Friedenskreis

1042 Vgl. ebd., Bl. 53.
1043 LKAG, Best. 5, Abt. C, Nr. 10404, Dok. 4/88, Anlage 2, S. 3/4.
1044 Vgl. BStU, BV Rostock, AIM 4155/90, Bd. I/1, Bl. 236.
1045 Vgl. ebd., Bd. II/1, Bl. 17.
1046 Vgl. ebd., Bd. II/1, Bl. 18.

in Stralsund unter Leitung von Torsten Hennig hieß es beispielsweise, dass dort keine ÜSE aufgenommen würden. Nur solche ÜSE könnten im Friedenskreis mitarbeiten, die Mitglied der Kirche seien und Kirchensteuern zahlten, „und bei welchen eine Zurückdrängung nach Ansicht der Kirche nicht möglich ist. Nur um solche ÜSE will sich die Kirche seelsorgerisch kümmern, insbesondere auch im Friedenskreis."[1047] Tatsächlich arbeiteten jedoch ÜSE in dem Friedenskreis mit. In allen Fällen intervenierte das MfS gegenüber dem Konsistorium und forderte eine Korrektur. Beispielsweise erhielt Harder laut Unterlagen des MfS im Dezember 1988 den Auftrag, eine Aussprache mit dem Pfarrer der Greifswalder Christuskirche zu führen, weil zwei Leitungsmitglieder des dortigen Friedenskreises Antragsteller waren. Harder sollte dazu bewegt werden, eine „disziplinierende Aussprache zu führen und solche Leitungsstrukturen zu schaffen, die einen Mißbrauch bzw. die praktische Leitung des Kreises durch ÜSE verhindern" würden. Dass Hans-Martin Harder in dieser Weise aktiv geworden ist, ist nicht belegt.[1048]
Die Mechanismen der staatlichen Kirchenpolitik hinsichtlich der ÜSE waren deutlich. Das Konsistorium sollte – wie in anderen Bereichen auch – zur weiträumigen Kontrolle im innerkirchlichen Raum genutzt werden. Aber es hatte auch Vorteile, dass das Konsistorium in bestimmten Fällen einen engen Kontakt zu den Pfarrern hatte und man sich aufgrund der geringen Größe der Greifswalder Kirche oft persönlich kannte. Das Konsistorium bot auch einen gewissen Schutz. Hatte der einzelne Pfarrer mit dem Konsistorium gesprochen, war er gegenüber staatlichen Stellen abgesichert.
Es gab jedoch offensichtlich auch eine Ebene der ÜSE-Politik in Greifswald, die weit über den innerkirchlichen Diskurs zwischen ÜSE, Konsistorium und MfS hinausging und als gemeinsame Aktion von Bezirk und Landeskirche gegen die ÜSE zu bezeichnen ist. Dass Antragsteller durch den Staat an der Teilnahme an kirchlichen Großveranstaltungen oder an größeren Aktionen gehindert wurden, indem sie am Ortsausgang von Stralsund abgefangen wurden, gehörte zu den Schikanen des Staates. Mitunter kam es jedoch vor, dass die Kirche diese unterstützte.[1049] Beispielsweise soll Rechtsanwalt Wolfgang Schnur im Vorfeld der Domeinweihung am 11. Juni 1989 zu den ÜSE in der Landeskirche gereist sein und diesen eine Erklärung vorgelegt haben, in der sie sich dazu verpflichteten, keine Störungen bei der Domeinweihung vorzunehmen. Höchstwahrscheinlich ging es darum, dass sie an diesem Tag ihren Wohnort nicht verlassen sollten.[1050] Auch direkte Eingriffe von Bischof Gienke in die Angelegenheiten von ÜSE kamen vor, die nicht das Wohl des

---

1047 Vgl. OV „Halbkreis", BStU, MfS, BV Rostock, AOP 1402/91, Bd. I/1, Bl. 337.
1048 Vgl. BStU, BV Rostock, AIM 4155/90, Bd. II/1, Bl. 17.
1049 Vgl. Gespräch mit Pfarrer Martin Stemmler, Putbus, am 1.7.1998.
1050 Vgl. ebd.

Antragstellers, sondern das Verhältnis von Staat und Kirche im Auge hatten. Unter den Personen, die Stemmler betreute, war auch ein Journalist, der hoffte, durch einen persönlichen Zugang zum Staatsratsvorsitzenden Honecker persönliche Probleme lösen zu können. Er bat Bischof Gienke, während dessen Begegnung mit Honecker beim Empfang im Rathaus von Greifswald diesem einen Brief zu übergeben. Bischof Gienke sagte zu. Einen Tag vor der Domeinweihung wurde der Journalist von den „Staatsorganen" vorgeladen und für sein Schreiben zur Rechenschaft gezogen. Bischof Gienke hatte entgegen seiner Zusicherung den Brief vorzeitig und an untergeordnete staatliche Organe weitergegeben. Als Stemmler später Bischof Gienke in dieser Sache ansprach und ihn im Namen des Journalisten um Erklärung für diesen offensichtlichen Vertrauensbruch bat, sei Gienke sehr barsch geworden: was Stemmler sich anmaße, inwiefern er denn von seinem Bischof Rechenschaft erwarten könne, dies alles ginge Stemmler nichts an.[1051]

Ohne Zweifel war es für die Kirchen schwierig, eine Position gegenüber den ÜSE zu finden. Unter den Antragstellern gab es natürlich auch solche, die den kirchlichen Freiraum nutzten, um ihren Antrag auf Ausreise ohne allzu große Gefahr – aber zum Schaden der Kirche – zu beschleunigen. Dieser Eindruck, dass unter den ÜSE viele waren, die nicht Gott, sondern die diplomatischen Möglichkeiten der Kirche suchten, hat sich bis heute gehalten. Dass diese nun den Kontakt zur Kirche suchten, erhöhte die Spannungen zwischen Staat und Kirche erheblich. Darüber hinaus brachten die Antragsteller die Kirche in die ungewohnte Situation, die DDR verteidigen zu müssen. Denn die Kirchen vertraten den Standpunkt, jeder müsse dort bleiben, wo Gott ihn hingestellt habe. Daraus ergab sich eine hitzige moralische Diskussion selbst unter eindeutigen DDR-Kritikern. Die Antragsteller waren oft überrascht, dass Ihre besondere Situation in und ihre fundamentale Kritik an der DDR von der Kirche nicht vorbehaltlos unterstützt und anerkannt wurden. Sie fühlten sich unverstanden und bevormundet. Und hatten sie nicht Recht? Hatte nicht jeder DDR-Bürger das Recht, sich ohne Rechtfertigung für oder gegen das Leben in der SED-Diktatur zu entscheiden? In dieser komplexen Situation positionierte sich jede Landeskirche für sich, und selbst innerhalb der Landeskirchen positionierten sich viele Pastoren ebenso eindeutig, was auch innerhalb einzelner Konvente zu erheblichen Spannungen führte. Die Frage „Bleiben oder gehen?" hatte einen starken moralischen Beigeschmack.

Seit 1987/88 kristallisierte sich daher eine Politik des Greifswalder Konsistoriums heraus, die zwar den einzelnen ÜSE als Menschen ansprach, jedoch

[1051] Vgl. ebd.

nicht sein Anliegen und seine Kritik an der DDR thematisierte. Nicht alle ÜSE waren wirklich engagierte Mitglieder der Kirche, nicht alle waren überhaupt ihr Mitglied gewesen. Das wurde zum entscheidenden Argument der Kirchenführungen der meisten Landeskirchen und auch in der ELKG immer wieder angeführt. Die Kirche lasse sich, so hieß es, kein Thema von außen aufzwingen. Dass die Kirche eine ihr gemäße Form der Debatte über die Ausreise suchte und nicht politisch agierte, entsprach ihrer Rolle und ihren Möglichkeiten in der Gesellschaft der DDR. Zu sehr jedoch sind in der Landeskirche Greifswald staatliche Denkmuster übernommen worden. Dazu gehörte die Auffassung, dass die ÜSE nur als Einzelne und nur unter Ausblendung ihrer besonderen Lebenssituation Zugang zur Kirche finden sollten. Offensichtlich wurde auch gegenüber den ÜSE vor allem das Konsistorium zum Handlungsträger, der Bischof selbst trat weitgehend zurück. Aufgrund der eingeschränkten Einsichtnahme in kirchliche Archivbestände bleibt hier eine Lücke. Bekannt geworden ist lediglich eine Äußerung Gienkes auf dem Kreiskirchentag 1988. „Gisela“ berichtete, dass Gienke eine besondere Fürsorge für die ÜSE mit der Begründung abgelehnt habe, das sei nicht das Problem der Kirche.[1052] Im Gegensatz dazu betont Horst Gienke in seinen Memoiren, durch seine persönliche Fürsprache sei fast jede Ausreise beschleunigt und letztlich genehmigt worden.[1053] Auch Hans-Martin Harder äußerte sich in dieser Richtung: Er habe durch seine Kontakte zum MfS helfen können, Ausreiseanträge zu beschleunigen. Dabei sei seine Arbeit weitaus erfolgreicher gewesen, als die des mecklenburgischen Oberkirchenrats, sodass sogar ÜSE von dort nach Greifswald gekommen seien und sich an ihn gewandt hätten.[1054] Tatsächlich hatte Harder eine offene Tür für die ÜSE, die sich persönlich an ihn wandten. In diesem Sinne verwandte er sich auch für diese gegenüber dem MfS und kritisierte die schlechte Behandlung der ÜSE in Greifswald: Ihnen würde mit Drohungen und nicht mit Gesprächsbereitschaft begegnet, die Gesetze seien von außen nicht zu durchschauen und erweckten den Eindruck der Willkür, obwohl diese nicht gerechtfertigt sei.[1055] Aber in den Gesprächen mit Pfarrern, die in die Problematik der Antragsteller eingeweiht waren, konnte nicht bestätigt werden, dass sich Harder oder Gienke über die Kontrolle der Außenwirkung hinaus eingesetzt hätten. Nicht alle Pfarrer haben sich hier in gleicher Weise verhalten, es waren ja überhaupt nur wenige, die mit Antragstellern in Berührung kamen. Diese Menschen, die sich in der gesellschaftlichen Öffentlichkeit nicht zu Gruppen zusammenfinden durften und auch in der Kirche nur unter Vorzeichen, die

1052 Vgl. BStU, BV Rostock, AIM 4164/90, Bd. II/6, Bl. 426.
1053 Vgl. Gienke (1996), S. 383.
1054 Vgl. Gespräch mit OKRPr. Hans-Martin Harder, Greifswald, am 23.7.1997.
1055 Vgl. BStU, BV Rostock, AIM 4155/90, Bd. I/1, Bl. 155.

nicht ihrem eigentlichen Anliegen entsprachen, wären auch im kirchlichen Raum isoliert geblieben, wenn nicht einzelne Pfarrer einen Ausweg gefunden hätten. Dieser bestand darin, Kreise und Abende öffentlich ohne Hinweis auf ÜSE auszuschreiben und zu den entsprechenden Veranstaltungen bewusst Mitglieder des Gemeindekirchenrates einzuladen, sodass die offizielle Anbindung eines Kreises an die jeweilige Gemeinde gegeben war. Unter diesen Voraussetzungen gab es auch vom Konsistorium keinen Einspruch mehr. Dennoch begegneten die Pfarrer den ÜSE oftmals mit Zurückhaltung. Hätte die physische und geistige Unfreiheit in der DDR, die die Antragsteller so klar wie niemand sonst benannten, nicht deutlicher von der Amtskirche aufgenommen werden müssen?

6.3.4 Zusammenfassung

> „Manchmal stoßen Menschen zu kirchlichen Arbeitsgruppen, die mit ihrem Engagement im gesellschaftlichen Raum abgewiesen wurden und enttäuscht sind. Sie wollen unter dem Dach der Kirche an Überlebensfragen mitarbeiten, ohne damit in die Rechte und Pflichten eines Gemeindegliedes einzutreten. In der Zusammenarbeit mit der Gemeinde und Gesamtkirche muß erkennbar sein, daß nicht Oppositionshaltung, sondern Einsatz für eine gemeinsame Aufgabe das Verbindende und Verbindliche bleibt."[1056]

Die Konferenz der Kirchenleitungen (KKL) befasste sich 1986 mit der Frage, wie sich die Kirche zu den Basisgruppen und zu den neu hinzukommenden Menschen verhalten sollte, die nicht Mitglied der Kirche waren. Im Bericht der Konferenz heißt es, ausschlaggebend für die Aufnahme in die Kirche sei nicht die Mitgliedschaft, sondern das Bestreben, gemeinsam etwas diskutieren und ändern zu wollen. „Kooperationsbereitschaft" und „Kooperationsfähigkeit" sollten ein Miteinander von Gemeinde und „Randgemeinde" möglich machen. Sprach dieser Bericht auch für die Landeskirche Greifswald?

Das Verhältnis zwischen der Amtskirche und den Gruppen wurde von jeder Landeskirche für sich bestimmt. Der Kirchenbund gab nach 1986 dazu lange Zeit keine Stellungnahme ab. Erst im Frühjahr 1989, als sich alle Landeskirchen auf eigene Wege begeben hatten und auf einen gemeinsamen Weg keine Chance mehr bestand, beschäftigte sich die KKL noch einmal konkret mit der Frage, welche Rolle die Gruppen in der DDR spielen und wie sich

1056 LAG, BL Rostock IV E/ 2.14, Nr. 625, Bl. 8. „Bericht der Konferenz der Evangelischen Kirchenleitungen in der DDR, Vorlage Nr. 1" vom September 1986.

die Landeskirchen diesen gegenüber verhalten sollten. Man einigte sich lediglich darauf, dass das Evangelium die Mitte der Arbeit in den Gruppen sein sollte – eine salomonische Antwort. Die Greifswalder Kirche blieb bei ihrer Auffassung, die diesen „Basisgruppen“ nur wenig Raum zur Verfügung stellte. Diese waren abhängig von der Kirchenführung und mehr oder weniger stark deren Einflussnahme ausgesetzt. Hier ging es auch nicht um eine theologische Diskussion über die Aufgaben und Ziele einer Kirche, sondern um eine Auseinandersetzung zwischen Kirchenführung und Kirchenbasis. Die Gemeinden waren mitunter nur wenig in diese Basisgruppenarbeit einbezogen. Kritische Stimmen wurden nur als die Unzufriedenheit Einzelner und nicht als Ausdruck eines basisdemokratischen Willens verstanden.[1057] Dieselbe Kirchenführung, die Mehrheitsentscheidungen nicht zum Ausgangspunkt ihres Handelns machte, forderte den Nachweis einer basisdemokratischen Mehrheit von den Gruppen. Dieser war nicht zu liefern.

Das Verhältnis zwischen Basis und Kirchenleitung war in der ELKG ein grundsätzliches Problem. Mehrfach in den achtziger Jahren war das auf Landessynoden und Visitationen angesprochen worden. Mit der Entstehung von Gruppen setzte aber kein Diskussionsprozess ein, sondern der Kampf um Kompetenzen verschärfte sich. Der Bischof nahm die Kritik nicht an. Er fragte in seinem Bericht vor der Synode im Herbst 1987:

„Warum sprechen immer wieder einmal einige Stimmen von einem Graben zwischen ‚Basis‘ und ‚Leitung‘? Nach meinem Eindruck ist das kein so großes Problem in unserer Landeskirche [...].“[1058]

Tatsächlich war dies der entscheidende Konflikt, der im November 1989 zum Misstrauensantrag gegen Bischof Gienke führte. Als Bischof hatte er mehrfach ohne Konsultation kirchlicher Gremien oder einzelner Mitarbeiter Entscheidungen von höchster Tragweite getroffen.[1059] Gab es Kritik aus einzelnen Gemeinden, so handelte es sich für ihn meistens um einzelne Unruhestifter, „die auch nicht alle gleich ernst zu nehmen gewesen seien“, so Horst Gienke im Gespräch im Jahr 1998. Aus den Gemeinden und der Pfarrerschaft hätte sich über viele Jahre niemand beschwert, das sei erst viel später gekommen, als sie meinten, es ginge alles nicht schnell genug, sagte Gienke in Bad Zwischenahn, wohin er nach der Wende gezogen war.[1060]

1057 Dies bestätigte Altbischof Dr. Horst Gienke auch in einem Gespräch am 12.5.1998.

1058 Vgl. LAG, BL Rostock IV E/ 2.14, Nr. 635, Bl. 2 (Rückseite). Auf diese Stelle im Bericht bezog sich wohl auch die zur Domeinweihung von kirchlichen Mitarbeitern angefertigte Karikatur, auf der Bischof Gienke der Satz in den Mund gelegt worden war: „Warum hier etwas ändern? Ich höre nie Klagen?“

1059 Vgl. dazu auch Kai Langer (1997), S. 41 f. Auch Langer betrachtet Gienke als den einflussreichsten Exponenten einer Kirchenpolitik, die gegen die Basisgruppen im Sinne eines partnerschaftlichen Verhältnisses zu den staatlichen Organen eingetreten sei.

1060 Vgl. Gespräch mit Altbischof Dr. Horst Gienke am 12.5.1998.

Gienke räumte aber auch ein, er habe die Gruppen in ihrer Ernsthaftigkeit unterschätzt, indem er sie für „politische Wunschträume[r]" gehalten habe.[1061] Die Mehrheit der pommerschen Pfarrerschaft verhielt sich gegenüber den Gruppen sehr zurückhaltend. Bezeichnend in diesem Sinne war ein Bericht der SED-Kreisleitung in Ribnitz-Damgarten an die Bezirksleitung der SED in Rostock vom Juli 1989, in dem es hieß:

„Die in unserem Kreise wirkenden Pastoren der Greifswalder Landeskirche vertreten den Standpunkt, keine Basisgruppenarbeit zuzulassen. Die Haltung der Pfarrer der Mecklenburgischen Landeskirche ist zur Zeit nicht einschätzbar. Die Bereitschaft zu Gesprächen ist bei ihnen gering vorhanden."[1062]

Die Basisgruppen waren wichtig, weil sie einen gesellschaftlichen Diskussionsprozesses initiierten, der über die kirchlichen Grenzen hinausging und Menschen erfasste, die zuvor keine oder nur eine schwache Verbindung zur Kirche hatten. Die Auseinandersetzung um Fragen der Friedenserhaltung, des Umweltschutzes, des Schutzes von Minderheiten wie Homosexuellen und Ausländern sowie die öffentliche Wahrnehmung des Ausreiseproblems fand durch die Unterstützung der Amtskirchen statt. Diese wurden von der Basis gezwungen, sich in ein klares Verhältnis zum Staat, zu den Basisgruppen und zu den angesprochenen Sachfragen zu stellen. Die Basisgruppen forderten eine genaue Positionierung der evangelischen Kirche in der DDR und förderten damit deren Profil. Sie verbanden die Botschaft des Evangeliums mit den Fragen der Zeit.

Wie groß die Bedeutung der Basisgruppen in der ELKG war und wie Ehrichts Aktivitäten in Berlin bewertet wurden, zeigt anschaulich ein Brief des Staatssekretärs für Kirchenfragen an Erich Honecker vom Mai 1989. Darin riet Staatssekretär Kurt Löffler Erich Honecker zur Teilnahme an der Wiedereinweihung des Doms, denn:

„In der Greifswalder Landeskirche haben sog. Basisgruppen und andere gegen die Politik der DDR im kirchlichen Raum operierende Gruppierungen keine Wirkungsmöglichkeiten erhalten. Von der Kirchenleitung wurden unter straffer Führung des Bischofs klare zustimmende öffentliche Aussagen zur Friedens-, Gesellschafts-, Wirtschafts- und Sozialpolitik, zur Entwicklung der sozialistischen Demokratie und zur eigenen Verantwortung [...] getroffen."[1063]

1061 Vgl. ebd.

1062 LAG, BL Rostock IV E/ 2.14, Nr. 612, Bl. 62. Die Ortsteile Ribnitz und Damgarten lagen auf der historischen Grenze zwischen Mecklenburg und Vorpommern und damit zwischen der ELLKM und der ELKG.

1063 Vgl. SAPMO-BArch, DY 30/vorl. SED 41903. „Information zur Wiedereinweihung des Greifswalder Doms" vom 8.5.1989.

Die ELKG war aus staatlicher Sicht den Wünschen nachgekommen. Sie hatte nach innen die Basisgruppen in ihrer Wirkung eingeschränkt und nach außen das System der DDR unterstützt. Wie bekannt ist, kam Honecker nach Greifswald.
Wie überall in der DDR trugen diese Gruppen auch in der Greifswalder Kirche zur friedlichen Revolution bei und leisteten ihren eigenen, spezifischen Beitrag im Umbruch 1989/90. Stellvertretend für andere seien hier die Pfarrer Noack, Glöckner, Stemmler genannt, die für eine begrenzte Zeit politische Ämter wahrnahmen: Noack gehörte zu den Mitbegründern der Sozialdemokratischen Partei in der DDR, Glöckner nahm einige Jahre die Position des Oberbürgermeisters von Greifswald ein, und Stemmler war von 1990 bis 1993 Bürgermeister von Altefähr. Oswald Wutzke, Pfarrer in Garz an der Oder, wurde nach kurzer Mitgliedschaft im Demokratischen Aufbruch 1990 Mitglied der CDU und bekleidete dann politische Ämter auf Landes- und Bundesebene.[1064] Aber auch unter den Laien gab es solche, die aus dem Bewusstsein, für Menschen am Rand der Gesellschaft verantwortlich zu sein, aktiv wurden. Diese Laien nahmen dann an politisch brisanten Veranstaltungen teil, um durch ihre Anwesenheit zu signalisieren, dass hinter dem Forum, dem Treffen, der Diskussion die Gemeinde stehe. Damit gaben sie beispielsweise ÜSE Schutz vor dem Zugriff der staatlichen Organe. Sie stimmten nicht immer mit den Ansichten dieser Gruppen überein, seien es nun ÜSE, Homosexuelle oder andere Gruppen, aber sie nahmen wahr, dass ihre Hilfe gefordert war. Indem sie den Gemeinderaum zur Verfügung stellten oder bereit waren, zu brisanten Veranstaltungen zu kommen und die gastgebende Gemeinde zu vertreten, nahmen sie die gesellschaftlichen und menschlichen Probleme ernst und öffneten die Kirche für alle. Es ist kaum abzuschätzen, welchen großen Eindruck diese offene Kirche in der Wende auf die atheistische Umwelt machte und wie viel sie dadurch an Ansehen gewann. Oftmals setzte sich das Engagement dieser Laien auch in und nach der Wende fort, sie wurden Stadtverordnete, Gemeindevertreter usw. Diese Laien, kirchlichen Mitarbeiter und Amtsträger forderten ihrer Kirche etwas ab, und eben dadurch gewann die Kirche an Glaubwürdigkeit.

[1064] Wutzke war unter Ministerpräsident Alfred Gomolka 1990 bis 1992 Kultusminister. Zwischen 1994 und 2000 war Wutzke Sonderbeauftragter der Bundesregierung beim Bundesinnenministerium.

7 Die Wiedereinweihung des Greifswalder Doms am 11. Juni 1989

Der 11. Juni 1989 war nicht nur das Ende eines verfehlten kirchenpolitischen Weges einiger weniger kirchenleitender Entscheidungsträger, sondern auch der Anfang eines neuen Kapitels, nämlich einer spontanen Mobilisierung und Demokratisierung der Landeskirche, die mit dem Forum „Nachdenken über den Weg unserer Kirche“ am 6. Mai 1989 begann und ihren vorläufigen Endpunkt am 13. November 1989 hatte, dem Tag, an dem Horst Gienke von seinem Amt als Bischof der Greifswalder Landeskirche zurücktrat.

Die Wiedereinweihung des Doms und im Zusammenhang damit die Einladung Erich Honeckers sowie der sich anschließende Briefwechsel zwischen Honecker und Gienke führten innerhalb weniger Wochen jedermann deutlich vor Augen, dass die Außenwirkung des Ereignisses mehr zählte als die Wirkung nach innen und dass eine Minderheit eine Mehrheit überstimmen kann.

Unter dem Druck der Domeinweihung und der Einladung Honeckers konzentrierten sich die Leitungs- und Entscheidungswege auf eine Person: Horst Gienke. Von 1971 bis 1989 hatte die Landeskirche eine stetige Hierarchisierung durch Aufwertung des Bischofsamtes erlebt – das war nicht an der Kirchenordnung, aber am Amtsverständnis Gienkes klar ablesbar. Oder wie Horst Gienke mit Blick auf die Einladung Honeckers sagte: „Ich kann nicht, wenn Gott fragt, sagen, ich habe es nicht getan, weil die anderen es nicht wollten.“[1065]

Innerkirchliche Kritik hatte es schon Jahre zuvor gegeben: am finanziellen Aufwand für die Renovierung des Domes, an der Auswahl der Künstler, an der Beteiligung zahlreicher internationaler Gäste, aber auch an der hektischen Planung der Renovierung. Im November 1988 hatte Gunther Kirmis, für Baufragen zuständiger Konsistorialrat in der Vorbereitungsgruppe zur Domeinweihung, vorgeschlagen, die Einweihung zu verschieben, da der Dom im Juni 1989 noch nicht fertig sein würde. Gienkes Antwort war kurz: Er sei sich in der Sache „längst mit Gott einig“.[1066]

Die Wiedereinweihung des Greifswalder Doms am 11. Juni 1989 fand national wie international große Beachtung, weil sich unter den Gästen – in

1065 Zitiert nach Irmfried Garbe/Wolfgang Nixdorf (2005), S. 127.

1066 Vgl. Gunther Kirmis: Das Wirken der Koordinierungsgruppe bei der Restaurierung und Neugestaltung des Greifswalder Domes, in: Irmfried Garbe/Wolfgang Nixdorf (Hg.) (2005), S. 36.

einer gesellschaftspolitisch höchst angespannten Zeit – der Staatsratsvorsitzende der DDR und Generalsekretär der SED, Erich Honecker, befand. Die Umstände und Folgen der Domeinweihung sind in der Pommerschen Evangelischen Kirche nicht vergessen, und auch in der gesellschaftlichen Öffentlichkeit ist dieses Ereignis heute noch präsent. Stadtführer in Greifswald weisen regelmäßig darauf hin, wie zu den Domfeierlichkeiten 1989 Erich Honecker nach Greifswald gekommen und die Stadt wie ein Potemkinsches Dorf hergerichtet worden war. Die kleine Landeskirche war mit einem Tag zu einiger Bekanntheit gelangt. Das folgende Kapitel soll jedoch weder den Ablauf der Domeinweihung beschreiben, noch werden Reden oder Artikel der Tagespresse hier zu lesen sein. Vielmehr wird die Wiedereinweihung des Greifswalder Doms St. Nikolai als Beispiel für den kirchenpolitischen Weg der Landeskirche im Jahr 1989 aufgefasst und erörtert. Nicht auf dem Festgottesdienst selbst, sondern auf den Vorbereitungen und Nachwirkungen liegt der Schwerpunkt der Darstellung.

Zwischen Frühsommer und Herbst 1989 brachen, ausgelöst durch die Domweihe, die Konflikte zwischen der Kirchenleitung, der Landessynode und dem Bischof der ELKG aus. Protestveranstaltungen im Mai 1989 waren der Anfang der Unruhen gegen den kirchenpolitischen Kurs der „Viererbande",[1067] bestehend aus Bischof Gienke, den Oberkonsistorialräten Harder und Plath und Präses Dietrich Affeld. Sitzungen der Kirchenleitung und sogar der Konferenz der Kirchenleitungen auf Bundesebene folgten. Der Misstrauensantrag gegen Bischof Gienke und dessen darauffolgender Rücktritt am 13. November 1989 bildeten den Schlusspunkt des Kapitels. Dabei ebnete die Kirchenleitung mit ihrem Misstrauensantrag gegen den Bischof nur den Weg für das, was der Usedomer Kirchenkreis bereits im Juli 1989 in einem Schreiben gefordert hatte und was dann von der Landessynode aufgenommen wurde: einen personellen Neuanfang. Der Rücktritt eines Bischofs war ein einmaliger Vorgang in den evangelischen Kirchen der DDR in 40 Jahren.

Im Sommer 1989 wurden die Charakteristika der DDR-Kirchenpolitik besonders deutlich: der Wunsch der SED, die Kirche für eigene Zwecke zu instrumentalisieren, eine taktische Herangehensweise an alle kirchenpolitischen Fragen und die Differenzierungspolitik als wichtigstem Bestandteil der Kirchenpolitik. Hierin besteht die Bedeutung der Wiedereinweihung des Greifswalder Doms als Kulminationspunkt des „Greifswalder Wegs".

[1067] Vgl. BArch, DO-4/1133, o. Pag. „Informationsbericht über die kirchenpolitische Situation im Bezirk Rostock Mai-Juni 1989" vom 6.7.1989.

7.1 Die Vorbereitungen

Schon bei der Amtseinführung von Bischof Gienke am 17. Juni 1972 spielte der Dom St. Nikolai eine gewisse Rolle. Dessen restaurierungsbedürftige Glocken würden an so manche notwendige Reparatur in der Greifswalder Kirche erinnern und mögen bei der nächsten Bischofseinführung wieder erklingen, sagte der damalige Greifswalder Superintendent Zarnekow in seiner Ansprache.[1068] Dass die Glocken schon innerhalb weniger Jahre wieder läuten würden, hatte Zarnekow wohl nicht angenommen und noch weniger, dass er Jahre später zu den klaren Kritikern Gienkes gehören würde.[1069] Am allerwenigsten ahnte er sicher, dass die Ereignisse um den Dom den Hintergrund für den Rücktritt Gienkes 17 Jahre später bilden würden.

Im Januar 1977 begann die Renovierung des Doms St. Nikolai. Die Verantwortung für die Planung hatte das Konsistorium. 1977 bis 1982 wurde die Domfassade saniert. 1982 begannen die Innenarbeiten. Schon 1985 wurde der neue Altar eingeweiht, und im Juni 1989 konnte die Renovierung weitgehend abgeschlossen werden. Doch einfach vollzog sich die Sanierung des alten Gebäudes keineswegs. Von Anfang an gab es um St. Nikolai erhebliche Unstimmigkeiten zwischen dem Konsistorium, dem Gemeindekirchenrat, der Domgemeinde und den Pfarrern der Jakobi- und der Mariengemeinde, den beiden anderen mittelalterlichen Stadtkirchen in Greifswald. „Ist eine große Stadtkirche wirklich noch notwendig?", wurde gefragt. Denn mit jedem Straßenzug, der in der Innenstadt abgerissen wurde, schrumpfte die Domgemeinde.[1070]

Schon 1974 war deshalb eine Analyse angefertigt worden, die empfahl, dass von den drei Kirchen nur eine zu einer festen Winterkirche umgebaut werden sollte. Man entschied sich damals für die kleinste der Kirchen, die Jakobikirche, die Raum für Synodentagungen bieten sollte. Umso weniger Verständnis fand im Greifswalder Pfarrkonvent die Entscheidung der Kirchenleitung, zusätzlich zur Jakobikirche den Dom zu renovieren.[1071] Die Missstimmungen setzten sich fort bei der Bildung einer Dombaugruppe unter Vorsitz von Bischof Gienke, weil der Gemeindekirchenrat von St. Nikolai, der der eigentliche Bauherr war, sich zu wenig in die Baumaßnahmen einbezogen fühlte. Die Kritik bezog sich vor allem auf die personelle Zusammensetzung der Dombaugruppe, die den verschiedenen Interessengruppen

1068 Vgl. BArch, DO-4/789. „Bericht" über die Amtseinführung von Bischof Gienke.

1069 Vgl. SAPMO-BArch, DY 30/IV B 2/14/130, Fiche 2, Bl. 147. „Einige Aspekte über die kirchenpolitische Situation in der Evangelischen Landeskirche Greifswald" vom August 1977; angefertigt von Roland Macht, RdB Rostock, und von Reinhardt Brüssow, SED-BL.

1070 Vgl. Gespräch mit Pfarrer Roland Springborn, ehemals Pfarrer an St. Jakobi, am 5.12.1997.

1071 Vgl. Gespräch mit Pfarrer Reinhard Glöckner, Greifswald, am 9.12.1997.

nicht gerecht würde und die Interessen des Bischofs und des Konsistoriums allzu deutlich vertrete.[1072] Die enormen Kosten, die bundesdeutsche und schwedische Partnerkirchen in erheblichem Umfang mitgetragen hatten, die fehlende Kommunikation zwischen den beteiligten Gemeinden und dem Bischof sowie vor allem innerhalb der Baugruppe heizten das Klima über eineinhalb Jahrzehnte hin an mit dem „Finale“ im November 1989. Die Gruppen, die meinten, ein aufwendig renovierter Dom entspreche weder dem Bild der armen Kirche noch den finanziellen Möglichkeiten der Landeskirche Greifswald,[1073] waren auch diejenigen, die den Leitungs- und Politikstil der Landeskirche insgesamt nicht mehr akzeptieren wollten.

Insbesondere die Jugend- und Studentenarbeit unter Stadtjugendwart Bernd Schröder und Studentenpfarrer Arndt Noack (seit 1988), aber auch die Stralsunder Jugendarbeit unter Torsten Hennig hatten seit 1987 in einem konfliktreichen Verhältnis zum Konsistorium gelebt. Die Greifswalder Kirchenpolitik, die auf das „vertrauensvolle Verhältnis zum Staat“ ausgerichtet war und sich den staatlichen Organen gegenüber stets loyal gezeigt hatte, wurde seit Jahren kritisiert, aber besonders stark im Mai 1989, als die Domeinweihung unmittelbar vor der Tür stand. Bernd Schröder, Rainer Berndt und Arndt Noack organisierten unter anderem eine große Informationsveranstaltung über die bevorstehende Domeinweihung, die am 6. Mai 1989 in der Greifswalder Jakobikirche unter dem Thema „Nachdenken über den Weg unserer Kirche“ stattfand. Es war ein Treffen von Vertretern der Greifswalder Gemeinden, von Jugendlichen und Studenten aus der ESG und aus der Jugendarbeit, von Vertretern des Gemeindekirchenrates von St. Nikolai, von Synodalen der Landessynode und Vertretern des Konsistoriums. Auch der Bischof war anwesend. In der Greifswalder Jugendarbeit unter Bernd Schröder war eine Collage mit dem Titel „Eine theatralische Inszenierung“ entstanden, auf der ein sowjetroter Dom vor einer schwarzen, in Ruinen versunkenen Greifswalder Silhouette zu sehen war. Überall war ein Flugblatt von Studentenpfarrer Noack zu lesen:

„WER FEIERN WILL, muß vorher aussprechen, was ihn belastet. Die Probleme, die mit der Modernisierung des Domes verbunden sind, können nicht einfach unter die schwedischen Platten gekehrt werden. Wer Veränderungen in der Kirche will, muß anfangen, mit anderen gemeinsam etwas dafür zu tun.“[1074]

1072 Vgl. Gespräch mit Pfarrer Roland Springborn und Pfarrer Reinhard Glöckner.
1073 Vgl. Eine Großkirche mit vielfältigen Nutzungsmöglichkeiten, in: Greifswalder Informationsdienst, Nr. 2/1989 vom 30.6.1989, S. 3.
1074 Privatarchiv Pfarrer Arndt Noack.

Hier trat mit einem Mal die angestaute Kritik vor allem an Horst Gienke und Siegfried Plath zutage. Hans-Martin Harder wurde schnell dieser Gruppe zugeordnet, war er es doch gewesen, der seit 1985 als Leiter des Konsistoriums staatliche Einschränkungen offen – und häufiger noch verdeckt – innerkirchlich durchgesetzt hatte. Diese Veranstaltung unter maßgeblicher Leitung von Noack und Schröder fand großes Echo; Pastoren, Laien, Studenten, Konfirmanden kamen, hier war Gelegenheit, sich „Luft zu machen". Besondere Beachtung fand ein Vortrag von Pfarrer Springborn „Brauchen wir den Greifswalder Dom?", was Springborn klar verneinte. Zu diesem Zeitpunkt ging es schon nicht mehr nur um finanzielle Fragen der Domeinweihung, sondern um die Bautätigkeit in der Landeskirche Greifswald insgesamt.[1075] Vom Umgang mit Geldern und den damit verbundenen Beziehungen zu Partnerkirchen in Schweden und Schleswig-Holstein ging die Diskussion über zum Führungsstil Gienkes insgesamt. Gunnar Fischer war auf der Veranstaltung und gab in seinem Bericht retrospektiv den richtigen Ratschlag: Honecker sollte besser nicht eingeladen werden.

„Bestimmt tut man – das wäre mein Ratschlag – der Kirche, auch Gienke nicht gut, wenn man an einen Besuch von Honecker denkt. Gienke fühlt sich dann selbst zwar in den Mittelpunkt gerückt, aber letztendlich ist es nicht gut, wenn ein Bischof so isoliert ist in seiner Basis, das schadet auf Dauer auch sehr seinem Ansehen und einer sinnvollen Staat-Kirche-Politik."[1076]

Am 6. Mai[1077] erfuhr die Kirchenleitung in ihrer Sitzung, dass eine Einladung an Honecker zum Festgottesdienst ergangen war – ohne dass sie nach ihrer Meinung gefragt und an dem entsprechenden Briefwechsel beteiligt worden war. Nun wurde nicht mehr nur über die Finanzen und den Führungsstil gesprochen, sondern über die Alleingänge von Bischof, OKR Harder und Plath.

Aber warum kam Honecker eigentlich der Einladung nach? Ein Brief von Kurt Löffler, Staatssekretär für Kirchenfragen, an Erich Honecker legt nahe, dass es die internationale Aufmerksamkeit war, die den Ausschlag gab: Gienke hat Honecker gelockt, indem er ausdrücklich in seiner Einladung auf die Anwesenheit vieler ausländischer Gäste verwiesen hatte.[1078] In dem gleichen Brief Löfflers an Honecker heißt es:

1075 Vgl. E. Haß: „Eine Station auf dem Weg unserer Kirche", in: die kirche. Evangelische Wochenzeitung (Greifswalder Ausgabe), Jg. 44 (1989), Ausgabe 21/1989 vom 28.5.1989, S. 4.

1076 BStU, BV Rostock, AIM 2603/91, II/4, Bl. 161.

1077 Nach Ansicht Wolfgang Nixdorfs hat die Kirchenleitung erst in ihrer Sitzung am 26. Mai von der Einladung Honeckers erfahren (Gespräch mit Dr. Nixdorf am 8.9.2015).

1078 Vgl. SAPMO-BArch, DY 30/ vorl. SED 41903. Schreiben von Kurt Löffler an Erich Honecker vom 8.5.1989, Bl. 2.

„In einem vertraulichen Gespräch mit Dr. Gienke am 1.4.1989 hatte er mit sichtbarer Bewegung versichert, daß er in der von ihm stets unter Beweis gestellten ehrlichen Haltung zu seinem Staat, der DDR, auch künftig tätig sein wird. Die Partei- und Staatsführung könnten sicher sein, daß er stets verantwortungsbewußt handeln werde."[1079]

Es gab kein Halten mehr: Der Greifswalder Pfarrkonvent traf sich in Vorbereitung der Domeinweihung am 7. Juni 1989. Am Tag zuvor war er von der Einladung an Erich Honecker informiert worden. IM „Gisela" war als Vikarin berechtigt, an dieser Sitzung teilzunehmen, und berichtet über die dortige Erregung ihrem Führungsoffizier:

„Springborn war der 1., der meinte, also als einzige Konsequenz stehe doch eigentlich nur, wenn man sich selbst gegenüber ehrlich sein will, die Landeskirche zu verlassen [...]. Aber man einigte sich dann, daß keiner die Gemeinden verlassen würde. Einer der Anwesenden brachte den Vorschlag ein, ‚daß es eigentl. notwendig wäre, das Mißtrauensvotum gegen den Bischof zu stellen, der s. M. n. mehr als die Hälfte der LK jetzt gegen sich hat'."[1080]

Seiner Meinung nach sollte im September noch einmal über diesen Misstrauensantrag gesprochen werden, berichtete „Gisela". Die staatlichen Stellen hielten diese Meldung für so wichtig, dass sie eine „Operativinformation" an den Leiter der Bezirksverwaltung des MfS in Rostock sandten, die den „Einsatz der nutzbaren Quellen zur Offizialisierung der Erkenntnisse und zur Erreichung eines innerkirchlichen Auseinandersetzungsprozesses mit den konfrontativen Kräften innerhalb der Landeskirche" vorsah.[1081] Mit anderen Worten: Anhand der Domeinweihung sollten die „positiv-realistischen" Kräfte und die „feindlich-negativen" voneinander getrennt und gegeneinander ausgespielt werden. Der Superintendent von Greifswald, Wackwitz, und der Pfarrer am Dom, Puttkammer, waren die beiden „Pole" dieser Strategie. Auch das MfS wurde verstärkt eingesetzt. Weil man aus staatlicher Sicht eine Dombesetzung durch Gegner des Festgottesdienstes für nicht unwahrscheinlich hielt, wurde Konsistorialpräsident Harder angesprochen, der daraufhin Maßnahmen zur Bewachung der Türen ergriffen haben soll.[1082] Darüber hinaus soll Harder gegenüber seinem Führungsoffizier seine Bereitschaft erklärt haben, „im Zusammenhang mit der Domweihe und sich ergebenden Problemen für Kirche und Staat die Verbindung zum MA noch intensiver zu

1079 Ebd., Bl. 3.
1080 Vgl. BStU, BV Rostock, AIM 4164/90, Bd. II/7, Bl. 215.
1081 Vgl. ebd., Bl. 222.
1082 Vgl. BStU, BV Rostock, AIM 4155/90, Bd. II/1, Bl. 61.

gestalten."[1083] Tatsächlich sind in der IM-Akte von Harder drei Treffen verzeichnet, wonach er sich am 9., 10. und 11. Juni mit dem Führungsoffizier in seinem Dienstzimmer bzw. in einem Pkw [Personenkraftwagen] getroffen hat.[1084]

Es kam auch zu Drohungen gegenüber Oppositionellen und Ausreisewilligen.[1085] Wolfgang Schnur, Rechtsanwalt mit kirchlichem Vertrauensbonus und langjähriger IM, reiste durch die Landeskirche und forderte die namentlich bekannten Antragsteller auf Ausreise auf, am 11. Juni ihre Wohnorte nicht zu verlassen.[1086] Er legte ihnen ein entsprechendes Papier zur Unterschrift vor, das sie verpflichtete, zur Domeinweihung nicht nach Greifswald zu reisen.[1087] Dahinter stand die Befürchtung – sowohl seitens der Greifswalder Kirchenleitung und des Konsistoriums als auch von staatlicher Seite –, die Ausreiseleute könnten versuchen, Honecker ein Protestpapier, eine Bitte um Genehmigung ihrer Ausreiseanträge oder Ähnliches zu übergeben oder andere sogenannte „Demonstrativhandlungen" zu begehen.

Der 11. Juni 1989 war ein sonniger Tag. In den Schulen von Greifswald waren staatlicherseits Pioniere und FDJler geworben worden, um für Erich Honecker Spalier zu stehen. Das DDR-Fernsehen übertrug die Veranstaltung live. Insgesamt waren 65 Journalisten anwesend.[1088] 2.000 Gäste hatten sich in der Kirche versammelt, und nach draußen wurde der Gottesdienst über Lautsprecher übertragen. Parallel dazu hielt Pastor Glöckner in St. Marien einen Gottesdienst, der deutlich den Charakter einer Gegenveranstaltung trug. Unmittelbar vor dem Dom verteilten Jugendwart Torsten Hennig und Pfarrer Uwe Stegen aus Stralsund Karikaturen, auf denen Bischof Gienke vor den Ruinen der Greifswalder Altstadt zu sehen war. Darüber stand deutlich „Insel Konsistoria", und in einer Sprechblase war Gienke in den Mund gelegt: „Warum hier etwas ändern? Ich höre nie Klagen!"[1089] Nach dem Gottesdienst fand jener Empfang beim Oberbürgermeister von Greifswald statt, der das Fass zum Überlaufen bringen sollte. Der Personenkreis, der beim Empfang zugelassen war, war sehr klein und bis auf Martin Ziegler vom Kirchenbund auf Vertreter der Landeskirche Greifswald beschränkt: Bischof Gienke, die Oberkonsistorialräte Harder und Plath, Pfarrer Puttkammer als Vertreter der Domgemeinde sowie drei Mitglieder der Greifs-

1083 Vgl. ebd., Bl. 55.
1084 Vgl. ebd., Bl. 66.
1085 Vgl. Ehrhart Neubert (1997), S. 817.
1086 Vgl. Gespräch mit Pfarrer Martin Stemmler, Putbus, am 1.7.1998.
1087 Vgl. ebd.
1088 Im Folgenden beziehe ich mich auf Wolfgang Nixdorf: „Eine Woche im Mittelpunkt. Festwoche zur Wiedereinweihung des Greifswalder Doms", in: die kirche. Evangelische Wochenzeitung (Greifswalder Ausgabe), Jg. 44 (1989), Ausgabe 28/1989 vom 9.7.1989, S. 4.
1089 Privatarchiv Torsten Hennig.

walder Kirchenleitung nahmen an dem Empfang im Rathaus teil. Einer längeren Rede Gienkes folgten einige kurze Worte von Honecker, in denen er – nach deutlichem Drängen Gienkes – die Wiederaufnahme von Gesprächen zwischen dem Staatssekretariat für Kirchenfragen und dem Kirchenbund zusagte, ohne jedoch genauer darauf einzugehen. Diese Zusage wurde in den folgenden Wochen zum Damoklesschwert, weil sie nicht eingehalten wurde und nur von Gienke verbreitet, von staatlichen Stellen jedoch nicht bestätigt wurde.

Welche Ziele waren seitens der Landeskirche Greifswald und des Staates mit dieser Domeinweihung verbunden? Nicht nur, dass Honecker überhaupt eingeladen wurde, sondern auch, dass er tatsächlich kam, signalisierte nach außen, dass beide Seiten dem Festgottesdienst eine große Symbolkraft beimaßen. Bischof Gienke ging es um eine Wiederaufnahme der Gespräche zwischen Staat und Kirche als Krönung „seiner" seit 1972 verfolgten kirchenpolitischen Linie. Tatsächlich waren die Informationsgespräche zwischen der Konferenz der Kirchenleitungen und dem Staatssekretariat für Kirchenfragen seit 1987 zum Stillstand gekommen. Bischof Werner Leich, seit 1986 Vorsitzender der KKL, beschwerte sich mehrfach über die staatliche „Hinhaltetaktik", die das vorgebliche Bemühen um ein gutes Verhältnis zu den Kirchen unglaubwürdig erscheinen lasse. Harder berichtete dem MfS, Leich hätte auf der Richtigkeit seiner Entscheidung, nicht mit den staatlichen Stellen zu reden, beharrt. „Er wisse nicht, worüber er reden solle, es ginge jetzt um harte und klare Forderungen und nicht um eine ‚Festtagsdebatte'. Ein Zugehen auf den Staat wird es seinerseits nicht geben."[1090] Offiziell wurde Honecker eingeladen, weil die DDR an der Renovierung des Doms beteiligt war. Aus dem gleichen Grund waren zahlreiche Vertreter aus der Bundesrepublik Deutschland eingeladen worden, u. a. der Ministerpräsident von Schleswig-Holstein, Engholm, der Altbundespräsident Karl Carstens und der Industrielle Berthold Beitz.

Warum die DDR die Renovierungsarbeiten am Dom unterstützt hatte und weshalb Honecker letztlich selbst anreiste und nicht den Staatssekretär für Kirchenfragen schickte, ist nicht abschließend geklärt. Übereinstimmend wird davon ausgegangen, dass die Landeskirche Greifswald als staatsnahe Kirche genutzt werden sollte, um die anderen Landeskirchen zu einem ebenso staatsloyalen Handeln zu bewegen, dass hier also in besonders großem Stil eine Differenzierungspolitik durchgesetzt werden sollte.[1091] Dabei werden drei verschiedene Thesen vertreten: Horst Dohle meint, die Differenzierung hätte sich gegen die Berlin-Brandenburgische Landeskirche gerichtet, Martin

1090 BStU, BV Rostock, AIM 4155/90, Bd. II/1, Bl. 12.
1091 Vgl. Uwe Funk (1992), S. 33.

Onnasch spricht von einer gegen die Landeskirche Mecklenburg gerichteten Politik[1092] und Uwe Funk weist darauf hin, dass die SED mit der Domeinweihung eine Politik der Differenzierung zwischen der Landeskirche Greifswald und dem Kirchenbund insgesamt betrieb.[1093] Hinter der Teilnahme Honeckers an den Festlichkeiten in Greifswald stand wohl auch die Suche nach außen- wie innenpolitischer „Anerkennung, die durch das historische und kulturelle Erbe legitimiert werden sollte".[1094] Der atheistische Staat vereinnahmte bestimmte kirchliche Traditionen, weil er selbst keine überzeugenden Traditionen hatte. Unbestritten ist wohl auch, dass die DDR-Führung demonstrieren wollte, zu welchem Entgegenkommen der Staat bereit sei, wenn die Kirche entsprechende kirchenpolitische Grundeinstellungen garantierte.

7.2 Die Gästeliste – Honecker und Bischof Forck

Zum eigentlichen Auslöser der Auseinandersetzung zwischen der Greifswalder Landessynode und dem Bischof wurde die „Gästeliste" der Domfestlichkeiten. Zwei Punkte wurden in den folgenden Monaten unentwegt in der kirchlichen Öffentlichkeit diskutiert: die Einladung Honeckers zum Festgottesdienst durch Bischof Gienke und die Ausladung Bischof Forcks vom Empfang beim Oberbürgermeister von Greifswald durch das Staatssekretariat für Kirchenfragen. Auf diesem Empfang sollte das entscheidende Gespräch der evangelischen Kirche mit Honecker stattfinden.
Verärgerung rief außerdem hervor, dass außer einer allgemeinen keine konkrete Einladung an die sieben evangelischen Bischöfe in der DDR ergangen war. So kamen zwar leitende kirchliche Amtsträger aus Thüringen, Anhalt, Görlitz, Provinzsachsen und dem Diakonischen Werk der DDR nach Greifswald, aber außer dem Berlin-Brandenburgischen Bischof Forck, der von der KKL gebeten worden war teilzunehmen, waren darunter keine leitenden Geistlichen. Dass auch Bischof Stier aus der Nachbarkirche Mecklenburg nicht unter den Teilnehmern war, war auffällig.
Tatsächlich hatte Christoph Stier schon Wochen zuvor von Horst Gienke erfahren, dass Honecker nach Greifswald kommen würde. Horst Gienke hatte auf mecklenburgische Unterstützung gehofft und Stier in einem persönlichen Gespräch nach Greifswald eingeladen. Stier entschied sich dann aus grundsätzlichen Erwägungen heraus, an der Wiedereinweihung des Doms

1092 Vgl. Martin Onnasch (1997), S. 12.
1093 Vgl. Uwe Funk (1992), S. 33.
1094 Vgl. Robert F. Goeckel (1995), S. 282. Goeckel bezieht die „Suche nach größerer Anerkennung" jedoch nicht konkret auf die Domeinweihung.

nicht teilzunehmen. Ihm war es wichtig, nach außen wie innen eine deutliche Distanz zu Staat und SED zu wahren, wie sie schon unter Heinrich Rathke praktiziert worden war.[1095]
Bischof Forck und mit ihm auch der Leiter des Sekretariats des Kirchenbundes, Martin Ziegler, waren ursprünglich auch zum staatlichen Empfang im Greifswalder Rathaus eingeladen worden. Sie wurden jedoch zwei Tage vor der Wiedereinweihung des Doms, am 9. Juni 1989, wieder ausgeladen. Das Drängen der Greifswalder Kirche hatte nur teilweisen Erfolg: Zieglers Ausladung wurde wieder rückgängig gemacht. Zu Forck hieß es, dieser sei kein Vertreter des Kirchenbundes und käme somit als kirchlicher Gast nicht infrage. Dieses Vorgehen musste als Politikum gesehen werden. Dahinter verbarg sich ein staatlicher Differenzierungsversuch,[1096] der sich gegen die Berlin-Brandenburgische Kirche und den Kirchenbund richtete, indem Greifswald zum Brennpunkt der staatlichen Kirchenpolitik gemacht wurde. Die Frage war, wie Gienke und Harder als ständige Mitglieder der Konferenz der Kirchenleitungen auf diese Spaltungspolitik reagieren würden. Gienke war zwar über die Ausladung beunruhigt, blieb aber bei seinem Kurs des unbedingten Vertrauens in die Zusage Honeckers, das Gespräch auf höchster Ebene wieder aufnehmen zu wollen. Dass Bischof Gienke die Nichteinladung Forcks öffentlich nicht scharf verurteilte, bedeutete die Aufkündigung der innerkirchlichen Solidarität mit Forck und den symbolischen Schulterschluss mit Erich Honecker. Noch in seinen Memoiren weist Gienke dem Berliner Bischof selbst ein gewisses Maß an Schuld für dessen Ausladung zu: Forck habe wenige Tage vor der Domweihe von der Übergabe eines Dokuments über die vergangenen Wahlen gesprochen und dadurch bei den staatlichen Vertretern hektische Entscheidungen ausgelöst[1097], schrieb Gienke, und weiter:

„Was blieb anderes übrig als den Weg, den man langfristig gemeinsam besprochen hatte, geduldig weiterzugehen und dabei zu versuchen, doch noch – und nun erst recht – ein wenig Gutes für das ganze Land und die Kirchen in ihm zu erreichen?"[1098]

Von einer langfristigen Absprache im Kirchenbund konnte jedoch keine Rede sein. Gerade im BEK war man seit 1987/88 nicht mehr bereit, „geduldig weiterzugehen", denn man hatte erkannt, dass auf ein Entgegenkommen kirchlicherseits nicht notwendig auch ein staatliches Entgegenkommen

1095 Gespräch mit Altbischof Christoph Stier am 25.10.2016.
1096 Vgl. Frederic Hartweg (1995), S. 510. Horst Dohle kommt anhand von Akten aus dem Politbüro des ZK der SED zu diesem Schluss.
1097 Vgl. Gienke (1996), S. 336/337.
1098 Ebd., S. 334.

folgte. So hatte die KKL im März 1987 in einem gemeinsamen Beschluss darauf hingewiesen, dass die Beteiligung kirchlicher Vertreter an staatlichen Veranstaltungen durchaus den Charakter eines Bekenntnisses der Kirchen zum Staat trügen und in der Öffentlichkeit oftmals eine andere Wirkung als beabsichtigt hätten.[1099]

Tatsächlich konnte die Kirchenführung in Greifswald nun nichts weiter machen, als den Affront hinzunehmen. Gegen den Staat Stellung zu beziehen, lag nicht auf der Linie des Greifswalder Bischofs und seiner Mitarbeiter.

Das Protokoll der Tagung der KKL in Buckow 1987 ist ungewöhnlich klar und selbstkritisch. Das Hauptthema war „Das Verhältnis des Bundes zu gesellschaftlichen Kräften und Gruppierungen", ein Thema, das schon in sich eine Kehrtwende andeutete: Die Kirche würde sich in der Gesellschaft deutlich zu den Fragen der Zeit positionieren. Bischof Demke, Magdeburg, hatte in Vorbereitung auf die Tagung zur Diskussion gestellt, wie die Kirche mit dem „Problem der Teilnahme an Veranstaltungen des Staates oder gesellschaftlicher Organisationen" umgehen solle. Dazu hat der Vorstand der KKL eine Vorlage (Nr. 5) angefertigt, über die auf der 110. Tagung diskutiert wurde. Das Protokoll hält fest, dass die Meinungen in der KKL sehr auseinandergingen. Hempel hielte eine neue Kirchenpolitik nicht für nötig, der 6. März 1978 gelte immer noch.[1100] Andere Mitglieder der KKL hinterfragten, ob sich nicht doch einiges geändert hätte, u. a., dass die Kirche ihre Eigenständigkeit gegenüber den Gemeindegliedern nicht mehr nachweisen könne. Am Ende fasste die Konferenz der Kirchenleitungen folgenden Beschluss:

„Die Kurzformel ‚Kirche im Sozialismus' bedarf wie bisher der situationsbezogenen Auslegung.

Die Konferenz sieht in dem Gespräch des Vorstandes mit dem Vorsitzenden des Staatsrates am 6. März 1978 weiterhin eine gute Grundlage für die Gestaltung des Verhältnisses von Staat und Kirche.

In kirchlichen Äußerungen zu gesellschaftlichen und politischen Fragen muß darauf geachtet werden, daß die Bindung an das Evangelium deutlich erkennbar wird.

Zwischen den Leitungsorganen und den Gemeinden soll der Gesprächsprozeß, der sich gegenseitig auch Kritik zumutet, intensiviert werden.

Für die Behandlung von Sachfragen und Konflikten zwischen den Leitungsorganen der Kirche und des Staates ist die bewährte Form von Gesprächen festzuhalten.

1099 Vgl. LKAG, Best. 5, Abt. C, Nr. 10404, Dok. 3/87. Anlage I zum Protokoll über die 110. Tagung der KKL vom 6.–8.3.87 in Buckow.

1100 Vgl. ebd.

Die Konferenz betont die Notwendigkeit, die Beteiligung an staatlichen oder gesellschaftlichen Veranstaltungen daraufhin zu prüfen, ob deren öffentliche Wirkung der eigentlichen Absicht der kirchlichen Beteiligung entspricht."[1101]

Dieser Beschluss wurde einstimmig angenommen. Anwesend waren auch Horst Gienke und Hans-Martin Harder.
Gleichzeitig hatten Bischof Gienke, Plath und Harder[1102] zu diesem Zeitpunkt bereits die Einladung Honeckers geplant. Die offizielle Begründung für die Einladung lautete, dass der Staat einen Teil der Renovierungskosten für den Dom getragen hätte. Erste Andeutungen, dass zur Domweihe hohe staatliche Würdenträger erwünscht seien, machten Gienke, Harder und Plath bereits im Mai 1988 gegenüber dem Bezirk Rostock und deuteten damit an, dass hier nicht nur an den Staatssekretär für Kirchenfragen gedacht sei, denn dieser war bereits eingeladen worden.[1103] Das war ein Jahr nach dem Buckower Beschluss der Konferenz der Kirchenleitungen vom März 1987, der noch einmal daran erinnert hatte, dass alle Landeskirchen eng bei den Gemeinden bleiben sollten, das Evangelium nicht aus dem Auge verlieren dürften und deshalb zu bedenken hätten, dass kirchenpolitische Veranstaltungen von der Bevölkerung oft anders gewertet würden als von den kirchlichen Partnern.[1104] Am 21. Dezember 1988, lange bevor die anderen sieben Bischöfe und der Kirchenbund informiert wurden, erklärte Gienke gegenüber dem 1. Sekretär der Bezirksleitung der SED, Ernst Timm, dass die Absicht bestehe, den Staatsratsvorsitzenden einzuladen.[1105] Tatsächlich ist die Einladung an Honecker am gleichen Tag abgegangen – ohne Rücksprache mit der Konferenz der Kirchenleitungen einerseits oder der Greifswalder Kirchenleitung andererseits.
Im April 1989 gab es ein vertrauliches Gespräch zwischen Gienke und dem Staatssekretär für Kirchenfragen über die bevorstehenden Festlichkeiten. In einem Bericht an Honecker darüber heißt es:

„Eine positive Entscheidung zur Einladung würde in der gegenwärtigen politischen Situation in den evangelischen Kirchen als eindeutige Unterstützung der vertrauensvollen und aufrichtigen Haltung der Leitung dieser Landeskirche gegenüber dem sozialistischen Staat anerkannt werden und die realisti-

1101 Ebd.

1102 Über eine Einbeziehung weiterer leitender Mitarbeiter ist nichts bekannt. Die Einladung Honeckers scheint bis zur Information an die Kirchenleitung im Mai 1989 ausschließlich diesen Dreien bekannt gewesen zu sein.

1103 Vgl. BArch, DO-4/1474. „Information über ein Gespräch mit der Kirchenleitung der Greifswalder Landeskirche am 25.5.1988".

1104 Vgl. LKA GR, Abt. C, Nr. 10404, 3/87, Anlage I zum Protokoll über die 110. Tagung der KKL vom 6.-8.3.87 in Buckow.

1105 Vgl. LAG, BL Rostock IV E/ 2.14, Nr. 615, Bl. 128. „Aktennotiz" zum Gespräch Timm mit Bischof Gienke am 21.12.1988.

schen und vernünftigen Kräfte im Bund der Evangelischen Kirchen in ihrem Verhalten gegen den politischen Mißbrauch des kirchlichen Raumes unterstützen. [...]
In Anbetracht der besonderen Rolle, die Bischof Dr. Gienke und die Greifswalder Landeskirche mit ihrer Haltung zur Politik des Staates spielen, würde ich vorschlagen, daß der Stellvertreter des Vorsitzenden des Staatsrates der DDR, Gerald Götting, im persönlichen Auftrag des Vorsitzenden des Staatsrates der DDR an den öffentlichen Veranstaltungen in Greifswald teilnimmt. [...]
In einem vertraulichen Gespräch mit Dr. Gienke am 1.4.1989 hatte er mit sichtbarer Bewegung versichert, daß er in der von ihm stets unter Beweis gestellten ehrlichen Haltung zu seinem Staat, der DDR, auch künftig tätig sein wird. Die Partei- und Staatsführung könnten sicher sein, daß er stets verantwortungsbewußt handeln werde."[1106]

Der Staatssekretär für Kirchenfragen berichtete Erich Honecker im Mai über das Gespräch mit Gienke. Darin habe der Greifswalder Bischof nicht nur seine „ehrliche [...] Haltung zu seinem Staat, der DDR", ausgedrückt, sondern auch gesagt, dass die Teilnahme Honeckers „als unwiderlegbarer überzeugender Ausdruck des bestehenden vertrauensvollen Verhältnisses zwischen dem sozialistischen Staat und der Landeskirche Greifswald [...] aufgefaßt werde."[1107] Wenn Gienke hier auch möglicherweise nicht die ELKG auf die Stufe des Staates gestellt hat, beim Staatssekretär ist diese Intention angekommen, und es ist von vornherein auf dieser Grundlage argumentiert worden. Bis Mai 1989 wurde staatlicherseits eine Entscheidung hinausgeschoben. Dabei ging es nicht um die Frage der Teilnahme oder Ablehnung, sondern um konkrete kirchenpolitische Interessen, die mit einer Entscheidung verbunden waren. Im Politbüro gab es erhebliche Meinungsverschiedenheiten zur Teilnahme von Honecker an der Domweihe. Jarowinsky als der mächtigste Mann der SED in Kirchenfragen meinte, dies „sei nicht das richtige Signal zur richtigen Zeit".[1108] Für ihn war der nachfolgende „IX. Pädagogische Kongreß" der Hinderungsgrund. Honecker setzte sich jedoch durch. Was letztlich den Ausschlag für die Teilnahme Honeckers an der Wiedereinweihung des Greifswalder Doms St. Nikolai gegeben hat, lässt sich nicht mit Sicherheit sagen. Sicherlich ist das gute Verhältnis zwischen Honecker und Bischof Gienke in Rechnung zu stellen. In den siebziger und achtziger Jahren hatte es bereits mehrfach Begegnungen gegeben. So hatte Gienke unter anderem 1984 Erich Honecker und den schwedischen Ministerpräsiden-

[1106] Vgl. SAPMO-BArch, DY 30/ vorl. SED 41903. „Staatssekretär für Kirchenfragen. Information zur Wiedereinweihung des Greifswalder Doms" vom 8.5.1989.
[1107] Vgl. ebd.
[1108] Vgl. Frederic Hartweg (1995), S. 508.

ten, Olof Palme, in Stralsund begrüßt, was national großes Medieninteresse gefunden hatte. Von einem „Husarenritt“[1109] Honeckers gegen Jarowinsky, Kraußer und Löffler, wie Gienke in seinen Memoiren schreibt, kann dennoch wohl keine Rede sein. Es muss auch offenbleiben, ob Honecker, wie Gienke schreibt, tatsächlich an einem Neuanfang zwischen Kirche und Staat interessiert war, sich jedoch dem Widerstand des Politbüros ausgesetzt sah. Ganz sicher unrichtig ist jedoch Gienkes Feststellung, dass Honecker den Einfluss der Kirchen in der Gesellschaft fördern wollte und durch Jarowinsky daran gehindert worden sei. Gienke stellte die Situation so dar, als sei mit der Einladung Honeckers ein missionarischer Ansatz verbunden gewesen. In seinen Memoiren heißt es dazu:

> „Nur zu deutlich war, daß dieser Mann [Honecker] von einer atheistischen Ideologie zutiefst geprägt war. Hatte er im Alter dennoch begonnen, positive Erfahrungen mit der Kirche in seiner eigenen Kindheit neu zu bedenken? [...] Dieser Gast war wie jeder andere jederzeit im Greifswalder Dom willkommen. Wir hatten nicht die politischen Richter, sondern die Boten des Evangeliums an alle Menschen zu sein.“[1110]

War dies sein Verständnis von § 120 der Kirchenordnung der ELKG, dem zufolge der Bischof „die geistigen Bewegungen seiner Zeit zu verfolgen und sich von der Lage der Kirche in Zeit und Welt und den besonders hervortretenden kirchlichen Aufgaben ständig Rechenschaft abzugeben“[1111] hatte? Dass Honecker eben nicht „wie jeder andere“ behandelt wurde, sondern die gesamte Domeinweihung um seine Person herum organisiert worden war, ist nicht zu leugnen. Ein echtes Zeugnis einer Annäherung des Staates an die Kirche wäre gewesen, wenn Honecker tatsächlich nicht anders als die anderen Gäste behandelt worden wäre, sondern wie diese am Gottesdienst teilgenommen und sich danach verabschiedet hätte: ohne Potemkinsches Dorf, ohne Empfang im Rathaus, ohne Verwarnung potentieller „Störenfriede“ durch Wolfang Schnur.

Die Mitteilung an die Bischöfe und an das Sekretariat des Kirchenbundes sowie an die Gemeinden der ELKG, dass Honecker nach Greifswald kom-

---

1109 Im Folgenden beziehe ich mich auf die Autobiografie von Horst Gienke. Das vollständige Zitat lautet: „Wir ahnten nicht, daß Werner Jarowinsky, der für Kirchenfragen zuständige Sekretär im Zentralkomitee, den Husarenritt Erich Honeckers im Politbüro, mit dem dieser seine Teilnahme an der Wiedereinweihung des Greifswalder Doms durchgesetzt hatte, durch kleinliche, schnell errichtete Barrikaden abriegeln wollte. Während der Staatsratsvorsitzende offensichtlich hoffte, seine demonstrative Teilnahme am Gottesdienst könne helfen, das belastete Verhältnis zwischen Staat und Kirche wieder in Ordnung zu bringen, verfolgten die Ideologen im Politbüro weiterhin zäh den Kurs, allem zu widerstehen, was einen gesellschaftlichen Einfluß der Kirchen fördern könnte.“ Vgl. Gienke (1996), S. 335.

1110 Vgl. ebd., S. 332.

1111 Kirchenordnung der Evangelischen Landeskirche Greifswald, in: Gummelt, S. 122.

men würde, erntete sowohl Zustimmung als auch Ablehnung. Die Greifswalder Kirchenleitung war erst gut einen Monat vor der Domeinweihung, am 6. Mai 1989, von der Einladung an Honecker und dessen Zusage unterrichtet worden, auch wenn – wie der Greifswalder Informationsdienst es ausdrückt – „Erwägungen in Richtung einer Einladung“ schon vorher dort bekannt gemacht worden sein sollten.[1112]
Auch auf der Tagung der Konferenz der Kirchenleitungen (KKL) Anfang Juni war die bevorstehende Domeinweihung das beherrschende Thema.[1113] In der intensiven Aussprache des Bundes wurde vor allem die ungenügende Kommunikation mit den anderen Gliedkirchen, der KKL und dem Vorstand kritisiert. Die Konferenzmitglieder seien nicht eingeladen worden, es habe weder rechtzeitige Informationen noch die Bitte um Beratung gegeben. Das Ereignis könne wie eine Bloßstellung des Bundes wirken, dem Gespräche nicht ermöglicht würden, dem eine Fernsehübertragung vom Kirchentag in Leipzig abgelehnt worden sei, hieß es.[1114] Gienke berief sich in den folgenden Monaten immer wieder auf diese Konferenz, die seiner Ansicht nach die Positionen der ELKG voll unterstützt habe.[1115]
Dabei teilte Horst Gienke selber offensichtlich diese Befürchtungen. In einer SED-Hausmitteilung von Peter Kraußer,[1116] Leiter der Arbeitsgruppe Kirchenfragen beim ZK der SED, an Egon Krenz vom 19. Juli berichtete Kraußer über seinen Besuch bei Gienke am Tage zuvor. Kraußer war bei Gienke gewesen, um diesem die Antwort Honeckers auf dessen Brief zu überreichen. In dem Gespräch habe Gienke auch den Verdacht geäußert, der Staat betreibe möglicherweise eine Differenzierungspolitik. Er, Kraußer, habe dem widersprochen.[1117]

[1112] Vgl. „Zum Besuch Erich Honeckers am 11. Juni 1989 in Greifswald“, in: Greifswalder Informationsdienst, hg. von der Pressestelle der Evangelischen Landeskirche Greifswald, Nr. 2/1989 vom 30.6.1989, S. 8.
[1113] Vgl. LKAG, Best. 5, Abt. C, Nr. 10404, Dok. 10/89, S. 3. Protokoll von der 124. Tagung der KKL vom 2.–3.6.1989.
[1114] Vgl. ebd.
[1115] Vgl. Gienke (1996), S. 351.
[1116] Kraußer war Mitglied der Arbeitsgruppe Kirchenfragen beim ZK der SED gewesen, die die kirchenpolitische Linie der Partei ausarbeitete. Die AG Kirchenfragen als Parteiorgan war informell dem Staatssekretariat für Kirchenfragen gegenüber weisungsberechtigt, und in den achtziger Jahren wurde von dieser Weisungsberechtigung zunehmend Gebrauch gemacht. Der kirchenpolitische Kurs wurde in der Folgezeit härter.
[1117] Vgl. SAPMO-BArch, DY 30/ vorl. SED 41903. SED-Hausmitteilung (Gen. Kraußer an Egon Krenz) vom 19.7.1989.

7.3 Die Auswirkungen

Der 11. Juni 1989 polarisierte die Landeskirche wie den Kirchenbund. Ob es um die Finanzen ging, die Würdigung Honeckers im Dom, die parallele Drangsalierung von Jugendarbeit und ESG oder die offensichtliche Distanzierung Gienkes und seiner engsten Mitarbeiter von den leitenden Bischöfen der Nachbarkirchen – die Kritik war vielfältig, emotional, unnachgiebig. Man hatte genug von Horst Gienkes einsamen Entscheidungen und seiner Geringschätzung für andere Meinungen. Inwieweit die leitenden Oberkonsistorialräte Plath, Harder und Ehricht dabei eine Rolle spielten, wurde in der Öffentlichkeit nicht diskutiert. Es ging zunächst allein um den Bischof.
Die Wiedereinweihung des Greifswalder Doms und die damit verbundene Festwoche führten zur Bildung klarer Fronten innerhalb der ELKG wie auch im Kirchenbund. Man konnte sich in der Landeskirche und im Kirchenbund jedoch nicht vorstellen, dass die Domeinweihung nur ein Instrument war, um „den Polarisierungsprozeß weiter voranzubringen", wie der Rat des Bezirks Rostock an das Staatssekretariat für Kirchenfragen Anfang Juli 1989 berichtete:

„In der Gesamtwertung kann eingeschätzt werden, daß die Festwoche vom 8. bis 15.6.1989 zur Wiedereinweihung des Domes durch die Stadt Greifswald, die Landeskirche und die Domgemeinde [...] allseitig und im gut abgestimmten Zusammenwirken vorbereitet wurde und dazu beitrug, den kirchenpolitischen Differenzierungs- und Polarisierungsprozeß weiter voranzubringen."[1118]

Am 19. Juli 1989, nur wenige Wochen nach der Domeinweihung, erschien im „Neuen Deutschland", der Tageszeitung der SED, ein Briefwechsel zwischen Honecker und Gienke unter der Überschrift „Verbunden in angestrengter guter Arbeit für das Wohl der Bürger der DDR". Damit war der offene Skandal entfacht. Nicht nur, dass Gienke Honecker öffentlich für dessen Teilnahme und Engagement dankte, erregte die Gemüter, sondern vor allem, dass er die kirchliche Presse kritisierte und die staatliche für ihre „außerordentlich korrekt[e], sachgemäß[e] und breit erfolgte" Berichterstattung lobte.[1119]
Im „Neuen Deutschland" war Folgendes zu lesen:

1118 Vgl. BArch, DO-4/1133. „Informationsbericht über die kirchenpolitische Situation im Bezirk Rostock Mai–Juni 1989" vom 6.7.1989.

1119 Vgl. Horst Gienke: „Vertrauensvolles Miteinander von Staat und Kirche sichtbar gemacht", Brief von Dr. Horst Gienke, Greifswald, vom 3. Juli 1989, in: Neues Deutschland, Jg. 44 (1989), Nr. 168, vom 19.7.1989, S. 1.

„Sehr geehrter Herr Staatsratsvorsitzender!
Am Sonntag vor drei Wochen waren Sie unser Gast bei der festlichen Wiedereinweihung des Greifswalder Doms, und wir waren anschließend Ihre Gäste beim Gespräch im Rathaus. Inzwischen hat der 11. Juni in Greifswald ein lebhaftes Echo in unserem Land und weit darüber hinaus ausgelöst. Viele frohe, ja begeisterte Stimmen haben mich erreicht, aber auch harter Widerspruch. Sie werden selbst davon wissen.
Ich möchte Ihnen deshalb ausdrücklich noch einmal dafür danken, daß Sie nach Greifswald in unseren Gottesdienst gekommen sind und vor aller Augen den Willen unseres Staates und seiner führenden Partei zu einem ehrlichen und vertrauensvollen Miteinander mit den Christen und Kirchen unseres Landes unmißverständlich sichtbar gemacht haben."[1120]

Honecker hatte eben nicht „vor aller Augen" den Willen des Staates, das Gespräch mit den Kirchen von Neuem aufzunehmen, ausgedrückt, sondern nur, dass die ELKG den aus Sicht der SED richtigen kirchenpolitischen Weg beschreite. Allein auf Drängen Gienkes hatte Honecker im persönlichen Gespräch mit diesem auch die Wiederaufnahme von Gesprächen zugesagt, aber nicht öffentlich.[1121] Und war es sensibel, von „unsere[m] Staat[...] und seiner führenden Partei" zu sprechen?[1122] Dass weder der Briefwechsel selbst noch dessen Wortlaut mit der Greifswalder Kirchenleitung und der Konferenz der Kirchenleitungen abgesprochen waren, überforderte endgültig die Geduld und das Verständnis in der Konferenz der Kirchenleitungen wie auch der Greifswalder Kirchenleitung vor Ort.
Im Mai 1989 hatten Mitarbeiter der Jugend- und Studentenarbeit in Greifswald, u. a. Bernd Schröder und Arndt Noack, eine Veranstaltung unter dem Titel „Nachdenken über den Weg unserer Kirche" durchgeführt. Es war um die finanzielle Seite der Domeinweihung, den Führungsstil der Kirchenführung, die allgemeine Situation der Kirche in der DDR gegangen. Nach den Ereignissen im Sommer hatte sich die Schieflage in der Landeskirche weiter verschärft, am 24. September 1989 fand ein zweites Forum statt, in dessen Verlauf nicht mehr nur über kostspielige Bauunternehmungen der Landeskirche, sondern auch über die Domeinweihung, über den kirchenpolitischen Kurs der Landeskirche und konkret über den Leitungsstil von Bischof Gienke diskutiert wurde. Maßgeblich beteiligt waren wieder Arndt Noack, der inzwischen zusammen mit Markus Meckel, Ibrahim Böhme und Martin

1120 Ebd.
1121 Vgl. dazu Gienke (1996), S. 341.
1122 Vgl. Horst Gienke: „Vertrauensvolles Miteinander von Staat und Kirche sichtbar gemacht", Brief von Dr. Horst Gienke, Greifswald, vom 3. Juli 1989, in: Neues Deutschland, Jg. 44 (1989), Nr. 168, vom 19.7.1989, S. 1.

Gutzeit die Sozialdemokratische Partei Deutschlands (SDP) mitbegründet hatte, und der eingangs erwähnte Trassenheider Pfarrer Rainer Berndt, der im Juli in der Kirchenzeitung den Artikel „Einsam oder gemeinsam" veröffentlicht hatte, in dem er die Christen der Region aufforderte, Stellung zu beziehen. Dort hieß es:

„Einsam oder gemeinsam? Das scheint seit langem die Frage nach dem Weg in unserer Landeskirche zu sein [...] Ist der Weg unserer Landeskirche noch ein gemeinsamer Weg, oder ist es der einsame Weg einzelner Leute in der Leitung?"[1123]

Derselbe Text war in der Landeskirche auch per Flugblatt verbreitet worden. Die Frage des Vertrauensentzugs gegenüber der Leitung sei für kirchliche Mitarbeiter schon entschieden. Auch das Repräsentationsbedürfnis des Bischofs fände erhebliche Ablehnung. Die Landessynode auf ihrer Tagung am 2./3. November sollte über das weitere Vorgehen entscheiden.[1124]

In seinen Memoiren widmet Horst Gienke eine Seite denjenigen, die seinen politische Weg in diesen Wochen kritisiert hatten. Es seien nur wenige gewesen, die in der Kirchenzeitung und auf den Greifswalder Straßen gegen die hohen Baukosten, die aufwändigen Domfeierlichkeiten und den baulichen Zustand der Stadt „polemisiert"[1125] hätten, schreibt er. Sachlich und ruhig habe man mit ihnen nicht reden können, dabei seien die Kosten der Renovierung „lächerlich gering"[1126] gewesen. „Was sollte man tun?", so Gienke. „Versagten geduldige Gespräche, mußte man auch ohne Verständnis der Kritiker seinen wohlüberlegten und zu verantwortenden Weg weitergehen."[1127]

Beispiele für diese „Wenigen" waren Torsten Hennig und Uwe Stegen, die von Bischof Gienke im Juli 1989 in die Bischofskanzlei zitiert wurden. Mit ihrer Karikatur „Insel Konsistoria" hätten sie versucht, eine öffentliche Veranstaltung zu stören und seien ihm in den Rücken gefallen, erinnert sich Torsten Hennig später. Gienke habe sogar angedeutet, sie wegen Verleumdung anzuklagen.[1128]

Auch die Spannungen im Pfarrkonvent in Greifswald-Stadt nahmen zu, wie IM „Gisela" ihrem Führungsoffizier berichtete. Die Pfarrer, die im Mai 1989 noch beschlossen hatten, eine Entscheidung über einen eventuellen Misstrauensantrag erst im September zu fällen, hätten am 19. Juli 1989

1123 Vgl. Rainer Berndt: „Einsam oder gemeinsam", in: die kirche, Evangelische Wochenzeitung (Greifswalder Ausgabe), Jg. 44 (1989), Ausgabe 31/1989 vom 30.7.1989, S. 4.
1124 Aufruf der Vorbereitungsgruppe für das Forum am 24.9.1989. Privatarchiv Arndt Noack.
1125 Vgl. Gienke (1996), S. 330/331.
1126 Ebd., S. 331.
1127 Ebd.
1128 Vgl. Gespräch mit Torsten Hennig, Stralsund, am 17.4.1998 und Uwe Stegen Stralsund, am 25.6.1998.

zwei Briefe geschrieben: einen an die Kirchenleitung und einen an Bischof Gienke selbst.[1129] Hintergrund war der Briefwechsel zwischen Gienke und Honecker, der am Morgen dieses Tages im Neuen Deutschland erschienen war. Um sicherzugehen, dass ihre Beschwerde die Kirchenleitung erreichte, und weil man den Postwegen im Konsistorium nicht mehr traute, hatten sie ihr Schreiben an jedes Mitglied des Gremiums einzeln gerichtet.

In dem Brief kritisierten die Greifswalder Pastoren und Superintendent Wackwitz das Repräsentationsbedürfnis, den Leitungsstil und das gesteigerte Geltungsbedürfnis des Bischofs. Besonders erbost waren sie über die Kritik des Bischofs an der Berichterstattung der Mecklenburgischen Kirchenzeitung. Nachdem sie Anfang Juni noch beschlossen hatten, diese Frage erst im September zu entscheiden, forderten die Greifswalder Pastoren nun die Kirchenleitung auf, einen Misstrauensantrag gegen den Bischof zu stellen. Mit gleicher Post erging eine Mitteilung an den Bischof mit der Bitte, sein Amt niederzulegen.[1130] Dieser Brief wurde auf der Landessynode im November 1989 die Grundlage des Misstrauensantrages an den Bischof. Nicht nur der Greifswalder Pfarrkonvent, sondern auch der Ueckermünder, Demminer und Stralsunder sowie viele einzelne Gemeinden erwarteten ein klares Zeichen. Aber es gab auch eine Ausnahme: Pfarrer Puttkammer, Prediger am Dom, tat es seinem Bischof gleich und schrieb – ohne sich mit seinem Gemeindekirchenrat abgestimmt zu haben – ebenfalls einen Dankesbrief an Erich Honecker. Die Veröffentlichung wurde jedoch durch die Kirchenleitung verhindert.[1131]

In den Wochen zwischen Ende Mai und Anfang November 1989 befreite sich die Kirchenleitung von der Bevormundung durch die Konsistoriumsmitglieder und den Bischof. Zwischen den Kritikern in den Gemeinden, auf dem Domplatz, in der Jugendarbeit, der Studentengemeinde nahm sie eine eigene Position ein und trug wesentlich dazu bei, dass aus dem ungeordneten und emotionalen Protest eine innerkirchliche Umkehr wurde. Manche bezeichnen die Entwicklung in diesen Monaten als eigentlichen „Greifswalder Weg".

Die Kirchenleitung diskutierte intensiv über den Weg ihrer Landeskirche. Mehrfach war sie in den zurückliegenden Monaten in zentrale Entscheidungen nicht einbezogen worden, nun kam es zu einer regelrechten Spaltung. Einige Wochen lang tagten die Laien der Kirchenleitung für sich – sie trauten Harder, Gienke und Plath sowie anderen hochrangigen Mitgliedern dieses Gremiums nicht mehr. Über die Position Affelds war man sich nicht

1129 Vgl. BStU, BV Rostock, AIM 4164/90, Bd. II/7, Bl. 277/278.

1130 Vgl. ebd.

1131 Vgl. LKAG, Best. 5, Protokolle der Sitzungen der Kirchenleitung 1989. Durch einen Beschluss der Kirchenleitung wurde Puttkammers Brief nicht zur Veröffentlichung freigegeben, da dieser Brief nicht zur Besserung der Lage beitragen würde und zudem nicht mit dem Gemeindekirchenrat der Domgemeinde abgesprochen worden sei, hieß es.

einig, er wurde von diesen Treffen informiert, nahm aber nicht an ihnen teil. Im Haus der Lehrerin Rudloff traf man sich und beriet über die Situation in der Kirchenleitung und der Landeskirche.[1132] Reinhard Glöckner, Pfarrer und Mitglied der Kirchenleitung, schreibt darüber in seiner Geschichte der „Wende“ in Greifswald:

„Diese unglaubliche Tatsache [die Kritik an der Kirchenzeitung durch Gienke] schlug dem Faß den Boden aus. Dem Bischof wehte offenes Mißtrauen ins Gesicht. Etliche Mitglieder der Kirchenleitung versammelten sich separat ohne inzwischen bekannte stasiverbundene andere Mitglieder. Der Aufstand der Kirchenleitung wurde mit Hilfe der Mannschaft des Bischofs eingegrenzt. Der folgende Aufstand der Synode ließ sich von ihm nicht mehr kontrollieren.“[1133]

Die Stimmung im Kirchenbund war bis aufs Äußerste gespannt. Vom 30. Juni bis zum 1. Juli 1989, der Briefwechsel zwischen Honecker und Gienke war noch nicht erschienen, fand die nächste Sitzung der Konferenz der Kirchenleitungen statt. Die Mitglieder des Bundes sprachen sich dort aus. Sie kamen überein, zu Gienkes Alleingang zu stehen, weil dieser nur etwas für alle Kirchen habe tun wollen. Dem lagen wohl vor allem taktische Überlegungen zugrunde, denn eine Aufkündigung der Gemeinschaft mit Gienke hätte zum Bruch des Kirchenbundes selbst und zu einer weiteren Schwächung der Kirchen gegenüber dem Staat geführt. Festgehalten wurde jedoch, dass Alleingänge nicht zum Besten aller Kirchen seien, wenn sie nicht abgesprochen würden, und dass die „öffentliche Ankündigung der Teilnahme des Vorsitzenden des Staatsrates die Sorge hervor[gerufen habe], [dass] die Wirklichkeit, wie viele Gemeindeglieder sie erleben, […] durch eine protokollarische Teilnahme an den Feierlichkeiten in Greifswald verdeckt [werde]“.[1134] Aber auch der Staat wurde kritisiert, weil er versucht hatte, durch die Differenzierung zwischen den Landeskirchen seine Interessen durchzusetzen. Der letzte Satz des Berichtes des Vorstandes der KKL zeigte Weitsicht: Manfred Stolpe sagte, im Gefolge der Ereignisse in Greifswald seien intensive Gespräche notwendig, „um sich zu verständigen und zu verstehen in den unterschiedlichen Haltungen, Zielen, Motivationen, um beieinander zu bleiben, ohne den Minimalkonsens immer neu zu formulieren“.[1135] In den Memoiren Gienkes findet sich nur eine kurze Bemerkung über die

1132 Gespräch mit Manfred Sell, Greifswald, am 3.12.1997.

1133 Reinhard Glöckner: Die Wende in Greifswald aus meinem Erleben und in meiner Sicht. 2. Aufl., Greifswald 1994, S. 8 f.

1134 Vgl. LKAG, Best. 5, Abt. C, Nr. 10404, Dok. 11/89, Anlage 3. Überlegungen des Ausschusses für Kirche und Gesellschaft zu Fragen des BEK.

1135 Vgl. ebd.

Ereignisse zwischen Juni und September 1989. Dort heißt es:

„Bei der Konferenz der Kirchenleitung Anfang Juli wurden die verschiedenen Beurteilungen sehr deutlich. [...] Es gab keinen Zweifel, daß man in Greifswald auf dem gemeinsamen kirchenpolitischen Weg des Bundes gehandelt hatte, um neue Bewegung in eine festgefahrene Situation zu bringen. [...] Keiner sprach von einem ‚pommerschen Sonderweg'. Es hatte ihn nie gegeben und gab ihn auch jetzt nicht."[1136]

Als trotzdem – ohne jede Absprache zwischen Bischof Gienke und der Kirchenleitung – der Briefwechsel zwischen Gienke und Honecker erschien, führten auch die Bischöfe und Leitenden Juristen des Bundes eine äußerst scharfe und schonungslose Diskussion über und mit Gienke. Dabei ist die Tatsache wichtig, dass Gienke vom Staatssekretär für Kirchenfragen, Kurt Löffler, um die Genehmigung der Veröffentlichung gebeten worden und von dieser also informiert war. Am 2. September war die entscheidende Sitzung der Konferenz der Kirchenleitungen:[1137] Gienke habe an der KKL vorbei gehandelt, hieß es dort. Der Briefwechsel erwecke den falschen Eindruck, als sei innerkirchlich die Teilnahme Honeckers kritisiert worden, im Mittelpunkt der Tagung der KKL habe aber der Alleingang Gienkes gestanden. Die Kritik an der kirchlichen Presse in einem staatlichen Presseorgan wäre mehr als unangemessen gewesen. Vor allem die Aussage, wonach sich die Mehrheit der Christen über die Domeinweihung freue, gebe nicht die Stimmung in der DDR-Bevölkerung wieder.[1138] Gienke verteidigte sich – nicht ohne die anderen Bischöfe zu beschuldigen, intolerant zu sein: Er habe eine Neubelebung der Sachgespräche angestrebt und wollte die Passagen über die Gleichberechtigung und Gleichachtung der Christen in der DDR, wie sie in Honeckers Brief gestanden hätten, beachtet wissen, er sprach von einer ungenügenden „Akzeptanzbereitschaft" seitens der KKL.[1139] Er suchte die Schuld bei den anderen Landeskirchen, fühlte sich missverstanden und geriet zunehmend unter Druck, weil die von Honecker nur vage angedeuteten Sachgespräche nicht zustande kamen und seine Gegner Recht behielten, die die Domeinweihung als staatliche Inszenierung kritisiert hatten.

Zur Synode war Gienkes Position unhaltbar geworden. In seinem Bischofsbericht am 2. November räumte er deshalb erhebliche Versäumnisse und Fehlinterpretationen gegenüber den Synodalen ein:

1136 Vgl. Gienke (1996), S. 351.

1137 Im Folgenden beziehe ich mich auf das Protokoll der 126. Tagung der KKL am 1./2.9.1989. Vgl. LKAG, Best. 5, Abt. C, Nr. 10404, Dok. 12/89, S. 5.

1138 Vgl. ebd.

1139 Vgl. ebd.

„Aber das geistliche Grundproblem in dem allen bleibt für mich, daß ich einmal erkannte Prinzipien höher stellte als die lebendige Stimme von Brüdern und Schwestern. Wie das eigene stille Hören auf Gottes Wort in der Heiligen Schrift und das wache offene Hören auf das Wort der Glieder der Gemeinde zu einer Einheit werden, darin möchte ich neue Erfahrungen machen, weil ich hier ein Defizit meiner Frömmigkeit nun elementar erfahren habe.
Daß ich unsere Gemeinschaft und die Gemeinschaft im Bund belastet habe, beschwert mich sehr. Daß aus dem Bemühen um ein neues konstruktives Miteinander mit den Verantwortlichen in unserer Gesellschaft eine Belastung des Miteinanders in unserer Kirche wurde, trifft mich tief."[1140]

Gienke führte dann weiter aus, er habe Briefe aus der Landeskirche erhalten, die ihn zum Rücktritt aufgefordert hätten, und er selber habe auch diesen Gedanken unterhalten:

„Ich bin mit Leib und Seele evangelischer Pastor, aber an dem besonderen Dienst des Bischofs hänge ich nicht, obwohl ich ihn mit Freude jeden Tag neu tue. [...] Trotzdem kann ich [...] kein Ja zu einem Rückzug aus diesem Dienst finden. Den Dienst habe ich mir nicht ausgesucht. Berufung ist [, sich] gerade in kritischer Stunde zu bewähren."[1141]

Horst Gienke formulierte hier zum ersten Mal in 17 Jahren ein Eingeständnis persönlicher Schuld und darauf aufbauend ein wohlüberlegtes Angebot, im Amt zu bleiben. Wäre sein Bericht hier zu Ende gewesen – vielleicht hätte er das Blatt noch einmal wenden können. Stattdessen waren seine Gedanken zu seinem eigenen Tun nur der Vorspann zu einer deutlicheren Kritik an der Greifswalder Kirchenleitung und der kirchlichen Gemeinschaft insgesamt. Die Kirche sei eine Gemeinschaft der „begnadigten Sünder",[1142] aber nicht alle seien zu einem gemeinsamen Neuanfang ernsthaft bereit, so Gienke.
In seinen Memoiren bezeichnet Gienke die Veröffentlichung seines Briefes als „unbedacht und dumm".[1143] Politische Naivität und „Dummheit" mögen eine Rolle gespielt haben, aber es ging nicht nur um die nicht abgesprochene Veröffentlichung, sondern ebenso um den Inhalt des Briefes. Bischof Gienke hatte Erich Honecker dafür gedankt, dass er „vor aller Augen den Willen unseres Staates und seiner führenden Partei zu einem ehrlichen und vertrauensvollen Miteinander mit den Christen und Kirchen unseres Landes" ausge-

1140 Amtsblatt der Evangelischen Landeskirche Greifswald, Nr. 12/1989 vom 31.12.1989, S. 61. Online abrufbar unter der URL: *http://www.kirchenrecht-nordkirche.de/kabl/29841.pdf* [Stand: 8.4.2016].
1141 Ebd.
1142 Vgl. ebd., Bl. 62.
1143 Vgl. Gienke (1996), S. 354.

drückt habe. Die Übertragung des Gottesdienstes im Fernsehen hätte jedem „die Gelegenheit [gegeben], sich selber ein Bild von [der] klare[n] Trennung von Staat und Kirche und gerade darum zugleich vo[m] achtungsvollen und vertrauensvollen Miteinander zu verschaffen"[1144] Viele fragten sich, ob Gienke in derselben DDR lebte wie sie.[1145] Es folgte eine Welle von Protestbriefen an die Bischofsvilla in Greifswald.[1146]

Es gehörte zu den Kennzeichen der Greifswalder Kirchenpolitik, dass Gienke selbst die Brisanz seines Handelns nicht bewusst war und die Stärke der Kritik ebenfalls nicht. Nach der Domeinweihung und dem anschließenden Briefwechsel begannen deshalb in seiner Umgebung eilige Versuche, den entstandenen Schaden zu begrenzen. Zwei Ziele standen im Vordergrund: Zum einen ging es um eine innerkirchliche Annäherung im Rahmen des Kirchenbundes. Dieses Ziel wurde mit der Tagung der KKL Anfang September weitgehend erreicht. Die KKL einigte sich noch einmal darauf, dass Gienke im Sinne des Kirchenbundes hatte handeln wollen, dies aber ohne eine Absprache nicht möglich gewesen sei. Zum anderen sollte das Ansehen Gienkes in der Öffentlichkeit wiederhergestellt werden, und dieses war nur durch die Einhaltung der Gesprächszusage möglich. Mit jeder Woche, in der kein entsprechendes Zeichen gegeben wurde, spitzte sich die Situation in Greifswald zu.

Dies hatten Harder und Plath sehr genau wahrgenommen, und sie bemühten sich nun um eine schnelle Gesprächszusage. Seit Jahrzehnten waren sie die Emissäre der Gienkeschen Politik und konnten sich nun nicht so ohne weiteres davon distanzieren. So liegt in der Akte des IM „Hiller" alias Plath ein Bericht über eine Vorsprache im August 1989 von Plath bei der Bezirksleitung der SED vor, bei der Plath die SED darum gebeten hatte, dass die Auseinandersetzung um die Domeinweihung nicht in den staatlichen Zeitungen geführt werde, sondern auf die kirchlichen Zeitungen beschränkt würde. Gut wären auch „unterstützende Briefe an den Bischof".[1147] War das eine versteckte Bitte, das Ministerium für Staatssicherheit einzuschalten und von dort aus entsprechende Briefe an die Zeitungen zu schicken?

1144 Vgl. Horst Gienke: „Vertrauensvolles Miteinander von Staat und Kirche sichtbar gemacht", Brief von Dr. Horst Gienke, Greifswald, vom 3. Juli 1989, in: Neues Deutschland, Jg. 44 (1989), Nr. 168, vom 19.7.1989, S. 1.

1145 Vgl. Gerhard Besier (1995), S. 410. Michael Jubelt aus Werdau schrieb an Oberkirchenrat Ziegler vom Kirchenbund im Zusammenhang mit der Domeinweihung: „Ich denke, Herr Bischof Dr. Gienke lebt und wohnt überhaupt nicht in der DDR, sondern in ‚Fantasia', so weltfremd jedenfalls äußert er sich über das Verhältnis zwischen Kirche und Staat in unserem Land."

1146 Vgl. dazu die Analyse der Briefe an Horst Gienke und die Kirchenleitung vom Sommer 1989 von Martin Holz: „Die Breite unserer Gemeinden und unserer Bevölkerung ist ohnehin voller Freude". Briefwechsel mit dem Bischof und der Kirchenleitung in Reaktion auf die Domeinweihung, in Garbe/Nixdorf (2005), S.283-370.

1147 Vgl. BStU, BV Rostock, AIM 0243/91, Bd. I/3, Bl. 68.

Hans-Martin Harder hatte von Anfang an die Pläne Gienkes entgegen der Beschlusslage der Konferenz der Kirchenleitungen unterstützt und verlor nun die Geduld, so MfS-Berichte: Noch am 31. August sprach er mit seinem Führungsoffizier Wegner und drängte auf Sachgespräche, um den Gegnern Gienkes den Wind aus den Segeln zu nehmen. Harder machte Wegner konkrete Vorschläge: Zugeständnisse an die Kirche wie der Einsatz von Wehrdienstverweigerern in sozialdiakonischen Einrichtungen oder die Erhöhung der Druckzahlen für die Kirchenzeitung um 5.000 Stück würden Gienke retten. Beide Maßnahmen würden als ein Zeichen des Entgegenkommens des Staates gewertet.[1148] Gienkes positive Rolle müsse endlich besonders herausgehoben werden. Nichts davon sei bisher in den Medien zu lesen gewesen. Es sei, so Hans-Martin Harder, „als ob einzelne im Politbüro uns Realisten vorsätzlich den Todesstoß verpassen wollen. Ich frage Sie, ist das gewollte Parteipolitik oder gibt es in Ihren Reihen Verräter?"[1149] Suggeriert das Wort „Verräter" eben jene Nähe zum Staat, die das Aufarbeitungsgremium der Greifswalder Synode später als „Seitenwechsel" bezeichnen und als Beleg für eine bewusste IM-Tätigkeit werten würde?
Gienke, Harder und Plath wurden tatsächlich „verraten", denn die DDR-Führung reagierte nicht. Die zugesagten Sachgespräche zwischen Staat und Kirche wurden nicht einmal für die nähere Zukunft geplant. Der einzige Schritt in Richtung Staat-Kirche-Gespräch war ein Vorschlag von Peter Kraußer an Egon Krenz im Juli 1989, im Hinblick auf die bevorstehende Bundessynode eine öffentliche Pressekampagne zur Unterstützung aller loyalen Amtsträger und namentlich Gienkes anzuregen.[1150] Dazu kam es nicht mehr.
Das konnte man dort, wo man so viel für den Staat riskiert hatte, nicht verstehen. Gienkes Position wurde innerkirchlich unhaltbar. Dass Harder, Plath und Ehricht nicht ebenfalls unmittelbar zurücktraten, lag vor allem am persönlichen Geschick dieser drei. Nach außen distanzierten sie sich zunehmend vom Bischof und nach innen signalisierten sie Gesprächsbereitschaft.
Am 21. September 1989 fand die entscheidende Sitzung der Kirchenleitung statt, auf der sich Gienke für seine Amtsführung entschuldigte und einen neuen Leitungsstil ankündigte. Dieser sollte geprägt sein durch gemeinsame Entscheidungen und gegenseitiges Vertrauen. Nach einer Aussprache sah die Kirchenleitung keinen Anlass mehr für einen Misstrauensantrag gegen Gienke, wie ihn der Greifswalder Pfarrkonvent angeregt hatte. Die Kirchenleitung bat „die Gemeinden und Einzelpersonen, die sich an die Kirchenleitung ge-

1148 Vgl. BStU, BV Rostock, AIM 4155/90, Bd. II/1, Bl. 95 f.
1149 Vgl. ebd., Bl. 92.
1150 Vgl. SAPMO-BArch, DY 30/ vorl. SED 41903. SED-Hausmitteilung von Peter Kraußer, AG Kirchenfragen beim ZK der SED, an Egon Krenz vom 19.7.1989.

wandt haben, [...] sich Wegen zu Gemeinsamkeit und neuem Vertrauen" zu öffnen.[1151] Scheinbar sollte alles eine gute Wendung nehmen.
Den tatsächlichen Schlussstrich unter diese Affäre zog erst die Landessynode, die vom 2. bis 3. November 1989 tagte und sich der Meinung der Kirchenleitung nicht anschloss. Oswald Wutzke aus Gartz, kurze Zeit später Mitglied der Landesregierung Mecklenburg-Vorpommern, schlug einen Misstrauensantrag gegenüber dem Bischof vor. Die Synode nahm den Vorschlag auf. Sie akzeptierte die Entschuldigung Gienkes zwar, sprach ihm aber dennoch mit 32 zu 30 Stimmen das Misstrauen aus, weil „seit längerer Zeit ein tiefgreifender, zunehmender Vertrauensschwund im Blick auf die Amtsführung des Bischofs eingetreten ist".[1152] Harder und Plath, die sich ebenfalls der Vertrauensfrage stellten, wurden dagegen in ihrem Amt bestätigt. In seinem Bischofsbericht erklärte Gienke wörtlich:

„Ich war mir des Weges, der ja durch Jahre hindurch im Bund und in der Landeskirche gemeinsam gegangen worden ist, so sicher, daß ich andere Stimmen nicht in der Weise ernst genommen habe, wie es notwendig gewesen wäre. Das ist meine Schuld."[1153]

Sehr schnell rückte Gienke jedoch von diesem Bekenntnis ab und suchte die Schuld nur noch bei den anderen. In den Erinnerungen heißt es über diese Abwahl:

„Was man im politischen Raum bisher nur in der Anonymität der Straße wagte, probte man nun gezielt im Plenum der Synode und bemerkte nicht einmal, daß man die Ebenen vertauschte. [...] Noch wagte keiner in der Synode, öffentlich gegenüber der Regierung revolutionäre Töne anzuschlagen; es ging immer wieder um Reformen in dem vorgegebenen Rahmen. Aber dem Bischof möchte man es doch zeigen. Man schlägt den einen und meint den anderen. Ich wehrte mich nicht. Ich kämpfte nicht. Ich war sehr still. Ich hatte Gutes gewollt, mein Gewissen war frei."[1154]

Die Synode habe nicht die Befugnis gehabt, so Gienke, ihn abzuwählen, er sei das Opfer eines allgemeinen DDR-Überdrusses geworden.
Sicher ist richtig, dass die Ereignisse in Greifswald eine besondere Bedeutung erhielten, weil es gesellschaftlichen Widerspruch gegen Honecker gab. Aber Honecker war nicht als Privatbürger geehrt worden, indem er zur Wiedereinweihung des Doms eingeladen und ihm die Aufmerksamkeit der Landeskirche voll zuteil geworden war, sondern als Staatsratsvorsitzender der DDR,

---

1151 Vgl. BStU, BV Rostock AIM 4171/90, Bd. II/1, Bl. 386.
1152 Zit. nach: Greifswalder Informationsdienst, Nr. 4/1989 vom 10.11.1989, S. 1.
1153 Ebd.
1154 Vgl. Gienke (1996), S. 360.

und dass dieser gleichzeitig der Generalsekretär der SED war, war wohl hinreichend bekannt. Die Landessynodalen hatten also nicht Honecker mit Gienke „verwechselt", sondern das mit der Domweihe verbundene politische Signal verstanden und abgelehnt. Darüber hinaus wäre es zu kurz gegriffen, die Absetzung Gienkes nur als Folge dieser historischen Überschneidung zu sehen. Vielmehr beruhte seine Abwahl auf einem langen und konfliktreichen Prozess des Auseinanderlebens. Die Kreissynode von Greifswald-Stadt hat im Januar 1990 in einem Rückblick zusammengefasst, worin sie die Ursachen für den Misstrauensantrag sah:

„Äußerer Anlaß zu den Anfragen an den Leitungsstil des Bischofs waren die hinter dem Rücken aller verantwortlichen Gremien eingeleitete Einladung an Erich Honecker zur Einweihung des Greifswalder Doms, der Ausschluß von Bischof Dr. Forck beim anschließenden Gespräch im Rathaus durch die zuständigen Stellen und schließlich der in allen Zeitungen abgedruckte Briefwechsel zwischen Dr. Gienke und Erich Honecker mit Dr. Gienkes Kritik an den Kirchenzeitungen. Hinter den durch diese Ereignisse ausgelösten Protesten stand die schon längere Zeit schwelende Frage, ob der kirchenpolitische Weg der Landeskirche Greifswald nicht zu sehr an staatliche Wünsche angepaßt sei und wir uns in ungute Abhängigkeiten hineinbegeben hätten."[1155]

Kirchenleitung und Landessynode trugen Gienkes Amtsverständnis nicht länger mit. Horst Gienke hatte sich nur vordergründig als gewählt gesehen, seiner Ansicht nach war das Bischofsamt eine Frage der Berufung, die ihn grundsätzlich ermächtigte, ohne Rechenschaftspflicht und innerkirchliche Abstimmung zu handeln.[1156] Zu den wenigen Versuchen des Staates, Gienke zu unterstützen, gehörte ein Gespräch, das der Rat des Bezirks Rostock mit der Greifswalder Kirchenleitung am 28. September führte, „um die politisch-realistischen Positionen weiterzuführen und zu gestalten".[1157] Aber dies war nicht mehr die entscheidende Ebene, wenn sie es je gewesen war. Berlin musste reagieren und tat es nicht.

[1155] LKAG, Best. 5, Abt. D, Dok. 3/90, Anlage 2, S. 2. „Protokoll von der Kreissynode am 27. Januar 1990".

[1156] Vgl. Altbischof Dr. Horst Gienke in einem Gespräch mit Rahel von Saß am 12.5.1998.

[1157] Vgl. BArch, D-4/980. „Informationen zur Situation in der Greifswalder Landeskirche".

7.4 Ausblick – die Wende

„Zu Ihrem Geburtstag entbiete ich Ihnen herzliche Grüße und viele gute Wünsche. Das zurückliegende Jahr hat uns in besonderer Weise miteinander verbunden. Ich danke Ihnen für alle Gemeinsamkeit auf dem Weg. Noch stehen wir mittendrin in einem wichtigen geistigen Ringen um den Weg in die Zukunft. [...].“[1158]

Dieser Brief Bischof Gienkes vom 21. August 1989 ging nicht, wie man vermuten könnte, an einen Amtsbruder, der ihm in den Wirren um die Domeinweihung beigestanden hätte, sondern an den damaligen Staatssekretär für Kirchenfragen, Kurt Löffler, in dem Bemühen um verbindlichen Zusagen.
Zu dem gewünschten staatlichen Entgegenkommen kam es erst am 15. November 1989, als Gienke schon zwei Tage nicht mehr im Amt des Bischofs war. Und im eigentlichen Sinn war es auch kein Entgegenkommen mehr, sondern eine Kehrtwende. Der Staatssekretär für Kirchenfragen sagte dem Kirchenbund Sachgespräche zur Position der Kirchen in Fragen der Umweltpolitik, zum Diakonischen Werk, zur Volksbildung und zu Fragen der Bausoldaten zu – bisher zentrale Themen, bei denen sich seit Jahrzehnten nichts Wesentliches getan hatte. Die Gespräche zu KSZE-Fragen würden nicht auf die Reisefragen eingeengt werden, sondern sich auch auf die Themen Menschenrechte und Rechtsstaatlichkeit erstrecken, wurde zugesagt.[1159]
Zeitgleich schrieb das Staatssekretariat für Kirchenfragen im November 1989 eine gleichermaßen überraschende wie ignorante „Konzeption über das künftige Verhältnis zwischen Staat und Kirche in der DDR“. Überraschend, weil die Kirche plötzlich einen legitimen Auftrag in der sozialistischen Gesellschaft haben sollte, und ignorant, weil das Staatssekretariat noch nicht erkannt hatte, dass die sozialistische DDR mit ihrer Parteidiktatur am Ende war. Die neue politische Linie lautete: „Was Kirche ist, bestimmt sie selbst.“[1160]

„[Die] Kirche hat keine staatlichen Aufgaben, aber eine legitime gesellschaftliche Rolle, die staatlich nicht bestritten werden kann. Wie sie diese Rolle, die Recht und Pflicht zugleich ist, ausfüllt, also zu den Lebensfragen der Menschen auch öffentlich Stellung zu nehmen und für das Wohl der Gesamtgesellschaft zu wirken, wahrnimmt, ergibt sich aus ihrem Selbstverständnis. Was Kirche ist, bestimmt sie selbst. Weder der Staat noch eine Partei bestimmen das Selbstverständnis der Kirche. Kirche ist nicht Objekt der Politik

1158 Vgl. BArch, D-4/980. Brief von Bischof Gienke an Kurt Löffler vom 21.8.1989.
1159 Vgl. LKAG, Best. 5, Abt. C, Nr. 10404, Dok. 14/89, S. 4/5. Protokoll zur Tagung der KKL am 1.11.1989.
1160 BArch, DO-4, 1455. „Konzeption zum künftigen Verhältnis von Staat und Kirche in der DDR“ vom 14.11.1989.

des Staates, sondern gesellschaftlich handelndes Subjekt. [...] Die Politik des sozialistischen Staates fordert also nicht die Unterordnung der Kirche unter gesamtstaatliche Normierung und Wertsetzung, sondern sie erwartet einen eigenständigen, unverwechselbaren und unverzichtbaren Beitrag der Kirche zu gesamtgesellschaftlichen Aufgaben. Staat und Gesellschaft brauchen und wollen die Mitarbeit der Kirchen."[1161]

Weiter hieß es, dass „seit Mitte der 80er Jahre und verstärkt seit Ende 1987 im Verhältnis zwischen Staat und Kirche ernste Probleme entstanden" seien, die den 6. März 1978 immer fragwürdiger gemacht hätten. Den Kirchen seien „staatlicherseits jene Probleme angelastet [worden], die in ihrem Raum nur aufgeworfen und öffentlich ausgesprochen wurden, statt diese Signale ernst zu nehmen und die gesellschaftlichen Ursachen zu beseitigen".[1162] Die Parteilinie müsse sich ändern, hieß es, denn Kirche sei nicht mehr auf „reine Kulthandlungen und auf politische Akklamation [zu] begrenzen". [1163]

„Die Tabuisierung realer Probleme, besonders solcher unter der Jugend, Sinnkrisen in mittleren Jahrgängen, Verlust an sozialer Lebensqualität durch ökologische Belastungen, durch Mängel im Alltag (Handel und Versorgung, Verkehrswesen, Dienstleistungen), Krisensymptome in der Volkswirtschaft, Verlust an Utopien und Idealen und eine plakative Medienpolitik wurden fast ausschließlich und stellvertretend durch Schriftsteller, Künstler, besonders Liedermacher, sowie durch und in Kirchen artikuliert. Diese Bereiche kamen damit in eine Stellvertreterrolle, die ihren tatsächlichen Aufgaben und realen Möglichkeiten nicht entsprach. Inzwischen ist diese Stellvertreterrolle bei den evangelischen Kirchen am ausgeprägtesten, da hier auf Grund der Trennung von Staat und Kirche und im Unterschied zu den anderen staatlichen Bereichen keine staatlichen Disziplinierungsmöglichkeiten gegeben sind."[1164]

Aber es war zu spät. Das Staatssekretariat wurde am 18. November 1989 aufgelöst.[1165] Der Schaden war entstanden und das sichtbare Zeichen für Geltungssucht und Anmaßung wurde der frisch renovierte Dom mit seinem schwedischen Sandstein, seiner bundesdeutschen Heizung und mit Honecker als Ehrengast. Noch heute weisen Stadtführungen durch Greifswald darauf hin, dass damals, am 11. Juni 1989, Erich Honecker einen seiner letzten großen Empfänge als Staatspolitiker gegeben hätte, und wie unerwartet heftig der Sturm der Entrüstung aus der ganzen DDR darüber gewesen sei.

1161 Vgl. ebd.
1162 Vgl. ebd.
1163 Vgl. ebd.
1164 Ebd.
1165 Vgl. Armin Boyens (1996), S. 136.

8 Ziele und Methoden der kirchenpolitischen Auseinandersetzung

Während in den vorangegangenen Kapiteln die jeweilige Interessenlage von Staat und Kirche an Konfliktfeldern dargestellt wurde, interessieren im Folgenden die Ziele und Methoden der kirchenpolitischen Auseinandersetzung zwischen Staat und Kirche auf lokaler Ebene.

8.1 Die Ziele und Methoden des Bezirks Rostock

Die Frage, welche Ziele die staatlichen Organe und die SED im Bezirk Rostock gegenüber der Greifswalder Kirche verfolgten, ist weit weniger leicht zu beantworten, als es scheint. Dies liegt vor allem daran, dass durch die SED-Bezirksleitung als der letztlich entscheidenden politischen Instanz im Bezirk Rostock kaum konzeptionelle Arbeit geleistet wurde. Vielmehr nahm Kirchenpolitik auf lokaler Ebene ihren (inoffiziellen) Ausgang beim MfS, von dort wurden die wichtigen Informationen an den Rat des Bezirks und die SED weitergeleitet, und der Rat des Bezirks wurde konzeptionell tätig. Die SED-Bezirksleitung trat im Regelfall kontrollierend in Erscheinung und gab nur in besonderen Situationen den aktuellen kirchenpolitischen Kurs vor. Auf der zentralen Ebene gingen die kirchenpolitischen Richtlinien von der Arbeitsgruppe Kirchenfragen beim ZK der SED aus, das Staatssekretariat für Kirchenfragen, der Rat des Bezirks und die SED-Bezirksleitung sollten sie umsetzen. Auch gesellschaftliche Organisationen wie die FDJ und die CDU wurden entsprechend instruiert. Unmittelbare zentrale Richtlinien liegen in Bezug auf die Evangelische Landeskirche Greifswald nur wenige vor. Dabei handelt es sich in den meisten Fällen um chiffrierte Fernschreiben von Erich Honecker an den 1. Sekretär der SED-Bezirksleitung.

Das wichtigste Ziel war die „Durchsetzung der Politik der Partei in Kirchenfragen“. Diese verfolgte die Aufrechterhaltung der Trennung von Kirche und Staat, obwohl gerade sie durch die staatlichen Organe sehr stark angegriffen wurde. Das eigentliche Ziel der SED in den achtziger Jahren war die Verdrängung der Kirche an den gesellschaftlichen Rand. Die Kirche sollte eigene Interessen staatlichen Interessen unterordnen und bei Bedarf außen- wie innenpolitisch staatlichen Interessen zur Verfügung stehen. Wie dies in der Praxis aussehen konnte, hatte die SED bereits am Beispiel der CDU, der Christlichen Friedenskonferenz (CFK) und anderen Institutionen demonstriert, die ihr christliches Selbstverständnis bis hin zur Selbstverleugnung den Interessen und Zielen der SED untergeordnet hatten. Die SED bediente sich bei der Durchsetzung dieser Politik insbesondere der geheimdienstlichen Möglichkeiten des MfS sowie der Auslegung des Strafgesetzbuches der DDR. Die Nationale Front, die Blockparteien und die große Anzahl gesellschaftlicher Organisationen wie die FDJ waren Transmitter der (Kirchen-) Politik der SED. Nicht zuletzt war die Presse ein Instrument in ihrer Hand. Die staatlichen Organe verfolgten bei der Durchsetzung der Interessen der SED gegenüber der Landeskirche Greifswald vier Strategien – die im Übrigen auch gegenüber allen anderen Landeskirchen in der DDR angewendet wurden:[1166] die politische Propaganda, wie sie beispielsweise in den Gesprächen beim Rat des Bezirks betrieben wurde; die Mobilisation, wie sie sich in der Arbeit der Nationalen Front widerspiegelt; die Einflussnahme auf die innerkirchliche Stellenbesetzung, wie am Beispiel des Studentenpfarramtes oder des Landesjugendwartamtes gezeigt werden konnte, und administrative Maßnahmen, beispielsweise im Zusammenhang mit den Kirchentagen 1985 und 1988. Eine fünfte „Strategie" stellte das Eindringen des MfS in den kirchlichen Raum dar. Im konkreten Fall verdichtete sich das staatliche Vorgehen gegen die Kirche zu ausgefeilten taktischen Vorgehensweisen, die auf „Differenzierung", „Instrumentalisierung" und „Zersetzung" kirchlichen Lebens ausgerichtet waren. Diese drei Methoden der Kirchenpolitik in der DDR, die in den vorangegangenen Kapiteln bereits an konkreten Beispielen beschrieben wurden, werden im Folgenden kurz zusammengefasst.

8.1.1 Die Methode der „Differenzierung"

Im Sprachgebrauch des MfS bedeutete „Differenzierung" ein „methodisches Grundprinzip der bewußten Beachtung objektiv vorhandener Unterschiede der operativen Bedeutsamkeit von Personen, Handlungen, Vorkommnissen, Erscheinungen […]",[1167] d. h. die Ausnutzung von Unterschieden innerhalb von Gruppen mit dem Ziel, innerhalb der Gruppe Auseinandersetzungen heraufzubeschwören, bis sich die „positiv-realistischen" Kräfte durchgesetzt haben. Die Differenzierung baute auf einem Menschenbild auf, das nur „positiv-realistische" und „feindlich-negative" Personen kannte.[1168] Als solche wurden sie durch die Organe des Staates in eine extreme Position gebracht und eine Spaltung der Umgebung dieser Personen provoziert.

[1166] Vgl. Robert F. Goeckel (1995), S. 56 ff.

[1167] Siegfried Suckut (1996), S. 90.

[1168] In den siebziger und achtziger Jahren fächerte sich dieses System in Ansätzen auf. Hinzu kamen die Kategorien „loyal, positiv, reaktionär, illoyal". Vgl. dazu Uwe Funk: DDR-Kirchenpolitik zwischen ideologischem Anspruch und politischer Wirklichkeit, Heidelberg 1992, S. 29.

Funk unterscheidet einen direkten und einen indirekten Weg zur Initiierung eines Differenzierungsprozesses. Der direkte Weg bestand in einer Förderung oder Nicht-Förderung einzelner Personen oder Anliegen. Der indirekte Weg meinte die politische Mobilisierung von Blockparteien oder gesellschaftlichen Organisationen wie der Nationalen Front.[1169] Das Ergebnis einer „erfolgreichen“ Differenzierung war die Polarisierung innerhalb einer Gruppe. Von entscheidender Bedeutung für den Staat war, dass die Auseinandersetzungen innerkirchlich geführt wurden.

Die Differenzierung war das traditionelle Mittel der SED-Kirchenpolitik und blieb es bis 1989.[1170] Zu differenzieren hieß, die Spreu vom Weizen zu trennen, die „geprüften und zuverlässigen“ Genossen von den sogenannten bourgeoisen Mitläufern. Das Ergebnis konnte nie objektiv gemessen werden, sondern war immer eine politische Wertung der Loyalität zur Partei. Differenzierungsmaßnahmen gingen sowohl von der SED als auch vom Rat des Bezirks und dem Ministerium für Staatssicherheit aus. Während das MfS inoffiziell innere Konflikte schürte, agierte der Rat des Bezirks in einem offiziellen Rahmen. Beispielsweise dienten die „Sonderkonten Kirchenfragen“ der sichtbaren Differenzierung zwischen „realistischen“ und „reaktionären“ Pfarrern. Es wurden kleinere oder größere Präsente überreicht und Urlaubsplätze in den extra dafür eingerichteten Erholungsheimen in Tabarz und Juliusruh vergeben bzw. verweigert. Auch die politische Mobilisierung der Pfarrer und kirchlichen Mitarbeiter durch die Nationale Front ist unter diesem Aspekt zu sehen.

Drei Ebenen der Differenzierungspolitik sind zu unterscheiden: innerhalb von Gruppen, auf der Ebene der Landeskirche und auf der des Kirchenbundes. Die Bearbeitung von Gruppen wurde ausführlich am Beispiel der Studentengemeinde beschrieben und soll hier nicht weiter erläutert werden. Auf der landeskirchlichen Ebene war das Ziel der Differenzierungspolitik einfach. Es bestand in der Formierung staatsloyaler Amtsträger und Laien zur Unterstützung der „realistischen“ Politik des Konsistoriums. Beispielsweise wurde Präses Affeld 1979 bewusst aus den Gesprächen beim Rat des Bezirks und von den Feierlichkeiten zum dreißigsten Jahrestag der DDR-Staatsgründung ausgeschlossen, weil die SED erreichen wollte, dass er sich dem Kurs von Bischof Gienke wieder anschließe Affeld, so berichtete dessen Unionsfreund Bertling, beschwerte sich, dass im Vorfeld der Synode der Rat des Bezirks und die SED-Bezirksleitung zwar Gespräche mit Harder und Plath, aber nicht mit ihm geführt hätten.[1171]

1169 Vgl. ebd.

1170 Vgl. dazu auch Martin Georg Goerner (1994), S. 55.

1171 Vgl. BStU, BV Rostock, AIM 944/86, Bd. I/1, Bl. 219, „Bericht“ von IM „Heinrich Schade“ (Vorsitzender des CDU-Kreisvorstandes in Greifswald, Manfred Bertling) vom 31.10.1979.

Die Differenzierung auf Bundesebene zielte auf eine klare Formierung „realistischer" bzw. „reaktionärer" Landeskirchen ab. Beispiele für eine Differenzierungspolitik konnten in der vorliegenden Arbeit mehrfach angeführt werden. Es sei an die Versuche der Differenzierung zwischen der Mecklenburger und der Greifswalder Landeskirche beim gemeinsamen Kirchentag 1988 erinnert. Dabei waren es nicht immer große politische Winkelzüge, die zur Differenzierung unternommen wurden, sondern auch kleine Nadelstiche. Beispielsweise schrieben die Bischöfe Gienke und Rathke 1982 in Bezug auf den Kirchentag 1983 gemeinsam einen Brief an den Rat des Bezirks Rostock. Eine Antwort erhielt aber nur der Greifswalder Bischof.[1172]
Ob die Differenzierung zwischen der Mecklenburger und der Greifswalder Landeskirche – heute zusammengeschlossen in der Nordkirche – über das Jahr 1989 hinaus Folgen hatte, ist schwer einzuschätzen. Der 2006 gescheiterte Versuch, beide Landeskirchen zu vereinen, könnte seine Ursachen unter anderem in der Differenzierung haben – oder auch nicht. Ob sich die Pommern und Mecklenburger eher ähneln oder unterscheiden, ist kaum zu beantworten. Tatsache ist hingegen, dass diese beiden ehemaligen DDR-Kirchen 2012 Teil der Evangelisch-Lutherischen Kirche in Norddeutschland geworden sind und sich seitdem „Kirchenkreis Mecklenburg" bzw. „Kirchenkreis Pommern" nennen. Noch haben sie jeweils einen eigenen Bischof, aber ab 2019 werden beide Positionen innerhalb der Nordkirche aufgegeben werden.
Konkrete „Erfolge" der Politik der Differenzierung vor 1989 lassen sich leichter feststellen. Gemessen an ihrem Ziel, einer „Profilierung einzelner Landeskirchen und kirchenleitender Kräfte im Sinne einer staatsbejahenden Haltung",[1173] muss die Differenzierungspolitik zumindest in Bezug auf die ELKG als erfolgreich angesehen werden. Aber auch die Entwicklung des Kirchenbundes, der es in den 20 Jahren seines Bestehens nicht zu einer wirklichen Einheit gebracht hat, lässt vermuten, dass dies auf die staatliche Differenzierung zurückgeht. Unbestritten ist wohl, dass die Entfremdung zwischen der Mecklenburger und der Greifswalder Landeskirche nicht zuletzt auf diese Differenzierungspolitik zurückzuführen ist.

1172 Vgl. LKAG, Best. 5, Abt. C, Nr. 30235, Bd. IV, Dok. 1/82 vom 19.2.1982.
1173 Vgl. Uwe Funk (1992), S. 30.

8.1.2 Die Methode der „Zersetzung"

> „Ziel der Z. ist die Zersplitterung, Lähmung, Desorganisierung feindlich-negativer Kräfte."[1174]

Die Zersetzung war ein Instrument der Repression, das in allen gesellschaftlichen Bereichen ohne jede Öffentlichkeitswirksamkeit angewandt werden konnte. Im Unterschied zur Instrumentalisierung, zur Differenzierung und auch zur innerkirchlichen Disziplinierung lag die „Zersetzung" ausschließlich in den Händen des MfS. Sie zielte vor allem darauf ab, innerhalb von Gruppen – mithilfe eingeschleuster oder angeworbener IM – einen dynamischen Prozess zu initiieren, in dessen Ergebnis die Gruppen mit sich selbst beschäftigt wären und öffentlich nicht mehr in Erscheinung träten. In der vorliegenden Arbeit konnte anhand der Bearbeitung der ESG Greifswald durch den Staatssicherheitsdienst ein Eindruck von den Maßnahmen der Zersetzung gegeben werden, obgleich das MfS dort keinen spürbaren Erfolg hatte.[1175]

Misstrauen und gegenseitige Verdächtigungen zu erzeugen gehörte ebenso zu den gängigen Maßnahmen wie die Erzeugung von Rivalitäten, die Versendung anonymer Briefe und retuschierter Fotos, anonyme Telefonanrufe und die Verbreitung von Gerüchten. Vermutungen, Gerüchte und wahre Aussagen fanden ihren Weg in die Treffen und schufen eine Atmosphäre der Zurückhaltung, der Emotionalisierung, des Vertrauensverlustes – wenn die Gruppe dies nicht durchschaute. Oft fielen die Gruppen dann nach wenigen Treffen wieder auseinander, und keiner wusste genau, warum. In der schon genannten Diplomarbeit der Hochschule des MfS in Potsdam-Eiche über die Evangelische Studentengemeinde Greifswald aus dem Jahr 1988 heißt es über die Wirkung der Zersetzung:

> „Werden die Widersprüche gefühlsmäßig zugespitzt, treten häufig Konflikte zwischen Mitgliedern einer Gruppe von Menschen auf. Die vorhandene oder vermeintliche Unvereinbarkeit zwischen Personen kann bis zu Haß oder Feindschaft getrieben werden und selbst Einstellungen ändern. Die zielgerichtete Ausnutzung dieser psychischen Erscheinung kann eine zeitweilige oder dauernde Lähmung der Beziehungen zwischen einzelnen Mitgliedern der ESG sowie deren Reaktion auf die Umwelt hervorrufen, ihre Aktionsbereitschaft und -fähigkeit sowie die reale Wirkung treffen. Sie beschäftigen

1174 Siegfried Suckut (1996), S. 422.
1175 Vgl. LKAG, Best. 5, C 30235, Bd. IV, Dok. 1/82.

sich hauptsächlich mit sich selbst."[1176]

Die Zersetzung sollte zu Konflikten führen oder diese so weit verschärfen, dass die Gruppe auseinanderbrach. Dabei ging das MfS nicht nur mit den sogenannten „Zielpersonen" menschenverachtend um, sondern auch mit den eingesetzten und zum Teil jugendlichen Inoffiziellen Mitarbeitern. So heißt es in der oben genannten Arbeit über die ESG in Greifswald:

„Der Konflikt muß von den ausgewählten jugendlichen Personen erlebt werden. Durch den Einsatz von IM kann er erlebbar gestaltet und unter Einbindung der negativen Persönlichkeitseigenschaften der anvisierten Personen auch gefördert werden."[1177]

Zersetzungsmaßnahmen waren von außen nicht erkennbar, und wenn der Verdacht aufkam, das MfS versuche, die Gruppe zu spalten, dann war bereits Unruhe in die Arbeit hineingekommen und war gegenseitiges Misstrauen gesät. In vielen Fällen zogen sich die Mitglieder aus der Arbeit der Gruppe freiwillig zurück, um nicht mit dem MfS als Schattenmacht in Konflikt zu kommen. Der „Erfolg" der Zersetzung war aber nicht von Vornherein sicher. Er war nur dort außerordentlich hoch, wo personelle Strukturen unbeweglich waren und das MfS Zeit hatte, die einzelnen Mitglieder länger zu beobachten, Stärken und Schwächen und zwischenmenschliche Animositäten herauszuarbeiten. Da jedoch, wo sich ständig neue Gruppen bildeten und sich die bestehenden Gruppen immer wieder in ihrer personellen Zusammensetzung und Zielstellung veränderten, konnten auch die Zersetzungsmaßnahmen nur schwer greifen.

8.1.3 Die Methode der „Instrumentalisierung"

Im Gegensatz zu „Differenzierung" und „Zersetzung" gab es den Begriff „Instrumentalisierung" im MfS-Vokabular nicht. Instrumentalisierung meinte, über eine Person, eine Landeskirche oder ein Ereignis eine bestimmte Botschaft zu transferieren, eine Handlung zu initiieren oder eine Entscheidung in staatlichem Sinne zu beeinflussen. Grundlage der Instrumentalisierung war immer eine partielle Interessenübereinstimmung zwischen den staatli-

1176 Eberhard Schnitzer: Die Entwicklung von IM unter der studentischen Jugend für den Einsatz in der Evangelischen Studentengemeinde Greifswald und die Gewährleistung ihres gesellschaftlich effektiven Einsatzes zur wirksamen Aufklärung und Bekämpfung von Erscheinungsformen der politischen Untergrundtätigkeit, unveröffentlichte Diplomarbeit des MfS 1988; BStU, ZA, JHS 458/88, Bl. 61.

1177 Ebd., Bl. 64.

chen Zielen und der instrumentalisierten Person. Aus diesem Grund ist die Instrumentalisierung im kirchlichen Raum – im staatlichen war sie teilweise sogar rechtlich verankert[1178] – besonders kritisch zu sehen.
Im Verhältnis zwischen dem Rat des Bezirks, dem MfS und der Landeskirche Greifswald wurde die Instrumentalisierung besonders in zwei Richtungen eingesetzt: die Instrumentalisierung loyaler kirchlicher Amtsträger als inoffizielle Diplomaten im westlichen Ausland sowie deren Instrumentalisierung zur innerkirchlichen Disziplinierung. Die innerkirchliche Disziplinierung bedeutete, dass staatliche Stellen kirchenleitende Amtsträger aufforderten, unliebsame Pfarrer oder kirchliche Mitarbeiter innerkirchlich zur Disziplin zu rufen. So notierte beispielsweise der Führungsoffizier von Konsistorialpräsident Harder über die Treffgespräche:

„Die geführten Gespräche mit dem Kandidaten werden also immer unter den zwei Gesichtspunkten geführt: der Informationserarbeitung zu operativ bedeutsamen Problemen und der Initiierung der entsprechenden Einflußnahme durch den Kandidaten."[1179]

Zu disziplinarischen Maßnahmen im Sinne des Pfarrerdienstrechtes kam es dabei in der Greifswalder Kirche nicht. Die verantwortlichen Amtsträger im Konsistorium (Plath und Harder) reagierten im Allgemeinen mit einem „brüderlichen Gespräch" unter vier Augen oder einem Telefonanruf. Der Rat des Bezirks oder das MfS traten nun nicht mehr selbst mit repressiven Maßnahmen in Erscheinung, sondern die SED hatte über einzelne, einflussreiche Amtsträger einen „verlängerten Arm" in die Kirche. Beispielsweise hieß es in dem Vorschlag zur Werbung von Superintendent Bohl aus dem Jahr 1986:

„Mit der Übernahme der Funktion des Superintendenten in Grimmen zeigte sich im Verhalten und Auftreten des B. eine grundsätzliche Wendung. [...] B. trat in politisch negativer Hinsicht nicht mehr in Erscheinung. Er übte im Gegenteil, insbesondere in den achtziger Jahren, einen disziplinierenden Einfluß auf ihm unterstellte Würdenträger und Mitarbeiter der Kirche sowie auf Glieder der ‚Jungen Gemeinde' Grimmen aus."[1180]

Die Instrumentalisierung führte unzweifelhaft zu einer Abwendung von kirchlichen Grundsätzen, da die kirchliche Gemeinschaft nicht von Ruhe und Ordnung lebte, sondern von Auseinandersetzung. Kirchliche Amtsträger haben mitunter versäumt, Mitarbeitern Schutz vor Vorwürfen des Staates

1178 Beispielsweise war die führende Rolle der SED gegenüber den Blockparteien in der Verfassung verankert. Auch das Verhältnis zwischen dem MfS und den „Partnern des operativen Zusammenwirkens" (POZW) entsprach einer geregelten Instrumentalisierung.
1179 BStU, BV Rostock, AIM 4155/90, Bd. I/1, Bl. 241.
1180 Vgl. ebd., Bl. 200.

zu gewähren, indem sie eine formale Schuld dieser Person anerkannten.[1181] Neubert spricht von „Hilfestellungen“, die diese Amtsträger den staatlichen Organen gegeben hätten.[1182] Die staatlich initiierte „innerkirchliche Disziplinierung“ war in der ELKG nur deshalb erfolgreich, weil es in der Landeskirche Greifswald ein starkes Bedürfnis nach Ruhe und Ordnung gab. Ähnliche Vorgänge sind auch aus anderen Landeskirchen bekannt. So hat Walter Schilling ein paralleles Vorgehen auch für die Evangelisch-Lutherische Landeskirche Thüringen festgestellt.[1183]

8.2 Die Ziele und Methoden der Landeskirche Greifswald

Mittelpunkt der Greifswalder Kirchenpolitik war das Festhalten an einem Verhältnis zwischen Staat und Kirche, das auf dem Gespräch Honeckers mit dem Bund der Evangelischen Kirchen in der DDR am 6. März 1978 basierte. „Vertrauen“, „Sachlichkeit“ und „Freimütigkeit“ waren in den öffentlichen Stellungnahmen von kirchenleitender Seite die zentralen Begriffe ihrer Kirchenpolitik.[1184] Damit ist bereits eines der Grundprobleme des „Greifswalder Wegs“ benannt: Er formulierte weder Grundsätze für kirchenpolitisches Handeln noch kirchenpolitische Ziele unter den Bedingungen des „real existierenden Sozialismus“,[1185] sondern beließ es bei oberflächlichen Beschreibungen der kirchenpolitischen Position. Die Ziele und Mittel der Greifswalder Kirchenpolitik spiegeln sich daher in den kirchlichen Akten nicht wider. Dies weist auf ein wichtiges Kennzeichen der Greifswalder Kirchenpolitik hin: Sie wurde gar nicht öffentlich und kaum innerkirchlich diskutiert, sondern war eine Frage der mündlichen Absprache unter wenigen kirchenleitenden Mitarbeitern. So geben die Protokolle der Kirchenleitung über Fragen des Verhältnisses zum Bezirk Rostock – auch unter Berücksichti-

1181 Vgl. Ehrhart Neubert (1996), S. 339.

1182 Vgl. ebd.

1183 Vgl. Walter Schilling: Die „Bearbeitung“ der Landeskirche Thüringen durch das MfS, in: Clemens Vollnhals (Hg.): Die Kirchenpolitik von SED und Staatssicherheit. Eine Zwischenbilanz, Berlin 1996 (= Wissenschaftliche Reihe BStU, Bd. 7), S. 228. „Über bestimmte Personen in Schlüsselpositionen wird gezielt Einfluß auf die Politik der Kirche genommen. Diese Einflußnahme verfolgt zwei korrespondierende Ziele: Sie soll zum einen Konflikte verhindern, besser noch zur Stabilisierung der SED-Politik und zur Stärkung der DDR beitragen. Dem entspricht, zweitens, daß potentielle ‚Störer‘ möglichst von der Kirche selbst ‚diszipliniert‘ werden sollen, so daß der Staat erst gar nicht einzugreifen braucht.“

1184 Vgl. Gienke (1996), S. 412.

1185 Erich Honecker prägte den Begriff des „real existierenden Sozialismus“ 1973. Er begründete die Diskrepanz zwischen dem Sozialismus Leninscher und Stalinscher Prägung und der tatsächlichen Ausprägung des Kommunismus in den siebziger Jahren in zahlreichen osteuropäischen Ländern.

gung der für kirchliche Quellen typischen Verschwiegenheit – keine wesentliche Auskunft.[1186] Die folgenden Ausführungen beruhen daher wesentlich auf einer Interpretation der Ereignisse und Abläufe in der Landeskirche.

Der „Greifswalder Weg“ ist als Antwort auf die staatlichen Strategien einerseits und die gesellschaftliche Entwicklung andererseits zu verstehen. In allen DDR-Kirchen bildeten sich Strukturen heraus, die die jeweilige Kirchenpolitik unterstützten. In Bezug auf die ELKG sind hier die zunehmende Dominanz des Bischofsamtes und die Profilierung der kirchlichen Verwaltungsbehörde zu erwähnen. Aber auch „theologische Einstellungen und kirchliche Verhaltensweisen“[1187] spiegelten die kirchenpolitische Positionen wider. Hinzu kamen die äußeren Bedingungen und Möglichkeiten, die einer Landeskirche zur Verfügung standen, sowie die Charaktere der aufeinandertreffenden Persönlichkeiten in Kirche und Staat, die zu Handlungsweisen kirchlicherseits führten, die als „Strategien“ bezeichnet werden könnten.

Auf die ökonomischen, geografischen und politischen Umstände, unter denen die Evangelische Landeskirche Greifswald in der Nachkriegszeit begann, wurde bereits verwiesen.[1188] Es gab jedoch noch andere, ebenfalls in die Anfangszeit nach 1945 fallende Entwicklungen, die die Greifswalder Kirchenpolitik noch in den achtziger Jahren beeinflussten. So hatte diese Landeskirche den Prozess der Demokratisierung, wie er nach 1945 von vielen Landeskirchen angestrebt wurde, nur bedingt mitgemacht. Alle drei Bischöfe – Karl von Scheven (1947–1955), Friedrich-Wilhelm Krummacher (1955–1972) und Horst Gienke (1972–1989) – hatten hierarchische Strukturen gefördert. Auch daraus ergab sich in den achtziger Jahren auf allen Ebenen ein klares Defizit an demokratischer Mitbestimmung.

Nicht zuletzt prägten die Persönlichkeiten die Kirchenpolitik entscheidend. Bischof Gienke war in seinen Entscheidungen ein Einzelgänger, aber kein „Kämpfer“. Gegen die inneren Widerstände konnte er sich kraft seiner Amtsgewalt durchsetzen, gegen die äußeren nicht. Diese ungünstige Konstellation führte dazu, dass in Greifswald eine schwache Kirchenpolitik betrieben wurde. Sie war durch vier Parameter gekennzeichnet:

1. die besondere Art der Gesprächsführung der Landeskirche mit den staatlichen Stellen und eine daraus folgende Personalisierung der kirchenpolitischen Verhandlungen;
2. eine Regionalisierung der kirchenpolitischen Ziele bei zunehmender Abwendung vom Kirchenbund;

1186 Die Kirchenleitung unterhielt zwar auch Beziehungen zu den Räten der Bezirke in Rostock und Neubrandenburg, aber nur auf einer vergleichsweise unbedeutenden Ebene.

1187 Vgl. Planer-Friedrich (1993), S. 113.

1188 Vgl. Kap. 3.

3. eine Verstärkung autoritärer Strukturen innerhalb der Landeskirche und
4. die Anpassung theologischer Konzepte an die Marginalisierungspolitik des Staates.

8.2.1 Die Gienkesche Gesprächspolitik – Wer sprach mit wem?

Die Bedeutung der Gespräche zwischen der ELKG und den staatlichen Stellen sowie der SED ist nicht hoch genug zu bewerten. In der Verfassung der DDR von 1968 waren der Kirche alle Rechte bis auf das, mit dem Staat „nähere Vereinbarungen“ zu treffen, abgesprochen worden. Damit war nur das Recht auf Gespräche seitens der Kirche, jedoch keine Pflicht des Staates, diese zu führen, verankert worden. Dabei war die Interessenlage unterschiedlich. Die Kirchen verstanden die Gespräche vor allem als Möglichkeit, ihre Unabhängigkeit zu wahren, und meinten, im direkten Kontakt deutlich machen zu können, dass sie keine staatsfeindlichen Interessen verträten.[1189] Sie hofften, dadurch mehr Freiheiten zu erhalten. Der Staat hingegen zielte auf Informationen, um bestimmte Entscheidungen der Amtsträger beeinflussen zu können. Aus seiner Sicht dienten die Gespräche vornehmlich der Propagierung der „Politik der Partei in Kirchenfragen“.
Es zeigte sich sehr schnell, dass die SED die rechtliche Lage der Kirchen ausnutzte. Die willkürliche und unberechenbare Kirchenpolitik war in der Verfassung von 1968 begründet. Diese beseitigte jede rechtliche Grundlage der Existenz der Kirchen in der DDR und fixierte im Artikel 39 (1) mit dem Verweis auf „nähere Vereinbarungen“ die Abhängigkeit der Kirchen vom Staat. Aus dieser Zwangslage konnten sich nur die Landeskirchen befreien, die auf die Erpressung nicht eingingen. Sie nutzen die Gespräche für eine konfrontative Politik und gingen das Wagnis des Misserfolges ein. Sie bewahrten sich dadurch zwar keine absolute, aber eine relativ gesehen größere Unabhängigkeit vom SED-Staat. Auch der Kirchenbund war nach Jahrzehnten des Lavierens auf dieser Position angekommen: Die DDR sei der „Verlierer der Öffnungspolitik von Gorbatschow“, es ändere sich nichts. „Vielmehr ist festzustellen, daß wir es mit einem retardierenden Gegenüber zu tun haben, mit Reaktionen wie in den letzten zwanzig Jahren nicht mehr. Eingeübte Mechanismen greifen nicht mehr, jedes Anliegen ist jetzt neu zu bedenken und verhandeln.“[1190] Demke schlug eine Kursänderung vor: „Bisher galt das Interesse dem direkten Gespräch, wenn auch die Ergebnisse häufig nur ge-

1189 Vgl. Ehrhart Neubert (1996), S. 61.
1190 Vgl. LKA GR, Abt. C, Nr. 10404, 1/89, S. 3.

ring waren. Erfahrungswerte belegen, daß Druck zum Erfolg führen kann. Wollen wir das?“[1191]

Die ELKG ging diesen Weg nicht. Sie ging davon aus, dass eine größere Zurückhaltung in ihren Forderungen eine größere Bereitschaft zu „konstruktiven Lösungen“ seitens des Staates nach sich ziehen würde. So zumindest der Eindruck Außenstehender. Wobei es „DIE ELKG“ nicht gab: Es gab eine kleine Gruppe von hauptamtlichen Konsistorialräten und den Bischof, die zusammen das Klima schufen, das hier „Greifswalder Weg“ genannt wird. Und daneben gab es die Pastoren, kirchlichen Mitarbeiter und natürlich die Gemeinden, die im Alltag die Kirchenfeindlichkeit der SED in Schule, Studium, Ausbildung und Beruf zu spüren bekamen und deswegen keineswegs voller Vertrauen auf den Staat sahen. Was an der Spitze geschah, wurde lange Jahre indirekt mitgetragen, kritisch gesehen, diskutiert, aber insgesamt toleriert. Manchen war schon Gienkes Rede auf dem Marktplatz in Greifswald zum Abschluss des Bugenhagen-Kirchentages 1985 zu weit gegangen, als er eine feurige Rede auf die Chancen der Christen in der DDR gehalten hatte. Für die meisten aber war erst 1989 das Jahr der Entrüstung.

Bischof Gienke, der zwar eine ausgedehnte Gesprächstätigkeit befürwortete und selbst betrieb, will den Sinn dieser Kontakte jedoch nicht in einer Vertretung der Interessen seiner Landeskirche gesehen haben, sondern in der missionarischen Begegnung. Er habe versucht, heißt es in seinen Memoiren, „die Positionen des Evangeliums [...] den Marxisten durch die persönliche Begegnung und das gemeinsame Gespräch“ nahezubringen.[1192] Bei den Gesprächen sei keine Kirchenpolitik betrieben worden, vielmehr habe die Mitteilung und das glaubwürdige Vertreten der Botschaft des Evangeliums im Mittelpunkt gestanden.[1193] Ob diese Haltung den Bedingungen des „real existierenden Sozialismus“ angemessen war, sei dahingestellt. Aber Bischof Gienke hat sich eben nicht aus der politischen Dimension dieser Gespräche zurückgezogen, sondern trug durch seine Person erheblich zur Politisierung, zur Verschärfung der Auseinandersetzung zwischen Kirche und Staat bei.

Diese Auffassung war besonders folgenschwer in Bezug auf die Gespräche mit dem Ministerium für Staatssicherheit. Das MfS war in der DDR als „Firma Horch und Guck“, die „Firma“, die „Stasi“ oder einfach das MfS bekannt. Dass „die“ da waren und Telefongespräche mithörten, wurde allgemein angenommen, und auch dass Westreisen, Beförderungen, Fahrten in das Grenzgebiet, Westbesuch, das Nichterscheinen an der Wahlurne oder

1191 Vgl. ebd.
1192 Vgl. Gienke (1996), S. 378.
1193 Vgl. Gespräch mit Altbischof Dr. Horst Gienke, Westerstede, am 12.5.1998.

Besuche im Intershop[1194] der Stasi nicht entgingen, dachte man sich. Die Staatssicherheit war gleichermaßen sichtbar und unsichtbar: Stasi konnte jedermann unerkannt sein, denn die Angst vor Spitzeln, wie man IM in der DDR nannte, war begründet.
Wohl nicht zufällig hatte die Staatssicherheit ihre Dienststellen häufig in repräsentativen Gebäuden im Stadtzentrum – in Greifswald war dies passenderweise die Domstraße unweit des Marktes, und diese Gebäude flößten Vorsicht, wenn nicht Angst ein. Die sozialistische Sozialisation schloss Angst vor der Staatssicherheit mit ein, in allen Schichten und allen Altersgruppen. Denn genau wie die Partei hatte die Staatssicherheit immer Recht. Wer hatte das Rückgrat und den Mut, sich als einzige Institution der DDR der Staatssicherheit zu widersetzen? Die Kirchen!
Eine flächendeckende Unterwanderung der Greifswalder Landeskirche hat nicht stattgefunden. Wie kam das? Entscheidende Schutzmaßnahmen, die beispielsweise in der Mecklenburger Landeskirche gegeben waren, bestanden in Pommern augenscheinlich nicht: Es gab keinen innerkirchlichen Diskurs unter Pastoren und Mitarbeitern über die Kontakte zum MfS. Dieses Thema wurde in den Konventen nicht besprochen.[1195]
Während der Ausbildung an der Sektion Theologie wurden die Studenten zwar vor möglichen Kontaktversuchen durch das MfS gewarnt und aufgefordert, entsprechende Vorkommnisse direkt dem Leiter der Fakultät, Prof. Zobel, zu melden.[1196] Eine entsprechende schriftliche Anordnung blieb dann aber im Vikariat und im Pfarramt aus: Bischof Gienke schrieb – anders als in anderen Landeskirchen wie Mecklenburg oder Thüringen – keine entsprechenden Rundbriefe.
Geführt wurden von Pastoren und in geringerem Umfang auch von kirchlichen Mitarbeitern lediglich die Gespräche mit den Referenten für Kirchenfragen auf Kreis- und gelegentlich auch auf Bezirksebene.
Und dennoch: Auf Pastorenebene gab es keine Gesprächsbereitschaft mit dem MfS. Woher kam also der in den meisten Konventen anzutreffende Konsens, lediglich mit den Räten der Kreise und dem Bezirk zu sprechen? In Demmin beispielsweise, wo es so etwas wie eine „eiserne Regel“ gegeben habe, „Keine Beziehungen zum SSD“ [Staatssicherheitsdienst], so Hans-Joachim Schwerin. „Sofern mich Christen ansprachen in Sachen der DDR-Belästigungen habe ich sofortigen Abbruch der Beziehungen vorgeschlagen mit

1194 Intershops waren Geschäfte in der DDR, die westliche Waren verkauften, allerdings nur bei Bezahlung in konvertierbarer Währung, also in Deutschen Mark oder Forumschecks. Mark der DDR wurden nicht akzeptiert.
1195 Vgl. Gespräche mit Pastor i. R. R. Berndt, Trassenheide, am 18.11.2015 sowie mit Pastor i. R. Heinz Wenzel und Dorothea Wenzel am 15.10.2015.
1196 Vgl. Gespräch mit Pastor Dr. Irmfried Garbe, Dersekow, am 15.10.2015.

Aufhebung der vielleicht schon wirksamen Konspiration. Man solle nicht mit dem teuflischen Feuer spielen. […] Es gab auch kirchliche Verantwortliche, welche das Gegenteil verlangten, […] man solle ruhig Gespräche führen."[1197]

Auch die Kontakte zu den anderen staatlichen Stellen und Organisationen wie beispielsweise der CDU oder der Nationalen Front waren auf der Ebene der Gemeindepastoren umstritten, so Rainer Berndt aus Trassenheide: „Der Konvent war sehr gespalten, dahingehend, dass Konventsmitglieder durchaus der Meinung sind, man muss die Kontakte nutzen – aber nicht die MfS-Kontakte, sondern Nationale Front und so weiter, man muss die immer lebendig halten, bis dahin, dass einige sehr wohl der Meinung sind, dass der Sozialismus eine gute Sache sei, nur nicht das, was wir hier erleben. Das hat bei uns zu schwerwiegenden Auseinandersetzungen im Konvent geführt."[1198]

Welche Wurzeln hatte die offensichtlich überwiegend ablehnende Haltung zu den geheimen Kontakten mit dem MfS?

Zum einen gab es eine Durchmischung von Traditionen und Einstellungen aus allen anderen Landeskirchen. Die Lage und Größe der Greifswalder Kirche führte zu einem steten „Import" kirchlicher Mitarbeiter und Pastoren in die Landeskirche. Die kamen und brachten ihre eigene Agenda mit, die, aus Thüringen, Mecklenburg, Berlin oder Sachsen kommend, eindeutig ablehnend war. Insbesondere die Verbindungen in die Berlin-Brandenburgische Landeskirche waren wichtig, weil aus Berlin die „Aufrührer" kamen, die Berliner Luft mitbrachten.[1199]

Zum anderen agierten die Pfarrer der Landeskirche sehr unabhängig, weil die Bindung an ihren jeweiligen dienstlichen Vorgesetzten, den Superintendenten, keine kirchenpolitische Dimension hatte. Was der Einzelne machte, war in sein Belieben gestellt. Das barg theoretisch die Gefahr von Sonderwegen innerhalb des Konvents, aber viel größer war die Dynamik der Individualisierung. In einer Gesellschaft, in der „sozialistische Persönlichkeiten" geformt wurden, die sogar in ihrem Denken der Partei folgen sollten, lebten die Pastoren wie auf einer Insel im Kommunismus. Ihr ausgeprägter Individualismus widerstand dem Normierungs- und Erwartungsdruck der Staatssicherheit. Das Gegenteil galt für die Kirchenjuristen, die schon durch ihre Ausbildung anders sozialisiert waren und in ihrem Beruf keinen pastoralen Spielraum hatten, „sich selbst zu entfalten". Hier spielte der Reiz, als Individuum von der Staatssicherheit wahrgenommen zu werden, in der Werbungsphase oft eine große Rolle.

1197 Vgl. Schwerin (2001), S. 131.

1198 Vgl. Gespräch mit Pfarrer i. R. Rainer Berndt, Trassenheide, am 18.11.2015, unterstützt auch von Pastor i. R. Heinz Wenzel, Grimmen, im Gespräch am 15.10.2015.

1199 Vgl. Gespräch mit Pfarrer Dr. Irmfried Garbe am 15.10.2015.

Propst Friedrich Harder sagte im Gespräch, die Mecklenburgische Kirche hätte bessere Voraussetzungen gehabt, um eine eindeutige Absage an das MfS zu formulieren. In Mecklenburg habe „Wir führen keine Gespräche mit dem MfS" tatsächlich bedeutet, dass kein Amtsträger Gespräche mit dem MfS führen durfte, während es in Greifswald eine Frage der Zuständigkeiten gewesen sei.[1200] Harder, der seit 1983 als Propst zusammen mit Hans-Georg Haberecht zu den engsten Mitarbeitern Horst Gienkes gehört hatte, sah die Gründe dafür auch bei Gienke selbst:

> „Als Gienke 1972 nach Greifswald kam, fand er eine völlig andere Situation vor als in Mecklenburg. Krummacher war im Krieg als Offizier dem Nationalkomitee Freies Deutschland beigetreten und hatte keine Berührungsängste mit den Kommunisten. ‚Gespräch ja, aber keine Zusammenarbeit' war die Devise. Gienke ist diesen Weg weitergegangen. Das Problem liegt da, wo im DDR-Staat jeder einzelne Christ für sich selbst eine Grenze ziehen musste zwischen Anpassung und Verweigerung. Und diese Grenze wurde von jedem etwas anders gezogen, das war individuell unterschiedlich. Wo Gienke Nein sagte, da war er manches Mal anderer Meinung als mancher andere."[1201]

Daraus zu schließen, dass die MfS-Problematik aufgrund der geringen Belastung nicht gegeben war, ist jedoch ein Trugschluss. Es waren zwar wenige, dafür aber sehr einflussreiche Oberkonsistorialräte und der Bischof, die jeder für sich und unabhängig voneinander Gespräche mit dem MfS führten. Die Unterwanderung des Konsistoriums und der Bischofskanzlei wurde das beherrschende Thema der Aufarbeitung. Die entscheidende Frage war also: Wer wusste von den Kontakten zum MfS?

Die Kontakte zum Ministerium für Staatssicherheit waren auch Thema auf der fünften und letzten Anhörung in Züssow im Juli 2000. Propst Hans-Georg Haberecht, der als Leiter des ersten Aufarbeitungsgremiums die Überprüfung der Landeskirche 1996 abgeschlossen und sich daher intensiv mit der Frage der Unterwanderung durch das MfS befasst hatte, sprach dort von einem „Stillhalteabkommen", in dem leitende Kirchenvertreter geheime Kontakte zur Staatssicherheit unterhalten hätten. Sie hätten vermeiden wollen, dass die Staatssicherheit in der Breite der Landeskirche aktiv würde, und die Gespräche lieber selbst geführt. Eine ausgeprägte Fürsorgementalität einerseits und eine ebenso ausgeprägte Passivität aufseiten der Gemeinden hätten sich gut ergänzt, so Haberecht.[1202] Oder ist auch die erwähnte „Für-

---

1200 Vgl. Gespräch mit Propst i. R. Friedrich Harder am 29.9.2015 in Altefähr.

1201 Ebd.

1202 Vgl. Thomas Jeutner: „Ehrenwerte und faule Kompromisse. Fünfte und letzte Anhörung zum Weg der Pommerschen Kirche 1976–90", in: Mecklenburgische Kirchenzeitung Nr. 30/2000 vom 23.7.2000, S. 2.

sorgementalität" nur ein Rechtfertigungsversuch aller derer, die nie widersprochen haben?

Die Spannung zwischen Leitung und Bevormundung war in der Greifswalder Kirche an vielen Stellen offenkundig. Sie wurde dort besonders deutlich erlebt, wo die kirchliche Arbeit den Rahmen sogenannter kirchlicher Themen verließ und staatliche Stellen, zum Beispiel das MfS, aktiv wurden. War es dann Leitungsaufgabe des Konsistoriums, dort im Interesse der kirchlichen Mitarbeiter und Laien einzugreifen? Oder war es Bevormundung? Wo steht der Schutz der Schwachen im Vordergrund und wo das Interesse des Staates an Ruhe und Ordnung? Das Bild vom Guten Hirten in einer Diktatur funktionierte nur, wenn der Hirte sich nicht zu weit von seiner Herde entfernte, so Propst Haerter im Gespräch.[1203]

Diese in der Landeskirche weit verbreitete Passivität bestätigte Hans-Joachim Schwerin in seinen Lebenserinnerungen:

„Haben wir nicht zu viel Anpassung vollzogen? Haben wir, die wir den kirchenpolitischen Weg im Zeichen der ‚Kirche im Sozialismus' kritisch sahen, den leitenden Brüdern in Wort und Tat genügend geholfen? Haben wir nicht zu wenige Gespräche geführt, in welchen wir fragend und kritisch zu helfen suchten? [...] Die Feststellung, sie hätten sich kaum beeinflussen lassen, mag stimmen. Aber das entbindet uns nicht unserer Schuld; es gibt eine geheime Solidarität mit den einst leitenden Brüdern in Sachen der Schuld im Blick auf die Vergangenheit. Das sollten wir heute nicht vergessen."[1204]

Friedrich Harder bestätigte diese vage Konstellation: es sei immer um Zuständigkeiten gegangen, und ein „ansteckendes Klima" habe auch dazu beigetragen, dass die Stasi-Kontakte bestanden und trotz vereinzelter Skepsis nicht offensiv hinterfragt worden seien.[1205]

Mitglieder der Kirchenleitung hingegen sagten, dass in ihrer Gegenwart diese Gespräche mit dem MfS auf der Ebene der Kirchenleitung niemals Thema gewesen seien und sie keinerlei Zustimmung für diese erteilt hätten.[1206]

Angesprochen auf seine Tätigkeit als IM „Dr. Winzer" relativiert Hans-Martin Harder die Bedeutung der MfS-Gespräche. Diese hätten eine absolut untergeordnete Rolle im Vergleich zu anderen Gesprächen mit staatlichen Stellen gespielt und seien nur dann geführt worden, wenn das MfS Untersuchungsorgan gewesen sei.[1207] Die MfS-Akten widerlegen dies, nicht nur im

---

1203 Vgl. Gespräch mit Propst Andreas Haerter am 18.11.2015.

1204 Vgl. Schwerin (2001), S. 137.

1205 Vgl. Gespräch mit Propst i. R. Friedrich Harder, Altefähr, am 29.9.2015.

1206 Vgl. Schwerin (2001), S. 137.

1207 Thomas Jeutner: „Kritische Solidarität und Machtfrage", in: Mecklenburgische Kirchenzeitung, 55. Jg. (2000), Ausgabe 17/2000 vom 23.4.2000, S. 2.

Falle von „Dr. Winzer", sondern auch für Dr. Plath („Hiller"), Dr. Ehricht („Ingolf Seidel") und Dr. Gienke („Orion"). Plath selbst beschrieb die Gespräche mit dem MfS während der Anhörungen als praktische Umgehung eines ansonsten bürokratischen Systems. Er sei kein „Konfrontationstheologe" gewesen, sondern ein Praktiker, der die Machtlosigkeit der Kirche als Zwangssituation verstanden hätte. „Weil Kirchenpolitik unter der Diktatur des Proletariats ‚nicht auf dem Marktplatz zu machen' war und ein Staat, der öffentlich kritisiert würde, nur wie ‚ein wundes Tier um sich beißt', habe es bloß einen Weg gegeben: ‚Direkte Gespräche mit den zuständigen Staatsorganen'."[1208] Er habe die Staatssicherheit als das entscheidende Staatsorgan betrachtet, und die Stasi-Kontakte seien „von einem Kreis der Eingeweihten" mit Billigung der Bischöfe Krummacher und Gienke geführt worden, weil sie in komplizierten Fällen „am effektivsten waren". Konspiration sei in einer Diktatur erlaubt, wenn sie gegen das System gerichtet sei. [1209]

Diese Aussagen lösten einen Sturm der Entrüstung aus, zeigten sie doch anschaulich, dass in Greifswald der Draht zum MfS kurz war und häufig genutzt wurde und dass man sich aus praktischen Gründen direkt an die Entscheidungsträger wandte. Tatsächlich hatte Krummacher diese Kontakte leitender Kirchenmänner nie bewilligt,[1210] obwohl er unter dem Decknamen „Martin" zwischen 1946 und 1954 nachweislich Kontakte zum KGB unterhalten hatte.[1211]

Diese Politik in der Landeskirche Greifswald, die Kontakte in das Ermessen des einzelnen Amtsträgers oder Mitarbeiters zu stellen, begann bereits 1972 und brachte den staatlichen Stellen einen erheblichen Handlungsvorteil. In einem prominenten Fall war sie auch auf der Ebene des Bundes anzutreffen: Albrecht Schönherr als langjähriger Brandenburgischer Bischof und Leiter des Kirchenbundes habe seinen leitenden Juristen Manfred Stolpe ebenfalls „machen lassen", „Jeder solle seine Gesprächsmöglichkeiten nutzen", so habe er es gesehen.[1212]

Die Situation war ganz ähnlich in Greifswald, nur bezogen auf vier von fünf leitenden Amtsträgern. Die Letztverantwortung habe beim Bischof gelegen,

---

1208 Zitiert nach Thomas Jeutner: „Freiwillig das Messer aus der Hand legen. Siegfried Plath und Christoph Demke in einer Anhörung der pommerschen Landessynode", in: Mecklenburgische Kirchenzeitung, Nr. 9/2000 vom 27.2.2000, S. 1.

1209 Vgl. ebd.

1210 Vgl. Gespräch mit Dr. Wolfgang Nixdorf am 8.9.2015 in Schwerin.

1211 Vgl. „Ehrlicher Freund", in: Spiegel Heft 30/1993, S. 58, URL: *http://www.spiegel.de/spiegel/print/d-13680572.html [Stand: 10.1.2016]* sowie Gerhard Besier: Die Rolle des MfS bei der Durchsetzung der Kirchenpolitik der SED, in: Klaus-Dieter Henke/Roger Engelmann (Hg.), Aktenlage. Die Bedeutung der Unterlagen des Staatssicherheitsdienstes für die Zeitgeschichtsforschung, Berlin 1995 (= Wissenschaftliche Reihe des BStU, Bd. 1), S. 102–106.

1212 Vgl. Richard Schröder: „Diktatur der Angepassten", in: ZEITmagazin vom 8.9.2011. URL: *http://www.zeit.de/2011/37/P-Enquetekommission/seite-1/2* [Stand: 11.1.2016].

so Friedrich Harder, und der habe eine bewusste Zweideutigkeit in Bezug auf die Kontakte zum MfS und zur SED toleriert:

„Es ging immer um Zuständigkeiten. Dann hätte man sagen müssen, daß die Zuständigkeiten diese Gespräche mit dem MfS ausschließen. Und dieser Satz ist nie gefallen, das hätte Gienke machen müssen. Das hat er für sich anders entschieden, und daher war es dann eben auch bei den anderen so. [...] Das war auch ein Punkt, wo einige in der Landeskirche skeptisch waren. Es hat immer in der Landeskirche solche Stimmen gegeben, die gefragt haben: Was machen die da eigentlich, da läuft doch irgendetwas."[1213]

Was veranlasste einzelne Mitarbeiter, dem MfS-Mitarbeiter nicht direkt beim ersten Gespräch die Tür zu weisen? Die Greifswalder Akten legen vor allem einen Grund nahe: der „kurze Draht zur Macht".[1214] Das MfS hatte sein vorrangiges Ziel, diesen Mitarbeitern die „Vorteilhaftigkeit" dieser Kontakte nahezubringen, offensichtlich erreicht, denn selbst noch lange nach der „Wende" wurden die Kontakte zum MfS von leitenden kirchlichen Mitarbeitern als notwendig und im Sinne der Kirche dargestellt.[1215] Beides trifft nicht zu. Sie dienten überwiegend dem Selbstwertgefühl des IM und natürlich dem Staat, der dadurch eine Fülle von Informationen und die Möglichkeit erhielt, indirekt an Entscheidungen beteiligt zu sein. So sah Gienke die Gespräche als positiv für die Landeskirche und als Verpflichtung eines Bischofs: In seiner Funktion habe er sich in besonderer Verantwortung gegenüber der

1213 Vgl. Gespräch mit Propst i. R. Friedrich Harder, Altefähr, am 29.9.2015.

1214 Eine Ausnahme war IM „Gisela", die als sehr junger Mensch, mit 19 Jahren, aus Überzeugung Inoffizieller Mitarbeiter des MfS geworden war. Hier spielten zumindest keine persönlichen Vorteile eine Rolle. „Gisela" war bereits nach ihrem Abitur vom MfS angesprochen worden. Sie trat auf Bitten ihres Führungsoffiziers aus der SED aus, gab ihr Studium der Pädagogik auf, nahm eine Tätigkeit im kirchlichen Bereich und anschließend im Auftrag des MfS ein Theologiestudium in Rostock auf. 1986 ging sie – wiederum im Auftrag des MfS – in die Landeskirche Greifswald und suchte auftragsgemäß den Kontakt zum Konsistorium und zum Friedenskreis. Ihre Führungsoffiziere waren Wegner und Fiedler, die „Giselas" Leben privat und beruflich vollkommen auf die Bedürfnisse des MfS hin ausrichteten. Die Akte umfasst 7 Bände.

1215 Vgl. BStU, BV Rst, AIM 4155/90, Bd. II/1, Bl. 442/243. So hieß es im „Vorschlag zur Werbung" Harders vom 25.10.1988: „Im Verlaufe der bisherigen Kontaktphase wurde mehrfach das Problem der Motivation für den Kontakt des Kandidaten zum MfS und dem Problem der Konspiration Stellung genommen. [...] Durch den Kandidaten wurde dabei die Arbeit des MfS, speziell im kirchenspezifischen Bereich, einer positiven Wertschätzung unterzogen. Als Amtsträger dieser Ebene stellt sich nach Auffassung des Kandidaten der Kontakt als objektive Notwendigkeit dar, die beiderseitig von Nutzen sein kann. Aufgrund der Spezifik anerkannte der Kandidat die Notwendigkeit der Wahrung der Vertraulichkeit seines Kontaktes zum MfS, bekundete jedoch, keine ‚Geheimniskrämerei' betreiben zu wollen, da ‚in seinen Kreisen solche Kontakte üblich sind'." 1992 stellte Harder in einer öffentlichen Veranstaltung zur Aufarbeitung die Kontakte zum MfS als notwendig dar und schränkte diese lediglich hinsichtlich ihrer Häufigkeit ein. Gleichzeitig äußerte Harder dort, er sei immer gegen die Kontakte gewesen und hätte eine „diametral entgegengesetzte" Kirchenpolitik zu der von Bischof Gienke vertreten. (Vgl. Greifswalder Forum zum Weg der Kirche, in: die kirche. Evangelische Wochenzeitung [Greifswalder Ausgabe], Jg. 47 (1992), Nr. 39 vom 27.9.1992, S. 1 und in der gleichen Ausgabe, S. 5: Konsistorialpräsident Harder: „... Jeder Stasi-Kontakt war ein Kontakt zuviel.")

Kirchenordnung gesehen und daher den Gesprächen mit dem MfS nicht ausweichen können.[1216]

Die Treffen mit dem MfS trugen den Charakter von Verhandlungen. Beide Seiten boten etwas an: Die MfS-Offiziere verzichteten auf Politpropaganda und verbreiteten die Aura von „Wir können das alles hinkriegen, wenn Sie mitmachen". In einem Staat, in dem nichts auf direktem Weg und schon gar nicht ohne die Partei ging, war das ein großes Versprechen. Konsistorialräte und der Bischof boten ihre Autorität und ihre persönlichen Verbindungen zu den Mitarbeitern und Pastoren an, um mögliche Probleme von vornherein zu umgehen bzw. zu minimieren. Vordergründig war damit auch ein Schutz des betreffenden Mitarbeiters, Pastors oder Laien verbunden, denn der Staat wurde ja nun nicht tätig, sondern überließ die Maßregelung der kirchlichen Verwaltung. Staatliche Probleme wurden innerkirchlich „gelöst": Da, wo der Staat keinen Zugriff hatte, da konnte das Konsistorium sein verlängerter Arm werden, wenn das im Sinne eines ruhigen Staat-Kirche-Verhältnisses war. Es ließ sich instrumentalisieren.

Was sich die kirchliche Seite von den MfS-Gesprächspartnern erhoffte, erfüllte sich nur teilweise. Einen direkten Draht zur Macht? Ja. Ein gebildeteres Gegenüber, das nicht mit Parteipropaganda argumentiert? Ja. Die Möglichkeit, unter Umständen die Interessen von bedrängten Christen vorzutragen? Ja. Aber niemals eine auf Gegenseitigkeit beruhende Beziehung: Gespräche mit dem MfS waren immer konspirativ, machten die kirchlichen Gesprächspartner erpressbar und langfristig abhängig. Sie förderten die Isolierung des Einzelnen innerhalb der Kirche und waren immer taktisch motiviert, das heißt, sie waren unzuverlässig. Wenn das Zentralkomitee der SED in Berlin seine Linie änderte, dann musste auch der Führungsoffizier in der Kreisdienststelle Greifswald diese neue Linie übernommen haben. Die Vertreter der Kirche konnten bestimmte Interessen vortragen und auf deren Weiterleitung an die SED hoffen. Dabei waren die Informationen, die das MfS in den Treffen beisteuerte, keineswegs von großer Bedeutung für die Kirche. Aus kirchlicher Sicht schienen sie das mitunter zu sein, weil das MfS über interne Fragen des kirchenpolitischen Kurses, über zu erwartende Veränderungen und neue Gesetze oder über die Haltung der DDR-Führung zur Friedensarbeit der Kirche begrenzte Informationen geben konnte und dies tat, um das Interesse des Mitarbeiters zu wecken und diesen langfristig für eine Zusammenarbeit mit dem MfS zu interessieren.

Die Kontakte zum Staatssicherheitsdienst waren deshalb besonders verhängnisvoll, weil sich die kirchlichen Amtsträger mit einer Institution eingelas-

1216 Vgl. Gienke (1996), S. 389.

sen hatten, der sie nicht gewachsen waren. Sie betrachteten die Entstehung dieser Kontakte als ihr persönliches Verdienst und Ausdruck ihrer Bedeutung innerhalb der Landeskirche und bemerkten nicht, dass die im Laufe der Jahre zunehmend persönliche Atmosphäre dieser Gespräche eine Taktik des MfS war, um Abhängigkeiten zu schaffen. Es sollte jedoch nicht zu einem wirklichen gegenseitigen Vertrauen kommen, sondern der IM sollte dem Mitarbeiter des MfS vertrauen, dieser hingegen Vertrauen vortäuschen. Eine „vertrauliche Beziehung" meinte in der Sprache des MfS, „daß der IM dem operativen Mitarbeiter volles Vertrauen entgegenbringt, während der operative Mitarbeiter in seinem Verhältnis zum IM den Sicherheits- und Kontrollaspekt nicht außer acht lassen darf".[1217] Dieses Phänomen, dass aus funktionalen Kontakten durchaus auch persönliche werden konnten und die Grenze zwischen kirchlichem Auftrag und persönlicher Sympathie nicht mehr eindeutig zu bestimmen war, zeigte sich nicht nur gegenüber Mitarbeitern des Staatssicherheitsdienstes, sondern auch gegenüber Vertretern der SED-Bezirksleitung.

Besonders problematisch war die Verpflichtung zur Konspiration. Diese führte dazu, dass die Hintergründe kirchenleitenden Handelns nicht offen ausgesprochen wurden und damit nicht nur die Transparenz der Amtskirche schwand, sondern auch das Vertrauen der kirchlichen Mitarbeiter und Amtsträger in die Leitungsetage litt.[1218] Gab es Beschwerden des MfS über diesen oder jenen Mitarbeiter und wurde dieser zu seinem Vorgesetzten zitiert, dann wurde nicht deutlich, von wem die Beschwerde kam: von außen oder von der Kirche selbst.

Bei der Kontaktaufnahme des MfS zu kirchlichen Amtsträgern war die Qualifikation der MfS-Offiziere wichtig; sie sollten ja mit dem „Klassenfeind" reden können und diesem argumentativ nicht unterlegen sein. Die MfS-Offiziere Fiedler und Wegner gehörten zu den qualifizierten Mitarbeitern auf der Kirchenlinie des Staatssicherheitsdienstes. An den zahlreichen Treffberichten ist ablesbar, dass diese beiden psychologisch geschult waren und mit den Eigenheiten der Institution Kirche vertraut waren. Dies wurde durchaus geschätzt, gerade wenn auf der Kreis- und Bezirksebene Referenten wie Roland Macht saßen, die ihrer Aufgabe nicht gewachsen waren. Ein Bericht über ein Gespräch mit Harder vom September 1987 gibt Harders Haltung sehr deutlich wieder:

1217 Vgl. Siegfried Suckut (1996), Stichwort „Vertrauensverhältnis", S. 405.

1218 Viele Zeitzeugen stellten übereinstimmend fest, dass bei Gesprächen mit Vertretern des Konsistoriums deren Motivation oftmals im Dunkeln blieb und dass diese verschwommene Haltung – vor allem von Harder und Plath – zu großer Unsicherheit und Unzufriedenheit bei den Pfarrern und Mitarbeitern führte. So äußerten sich beispielsweise Pfarrer Arndt Noack am 14.4.1998 und Torsten Hennig am 17.4.1998 im Gespräch.

„Ich bin für jeden Kontakt zu haben, der der Sache dient. Es gibt natürlich auch Dinge, die ich Ihnen nicht sagen kann, die auch der Sache nicht dienlich wären, wenn wir uns darüber unterhalten würden. Das ist wahrscheinlich wesentlich weniger, als man allgemein annimmt. Ich bin immer dafür, wir müssen daran interessiert sein, daß die Motive unseres Handelns auch bei Ihrer Dienststelle bekannt sind. Die Kontakte, die ich bisher zu Vertretern der Staatssicherheit gehabt habe, haben mir eigentlich den Eindruck vermittelt, daß in ihrem Dienstbereich ein erheblich größeres Maß an Verständnis für unsere Situation besteht als bei den staatlichen Stellen. Das liegt natürlich auch an der Qualifikation, die uns da entgegenkommt, das ist natürlich auf der Ebene der Kreise sehr verschieden. Ich muß aber sagen, wir sind damit ganz gut gefahren, auch wenn wir es nicht an die große Glocke hängen und auch nur auf die wichtigen Dinge beschränken. Jeder Staat hat seinen Sicherheitsapparat, und ein Staat wie die DDR [hat] aufgrund der besonderen politischen Entwicklung und aktuellen Situation ein größeres Bedürfnis nach Sicherheit [...] als manch anderes Land."[1219]

Jeder, der mit dem MfS sprach, brachte sich und die Kirche in Gefahr: die Gefahr, als Stasi-Zuträger zu Unrecht denunziert zu werden, die Gefahr, mit dem Kontakt durch das MfS selber erpresst zu werden, die Gefahr, instrumentalisiert und letztlich – wie Horst Gienke 1989 – im Interesse anderer kirchenpolitischer Ziele fallengelassen zu werden. Wer diese Risiken aus freien Stücken einging, überschätzte sich oder unterschätzte die Staatssicherheit oder beides.
Harders Bitte gegenüber Führungsoffizier Wegner, dieser möge bei den zuständigen staatlichen Stellen eine Aufhebung der Geschwindigkeitsbegrenzung für ihn selbst und den Bischof erwirken – den sogenannten „A-Schein" –, gehört in diesen Kontext.[1220] Wegner notierte in dem Zusammenhang, Harder habe sich für die Bitte entschuldigt und auch dafür, „daß er laufend mit solchen Dingen kommt".[1221]
Immer wieder wurde von Greifswalder Seite angeführt, dass in solchen Landeskirchen, die bewusst Kontakte zum MfS aufgebaut hätten und wo „verantwortliche Gespräche" geführt worden seien, ein größerer Schaden vermieden worden sei, da das MfS daraufhin kaum noch Versuche unternommen hätte, unter den Pfarrern, kirchlichen Mitarbeitern und vor allem unter den kirchlichen Verwaltungsangestellten IM zu werben.[1222] Das ist jedoch eine Schutzbehauptung, da entsprechende Erkenntnisse bisher nicht belegt sind.

1219 Vgl. BStU, BV Rostock, AIM 4155/Bd. I/1, Bl. 83.
1220 Vgl. ebd., Bl. 109.
1221 Vgl. ebd.
1222 Vgl. Gespräch mit Konsistorialpräsident Hans-Martin Harder, Greifswald, am 23.7.1997 und OKR i. R. Siegfried Plath, Greifswald, am 12.8.1997.

Es bleibt dabei: Die Kontakte zum MfS waren keineswegs üblich, aber für die Kirche verhängnisvoll. Unbestritten ist, dass in den Gesprächen auch humanitäre Fälle besprochen wurden und zum Nutzen dieser Bedrängten Lösungen gefunden wurden. Diese Art der Hilfe war aber nicht nur in Greifswald möglich, sondern auch in anderen Landeskirchen, die ein schwierigeres und konfliktreicheres Verhältnis zum Staat hatten. Sie war dort möglich, weil der Staat kein Interesse daran hatte, sich mit diesen Kirchen in Auseinandersetzungen zu begeben, in denen die kritischen Stimmen besonders deutlich zu hören waren. Der mecklenburgische Landesbischof Heinrich Rathke beispielsweise hat den Schutz und die Öffentlichkeit, die ihm sein Amt boten, in zahlreichen Fällen genutzt, um bedrängten Christen zu helfen. Ohne die Staatssicherheit und die SED, aber durch den Schulterschluss mit den Laien seiner Kirche und in der Gewissheit, dass die SED eigentlich keine Machtprobe mit der Kirche wollte, weil sie sich nicht sicher sein konnte, daraus siegreich hervorzugehen. Außerdem wollte man international als weltoffen und tolerant gelten und gegenteilige Schlagzeilen in bundesdeutschen Medien vermeiden. Rathke wusste das und nutzte es für seine Christen aus: So eilte er 1980 einer Vikarin zur Hilfe, die das Abzeichen „Schwerter zu Pflugscharen" getragen und verhaftet worden war. Unterwegs steckte er sich das Abzeichen selber an. Gegen beide wollte die Polizei nicht vorgehen, also ließ man die Vikarin sofort gehen.[1223]

Im September 1992, als die Aufarbeitung in Greifswald erste Wellen schlug, fand in der Greifswalder Jakobikirche ein Forum statt. Dort wurde deutlich benannt, dass Naivität, Selbstüberschätzung und ein nicht angebrachter pragmatischer Umgang mit Kirchenpolitik[1224] die Motive gewesen seien, aus denen heraus Gespräche mit dem MfS und der SED aufgenommen worden waren.[1225] Die jeweiligen kirchlichen Gesprächspartner hatten dabei außer Acht gelassen, wie hoch der Preis für diese Gespräche war, und dieser ist bis heute kaum abzusehen.

Noch Jahrzehnte später gibt es dazu öffentliche Debatten. Unter der Überschrift „Es war ein Irrweg" schrieb Carsten Zillich aus Landow 2015 an die Kirchenzeitung einen Leserbrief: „Das Relativieren, Um- und Ausdeuten der Betroffenen der damaligen PEK ist verständlich, ändert aber nichts an den Tatsachen. Von Christen ist zu erwarten, dass sie Schuld eingestehen."[1226]

1223 Vgl. Rathke 2014, S. 141.

1224 Konsistorialpräsident Harder betrachtete sich selbst als „Manager" und war als solcher auch vom MfS wahrgenommen worden. Vgl. Anm. 390.

1225 Vgl. Ulrich von Saß: „Keine Gespräche mit Geheimdiensten. Staat und Kirche in Pommern – ein ‚zweifelhafter Konsens'", in: die kirche. Evangelische Wochenzeitung (Greifswalder Ausgabe), Jg. 47 (1992), Nr. 32 vom 9.8.1992, S. 5.

1226 Vgl. Carsten Zillich: „Es war ein Irrweg", in: Mecklenburgische & Pommersche Kirchenzeitung, Jg.70, Nr. 43, vom 25.10.2015, S. 5.

8.2.2 Die regionale Orientierung und die „Personalisierung"

Als sich die acht evangelischen Landeskirchen 1969 von der Evangelischen Kirche in Deutschland trennten und einen eigenen Bund der Evangelischen Kirchen in der DDR (BEK) gründeten, hatten sie damit die SED-Kirchenpolitik unabsichtlich ausgehebelt. Diese wollte eigentlich nur die Abspaltung der DDR-Kirchen von der EKD und ein loses Nebeneinander der acht Landeskirchen in der DDR. Auf diese Weise wäre jede Landeskirche für sich dem Staat kein ebenbürtiger Gegner gewesen. Der Zusammenschluss zum neuen Bund widersprach deshalb dem Interesse der SED. Daher versuchte diese nun, die Landeskirchen auseinanderzudividieren und regionale kirchenpolitische „Klimazonen" einzuführen. Das war die regionale Orientierung der Kirchenpolitik. Die „Regionalisierung"[1227] der Kirchenpolitik fand ihren Ausdruck in den besonders engen Beziehungen zu den staatlichen und an die SED angebundenen Stellen im Bezirk Rostock sowie in den mehrfachen Distanzierungen kirchenleitender Mitglieder von Entscheidungen und Entwicklungen, die sich auf der Ebene des Kirchenbundes abzeichneten. Die kirchlichen hatten sich mit den staatlichen Vertretern auf einen Kanon von kirchenpolitischen Problemen und auf eine Art der Zusammenarbeit geeinigt, die dadurch gekennzeichnet war, dass Forderungen und Kritik sehr zurückhaltend geäußert wurden. Stattdessen betonte man in Greifswald die „Einzelfalllösungen", denn grundlegende Probleme zwischen Kirche und Staat wurden auch von der Kirche nur selten gesehen. Die kirchlichen Vertreter bemängelten beispielsweise nie die mangelnde Gleichberechtigung christlicher Bürger und deren Benachteiligung in der Schule, bei der Lehre, in Bezug auf eine berufliche Karriere usw., sondern sprachen grundsätzlich nur von einem Fehlverhalten einzelner Lehrer, Offiziere, staatlicher Funktionäre usw. In vorauseilendem Gehorsam wurde auf Störungen des Staat-Kirche-Verhältnisses sehr schnell reagiert, indem kirchliche Vertreter – unaufgefordert – beim Bezirk die Loyalität der Kirchenführung beteuerten. Ehrhart Neubert spricht von „Mechanismen der Selbstunterdrückung", die nicht nur in der ELKG anzutreffen waren.[1228]

Diese Ausrichtung kirchenpolitischer Ziele auf eine eng begrenzte Region und die damit verbundene Abgrenzung vom Kirchenbund waren aus staat-

---

1227 Der Begriff „Regionalisierung" wird in der Fachliteratur in unterschiedlicher Bedeutung verwendet. Funk hat den Begriff „Regionalisierung" eingeführt und meint damit die „Modifizierung zentraler Wertungen und Konzeptionen auf der Ebene der einzelnen Bezirke in der Politik gegenüber den einzelnen evangelischen Landeskirchen" (Uwe Funk: Regionalisierung als interne Differenzierung der DDR-Kirchenpolitik, in: Staat-Kirche-Beziehungen in der DDR und anderen ehemals realsozialistischen Ländern 1945–1989, Berlin 1994, S. 66). Hier ist jedoch eine regionale Ausrichtung der kirchlichen Ziele und Methoden gemeint.

1228 Vgl. Ehrhart Neubert (1996), S. 330.

licher Sicht ein „Geschenk“: Im Sinne der Differenzierungspolitik konnte der Staat auf die Landeskirche Greifswald und deren kirchenpolitisch „realistische“ Ansichten verweisen und die anderen Landeskirchen damit unter Druck setzen. Diese „Entsolidarisierung“[1229] von den Schwesterkirchen schadete dem Kirchenbund, aber noch viel deutlicher der ELKG selbst. Horst Gienke bestätigte im Gespräch sowohl die Orientierung auf eine regional begrenzte Kirchenpolitik als auch die Personalisierung als Strategien der Kirchenführung. Er verwahrte sich jedoch gegen die Feststellung, sich vom Kirchenbund entfernt zu haben. Entscheidungen der KKL habe er immer akzeptiert und nie dagegen gehandelt, von Beschlüssen der Bundessynode habe er sich mitunter gegenüber den staatlichen Organen und der SED distanziert.[1230]

Von Greifswalder Seite wurde der kirchenpolitische Weg zu sehr mit Blick auf die finanziellen und materiellen Bedingungen der Existenz der Landeskirche abgesteckt. Die kirchenleitenden Amtsträger erwarteten, dass durch ihre Selbstbeschränkung Baubilanzen bewilligt, die Einfuhr wichtiger Baumaterialien genehmigt und ausstehende Pachtzahlungen geleistet würden. In dieser Politik steckte implizit die fehlerhafte Annahme, die staatlichen Organe im Bezirk Rostock sowie die SED-Bezirksleitung könnten sich von der gesamtpolitischen Lage in Berlin „freimachen“.

Die Personalisierung war ebenfalls ein Kennzeichen der Greifswalder Kirchenpolitik. Der Begriff meint die zahlenmäßige Beschränkung des an kirchenpolitischen Entscheidungen beteiligten Personenkreises. Vornehmlich Plath, Harder und Gienke führten die Gespräche mit der SED und dem Rat des Bezirks, und wesentliche Teile der Kirchenpolitik wurden von diesen in Gesprächen mit dem MfS unter vier Augen verhandelt. Neubert, der ähnliche Entwicklungen auch für andere, aber nicht ausdrücklich für alle Landeskirchen festgestellt hat, spricht von „Privatisierungstendenzen“.[1231] Bereits 1977 sprachen staatliche Stellen von einem „inneren Leitungsgremium“[1232] innerhalb der Kirchenleitung und meinten damit die Personen, die auch das Konsistorium leiteten, nämlich Harder und Plath sowie Affeld und Gienke. Auch der Ausdruck „Viererbande“[1233], der im Umfeld der Domeinweihung kursierte und sogar zum Rat des Bezirkes Rostock drang, belegt, dass in der kirchlichen Öffentlichkeit eine Konzentration kirchenpolitischen Einflusses auf wenige Amtsträger bemerkt worden war. Wobei einige eher von einer

1229 Vgl. Ehrhart Neubert (1993), S. 104 ff.

1230 Vgl. Gespräch mit Altbischof Dr. Horst Gienke am 12.5.1998.

1231 Vgl. Ehrhart Neubert (1996), S. 333.

1232 Vgl. BArch, DO-4/1684. „Einige Aspekte über die kirchenpolitische Situation in der Evangelischen Landeskirche Greifswald“ (o. A., wahrscheinlich 1977).

1233 Vgl. BArch, DO-4/1133, o. Pag. „Informationsbericht über die kirchenpolitische Situation im Bezirk Rostock Mai–Juni 1989“ vom 6.7.1989 (vgl. Anhang, S. 321).

„Troika“ sprachen, und damit Gienke, Harder und Plath meinten[1234] – eine Bezeichnung, die die tatsächlichen Greifswalder Machtverhältnisse viel akkurater widerspiegelte. Spätestens seit 1987 müsste der Kreis um Christoph Ehricht erweitert werden, der für das Ministerium für Staatssicherheit als IM „Ingolf Seidel“ erheblich an Bedeutung gewonnen hatte, weil er innerhalb des Konsistoriums für die Friedensgruppen in der Landeskirche zuständig war.

Die persönlichen Beziehungen wurden selbst zu einem Mittel der Kirchenpolitik. Wenn heute also kirchliche Amtsträger behaupten, sie hätten in ihren Gesprächen eine besonders persönliche und gute Atmosphäre aufbauen können, so haftet solchen Erfolgsmeldungen zumindest der Verdacht an, die kirchlichen Amtsträger seien einer staatlichen Strategie aufgesessen. Im Übrigen musste ein Gespräch nicht in einer freundlichen Atmosphäre ablaufen, um erfolgreich zu sein. Vielmehr hatte sich im Verlauf der Geschichte des Bundes beispielsweise gezeigt, dass die Konfrontationspolitik durchaus auch erfolgreich sein konnte.[1235]

„Privatisierungstendenzen“ hat es auch in anderen Landeskirchen gegeben.[1236] Dies hing mit der Herausbildung eines „Kirchenbeamtentums“[1237] zusammen. In der ELKG wurden Regionalisierung und Personalisierung jedoch besonders weit getrieben. Die Annäherung an die staatlichen Funktionäre war so groß, dass sich kirchenleitende Vertreter bei innerkirchlichen Problemen nicht mehr an ihren Bischof oder an die Kirchenleitung wandten, sondern an die Bezirksleitung der SED. Ein Beispiel dafür waren die Schwierigkeiten im Konsistorium zwischen Harder und Plath, die 1986 ihren Höhepunkt erreichten. In dieser Situation wandte sich scheinbar Hans-Martin Harder an Reinhardt Brüssow von der Bezirksleitung der SED in Rostock und bat dezent, aber deutlich genug um Unterstützung im innerkirchlichen Machtkampf. Eine ähnliche Bitte hatte Brüssow kurz zuvor von Frau Plath gehört, sodass er sich nun ein genaues Bild von der Lage am Karl-Marx-Platz machen konnte: Hans-Martin Harder versuche Siegfried Plath innerhalb des Konsistoriums zu verdrängen, hieß es von der einen Seite, und von der anderen hörte Brüssow, dass Plath immer noch einen großen Informationsvor-

1234 Vgl. Brief von Superintendent i. R. Heinrich Wackwitz an Rahel von Saß vom 29.12.1998.

1235 Beispielsweise hatten sich die Kirchen des BEK 1971 geschlossen gegen die neu eingeführte Veranstaltungsverordnung gestellt, die Rüstzeiten für anmeldepflichtig erklärte und insgesamt deutliche Verschärfungen bei der Genehmigung kirchlicher Veranstaltungen beinhaltete. Der Staat wandte die entsprechenden Regelungen wegen des starken Widerstandes nicht an. Die Kirchen hatten als Argument ihr außenpolitisches Engagement angeführt: Eine Kirche, die in ihrem Staat derart gegängelt werde, werde nicht als souveräner außenpolitischer Botschafter anerkannt.

1236 Vgl. Ehrhart Neubert (1996), S. 333.

1237 Vgl. Uwe Funk: Die „Beheimatung“ der „Fünften Kolonne“. Politikfeldanalytische Überlegungen zur DDR-Kirchenpolitik (Unveröffentlichtes Dokument im Privatbesitz), S. 42.

sprung habe und ihn, Harder, seine Überlegenheit spüren lasse, obwohl er nicht mehr Leiter des Konsistoriums sei.[1238] Einig waren sich beide Seiten nur darin, dass der Bischof sie nicht genügend unterstütze.
Die Tatsache, dass sich kirchliche Mitarbeiter an die SED wandten, um sich dort insgeheim Unterstützung zu holen, zeigt, wie groß der Einfluss der SED auf innerkirchliche Entwicklungen kirchlicherseits eingeschätzt wurde und dass man bereit war, nach SED-Regeln zu „spielen“. Der „Greifswalder Weg“ basierte auf eben diesen intimen Kontakten einiger Weniger zur Staatssicherheit und zur SED.

8.2.3 Der Ausbau hierarchischer Strukturen

> „Wir verwerfen die falsche Lehre, als dürfe die Kirche die Gestalt ihrer Botschaft und ihrer Ordnung ihrem Belieben oder dem Wechsel der jeweils herrschenden weltanschaulichen und politischen Überzeugungen überlassen.“[1239]

Die Bedeutung von Hierarchien im Verhältnis zwischen Staat und Kirche hatte bereits die Barmer Theologische Erklärung im Jahr 1934 erkannt. Hierarchische Strukturen entsprächen nicht dem Evangelium und seien daher in der protestantischen Kirche nicht zu dulden, so meinten die Delegierten der Bekennenden Kirche. Die Ordnung der Kirche sollte wie die Botschaft dem Evangelium entsprechen. Damit war nicht der Aufgabe der Kirche als Institution das Wort geredet, sondern dem Aufbau von innerkirchlichen Strukturen, die „glaubwürdig dem Evangelium entsprechen, wie das Leben der Christen in der Welt“.[1240] Dennoch haben hierarchische Strukturen sich wohl in allen Kirchen eingebürgert, sie sind ein Zugeständnis an die Institution Kirche und eine Folge der Verteilung von Zuständigkeiten innerhalb der kirchlichen Verwaltungen, die zu Über- und Unterordnungen geführt haben. In der ELKG haben sich autoritäre Strukturen jedoch besonders deutlich herausgebildet. Diese waren gekennzeichnet durch:

- die wachsende Bedeutung des Konsistoriums gegenüber der Kirchenleitung;

1238 Vgl. BStU, BV Rostock, AIM 4155/90, Bd. I/1, Bl. 53.
1239 Theologische Erklärung zur gegenwärtigen Lage der Deutschen Evangelischen Kirche, Satz III, in: Karl Barth: Texte zur Barmer Theologischen Erklärung, hg. von Martin Rohkrämer, Zürich 1984, hier S. 3/4.
1240 Vgl. Wolf Krötke: Bekennen – Verkündigen – Leben. Barmer Theologische Erklärung und Gemeindepraxis, Berlin 1986 (Calwer Verlagsverein, Arbeiten zur Theologie, Heft 70), S. 50.

- die Etablierung eines engeren Kreises von Führungskräften innerhalb der Kirchenleitung und die Bildung eines nahezu unabhängigen Leitungsgremiums;
- die Schwächung der Bedeutung und Ausstrahlung der Landessynode;
- das Amtsverständnis von Bischof Gienke, das demokratische Beschlussfassungen der Kirchenleitung und der Synode nur formal, aber nicht inhaltlich akzeptierte;
- ein zunehmend ambivalentes Verhältnis zwischen der Amtskirche und der Kirchenbasis, das sich nicht in einer Gemeinschaft widerspiegelt, sondern in Subordination und in einer feudalistischen, „patrimonialen" Herrschaft durch das Konsistorium.

Alle diese Elemente verstärkten die Hierarchisierung der Landeskirche bis dahin, dass allein das Bischofsamt die Geschicke der Landeskirche bestimmte – beispielsweise im Zug der Wiedereinweihung des Greifswalder Doms 1989.

Hierarchische Strukturen erschwerten den Informationsfluss innerhalb einer Landeskirche. Dadurch war auch die innerkirchliche demokratische Kontrolle geschwächt. Neubert verweist hier auf einen engen Zusammenhang zwischen den Kontakten zum MfS und der Herausbildung innerkirchlicher Hierarchien, wonach besonders autoritäre Kirchen besonders anfällig für die Vereinnahmung durch das MfS waren.[1241] Umgekehrt bedingten jedoch gerade die Kontakte zum MfS eine Unterbrechung der innerkirchlichen Informationsketten und dadurch die Abgrenzung von Entscheidungsträgern. Je stärker die Kontakte einer Landeskirche zum MfS auf der obersten Ebene waren, desto stärker war auch die Personalisierung der Kirchenpolitik dieser Landeskirche, und umso geringer war die Bedeutung von Landessynode und Kirchenleitung.

Die Entwicklung hierarchischer Ebenen zwischen den Gemeinden und dem Bischof wurde in der Landeskirche Greifswald durch äußere Bedingungen beschleunigt. Die Landeskirche war klein, und wenige kirchenleitende Amtsträger waren mit vielen verschiedenen Dezernaten und Aufgaben betraut.

Welche Auswirkungen hatte die Ausbildung hierarchischer Strukturen? An Entscheidungsprozessen nahmen nicht mehr alle kirchlichen Gremien teil, sondern nur einige hauptamtliche Mitarbeiter. Bis zu einem gewissen Grad war dies in allen anderen Landeskirchen ebenso üblich und auch hilfreich. Durch diese direkten Beziehungen konnten Notfälle schnell gelöst werden,

[1241] Vgl. Ehrhart Neubert (1993), S. 68.

was bei einer Einschaltung der Kirchenleitung nicht möglich gewesen wäre. Andererseits wog die Begrenzung kirchenpolitischer Informationen auf einen kleinen Kreis schwer und erzeugte Misstrauen. Das Konsistorium geriet besonders schwer in den Verdacht, über seine Kompetenzen hinaus tätig zu sein.

Parallel etablierte sich ein „feudalistisches Fürsorgeprinzip",[1242] in dem versorgt wurde, wer nicht kritisch nachfragte. Eine klare Subordination der Pfarrer unter die Leitung des Konsistoriums im Tausch gegen die Regelung von Alltagsproblemen in den Landgemeinden durch die Greifswalder Behörde steckte dahinter. Solange die äußeren Existenzbedingungen der Kirche akzeptabel waren, solange gab es keine innerkirchliche Diskussion darüber, warum in der ELKG diese oder jene Baumaßnahme möglich war, die anderswo seit Jahren auf Erfüllung wartete.

Wie konnten sich innerkirchliche hierarchische Strukturen in einem Maß wie in der ELKG halten? Grundsätzlich ist zu sagen, dass einige dieser Merkmale wie die Profilierung des Konsistoriums und die Förderung autoritärer Verhältnisse durch Ausprägung des Bischofsamtes auch in anderen Landeskirchen anzutreffen waren und die ELKG somit keinen grundsätzlich anderen Weg beschritt. In Greifswald wurde dieser Konflikt auch gegenüber den staatlichen Stellen thematisiert, wie eine Notiz des Rates des Bezirkes vom Februar 1984 über ein Gespräch mit Gienke zeigt. Danach sagte Gienke gegenüber dem Staatssekretär für Kirchenfragen, Klaus Gysi, „daß die staatlichen Organe die Beschlüsse und Äußerungen der Synode nicht überbewerten sollten. Auf der Synode würde nicht jede Meinungsäußerung oder jeder Beschluß dem Standpunkt der Kirchenleitung entsprechen."[1243]

Die Entwicklung hierarchischer Ebenen zwischen den Gemeinden und dem Bischof wurde in der Landeskirche Greifswald durch äußere Bedingungen beschleunigt. Die Landeskirche war klein, und wenige kirchenleitende Amtsträger waren mit vielen verschiedenen Dezernaten und Aufgaben betraut. Die Landeskirche selbst war sehr homogen. Es gab auch keine innerkirchliche theologische Konkurrenz, die Denkprozesse in Gang gesetzt hätte. Weder der Bischof noch Harder oder Plath hatten Konkurrenz in ihren Ansichten. In dieser Hinsicht gab es offenbar auch keinen Austausch zwischen der Landeskirche und der Theologischen Fakultät an der Ernst-Moritz-Arndt-Universität in Greifswald. Hinzu kam, dass Plath und Gienke sowie Bohl, der mit zur „Vatererbande" gezählt worden war, eng befreundet waren und somit die internen Kontakte sehr intensiv waren.

1242 Vgl. Gespräch mit Pfarrer Arndt Noack, Ranzin, am 14.4.1998.
1243 Vgl. LAG, BL IV E/ 2.14, Nr. 619, Bl. 21.

Ausdruck der Hierarchisierung der Landeskirche Greifswald war vor allem die Stärkung des Konsistoriums gegenüber Kirchenleitung und Landessynode. Dies war von kirchenleitender Seite durchaus beabsichtigt, denn erstens machte eine Beteiligung dieser beiden Gremien kirchenpolitische Entscheidungen zu langwierigen Prozessen, und zweitens gab es staatlicherseits gegen beide Gremien Vorbehalte. Im Sinne der Konfliktvermeidung wurden wichtige Themen dort nicht mehr behandelt bzw. Harder und Plath sowie Gienke relativierten die Bedeutung der dort gefällten Entscheidungen. Hinzu kam, dass Bischof Gienke deutlich allen demokratisch gewählten Gremien das Recht absprach, Entscheidungen für die Kirche zu treffen.[1244]

Auch das Verständnis Gienkes von seinem Amt als Bischof trug mit dazu bei, dass sich innerkirchliche hierarchische Strukturen verstärken konnten. Gienke ging davon aus, dass er als Bischof zwar gewählt, davon unabhängig aber von Gott in sein Amt berufen worden sei. Dieses Amtsverständnis rückte in die Nähe der katholischen Auffassung der „Weihe" und bedeutete, dass Gienke sich abgesehen von dem jährlichen Bischofsbericht vor der Landessynode nicht als rechenschaftspflichtig verstand: Diejenigen, die ihn gewählt hatten, hätten sich vorher über seine Wahl Gedanken machen sollen und nicht in seinem Amt Kritik an ihm üben sollen.[1245]

Ausdruck dieser hierarchischen Politik unter Bischof Gienke war auch dessen Vorschlag auf der Landessynode im Herbst 1987, ein „gegliedertes Mitgliedschaftsrecht" einzuführen. Gienke sagte damals in seinem Bischofsbericht:

„Brauchen wir Zwischenschritte, weil sich der Sprung zum Ziel einer mündigen Gemeinde als zu groß erweist? Ist die Mitarbeit aller Gemeindeglieder wirklich der erste und naheliegende Schritt? Sollten wir nicht bewußt erst einmal die Teilhabe aller Gemeindeglieder an Lebensvollzügen der Gemeinde als Ziel unserer Arbeit bejahen? Wenn wir diese absichtslose Offenheit der Gemeinde und der Gemeindearbeit für ein einfaches Dabeisein auch auf die Menschen ausdehnen, die den Kontakt zur Kirche verloren haben oder ihn noch nie hatten, wäre hier unter der Hand sogar ein missionarischer Akzent gesetzt. Von daher wiederhole ich erneut die Frage: Brauchen wir nicht ein gegliedertes Mitgliedschaftsrecht in unserer Kirche? [...]

1244 Vgl. Gienke (1996), S. 224. Dort heißt es explizit zu den Synoden, diese verlören „ihre geistliche Dimension, wenn die Entscheidungen der einzelnen Synodalen nicht mehr als Gewissensentscheidungen ernstgenommen werden, sondern man meint, mit Mehrheiten darüber hinweggehen zu können. Weil Jesus Christus der Herr der Kirche ist, können Synoden nicht nach demokratischen Mehrheitsregeln entscheiden, was richtig und was falsch, was gut und was schlecht für die Nachfolge Jesu ist."

1245 Vgl. Gespräch mit Altbischof Dr. Horst Gienke, Westerstede, am 12.5.1998.

Verliert ohne zumindest gegliederte mündige Gemeinde nicht auch der Dienst des Pfarrers sein eigenes Gesicht in unserer Kirche?"[1246]

Was verbarg sich hinter der Idee eines „gegliederten Mitgliedschaftsrechts"? Hintergrund waren zwei einander widersprechende Entwicklungen in der Landeskirche Greifswald Ende der achtziger Jahre. Auf der einen Seite fand die Kirche zunehmendes Interesse auch bei Menschen, die vorher kaum oder gar keinen Kontakt zur Kirche gehabt hatten. Diese brachten neue Themen, Fragen und Probleme ebenso wie Kritik in den kirchlichen Raum. Auf der andere Seite gab es seit Ende der siebziger Jahre – unterstützt durch die Landessynode – den Versuch, die Rolle der Laien an der kirchlichen Basis aufzuwerten. Im Zentrum stand das lutherische „Priestertum aller Gläubigen", das in der ELKG sehr widersprüchlich ausgelegt wurde: Die Laien sollten sich ihrer Verantwortung bewusst sein, ohne dass sie sie ernsthaft ausüben konnten. Die Rolle des Pfarrers blieb in dieser Auslegung weitgehend unangetastet. Das „gegliederte Mitgliedschaftsrecht", wie Gienke es vorstellte, baute auf diesem „Priestertum" aller Gläubigen auf, indem er die „neuen" Gläubigen von der kirchlichen Mitsprache explizit ausnahm und nur langjährigen Kirchengliedern Mitarbeit bei internen Angelegenheiten zugestehen wollte. Alle anderen sollten von der Mitarbeit zunächst einmal ausgeschlossen werden. Der Vorschlag wurde in der Landeskirche nicht ernsthaft diskutiert, aber er zeigte, wie aus einer scheinbar theologischen Motivation eine hierarchische Ordnung eingeführt werden sollte, die in protestantischen Gemeinden bislang vollkommen unüblich war. Möglicherweise wurde dieser Vorschlag deshalb nicht von der Landessynode aufgegriffen.

Zusammenfassend kann festgestellt werden, dass die Aufrechterhaltung und Stärkung autoritärer Strukturen in der ELKG zwei Ziele hatte. Erstens sollte die Kirchenpolitik gegenüber dem Bezirk stabilisiert werden, indem Einsprüche aus dem innerkirchlichen Raum unterbunden wurden. Zweitens war die Kirchenpolitik in der Landeskirche Greifswald eng mit Machtfragen verbunden. Hinter der Kritik von der kirchlichen Basis an der Greifswalder Kirchenleitung verbarg sich genauso wie hinter der gesellschaftlichen Kritik am Regime der SED eine Forderung nach mehr Demokratie und letztlich einer Beteiligung an der Macht. Der Aufbau von Hierarchien glich dem von Schranken, die verhindern konnten, dass die innerkirchlichen Kritiker mit ihren Forderungen Erfolg hätten.

1246 Horst Gienke: Bericht des Bischofs vor der VIII. Landessynode vom 29.10.87–1.11.87, in: Greifswalder Informationsdienst, hg. von der Pressestelle der Evangelischen Landeskirche Greifswald, Nr. 4/1987 vom 6.11.1987, S. 20 f.

Damit widersprach die ELKG – und in einem gewissen Umfang alle evangelischen Kirchen in der DDR – der Barmer Theologischen Erklärung.

8.2.4 Die Veränderung theologischer Konzepte

Das folgende Kapitel benennt nur einige Ansätze zur theologischen Prädisposition der Greifswalder Kirche, die sie für die staatliche Vereinnahmung anfällig machten. Eine ausführliche und diesem Aspekt gerecht werdende Untersuchung muss einer theologischen Arbeit überlassen bleiben.

Theologen wie Walter Schilling, Ehrhart Neubert und Götz Planer-Friedrich weisen darauf hin, dass Landeskirchen mit ausgeprägten theologischen Traditionen und einem deutlich erkennbaren Profil eher in der Lage waren, sich vor staatlichen Übergriffen, insbesondere vor solchen des MfS, zu schützen, als solche, deren Traditionen nicht gefestigt und deren Bischöfe ihren Aufgaben nicht gewachsen waren.[1247] Zudem hatte die Qualität der theologischen Ausbildung Einfluss auf die Widerstandsfähigkeit des einzelnen Theologen,[1248] und auch das Kirchenrecht konnte eine Kirche stabilisieren oder destabilisieren.[1249] Was kann also über die theologischen Konzepte in der Landeskirche Greifswald gesagt werden?

Kritik an der theologischen Führung der Landeskirche wurde erst im Umfeld der Domeinweihung laut, als öffentlich in der Kirchenzeitung und auf Foren bemängelt wurde, dass die theologischen Erklärungen in der Landeskirche nur dazu dienten, die gegebenen Zustände zu konservieren. Sie seien für die normalen Gemeindeglieder unverständlich und der Situation nicht mehr angemessen.[1250] Diese Kritik legt das wesentliche Kennzeichen der theologischen Haltung der Kirchenführung offen: Die Kirchenführung hatte theologisch zwar versucht, die Gemeindeglieder zu erreichen, aber die Botschaften waren unverständlich gewesen. Das musste in den achtziger Jahren unbefriedigend sein. Woran lag dies?

Gegeben hatte es diese Kritik schon zuvor, vor allem aus den Superintendentenkonventen. Auch in einzelnen Pastorenkonventen hatte es seit etwa 1987 offene Aussprachen mit dem Bischof gegeben. Grundsätzlich gab es zwei theologische Modelle, die für die Kirchen in der DDR relevant waren: die Barmer Theologische Erklärung von 1934 mit ihrer Spannung zwischen

1247 Vgl. Walter Schilling (1996), S. 218.

1248 Vgl. Götz Planer-Friedrich (1993), S. 117. Eine mangelhafte theologische Ausbildung konnte dem MfS den Zugang zu einem Theologen, der für das MfS von Interesse war, erleichtern.

1249 Vgl. Ehrhart Neubert (1996), S. 329–352.

1250 Vgl. Hans Jürgen Gohs: Leserbrief, in: die kirche. Evangelische Wochenzeitung (Greifswalder Ausgabe), Jg. 44 (1989), Nr. 20 vom 14.5.1989, S. 4.

„Einladungen" und „Verwerfungen", und das Zwei-Reiche-Modell, das Kirche und Staat jeweils eigene Arbeitsfelder einräumt und der Kirche die Anerkennung staatlicher Aufgaben und Bereiche abverlangt. Beide Konzepte waren vielfach diskutiert worden und gelten heute in der Forschungsliteratur als überschätzt. Charaktere seien stärker gewesen als die theologischen Überzeugungen. Detlef Pollack beispielsweise spricht von einer „Übertheologisierung" der kirchlichen Wahrnehmung, die sich darin geäußert habe, dass real existierende Probleme theologisch nicht mehr aufgegriffen, sondern transzendiert und auf diese Weise relativiert worden seien.[1251] Die staatlichen Stellen hatten ein unmittelbares Interesse an dieser Form der theologischen Ausrichtung, weil sie bedeutete, dass radikale Gruppen innerhalb der Kirche keine Unterstützung durch die Kirchenleitung fanden, und sie schienen sehr beruhigt, als Bischof Gienke im November 1988 gegenüber dem Rat des Bezirks erklärte, er „wolle [...] sich in seiner Kirche noch mehr dafür einsetzen, daß die theologischen Fragen stärker in den Mittelpunkt kirchlicher Tätigkeit gestellt werden".[1252] Dass er dies auch früher schon umsetzte, zeigt beispielsweise das Referat des Bischofs vor der Kreissynode von Greifswald im Jahr 1985 zu dem damals sehr aktuellen Thema „Christsein in unserer Gesellschaft":

„In der Verfassung der DDR steht in Artikel 39 (1), daß jeder Bürger das Recht hat, sich zu einem religiösen Glauben zu bekennen und diesen Glauben zu praktizieren. Die Verfassung bietet jedem Christen Platz in diesem Staat. Im Strafgesetzbuch wird die Verletzung religiöser Gefühle und die Störung religiöser Betätigung unter Strafe gestellt. Daß Christen in unserer Gesellschaft gleiche Rechte, gleiche Achtung und gleiche Chancen haben sollen, ist am 6. März 1978 noch einmal in aller Form bestätigt worden. Dieses Datum ist zweifelsohne für die Kirchenpolitik in unserem Lande von großer Bedeutung. Die Ergebnisse der Begegnung vom 6. März 1978 sind vom Parteitag der SED offiziell angenommen worden. Staat und Kirche sind getrennt. Daran wollen wir nichts ändern. Das hat den Raum der Freiheit für die Kirche groß gemacht."[1253]

Diese euphemistische Beschreibung des Verhältnisses der Gesellschaft zu den Christen stieß in der Landeskirche auf großes Unverständnis. Theorien wie die der „Minderheitenkirche" versuchten, auf die Diaspora-Situation eine

1251 Vgl. Pollack (1994), S. 205.

1252 Vgl. LAG, BL Rostock IV E/ 2.14, Nr. 615, Bl. 114. „Information über ein Gespräch des Stellvertreters des Vorsitzenden des Rates des Bezirkes Rostock für Inneres, Gen. Jürgen Haß, mit dem Bischof der Greifswalder Landeskirche, Dr. Gienke, am 3.11.88".

1253 LKAG, Best. 5, Protokolle der Kirchenleitungssitzungen, Dok. 5/85, Anlage. Tagung der Kreissynode Greifswald-Stadt am 26.1.1985, Referat von Bischof Dr. Gienke zum Thema der Synode „Christsein in unserer Gesellschaft".

Antwort zu finden, aber sie formulierten keine Lebensentwürfe, sondern Entwürfe der „Selbstbeschränkung auf die innerkirchliche Öffentlichkeit und de[n] Rückzug aus der Gesellschaft als eine der Kirche gemäße Existenzform".[1254] Nach Neubert verstärkte diese Theologie die Ab- und Ausgrenzung von nichtkirchlichen Menschen, führte zu einer ungesunden innerkirchlichen Konfliktvermeidung und erzwang eine Homogenisierung der Meinungen.[1255] Dies galt auch für die Landeskirche Greifswald.

8.3 Zusammenfassung

Die Synode von Barmen machte 1934 auf zwei Gefahren im Verhältnis zwischen Staat und Kirche aufmerksam: Ein Staat, der die Grenzen seiner Aufgaben nicht erkennt, neigt dazu, die christliche Botschaft zu verdrängen und sich selbst an die Stelle von Gott zu stellen. Zweitens sprach die Barmer Synode die Befürchtung aus, dass die Kirche ihren Auftrag verlässt, wenn sie staatliche Ziele und Mittel verwendet, um Macht und Einfluss zu erlangen. Dahinter verbarg sich die Warnung, dass eine Kirche, die sich an weltlichen Maßstäben messe und versuche, sich der weltlichen Ordnung anzupassen, immer unterlegen sein müsse. Sie würde ihre Selbstständigkeit verlieren und Teil des Staates werden. Als Teil des Staates aber könne sie nicht mehr das Evangelium verkündigen.

Die Kirche sollte ihrem Auftrag, Zeugnis zu geben von der Gnade Gottes, treu bleiben. Zu ihrem Auftrag gehörte und gehört es jedoch auch, die Regierten und die Regierenden an ihre Verantwortung zur Aufrechterhaltung von Recht und Frieden zu erinnern.[1256] Die Kirche hat somit eine Aufgabe, die sie zwingt, sich der Gesellschaft zuzuwenden und laut und vernehmlich ihre Position zu vertreten. Betrachtet man noch einmal im Überblick die Kirchenpolitik zwischen dem Rat des Bezirks, der SED-Bezirksleitung und der Bezirksverwaltung des MfS in Rostock einerseits und der Evangelischen Landeskirche Greifswald andererseits, so wird die Bedeutung der Barmer Erklärung wieder deutlich. Die Vielzahl der Übergriffe der SED auf diese und die anderen Landeskirchen ist unübersehbar, und die Tatsache, dass durch den Bischof und seine engsten Mitarbeiter Harder, Plath und Ehricht die „staatliche Art" über die Maßen übernommen worden ist, ist diskussionswürdig.

1254 Vgl. Ehrhart Neubert (1996), S. 343.

1255 Vgl. ebd., S. 344.

1256 Vgl. Karl Barth: Kurze Erläuterung der Barmer Theologischen Erklärung. Vortrag vor der Evangelischen Bekenntnisgemeinschaft, Bonn am 9. Juni 1934, in: Karl Barth: Texte zur Barmer Theologischen Erklärung, hg. von Martin Rohkrämer, Zürich 1984, hier S. 22.

Die staatlichen Übergriffe auf die ELKG hatten vielfältige Erscheinungsformen: juristische, geheimdienstliche, finanzielle und repressive Mittel wurden in der Kirchenpolitik eingesetzt. Die Frage nach den Zielen der SED-Kirchenpolitik wird von der Forschung gegenwärtig nicht übereinstimmend beantwortet. Einigkeit besteht in der Auffassung, dass der Staat vor allem eine „Marginalisierungspolitik" mit dem Ziel, die Kirche an den Rand der Gesellschaft zu drängen, betrieben hat. Uneinigkeit besteht darüber, ob es in einem nennenswerten Maß daneben auch eine „Integrationspolitik" gegeben hat. Diese These vertritt beispielsweise Uwe Funk, der behauptet, auf der regionalen Ebene sei es durchaus zu Modifizierungen der zentralen Kirchenpolitik gekommen, sodass die Kirche nicht mehr einseitig als Staatsfeind, sondern seit Ende der achtziger Jahre auch als Teil der Gesellschaft akzeptiert worden sei.

Die Frage, wie das Verhältnis zwischen Staat und Kirche im Norden der DDR zu bewerten ist, wurde auch in der Forschung bereits angesprochen. So meint Funk, es sei im Bezirk Rostock durchaus zu einer von der zentralen Kirchenpolitik abweichenden Linie gegenüber der ELKG gekommen. Funk spricht von einer „Regionalisierung" und meint damit die „Modifizierung zentraler Wertungen und Konzeptionen auf der Ebene der einzelnen Bezirke in der Politik gegenüber den einzelnen evangelischen Landeskirchen".[1257] Es kann aus den Akten jedoch nicht geschlossen werden, dass es zu derartigen Veränderungen der staatlichen Kirchenpolitik tatsächlich gekommen ist. Funk stellt lediglich fest, dass es Modifizierungen gegenüber der ELKG gegeben hat, die er darauf zurückführt, dass die ELKG durch einen straffen Leitungsstil geprägt und kirchenpolitisch sehr homogen war.[1258] Diese „Regionalisierung" war demnach kein Ausdruck der Abwendung von zentralen kirchenpolitischen Parametern, sondern eine besonders erfolgreiche Umsetzung derselben zum Schaden der ELKG. Die von Funk festgestellte „Regionalisierung" der Kirchenpolitik im Bezirk Rostock war daher eine taktische Variante der Marginalisierungspolitik.[1259]

Die kirchenpolitischen Instrumente des Bezirks Rostock waren denen der Greifswalder Kirche weit überlegen. Zum einen arbeiteten auf der staatlichen Seite die SED, der Rat des Bezirks, das MfS und alle „Partner des Operativen Zusammenwirkens" (POZW)[1260] eng zusammen und verfügten dadurch über ein dichtes Informationsnetz. Im Gegensatz dazu war der Kirche nur das bekannt, was in den offiziellen Gesprächen beim Rat des Bezirks verhandelt wurde. Zum anderen waren die staatlichen Instrumente und Informations-

1257 Vgl. Uwe Funk (1994), S. 66.

1258 Vgl. ebd.

1259 Funk kommt zu dem Schluss, dass die Integrationspolitik sehr häufig eine „taktische Ergänzung" zur Marginalisierungspolitik war. Vgl. ebd., S. 65.

1260 Vgl. Kap. 4.3.

ketten über Jahrzehnte mit dem Ziel herausgebildet worden, die Kontrolle über die Kirche zu erlangen. Ein vergleichbares System bestand aufseiten der Kirchen nicht. Drittens waren die kirchenpolitischen Ziele der Landeskirche und der SED vollkommen verschieden. Die Landeskirche wollte die Stabilisierung der Kontakte zur Sicherung ihrer institutionellen Existenz erreichen, während die SED mithilfe des Rates des Bezirks und des Staatssicherheitsdienstes versuchte, die Landeskirche Greifswald unter ihre Kontrolle zu bringen. Hinzu kamen die charakterlichen Eigenschaften von Harder, Gienke und Plath sowie Ehricht, mit denen diese dem Staat gegenüberstanden und die durch keine kirchliche Instanz kontrolliert, gelenkt oder gedämpft wurden. Jeder der vier Kirchenvertreter hatte seine eigene, individuelle Art, mit der Stasi, dem Rat des Bezirkes oder der SED zu sprechen. Die Barmer Theologische Erklärung hat den Weg, den eine aufrechte Kirche gehen muss, aufgezeigt, aber sie fand in der Greifswalder Kirchenpolitik keinen praktischen Widerhall – ebenso wenig wie auf der Ebene des Bundes, wie Friedrich Winter 1985 in der Kirchenzeitung schrieb.[1261]

Die katholische Kirche hingegen hatte klare Worte für die staatliche Kirchenpolitik gefunden. So versandte die Katholische Bischofskonferenz im September 1986 das Pastoralschreiben „Katholische Kirche im sozialistischen Staat“ an alle Bischöfe und Priester, in dem es hieß:

„Außer dem Versuch, die Kirche und die Christen in den gesellschaftlichen Aufbau zu integrieren und dies durch entsprechend differenzierte Behandlung der Kirchen, ihrer Amtsträger und auch einzelner Christen zu fördern, bleiben auch andere Methoden der staatlichen Kirchenpolitik in Geltung. Die Kirche wird sich darauf einzustellen haben, daß administrative Maßnahmen, die den Wirkungsraum der Kirche einengen und die Kirche vielleicht auch disziplinieren sollen, nie gänzlich auszuschließen sind. Das lehrt uns der aus langer geschichtlicher Erfahrung erwachsene Realismus der Kirche. Die die Kirche betreffenden Artikel der Verfassung der DDR von 1949 und die einschlägigen Veränderungen vom April 1968 vermögen dies auch zu belegen. In jüngster Zeit kommt nun eine wachsende Eigenständigkeit territorialer staatlicher Organe ins Spiel, so daß in den konkreten Erscheinungsformen staatlicher Kirchenpolitik beträchtliche Varianten im Verhalten vor Ort anzutreffen sind.“[1262]

Die katholische Kirche hatte die kirchenpolitischen Strategien der staatlichen Organe und der SED sehr genau beobachtet und erkannt, dass ein

---

1261 Vgl. Friedrich Winter: „Barmengedenken 1984. Ein Rückblick“, in: die kirche, Evangelische Wochenzeitung (Greifswalder Ausgabe), Jg. 40 (1985), Nr. 2 vom 13.11.1985, S. 1 f.

1262 LAG, BL Rostock IV E/ 2.14, Nr. 616, Bl. 193.

Entgegenkommen des Staates keine Verbesserung der Kirchenpolitik sein musste, sondern ebenso gut ein taktisches Manöver sein konnte. Die Politik der Greifswalder Kirche hatte durchaus auch kirchenpolitische Erfolge zu verzeichnen, allerdings häufig auf Nebenschauplätzen. So wurde 1982 auf Bitten Gienkes die Durchführung von Gottesdiensten genehmigt, obwohl eine Ausgangssperre wegen Maul- und Klauenseuche veranlasst worden war. Dieses staatliche Entgegenkommen hatte in Greifswald ein so starkes Gewicht, dass es in diesem Jahr – und insbesondere auf der Landessynode – mehrfach als besonders großzügig gelobt wurde. Gienke ließ es sich auch nicht nehmen, an den 1. Sekretär der Bezirksleitung einen Brief zu schreiben mit folgendem Inhalt:

„Wie ich erfahre, waren Sie, als Vorsitzender der Seuchenkommission, maßgeblich an dieser so verständnisvollen Entscheidung beteiligt. [...] Seien Sie unserer bleibenden Fürbitte für die baldige Überwindung der Seuche gewiß."[1263]

Diese Art der Erfolge ist sehr genau zu untersuchen, denn häufig verbanden die staatlichen Organe mit einem Entgegenkommen ihrerseits klare kirchenpolitische Ziele. Im Staatssekretariat für Kirchenfragen liegt ein Bericht über eine Dienstreise nach Greifswald im Jahr 1987 vor. Der staatliche Vertreter hatte offensichtlich auch ein Gespräch mit dem Pfarrer der Marienkirche, Glöckner, geführt und es für wichtig genug befunden, dies an Gysi weiterzugeben:

„Hinsichtlich der Situation in der KL der Greifswalder Landeskirche machte Pfarrer Dr. Glöckner darauf aufmerksam, daß ein Bischof, der staatlicherseits als ‚Vorzeigebischof' fungiert, seine Vorzüge für die Landeskirche habe (wenn es um materielle Absicherungen geht). Das würde aber nicht bedeuten, daß es auch für die inneren Entwicklungen in der Landeskirche immer hilfreich sei. Bischof Gienke würde nach innen ziemlich konservativ und autoritär ‚regieren'."[1264]

Die Vertreter der Landeskirche Greifswald, mit denen im Vorfeld dieser Arbeit Gespräche geführt wurden, verwiesen immer wieder einhellig auf die großen Erfolge der Landeskirche in Bezug auf die Instandhaltung und den Neubau kirchlicher Gebäude. Tatsächlich wurden hier durch Bischof Gienke und seine Mitarbeiter entscheidende Erfolge erzielt – es bleibt jedoch die Frage, zu welchem Preis dies gelang. Bauten und Renovierungen wie die des Greifswalder Doms, des Bischofsgästehauses auf Hiddensee, des Erholungs-

1263 LAG, BL Rostock IV E/ 2.14, Nr. 613, Bl. 22–25.

1264 BArch, DO-4/1133. „Bericht von einer Dienstreise vom 18. bis 19.2.1987 nach Greifswald" vom 25.2.1987.

und Schulungszentrums in Zinnowitz haben Millionen Mark gekostet, die aus den Partnergemeinden stammten. Dies war einer der wichtigsten Punkte, der 1989 zum Misstrauensantrag gegen Gienke geführt hatte. Von staatlicher Seite, und das ist wichtig, war dieses großzügige Entgegenkommen in Baufragen nicht Ausdruck eines guten Verhältnisses zu den Kirchenführern, sondern Teil der Differenzierungspolitik. Ein Beispiel aus dem Jahr 1978 zeigt das deutlich. In einem Vermerk über ein Gespräch mit Bischof Gienke, Präses Affeld und Oberkonsistorialrat Plath wurde festgehalten, dass Gienke um Baugenehmigung für einen Gemeinderaum gebeten hatte. Weiter heißt es:

„Zu dieser Frage wurden keinerlei Zusagen gegeben. Es bleibt zu prüfen, ob im Interesse der weiteren Differenzierungspolitik zu einem späteren Zeitpunkt dieses Anliegen der Greifswalder Landeskirche aufgegriffen wird."[1265]

Was die Kirche als kirchenpolitischen „Erfolg" ausgab, war eine Form der Vereinnahmung und des Missbrauchs einzelner Persönlichkeiten. Dass dies von der Kirchenführung nicht erkannt wurde und gegenüber Kritikern noch heute zurückgewiesen wird, ist nach wie vor tragisch.
Die Trennung von Kirche und Staat, die von staatlicher Seite immer wieder betont wurde, existierte nicht. Seit Gründung der DDR waren die Kirchen starken Vereinnahmungs- und Unterwanderungsversuchen ausgesetzt, und die Verfassung von 1968 legte die Abhängigkeit der Kirchen vom staatlichen Wohlwollen auch rechtlich fest. Der Vorwurf, der Teilen der Kirchenführung in Greifswald gemacht werden muss, ist somit nicht, dass diese versucht haben, einen konstruktiven Dialog mit den staatlichen Stellen aufzubauen – wobei die Kontakte zum MfS in jedem Fall zu kritisieren sind. Der Vorwurf besteht vielmehr darin, dass sich einzelne Personen in Selbstüberschätzung auf eine Kirchenpolitik eingelassen haben, der sie nicht gewachsen waren.

1265 BArch, DO-4/1684. „Auszugsweise Abschrift aus dem Aktenvermerk über ein Gespräch mit Bischof Gienke, Präses Affeld und OKR Dr. Plath" (1978).

9 Der „Greifswalder Weg" 1980 bis 1989 – Fazit

1984 wurde in den evangelischen Kirchen der DDR der fünfzigste Jahrestag der Bekenntnissynode von Barmen gefeiert. Friedrich Winter, bis 1964 Superintendent in Grimmen und damit unmittelbarer Vorgänger Siegfried Plaths und Siegfried Bohls, nutzte dieses Jubiläum zu einigen nachdenklichen Worten.[1266] „Nur eine Kirche, die Profil hat, überlebt", schrieb er damals. Die Kirche habe nicht genug aus der Geschichte des Nationalsozialismus gelernt, sei „zerrissen in unterschiedliche Lager geistlichen Lebens, theologischen Denkens und politischer Urteile".[1267] Sie neige dazu, eine „schwache Kirche" zu werden. Dies liege daran, so Winter, dass sie mehr „Einladungen" als „Verwerfungen" ausspreche. Die Barmer Theologische Erklärung würde aber ihre Stärke gerade aus den eindeutigen Verwerfungen beziehen und sei daher immer noch aktuell:

„Wir haben uns mit den Verwerfungen schwer getan. Dennoch unterliegt auch heute unsere Kirche Bedrohungen und Gefahren. Weniger in der Lehre, denn eine Irrlehre möchte sich keiner leisten. Aber in der Praxis gibt es genug fortzuräumen, was sich mit der Kirche und mit ihren Christen nicht verträgt."[1268]

Die Kritik Winters traf nicht speziell die ELKG, sondern alle acht Landeskirchen und den Kirchenbund gleichermaßen. Winter hatte entsprechenden Einblick, denn seit 1964 war er in Berlin, zunächst als Dozent am Sprachenkonvikt, dann als Propst in Ost-Berlin. Zwei Jahre später – 1986 – würde er Leiter der EKU-Kanzlei werden.

Die Greifswalder Kirche traf Winters Kritik an der fehlenden Positionierung der evangelischen Kirchen besonders stark, denn sie war mit „Einladungen" noch großzügiger und mit „Verwerfungen" noch zurückhaltender als ihre Schwesterkirchen. Die Einladung Honeckers 1989 und das Stillhalten bei der Nichteinladung Forcks zum Empfang im Rathaus waren fünf Jahre später der sichtbare Beweis dieser Fehlpolitik.

Die Methoden der Landeskirche Greifswald, mit der sie ihre Interessen zu sichern versuchte, waren vielfältig. Konfliktvermeidung und die damit verbundene Anpassung an den Staat standen im Zentrum der Greifswalder Kirchenpolitik. Die Übernahme typischer Verhaltensweisen und Denkmuster der SED wie Konspiration, innerkirchliche Disziplinierung und Ausbau

1266 Vgl. Friedrich Winter: „Barmengedenken 1984. Ein Rückblick", in: die kirche. Evangelische Wochenzeitung (Greifswalder Ausgabe), Jg. 40 (1985), Nr. 2 vom 13.1.1985, S. 1 f.

1267 Ebd., S. 2.

1268 Ebd.

hierarchischer Strukturen führten zu einer immer größeren Abhängigkeit der Landeskirche von staatlichen Entscheidungen und staatlichem Wohlwollen bei gleichzeitigem Vertrauensverlust an der Basis – folgerichtig traten Honecker und Gienke fast zeitgleich von ihren Ämtern zurück, während das ZK der SED bzw. das Konsistorium nur heftig kritisiert wurden.
Die Entwicklung eines Greifswalder Sonderweges deutete sich schon in den siebziger Jahren an und war vor allem daran erkennbar, dass Bischof Gienke von Anfang an besonders enge Kontakte zu staatlichen Stellen unterhielt, zu staatlichen Delegationen gehörte und in der Folge mehrfach international in herausgehobenen Positionen stand. Innerkirchliche Kritik gab es schon früh, sowohl aus den anderen Landeskirchen als auch aus der Greifswalder Landeskirche selbst. Hinter dem Begriff des „Greifswalder Weges" stand nicht nur der Gedanke, die Landeskirche Greifswald habe sich dem System angepasst, sondern auch der Gedanke, dass sie für diese Anpassung eine besondere Bevorzugung des Staates genossen habe. 1977 hieß es in einer „Einschätzung des Bischofs Horst Gienke" vom Rat des Bezirks Rostock:

„Diese politische Haltung (offenes Bekenntnis Gienkes zu der DDR, Jubiläen, Interviews) stößt oft auf den Widerstand negativer Kräfte im Raum der Kirche, sowohl in der eigenen Landeskirche als auch in der Bischofskonferenz der DDR; nicht zuletzt aber auch im Verhältnis zur Mecklenburgischen Landeskirche. [...] Sie (Bischof Rathke, Superintendenten Ohse und Penz) vertreten die Auffassung, daß der Preis für das gute Verhältnis, das die Greifswalder Landeskirche zu den staatlichen Organen im Bezirk Rostock hat, zu hoch sei, und mit der Zielstellung der Kirche nicht im Einklang steht."[1269]

In den achtziger Jahren hatte sich der Weg der Landeskirche Greifswald klar herauskristallisiert. Im kirchlichen wie im staatlichen Bereich wurden Begriffe wie „Greifswalder Linie"[1270] und „Sonderweg"[1271] auf die ELKG angewendet. Auch der direkte Vergleich zum „Thüringer Weg" wurde gezogen.[1272] Im staatlichen Bereich wurde von der „Greifswalder Linie" im Sinne einer Belobigung der dortigen Haltung zum Staat gesprochen. Diese „Linie" sollte sich überall durchsetzen. Wodurch war dieser kirchenpolitische Kurs gekennzeichnet?
Konstituierend dafür waren die Öffnung gegenüber dem Ministerium für Staatssicherheit und der SED-Bezirksleitung. In Mecklenburg beispielsweise

1269 Vgl. LAG, BL Rostock IV E/2.14, Nr. 601, Bl. 3. „Einschätzung des Bischofs Horst Gienke" (etwa 1975).
1270 Vgl. LAG, BL Rostock IV E/2.14, Nr. 612, Bl. 53. „Auszug aus der Berichterstattung des 1. Sekretärs der KL der SED Greifswald an den Genossen Timm für den Monat Juni 1989".
1271 Vgl. BStU, BV Rostock, AIM 944/86. I/2, Bl. 96.
1272 Vgl. BStU, BV Rostock, AIM 4164/90, Bd. II/5, Bl. 251.

wurden weder Kontakte zur Partei noch zu deren Geheimdienst unterhalten, in Greifswald bediente man sich beider Ebenen und „spielte" nach den Regeln der Diktatur. Ruhe und Ordnung als Synonyme für eine Kirche, die von ihrer eigenen Kirchenführung diszipliniert wurde, das waren die Leitbegriffe nach innen. Nicht nur in der säkularen Gesellschaft der DDR, sondern auch in der Landeskirche kamen deshalb ab 1987 Forderungen nach Transparenz, Mitbestimmung und Offenheit auf.

Gleichzeitig deutete sich eine zunehmende Distanz der Greifswalder Kirchenspitze zum Kirchenbund an. In seinen Memoiren schreibt Horst Gienke zwar, es habe „keinen Zweifel [gegeben], daß man in Greifswald auf dem gemeinsamen kirchenpolitischen Weg des Bundes gehandelt hätte".[1273] Dem widersprechen jedoch zahlreiche Protokolle aus der Konferenz der Kirchenleitung und private Briefe an Gienke aus dem Sommer 1989. Friedrich Winter in seiner Funktion als Leiter der Kanzlei der Evangelischen Kirchen der Union, zu der auch die Greifswalder Kirche gehörte, bat Gienke in einem eindringlichen Brief vom 22. Juli 1989 deshalb persönlich darum, entgegen dessen Absicht zur Sitzung des Vorstandes des Bundes zu erscheinen, er habe „nun doch Sorgen im Blick auf die brüderliche Gemeinschaft im Rat. [...] Die Last Ihres [Gienkes] Handelns sollte möglichst bald vor der Bundessynode verringert werden."[1274]

Dabei sah sich die ELKG durchaus im Zentrum des Kirchenbundes. Gienke war in seiner kirchenpolitischen Entwicklung wesentlich durch Bischof Albrecht Schönherr geprägt worden.[1275] Das Ausscheiden von Schönherr als Bischof der Berlin-Brandenburgischen Kirche und als Vorsitzender des Vorstandes der KKL waren ein erster Schritt der Kirchen in der DDR in eine neue Richtung, der sich die ELKG nicht anschloss. Schönherr, Jahrgang 1911, hatte insbesondere in seiner Funktion als Vorstandsvorsitzender der KKL (1969–1981) eine Politik der Annäherung der evangelischen Kirche an den Staat betrieben. Kern seiner Politik war das „verantwortliche Gespräch".[1276] Er war wesentlich an dem Zustandekommen des „Gipfeltreffens" im März 1978 beteiligt gewesen und hatte die Fortsetzung dieses Weges als zentrale Aufgabe der Kirchen betrachtet. Zugleich verstand Schönherr es jedoch, eine angemessene Distanz zum Staat zu halten. Schönherr gehörte zu Dietrich Bonhoeffers Vikaren und engsten Vertrauten und hatte entspre-

1273 Vgl. Gienke (1996), S. 351.

1274 Zitiert nach Irmfried Garbe/Wolfgang Nixdorf (2005), S. 315 f.

1275 Gienke selbst sieht dies nicht so. In einem Gespräch am 12.5.1998 bestätigte er, durch Schönherr in bestimmte kirchenpolitische Ämter geholt worden zu sein, in denen er die Kirchenpolitik habe kennenlernen können, aber dem Kurs Schönherrs habe er sich nicht verpflichtet gefühlt.

1276 Vgl. Greifswalder Informationsdienst, hg. von der Pressestelle der Evangelischen Landeskirche Greifswald, Nr. 4/1981 vom 29.9.1981, S. 7.

chende Widerstandserfahrung, die Gienke fehlte. „Die Tatsache", so Schönherr 1981, „daß die Kirche keine integrierte gesellschaftliche Organisation unter Führung der Arbeiterklasse ist, sondern eigenständig und selbständig ihren Weg geht, hat ihren Preis."[1277]

Der Wechsel von Albrecht Schönherr zu Werner Krusche im Vorsitz der Konferenz der Kirchenleitungen war von starken innenpolitischen Krisen begleitet. Das Verhältnis des Kirchenbundes zum Staat wurde komplizierter, auch deshalb, weil die einzelnen Landeskirchen sich gesellschaftspolitisch stärker oder schwächer engagierten. Bischof Gienke lehnte sich in den folgenden Jahren stark an Schönherrs Weg an, aber ohne dessen Differenzierungen zu übernehmen. Aus „Verstehen" wurde „Vertrauen", die Polarität von Anpassung und Verweigerung verlor an Schärfe. Einen der zentralen Sätze aus Schönherrs Rede anlässlich seines Ausscheidens aus dem aktiven kirchlichen Dienst hatte man in Greifswald nicht gehört. Schönherr hatte im September 1981 gesagt, es sei Aufgabe der Kirche, um ihres Auftrages willen nach Kompromissen zu suchen. Diese dürften den Auftrag jedoch nicht gefährden.[1278]

Die Kompromisse, die dem Staat abgerungen wurden, waren Erfolge „zweiten Ranges", denn zentrale Problembereiche wie die Volksbildung und der Wehrdienst waren von den Gesprächen stets ausgenommen. Echte Erfolge erreichte die ELKG dagegen bei der Erhaltung der historischen Bausubstanz und hinsichtlich der Ausdehnung und Pflege ihrer internationalen Beziehungen. Auch die überdurchschnittlich große Unterstützung bei kirchlichen Veranstaltungen wie dem Kirchentag 1985 und der Domeinweihung 1989 waren Früchte dieses Weges.[1279] Dabei hätte Gienke und seinen engsten Mitarbeitern auffallen müssen, dass die vermeintlichen Erfolge – zum Beispiel in Baufragen – innerkirchlich zu erheblichen Spannungen führten: Die Vielzahl der Reisen kirchlicher Amtsträger führte zu Unmut bei den Laien, Pfarrern und Mitarbeitern, deren Anträge nicht genehmigt worden waren. Dies war Teil der Differenzierungspolitik und keineswegs ein Entgegenkommen des Staates für ein besonders vertrauensvolles Verhältnis zwischen dem Bezirk Rostock und der ELKG. Ebenso verhielt es sich bei den Bau- und Renovierungsarbeiten. Dass hinter den staatlichen Zugeständnissen die damit verbundene Differenzierung, die Spaltung der Mitarbeiter und Amtsträger nicht bemerkt wurde, war folgenreich.

1277 Vgl. ebd., S. 5.

1278 Vgl. Albrecht Schönherr: „Erfahrungen und Erwartungen". Ein Vortrag von Bischof A. Schönherr, in: die kirche. Evangelische Wochenzeitung (Greifswalder Ausgabe), Jg. 36 (1981), Nr. 32, S. 1 f.

1279 Horst Gienke wies in einem Gespräch am 12.5.1998 darauf hin, dass direkt im Anschluss an seine Reise zum Moskauer Weltkongress der Friedenskräfte im Oktober 1973 der Bau des ersten Gemeindezentrums im Neubaugebiet Stralsund Knieper-West genehmigt worden sei. Tatsächlich war dies ein Erfolg seiner Kirchenpolitik, der nicht zu leugnen ist.

Gienke selbst hat in den Nachwendejahren wiederholt kritisiert, er sei nur nach Gesichtspunkten betrachtet und bewertet worden, die nicht die seinen gewesen seien. Nicht kirchenpolitische Fragen, sondern sein Auftrag als geistlicher Führer habe sein Handeln bestimmt. Vor allem die jüngere Generation habe Schwierigkeiten gehabt, bischöfliches Handeln immer nachzuvollziehen, beispielsweise „Westwagen" als Dienstfahrzeuge und zahlreiche Reisen in das westliche Ausland. Aber: „Wer die freie Reisemöglichkeit für alle als Ziel hatte, durfte nicht prüde sein, damit selbst den Anfang zu machen."[1280]
Die Gemeinden hatten tatsächlich zunehmend Schwierigkeiten mit bestimmten Aspekten von Gienkes Amtsführung. Seine Auslandsreisen standen in offensichtlichem Widerspruch zur Lebensrealität in der DDR: Zwischen den Landessynoden 1984 und 1985 war er acht Mal im Ausland.[1281] Im gleichen Zeitraum waren von der Landeskirche 71 Reisen in das „nichtsozialistische" Ausland gemacht worden, aber jeweils nur eine nach Moskau, Kuba bzw. Prag.[1282] Wie viele dieser Reisen hatten Laien unternommen? Warum so ein Schwergewicht auf „Westreisen" und nicht zu den bedrängten Gemeinden im Osten? An der Bundessynode 1985 und 1986 sowie der eigenen Landessynode 1986 jedenfalls nahm Horst Gienke gar nicht teil, er war jeweils im Ausland unterwegs,[1283] und zum gemeinsamen Kirchentag mit der mecklenburgischen Landeskirche in Rostock 1988 schickte er Siegfried Plath als seinen Stellvertreter, denn er selber befand sich in Äthiopien.[1284]
Man fragte sich, ob er im selben Staat lebte wie der Rest der DDR-Bürger, wenn er von Gleichberechtigung und Gleichachtung der Christen sprach.[1285]
Gienkes Irrtum war, seine theologische Haltung des Grundvertrauens zu seiner kirchenpolitischen Grundhaltung zu machen, ohne Anpassung an reale Fragen und Probleme. Kirche aber wurde daran gemessen, wie nahe sie den Menschen in den alltäglichen Auseinandersetzungen mit dem SED-Unrecht blieb. Die Theologie dahinter spielte nur eine untergeordnete Rolle, so Hagen Findeis:

„Aus der Ambivalenz ihrer intermediären Stellung zwischen den offiziellen Herrschaftsstrukturen und der informellen Alternativkultur ist es auch zu erklären, daß die öffentliche Auseinandersetzung um die Rolle der Kirche in

1280 Gienke (1996), S. 306/307.
1281 Vgl. LAG, BL IV E/ 2.14, Nr. 628.
1282 Vgl. ebd.
1283 Vgl. BArch, DO-4/757. „Einschätzung der 2. ordentlichen Tagung der VIII. Landessynode der Greifswalder Landeskirche vom 30. 10.bis 2.11.1986", Bl. 3. Der Synodale Oswald Wutzke hatte Gienkes Abwesenheit kritisiert.
1284 Vgl. LAG, BL IV E/ 2.14, Nr. 598, Bl. 189.
1285 So geschehen auf der Abschlussrede des Bugenhagen-Kirchentages 1985 auf dem Greifswalder Marktplatz: „Ja, wir Christen haben unseren Platz in unserer Gesellschaft, gleichberechtigt, gleichgeachtet, chancengleich. Das sind keine leeren Worte, das wird Schritt um Schritt mit Leben erfüllt." Vgl. BArch, DO-4/789, o.A.

der DDR weniger einem Interesse an der Erfüllung ihres religiösen Auftrags folgt als der Frage, ob sie das, was die überwiegende Mehrheit der Gesellschaft der DDR nicht vermochte, zu leisten imstande war, sich dem totalitären Herrschaftsanspruch der SED zu widersetzen."[1286]

Bonhoeffers Leitsatz einer „Kirche für andere" sei für ihn Motivation gewesen, mit staatlichen Stellen zu sprechen, so Gienke auf der Anhörung zu kirchlichem Leitungshandeln in Züssow im Mai 2000. Er habe eine besondere Gabe von Gott erhalten, die er bewusst genutzt hätte. Er habe sich, so Thomas Jeutner in seinem anschließenden Bericht in der Kirchenzeitung, absichtlich Gesprächspartner außerhalb der Kirche gesucht, weil er gemeint habe, durch Gespräche mit diesen hätte er mehr als durch Predigten von der Kanzel erreichen können.[1287] Auf die Frage von Propst Friedrich Harder, ob er nicht den Eindruck gehabt hätte, seine theologische Position sei kirchenpolitisch ausgenutzt worden, habe Gienke gesagt, das sei ihm „schnurzegal" gewesen, ihm sei nur wichtig, mit den staatlichen Vertretern als Theologe gesprochen zu haben: „Ich würde mich sehr freuen, wenn ich sie eines Tages vor Gottes Thron wieder sehen würde", habe er betont.[1288]
Siegfried Plath, langjähriger Leiter des Konsistoriums und Freund Gienkes, hatte in einer der vorherigen Anhörungen ebenfalls über die Machtlosigkeit der Kirche gesprochen. Anders als Gienke aber war ihm der Gedanke, ausgenutzt zu werden, nicht egal. Er bezeichnete sich selbst als „Diplomat" und nicht als „Konfrontationstheologe".[1289]
Gab es nun einen „Greifswalder Weg" abseits des Kirchenbundes und von den gesellschaftlichen Entwicklungen in der DDR abgewandt? Ja, spätestens seit 1987 war die zunehmende Distanz der Greifswalder zu Vertretern des Kirchenbundes intern offensichtlich geworden. In der Öffentlichkeit offenbarte sie sich zwar nur einmal, nämlich als Gottfried Forck als Berliner Bischof nicht am Gespräch mit Honecker im Greifswalder Rathaus teilnehmen durfte. Intern jedoch zeichnete sich ab 1987/88 ein schwelender Konflikt zwischen Horst Gienke und den anderen sieben Bischöfen ab, der nur gemeinsam hätte gelöst werden können, aber Gienke zog „einsam statt gemeinsam" vor.

1286 Hagen Findeis: Biographie als Widerstandspotential, S. 7.
1287 Vgl. Thomas Jeutner: „Pommersche Kirche soll Schuld eingestehen. Altbischof Gienke wartet seit Jahren vergeblich auf Aussöhnung", in: Mecklenburgische Kirchenzeitung, 55. Jg. (2000), Ausgabe 22/2000 vom 28.5.2000, S. 2.
1288 Vgl. ebd.
1289 Vgl. Thomas Jeutner: „Freiwillig das Messer aus der Hand legen. Siegfried Plath und Christoph Demke in einer Anhörung der pommerschen Landessynode", in: Mecklenburgische Kirchenzeitung, 55. Jg. (2000), Ausgabe 9/2000 vom 27.2.2000, S. 1.

Andere Stimmen sagen, einen gemeinsamen „Greifswalder Weg“ der Landeskirche habe es nicht gegeben, wohl aber „Greifswalder Akzente“, so der langjährige Demminer Superintendent Hans-Joachim Schwerin. Solche Akzente seien beispielsweise öffentliche Reden wie die auf dem Marktplatz in Greifswald zum Abschluss des Kirchentages 1985[1290] oder der Kondolenzbesuch Gienkes beim Generalkonsul in Rostock zum Tode Breschnews gewesen. Bischöfe anderer Kirchen hätten das nicht getan, in der Kirchenleitung sei dies „sehr umstritten“ gewesen. Aber Gienke zu kritisieren reiche nicht, man habe auch in der Landeskirche nicht deutlich genug widersprochen.[1291] Die Aufarbeitung der Geschichte der Greifswalder Landeskirche begann bereits im November 1989. Sie begann mit einer Personalie: dem Bischof. Fast ein Jahr war das Bischofsamt vakant, bevor Eduard Berger aus Sachsen neuer Greifswalder Bischof wurde – im Glauben, mit dem Weggang Gienkes sei der „Greifswalder Weg“ endgültig Geschichte geworden und ein Neuanfang möglich. Berger selbst war wegen versuchter Republikflucht 15 Monate in Haft gewesen, er kannte das System und seine Härten und war angetreten, um wieder eine Brücke zwischen Kirchgemeinden und Kirchenführung zu schlagen. Er ahnte jedoch nicht, dass hinter den geschlossenen Türen des Konsistoriums die DDR weiterbestand: in der Art, wie die Geschäfte geführt wurden, in der fehlenden Offenheit und dem fehlenden Miteinander:

„Denn wenn man von allen möglichen Seiten Dinge hört, dann fragt man sich: Was ist denn da los? Warum sprechen die Verantwortlichen mich nicht an und wie soll ich mein Amt als Bischof wahrnehmen, wenn ich im Dunklen tappen muss. Ich konnte immer nur reagieren, und das hat mich durch die ganze Zeit jeweils mehr oder weniger belastet.“[1292]

Motor der Aufarbeitung war in dieser Zeit die Landessynode. Sie beschloss unmittelbar nach der Wende, einen Vertrauensausschuss unter Vorsitz der beiden Pröpste einzurichten, um allen, die sich der jahrelangen Last der Konspiration entledigen wollten, eine Anlaufstelle zu geben. Der ehemalige Präses Dietrich Affeld war der Erste, der sich dem Gremium offenbarte. Darüber hinaus jedoch hatten die belasteten Mitarbeiter kaum persönliche Schuld eingestanden, und wenn, dann wurde sie schnell wieder relativiert. Wir sind in der Aufarbeitung „praktisch bei Null“ angekommen, stellte Anne Drescher als Landesbeauftragte für die Stasi-Unterlagen Ende 2015 fest.[1293]

1290 Vgl. Anm. 1285.
1291 Vgl. Schwerin (2001), S. 133.
1292 Gespräch mit Altbischof Eduard Berger am 23.9.2015 in Radebeul.
1293 Landesbeauftragte fordert neue Debatte über Stasi-Kontakte. Pommersche Kirche in der DDR: „IM-Vergangenheit wird relativiert“, von Sybille Marx, in: Mecklenburgische & Pommersche Kirchenzeitung, 70. Jg. (2015), Ausgabe 42/2015 vom 18.10.2015, S. 9.

Die Bagatellisierung des MfS als juristisches „Untersuchungsorgan",[1294] die Relativierung der Gesprächsinhalte der Staat-Kirche-Gespräche[1295] und die weitgehende Abwesenheit jeglicher Selbstkritik der betreffenden Gruppe seither – das alles hat dazu geführt, dass längst etablierte Maßstäbe des Umgangs mit IM-Akten ignoriert werden und das moralische Koordinatensystem einer ganzen Gesellschaft zu verrutschen droht. 20 Jahre Greifswalder Aufarbeitung haben die Diskussion über den „Greifswalder Weg" fast zum Verstummen gebracht: Wer einmal entlastet war, hat jegliche Ansätze von Selbstkritik beiseite gelegt und zeigt sich empört über kritische Anfragen, ja sogar die bloße Erwähnung von Stasi-Kontakten. Man könne niemanden der Zusammenarbeit mit dem MfS bezichtigen, so Christoph Ehricht in einem Leserbrief zum Nachruf auf Siegfried Bohl im Oktober 2015, der vom Synodalausschuss 1993 entlastet worden sei.[1296] Zu einer „Erkenntnis geschichtlicher Irrwege" wie Werner Krusche sie anmahnte, ist es nicht gekommen. Eduard Berger, von 1991 bis 2001 Bischof in Greifswald, bestätigt die frustrierenden Erfahrungen:

„Als ich dann als Bischof in eine Kirche gekommen bin, die ich vorher nicht kannte, weder Personen noch Vorgänge, dass ich da nicht ins Bild gesetzt worden bin, das ist etwas, wo ich sage: Wie soll denn Vertrauen und das Zueinander-Stehen in einer solchen Situation vor sich gehen? [...] Ich bin ja teilweise eingeladen worden von Herrn Gauck, der mir sagte: ‚Herr Bischof, es liegen belastende Akten vor über Mitarbeiter Ihrer Kirche. Wollen Sie sich nicht damit befassen?' Ich habe mich immer nur mit alledem befassen können aufgrund von Informationen der Stasiunterlagenstelle, Journalisten und anderen. Das hat mich tief getroffen, zumal ich nach und nach feststellen musste, dass das Verschweigen zum Teil noch fortgesetzt wird. Dass Dinge geschehen, von denen ich nichts erfahren und in die ich nicht eingeweiht werden sollte. Daher war es für mich oft nicht möglich, offen zu reagieren auf bestimmte Vorgänge."[1297]

Am Ende dieser Phase der Aufarbeitung gingen zwei Pfarrer, Superintendent Bohl und Oberkonsistorialrat Plath, in den Ruhestand. Der Ueckermünder Pfarrer Gunnar Fischer, der zwischen 1976 und 1989 Kontakt zum MfS gehabt hatte,[1298] wurde für zwei Jahre in den Wartestand versetzt und erhielt im Frühjahr 1998 wieder eine Gemeinde in der Landeskirche. Seit

1294 Vgl. Kritische Solidarität und Machtfrage, von Thomas Jeutner, in Mecklenburgische Kirchenzeitung, 55. Jg. (2000), Ausgabe 17/2000 vom 23.4.2000, S. 2.
1295 Vgl. Gienke (1996), S. 376
1296 Vgl. Christoph Ehricht: Leserbrief zum Artikel von Anne Drescher, in: Mecklenburgische & Pommersche Kirchenzeitung, 70. Jg. (2015), Ausgabe 43/2015 vom 25.10.2015, S. 5.
1297 Gespräch mit Altbischof Eduard Berger, Radebeul, am 23.9.2015.
1298 Vgl. BStU, BV Rostock, AIM 2603/91 – Gunnar Fischer (IM „Nikolaus").

2013 ist er als „Pastor zur besonderen Verwendung“ im Kirchenkreis Pommern eingesetzt. Einzig gegen den Jarmener Pfarrer Werner Lucas[1299] wurde ein strafrechtliches Verfahren eingeleitet, das im Frühsommer 1998 mit der Entziehung der Ordinationsrechte und der Pension abgeschlossen wurde. In diesem Fall hat die Landeskirche die volle Kraft kirchlicher Sanktionen eingesetzt, um Lucas' Verrat an seiner Gemeinde und der Landeskirche zu ahnden, weiter konnte man juristisch nicht gehen.
Akteneinsicht und -bewertung sowie die dann geführten Gespräche mit den Betroffenen wurden ernsthaft und gewissenhaft betrieben. Die Mitglieder des Aufarbeitungsgremiums wollten sich dem hetzerischen Klima der Nachwendejahre bewusst entziehen, man wollte die Aufarbeitung im christlichen Verständnis von Schuld, Buße und Versöhnung gestalten. Wie sollte unter diesen Voraussetzungen neues Vertrauen in die Arbeit des Konsistoriums wachsen? In besonders persönlichen Worten hat sich Bischof Eduard Berger auf Anregung und Bitte der Landessynode für das Unrecht, das Einzelnen durch Pfarrer und andere Amtsträger geschehen war, die mit dem MfS zusammengearbeitet hatten, entschuldigt. In einem Brief an Horst Erdmann, dem durch den jahrelangen Verrat und Vertrauensmissbrauch von Werner Lucas erheblicher Schaden entstanden war, schrieb Berger:

„Ich möchte Ihnen erstens sagen, daß ich sehe, welche unüberbrückbare Kluft besteht zwischen dem, was Sie erlebt haben und empfinden einerseits, und unseren Bemühungen um Aufklärung und erst recht den Ergebnissen dieser Bemühungen andererseits. Die rechtlichen Prozeduren und die schließlich – wenn es überhaupt soweit kommt! – ergehenden Entscheidungen werden vermutlich Ihrem Verlangen nach Gerechtigkeit nicht entsprechen. Da bleibt ein bitteres Gefühl, das sich nicht nur gegen denjenigen richtet, der als Mitglied unserer Kirche gehandelt hat, sondern das verständlicherweise unsere ganze Kirche betrifft. [...]
Und ich möchte Sie für unsere Kirche ausdrücklich um Vergebung bitten. Ich wage dies, weil die Gemeinschaft der Christen ohne Vergebung nicht entstanden wäre und auch nicht bestehen kann. [...]
Weil wir als Kirche ein Leib sind und uns unvermeidlich und ganz zu Recht alles betrifft, was einzelne von uns taten und tun, erlitten haben und erleiden, darum bitte ich als Bischof in diesem Brief um Vergebung.“[1300]

Als Berger 1991 nach Greifswald kam, hatte er angenommen, die Ära Gienke sei vorbei, ein frischer Neubeginn läge vor ihm und der Landeskirche.

1299 Der Jarmener Pfarrer Werner Lucas war zwischen 1957 und 1989 IM des MfS unter dem Decknamen „Brunst“. Aus der Jarmener Gemeinde hatte es schon vor 1989 erhebliche Beschwerden über ihn gegeben. Der Fall Lucas ist bisher noch nicht näher untersucht worden.

1300 Vgl. Brief von Bischof Eduard Berger an Horst Erdmann vom 30.10.1995.

Nach außen den Wandel und die Einsicht in Schuld zu signalisieren, war ihm genauso wichtig wie der Synode, aber nach innen erwies sich das als sehr schwierig. Das Verhältnis war gespannt. Alte Arbeitsweisen waren im Konsistorium fest etabliert, der Bischof wurde in wesentliche Vorgänge nicht eingeweiht, so Berger im Gespräch. Habe er sich unter seinen engsten Mitarbeitern mitunter „vorgeführt" gefühlt?

„Ja. Bestimmten Strategien, strategischen und taktischen Winkelzügen war und bin ich nicht gewachsen. Ob der Artikel seinerzeit im Spiegel, ‚Lamm unter Wölfen',[1301] vielleicht einen Aspekt trifft und seine Richtigkeit hat, weiß ich letzten Endes nicht. [...] Ich bin ja nicht jemand, der nicht auch eigenes Zutun zu schwierigen Situationen bei sich selbst zu bemerken und zu bedenken hat. Wenn ich an Situationen in meinem Leben denke, wo meine Blauäugigkeit mir im Leben schwer geschadet hat. [...] Meine Neigung zu Vertrauen hat mich manche schweren Erfahrungen machen lassen."[1302]

Viele neue Fragen und Probleme kamen auf diese Landeskirche zu, die nicht weniger existenziell waren als die Frage der Aufarbeitung und die diese immer weiter in den Hintergrund drängten. Aber das Interesse an der Vergangenheit versiegte nicht.

Die „Wende" in der DDR gab den Kirchen die besondere Chance, Missstände zu erkennen und in der Folge zu beseitigen. Teilweise ist dies auch geschehen.[1303] Die Kreissynode in Greifswald verfasste im Januar 1990 ihre „Vorschläge zur Wahl des Bischofs". Dessen Amtszeit sollte auf zehn bis zwölf Jahre begrenzt und ein Rechenschaftsgespräch nach vier bis fünf Jahren eingeführt werden. Seine Reisetätigkeit sollte eingeschränkt und auf allen Ebenen demokratische Beschlussfassungen eingeführt werden. Wichtige Entscheidungen sollten nach Vorschlag der Kreissynode nur noch mit Zustimmung der zuständigen Gremien getroffen und die Aufgaben des Bischofs genauer formuliert werden.[1304] Bei der Einführung des neuen Bischofs im Jahr 1991 wurden diese Vorschläge bereits berücksichtigt. Bischof Berger kündigte an, nach zehn Jahren im Amt wieder zurück in die Dorfgemeinde gehen zu wollen und tat dies auch.

Ziele und Methoden von Staat und Kirche in einem regional überschaubaren Bereich in einen Zusammenhang zu setzen, war der Auftrag dieser Arbeit.

1301 Vgl. „Lamm unter Wölfen", in: Der Spiegel, Nr. 23 (1993), vom 7.6.1993, S. 65-67.

1302 Vgl. Gespräch mit Altbischof Eduard Berger, Radebeul, am 23.9.2015.

1303 Vgl. Gespräch mit Pfarrer Ulrich von Saß am 19.5.1998. Von Saß wies darauf hin, dass sich die Landessynode erst nach der Wende zu einer eigenständigen Institution entwickelte und auch scharfe Kritik am Konsistorium übte. So auf der Landessynode im November 1995, wo die Politik des Konsistoriums als „zynische Machtpolitik" bezeichnet worden war.

1304 Vgl. LKAG, Best. 5, Kreissynoden und Pfarrkonvente, Dok. 3/90, S. 1. Protokoll der Kreissynode am 27.1.1990.

Es ging um eine Darstellung der Kirchenpolitik im Detail und eine Charakterisierung des „Greifswalder Wegs", wie er sich 25 Jahre nach der „Wende" darstellt. Die Frage, wer im kirchlichen wie im staatlichen Bereich Kirchenpolitik machte, von welchen Bedingungen sie abhing und welche Tendenzen sich im Laufe der achtziger Jahre abzeichneten, konnte beantwortet werden: In der Greifswalder Kirche lag die Auseinandersetzung mit dem Staat nicht bei den dafür autorisierten Gremien wie der Kirchenleitung und der Landessynode, sondern bei der kirchlichen Verwaltungsbehörde, dem Konsistorium und dem Bischof.

Zwischen Anpassung und Verweigerung – wo stand die Evangelische Landeskirche Greifswald bis 1989? „Oben" versuchten der Bischof, drei der vier leitenden Konsistorialräte und bis 1985 auch der Präses der Landessynode, die Greifswalder Kirche zu einem verlässlichen Partner der staatlichen Kirchenpolitik zu machen. Der Blickwinkel war also der von außen nach innen: Wie sieht der Staat unsere Landeskirche? Entsprechend groß war der Druck, die Landeskirche nach außen hin ruhig und geordnet erscheinen zu lassen.

„Unten", in den Gemeinden, war das Verhältnis zum Staat geprägt durch die alltägliche Benachteiligung der Christen in Betrieb, Schule, LPG, Universität. Entsprechend distanziert war das Verhältnis der Laien zum Staat. Hier waren die Gemeinsamkeiten mit der mecklenburgischen Landeskirche groß, wo die SED-Kirchenpolitik stärker daran gemessen wurde: Wie behandelt der Staat unsere Christen?

Aufarbeitung und Vergangenheitsbewältigung sind immer Umschreibungen für einen Prozess des Meinungsaustauschs. Wie gut dies im Kirchenkreis Pommern gelungen ist, ist Gegenstand des abschließenden Kapitels.

10 Abschied vom „Greifswalder Weg“ – die Aufarbeitung seit 1990

Als einzige Landeskirche in der vierzigjährigen Geschichte der evangelischen Kirchen in der DDR hat die Greifswalder Kirche im November 1989 einem Bischof das Misstrauen ausgesprochen. Dem war ein harter und überlegter Meinungsbildungsprozess vorangegangen, der Einzelne bis an die Grenze dessen geführt hatte, was sie an zwischenmenschlichen Enttäuschungen und gegenseitigen Vorwürfen aushalten konnten.
Mit der Erklärung vom 19. Mai 1990 begann die offizielle Aufarbeitung in der Pommerschen Evangelischen Kirche. Horst Gienke war im November 1989 zurückgetreten, Eduard Berger sollte erst im September 1990 gewählt werden. Dass die Synode in der Interimszeit zwischen zwei Bischöfen die Entschlossenheit zeigte, die Diskussion über den eigenen Weg von sich aus zu eröffnen, war bemerkenswert. Zuerst richtete sie sich an ihre eigenen Gemeinden:

> „Die Landessynode bedauert, daß es in unserer Landeskirche vor der Wende zu viele Zugeständnisse gegenüber den Staats- und Parteifunktionären gegeben hat. Dadurch wurde manches Mal der schmale Weg zwischen Anpassung und gebotener Verweigerung verlassen in der Absicht, Freiräume für die Kirche und die Menschen unseres Landes zu bewahren. So haben wir Menschen, die unter dem System gelitten haben, im Stich gelassen und Schuld auf uns geladen.“[1305]

Die Landeskirche wandte sich mit dieser weitsichtigen und selbstkritischen Geste aber auch all jenen zu, die nicht nur unter dem Staat, sondern auch unter der Landeskirche gelitten hatten.
Mit Eduard Berger begann im Januar 1991[1306] eine neue Phase in der Aufarbeitung der Pommerschen Landeskirche.

1305 Erklärung der Landessynode am 19.5.1990, zitiert nach Wolfgang Nixdorf: Die Pommersche Evangelische Kirche und der Staat. Aus der Sicht von Kirchenleitung und Konsistorium. Beispiele aus vier DDR-Jahrzehnten, in: Baltische Studien. Pommersche Jahrbücher für Landesgeschichte (Gesellschaft für Pommersche Geschichte, Altertumskunde und Kunst e. V., Neue Folge, Band 98, Band 144 der Gesamtreihe), Kiel 2012, hier S. 169.
1306 Zwischen Bischofswahl und Amtsantritt lagen drei Monate.

10.1 Neuanfang mit Eduard Berger – „Wie der Frühling nach dem Winter“[1307]

Berger, der bis dahin Superintendent in Meißen gewesen war, wurde am 29. September 1990 zum Nachfolger von Horst Gienke gewählt, im Januar 1991 trat er sein neues Amt an.[1308] Mit ihm kam nach einem Jahr Vakanz ein Pfarrer ins Bischofsamt, der selbst 15 Monate wegen versuchter Republikflucht in Haft gewesen war. Nähe zum DDR-System war ihm nicht vorzuwerfen. Vielmehr hatte er wiederholt die Sicherheit des Pfarramtes genutzt, um lautstark gegen den Staat zu protestieren.

„Den Staatssicherheitsdienst habe ich im Gefängnis das erste Mal kennengelernt; ich habe später selbst zu ihm Kontakt gesucht, weil – wie ich damals als unverheirateter Student Anfang 20 mir einbildete – ein Kontakt zum Staatssicherheitsdienst bewirken könnte, dass ich in den Westen gelangen könnte. Das hat das MfS sehr schnell durchschaut. Mit dem Augenblick, als ich in den kirchlichen Dienst gegangen bin (1970), war mir klar, dass derlei Kontakt unter keinen Umständen infrage kommt. Im Gegenteil: Ich habe mich ja unter Ausnutzung der kirchlichen Privilegien als Pfarrer und später als Superintendent zunehmend kritisch dem Staat gegenüber verhalten. Einschließlich mancher, heute als lächerlich erscheinender Frechheiten: z. B. indem ich zur Eröffnung einer Fotoausstellung über den baulichen Verfall von Meißen die Kreisdienststelle des MfS eingeladen habe.“[1309]

Im April 1991 beschloss die pommersche Landessynode die Bildung eines Vertrauensrates. Sie folgte damit dem Beispiel anderer Landeskirchen, beispielsweise der mecklenburgischen, die ein entsprechendes Gremium bereits im Herbst 1990 eingerichtet hatte. Die verschiedenen Modelle der Vergangenheitsbewältigung in den evangelischen Kirchen bestanden eine Zeit lang nebeneinander, bevor sich alle Landeskirchen in je eigener Form und zu unterschiedlichen Zeiten für die Überprüfung der Mitarbeiter entschieden. Die Pommersche Evangelische Kirche hatte sich mit der Gründung des Vertrauensrates zunächst gegen eine allgemeine Überprüfung der kirchlichen Mitarbeiter, der Mitglieder in kirchlichen Gremien sowie der Amtsträger ausgesprochen und die Pröpste Hans-Georg Haberecht und Friedrich Harder zu Ansprechpartnern gemacht für alle diejenigen, die sich freiwillig offenbaren

1307 Vgl. Gespräch mit Pfarrer i. R. Rainer Berndt, Trassenheide, am 18.11.2015.

1308 Gegenkandidat war Friedrich Bartels, der langjährige Leiter der Züssower Diakonieanstalten. Bartels war mit 19 gegen 47 Stimmen bei 3 Enthaltungen unterlegen. Man wollte in Greifswald einen Neuanfang mit einem Bischof, der von außen kam. Vgl. „Nach zehn Jahren zurück ins Dorfpfarramt. Eduard Berger neuer Bischof in Greifswald“, in: Mecklenburgische Kirchenzeitung Jg. 1990, Ausgabe 40/1990 vom 7.10.1990, S. 1

1309 Gespräch mit Altbischof Eduard Berger am 23.9.2015 in Radebeul.

wollten.
Die Resonanz war verhalten. Bei den Betroffenen habe es „nur in geringem Maße oder überhaupt nicht die Bereitschaft gegeben […], persönliche Schuld im Zusammenhang mit diesen Kontakten einzugestehen“,[1310] so Propst Haberecht in seinem Abschlussbericht vor der Synode im März 1996. In Mecklenburg, Thüringen und der Kirchenprovinz Sachsen hatte man die gleichen Erfahrungen gemacht. Dort waren die Vertrauensräte bereits im Herbst 1990 gebildet worden, gefolgt von dem fast zeitgleichen Beschluss in Magdeburg, Eisenach, Schwerin und Greifswald, nun doch die formale Überprüfung einzuleiten.[1311]
Parallel entspann sich eine hitzige Diskussion in der Kirchenzeitung über den angemessenen Weg der Kirchen in Fragen der Überprüfung. Was die einen als „geistliche Bankrotterklärung“ betrachteten,[1312] weil die Landeskirchen durch die Regelüberprüfung ihre eigenen Mitarbeiter unter Generalverdacht stellen würden, war für die anderen ein notweniges, ja gesetzlich sogar einklagbares Vorgehen, denn wer sich mit der Stasi eingelassen habe, der habe gegen eine Anzahl von kirchlichen Gesetzen verstoßen und müsse dafür zur Verantwortung gezogen werden.[1313]
Im November 1991 beauftragte die pommersche Landessynode die Kirchenleitung mit der Bildung eines Gremiums zur Aufarbeitung der Vergangenheit, das auch die Stasiakten in seine Arbeit mit einbeziehen würde. Dieses Gremium sollte die Ergebnisse der Überprüfung im Laufe der nächsten viereinhalb Jahre entgegennehmen und in Gesprächen mit den jeweiligen Mitarbeitern auswerten.[1314]
Eingeleitet wurde dieser Prozess mit einem Fragebogen, an dessen Ende auch der Überprüfung durch die neu gegründete Behörde des Bundesbeauftragten für die Unterlagen des Staatssicherheitsdienstes der ehemaligen Deutschen Demokratischen Republik (BStU) zugestimmt werden sollte.

1310 Vgl. Georg Haberecht: Abschlußbericht vor der Synode der Pommerschen Evangelischen Kirche am 30.3.1996. Privatarchiv Propst i. R. Hans-Georg Haberecht.

1311 In der Thüringer Landeskirche wird der Vertrauensrat im Herbst 1990 gebildet, in der Mecklenburgischen Landeskirche im Dezember 1990, in der Kirchenprovinz Sachsen im Herbst 1990. Die formalen Überprüfungen wurden in Thüringen im Frühjahr 1991 beschlossen, in Mecklenburg im Juni 1991 und in Magdeburg im November 1991.

1312 Vgl. Ulrich von Saß: „Geistliche Bankrotterklärung“, in: die kirche. Evangelische Wochenzeitung. Ausgabe für Vorpommern, Nr. 22 vom 2.6.1991, S. 4.

1313 Vgl. Ehrhart Neubert: „Recht, Verantwortung und Versöhnung“, in: die kirche. Evangelische Wochenzeitung. Ausgabe für Vorpommern, Nr. 34 vom 25.8.1991, S. 3.

1314 Es gab insgesamt zwei Aufarbeitungsgremien: Das erste nannte sich „Gremium zur Aufarbeitung der Vergangenheit“ und wurde im November 1991 durch Beschluss der Landessynode gegründet. Propst Hans-Georg Haberecht leitete es bis zum Abschluss seiner Tätigkeit im März 1996. Das zweite Gremium „Staat-Kirche 1970-1989“ wurde 1999 wiederum auf Beschluss der Landessynode gegründet und stand unter Leitung von Prof. Martin Onnasch. Im Jahr 2000 veranstaltete dieses Gremium die Anhörungen der Landeskirche, und es entstand die später von Nixdorf und Garbe herausgegebene Arbeit „Dom St. Nikolai Greifswald“, 2005.

Die formelle Überprüfung aller hauptamtlichen Mitarbeiter der Kirche sowie der Laien in besonderen Funktionen in der Pommerschen Evangelischen Kirche begann durch Beschluss der Frühjahrssynode 1992. Der pommersche Diakonieverein Züssow weigerte sich jedoch, seine Mitarbeiter zu überprüfen, und da die Synode der Diakonie lediglich eine Empfehlung geben konnte, hatte deren Weigerung, ihr zu folgen, keine dienstrechtlichen Konsequenzen.

Dass die Ergebnisse wegen der Verschwiegenheitsspflicht nur sehr allgemein an die Öffentlichkeit gegeben werden konnten, sei unbefriedigend gewesen, so Wolfgang Nixdorf.[1315] Erst die formale Überprüfung durch die Gauck-Behörde hätte Zahlen zutage gefördert und der Öffentlichkeit wie den engsten Beteiligten einen ersten Überblick über die Situation gegeben.[1316] Wie groß die Anspannung zwischen Anfrage und Rücklauf war und welche Krisen in der Zwischenzeit ausgehalten werden mussten, zeigt besonders anschaulich der Fall Siegfried Bohl (IM „Titus").

Die Arbeit des Aufarbeitungsgremiums war eine fachliche und menschliche Überforderung seiner Mitglieder. Diese stammten zu gleichen Anteilen aus den beiden pommerschen Propsteien und der Diakonie, obwohl letztere sich selber der Überprüfung entzogen hatte: Nur wenige Jahre nach Ende der DDR sollten sie über das Verhalten von Kollegen entscheiden, mit denen sie außerhalb der Überprüfung zusammenarbeiteten. Sie sollten transparente Maßstäbe anlegen und den Mut finden, sie auch durchzusetzen. Gremiums-Vorsitzender Propst Haberecht sprach bei Vorlage seines Abschlussberichtes im Jahr 1996 von „inneren Belastungen, die die Arbeit mit sich brachte", die nicht von jedem hätten bis zum Ende getragen werden können.[1317]

Warum war für die evangelische Kirche eine Herausforderung, was im öffentlich-rechtlichen Bereich jedem Personalreferenten auferlegt wurde, nämlich das Anlegen vorgegebener und zahlenmäßig eng begrenzter Kriterien? Wohl deshalb, weil die kirchlichen Aufarbeitungsgremien versuchten, die Akten zu „verstehen" und dem Betreffenden gerecht zu werden. Und je gerechter man jemandem werden wollte, desto unschärfer wurde das Gesamtbild. So musste der aufrichtige Versuch, die Aufarbeitung besser und menschlich angemessener zu bewältigen, fast zwangsläufig scheitern. Und wo er dennoch zu eindeutigen Ergebnissen kam, so war die Länge der juristischen innerkirchlichen Verfahren oft eine Zumutung.

1315 Vgl. Gespräch mit OKR i. R. Dr. Wolfgang Nixdorf am 8.9.2015 in Schwerin.

1316 Vgl. ebd.

1317 Vgl. Hans-Georg Haberecht: Abschlußbericht des Gremiums zur Aufarbeitung der Vergangenheit. Vortrag von Propst Georg Haberecht am 30.3.1996 vor der Synode. Privatarchiv Hans-Georg Haberecht.

Der öffentliche Dienst ist durch die Zeit der Überprüfung zwar mit Anspannung, aber zügig durchgekommen und hat in den ersten Jahren einen bürokratischen, aber dadurch auch unvoreingenommenen Umgang mit den Akten und Inoffiziellen Mitarbeitern entwickelt. Und die Kirche? Die acht evangelischen Landeskirchen sind in ihrem Bemühen um Wahrheit unterschiedlich weit gekommen. Mecklenburg, Thüringen und Sachsen hatten zahlreiche Personalia zu klären – in Mecklenburg waren dies vor allem die Chefredakteure der Kirchenzeitung Jürgen Kapiske (IM „Walter")[1318] und Gerd Thomas (IM „Schulz")[1319], die dem MfS berichtet haben. Sie wurden umgehend beurlaubt und schieden mit Bekanntwerden der Belastungen aus dem kirchlichen Dienst aus. Die Pommersche Kirche hatte mehr Fälle, die zudem im Zentrum der Landeskirche lagen. Eine schwierige Ausgangsbasis, wenn vor allem die Leitung belastet ist. Besondere Sorgfalt und christliches Mitgefühl hätten sie bei der Überprüfung geleitet, so Friedrich Harder im Gespräch:

„Im Aufarbeitungsausschuss war Propst Haberecht unser Leiter. Er und wir alle im Ausschuss haben darum gerungen, unsere Arbeit so sorgfältig wie möglich zu machen und nicht billig. Wir haben es uns nicht leicht gemacht, und die Landeskirche hat es sich nicht leicht gemacht mit der Aufarbeitung. Die Würde der Opfer muss letztlich der Maßstab sein, hat Joachim Gauck gesagt. Dem kann ich nur zustimmen; und alle im Ausschuss würden dem zugestimmt haben."[1320]

Berger hatte als eine seiner ersten Amtshandlungen einen Generalkonvent der Pfarrer seiner Landeskirche einberufen – ein Ereignis, das es unter Bischof Gienke seit 1972 nicht gegeben hatte. Der Neuanfang 1990 wurde allseits begrüßt, vor allem mit jemandem, der Erfahrung in der Praxis hatte und ein so eindeutiges Zeugnis seiner politischen Haltung vorlegen konnte wie er.

Eduard Berger brachte bei seinem Amtsantritt die Hoffnung auf Wandel mit. Man wollte etwas bewegen, mit dem neuen Bischof und in der Landeskirche, im Zusammenleben mit den anderen Schwesterkirchen und in der säkularen Gesellschaft, zu der die Kirchen nun zum ersten Mal seit 40 Jahren ungehinderten Zugang hatten.

Aber der Anfang war schwierig. Die Stasi-Überprüfungen liefen im Hintergrund – man wartete auf die Mitteilung der Überprüfungsergebnisse aus der 1991 gegründeten Behörde des Bundesbeauftragten für die Stasi-Unterlagen

1318 BStU, MfS, BV Nbdg., AIM 1446/88.
1319 Vgl. BStU, F 22 zur Reg. Nr. II 08/76, AR2.
1320 Gespräch mit Propst i. R. Friedrich Harder am 29.9.2015 in Altefähr.

(Gauck-Behörde).[1321]
Wie gespannt die Atmosphäre war, zeigte ein Forum in der Greifswalder Jakobikirche im September 1992. Es ging zurück auf einen Beschluss der Landessynode vom Frühjahr 1992, eine Veranstaltung zu planen, auf der die unterschiedlichen Standpunkte innerhalb der Landeskirche zur Sprache kommen könnten.[1322] Die Stimmung war so erhitzt, dass es zu einer sehr persönlichen Auseinandersetzung zwischen den Befürwortern und Gegnern des „Greifswalder Wegs" kam, in diesem Fall zwischen dem Sohn des zurückgetretenen Horst Gienke, Pfarrer Bernd-Ulrich Gienke, und dem ehemaligen Gartzer Pastor Oswald Wutzke, der 1989 vor der Synode den Misstrauensantrag gegen Horst Gienke initiiert hatte und 1990 in die Politik gegangen war. Das Forum verlief nicht weniger emotional als das drei Jahre zuvor in der Jakobikirche.
Auch die internen Konflikte auf der Ebene der kirchlichen Leitung waren noch nicht gelöst. Insbesondere im Konsistorium war die Atmosphäre gespannt. Berger fand ein Umfeld vor, das ihm gegenüber verschlossen blieb. Die Fronten waren klar abgesteckt, damit hatte er nicht gerechnet:

> „Ich war zu der Zeit, als ich in Greifswald angefangen habe, ahnungslos aus vielen Gründen, und ich vermute, ich wurde wohl gerade deshalb gewählt, weil die einen an meine Wahl die Hoffnung knüpften ‚Jetzt wird es anders und besser' und andere sind in Habachtstellung gegangen. [...]
> Ich habe nie verstanden, dass mit dem Augenblick, als ich von außen in die Pommersche Kirche gekommen war und sich die Stasi-Debatte bereits abzeichnete, die leitenden Mitarbeiter mit Stasi-Kontakten es nicht über sich gebracht haben, mich ins Bild zu setzen über die Situation, die ich vorfinde."[1323]

Die Arbeitssituation war belastend. Berger wollte sie beenden und stellte auf der Herbstsynode 1992 einen Misstrauensantrag gegen Siegfried Plath und Hans-Martin Harder. Die Synode lehnte den Antrag ab.[1324] Ein wichtiger Schritt in Richtung Aufarbeitung war verpasst worden, wobei offen bleibt,

[1321] Die Gründung der Behörde des Bundesbeauftragten verlief in drei Phasen: Die Sicherstellung der Akten begann im Herbst 1989. Joachim Gauck wurde am 3.10.1990 erster Sonderbeauftragter der Bundesregierung für die Stasi-Unterlagen, und mit dem Inkrafttreten des Stasi-Unterlagen-Gesetzes am 29. Dezember 1991 hatte der Bundesbeauftragte für die Unterlagen des Staatssicherheitsdienstes der ehemaligen DDR, BStU, auch eine rechtliche Grundlage.

[1322] Genau genommen wurde der pommersche synodale Ausschuss „Frieden, Umwelt und Gesellschaft" mit beauftragt, eine entsprechende Veranstaltung zu organisieren.

[1323] Vgl. Gespräch mit Altbischof Eduard Berger in Radebeul am 23.9.2015.

[1324] Vgl. Clemens Vollnhals: Zugleich Helfer der Opfer und Helfer der Täter? Gegenwärtige und historische Sperren für die evangelische Kirche bei der Aufarbeitung ihrer DDR-Vergangenheit, in: Clemens Vollnhals (Hg.): Die Kirchenpolitik von SED und Staatssicherheit, 2. Aufl., Berlin 1997 (= Wissenschaftliche Reihe des BStU, Bd. 7), S. 436.

ob aus Kenntnis oder Unkenntnis der Sachlage. In jedem Fall wog die Loyalität der Synodalen gegenüber den beiden Oberkonsistorialräten stärker als gegenüber dem neuen Bischof. Im Rückblick sagte Berger dazu ernüchtert, die Synode sei in der Abstimmung benachteiligt gewesen:

„Eine Synode ist kein unbefangenes Gremium, in dem jeder Synodale unbeeinflusst gemäß seiner Meinung und Einsicht entscheiden kann. Die Spitzenkräfte des Konsistoriums gehören zur Synode, weil die Verfassung dem Konsistorium die Vorbereitung der Kirchenleitungs- und Synodaltagungen zuweist. Auch aufgrund ihrer Kenntnisse und Erfahrungen sind sie im Vorteil. Und aufgrund dieser Tatsache habe ich es ja mit ihnen allen zu tun gehabt. Ein Drittel der leitenden Kräfte des Konsistoriums und der Kirchenleitung hatte Kontakte zum MfS, ohne voneinander zu wissen. Und die sind alle Mitglieder der Synode. Die Synode hat sich trotzdem, wenn auch manchmal quälend langsam, bemüht. Aber ich war mit zu wenigen auf einer anderen Seite. Es gab natürlich Unterstützung in der Kirchenleitung, aber auch Widerstand von eingespielten Mitarbeitern."[1325]

Berger meinte wohl Hans-Martin Harder und Siegfried Plath mit den „Spitzenkräften". Sie hätten nicht nur einen erheblichen Informationsvorsprung vorausgehabt, sondern auch „die Dreistigkeit des Auftretens",[1326] so Berger. Das Verhältnis zur neuen Präses der Landessynode sei gespannt gewesen, ein vertrauensvolles Verhältnis habe aus seiner Sicht nicht bestanden: „Mit solchen Erfahrungen kam es für mich zu erheblichen Belastungen. Ab 1998 wollte ich das Bischofsamt aufgeben, weil ich es nicht mehr aushielt."[1327] Wesentliches hatte sich seit 1989 nicht geändert, das Konsistorium stand im Mittelpunkt der Kritik, die zwei Wurzeln hatte: zum einen das fehlende Vertrauen des Bischofs in seine leitenden Mitarbeiter, zum anderen die auch in anderen Landeskirchen anzutreffende Auffassung vor allem der Juristen, die kirchliche Verwaltung sei kein dienendes, sondern ein leitendes, gleichberechtigtes Organ der Kirche. Hier offenbarten sich fachliche und menschliche Konflikte sowie mit der laufenden Aufarbeitung verbundene Spannungen. Berger versuchte mit dem von ihm einberufenen Generalkonvent der Pfarrer den Brückenschlag zu den Pastoren und Gemeinden, trotzdem war die Basis weit weg. Der Bischof hatte das Vertrauen der Basis und ahnte es nicht:

„Als Berger kam, da hatten wir schon sehr viel Hoffnung, weil er sehr offen war, menschlich war, intellektuell auf der Höhe war, sehr aufgeschlossen war, das war für uns wie der Frühling nach dem Winter.

1325 Gespräch mit Altbischof Eduard Berger in Radebeul am 23.9.2015.
1326 Vgl. ebd.
1327 Ebd.

Und sein Handicap war, dass er von diesen vier umringt war und nicht genug Kraft hatte. Und der Fehler, den er gemacht hat, war, dass er nicht gesehen hat, dass er eine breite Zustimmung in der Pfarrerschaft hatte. Hätte er das offen gemacht, wir hätten ihn mitgetragen, den Kampf hätten wir aufgenommen."[1328]

Berger selbst sieht die Situation Ende der neunziger Jahre heute ganz ähnlich. Er sei trotz mancher schmerzhafter Momente „für viele gute und ermutigende Mitarbeiter und Erfahrungen vor allem in den pommerschen Gemeinden dankbar".[1329] Auf die Frage, was er im Rückblick anders gemacht hätte, sagte er im September 2015, er sei manchmal zu naiv gewesen, habe auf sein Gegenüber nicht immer sofort reagieren können. Ihm hätte immer viel daran gelegen, sich in seinen schriftlichen Äußerungen klar und verständlich, mitmenschlich und den Gemeinden zugewandt zu äußern. Menschlich aber sei er mehrfach an die Grenze dessen, was er ertragen konnte, gekommen:

„Was wollen Sie machen, wenn Menschen lügen und Sie haben die Ahnung, dass gelogen wird, aber Sie haben nichts in der Hand? Wenn an der Stelle, wo Seele, Anstand, Herz ihren Sitz haben, nichts ist – was machen Sie dann? Dann sind Sie schwierig dran. Und eine Grundströmung kommt dazu, die bei mir auch vorhanden ist, [nämlich zu schnell zu sagen]: ‚Wir wollen es mal nicht zu scharf sehen.' Das heißt, eine Lüge nennen wir keine Lüge, einen Betrug nennen wir keinen Betrug. Verständnis und Nachsicht leisten dort schlechte Dienste. Im Blick auf viele Dinge fehlt es mir nicht an kritischer Sicht. Aber ich weiß aus eigener Erfahrung, wie lange es mitunter dauert, um zu solcher Klarsicht zu gelangen. Die ist nicht von Anfang an vorhanden, und insbesondere richtet sie gar nichts aus gegen die Schönfärberei anderer. Im Blick auf sich selbst und auf andere ist dann von Vergebung die Rede, aber das ist dann das, was als ‚billige Gnade' in der Theologie offiziell verpönt ist. Eine Konfliktunwilligkeit? Ja, [die gibt es]."[1330]

Den Konflikt hätte er gesehen, aber ihn auszutragen, sei ihm in voller Breite nicht möglich gewesen, so Berger im Gespräch.[1331]
Eine gescheiterte Amtszeit war es dennoch nicht. Die elf Jahre von 1990 bis 2001 waren entscheidende Jahre: Nachkriegswunden wie das verletzte Selbstbild der ehemals großen und einflussreichen Landeskirche konnten

1328 Gespräch mit Pfarrer i. R. Rainer Berndt, Trassenheide, am 18.11.2015. Gemeint sind Siegfried Plath, Hans-Martin Harder, Christoph Ehricht und Horst Gienke, Letzterer zwar bereits im Ruhestand, wirkte aber immer noch im Hintergrund.
1329 Vgl. Gespräch mit Altbischof Eduard Berger in Radebeul am 23.9.2015.
1330 Vgl. ebd. Die eckigen Klammern markieren Ergänzungen der Autorin.
1331 Vgl. ebd.

nun thematisiert werden, was sich auch in der zügigen Umbenennung von Greifswalder in Pommersche Landeskirche im Januar 1990 äußerte. Veränderte ökonomische Voraussetzungen, Mitgliederschwund, Stasi-Debatten, innerkirchliche Strukturänderungen – alles wurde bewältigt. Als Bischof hatte Eduard Berger die Hauptverantwortung zu tragen.
Trotz der Themen- und Arbeitsfülle der Nachwendejahre wurde in den Gesprächen im Zuge dieser Neuauflage zwei Besonderheiten dieser Amtszeit immer wieder benannt: Die hohe persönliche Wertschätzung und Integrität des Bischofs und das Bedauern darüber, dass Personalia so stark das Außenbild wie auch die inneren Geschicke einer Landeskirche bestimmen konnten. Vor allem Friedrich Harder hat immer wieder betont, dass die Opfer der DDR die Opfer der Stasi seien, nicht die der Kirche.[1332] Eben diese Unterscheidung ist im Laufe der Aufarbeitung zunehmend undeutlicher geworden und hat dazu geführt, dass die evangelischen Kirchen ihre Anziehungskraft aus der Zeit der Wende nicht in die Nachwendezeit hinüberretten konnten. Auch die pommerschen Pröpste machen immer wieder die Erfahrung, daß die Kirche ihr hohes Ansehen durch die Aufarbeitung zu einem erheblichen Stück eingebüßt hat. Es sei „nicht gelungen", so Helga Ruch, „Aufarbeitung vor dem Hintergrund dieser moralischen Anerkennung zu betreiben und beides zu erhalten".[1333] Dass Vieles von dem, was bis 1989 Kirche ausmachte, nach der Wende nicht mehr ins Gewicht fiel, führte auch Propst Gerd Panknin kritisch im Gespräch an:

„[I]ch bin seit 1984 im Dienst meiner Kirche als Vikar, seit 1986 dann im Pfarramt, habe also noch ein Stück DDR miterlebt. Ich wehre mich innerlich immer dagegen, Kirche in so ein Licht des Doktrinats zu stellen, sondern ich kann nur sagen, wir haben versucht, Kirche auch als Schutzraum zu leben in unserer Arbeit mit Kindern und Jugendlichen, in unseren Gesprächskreisen. Wir sind damals aus Eixen nach Rostock gefahren mitten in der Wende mit unseren Jugendlichen und haben versucht, Schutz- und Freiräume zu eröffnen. Das soll jetzt auch nicht wieder andere Dinge überdecken wie eine Käseglocke, aber es gehört auch dazu."[1334]

Dass Aufarbeitung oftmals eine Zumutung für alle Beteiligten ist, wird hier besonders deutlich. Auch, dass sie in Wellen erfolgt, ist typisch. Die Greifswalder hatten mit Eduard Berger einen guten Anfang gemacht.

1332 Vgl. Gespräch mit Propst i. R. Friedrich Harder am 29.9.2015 und 22.3.2016.
1333 Gespräch mit den Pröpsten Gerd Panknin, Helga Ruch und Andreas Haerter am 18. November 2015 in Greifswald. Hier wid Helga Ruch zitiert.
1334 Ebd. Hier wird Propst Gerd Panknin zitiert.

10.2 Umgang mit Belastungen: „Wir haben kein Rezept"

Spätestens seit März 1990, als Wolfgang Schnur alias IM „Torsten"[1335] und Ibrahim Böhme alias IM „Paul Bonkartz"[1336] als Zuträger der Staatssicherheit überführt worden waren, ahnte man, dass auch die evangelischen Kirchen belastet sein würden. Beide hatten als Rechtsanwalt (Schnur) bzw. Oppositioneller und Mitbegründer der SDP[1337] (Böhme) engste Verbindungen zu kirchlichen Kreisen unterhalten. Die Frage war: Wer hatte in den eigenen Reihen für die Stasi gearbeitet?
Die acht evangelischen Landeskirchen in den neuen Bundesländern suchten nach einem ihnen angemessenen Weg, dem Bedürfnis nach Transparenz und Offenheit entgegenzukommen, ohne ihre Brüder und Schwestern „ans Messer zu liefern". Sie wollten sich deutlich von der Stasi abgrenzen, ohne die Stasi-Belasteten selbst auszugrenzen.[1338] Sie bejahten die Stasi-Überprüfung, aber sie wollten selbst darüber entscheiden, wie sie mit den Ergebnissen umgehen. Sie wollten das Vertrauen der Menschen zurückgewinnen. Aber wie das gelingen könnte, ohne dass aus einer Abgrenzung vom MfS eine Ausgrenzung der IM würde, war nicht klar. „Wir haben kein Rezept", sagte der damalige Thüringer Bischof und Vorsitzende der Konferenz der Kirchenleitungen, Werner Leich, im Jahr 1992:

„Wir können nur zweierlei machen: die belasteten kirchlichen Mitarbeiter auffordern, sich freiwillig zu stellen; und wir können den Weg gehen, den der gesamte Öffentliche Dienst auch geht, nämlich alle Kirchenleute überprüfen lassen und die Konsequenzen daraus ziehen. Einen dritten Weg gibt es nicht."[1339]

Den evangelischen Kirchen war bewusst, dass sie mit ihren eigenen Leuten reden mussten, mit Kollegen, die man seit Jahrzehnten kannte. „Parteigänger des Staates" und „Überzeugungsgemeinschaften" nannte Eduard Berger sie. Die habe es überall gegeben:

„In Einzelfällen hat es in der mecklenburgischen wie in der pommerschen und in allen evangelischen Landeskirchen Parteigänger des Staates gegeben, die wenig Bedenken hatten, weil sie sich in einer Art Überzeugungsgemeinschaft wähnten. Diese Überzeugung ist natürlich in Misskredit geraten, als sich Protestbewegungen erfolgreich etablierten und nach mehr Mut und Ent-

1335 BStU, BV Rst., AIM 3275/90.
1336 BStU, BV Gera, F77. Die Schreibweise des Decknamens variiert: Bonkar(t)z.
1337 Sozialdemokratische Partei Deutschlands, gegründet in Schwante bei Berlin am 7.10.1989. Hauptinitiatoren waren die Pastoren Martin Gutzeit, Markus Meckel und Arndt Noack sowie der zeitweise als Regisseur tätige Ibrahim Böhme.
1338 Vgl. Gespräch mit Propst i. R. Friedrich Harder am 29.9.2015.
1339 U. Schwarz/P. Wensierski (1992), S. 24.

schiedenheit verlangten. Wenn Sie daran denken, in welchem Ausmaß seitens des Staates und gezwungenermaßen auch der Kirchenleitungen überlegt wurde, wie viel Öffentlichkeit lassen wir zu, wie weit gestatten wir die Nutzung kirchlicher Räume wofür – da ergibt sich ein sehr differenziertes Bild und ich sehe mich selbst 15 Jahre nach meinem Ausscheiden nicht in der Lage, heute eine relativ klare geschichtliche Bewertung vorzunehmen."[1340]

Man wollte Klarheit, man bekam sie aus Berlin von der Gauck-Behörde bzw. aus Hannover vom Vorprüfungsausschuss der EKD, wenn es sich um noch amtierende leitende Amtsträger handelte. Die Aufarbeitungsausschüsse erhielten dann auch eine Empfehlung vom Vorprüfungsausschuss der EKD, wie sie mit den belasteten Mitarbeitern verfahren sollten. Die konkreten Schritte waren jedoch in ihr Ermessen gestellt.

Überprüfungen im öffentlichen Dienst liefen bereits seit 1991 und konzentrierten sich auf Motivation, Dauer, Intensität, Zeitpunkt des Kontaktes und Formen persönlicher Vorteilsannahme. Wichtig war auch, ob der oder die Betroffene Zeichen der Selbstreflexion gezeigt und sich von den früheren Kontakten distanziert hatte, sich womöglich sogar von sich aus offenbart hatte. Diese Überprüfungen verliefen zügig, gaben den Belasteten Gelegenheit, sich zu äußern und waren an eindeutigen Fakten orientiert. Sie erwiesen sich langfristig als tragfähig und ermöglichten in vielen Fällen auch den als Stasi-Mitarbeiter Enttarnten einen Neuanfang. Wer das nicht wollte, ging in die freie Wirtschaft und entzog sich somit der Überprüfung – was in der Öffentlichkeit häufig als faktisches Schuldeingeständnis gewertet wurde.

Die Thüringer Landeskirche lehnte sich in der Folge eng an den staatlichen Bereich an und fragte, ob der Betreffende regelmäßige Gespräche geführt und mündlich oder schriftlich berichtet hatte, ob er Geschenke, Gelder oder Vergünstigungen angenommen hatte, ob er die Konspiration eingehalten hatte und ob er eine Verpflichtungserklärung unterschrieben hatte. Traf eines dieser vier Kriterien zu, so reichte das, um ihn als Inoffiziellen Mitarbeiter des MfS zu bezeichnen.[1341] Zusätzlich fragten die Thüringer, ob sich der Betreffende selbst offenbart und sich von seiner früheren Tätigkeit distanziert hatte. Der landeskirchliche Ausschuss bemühte sich also um eine detaillierte Anamnese der Akte und erwartete dann eine kritische Selbsteinschätzung des Betroffenen.

1340 Gespräch mit Altbischof Eduard Berger in Radebeul am 23.9.2015.

1341 Vgl. Walter Weispfenning/Dietmar Wiegand: Der Umgang mit MfS-Belastungen kirchlicher Mitarbeiter in der Evangelisch-Lutherischen Kirche in Thüringen, in: Stasi-Aufarbeitung in der Thüringer Landeskirche. Dokumentation einer Tagung in der Evangelischen Akademie Thüringen, Guthmannshausen, 29.9.–1.10.2006 (= epd-Dokumentation Nr. 16 vom 17.4.2007), S. 11 ff.

In Greifswald ging man zwischen dem Thüringer Weg und der freiwilligen Selbstoffenbarung einen anderen, dritten Weg. Aus dem Bemühen heraus, keine „billige" Abarbeitung der Fälle vorzulegen,[1342] es sich nicht leicht zu machen und den MfS-Akten nicht das letzte Wort zu lassen, stellte das Gremium zur Aufarbeitung der Vergangenheit zwei Fragen:

„Am Anfang stand die Frage: Hat der Betreffende die Seiten gewechselt, hat er für die Stasi gearbeitet? Bis auf die beiden Personen Fischer und Lucas hat der Ausschuss keinen Beleg dafür gefunden, dass die Einzelnen für die Stasi gearbeitet haben. Auch Lucas und Fischer haben es persönlich bestritten, und allein bei Fischer liegt eine Verpflichtungserklärung schriftlich vor. Die zweite Frage war: Hat es Amtspflichtverletzungen gegeben? Und diese Frage wurde in jedem Fall mit ‚Ja' beantwortet, weil die Stasi in diesen Gesprächen, in denen die Einzelnen versucht haben, das Handeln der Kirche zu erklären, an Informationen gekommen ist, die sie nicht hätte bekommen dürfen."[1343]

Die 660 Anträge aus der Pommerschen Evangelischen Kirche (PEK) führten zu 23 Mitteilungen mit Hinweisen auf eine frühere MfS-Tätigkeit, 16 davon wurden durch das Aufarbeitungsgremium direkt entlastet. Fünf weitere Fälle entschied das Gremium nach intensiver Aktendurchsicht individuell: Siegfried Plath, Hans-Martin Harder, Christoph Ehricht, Siegfried Bohl und Horst Gienke. Siegfried Plath entzog sich dem disziplinarischen Verfahren, indem er in den Ruhestand ging. Dass Plath dann ab 1997 Leiter des Evangelischen Konsistoriums der Evangelisch-Lutherischen Kirche in Russland, der Ukraine, in Kasachstan und Mittelasien (ELKRAS) wurde, war nicht mehr Angelegenheit der Pommerschen Kirche, scheint es. Siegfried Bohl blieb in Grimmen bis zu seinem Ruhestand, ein Disziplinarverfahren fand nicht statt. Hans-Martin Harder und Christoph Ehricht blieben im kirchlichen Dienst in leitender Funktion als Konsistorialpräsident und Oberkonsistorialrat.[1344] Harder trat 2003 im Zusammenhang mit einem Finanzskandal des diakonischen Wichernhauses von seinem Amt zurück, und Christoph Ehricht ging 1999 für drei Jahre als Propst nach St. Petersburg. Nach seiner Rückkehr wurde er Landespfarrer für Diakonie und Dezernent für Publizistik und Theologie (2012-2014). Im September 2015 wurde er in den Ruhestand verabschiedet, ist aber weiterhin Vorsitzender der Arbeitsgemeinschaft für pommersche Kirchengeschichte. Horst Gienke war bereits 1989 in den

---

1342 Vgl. Gespräch mit Propst i. R. Friedrich Harder am 29.9.2015 in Altefähr.

1343 Ebd.

1344 Mit dem Eintritt in die Evangelisch-Lutherische Kirche in Norddeutschland haben sich auch die Dienstbezeichnungen geändert. Das Konsistorium ist heute das Pommersche Evangelische Kirchenkreisamt, und die Oberkonsistorialräte sind Oberkirchenräte mit Sitz in Kiel.

Ruhestand gegangen, die Akte des IM „Orion“ ist als gelöscht vermerkt und konnte seither nicht einmal in Auszügen zur Begutachtung seiner Kontakte mit dem MfS herangezogen werden.

Zwei Mitteilungen der Gauck-Behörde mündeten allerdings in Disziplinarverfahren. Sie betrafen Pastor Gunnar Fischer aus Ueckermünde und Pastor Werner Lucas aus Jarmen. Das Verfahren gegen Lucas fand erst 1998 seinen Abschluss, wenn auch einen deutlichen. Der Entzug aller dienstlichen Rechte inklusive der Ordinationsrechte war das stärkste Instrument, das die evangelischen Kirchen hatten. Fischer hingegen wurde für zwei Jahre seines Amtes enthoben, wurde anschließend wieder als Pastor in der Nähe von Stralsund eingesetzt und ist seit dem 1. Mai 2013 Pastor mit besonderem Auftrag innerhalb der Nordkirche.

Insgesamt entsteht der Eindruck, in Greifswald sei man nachsichtig mit Inoffiziellen Mitarbeitern umgegangen, bisweilen sogar beschützend. Die „Seite gewechselt“ zu haben oder eben nicht, das war aus Sicht Friedrich Harders das entscheidende Kriterium:

„Wir haben gesagt, sie haben die Seiten nicht gewechselt. Sie können sagen, es gibt die Akten, welche sagen, sie waren IM. Und es gibt ein Aufarbeitungsgremium der Landeskirche, das zu dem Schluss gekommen ist, sie waren keine Mitarbeiter der Stasi. Sie waren unsere Mitarbeiter, die sich darauf eingelassen haben, Gespräche zu führen, auch wenn das im Nachhinein zu hinterfragen ist. Diese Personen sind von der Stasi benutzt worden und als IM geführt worden. Dann kommt die zweite Frage: Haben sie Amtspflichtverletzungen begangen? Und da haben wir gesagt, dass wir das nicht im Einzelnen nachweisen können, aber eindeutig ist, dass man doch sagen muss: Sie haben sie abgeschöpft, sie haben sie benutzt.“[1345]

Die Akten von Christoph Ehricht, Hans-Martin Harder, Horst Gienke, Siegfried Plath, Siegfried Bohl, Gunnar Fischer und Werner Lucas geben dies jedoch nicht her. Weder, dass sie ausgenutzt, noch dass sie getäuscht wurden. Jeder einzelne von ihnen wusste, mit wem er sprach, und tauschte sich im Detail mit dem betreffenden Mitarbeiter über Kircheninterna aus, bis hin zur Frage, ob das MfS nicht einen „geeigneten Kandidaten“ für das Amt des Studentenpfarrers wüsste – eine Frage, die Christoph Ehricht laut Stasiakte MfS-Offizier Jürgen Fiedler im September 1988 stellte.[1346] Fiedler verneinte „mit der Bemerkung, daß ein Kandidat, den er empfiehlt, sicherlich vom IM-Kandidaten nicht eingesetzt würde, weil er sofort im Verdacht stände,

---

1345 Gespräch mit Propst i. R. Friedrich Harder am 29.9.2015 in Altefähr.

1346 Vgl. BStU, BV Rostock, AIM 038[illegible]/91, Bd. I/1, Bl. 126. „Bericht über ein weiteres Kontaktgespräch mit dem IM-Kandidaten ‚Erich‘“ vom 8.10.1985.

mit der Staatssicherheit zu tun zu haben".[1347]
In dem Bemühen des Gremiums zur Aufarbeitung und der Kirchenleitung, die Schärfe aus der Diskussion um Amtspflichten und Loyalitäten herauszunehmen, hatten all jene das Nachsehen, die dem Druck des MfS standgehalten und „Nein" gesagt hatten. Sie sind der Beweis dafür, dass niemand Gespräche mit dem MfS führen musste. Diese Christen und Nichtchristen wollten ihrem Gewissen treu bleiben, obwohl sie nicht wussten, ob ihr „Nein" Konsequenzen haben würde – für sich und ihre Familie. Sie zu würdigen sei der erste Schritt der Aufarbeitung, so die Landesbeauftragte in Mecklenburg-Vorpommern für die Stasiunterlagen Anne Drescher 2015 in der Mecklenburgischen und Pommerschen Kirchenzeitung:

„Entscheidend ist, dass wir den Perspektivwechsel vollziehen. Die Landeskirche sollte zuerst denjenigen danken, die in der DDR mutig widerstanden haben, ohne einen Pakt mit der Stasi einzugehen, die verfolgt, zersetzt und an der Verwirklichung ihrer beruflichen Karriere gehindert wurden. [...] Wenn dieser Dank geschehen ist, dann kann man auch einen bescheidenen Abschiedsempfang geben für einen Konsistorialrat, der sich damals für einen anderen Weg entschieden hatte. Umgekehrt finde ich es sehr problematisch. [...] Jede Relativierung und Verharmlosung der Stasi-Tätigkeit der Mitarbeiter der Landeskirche ist ein Schlag ins Gesicht derjenigen, die sich den Anwerbeversuchen der Stasi widersetzt haben und politische Verfolgung erleben mussten."[1348]

Abgesehen von den zutage getretenen Stasi-Verflechtungen Einzelner waren die Ergebnisse der Überprüfung vor allem eine Bestätigung des Vertrauens, das die pommerschen Pastoren auf der Gemeindeebene jahrzehntelang genossen haben: Auf die Gesamtzahl der Überprüfungen gerechnet waren ca. 4,5 % aller Mitarbeiter und Pastoren sowie Laien in besonderen Funktionen durch das MfS angeworben worden, ein Durchschnitt, der unterhalb des DDR-weiten Durchschnitts[1349] in den evangelischen Kirchen sowie dem des öffentlichen Dienstes stand.[1350] Zwei Anmerkungen sind hier nötig.

1347 Ebd.

1348 Landesbeauftragte fordert neue Debatte über Stasi-Kontakte. Pommersche Kirche in der DDR: „IM-Vergangenheit wird relativiert", von Sybille Marx, in: Mecklenburgische & Pommersche Kirchenzeitung, Jg. 70 (2015), Ausgabe 42/2015 vom 18.10.2015, S. 9.

1349 Vgl. Clemens Vollnhals (1997), S. 438: Nach Vollnhals und mit Stand 1995 waren 6,3 % der kirchlichen Mitarbeiter IM des MfS. Vollnhals gibt als Durchschnittsbelastung im öffentlichen Dienst 6,5 % an. 1995 waren 7.691 kirchliche MA überprüft worden.

1350 Vgl. dazu den „Abschlußbericht des Gremiums zur Aufarbeitung der Vergangenheit": Ergebnis: 660 Personen wurden durch die Gauck-Behörde überprüft, 637 Anfragen kamen ohne Befund zurück, 23 Personen kamen mit Befund zurück, das wären 3,48 % aller Mitarbeiter. 16 der 23 Vorgänge wurden durch das Gremium sofort entlastet, teils wegen Abbruchs der Beziehungen oder wenn nur ein IM-Vorlauf vorlag. 7 Fälle wurden einer Prüfung unterzogen.

Zum einen ist der kirchliche Durchschnitt keinesfalls ein zuverlässiges Kennzeichen, da die Landeskirchen sehr unterschiedliche Personengruppen überprüft haben: Einige Landeskirchen bezogen nur die jeweils amtierenden Amtsträger und Laien in Sonderfunktionen ein, andere auch die emeritierten. Zum anderen bleibt das an sich sehr positive Ergebnis ernüchternd, weil in der Greifswalder Leitungsebene drei von vier Oberkonsistorialräten und der Bischof dennoch regelmäßig mit der Stasi sprachen. Das MfS brauchte in der Landeskirche deshalb auch nicht in gleicher Intensität wie anderswo unter den Mitarbeitern, Pastoren und Laien zu werben.
Eigentlich weniger überrascht als erbost war man in der Pfarrerschaft über die nun vorliegenden IM-Akten. Angenommen hatte man schon lange, dass einzelne Personen Kontakte zum MfS hatten, aber offiziell thematisiert oder gar diskutiert wurden diese nicht. Insofern ging vielen in der Landeskirche die öffentliche Diskussion zu schnell in Richtung Vergebung, so Rainer Berndt:

„Die Pfarrerschaft war sehr gespalten, auch als offenkundig wurde, dass die vier stasiverbandelt waren und jetzt wieder diese komische Frömmigkeit ins Spiel kam. Als es mit Plath ganz klar war, was da gelaufen ist, hat er mal Superintendent Wackwitz aufgefordert, ‚man müsse doch vergeben können'. Und das fand ich schlimm. Dieser Satz ist an sich überhaupt nicht falsch, aber praktisch heißt das: Wie kann ich jemandem vergeben, der gar nicht um Vergebung bittet? Diese Grundhaltung hat sich eine ganze Weile in der LK gehalten."[1351]

Aber die Aufarbeitung ging weiter. Das Verfahren gegen Werner Lucas, IM „Brunst", zog sich noch bis 1998 hin. Zwischenzeitlich suchte Eduard Berger im Auftrag der Synode Kontakt zu denjenigen, die von Inoffiziellen Mitarbeitern der Landeskirche hintergangen wurden, darunter Pfarrer Heinz Wenzel aus Grimmen und Horst Erdmann aus West-Berlin. Einzelne besuchte er persönlich und bat im Namen der Landeskirche schriftlich um Vergebung.
Einen neuen Anlauf in Sachen Aufarbeitung machte die pommersche Synode mit der Gründung eines Synodalausschusses „Staat und Kirche 1970–1989" im Jahr 1999. Diese Initiative war unter anderem eine Reaktion auf die Veröffentlichung vom „Greifswalder Weg" und erwuchs aus dem Bedürfnis, der Sicht von außen eine Sicht von innen entgegenzustellen. Es folgten fünf Anhörungen im Jahr 2000 und 2005 die Veröffentlichung eines Aufsatzbandes über die Domeinweihung, herausgegeben von Wolfgang Nixdorf und Irm-

[1351] Gespräch mit Pfarrer i. R. Rainer Berndt, Trassenheide, am 18.11.2015.

fried Garbe. Auch den damaligen Landesbeauftragten für Mecklenburg-Vorpommern für die Unterlagen des Staatssicherheitsdienstes, Jörn Mothes, lud der Ausschuss als Fachberater ein.
2007 fand noch einmal eine Akademietagung zur DDR-Geschichte der Landeskirche statt. „Verjährt? Vergeben? Vergessen?" lautete ihr Titel und führte wiederum weg von den Akten und hin zur Trias von Schuld, Buße und Vergebung. Friedrich Harder hielt das Hauptreferat:

„Schuldbekenntnis und Bitte um Vergebung sind ausgesprochen. Die Auseinandersetzung mit denen, die schuldig geworden sind, hat stattgefunden. Wir haben in den Anhörungen noch einmal versucht, gut hinzuhören sowohl bei denen, die sich als Opfer sehen, wie bei denen, die eine Akte hatten. Der Staat hat Rehabilitierung versucht. Das war und ist nicht einfach, aber der Versuch hat vielen viel bedeutet."[1352]

Beobachter hingegen sagen, die Aufarbeitung sei „sehr zögerlich gehandhabt worden, eher seelsorgerlich. Es war eigentlich nicht die Idee, disziplinarisch vorzugehen, sondern eher etwas auszuräumen. Aber die kritische Aufarbeitung wurde abgekürzt; klärende Gespräche mit denen, über die berichtet worden ist, kamen kaum vor."[1353]
„Überprüfung" und „Aufarbeitung" waren Anfang der neunziger Jahre noch nahezu identisch. Die evangelischen Kirchen meinten, indem sie das juristische Mittel der Überprüfung auf Stasi-Zuträgerschaft anwenden würden, könnten sie nach innen und außen transparent die eigene Geschichte aufarbeiten. Man hatte in diesen frühen Nachwendejahren noch nicht übersehen (können), wie viele kirchliche Amtsträger IM des MfS waren, und noch weniger hatte man geahnt, dass diese nach ihrer Aufdeckung nicht einfach ihr Amt aufgeben und sich still zurückziehen, sondern ihre Kontakte und Motivation verteidigen würden. Das juristische Instrument der Überprüfung wurde so schnell stumpf und ein moralisches Empfinden, sich aus eigenen Stücken aufgrund der Verflechtung mit dem SED-System zurückziehen zu müssen, hatte es im kirchlichen Bereich nur im Einzelfall gegeben. Das war nicht überall so. Die Universitäten in den neuen Bundesländern beispielsweise machten nicht die MfS-Kontakte zum Maßstab für eine Weiterbeschäftigung belasteter Mitarbeiter in Lehre und Forschung, sondern deren Systemnähe. „Dabei wurde als Fehlverhalten nicht nur nachweisbar schuldhaftes Verhalten zum Schaden von Kollegen oder Studenten gewertet, sondern auch die Unterstützung der Machtpolitik der SED, z.B. durch

1352 Friedrich Harder, Propst i. R.: Vortrag zur Akademietagung „Verjährt? Vergeben? Vergessen?" in Greifswald am 3.3.2007, Privatarchiv Friedrich Harder.
1353 Gespräch mit Pastor Dr. Irmfried Garbe, Dersekow, am 15.10.2015.

Mitarbeit in Leitungsgremien der SED oder der Blockparteien oder durch Ausübung höherer (staatlicher) Leitungsfunktionen", so Renate Mayntz 1994.[1354] Erst anschließend wurde die gesamte Mitarbeiterschaft auf eine Tätigkeit für das MfS hin überprüft.[1355] Die Systemnähe war es, die sich nicht mit dem universitären Betrieb vertrug und die dennoch den Aufstieg an allen Bildungseinsrichtungen der DDR wesentlich bestimmt hatte, und daher machten die Universitäten auch diese Nähe zum ersten Kriterium für eine Weiterbeschäftigung.

Tatsächlich waren diejenigen, die unter SED und Staatssicherheit gelitten hatten, in den Landeskirchen schnell zu Zuschauern der Aufarbeitung geworden. Im Vordergrund hatten von Anfang an die Frage nach Inoffiziellen Mitarbeitern und deren Schuld gestanden, aber sehr schnell wurde die „Schuldfrage" in eine „Schadensfrage" uminterpretiert. Denn wo kein Schaden benannt wurde, da konnte ja auch keiner entstanden sein und demzufolge keine Schuld zugewiesen werden. Die Inoffiziellen Mitarbeiter drehten den Spieß nun um: ein Schuldeingeständnis ihrerseits sei nicht nötig, sondern man solle nach den Opfern suchen und davon ausgehend nach den betreffenden Tätern.[1356] Nun waren die Betroffenen plötzlich in der Nachweispflicht, dass IM „X" ihnen Schaden zugefügt hatte. Spätestens an dieser Stelle war die Aufarbeitungsdebatte am Ende. Wann und wo der betreffende IM geworben wurde, warum er oder sie eingewilligt hatte und was Gegenstand der Gespräche gewesen war – das alles trat in den Hintergrund. Und so überrascht es nicht, dass nach 25 Jahren intensiver Beschäftigung mit Zielen, Methoden und Folgen der Tätigkeit des MfS nicht mehr Klarheit in der öffentlichen Debatte zu erkennen ist, sondern ganz im Gegenteil. IM sind plötzlich „abgeschöpft" worden oder waren „eigentlich nie ein IM", da sie keine Verpflichtungserklärung unterzeichnet hatten. Andere haben angeblich in mehrbändigen Akten „nichts Nachteiliges" über ihre Umwelt berichtet oder bezeichnen diese Kontakte als „gängige Praxis".

Es gab aber auch Fälle, in denen sich Menschen grundlos zurückzogen, weil sie einen sogenannten „IM-Vorlauf" hatten und nun annahmen, sie seien als Inoffizieller Mitarbeiter geführt worden. Dabei waren diese Akten genau

---

1354 Renate Mayntz (Hg.): Aufbruch und Reform von oben. Ostdeutsche Universitäten im Transformationsprozeß (Schriften des Max-Planck-Instituts fü Gesellschaftsforschung, Bd. 19), Frankfurt am Main 1994, S. 154.

1355 Vgl. ebd., S. 155. Die Rostocker Ehrenkommission sprach insgesamt 6.982 Empfehlungen aus, in 6.118 Fällen kam sie zu dem Schluss, es habe kein Fehlverhalten vorgelegen, in weiteren 300 Fällen stellte sie „geringes Fehlverhalten fest" bis hin zu 135 Empfehlungen auf ordentliche und außerordentliche Kündigung wegen „schweren Fehlverhaltens".

1356 Vgl. Hans-Martin Harder: Die Pommersche Kirche nach der Wende, in: Kirche – Recht – Wirtschaft. Aufsätze und Beiträge aus vier Jahrzehnten. Zum 65. Geburtstag herausgegeben von Susanne Harder-Sdzuj, Raimund B. Sdzuj, Susan Harder und Hans-Christian Harder, Peter Lang Verlag 2007, S. 122.

das, was sie bezeichneten: nur der Vorlauf zu einer geplanten Anwerbung. Weil der- oder diejenige aber „Nein“ zu einer Zusammenarbeit mit dem MfS gesagt hatte, wurde die Akte archiviert. Damit sind IM-Vorläufe der Beweis dafür, dass es erheblichen individuellen Mut und Widerstand in der Bevölkerung gab, sich eben nicht zum Mitarbeiter des SED-Geheimdienstes machen zu lassen. An dieser Stelle soll daher noch einmal die Frage erörtert werden: Was ist ein IM?

10.3 Begriffsbestimmung: „Inoffizieller Mitarbeiter“ (IM)

Als Inoffizieller Mitarbeiter (IM) des Ministeriums für Staatssicherheit (MfS) wird bezeichnet, wer wissentlich und willentlich mit dem Ministerium für Staatssicherheit eine Zusammenarbeit eingegangen ist, sie geheim gehalten und mündlich oder schriftlich berichtet hat. Eine schriftliche Verpflichtungserklärung war nicht zwingend notwendig, sie war im kirchlichen Raum sogar die Ausnahme.

Entscheidend aber war ein Vertrauensverhältnis, das der IM zum MfS-Mitarbeiter möglichst schnell aufbauen sollte und das im Laufe der ersten Treffen geprüft wurde, beispielsweise, indem der MfS-Offizier darum bat, konspirativ Informationen zu erarbeiten, Aufträge auszuführen oder sich bei ihm unter einem Decknamen zu melden.

Das Vertrauensverhältnis war aber keineswegs als beidseitig zu verstehen, sondern der MfS-Offizier sollte sein Gegenüber gezielt manipulieren: Es sei „anzustreben“, heißt es im Eintrag „Vertrauensverhältnis“ des Wörterbuchs der Staatssicherheit, „daß der IM dem operativen Mitarbeiter volles Vertrauen entgegenbringt, während der operative Mitarbeiter in seinem Verhältnis zum IM den Sicherheits- und Kontrollaspekt nicht außer acht lassen darf“.[1357]

Wer nicht wusste, dass er es mit dem MfS zu tun hatte, wurde nicht geworben. Der IM-Kandidat sollte sich unbedingt im Klaren darüber sein, mit wem er sprach. In der Regel, um der Person zu verdeutlichen, dass sie es mit einem offiziellen, wichtigen Ministerium zu tun habe und also auch selbst bedeutungsvoll sei. Seltener sollte dieses Wissen den Kandidaten einschüchtern und ihn „bei der Stange“ halten. Im kirchlichen Zusammenhang bedienten Kontakte zum MfS mitunter auch das Ego des betreffenden kirchlichen Mitarbeiters, denn MfS-Offiziere der Abteilung XX/4 (Kirchen und

1357 Vgl. Siegfried Suckut (1996), S. 405.

Religionsgemeinschaften) galten als besser ausgebildet und deshalb als ebenbürtiger Gesprächspartner im Unterschied zu den Referenten für Kirchenfragen beim Rat des Kreises. Eben dieses Gefühl der intellektuellen Überlegenheit seitens der Kirchenvertreter machte sich die Stasi taktisch regelmäßig zunutze. Eine Werbung als IM durch einen staatlichen Vertreter, der sich nicht als MfS-Mitarbeiter ausgegeben hatte – beispielsweise einen Referenten für Kirchenfragen beim Kreis oder Bezirk – war die Ausnahme.

Die Identität des Besuchers als Mitarbeiter des MfS wurde auch deshalb vor der eigentlichen Werbung grundsätzlich offengelegt, um einen späteren Abbruch des Kontaktes zu vermeiden. Erpressungen – das MfS nannte sie „Werbung unter Druck" – waren die große Ausnahme, da unter diesen Bedingungen die Qualität der Informationen und die Dauer des Kontaktes unsicher waren.

Der „Beendigung der Zusammenarbeit" hat das „Wörterbuch der Staatssicherheit" einen eigenen Eintrag gewidmet.[1358] Der Abbruch einer Zusammenarbeit müsse erfolgen, wenn „nachweisliche Gründe vorliegen, die eine weitere Zusammenarbeit mit dem IM ausschließen". Die wichtigsten Gründe waren „fortgesetzte Unehrlichkeit, Dekonspiration, Entlarvung des IM als Doppelagent oder Provokateur, kategorische Ablehnung der weiteren Zusammenarbeit", gefolgt von weiteren Gründen, die im praktischen Alltag des IM liegen konnten, beispielsweise die Versorgung von Kindern, Krankheit oder Invalidität. Dieser Eintrag belegt, dass jegliche Form der Dekonspiration seitens des IM-Kandidaten sofort den Abbruch des Kontaktes durch den MfS-Offizier nach sich zog.

Ein MfS-Offizier gab sich also immer als solcher zu erkennen, in der Regel stellte er sich bereits als MfS-Offizier vor – häufig jedoch nicht mit seinem bürgerlichen Namen. So erschienen der Leiter der Hauptabteilung XX/4 in Berlin, Klaus Roßberg, und sein Kollege Joachim Wiegand beim Thüringischen Bischof Werner Leich als „Herr Roßbach" und „Herr Wagner".[1359] Hauptmann Wegner von der Bezirksverwaltung Rostock stellte sich als „Herr Soldmann" vor, als er Hans-Martin Harder das erste Mal traf.[1360] Und Siegfried Plath kannte einen Herrn „Wegner vom MfS, der eigentlich Oberleutnant. Weiß hieß.[1361] Aber sie alle wussten, dass es sich bei „Roßbach", „Soldmann" und „Wegner" um Mitarbeiter des MfS handelte.

Die Treffen mit einem IM-Kandidaten wurden akribisch in der Akte vermerkt und die eigentliche Werbung bis ins Detail vorbereitet. Die jeweilige MfS-Dienststelle wollte sichergehen, dass der Werbungskandidat auch wirk-

1358 Vgl. ebd., S. 181 ff.
1359 Vgl. U. Schwarz/P. Wensierski: (1992), S. 20.
1360 Vgl. BStU, BV Rostock, AIM 4155/90, Bd. I/1, Bl. 16.
1361 Vgl. BStU, BV Rostock, AIM 243/91, Bd. I/1, Bl. 171.

lich zusagen würde, denn wenn er das nicht tat, war der vorgangsführende MfS-Offizier aus der Anonymität getreten und plötzlich auf der Straße als MfS-Mitarbeiter identifizierbar. Solange ein IM-Kandidaten nicht geworben war, wurde er auch nicht umregistriert zum IM. Die Staatssicherheit unterschied sehr genau zwischen beiden Gruppen, denn die Zahl derer, die im Verlaufe von Gesprächen mit dem MfS immer wieder „Nein“ sagten und letztlich deshalb nicht geworben werden konnten, war groß. Gerade diese Gruppe verdient höchste Anerkennung: Sie wurden in der Regel in diese Gespräche gedrängt, empfanden die Gespräche oft als bedrohlich, mindestens als unangenehm, und haben dennoch den Mut aufgebracht zu sagen: Ich mache nicht mit.

Politisch-ideologisch überzeugte IM-Kandidaten wählten sich während der Werbung selbst einen Decknamen, oft wurde der Deckname vom Führungsoffizier ausgesucht, ohne ihn dem IM mitzuteilen. Siegfried Plath zum Beispiel wusste seinen Decknamen „Hiller“ seit seiner Werbung im Jahr 1960 und unterschrieb damit sogar eine Quittung am 30.10.1980: „Hiermit bestätige ich den Empfang von 200 M., Hiller.“ Das Geld hatte er „Als Anerkennung für die gezeigten Leistungen in Vorbereitung und Durchführung der Sondersitzung der KKL“ erhalten.[1362] Auch Gunnar Fischer[1363] und Ines Fleckstein[1364] sollen sich ihre Decknamen selbst ausgesucht haben. Wählten die Führungsoffiziere jedoch den Decknamen aus, so war ein häufiger Ansatzpunkt der Mädchenname der Frau. Es konnte auch ein beruflicher Aspekt des Kandidaten die Idee für den Decknamen geben: Beispielsweise wurde gegen Hans-Martin Harder eine Operative Personenkontrolle unter dem Decknamen „Advokat“ geführt.

Mitunter verabredeten MfS-Offizier und IM auch weitere Decknamen, beispielsweise wenn es um die telefonische Berichterstattung des IM an den MfS-Offizier ging und er sich innerhalb der MfS-Dienststelle durchstellen lassen musste. So heißt es in Siegfried Bohls Akte, dieser nehme für die Dauer des Kirchentages 1988 den Decknamen „Wahl“ an, wenn er sich telefonisch bei seinem Führungsoffizier melde.[1365] Die Bezeichnung „IM“ oder „Inoffizieller Mitarbeiter des Ministeriums für Staatssicherheit“ war den Betreffenden jedoch unbekannt und in der DDR auch nicht geläufig.

Der Zweck der Treffen findet sich in den Stasiakten immer wieder auf zwei Schlagwörter reduziert: „Informationsgewinnung und Einflussnahme“. Zu Beginn eines Kontaktes verwendete der jeweilige MfS-Offizier mitunter eine „Legende“ als Gesprächseinstieg, löste sich aber möglichst zügig davon,

---

1362 Vgl. BStU, BV Rostock, AIM I 4844/60, Bd. III/1, Bl. 70.
1363 Vgl. BStU, BV Leipzig, AIM I 2603/91, Bd. I/1, Bl. 25.
1364 Vgl. BStU, BV Rostock, AIM 4164/90, Bd. I/1, Bl. 25.
1365 Vgl. BStU, BV Rostock, AIM 4171/90, Bd. II/1, Bl. 243.

wenn sich das Gegenüber generell zugänglich zeigte. Im Falle Hans-Martin Harders war die Legende eine Liste mit Diebesgut, die „Herr Soldmann" vom MfS Hans-Martin Harder zur internen Prüfung vorlegte. Sie sollte das Gespräch eröffnen und zugleich klären, wie Harder intern mit solchen Dokumenten umgehen würde.
Das Wörterbuch der Staatssicherheit bezeichnet als „operative Legende" einen „glaubhafte[n] Vorwand, durch den Personen in der operativen Arbeit über die wahren Ziele und Absichten des MfS getäuscht werden, um sie dadurch zur Preisgabe/Übermittlung bestimmter operativ benötigter Informationen zu bewegen. [...] Grundlage der L[egende] sind vorgegebene Motive, Begründungen, Erklärungen und Aussagen, die weitgehend auf realen und möglichst überprüfbaren Gegebenheiten beruhen, die lebensecht sind und glaubhaft erscheinen."[1366]

Für das MfS war auch unerheblich, welche innere Distanz der IM zum MfS hatte; entscheidend waren die erfolgten willentlichen und wissentlichen Zusammenkünfte. Wenn ein Führungsoffizier den Eindruck hatte, sein Gegenüber habe Zweifel an der Richtigkeit der Treffen, wurde dies im Protokoll in der Regel vermerkt und ein psychologisch geschulter Führungsoffizier übernahm ein „persönliches" Gespräch mit dem Betreffenden. Das MfS unterhielt eine eigene Hochschule in Potsdam, an der „Operative Psychologie" ein verpflichtendes Studienfach war, in dem Absolventen auch ihre Diplom- und Doktorarbeit schreiben konnten. Hier lernten sie, subtilen Druck auszuüben und die Persönlichkeitsmerkmale eines Menschen für sich zu nutzen.
Die Verpflichtung des Inoffiziellen Mitarbeiters sollte „in der Regel die schriftliche, in Ausnahmefällen auch mündliche Willenserklärung eines neugeworbenen IM" sein, aber „Art und Weise sowie Form der V[erpflichtung] werden wesentlich bestimmt durch die Persönlichkeit des IM und die Umstände und Bedingungen, unter denen er für die Zusammenarbeit mit dem MfS gewonnen wurde".[1367] Wenn die Konspiration eingehalten wurde, galt dies außerdem als bewusste Zustimmung zu den geheimen Methoden und Zielen des MfS.
Dies belegt auch die Richtlinie 1/79[1368]. Dort heißt es, der „Plan zur Werbung" umfasse Angaben zur Persönlichkeit des Werbekandidaten und zu dessen Umfeld, Bekanntwerden und zur Umsetzung der Zusammenarbeit sowie Informationen „zur Gestaltung der Verpflichtung".[1369] Überredet wer-

1366 Vgl. Siegfried Suckut (1996), S. 233.
1367 Vgl. ebd., S. 191.
1368 Richtlinie 1/79 für die Arbeit mit Inoffiziellen Mitarbeitern (IM) und Gesellschaftlichen Mitarbeitern für Sicherheit (GMS) vom 8.12.1979 in Müller-Enbergs, Inoffizielle Mitarbeiter des Ministeriums für Staatssicherheit. Richtlinien und Durchführungsbestimmungen, S. 305 ff., hier S. 350.
1369 Vgl. ebd., S. 345.

den durften die kirchlichen Gesprächspartner nicht. Sie sollten vielmehr ein ausgeprägtes eigenes Interesse an den Treffen mit dem MfS entwickeln.[1370]

10.4 Von der Last, ein Opfer zu sein

> „Und es ist ganz, ganz oft eine ähnliche Grenze der Hilflosigkeit, wie es eine Grenze darstellt, dass die früher Verantwortlichen nicht erreichbar sind, dass kaum jemand von denen bereit ist zum Gespräch. Es gibt so eine Art des hilflosen Ausgebremstseins."[1371]
>
> (Curt Stauss)

Curt Stauss, Beauftragter des Rates der EKD für Seelsorge und Beratung von Opfern der SED-Kirchenpolitik, sprach hier nicht von ehemaligen SED-Parteifunktionären, die sich ihrer Verantwortung nicht stellen würden, sondern von denen, die innerhalb der Kirche Verantwortung getragen und sich nach der Wende kritischen Fragen verweigert hatten. Die Kirche habe zwar versucht, ihre Geschichte aufzuarbeiten, sei aber nicht so gründlich gewesen, wie es wünschenswert gewesen sei, sagte er 2014 in einem Gespräch mit Deutschlandradio Kultur zum Thema „Stasi in der Kirche".[1372]

Damit verhielten sich die Inoffiziellen Mitarbeiter im kirchlichen Raum nicht anders als in der säkularen Gesellschaft: In der Regel bekannten sie sich nicht zu ihren Taten, so Harald Freyberger: „Und dasselbe Phänomen haben wir bei den Mittätern, und davon gibt es in der ehemaligen DDR ja eine stattliche Zahl."[1373]
Man müsste vielleicht noch genauer formulieren und sagen, die Kirchen konnten mit den Termini „Opfer" und „Täter" in ihrer Schwarz-Weiß-Malerei nicht umgehen. Insbesondere diejenigen, die mit dem SED-System verbunden waren, befanden sich fortan nur noch in einer Verteidigungsposition. Andeutungen persönlicher Einsicht und Schulderkenntnis versiegten schnell. Und die Betroffenen? Sie schwiegen mehrheitlich über das Geschehene: Weil sie sich nach der Wende neuen Herausforderungen stellen mussten und keine Zeit zum Zurückschauen blieb. Weil kritische Anfragen zu stellen Mut

---

1370 Vgl. ebd., S. 348.

1371 Zitiert nach: Blanka Weber: Stasi in der Kirche. Der nette Professor verpfiff Dutzende Brüder und Schwestern. Deutschlandradio Kultur vom 2.11.2014. URL: *http://www.deutschlandradiokultur.de/stasi-in-der-kirche-der-nette-professor-verpfiff-dutzende.1278.de.html?dram:article_id=302069* [Stand: 18.12.2015].

1372 Vgl. ebd.

1373 Gespräch mit Prof. Harald J. Freyberger am 29.1.2016. Vgl. dazu auch Ansgar Borbe: Die Zahl der Opfer des SED-Regimes, Erfurt 2010.

voraussetzt, den nicht jeder hatte. Und weil auch die Akten derjenigen, die unter der SED-Kirchenpolitik und dem DDR-Geheimdienst gelitten haben, Licht- und Schattenseiten hatten und der Anfang einer Akte oftmals in den Schattenseiten lag, worüber zu sprechen bis heute nicht leicht ist.
Mindestens 300.000 Menschen sind zwischen 1945 und 1989 in der SBZ und DDR Opfer politischer Verfolgung geworden.[1374] Von der „Aktion Rose" im Februar und März 1953 waren DDR-weit 447 Bürger betroffen.[1375] Die Umsiedlungen aus dem Grenzgebiet im Zuge der Aktionen „Ungeziefer" 1952 und „Festigung" 1961 betrafen insgesamt etwa 11.000 Menschen.[1376] 200.000 Menschen waren zwischen 1945 bis 1989 politisch inhaftiert, noch einmal so viele wurden allein in den Nachkriegsjahren bis 1950 in Speziallagern und Gefängnissen der SBZ bzw. der DDR festgehalten. 135.000 Kinder und Jugendliche wurden bis 1989 in Spezialkinderheime und Jugendwerkhöfe eingewiesen, ein Schicksal, von dem sich viele nie mehr erholten. Die Lebenswege der wegen ihres christlichen Glaubens benachteiligten Schüler und Studenten scheinen dagegen kaum ins Gewicht zu fallen, und dennoch haben auch Repressionen in Schule und Beruf gravierende Auswirkungen auf das Leben des Einzelnen haben können. Zahlenangaben zu dieser sehr großen Gruppe sind schwer zu erheben und liegen deshalb noch nicht vor.[1377]
Dieses Kapitel nähert sich den Betroffenen der DDR-Diktatur von verschiedenen Seiten. Dabei können zentrale Fragen und neuere Überlegungen aus der Politikwissenschaft, Psychologie und Zeitgeschichte jeweils nur angerissen werden, um am Ende dieser Arbeit einen Eindruck davon zu vermitteln, in welche Richtung die zeitgeschichtliche Aufarbeitung in Zukunft gehen könnte, wo noch Diskussionsbedarf besteht, wo die politische Aufarbeitung an ihre Grenzen gestoßen ist, angefangen mit den gängigen Terminologien der „Opfer" und „Täter":

1374 Vgl. Heide Glaesmer: Transgenerationale Übertragung traumatischer Erfahrungen. Wissensstand und theoretischer Rahmen und deren Bedeutung für die Erforschung transgenerationaler Folgen politischer Inhaftierung und Verfolgung, in: Bis ins vierte Glied. Transgenerationale Traumaweitergabe. Publikation zur Fachtagung der Landesbeauftragten für die Stasi-Unterlagen in Mecklenburg-Vorpommern und Berlin, hg. von Anne Drescher, Uta Rüchel, Jens Schöne, Schwerin 2014, S. 15 f.

1375 Harald J. Freyberger: Transgenerationale Traumaweitergabe unter spezieller Berücksichtigung von Nationalsozialismus und SED-Diktatur, in: Bis ins vierte Glied, hg. von Anne Drescher et al., Schwerin 2014, S. 36-49, hier S. 43. Die Angaben beruhen auf Statistiken der LStU-MV.

1376 Vgl. Inge Bennewitz/Rainer Potratz (Hg.): Zwangsaussiedlungen an der innerdeutschen Grenze. Analysen und Dokumente, Berlin 1997, S. 7.

1377 Alle Angaben nachzulesen in Harald J. Freyberger: Transgenerationale Traumaweitergabe unter spezieller Berücksichtigung von Nationalsozialismus und SED-Diktatur, in: Bis ins vierte Glied, hg. von Anne Drescher et al., Schwerin 2014, S. 36-49, hier S. 43. Die Angaben beruhen auf Statistiken der LStU-MV, s.a. Klaus-Dieter Müller/Annegret Stephan: Die Vergangenheit läßt uns nicht los. Berlin 1998.

Beide Begriffe haben sich nach 1989 schnell eingebürgert, weil sie griffig sind und die reale Lebenswelt in der SED-Diktatur des Überlegenen und des Unterlegenen bedrückend widerspiegeln. Zugleich bedienen sie ein Schubladendenken, das einer differenzierten Sicht auf einen Menschen im Weg ist und mitunter weder dem IM noch demjenigen, über den er oder sie berichtet hat, gerecht wird. Das Stasi-Unterlagen-Gesetz von 1992[1378] gebraucht daher vier präzisere Kategorien, nämlich:

- „Mitarbeiter des MfS", die als inoffizielle oder hauptamtliche Mitarbeiter für die Staatssicherheit tätig waren („Täter")
- „Betroffene", über die diese Mitarbeiter berichtet haben („Opfer")
- „Dritte", die nicht Gegenstand der Akte sind, gleichwohl aber namentlich erwähnt werden
- „Begünstigte", die in der Akte namentlich erwähnt werden und wissentlich durch die Aktivitäten des Staatssicherheitsdienstes Vorteile hatten.[1379]

Denn nicht jedes Leiden endete in politischer Haft, es gab Formen der Repression, die, individualisiert und anonym ausgeführt, den Betroffenen aus dem Gleichgewicht brachten, ihn beruflich und privat zurückwarfen, und dennoch war die Ursache für die psychische Krise nicht zu erkennen. Dafür gibt es bis heute keine angemessene Anerkennung und Rehabilitierung. „Bestrafung ohne Urteil", nennt Jörn Mothes diesen Umstand.[1380]

Wer in politischer Haft war, betrachtet sich fraglos als von politischer Repression betroffen. Die Anzahl der Betroffenen steigt erheblich, rechnet man latente Repressionsmaßnahmen wie Benachteiligung in Schule und Beruf dazu: Der Druck auf Schüler und Eltern, sich im Interesse der Zulassung zum Abitur politisch konform zu verhalten; der Druck auf die gleiche Gruppe, sich zwischen Jugendweihe und Konfirmation zu entscheiden; Wehrerziehungslager und Einberufung zur Armee, der Eintritt in die Partei oder eine Absage, eventuell sogar die Zusammenarbeit mit der Staatssicherheit: Alle diese Alltagserfahrungen übten Druck auf den Einzelnen aus. Manche stellten daraufhin den Antrag auf Ausreise, so Harald Freyberger von der Universität Greifswald:

„Anfang der 90er Jahre gab es dazu eine Studie, die wurde auch publiziert und in einem Buch herausgegeben von der LStU [Landesbeauftragte für die Stasiunterlagen] Magdeburg: Wenn Sie die Allgemeinbevölkerung untersuchen, dann fällt zunächst einmal auf, dass unter den Migranten von Ost nach

1378 Gesetz über die Unterlagen des Staatssicherheitsdienstes der ehemaligen Deutschen Demokratischen Republik (Stasi-Unterlagen-Gesetz, StUG) vom 29.12.1991.

1379 Vgl. StUG, § 6, Online unter URL: *http://www.bstu.bund.de/DE/BundesbeauftragterUndBehoerde/Rechtsgrundlagen/StUG/stug_node.html* [Stand: 26.4.2016].

1380 Vgl. Gespräch mit Jörn Mothes am 26.4.2016.

West die Traumatisierten besonders häufig vertreten sind. Viele, die traumatisiert waren, sind in den Westen geflohen. Traumatisierungen sind mit einem höheren Krankenrisiko verbunden und dann auch mit einer höheren Sterberate. Und das bedeutet, dass, wenn Sie insgesamt alle Formen der Repressionen zusammen nehmen – politische Haft bis politische Drangsalierung –, dann haben Sie eine Gesamtrate unter der DDR-Bevölkerung von 22 bis 24 Prozent, die in dieser Form traumatisiert sind – und das erklärt auch das Schweigen in der Bevölkerung."[1381]

Fast ein Viertel jeder Generation war also auf die eine oder andere Weise in Berührung mit gravierenden, politisch initiierten Ereignissen gekommen. Die Folgen dieser Eingriffe in das Leben des Einzelnen ebbten zwar ab, verschwanden aber oft nie vollkommen.
Worin besteht die Last der Betroffenen? Darin, nicht über das Erlebte reden zu dürfen, zum Beispiel. Und selbst die, die nach ihrer Entlassung in die Bundesrepublik flohen, trauten sich oft nicht, offen über den Terror zu berichten – aus Sorge um ihre Verwandten in der DDR.
Die Motivlage und innere Beteiligung derer, die politisch verfolgt wurden, ist sehr unterschiedlich. Viele wurden zu Gegnern der DDR, nicht weil sie per se DDR-feindlich eingestellt waren, sondern erst aufgrund staatlicher Eingriffe: Wem Haus und Hof über Nacht genommen worden waren, wurde ebenso über Nacht zum Regimekritiker. Manch einer hatte auch von sich aus das System herausgefordert: aus Freiheitsdrang, aus Übermut, als Ventil für die endlose Politpropaganda, aus jugendlichem Leichtsinn oder als letztes Mittel, um durch öffentliche Aufmerksamkeit doch noch die Ausreise in die Bundesrepublik zu erzwingen. Ihr unmittelbares Umfeld jedoch sieht diese Kompromisslosigkeit, den Drang zur künstlerischen oder wissenschaftlichen Freiheit, den Ruf nach Glaubensfreiheit nicht, sondern betrachtet diese Menschen oft als unangepasst, als solche, die sich nicht einordnen können. Aus einer charakterlichen Leistung wird dann eine charakterliche Fehlleistung. Auch dies ist eine Last, die Opfer häufig tragen.
Das bis 1989 verordnete Schweigen der Betroffenen hielt auch nach 1989 an, sodass heute der Eindruck entsteht, einen Gesprächsbedarf gebe es nicht mehr. Aus der Praxis der Landesbeauftragten für die Stasi-Unterlagen ergibt sich aber ein anderes Bild: „Wir haben Jahr für Jahr Menschen, die mit Ereignissen aus ihrem Leben zu uns kommen, die weit in die vierziger, fünfziger, sechziger Jahre hineinreichen, die Fragen reißen nicht ab",[1382] so Anne

1381 Vgl. Gespräch mit Prof. Harald J. Freyberger am 29.1.2016.
1382 Vgl. Gespräch mit der Landesbeauftragten für Mecklenburg-Vorpommern für die Unterlagen des Staatssicherheitsdienstes der ehemaligen DDR, Anne Drescher, am 19.10.2015.

Drescher. Auffällig sei, dass immer mehr Kinder der Betroffenen, die sogenannte 2. Generation, Fragen hätten. Und nicht nur das: Die zweite Generation zeige mitunter eine besondere Nähe zu den traumatischen Ereignissen ihrer Eltern. Die Last der „Opfer" ist hier nicht nur die Verarbeitung des Geschehenen, sondern auch die Weitergabe dieser unverarbeiteten Erlebnisse an die nächste Generation.[1383]

Die Landesbeauftragten in Mecklenburg und Berlin haben zusammen mit der Greifswalder Universität unter Leitung von Professor Harald Freyberger dieses Phänomen auf einer Fachtagung 2014 der Öffentlichkeit vorgestellt.[1384] Die transgenerationale Traumaweitergabe ist damit auch ein zentrales Thema der Zeitgeschichte geworden. In einer Zeit, in der die Generation der Zeitzeugen weniger und weniger zur Verfügung steht, ist die Erkenntnis wichtig, dass die psychosoziale Betreuung Betroffener dennoch weitergehen wird.

Transgenerationale Traumaweitergabe, so Drescher und ihre Kollegen auf der Tagung, kann mehrere Generationen erfassen. Sie kann auch geprägt sein durch Perioden jahrzehntelangen „beredten Schweigens", denn in dem Nicht-Gesagten, dem Tabuisierten, wurde viel Bedeutung, aber nur begrenztes Wissen vermittelt. „Nebelkinder"[1385] sind solche, die wie im Nebel von Wissen und Halbwissen nach Teilen ihrer Geschichte suchen.

Wir können also nicht von einer ruhigen gesellschaftlichen Oberfläche auf ein ruhiges Innenleben schließen. Freyberger spricht von einer Gesamtrate von 22 % bis 24 % der DDR-Bevölkerung bis 1989, die Formen der Traumatisierung erlebt hätten.[1386] Aber viele von ihnen sprächen nicht über ihre Erlebnisse. Wo ein „Opfer" spricht, schweigen acht – so Freyberger.[1387] Wenn also, wie Bischof Abromeit im Interview sagte, sich kaum jemand gemeldet hätte, obwohl das Gesprächsangebot bestanden hätte,[1388] so heißt das auf keinen Fall, dass es keinen Gesprächsbedarf gibt. Es sagt eher etwas über das gesellschaftliche Umfeld aus.

Drei Faktoren bestimmen den Umgang des Einzelnen mit seinen Erfahrungen: eine etablierte gesellschaftliche Erinnerungspolitik, Formen kollektiver Traumabewältigung sowie religiöse Angebote, so Anja Mihr, promovier-

---

1383 Vgl. ebd.

1384 Bis ins vierte Glied. Transgenerationale Traumaweitergabe. Fachtagung der Landesbeauftragten für die Stasi-Unterlagen in Mecklenburg-Vorpommern und Berlin, Schwerin, am 16. Oktober 2014.

1385 Vgl. Gespräch mit der Landesbeauftragten für Mecklenburg-Vorpommern für die Unterlagen des Staatssicherheitsdienstes der ehemaligen DDR, Anne Drescher, am 19.10.2015.

1386 Vgl. Gespräch mit Prof. Harald Freyberger am 29.1.2016.

1387 Vgl. Prof. Harald Freyberger: „Epidemiologische Daten zu den psychischen und körperlichen Folgen nach SED-Verfolgung". Vortrag auf der Tagung „SED-Verfolgte und das Menschenrecht auf Gesundheit" am 24./25.2.2014 in Magdeburg. Mitschrift.

1388 Vgl. Gespräch mit Bischof Dr. H.-J. Abromeit am 29.9.2015.

te Leiterin der Rechtsstaatsabteilung am Institut für Global Justice in Den Haag. Entscheidend für die individuelle Redebereitschaft ist also das gesellschaftliche Umfeld. Betroffene sind auf eine vorbereitete Atmosphäre angewiesen, bevor sie reden.

Unter den vielen Gruppen der DDR-Bevölkerung, die von staatlichen Repressionen betroffen waren – beispielsweise die Homosexuellen, die Antragsteller auf Übersiedlung, die Christen in Schule, Ausbildung und Beruf, die Zwangsausgesiedelten und Enteigneten –, nehmen die Christen eine besondere Position ein. Einmal, weil sie zahlenmäßig die größte Gruppe darstellen, aber auch, weil mit der Anbindung an eine Kirche oder Religionsgemeinschaft auch ein Schutz verbunden war. Harald Freyberger spricht von einer besonderen Widerstandsfähigkeit, die mit der sozialen Zugehörigkeit zusammenhing:

> „Es gibt in der Traumaforschung einen Begriff, der heiß Salutogenese und der sagt aus, dass bestimmte Formen von fester Identität und verankerter Gruppenzugehörigkeit die Menschen eher resilienter machen, weil sie besser dazu in der Lage sind [...] das, was sie erlebt haben, zu integrieren. Ich glaube, dass im Mittelwert Christen und politisch sehr engagierte Menschen resistenter und resilienter sind, was langfristige Traumafolgen angeht. Da spielt die Identität eine große Rolle."[1389]

Es wäre interessant zu untersuchen, inwiefern die Christen den Zuspruch der Gemeinde gesucht und gefunden haben und ob sich das Gefühl der Gruppenzugehörigkeit, von dem Freyberger spricht, mit dem gesellschaftlichen Wandel 1989 nach 1989 geändert hat.

Anja Mihr befasst sich in ihrem Vortrag auf der Fachtagung detailliert mit den Rahmenbedingungen eines gesellschaftlichen Wiederaufbaus.[1390] Was muss von außen geschehen, damit die Beteiligten wieder miteinander leben können? Eine besondere Last der Betroffenen ist ihre häufige Isolation in der Gesellschaft, bedingt durch ihre politische Außenseiterrolle in der vorangegangenen Diktatur. Isolation zu überwinden ist eine soziale Aufgabe, die nur gelingt, wenn der Betreffende Teil der neuen Gesellschaft sein möchte. Und hier benennt Mihr einen zentralen Punkt der Aufarbeitungsgeschichte in Deutschland nach 1989, insbesondere auch in den evangelischen Kirchen: die Frage nach personeller Verantwortung und nach dem Austausch der Eliten. Von anderer Seite kommt Bestätigung: Konfliktscheu und Harmonie-

1389 Vgl. Gespräch mit Prof. Harald Freyberger am 29.1.2016.

1390 Anja Mihr: Kollektive Traumata und Einstellungen gegenüber Unrechtserfahrungen – ein internationaler Vergleich, in: Bis ins vierte Glied. Transgenerationale Traumaweitergabe. Publikation zur Fachtagung der Landesbeauftragten für die Stasi-Unterlagen in Mecklenburg-Vorpommern und Berlin, hg. von Anne Drescher, Uta Rüchel, Jens Schöne, Schwerin 2014, S. 88–101.

bedürfnis sind in der Kirche stark ausgeprägt und standen einem klaren Neuanfang oft im Weg. In allererster Linie aber wäre es Sache der Stasi-belasteten kirchlichen Mitarbeiter gewesen, sich der Diskussion kritisch zu stellen und die Konsequenzen auch beruflich zu ziehen. Dazu gab es aber weithin keine Bereitschaft. Fehlverhalten, das nicht nachgewiesen werden konnte, hatte nicht stattgefunden. Die Akten der Staatssicherheit wurden von Anfang an als zweifelhafte Quelle abgelehnt. Eine moralische Verpflichtung, sich zu eigener Schuld zu bekennen, sei auch in den Kirchen nicht gesehen worden, so der langjährige EKD-Beauftragte für die Opfer der SED-Diktatur, Curt Stauss.[1391]

Kirchliche Mitarbeiter mit Stasi-Kontakten hätten unter diesem Gesichtspunkt nicht weiterbeschäftigt werden dürfen, denn „bleiben alte Eliten in Amt und Würden, sieht es mit der historischen und juristischen Aufarbeitung schlecht aus. In Konsequenz wirkt sich dies negativ auf die Traumabewältigung aus", so Mihr.[1392] Die Betroffenen waren nicht in der Position, diese Diskussion in Gang zu bringen, sie hätten konsequenterweise von den Kirchen selber nach dem staatlichen Vorbild durchgeführt werden müssen.

Dem Ziel eines gesellschaftlichen Neuanfangs kommt man so nicht näher. Jede Gesellschaft strebt nach der Beendigung eines Konfliktes die Befriedung an, und diese bestehe im Wesentlichen, so Mihr, in einer gemeinsamen „Version" der Geschichtsschreibung. Es gehe darum, den kleinsten gemeinsamen Nenner der Geschichte zu finden, auf den sich alle einigen können. Mihr nennt dies das „gemeinsame [...] gültige [...] Narrativ".[1393] Schuld unbenannt zu lassen, weil die Betreffenden nicht dazu ermuntert werden können, sie anzunehmen, behindert diesen wichtigen Schritt.

Auch hier deutet sich eine weitere Last auf der Seite der Betroffenen an: Die Last, die eigene oftmals bittere Geschichte nicht mit allen persönlichen Details einbringen zu können. Denn das kollektive Narrativ funktioniert nur auf einer simplifizierenden Ebene. Es setzt voraus, dass Details ausgeblendet werden, dass Extreme vermieden werden und nur das Wesentliche und Allgemeine Teil der gemeinsam erinnerten Geschichte wird. Für die Betroffenen von Repressionsmaßnahmen ist es dann oft schwer, sich in dieser Sicht auf die Vergangenheit noch wiederzufinden. Oder andersherum: In dem Bemühen, die Gesellschaft wieder zu vereinen und alte Gräben zu überwinden, haben die extremen Erfahrungen und Biografien keinen Platz. Sie werden noch einmal ausgeblendet, und damit stehen die Betroffenen schnell wieder am Rande der neuen Gesellschaft.

1391 Vgl. Gespräch mit Curt Stauss am 29.10.2015.

1392 Vgl. Mihr (2014), S. 89.

1393 Vgl. ebd., S. 90.

Am Ende steht eine bittere Erkenntnis: Gerechtigkeit kann immer nur in einem allgemeinen Sinn erreicht werden, kaum jemals auf den einzelnen Fall zugeschnitten. Es gibt keine Gerechtigkeit für den Einzelnen, sondern nur eine Gerechtigkeit für eine Gesellschaft.
Und etwas anderes kommt hinzu: Es gebe, so Erhart Neubert, nicht nur eine Distanz der Gesellschaft zu denen, die in der DDR gelitten haben, sondern sogar eine Antipathie, die einhergehe mit einer Hinwendung zu den ehemaligen Funktionseliten und Inoffiziellen Mitarbeitern. „Die Affinität zu Tätern und die Abneigung den Opfern gegenüber entspringt offenbar einem nachhaltigen Verdrängungsprozess und stützt sich auf bestimmte kulturelle Leitbilder. [...] Der Täter erscheint als der Mutige, Aktive, Selbstbewusste und Willensstarke"[1394] und erhalte mehr Aufmerksamkeit.[1395]
Was hier geschieht, hat Ralph Giordano in Bezug auf den Holocaust die „zweite Schuld" genannt, nämlich das Leugnen der Schuld, nachdem der Täter bereits schuldig geworden ist. Michael Beintker weist in seinem Aufsatz zu Formen der Aufarbeitung noch einmal auf Ralph Giordanos Wort von der „zweiten Schuld" hin, die in der „Verharmlosung der Schuldverleugnung und [der] Rechtfertigung der Erkenntnisverweigerung" bestünde.[1396]
Aber der Opfer eines Systems zu gedenken fällt der nachfolgenden Gesellschaft oft schwer. Unbeabsichtigt scheinen sie dem Rest der Gesellschaft vorzuhalten, wie man sich hätte verhalten können, denn aufrechte Biografien sind immer auch eine Konfrontation mit eigenen fragwürdigen Entscheidungen. Und wer sieht sich gerne mit eigenem Versagen konfrontiert?
Zu den Lasten der Betroffenen gehört auch die ständige Neudefinition dessen, was die DDR war. 1989 lebten in Ostdeutschland 16,43 Millionen Menschen.[1397] Die Bevölkerung umfasste die Spannweite von vier Generationen, von denen drei den überwiegenden Teil ihres Lebens in der DDR verbracht und sich eigerichtet hatten. Entsprechend vielschichtig wurde das Leben in der DDR wahrgenommen. Ob jemand als ein Opfer bestimmter Erlebnisse oder Ereignisse wahrgenommen wird, hängt auch von der Erinnerungswelt des Betrachters ab. Martin Sabrow, zusammen mit Frank Bösch Leiter des Zentrums für Zeithistorische Forschung in Potsdam, unterscheidet drei Formen der Erinnerung: das Arrangementgedächtnis, das Diktatur-

1394 Vgl. Neubert, Kirche und Stasi in Thüringen – Erträge und Perspektiven, in: „Stasi-Aufarbeitung in der Thüringer Landeskirche", Evangelische Akademie Thüringen, Guthmannshausen, 29.9.–1.10.2006, S. 52.

1395 Vgl. XVI. Bautzen-Forum. Friedrich-Ebert-Stiftung, Büro Leipzig: Opfer und Täter der SED-Herrschaft. Lebenswege in einer Diktatur. Dokumentation einer gleichnamigen Tagung in Leipzig am 19. und 20. Mai 2005 in Leipzig, S. 51.

1396 Vgl. Beintker, S. 6.

1397 Vgl. *http://de.statista.com/statistik/daten/studie/249217/umfrage/bevoelkerung-der-ddr/*, [Stand: 26.4.2016]

gedächtnis und das Fortschrittsgedächtnis.[1398] Die drei Gruppen bezeichnen vereinfacht die Menschen, die sich in der DDR eingerichtet hatten (Arrangementgedächtnis), die, die mit ihr in Konflikt geraten waren (Diktaturgedächtnis) und die, die sie auch 1989 noch als das bessere Deutschland verstanden (Fortschrittsgedächtnis). Wenn man sich mit anderen ehemaligen DDR-Bürgern unterhalte, habe man oft den Eindruck, man hätte in einem anderen Staat gelebt, so Stauss im Gespräch, und eben diese Erfahrungsunterschiede spiegeln sich in den Erinnerungswelten wider.
Auch dies bestärkt das Schweigen derer, die eigentlich ihre Geschichte erzählen sollten. Thomas Ahbe knüpft dort an. Er untersucht anhand einer thüringischen Studie aus dem Jahr 2007, was die DDR-Bürger im Durchschnitt aus eigener Erfahrung und aus zweiter Hand über ihren Staat wussten. Es überrascht, dass vieles, was heute als Allgemeinwissen über die DDR gilt, vor 1989 keineswegs Allgemeingut war: 42,7 % der Befragten gaben an, sie hätten nichts von schulischer Benachteiligung anderer mitbekommen, und 41,4 % hätten nicht gewusst, dass bestimmte Bevölkerungsgruppen beruflich benachteiligt wurden. Eine Nichtzulassung zum Abitur hätten 38,4 % nie bemerkt.[1399] Diese Statistik weist darauf hin, dass das, was bedrängte Menschen in der DDR erlebt haben, von einem erheblichen Teil unter Umständen nie wahrgenommen wurde. Dies erklärt auch, warum Betroffene von DDR-Unrecht so oft die Erfahrungen gemacht haben, von ihren eigenen Mitbürgern nicht verstanden zu werden. Eine Umfrage des Leipziger Meinungsforschungsinstituts aus dem Jahr 2009 bestätigt dies. 57 % der befragten Ostdeutschen sagten, die DDR hätte „mehr gute als schlechte" bzw. sogar „ganz überwiegend gute" Seiten gehabt.[1400] Hier wird deutlich: Je länger eine Diktatur andauert, desto verstrickter sind breite Kreise der Bevölkerung mit ihr. Entsprechend milde geht eine solche post-diktatorische Gesellschaft mit denen um, die Teil des Apparates waren. Und entsprechend verständnislos begegnet sie jenen, die unter der SED-Diktatur gelitten haben. Die Benachteiligten der DDR-Diktatur bräuchten daher sowohl Anerkennung ihres Leidens als auch Hilfe, sich von der „Opferrolle" zu verabschieden, um die Ursachen bestimmter Entwicklungen in ihrem Leben zu verstehen und um in der neuen Gesellschaft ankommen zu können, so Curt

1398 Zitiert nach Thomas Ahbe: Die ostdeutsche Erinnerung als Eisberg. Soziologische und diskursanalytische Befunde nach 20 Jahren staatlicher Einheit, in: Elisa Goudin-Steinemann, Carola Hähnel-Mesnard (Hg.): Ostdeutsche Erinnerungsdiskurse nach 1989. Narrative kultureller Identität (DDR-Diskurse – Interdisziplinäre Studien zu Sprache, Land und Gesellschaft, Bd. 1), Berlin 2013, S. 27–58, hier S. 45.

1399 Vgl. Thomas Ahbe (2013), S. 47.

1400 Vgl. Bundeszentrale für politische Bildung. Eberhard Holtmann: Die DDR – ein Unrechtsstaat? PDF-Version online verfügbar unter der URL: *http://www.bpb.de/geschichte/deutsche-einheit/lange-wege-der-deutschen-einheit/47560/unrechtsstaat?p=all* [Stand: 8.3.2016].

Stauss und Johannes Beleites in einem Interview 2014 zum 25. Jahrestag der Wende.[1401]
Anne Drescher sagte, wenn sie im Lande umherreise und konkret frage, was den Menschen jetzt helfen würde, dann erhalte sie oft die gleiche, kurze Antwort: über das Geschehene zu reden. Den meisten ginge es nicht um irgendeine Art der finanziellen oder wirtschaftlichen Wiedergutmachung, so Drescher, sondern darum, „eine Atmosphäre vorzufinden, in der man gehört wird".[1402]

10.5 Grenzen der innerkirchlichen Aufarbeitung

In den vergangenen 25 Jahren hat die Greifswalder Kirche, später die Pommersche Kirche und seit 2012 der Kirchenkreis Pommern auf mehreren Ebenen versucht, seiner Geschichte in der DDR nachzugehen: auf Foren und Anhörungen, in Publikationen und Bischofsbriefen. Eine wichtige Etappe waren die Überprüfungen der Mitarbeiter auf eine IM-Tätigkeit, aber die Pommern selbst haben sich nicht auf Zahlen reduzieren lassen. Aus pommerscher Sicht stand die Frage, ob der Greifswalder Weg der Weg Einzelner oder vieler in der Landeskirche gewesen ist und ob sich die Landeskirche vom Kirchenbund entfernt hatte, im Vordergrund.
Das Staat-Kirche-Verhältnis detailliert darzustellen, ist in verschiedenen Arbeiten seither gelungen. Aber wie steht es mit Schuldbekenntnis, Buße und Vergebung? Große Teile der Kirche waren während der Wende der Ansicht, Versöhnung sei das Ziel und nur zu erreichen durch eine klares Schuldbekenntnis der Beteiligten und die Vergebung seitens der Betroffenen. Ziel sei es gewesen, so Gerd Panknin, einer der drei pommerschen Pröpste, „dass die, die mit dem MfS gesprochen haben, sich hinstellen und sagen: Ich bin schuldig geworden. Und zwar nicht im juristischen Sinne, sondern im moralischen, menschlichen, geistlichen Sinn."[1403] Inzwischen sind die Kirchen davon abgerückt, auch die Pommersche.
Ein Schuldbekenntnis zu sprechen und Buße zu tun war für viele, die für das MfS tätig waren, ein zu großer Schritt. Die Aufarbeitung zielte lediglich auf eine juristische Antwort auf die Stasi-Kontakte ab und ist leider dort stehengeblieben.

1401 Vgl. Curt Stauss und Johannes Beleites: Das große Fernziel Versöhnung. EKM-intern sprach mit Curt Stauss und Johannes Beleites anlässlich 25 Jahre Friedliche Revolution, in: EKM-intern, Oktober 2014, hier S. 3.

1402 Vgl. Gespräch mit der Landesbeauftragten für Mecklenburg-Vorpommern für die Unterlagen des Staatssicherheitsdienstes der ehemaligen DDR, Anne Drescher, am 19.10.2015.

1403 Vgl. Gespräch mit Pröpstin Helga Ruch, Propst Andreas Haertel und Propst Gerd Panknin am 18.11.2015. Hier wird G. Panknin zitiert.

Folgende Defizite haben sich seither ergeben:

- Große Gruppen Benachteiligter sind bisher nicht ins Blickfeld genommen worden, weder von der Kirche noch von staatlichen Stellen. Anne Drescher, Landesbeauftragte für die Stasi-Unterlagen in Schwerin, hat wiederholt darauf hingewiesen, dass Gruppen wie die verfolgten Schüler und Studenten oder die von Zersetzungsmaßnahmen Betroffenen auf der Basis der SED-Unrechtsbereinigungsgesetze keine angemessene Wiedergutmachung erhalten hätten.[1404] Wege der Rehabilitation jenseits von Entschädigungsausgleich und Gesetz müssten gefunden werden, so Drescher.[1405]
- Moralische Kriterien hatten ein starkes Gewicht während des Überprüfungsprozesses. Sie erschwerten eine objektive, an der jeweiligen Akte orientierte Überprüfung. Gefragt wurde bei Vorhandensein einer Akte, ob der Betreffende „die Seiten gewechselt" und Amtspflichtverletzungen begangen hatte.[1406] Dieser moralisch-ethische Ansatz kam einer rhetorischen Frage gleich und beantwortete nicht, warum sich jemand mit einem Mitarbeiter des MfS getroffen hatte.
- Die Nähe zwischen Prüfern und Überprüften hat eine direkte Aufarbeitung in der Region sehr erschwert. Die geografische Übersichtlichkeit der Landeskirche hat die Problematik deutlich verschärft. Die Mitglieder des Überprüfungsgremiums kamen damit in eine Situation, die sie eigentlich hatten vermeiden wollen: ihre Brüder und Schwestern auf deren innere Haltung hin zu überprüfen – ein Maßstab, der eine Überforderung des Ausschusses war. Große Landeskirchen wie Sachsen hatten es leichter, „Roß und Reiter" zu nennen und eine konfrontative Diskussion zu führen.[1407]
- Der juristischen Aufarbeitung waren klare Grenzen gesetzt, sodass die faktischen Ergebnisse der Aufarbeitung unbefriedigend waren. Die Öffentlichkeit konnte den Eindruck gewinnen, Aufarbeitung finde nur in den besonders drastischen Fällen statt.
- Wo Stasi-belastete Mitarbeiter noch im kirchlichen Bereich tätig waren und nicht aus eigenem Antrieb Offenheit und Sensibilität praktizierten, war das innerkirchliche Klima gespannter als vor der Wende, da die Belastungen allgemein bekannt waren, sich aber die Instrumente der Aufarbeitung als stumpf erwiesen hatten.

1404 Vgl. Pressemitteilung der Landesbeauftragten für Mecklenburg-Vorpommern für die Unterlagen des Staatssicherheitsdienstes der ehemaligen DDR vom 5.12.2014. Online verfügbar unter der URL: *http://www.landesbeauftragter.de/fileadmin/user_upload/downloads/pressemitteilungen/2014_12_05_PM_LStU_Erhoehung_Opferrente.pdf [Stand: 26.4.2016].*

1405 Vgl. Anne Drescher, Uta Rüchel. Jens Schöne (2014), S. 5–9.

1406 Vgl. Gespräch mit Propst i. R. Friedrich Harder am 29.9.2015 in Altefähr.

1407 Die Abschlussberichte sind veröffentlicht in: „Die Zeichen der Zeit" (Beiheft 1), 1997.

- Unsachgemäße Kriterien wie die angeblich übliche schriftliche Verpflichtungserklärung und die Wahl des Decknamens durch den IM führten ebenfalls zu zahlreichen entlastenden Urteilen, die bei genauerer Betrachtung der Akten nicht gerechtfertigt waren.
- Die Greifswalder Landeskirche war die drittkleinste in der ehemaligen DDR, geografisch wie auch in Bezug auf ihre Mitgliederzahlen. Die kirchlichen Mitarbeiter, die für das MfS tätig waren, kannte man aus jahrzehntelanger Zusammenarbeit gut, sie waren außerdem die Vorgesetzten und würden dies – so das allgemeine Klima – auch nach der Aufarbeitung bleiben. Einer unvoreingenommenen, offenen Diskussion waren damit bereits klare Grenzen gesetzt.
- Bei der konkreten Fallbewertung kam es zu oft zu einer Vermischung von drei Ebenen, die im Sinne einer erfolgreichen und fairen Aufarbeitung hätte vermieden werden müssen: Persönlichkeit und Charakter des Betroffenen, dessen fachlicher Hintergrund und die Stasi-Problematik wurden eine Gemengelage und machten es schwer, Recht zu sprechen, wo Unrecht geschehen war.
- Die Weigerung westdeutscher politischer Eliten, sich einer Überprüfung auf Zusammenarbeit mit dem DDR-Geheimdienst zu stellen, hat die deutsche Einheit erheblich belastet und in der Sache zu dem unangemessenen Schluss geführt, es gebe keine „West-IM". Inzwischen ist durch zahlreiche Facharbeiten hinreichend belegt, dass die Hauptverwaltung Aufklärung seit Mitte der fünfziger Jahre erfolgreich in der Bundesrepublik Fuß gefasst hatte. Die kirchlichen deutsch-deutschen Kontakte boten Motiv und Möglichkeit, um West-IM zu werben. Alle westlichen Kirchen der EKD sollten sich daher einer umfassenden Überprüfung unterziehen: der zeitgeschichtlichen Forschung dienend, der Gerechtigkeit dienend, dem Miteinander in der EKD dienend.
- Die vor 1989 scharf kritisierten Kontakte zum Ministerium für Staatssicherheit galten nun als unumgänglich, clever durchgeführt, angemessen in der Sache. Wer dies nicht verstünde, habe die Realität der DDR nicht erkannt, hieß es.[1408] An dieser Stelle hatte sich das Blatt vollkommen gedreht. Jeder habe von diesen Kontakten gewusst und Gespräche mit der Stasi als dem wichtigsten Entscheidungsträger akzeptiert. Hans-Martin Harder jedenfalls schrieb im August 2015 einen Leserbrief an die Frankfurter Allgemeine Zeitung, der unter der Überschrift erschien: „Kein IM im Greifswalder Konsistorium".[1409]

1408 Vgl. u. a. Frank Pergande: Ein Nachruf und seine Folgen, in: Frankfurter Allgemeine Zeitung vom 14.11.2015, S. 12.

1409 Vgl. Hans-Martin Harder: „Kein IM im Greifswalder Konsistorium". Leserbrief an die Hg., in: FAZ vom 5.8.2015.

- Die Aufarbeitung erfuhr eine Engführung: Die Frage nach personeller Verantwortung verstellte den Blick auf Strukturen.[1410] Dazu gehörten die Hierarchisierung, die Konzentration von Verantwortung auf einen kleinen Personenkreis, die Entwertung demokratischer Strukturen in der Landeskirche und die generelle Überschaubarkeit der Landeskirche, die eine zentralisierte Leitung erleichtert haben, sowie ein überhöhtes Amtsverständnis des Bischofs.
- Die kircheninterne Überprüfung stellte die Mitglieder des Greifswalder Aufarbeitungsgremiums – wie in allen anderen Landeskirchen auch – vor die Frage, wie sie mit der Spannung zwischen kollegialer Loyalität, dem Wunsch nach Aufarbeitung und den Anfragen von außen umgehen sollten. Die Frage nach der individuellen Schuld hätte nur durch einen Kriterienkatalog erleichtert werden können, der die moralische Ebene auf Fakten reduziert hätte. Dies ist in Greifswald aber nicht konsequent geschehen. Zudem war Horst Gienke als Hauptbelasteter seit November 1989 nicht mehr im Amt, wodurch ein erheblicher Teil der Diskussion verpuffte.
- Die Greifswalder Synode bat 1991 alle, die sich der Überprüfung unterzogen, um schriftliche Beantwortung von vier Fragen:
  - „Bestand ein Kontakt zum Staatssicherheitsdienst?
  - Wurde eine Verpflichtungserklärung unterschrieben?
  - Wurden Vorteile im Zusammenhang mit solchen Kontakten entgegengenommen?
  - Sollten Kontakte bestanden haben, welchen Inhalt hatten sie?“[1411]
- Reduziert wurden diese vier Fragen innerhalb des Aufarbeitungsgremiums zu zwei, nämlich ob der Betreffende „die Seiten gewechselt“ hätte und ob er oder sie Mitarbeiter des MfS gewesen sei. Dahinter verberge sich eine moralische Frage, so Irmfried Garbe im Gespräch, „und darin sehe ich auch das zentrale Problem der pommerschen Kirche. [...] Wenn ich die Frage mit dem Geschehen eines Fußballspiels vergleiche, dann meine ich feststellen zu können: Die haben nicht plötzlich bei der anderen Mannschaft mitgespielt, so eben nicht. Das zu differenzieren ist mir wichtig“, so Garbe, Pastor in Pommern, Mitglied des Pommerschen Geschichtsvereins und Co-Autor einer umfangreichen Darstellung zur Wiedereinweihung des Greifswalder Doms im Gespräch.[1412]
- Anfang bis Mitte der neunziger Jahre ging man vielfach noch davon aus, dass Inoffizielle Mitarbeiter möglicherweise nicht wussten, mit wem sie sprachen, und dass eine Verpflichtungserklärung Standard gewesen sei,

1410 Vgl. Gespräch mit Curt Stauss am 29.10.2015 in Halle.
1411 Vgl. Zeichen der Zeit, Beiheft 1 (1997), S. 24.
1412 Vgl. Gespräch mit Pastor Dr. Irmfried Garbe am 15.10.2015.

woraus geschlussfolgert wurde, dass kein IM gewesen sei, wer nicht unterschrieben hätte. Dass beide Annahmen unrichtig sind, ist bis heute noch nicht von jedem zur Kenntnis genommen worden.

- Die Frage nach der Vorteilsannahme bezog sich vor allem auf Geschenke und eine eventuelle Vorzugsbehandlung bei der Einfuhr westlicher Waren und „Westreisen“. Dass der eigentliche „Vorteil“ aber oftmals in einer Aufwertung der eigenen Persönlichkeit lag, auch im Informationsgewinn und dem „kurzen Draht zur Macht“, hatte man nicht im Blick. Insofern waren diese vier Kriterien aus der Zeit heraus wohl nachvollziehbar, aber letztlich ungeeignet.
- Eine Form der Selbstrehabilitierung hat sich etabliert, die grundlegende Erkenntnisse der Forschung negiert: Siegfried Plath sagte bei den Anhörungen im Frühsommer 2000, die Einhaltung der Konspiration sei „nötig“ gewesen, „da sonst die Kontakte abgebrochen“ worden wären. Konspiration sei zudem unter Diktaturbedingungen erlaubt, wenn sie dem Widerstand diene, wie Beispiele im Nationalsozialismus belegen würden. Durch diese Konspiration sei die DDR-Diktatur nicht stabilisiert, sondern kirchliche und gesellschaftliche Freiräume seien geschaffen worden.[1413] Man habe sich gelegentlich die Hände schmutzig machen müssen, aber dieser Weg sei eben besonders effektiv gewesen.[1414]
- Dass Siegfried Plath sich öffentlich in dieser Weise äußerte, hat die auf der Züssower Anhörung anwesenden Journalisten höchst befremdet. Noch mehr aber, dass Plath keinen Widerspruch erlebte. Seine Kontakte zum MfS hätten zum Sturz des Systems beigetragen, war eine Anmaßung denjenigen gegenüber, die das Ende der DDR tatsächlich auf friedlichem Wege eingeleitet hatten. Siegfried Plath war kein Widerstandskämpfer im Untergrund. Thomas Jeutner schloss seinen Bericht von der Anhörung für die Kirchenzeitung mit den Worten ab, die Wende sei durch die Unangepassten gekommen, nicht durch die geheimen Diplomaten, aber die Gemeinden seien immer noch zu angepasst und würden sich bedienen lassen, ohne den Konflikt auszutragen. So lange man nicht nachfrage, komme jedoch keine Bewegung in eingefahrene Gleise. Das habe die Anhörung deutlich gezeigt.[1415]
- Die Einhaltung der Konspiration war das entscheidende Zeichen für Illoyalität. Daher ranken sich die meisten Selbstrechtfertigungen um die Frage, wer von den Gesprächen mit MfS und SED gewusst habe und ob

---

1413 Vgl. Thomas Jeutner: „Freiwillig das Messer aus der Hand legen. Siegfried Plath und Christoph Demke in einer Anhörung der pommerschen Landessynode“, in: Mecklenburgische Kirchenzeitung, 55. Jg. (2015), Ausgabe 9/2000 vom 27.2.2000, S. 1.

1414 Vgl. ebd.

1415 Vgl. ebd.

dies ausreiche, sie als legitim zu betrachten.

– Es überrascht nicht, dass diese Frage von denen, die diese Kontakte eingegangen waren, positiv bejaht wurde. Sie seien „eine sehr seltene Ausnahme“[1416] und trotzdem nötig gewesen, um Lösungen zu erreichen.[1417] Dann wieder heißt es, sie seien keineswegs eine Ausnahme, sondern „gängige Praxis“[1418] gewesen und legitim außerdem, weil sowieso alle Entscheidungswege über die Stasi geführt hätten.[1419] Es wäre in letzter Instanz Sache des Bischofs gewesen, die Kontakte leitender Mitarbeiter zum MfS zu beenden.[1420]

„Täter mit gutem Gewissen“[1421] lautete eine Monografie des Dresdener Zeitgeschichtlers Prof. Lothar Fritze vom Hannah-Arendt-Institut, der ausführlich die Denkspiele und Rechtfertigungen der Belasteten beschreibt, aber auch kritisch über die Erwartungshaltung der Umwelt nachdenkt. Aufarbeitung müsse danach streben, die Belasteten nicht aus der Diskussion herauszudrängen, indem von ihnen nicht zu viel erwartet wird. Jegliche Erwartungen würden an der Tatsache vorbeigehen, dass die meisten Beteiligten ein ruhiges Gewissen hätten, weil sie auf der Basis eines Überzeugungssystems agiert hätten, das sie nicht infrage gestellt hätten.[1422]

Wenn der Mensch sich nicht ändert, er also unter ähnlichen Bedingungen genau so wieder handelte, müssen Mechanismen installiert werden, die ihn vor sich selber schützen. Und da genau schließt sich der Kreis, denn die evangelischen Kirchen in der DDR waren sich der Gefahr der menschlichen Schwäche bewusst und hatten deshalb eine klare Regelung, um den Einzelnen vor Selbstüberschätzung zu schützen: Keine Gespräche mit dem MfS. Keine Gespräche alleine führen. Nichts unterschreiben.

Die Frage stelle sich also: Wofür aufklären, wenn Aufarbeitung keine Auswirkungen auf die Öffentlichkeit hat? Fritzes Antwort: Weil Massenwirksamkeit nicht immer der richtige Ansatz ist. Aufarbeitung kann nur auf den Einzelnen wirken. Die Masse könne nicht verändert werden, so Lothar Fritze, sondern nur der Einzelne, der dann evtl. in eine Position kommt, in der er kraft

1416 Vgl. Hans-Martin Harder: Zum Umgang mit der Vergangenheit der Kirche (2007), S. 243.

1417 Vgl. ebd., S. 245.

1418 Vgl. Leserbrief von Johannes Haerter unter dem Titel „Gespräche waren gängige Praxis“ in der Mecklenburgischen und Pommerschen Kirchenzeitung , 70. Jg. (2015), Ausgabe 40/2000 vom 4.10.2015, S. 2.

1419 Vgl. Frank Pergande: „Ein Nachruf und seine Folgen“, in: Frankfurter Allgemeine Zeitung vom 14.11.2015, S. 12.

1420 Vgl. Gespräch mit Propst i. R. Friedrich Harder am 29.9.2015 in Altefähr.

1421 Vgl. Lothar Fritze: Täter mit gutem Gewissen. Über menschliches Versagen im diktatorischen Sozialismus (Schriften des Hannah-Arendt-Institutes für Totalitarismusforschung. hg. von Klaus-Dietmar Henke und Clemens Vollnhals, Bd. 6), Köln 1998.

1422 Vgl. ebd., S. 392.

seiner Persönlichkeit Dinge zum Positiven bewegen kann.[1423]
Fritze formuliert fünf Lehren aus dem Täterverhalten zum Schutz der Demokratie:[1424]
1. Totalitäres Denken widerspricht der Vernunft. Konflikte austragen und Kritik zulassen helfen, totalitärem Denken den Raum zu nehmen.
2: Der Einzelne ist immer wichtiger als die Gruppe. Ausnahmen könne es geben, so Fritze, sie müssten aber gut begründet werden.
3. Der pragmatische Handlungsansatz ist gefährlich, weil er unvorsichtig macht. Sich dessen bewusst zu sein, was man nicht weiß, mache vorsichtig und sei ein wirksamer Schutz vor Fehlentscheidungen.
4. Das Gute zu glauben, weil man es möchte, obwohl es der Vernunft widerspricht, ist keine charakterliche Stärke, sondern Ausdruck eines Verführt-Werdens, das zum Totalitarismus führt.
5. Der Mensch glaubt an das Gute, und lässt es an Sorgfalt mangeln, weil er nicht kritisch hinterfragt. Er hätte sich informieren können, tut es aber nicht. „In fahrlässiger Weise verletzt er kognitive Pflichten und macht sich moralisch schuldig."[1425]

Der Abschlussbericht des Aufarbeitungsgremiums vom März 1996 vor der pommerschen Landessynode widerspiegelt Fritzes theoretische Erkenntnisse. Erleichterung über eine beendete Aufgabe, Enttäuschung über das Verhalten der Belasteten und auch persönliche Überforderung fanden ihren Weg in den Bericht:

„Die Begrenztheit unserer Arbeit hat unser Gremium deutlich gespürt. Es gab Vorbehalte gegen unsere Arbeit, vor allem bei den Betroffenen. Unsere Empfehlungen sind nur teilweise aufgenommen worden, und manche Unterstützung unserer Arbeit haben wir vermißt. Wir wollten nicht Richter sein über Brüder und Schwestern, und wir hoffen, daß wir es auch nicht gewesen sind."[1426]

Propst Friedrich Harder als Mitglied des Aufarbeitungsgremiums gehörte zu jenen, die stets um Ausgleich bemüht waren. Er vermochte es, die erheblichen Differenzen auf allen Seiten durch die Aufarbeitungsjahre hindurch zu überbrücken. Ein Ireniker sei Friedrich Harder, so Irmfried Garbe, jemand, der auf der Basis des christlichen Glaubens eine friedensstiftende, beruhigende Diskussion anstrebte.[1427] Man dürfe nicht alles durch die Sicht und die

1423 Vgl. ebd., S. 393.
1424 Vgl. ebd., S. 391–395.
1425 Vgl. ebd., S. 391–395.
1426 Vgl. Zeichen der Zeit, Beiheft 1 (1997), S. 40.
1427 Gespräch mit Pastor Dr. Irmfried Garbe, Dersekow, am 15.10.2015.

Akten der Staatssicherheit sehen, so Harder im Gespräch, die Landeskirche würde sonst ihren „eigenen Leuten Unrecht tun". Auf der anderen Seite wolle er „die Augen auch nicht vor dem verschließen, was unsere eigenen Leute falsch gemacht haben, da müssen wir genau hinsehen, aber wir dürfen auch nicht auf das Spiel der Stasi reinfallen und Kirche kaputtmachen".[1428]

10.6 Schuld bekennen – als Einzelner und als Kirche?

1990 war die öffentliche Meinung innerhalb und außerhalb der Kirche, dass sich entschuldigen sollte, wer mit dem Ministerium für Staatssicherheit zusammengearbeitet hatte: bei seiner Kirche, bei seinen Mitchristen, bei denen, in deren Akte er oder sie stand. Das Schuldbekenntnis war eine zentrale Voraussetzung für den Verbleib im kirchlichen Dienst.[1429]

Schuld zu erkennen und anzunehmen war für die kirchliche Aufarbeitung auch die Voraussetzung für individuelle Buße und die wiederum dafür, dass dem Betreffenden vergeben werden konnte. Wenn alle Seiten einsichtig seien, dann sollte einer Versöhnung nichts im Wege stehen.

Alle kirchlichen Aufarbeitungsgremien der frühen neunziger Jahre sprechen von Schuld und Vergebung in dem Bemühen, zwar gründlich, aber doch auch möglichst schnell die innerkirchlichen Gräben zu überwinden und zur vorwendlichen Einheit zurückzukehren. Man hatte nicht mit der emotionalen Sprengkraft der Stasiakten gerechnet und vor allem nicht damit, dass die Belasteten auch innerhalb der Kirche auf allen Ebenen sitzen würden und auch dort, wie im staatlichen Bereich, persönliches Versagen nicht eingestehen würden, es nur partiell anerkennen oder anerkannte Schuld innerhalb kurzer Zeit wieder relativieren würden. Die Schuldbekenntnisse waren ein sehr kurzlebiges Phänomen, nur sichtbar im kleinen Kreise und sie schafften es in der Regel nicht an die breite Öffentlichkeit.

Das Konzept der Vergebung war damit nicht mehr gültig, denn vergeben kann man nur das Unrecht, das der Verursacher als solches erkannt hat. Diejenigen, die in der DDR gelitten hatten, mussten allein damit fertig werden. Sie suchten die individuelle Beratung auf oder ließen die Dinge ruhen. Parallel dazu sorgten die prominenten Fälle von Manfred Stolpe[1430] und Gre-

1428 Vgl. Gespräch mit Propst i. R. Friedrich Harder am 29.9.2015 in Altefähr.

1429 So auch Altbischof Eduard Berger im Gespräch am 23.9.2015 in Radebeul.

1430 Vgl. dazu „Urteil: Stolpe darf nicht mehr Stasi-Mitarbeiter genannt werden", in: Spiegel Online vom 16.11.2005. online abrufbar unter *www.spiegel.de/politik/deutschland/urteil-stolpe-darf-nicht-mehr-stasi-mitarbeiter-genannt-werden-a-385246-druck.html* [Stand: 16.8.2016].

gor Gysi[1431] für Irritationen: Beide bestritten, Inoffizielle Mitarbeiter des MfS gewesen zu sein, und gingen juristisch erfolgreich gegen entsprechende Behauptungen von Journalisten vor.

In der Pommerschen Kirche reagierten die belasteten Mitarbeiter sehr unterschiedlich auf diese Strategie. Christoph Ehricht sei offen mit seinen Kontakten zum MfS umgegangen und habe sich in der Zusammenarbeit als zuverlässig und vertrauensvoll erwiesen, so Eduard Berger.[1432] Die personelle Kontinuität nach 1989 war in diesem Fall kein Problem für die Landeskirche, denn er habe nie gesagt: „Ich war es nicht“, so Heinz Wenzel. „Das fand ich schon gut, wenn einer zu dem steht, was er mal gemacht hat. Den Eindruck hatten wir.“[1433]

Für die breitere Öffentlichkeit blieb diese Selbsterkenntnis undeutlich. Auf seiner Verabschiedung in Greifswald im Sommer 2015 habe Ehricht noch einmal seine Kontakte zum MfS angesprochen und gesagt, dass er „nie etwas Konspiratives gemeldet“ habe und es keine Amtspflichtverletzungen gegeben habe, so die Ostseezeitung. Es tue ihm leid, „dass er bei Kirchenmitgliedern für Enttäuschung gesorgt habe“.[1434]

In einer von der Stiftung Aufarbeitung mitherausgegebenen Darstellung vom Mai 2013 war nichts davon zu lesen. Der 4-seitige Artikel unter dem Titel „Kirchengeschichten aus der DDR – Erinnerungen eines pommerschen Theologen“ richtet sich an Geschichtslehrer und interessierte Schüler, aber weder der Text noch die Kurzbiografie geben einen Hinweis auf die mehrjährigen Kontakte Ehrichts zum MfS.[1435] Die Staatssicherheit wird in einem nachfolgenden Kapitel thematisiert, allerdings ohne Verweis auf den „pommerschen Theologen“.

Hans-Martin Harder hingegen sprach nach gegenwärtigem Kenntnisstand nur einmal von persönlicher Schuld, nämlich vor der Kirchenleitung Anfang der neunziger Jahre,[1436] betonte aber schon bald, das Thema MfS sei vor der Wende „eine absolute Randerscheinung“ gewesen: „Man war sich zwar des-

---

1431 Vgl. dazu: „Ermittlungen gegen Gregor Gysi eingestellt“, in: www.zeit.de.gesellschaft/zeitgeschehen/2016-06/meineids-ermittlungen-ddr-gregor-gysi-stasi-staatsanwaltschaft-hamburg. [Stand: 16.8.2016].

1432 Vgl. Gespräch mit Altbischof Eduard Berger am 23.9.2015 in Radebeul.

1433 Vgl. Gespräch mit Pfarrer i. R. Heinz Wenzel und Dorothea Wenzel am 15.10.2015 in Grimmen.

1434 Kai Lachmann: „Gott vertrauen und um Vergebung bitten. Oberkirchenrat Christoph Ehricht wurde gestern in der Jakobikirche in den Ruhestand verabschiedet“, in: Ostseezeitung vom 16.9.2015, S. 11.

1435 Unter „Über den Autor“ steht: „Christoph Ehricht (Jahrgang 1950), Theologiestudium in Greifswald, danach wiss. Assistent im Fach Kirchengeschichte an der Univ. Greifswald, Gemeindepfarrer in Gützkow. Seit 1984 Mitglied des Greifswalder Konsistoriums und im Ausschuss Kirche und Gesellschaft des DDR-Kirchenbundes. Von 1999-2002 Auslandspfarrer in St. Petersburg, zur Zeit Oberkirchenrat im Landeskirchenamt der Nordkirche in Kiel.“ URL: *http://lernen-aus-der-geschichte.de/sites/default/files/attach/lagmagazin_kirchen_in_der_ ddr.pdf* [Stand: 28.3.16].

1436 Gespräch mit Altbischof Eduard Berger am 23.9.2015 in Radebeul.

sen bewusst, daß ein solches Ministerium mehr oder weniger alle Lebensbereiche im Auge hat. Aber erst heute habe ich fast täglich mit diesem Thema zu tun […].".[1437]

Auch Siegfried Bohl suchte nicht das Gespräch mit denen, die unter ihm gelitten haben, so Wenzels.[1438] Und Altbischof Horst Gienke ging nach der Wende lediglich so weit, die zentrale Fehlentscheidung seiner Amtszeit, die Veröffentlichung des Briefwechsels mit Erich Honecker am 19. Juli 1989, als „unbedacht und dumm"[1439] zu bezeichnen, aber zu einer Entschuldigung reichte es nicht. Hingegen verlangte er von der Landeskirche eine Entschuldigung, weil diese ihm die Hand zur Versöhnung nicht gereicht, sondern zugelassen habe, dass er jahrelang verleumdet worden sei.[1440]

Das Schuldbekenntnis ist seit 1990 immer wieder diskutiert worden. Schon in den Vertrauensausschüssen in allen Landeskirchen war evident, dass die Betroffenen eigene Schuld nicht in dem vorausgesetzten Maß erkennen konnten. Das machte die Regelüberprüfungen in den Landeskirchen unumgänglich: Wenn sie es nicht selbst erkannten, dann musste man denen, die Kontakte gehabt hatten, diese Schwarz auf Weiß nachweisen, war die Denkart.

Weitergekommen ist man nicht, denn als die Akten vor den Ausschüssen lagen, wurde ihr Quellenwert infrage gestellt. Schuld musste nun nicht mehr eingestanden, sondern nachgewiesen werden – ohne Zuhilfenahme der Stasiakten. Die Gespräche mit dem MfS fanden sich jedoch naturgemäß nur in dessen Akten wieder. Kirchliche Mitarbeiter hatten gezeigt, dass sie, von Ausnahmen wie Dietrich Affeld abgesehen, keine Schuld erkennen konnten, also auch keine zugeben würden. Und wer eigene Schuld erkannte, war zurückhaltend damit, sie zuzugeben, denn wie bei allen juristischen Auseinandersetzungen gilt schon das kleinste Schuldeingeständnis als Anzeichen für größere Vergehen. Deshalb blieben viele Belastete, vor allem Juristen, bei einem kategorischen „unschuldig". Und wo der eigene moralische Antrieb nicht ausreichte, hätten die Kirchenleitungen Druck machen müssen – aber auch das sei nicht ausreichend geschehen, so Curt Stauss im Gespräch.[1441]

Die Frage nach Schuld ist eine zentrale Rahmenbedingung für einen gesellschaftlichen Neuanfang. Wo sie nicht gestellt oder nicht eindeutig beant-

---

1437 Vgl. Hans-Martin Harder: Die Pommersche Kirche nach der Wende, in: Kirche – Recht – Wirtschaft. Aufsätze und Beiträge aus vier Jahrzehnten. Zum 65. Geburtstag herausgegeben von Susanne Harder-Sdzuj, Raimund B. Sdzuj, Susan Harder und Hans-Christian Harder, Peter Lang Verlag 2007, S. 122.

1438 Vgl. Gespräch mit Pfarrer i.R. Heinz Wenzel und Dorothea Wenzel am 15.10.2015.

1439 Vgl. Gienke (1996), S. 354.

1440 Vgl. Thomas Jeutner: „Pommersche Kirche soll Schuld eingestehen. Altbischof Gienke wartet seit Jahren vergeblich auf Aussöhnung", in: Mecklenburgische Kirchenzeitung, 55. Jg. (2000), Ausgabe 22/2000 vom 28.5.2000, S. 2.

1441 Vgl. Gespräch mit Curt Stauss am 29.10.2015 in Halle.

wortet wurde, bleibt eine Last bestehen. In vielen Landeskirchen, auch in der Pommerschen, ging man nachsichtig mit denen um, die gegen Regeln verstoßen hatten. Man könne ja niemanden zur Einsicht zwingen, sagten die Pröpste im Gespräch 2015:

„Juristisch kann ich mit dem Begriff Schuld umgehen und ihn irgendwie messen. Aber wenn ich das als Christ sage, für den Schuld etwas mit meiner Verantwortung vor Gott zu tun hat, das kann ich nicht messen und kann nur hoffen und beten, dass ein Mensch zu dieser Erkenntnis kommt. Man kann das weder verlangen noch daraus eine Handlungskonsequenz ziehen."[1442]

Der Konsens „Keine Gespräche mit dem MfS", der, wie hier angenommen wird, vor 1989 in allen Landeskirchen Gültigkeit hatte, zielte gar nicht so sehr auf einen Schutz Einzelner in der Landeskirche ab, sondern auf den Schutz kirchlicher Belange insgesamt. Die Vorstellung, Mitarbeiter und Pastoren der evangelischen Kirche würden Amtsbrüder und -schwestern in Geheimtreffen gefährden, wäre vor 1989 weithin undenkbar gewesen. Im Vordergrund ging es immer nur um die Aufrechterhaltung einer starken Kirche gegenüber einem sie bedrängenden Staat.

Umso überraschender, dass die Idee des institutionellen Schadens nach der Wende kaum noch Bedeutung hatte. Einen Schaden hatte ein IM nicht mehr der kirchlichen Gemeinschaft zugefügt, sondern allenfalls einer konkreten Person, argumentierte Hans-Martin Harder schon Anfang der neunziger Jahre: Anstatt eine „flächendeckende Tätersuche" zu betreiben wäre es besser, „die Opfer ausfindig zu machen, ihnen zu helfen und vor allem die dazugehörigen Täter zur Verantwortung zu ziehen".[1443] Und wo der Schaden keinem Einzelnen, sondern einer Gemeinschaft, einer Idee, einer Institution zugefügt wurde? Wo kein „Opfer", da kein „Täter"?

Von sich aus zu Fehlverhalten bekannt hat sich in der Greifswalder Landeskirche jedenfalls nur einer: Dietrich Affeld. Insofern sind die drei pommerschen Pröpste in Bezug auf Schuld und Schuldbekenntnis sehr ernüchtert: Erwartungen dürfe man keine mehr haben, sondern man könne „nur hoffen, dass derjenige es einsieht. Die Frage von Gnade und Vergebung liegt auf einer anderen Ebene."[1444] Die Betroffenen sehen das genauso. Die Stasi und ihre Kollateralschäden in der Landeskirche sind kein Thema mehr, so

[1442] Gespräch mit Propst Andreas Haerter, Propst Gerd Panknin und Pröpstin Helga Ruch am 18.11.2015 in Greifswald. Hier wird Helga Ruch zitiert.

[1443] Vgl. Hans-Martin Harder: Die Pommersche Kirche nach der Wende, in: Kirche – Recht – Wirtschaft. Aufsätze und Beiträge aus vier Jahrzehnten. Zum 65. Geburtstag herausgegeben von Susanne Harder-Sdzuj, Raimund B. Sdzuj, Susan Harder und Hans-Christian Harder, Peter Lang Verlag 2007, S. 122.

[1444] Gespräch mit Propst Andreas Haerter, Propst Gerd Panknin und Pröpstin Helga Ruch am 18.11.2015 in Greifswald. Hier wird Helga Ruch zitiert.

die Wenzels. „Das interessiert nicht mehr. Es kommt aber immer wieder hoch."[1445]

Aus anderer Richtung kommt Widerspruch. Die Landesbeauftragten für die Stasi-Unterlagen haben schon seit Beginn der neunziger Jahre vehement darauf verwiesen, dass Versöhnung ohne ein Bekenntnis zu persönlicher Schuld nicht möglich sei.[1446] Zwanzig Jahre später sind wir nicht weiter, so der Leipziger Geschichtsdidaktiker Frank Lütze 2014 auf einer Tagung zur Aufarbeitung in Halle. Unaufgearbeitete Schuld trage „pathogenes Potential", sagte er, und Vergebung allein reiche nicht weit:

> „Die DDR war auch ein Ort, an dem konkrete Menschen Unrecht begangen und sich massiv schuldig gemacht haben. Wie wenig offenbar diese Schuldgeschichten aufgearbeitet wurden, zeigen nicht zuletzt die heftigen Reaktionen auf den Versöhnungsaufruf von Ilse Junkermann: Wer Versöhnung sagt, muss zunächst über Schuld sprechen – und dieser Schritt scheint weitgehend ausgefallen zu sein."[1447]

Seit der Öffnung der Akten hat sich die gesellschaftliche und wissenschaftliche Aufarbeitung darum bemüht, den Hauptamtlichen und Inoffiziellen Mitarbeitern des MfS in Fairness zu begegnen. „[K]ritisch und mit Vergebungsbereitschaft" nannte ein Leser der Kirchenzeitung die innere Haltung, die beim Lesen der MfS-Akten nötig sei.[1448] Die Sicht auf Belastete wie Betroffene dürfe im Prozess der Versöhnung nicht eindimensional werden, denn „der Täter ist kein Monster, [und] das Opfer ist nicht für das verübte Unrecht verantwortlich".[1449] Aufarbeitung kann erst dann gelingen, wenn Belastete nicht reduziert werden auf ihr Versagen und Betroffene nicht Ver-

---

1445 Gespräch mit Pfarrer i. R. Heinz Wenzel und Dorothea Wenzel am 15.10.2015.

1446 Vgl. Birgit Neumann-Becker: Was kommt vor der Versöhnung? Zum Stand im Osten Deutschlands 25 Jahre nach der Deutschen Einheit, in: (epd-Dokumentation 40/2015), S. 55, in: Abgeschlossen? Stand und Folgen der Aufarbeitung der Geschichte der Kirchen in der DDR. Tagung an der Martin-Luther-Universität Halle-Wittenberg, Halle, 12.–13.6.2015 (= epd-Dokumentation 40/2015), S. 58.

1447 Vgl. Frank M Lütze: „Der Schnee von gestern will nicht tauen. Christsein in der DDR im Religionsunterricht", in: Abgeschlossen? Stand und Folgen der Aufarbeitung der Geschichte der Kirchen in der DDR. Tagung an der Martin-Luther-Universität Halle-Wittenberg, Halle, 12.–13.6.2015 (= epd-Dokumentation 40/2015), S. 37.

1448 Friedhelm Schülke aus Anklam, Leserbrief zu: „Wer fragt nach den Opfern der Diktatur?", in Mecklenburgische & Pommersche Kirchenzeitung, 70. Jg. (2015), Ausgabe 46/2015 vom 15.11.2015, S. 2. Schülkes eigentliches Anliegen war es, auf die bisher nicht beachteten Opfer der SED hinzuweisen, die durch SED-Parteibeschlüsse in ihrem Lebenslauf erheblich beeinträchtigt wurden. Dazu gehört die zahlenmäßig bisher noch nicht erfasste Gruppe der Schüler und Studenten, die aus politischen Gründen in ihrer Ausbildung behindert wurden, aber auch Inhaftierte und deren Familien, Opfer der Enteignungswelle usw.

1449 Vgl. Birgit Neumann-Becker: Was kommt vor der Versöhnung? Zum Stand im Osten Deutschlands 25 Jahre nach der Deutschen Einheit, in: (epd-Dokumentation 40/2015), S. 55, in: Abgeschlossen? Stand und Folgen der Aufarbeitung der Geschichte der Kirchen in der DDR. Tagung an der Martin-Luther-Universität Halle-Wittenberg, Halle, 12.–13.6.2015 (= epd-Dokumentation 40/2015), S. 61.

leumdungen ausgesetzt werden. Notwendig ist eine Souveränität, die nicht aufrechnet, die gleichermaßen Leistungen anerkennen wie Fehlleistungen kritisieren kann.[1450]
Eine differenzierte Argumentation darf aber nicht dazu führen, dass einstmals klare Maßstäbe aufgeweicht und Fakten relativiert werden. „Nebelkerzen" würden von belasteter Seite geworfen, um von eigener Schuld abzulenken. Das könne man im Interesse derer, die unter dem System gelitten hätten und einen Anspruch auf die Wahrheit hätten, nicht hinnehmen, so Anne Drescher:

„Es geht darum, was wir jetzt tun können für Menschen, die noch immer unter der Stasi-Verfolgung leiden. [...] Es geht noch nicht einmal darum, welche gesundheitlichen Folgeschäden politische Repression hatte, sondern es geht [zunächst einmal] darum, den Betroffenen zu zeigen, dass sie politisch verfolgt waren. Wir brauchen eine Gesellschaft, die offen und bereit ist, dass darüber gesprochen werden kann. Und wenn hier Nebelkerzen geworfen werden und „das alles nicht so schlimm war" oder die Leute gar nicht beteiligt waren, obwohl alle wissen, sie waren beteiligt, dann ziehen die betroffenen Menschen sich zurück. Sie finden ja, das Feld ist nicht vorbereitet, damit sie da was sagen. Sie befürchten, dass sie, wenn sie was sagen, dann wegen Verunglimpfung Ärger bekommen oder dass man ihnen noch abspricht, dass so etwas je gewesen ist. Deshalb gehen sie damit nicht an die Öffentlichkeit. Es gibt keine Atmosphäre in der Gesellschaft, wo man sich diesen Geschichten öffnen kann. Das ist ein ganz wichtiger Grund in der Gesellschaft, über die Vergangenheit nicht zu sprechen."[1451]

Die Frage nach persönlicher Verantwortung war aber nicht nur schwierig, weil sie viel zu häufig zurückgewiesen wurde, sondern auch, weil sie mitunter den Blick über den Einzelnen hinaus verstellte, so Curt Stauss im Gespräch. Diese „Personalisierung" der Stasidebatte habe dazu geführt, „dass man zu wenig geguckt hat, wie sich die Kirchen als Institutionen in der DDR verhalten haben: Hierarchisierung ist so ein Stichwort. Aber auch andere Strukturen wie die Kirchenordnungen: Während Mecklenburg eigentlich hierarchisch geprägt war und seit den siebziger Jahren immer synodaler wurde, ist Pommern eigentlich synodal geprägt und wurde immer hierarchischer."[1452]
Die Frage nach persönlicher Verantwortung und Schuld ist nicht nur für Individuen entscheidend, sondern auch für die Gesellschaft. Die Frage nach einem Schuldbekenntnis stellt sich auch für die evangelische Kirche insgesamt.

1450 Vgl. Gespräch mit Pfarrer Dr. Irmfried Garbe, Dersekow, am 15.10.2015.
1451 Gespräch mit der Landesbeauftragten für Mecklenburg-Vorpommern für die Unterlagen des Staatssicherheitsdienstes der ehemaligen DDR, Anne Drescher, am 19.10.2015.
1452 Vgl. Gespräch mit Curt Stauss am 29.10.2015 in Halle.

Sollte die Kirche ein Zeichen setzen und sich bei all jenen entschuldigen, denen sie nicht gerecht geworden ist? Sollte es ein zweites Schuldbekenntnis geben, ähnlich dem Stuttgarter Schuldbekenntnis[1453] vom Oktober 1945? Angefragt wurde es bereits seit Ende der neunziger Jahre, unter anderem von Ehrhart Neubert.[1454] Das ist seither mehrfach wiederholt worden und die Gründe liegen auf der Hand: Angesichts vielfachen menschlichen Versagens und kritikwürdiger institutioneller Entscheidungen der Kirche als Gesamtheit scheint diese Forderung folgerichtig.[1455] Immerhin hatte die Kirche die Jugendlichen und ihre Eltern in den fünfziger und sechziger Jahren stark unter Druck gesetzt, sich trotz des staatlichen Drucks gegen die Jugendweihe zu entscheiden. Pastoren, die in den Westen gingen, konnten dort in der Regel erst nach ca. zwei Jahren wieder in den kirchlichen Dienst eingestellt werden. Wie sie die Zeit bis dahin überbrückten, blieb ihnen überlassen. Antragsteller auf Ausreise sahen sich breiter innerkirchlicher Kritik ausgesetzt, Verständnis für ihre Entscheidung, zu gehen, hatten nur wenige Pastoren. All das zusammen fordert doch eine das eigene Handeln reflektierende Stellungnahme der EKD heute heraus – oder?
Ja, aber mit Sensibilität. Das Stuttgarter Schuldbekenntnis kann nicht als Vorlage dienen, denn das wäre entweder eine Verharmlosung des kirchlichen Versagens den Juden, Kommunisten und allen von den Nazis verfolgten Gruppen gegenüber, oder umgekehrt eine ungerechte Gleichsetzung der evangelischen Kirche in der DDR mit den Deutschen Christen unter Hitler. Die acht Landeskirchen und der Kirchenbund haben vierzig Jahre lang die Interessen der Christen und Nichtchristen im Land vertreten. Sie waren Ort des Vertrauens und der Unterstützung für alle, die sich an sie wandten, und die Pastoren, kirchlichen Mitarbeiter und häufig auch deren Familien haben ihren Dienst unter den schwierigsten Bedingungen getan. Häufig haben sogar die Familien diese Opfer mittragen müssen: Pastorenfrauen durften nicht als Lehrerinnen oder Erzieherinnen arbeiten. Kinder von Pastoren und Mitarbeiter erlebten Repressionen in Schule und Ausbildung. Die Bezahlung im kirchlichen Bereich war niedrig, die Wohnverhältnisse in vielen ländlichen Pfarrhäusern bis in die achtziger Jahre hinein weit hinter der Zeit. Die dennoch in den Dienst der Kirche gingen, taten dies aus unterschiedlichen

1453 Mit dem Stuttgarter Schuldbekenntnis vom 18./19.10.1945 (auch Schulderklärung der evangelischen Christenheit Deutschlands) hatte die nach dem Zweiten Weltkrieg neu gebildete Evangelische Kirche in Deutschland (EKD) erstmals eine Mitschuld evangelischer Christen an den Verbrechen des Nationalsozialismus bekannt.

1454 Vgl. Christoph Lenhartz (Hg.): Evangelische Kirche. Demokratie. Stasi-Aufarbeitung. Mit Beiträgen von: Gerhard Besier, Michael J. Inacker, Peter Maser, Ulrich Woronowicz; Bergisch Gladbach 1997, S. 9.

1455 Zuletzt von Birgit Neumann-Becker: Was kommt vor der Versöhnung? Zum Stand im Osten Deutschlands 25 Jahre nach der Deutschen Einheit, in: Abgeschlossen? Stand und Folgen der Aufarbeitung der Geschichte der Kirchen in der DDR, Tagung an der Martin-Luther-Universität Halle-Wittenberg, Halle, 12.–13.6.2015 (= epd-Dokumentation 40/2015), S. 55.

Gründen – Berufung genauso wie die Chance, freier denken und leben zu können und philosophischen Interessen nachgehen zu können –, aber sie taten es in dem Bewusstsein, sich gegenüber dem Staat in eine exponierte Position zu begeben. Ein Schuldbekenntnis wie das Stuttgarter würde im öffentlichen Bewusstsein all dies überdecken.

Der ehemalige Superintendent Heinrich Wackwitz schrieb im Dezember 1998, die Kirche habe in 40 Jahren DDR ihren Auftrag nicht verletzt. Fehlentscheidungen habe es trotzdem gegeben, aber eine öffentliche Diskussion würde die gegensätzliche Sicht der Beteiligten nicht auflösen. Es sei besser, individuell auf die Betroffenen zuzugehen und das Gespräch dort zu suchen. Kirche habe einen besonderen Auftrag gehabt, und der sei noch nicht hinreichend herausgearbeitet worden.[1456]

Auch von anderer Seite erfährt diese Position Unterstützung: Ein Schuldbekenntnis, so Curt Stauss, würde darüber hinweggehen, dass die Kirchen der DDR den Menschen Hilfe angeboten hätten, sie ihrem Auftrag treu geblieben und Gottes Liebe und Gerechtigkeit verkündet hätten. Auch in der Zeit der Aufarbeitung hätten die Kirchen sich ehrlich bemüht. Die immer noch bestehenden Defizite in Bezug auf Gruppen, die die Kirche noch nicht angesprochen habe, blieben bestehen und müssten unabhängig von einem Schuldbekenntnis adressiert werden.[1457] Oder kann es immer nur um ein Bekenntnis zur eigenen Geschichte gehen? Muss jede Landeskirche für sich so ein Bekenntnis formulieren?

Die pommersche Landessynode hat dies bereits im Jahr 1990 getan und in einer Erklärung mitgeteilt, sie bedauere Zugeständnisse an den Staat, eine zu starke Anpassung und den überragenden Wunsch, Freiräume zu erhalten. Sie sei den Menschen, die gelitten hätten, nicht gerecht geworden.[1458] Diese Erklärung war selbstkritisch und in ihrer Formulierung umfassend gewesen. Brauchte die Landeskirche nun einen „zweiten Teil", deutlicher als 1990? Wie Heinz Wenzel denken viele:

„Was mir fehlt, ist ein offenes Schuldbekenntnis dieser Kirche in Bezug auf die Situation in der DDR, dass das Mitlaufen nicht von hinten herum als notwendige Tugend verkauft wird, sondern als Versagen der Kirche an dem Evangelium und an den Gemeindegliedern."[1459]

1456 Brief von Superintendent i. R. Heinrich Wackwitz an Rahel von Saß vom 29.12.1998

1457 Vgl. Curt Stauss: Ein Esel, wer die Versöhnung lehrt, aber ein Ochs, wer sie nicht glaubt. Ein eschatologischer Blick auf die Schuld der Kirche und auf ihre Aufgaben, in: Abgeschlossen? Stand und Folgen der Aufarbeitung der Geschichte der Kirchen in der DDR. Tagung an der Martin-Luther-Universität Halle-Wittenberg, Halle, 12.–13.6.2015 (= epd-Dokumentation 40/2015), S. 64.

1458 Vgl. Wolfgang Nixdorf: Die Pommersche Evangelische Kirche und der Staat – Aus der Sicht von Kirchenleitung und Konsistorium – Beispiele aus vier DDR-Jahrzehnten, in: Baltische Studien. Pommersche Jahrbücher für Landesgeschichte (Gesellschaft für Pommersche Geschichte, Altertumskunde und Kunst e. V., Neue Folge, Bd. 98, Bd. 144 der Gesamtreihe), Kiel 2012, S. 169.

1459 Gespräch mit Pfarrer i. R. Heinz Wenzel und Dorothea Wenzel, Grimmen, am 15.10.2015.

Es geht also um ein Bekenntnis, als Kirche nicht klar genug gewesen zu sein, und darum, die Loyalität gegenüber denen wieder zu bekräftigen, die in der DDR gelitten haben.
Auch vor dem Hintergrund der neuen kirchlichen Strukturen scheint manchen das Bekenntnis ein wichtiger Startpunkt zu sein. Die Pommersche Evangelische Kirche ist zu Pfingsten 2012 mit der Mecklenburgischen Landeskirche und der Nordelbischen Kirche zur Nordkirche verschmolzen. Ein gemeinsames Bekenntnis wäre wichtig, so Pastor Irmfried Garbe aus Dersekow: Es hätte „etwas Klärendes; wir brauchen eine ehrliche Auseinandersetzung, den Mut zur Wahrheit, die wirklich frei macht. Wir brauchen das auch im Kontext der Nordkirche. Nicht zuletzt dort wird das immer wieder angefragt. Und das setzt sich fort, wenn keine Offenheit gewonnen wird.“[1460]

10.7 Der Schlüssel zur Aufarbeitung – ein vorläufiges Fazit

Im September 2001 gab es einen erneuten Wechsel im Greifswalder Bischofsamt: Eduard Berger hatte erwartungsgemäß nicht für eine zweite Amtszeit kandidiert. Es gab drei neue, sehr unterschiedliche Bewerber: Pastor Ulrich Tetzlaff aus Heringsdorf und damit aus der eigenen Landeskirche, Curt Stauss, Superintendent aus Nordhausen/Harz und seit 1995 zugleich Beauftragter des Rates der Evangelischen Kirche in Deutschland für Seelsorge und Beratung von Opfern der SED-Kirchenpolitik, sowie Dr. Hans-Jürgen Abromeit aus Westfalen, Dozent am Westfälischen Pastoralkolleg sowie am Amt für Aus-, Fort- und Weiterbildung in Schwerte, Haus Villigst. Nach zwei Wahlgängen kam es zu einer Stichwahl zwischen Stauss und Abromeit. Der eine der Kandidaten war „gelernter DDR-Bürger“, der andere „Wessi“. Der eine sprach von Problemen, der andere von Visionen, so Beobachter. Die Pommern wollten eine neue Seite im Buch aufschlagen und wählten Hans-Jürgen Abromeit. Die Kritiker des Wahlergebnisses waren deutlicher: Die konservativen Kräfte in der Landeskirche und die, „die etwas zu verbergen hatten“, hätten sich zusammengetan und gewonnen.[1461]
Abromeit hatte ebenso wie schon sein Vorgänger angenommen, die DDR-Thematik sei längst ad acta gelegt. Bischof Gienke sei lange im Ruhestand, die Stasi-Problematik sei abgeschlossen.[1462] Auf die Frage, welche Rolle die DDR-Vergangenheit seiner Landeskirche für ihn gespielt habe, als

1460 Vgl. Gespräch mit Pfarrer Dr. Irmfried Garbe, Dersekow, am 15.10.2015.
1461 Vgl. Gespräch mit Pfarrer i. R. Heinz Wenzel und Dorothea Wenzel, Grimmen, am 15.10.2015.
1462 Vgl. Gespräch mit Bischof Dr. Hans-Jürgen Abromeit am 29.9.2015 in Greifswald.

er das Bischofsamt übernommen habe, sagte er, er nehme die Vergangenheit seiner Landeskirche ernst, auch die Tatsache, dass es Christen gebe, die sich in ihr unwohl fühlten, obwohl sich nur zwei Parteien jemals in der Bischofskanzlei gemeldet hätten: Pfarrer Lucas (IM „Brunst") aus Jarmen, und Pastor Wenzel (OPK „Konvent") aus Grimmen, aber DDR-Geschichte sei keine Stasi-Geschichte: [1463]

„Dass die Vorgänge bei einigen Menschen tiefe Wunden geschlagen hatten, die längst nicht verheilt waren und bei manchen bis heute nicht verheilt sind, ist mir klar. Aber es gibt auch Vergebung. Ich weiß von unseren Pastorinnen und Pastoren, dass es Beichte, Seelsorge und Gebet für und mit Menschen, die Unrecht getan, und Menschen, die Unrecht erlitten haben, gab und gibt. [...] Falls es Gemeindeglieder gibt, die sich [...] im Blick auf die Stasi-Kontakte der damaligen Kirchenleitung immer noch unwohl in ihrer Kirche fühlen, dann finde ich das sehr wichtig, dass diese direkt zu uns kommen. Ich finde es wichtig, weil wir das dann aufgreifen können: [...] Das Erbe der DDR-Geschichte, das Erbe der DDR-Kirchengeschichte mit all ihren Besonderheiten."[1464]

Der Greifswalder Bischof lädt also ein zum Gespräch, setzt aber voraus, dass die Betroffenen den ersten Schritt machen und ihre vorbereiteten Fragen anbringen. Erfolgreiche Aufarbeitung braucht aber beides, nämlich die Einladung zum Gespräch und die Atmosphäre, die Betroffene zum Gespräch ermuntert. Das Thema, die Probleme, die Fragen müssen alle benannt sein, damit sich die Beteiligten dann wie an einen gedeckten Tisch setzen und einen Austausch beginnen können.
Wichtig ist eine Erinnerungskultur, die darauf hinzielt, Menschen ihre Würde wiederzugeben, „indem wir die gesellschaftliche Atmosphäre schaffen, in der sie ihre Würde behalten können. Eine entscheidende Hürde für die Opfer ist die Scham. Die Scham, über das zu reden, was ihnen passiert ist",[1465] so der Stralsunder Professor für Psychologie und Psychotherapie, Harald Freyberger.
Woher resultiert die Zurückhaltung vieler, ihr Leben zu erzählen? Zum einen aus dem Gefühl heraus, man würde ihnen nicht glauben, so Anne Drescher, und es könnten ihnen rechtliche Schwierigkeiten entstehen, wenn sie andere belasten würden.[1466] Zum anderen aus der Angst, im Prozess des Erzählens noch einmal die Niederlage durchleben zu müssen, die Staat, Stasi

1463 Vgl. ebd.
1464 Vgl. ebd.
1465 Vgl. Gespräch mit Prof. Dr. Harald Freyberger am 29.1.2016.
1466 Vgl. Gespräch mit der Landesbeauftragten für Mecklenburg-Vorpommern für die Unterlagen des Staatssicherheitsdienstes der ehemaligen DDR, Anne Drescher, am 19.10.2015

und manchmal auch die Kirche ihnen angetan haben. Drittens aber auch die Sorge, beim Umfeld auf Unverständnis zu stoßen und nicht nur mit dem Erzählten, sondern mit der ganzen Person zurückgewiesen zu werden.
Heinz und Dorothea Wenzel gehören zu jenen, die eine Geschichte erzählen könnten. Der inzwischen 30 Jahre alte Konflikt mit dem ehemaligen Superintendenten Siegfried Bohl aus Grimmen, der jahrelang über seinen Kollegen Wenzel der Staatssicherheit gegenüber berichtet hatte, ist noch nicht zur Ruhe gekommen. Die Kirche wollte 1993 den zwischenmenschlichen Konflikt ausräumen, indem sie einfach beide Parteien aufforderte, Grimmen zu verlassen und damit beide Pastoren auf eine Stufe stellte.
Und so geht die Aufarbeitung in Pommern weiter. Erste Ansätze gibt es, Lehren aus der Vergangenheit zu ziehen. So hat Bischof Abromeit zügig nach Amtsübernahme im Jahr 2001 die Position des Pommerschen Konsistoriums innerhalb der Leitungsgremien thematisiert und damit zur Stabilisierung des Miteinanders in der Landeskirche beigetragen. Insbesondere in der Synode standen sich zwei Ansichten gegenüber, einmal das Konsistorium als Dienstleistungsorgan der Landeskirche und damit untergeordnete Behörde zu verstehen; und demgegenüber die Positionierung des Konsistoriums als gleichberechtigtes Leitungsorgan neben Kirchenleitung, Synode und Bischof. 2004 war diese Frage das zentrale Thema der Synode, begleitet von einem landeskirchlichen Symposium unter dem Titel „Leiten in der Kirche: rechtliche, theologische und organisationswissenschaftliche Aspekte". Abromeit maß in seinem Vortrag dem Konsistorium unmissverständlich eine dienende Funktion zu und hat diese Position auch nach innen und außen vertreten: „Auch wenn in der Praxis die Arbeit des Konsistoriums vielleicht ein Eigengewicht gewonnen hatte, sieht nach meiner Einschätzung damit die Kirchenordnung der Pommerschen Kirche das Konsistorium nicht als eigenes Leitungsorgan an."[1467]
Zusammenfassend könnte man sagen: Wenn auch die Kirchenordnung die Aufgaben und die Position des Konsistoriums vorgegeben hat, so wurde doch auch aufgrund der Erfahrungen der Vorwende-Jahre darüber diskutiert, mit welcher Grund- oder Geisteshaltung die Leitung im Konsistorium ihr Amt führen sollte.
Die Synode der Nordkirche hat zudem großen Wert darauf gelegt, die Synodalen unabhängiger von hauptamtlichen Mitarbeitern zu machen – die Pröpste sind seither keine Synodalen mehr.
Im Januar 2015 haben sich die Kirchenkreise Pommern und Mecklenburg

[1467] Hans-Jürgen Abromeit: Leiten in der Kirche – ein noch nicht geschriebenes Kapitel der praktischen Theologie, in: Leiten in der Kirche. Rechtliche, theologische und organisationswissenschaftliche Aspekte (Greifswalder theologische Forschungen, hg. von Jörg Ohlemacher, Bd. 13), Peter Lang Verlag, Frankfurt am Main 2006, S. 22.

getroffen und über Möglichkeiten beraten, wie sie „mit den Opfern der Kirche um[gehen], mit denen, die durch [...] kirchliches Handeln Nachteile gehabt haben, die Opfer einer bestimmten Politik geworden sind".[1468]

„Wir bringen ja die gleiche Geschichte des Ostens mit in die Nordkirche ein und das ist ja auch etwas sehr Bereicherndes. Sicher ist da auch noch einmal zwischen Mecklenburg und Pommern zu differenzieren, aber als Sprengel miteinander unterwegs zu sein, das ist uns sehr wichtig. Es ist uns wichtig, dass wir in diesem Licht stehen, und Licht heißt ja einfach auch Wahrheit, Klarheit und Transparenz und einander zugewandt. Und dass manche das nutzen, um alte Animositäten zu befeuern, da können wir nur sagen: Da machen wir nicht mit. Das ist auch kein Wegwischen, sondern am Ende sind wir als Christen miteinander unseren Weg durch die DDR gegangen, und das ist das, was uns verbindet."[1469]

In der Landeskirche gebe es noch Verletzungen, die noch nicht geheilt seien, so die pommerschen Pröpste im Gespräch. Das Gefühl der Rehabilitierung sei noch nicht da, aber das Leben sei weitergegangen.[1470] Bischof Hans-Jürgen Abromeit bestätigte diesen Eindruck im Gespräch. Er verstehe die pommersche Identität als immer noch „vernarbt", es gäbe noch vieles, „was die Leute mit sich rumschleppen: Folgen von Flucht, Vertreibung und Neuanfang genauso wie 40 Jahre Diskriminierung in der DDR". Aber Kirche habe einen Platz bei den Menschen, man erwarte etwas von ihr, und das sei eine gute Ausgangsposition.[1471]

25 Jahre nach der Wende ist die Aufarbeitung noch nicht abgeschlossen. Sie geht über die Analyse dessen, was passiert ist, hinaus. Es geht auch um die Vermittlung von Geschichte und Politik an die kommenden Generationen, denn in absehbarer Zukunft wird es keine unmittelbar Beteiligten mehr geben und eine neue Generation wird Vergangenheit auf der Basis dessen interpretieren, was sie in der mündlichen Tradierung gehört hat. Sie wird geprägt sein durch das Erbe der Geschichten, die sie gehört hat, viel stärker als durch eigene Aktenrecherche. Der Sinn von Aufarbeitung besteht also auch darin, die Menschen zum Erzählen zu bringen, zum Reflektieren, damit die neue Generation ein Fundament hat, auf dem sie selbstständig wird. Diese zweite Generation käme nun in die Beratung, so Stauss, mit einem positiven wie einem negativen Erbe, mit Belastungen, aber auch mit einem gestärkten Selbstbewusstsein:

1468 Gespräch mit Propst Andreas Haerter, Propst Gerd Panknin und Pröpstin Helga Ruch am 18.11.2015 in Greifswald. Hier wird Gerd Panknin zitiert.
1469 Ebd. Hier werden Gerd Panknin und Helga Ruch zitiert.
1470 Vgl. ebd. Hier wird Helga Ruch zitiert.
1471 Gespräch mit Bischof Dr. Hans-Jürgen Abromeit, Greifswald, am 29.9.2015.

„Es gibt kein dumpfes Verschweigen. Und das Thema wird wahrgenommen, im Unterschied etwa zu vor 10 Jahren. Auch gerade in der Schulbildung. Und durch die Erfahrungen mit dem Nationalsozialismus wissen wir, dass die Aufarbeitungsarbeit besser in der zweiten als in der ersten Generation geht. Wir nehmen gerade die Beschädigung der zweiten Generation wahr, es gibt transgenerationelle Erfahrungen, aber nicht nur im negativen Sinn, sondern die haben auch Erfahrungen von Würde und Überlebenskraft weitergegeben. Wir öffnen gerade den Blick weg von der Opferperspektive und der defizitären Sichtweise hin auch zu positiven Kontinuitäten."[1472]

Auch die Uni Greifswald hat die neueste Kirchengeschichte zum Thema gemacht: Professor Thomas Kuhn bot im Wintersemester 2015/16 an der Universität Greifswald ein Seminar zum „Greifswalder Weg" an. Für die Studenten ein neues Thema, das sehr interessiert angenommen worden sei, so Kuhn.[1473] Auch für die Evangelisch-Lutherische Kirche in Norddeutschland kann eine Rückblende jetzt wichtig sein. Zum einen, weil der Sinn der Aufarbeitung über die Belastung Einzelner durch Kontakte zur Staatssicherheit hinausgehe, so die Pröpste des Pommerschen Kirchenkreises. Die Aufarbeitung der Vergangenheit habe dort Relevanz, wo es um innerkirchliche Kommunikation gehe, so Gerd Pankin: „Wie gehe ich heute mit meinem Sprechen um, wie gehe ich heute mit denen um, zu denen ich hingehe und von denen ich etwas möchte? Welche Verantwortung trage ich für das Wort, das ich spreche und welche Transparenz und Offenheit lebe ich heute."[1474] Zum anderen, weil die Pommern zusammen mit den Mecklenburgern ca. 42 % der Gemeinden und 12,3 %[1475] der Mitglieder der Nordkirche stellen und daher eine gewichtige Botschaft mitbringen: Die Angst um das eigene Überleben in einer religionsfeindlichen Diktatur, aber auch der Blick auf die stetig sinkenden Mitgliederzahlen, fehlende finanzielle Mittel und die Konkurrenz von Lebenskonzepten haben den Blick auf die Kraft der Kirche verstellt. Der Titel „Greifswalder Weg" bezieht sich auf den Weg, den der Bischof und seine engsten Mitarbeiter in den achtziger Jahren einschlugen und dessen

1472 Gespräch mit Curt Stauss am 29.10.2015 in Halle.

1473 Vgl. „Stasi-Spuren bis in die Gegenwart. Wie es Kirchenleuten in der DDR erging und wie die Leitung um ihren Kurs rang – ein Uni-Seminar will aufklären", von Sybille Marx, in: Ostseezeitung vom 14.1.2016, S. 13.

1474 Gespräch mit den Pröpsten Helga Ruch, Gerd Panknin und Andreas Haerter am 18.11.2015 in Greifswald. Hier wird Gerd Panknin zitiert.

1475 Haushalt der Evangelisch-Lutherischen Landeskirche in Norddeutschland für das Haushaltsjahr 2015, Vorlage der Landessynode vom 20.–22.11.2014; URL: *https://www.nordkirche.de/fileadmin/user_upload/nordkirche/Synode/Synode201411_Haushalt_2015_V_2_Synode.pdf* [Stand: 27.2.16]. Der Sprengel Mecklenburg und Pommern stellt 435 der insgesamt 1.028 Gemeinden in der Nordkirche, rechnerisch also 42,3 %. Dahinter verbergen sich 86.958 pommersche und 182.004 mecklenburgische Gemeindeglieder, insgesamt 286.962 von 2.178.776 Christen der Nordkirche.

Symbol die Domeinweihung am 11. Juni 1989 geworden ist. Der „Greifswalder Weg" endet aber nicht im Sommer 1989, sondern umfasst auch noch den Umbruch im Herbst 1989 und den von Horst Gienke am 13. November erklärten Rücktritt. Kirchenleitung, Synode und viele Einzelne aus Jugend- und Studentenarbeit, Pastorenkonventen und unter den Superintendenten forderten gemeinsam eine innerkirchliche Wende.
Die acht evangelischen Landeskirchen in der DDR haben seit 1989 umfassende Herausforderungen erlebt: veränderte Verwaltungsstrukturen, einen voranschreitenden Mitgliederrückgang, die Suche nach einer neuen Rolle in der säkularen demokratischen Gesellschaft, und nicht zuletzt die Auseinandersetzung mit ihrer Rolle in der DDR. Auch die Pommersche Evangelische Kirche hat sich weiterentwickelt und ist 2012 in der Evangelisch-Lutherischen Landeskirche in Norddeutschland aufgegangen. Ihre Geschichte als „Aushängeschild" einer Diktatur hat sie jedoch nie losgelassen. Fragende Stimmen unter Laien, kirchlichen Mitarbeitern und Pfarrern gibt es noch viele. Der letzte als IM geführte kirchenleitende Amtsträger, Oberkonsistorialrat Christoph Ehricht, ist 2015 in den Ruhestand verabschiedet und mit Empfängen in Kiel und Greifswald ausführlich geehrt worden. Der einzige nun im Amt verbleibende ehemals Stasi-belastete Pastor ist Gunnar Fischer, der 1995 des Amtes enthoben worden und über den eine zweijährige Dienstsperre in der Pommerschen Kirche verhängt worden war. Er steht nach zwischenzeitlichen anderen Beschäftigungen in der Landeskirche seit Mai 2013 als Pastor zur besonderen Verwendung nun im Dienst der Nordkirche.[1476] Ist nun also endlich alles gesagt, und kann man das Thema „Greifswalder Weg" als abgeschlossen betrachten?
Nein, wir sind mitten drin. Ein Ende der Zeitgeschichte gibt es nicht, denn die Kinder und Enkel der ehemals beteiligten Generationen „erben" ihr Bild von der DDR, so Elisa Goudin-Steinemann und Carola Hähnel-Mesnard in einer Aufsatzsammlung: Variationen des Erinnerns der DDR.[1477] „Die ostdeutsche Identität", so die Herausgeberinnen, „wird nicht nur von den Generationen aufrechterhalten, die in der DDR lebten und deren Lebenserfahrung wesentlich von ihr geprägt wurde [...], sondern auch von den jüngeren Generationen der Wende- und teilweise auch Nachwendekinder."[1478]
Ausgangspunkt ist die Feststellung, im deutsch-deutschen Zusammenleben habe sich noch immer kein gemeinsames Identitätsgefühl eingestellt; Kultur,

---

1476 Vgl. Pommerscher Evangelischer Kirchenkreis/Personalmeldungen. Online verfügbar unter URL: *http://www.kirche-mv.de/Personalmeldungen-PEK-2013.1889.0.html* [Stand: 14.3.2016].

1477 Vgl. Elisa Goudin-Steinemann, Carola Hähnel-Mesnard (Hg.): Ostdeutsche Erinnerungsdiskurse nach 1989. Narrative kultureller Identität (DDR-Diskurse – Interdisziplinäre Studien zu Sprache, Land und Gesellschaft, Bd. 1), Berlin 2013.

1478 Vgl. ebd., S. 13.

Politik, Mentalität würden immer noch sehr unterschiedlich wahrgenommen. Es gebe noch eine „geteilte Wirklichkeit".[1479] Aus der Kombination von selbsterfahrener Geschichte, erinnerter Tradierung und Identitätskonstruktion ergebe sich ein „privates" Geschichtsbild, das die Ergebnisse gesellschaftlicher und wissenschaftlicher Aufarbeitung ignorieren und konterkarieren könne.[1480]

Die Auswirkungen erlebter oder „geerbter" Traumata auf die Angehörigen der zweiten Generation können bisher nur in groben Zügen ermessen werden, so Harald Freyberger, Professor für Psychiatrie und Psychotherapie in Greifswald. Untersuchungen hätten aber gezeigt, dass Kinder in den betroffenen Familien – solchen, die in der DDR Repressionen ausgesetzt waren und solchen, die zum Unterdrückungsapparat gehört hatten, deutlich höher als in Vergleichsgruppen gewesen seien.[1481] Freyberger et al. kommen zu dem Schluss, dass bei den bisher angenommenen ca. 300.000 von Repression Betroffenen „wenigstens 100.000 Personen eine manifeste psychische Störung im Sinne einer posttraumatischen Belastungsstörung oder einer anderen psychischen Störung entwickelt haben und die Anzahl chronifizierter psychischer Erkrankungen auf wenigstens 50.000 zu schätzen ist".[1482] Die Traumaweitergabe sei zwar ein „Alltagsphänomen", aber eines, das im Alltag nicht leicht zu erkennen sei.[1483]

Fair und transparent wollten all jene sein, die seit November 1989 an einem Neuanfang in der Landeskirche gearbeitet hatten. Die Bischöfe, die Aufarbeitungsgremien und ihre Mitglieder, die Besucher und Akteure der Anhörungen im Jahr 2000, und die Autoren der durch die Landeskirche in Auftrag gegebenen Arbeit zur Domeinweihung[1484] haben 25 Jahre lang an einer innerkirchlichen Verständigung gearbeitet. Aber nach anfänglichen Zeichen der Annäherung und der partiellen Schuldeingeständnisse Einzelner blieb der Prozess stecken. Die eigene Registrierung als IM des MfS wird inzwischen ganz verschwiegen und stattdessen die Rolle des unterdrückten Pastors in der DDR angenommen – so Christoph Ehricht in einem von der Bundesstiftung Aufarbeitung im Jahr 2013 mitfinanzierten Heft zu Kirchen

1479 Vgl. ebd., S. 11.

1480 Vgl. ebd., S. 13.

1481 Harald J. Freyberger: Transgenerationale Traumaweitergabe unter spezieller Berücksichtigung von Nationalsozialismus und SED-Diktatur, in: Bis ins vierte Glied, hg. von Anne Drescher et al., Schwerin 2014, S. 42 ff.

1482 Vgl. Harald Freyberger, Jörg Frommer, Andreas Maercker, Regina Steil: Gesundheitliche Folgen Politischer Haft in der DDR, Dresden 2003, hg. von der Konferenz der Landesbeauftragten für die Unterlagen des Staatssicherheitsdienstes der ehemaligen DDR, S. 26.

1483 Vgl. Glaesmer (2014), S. 29.

1484 Vgl. Irmfried Garbe/Wolfgang Nixdorf (2005). Neben Nixdorf und Garbe gehörten Gunther Kirmis, Martin Holz, Christel Wolf und Norbert Buske dazu.

in der DDR[1485] –, oder die Stasi-Kontakte werden als normal und notwendig dargestellt mit der überraschenden Schlussfolgerung, es habe gar „keine IM im Greifswalder Konsistorium" gegeben – so der Titel eines Leserbriefes an die FAZ im August 2014 von Hans-Martin Harder.[1486] Hat die Aufarbeitung den belasteten Personenkreis erreicht, die sogenannten „Täter"? Nein. Aufarbeitung im Sinne einer umfassenden Reflexion eigenen Tuns verbunden mit einem positiven Ende hat es und konnte es nicht geben. Ein Nachdenken aber und eine über die offenen Gräben hinweggeführte Diskussion zwischen allen Beteiligten hätte es geben können, gab es aber nicht, wie die Züssower Anhörungen deutlich gemacht haben. Die Reflexion über die Vergangenheit der pommerschen Kirche hat weitgehend ohne sie funktioniert und wird auch in Zukunft auf eine konstruktive Einbindung derjenigen verzichten müssen, die bisher so stark kritisiert wurden. Und sie könne trotzdem heilend sein, so Propst i. R. Friedrich Harder, wenn nicht die Mitarbeiter des MfS, hauptamtliche wie inoffizielle, im Mittelpunkt stünden, sondern die Betroffenen:

„Der Schlüssel zur Aufarbeitung sind die Opfer. Sie sind Opfer der Stasi, nicht der Kirche, das darf man 25 Jahre nach der Wende nicht vergessen. Sie müssen sich noch einmal auf den Weg machen und ihren Platz neu suchen, und wenn sie das geschafft haben, dann haben sie wirklich ein Opfer für die Gesellschaft gebracht. Das ist eigentlich eine Überforderung, aber nur dann, wenn die Opfer ohne Rache und Vergeltung auf die Vergangenheit zurückblicken können, ist es uns als Gemeinschaft möglich, einen Neuanfang zu machen. Gleichzeitig müssen wir auch die Gemengelage, die sich aus Persönlichkeit, fachlichen Differenzen und dem unsäglichen Tun der Staatssicherheit und der SED ergaben, klar als solche sehen und dürfen den Opfern ihre Anerkennung nicht versagen. Die Aufarbeitung hängt an den Opfern und an ihrer menschlichen Größe. Wir täten alle gut daran, uns davon anstecken zu lassen."[1487]

Hier liegt noch ein Stück Weg vor dem Kirchenkreis Pommern, ebenso wie vor allen anderen ehemaligen DDR-Landeskirchen, denjenigen zu danken, die auf unterschiedliche Weise und aus unterschiedlichen Gründen „Nein" zu Stasi und SED gesagt haben.

1485 Christoph Ehricht (2013).

1486 „Kein IM im Greifswalder Konsistorium", Leserbrief von Hans-Martin Harder, in: FAZ, Ausgabe 179 (2015) vom 8.5.2015, S. 8.

1487 Gespräch mit Friedrich Harder am 22.03.2016.

Anhang

Dokumentenverzeichnis

Dokumente

Einsam oder gemeinsam?

Das scheint seit langem die Frage nach dem Weg in unserer Landeskirche zu sein. Der Dom ist jüngst zur Spitze eines einsamen Eisberges geworden. Das neue Haus in Zinnowitz hängt auch an dieser Spitze. Das Bischofshaus auf Hiddensee ist nicht vergessen. Vom Bugenhagenjubiläum sind reichlich Medaillen übriggeblieben und so weiter. Ist der Weg unserer Landeskirche noch ein gemeinsamer Weg, oder ist es der einsame Weg einzelner Leute in der Leitung? Im Umfeld dieser Frage ist jüngst mehr nachgedacht worden als bisher. Aber wirklich schon genug? Ein Forum dazu hatte am 6. Mai im Jakobiturm in Greifswald ein erstes Zeichen gesetzt. Einzelne Artikel in unserer Kirchenzeitung haben darauf Bezug genommen. Auch die Ermunterung eines Kommentators, die Probleme auch in unserer Landeskirche deutlicher zu benennen, hat Frucht getragen. So ist in einem der Leserbriefe (DIE KIRCHE Nr. 21) zu lesen: „Wenn die breite Meinung weiter ignoriert und diskriminiert wird, provoziert das die Vertrauensfrage." Für viele Gemeindeglieder und Mitarbeiter ist dies bereits geschehen. Sie fühlen sich in wichtigen Bereichen des kirchlichen Lebens durch ihre Leitung nicht mehr vertreten. Das berührt sowohl wirtschaftliche Gesichtspunkte als auch die Beurteilung der geistlichen Situation sowie die Vertretung der Kirche vor staatlichen Instanzen. Spätestens an dem starken Repräsentationswillen des Bischofs scheinen sich die Geister nun zu scheiden. Kann und darf sich der Weg unserer Landeskirche so fortsetzen? Ist es nicht an der Zeit, endlich im Klartext darüber zu reden? Natürlich kann „Klartextreden" nicht eine radikale Einseitigkeit in der Beurteilung bedeuten, wohl aber bedeutet dies eine etwas klarere Markierung der Ziele in der unklaren Zeit, die wir durchleben.

Die Vorbereitungsgruppe für das nächste Forum zum weiteren Weg unserer Landeskirche am 24. September um 16 Uhr im Jakobiturm in Greifswald macht zum „Klartextreden" folgenden Vorschlag:
Mancher hat seinen Unmut, seinen Ärger, schon ausgesprochen. Schreiben Sie es doch einmal auf! Sicher liegen auch unveröffentlichte Artikel in den Schubkästen — schicken Sie diese ab!
Lassen Sie sich durch diesen Aufruf ermutigen, Ihr Schweigen zu brechen. Sie können mit Ihrem Namen, als Gruppe oder Konvent zeichnen. Es ist auch möglich, daß auf Wunsch eines Absenders ausnahmsweise sein Name nicht bekanntgegeben wird. Wenn Sie der Meinung sind, daß der einsame Weg einzelner Leute in der Leitung nicht fortgesetzt werden darf, dann schreiben Sie Ihre Gründe und Gedanken auf. Schicken Sie Ihre Meinung dazu bitte an die Vorbereitungsgruppe unter der Adresse: Evangelische Studentengemeinde, zu Händen von Pfarrer A. Noack, Karl-Marx-Platz 15, Greifswald, 2200.
Vielleicht wird es durch das Forum möglich sein, daß Ihre „Klartexte" die Landessynode nötigen, sich ebenfalls zu entscheiden: einsam oder gemeinsam.

Rainer Berndt

Dok. 1: Berndt, Rainer: „Einsam oder gemeinsam?", in: die kirche. Evangelische Wochenzeitung (Greifswalder Ausgabe), Jg. 44 (1989), Ausgabe 31/1989 vom 30.07.1989.

Dok. 2: „Der Dom und Greifswald. Eine theatralische Inszenierung" (Privatarchiv Arndt Noack mit freundlicher Genehmigung von Bernd Schröder).

Dok. 3: Karikatur von Torsten Hennig vom Juni 1989 (Privatarchiv Torsten Hennig).

Briefwechsel zwischen dem Bischof zu Greifswald, Dr. Horst Gienke, und dem Vorsitzenden des Staatsrates der DDR, Erich Honecker

Verbunden in angestrengter guter Arbeit für das Wohl der Bürger der DDR

Berlin (ADN). Nach der Teilnahme des Vorsitzenden des Staatsrates der DDR, Erich Honecker, am Gottesdienst zur Wiedereinweihung des Doms St. Nikolai zu Greifswald am 11. Juni 1989 und der Begegnung mit Würdenträgern der evangelischen Kirche hat der Bischof zu Greifswald, Dr. Horst Gienke, Erich Honecker seinen Dank ausgesprochen. Diesen Brief hat der Vorsitzende des Staatsrates mit einem Schreiben beantwortet, in dem er feststellt, man solle diesen Tag als Erlebnis gegenseitigen Vertrauens und gemeinsamer Verantwortung für unser Land bewahren. Die Briefe haben folgenden Wortlaut:

Vertrauensvolles Miteinander von Staat und Kirche sichtbar gemacht

Brief von Dr. Horst Gienke

Greifswald, 3. Juli 1989

An den
Vorsitzenden des Staatsrates der Deutschen Demokratischen Republik
Herrn Erich Honecker
Am Marx-Engels-Platz
Berlin

Sehr geehrter Herr Staatsratsvorsitzender!

Am Sonntag vor drei Wochen waren Sie unser Gast bei der festlichen Wiedereinweihung des Greifswalder Doms, und wir waren anschließend Ihre Gäste beim Gespräch im Rathaus. Inzwischen hat der 11. Juni in Greifswald ein lebhaftes Echo in unserem Land und weit darüber hinaus ausgelöst. Viele frohe, ja begeisterte Stimmen haben mich erreicht, aber auch harter Widerspruch. Sie werden selber davon wissen.

Ich möchte Ihnen deshalb ausdrücklich noch einmal dafür danken,

- daß Sie nach Greifswald in unseren Gottesdienst gekommen sind und vor aller Augen den Willen unseres Staates und seiner führenden Partei zu einem ehrlichen und vertrauensvollen Miteinander mit den Christen und Kirchen unseres Landes unmißverständlich sichtbar gemacht haben,
- daß Sie bei unserer kurzen Begegnung im Rathaus so klar von der unbeirrten Fortführung des kirchenpolitischen Weges vom 6. März 1978 und der Offenheit für alle Gespräche zwischen der Regierung und den Kirchen des Bundes der Evangelischen Kirchen in der DDR gesprochen haben,
- daß Sie vielen Menschen in unserem Land und weit darüber hinaus durch die Fernsehübertragung des Gottesdienstes eine große Freude bereitet haben und jedem Gelegenheit gaben, sich selber ein Bild von klarer Trennung von Staat und Kirche und gerade darum zugleich vom achtungsvollen und vertrauensvollen Miteinander zu verschaffen,
- daß die Presseberichterstattung über das Ereignis in unseren Medien außerordentlich korrekt, sachgemäß und breit erfolgte – im Unterschied zu manchen Zeitungen, vor allem Kirchenzeitungen in beiden deutschen Staaten.

Der 11. Juni ist ein Faktum, das als Zeichen weiterwirken wird, auch gerade bei Kritikern. Die Breite unserer Gemeinden und unserer Bevölkerung ist ohnehin voller Freude und fühlt sich auf dem Weg des täglichen Miteinanders ermutigt.

Darf ich Sie herzlich bitten, sehr geehrter Herr Staatsratsvorsitzender, nach wie vor selber für eine lebendige Fortführung des sachlichen, vertrauensvollen und freimütigen Gespräches zwischen staatlichen und kirchlichen Vertretern auf allen Ebenen Sorge zu tragen und durch immer neue Schritte vor Ort Gleichberechtigung, Gleichachtung und Chancengleichheit der Christen in unserer Gesellschaft zu einer unumkehrbaren Realität werden zu lassen.

Ich bin und bleibe über den 11. Juni in Greifswald sehr froh, weil alles Geschehen dieses Tages so energisch unterstrichen hat: Nur im Miteinander von Marxisten und Christen in unserer Gesellschaft gibt es einen guten Weg in die gemeinsame Zukunft. An Arbeit auf diesem Weg wird es uns nicht fehlen.

Mit freundlichen Grüßen und mit vorzüglicher Hochachtung
Ihr

H. Gienke

Gemeinsam in der Verantwortung für eine friedlichere Welt

Antwortschreiben von Erich Honecker

Herrn
Bischof Dr. Gienke
Rudolf-Petershagen-Allee 3
Greifswald

Sehr geehrter Herr Bischof!

Für Ihren Brief vom 3. Juli 1989 danke ich Ihnen aufrichtig. Ich erinnere mich gern an meinen Besuch in Greifswald. Es war gut, die herzliche Gemeinschaft jener Menschen persönlich zu erfahren, die nach jahrelanger Bauzeit und nach so hohem persönlichen Einsatz ihr Gotteshaus wieder für ein vielfältiges kirchliches Leben in Besitz nahmen. Mit Ihnen und der Gemeinde habe ich mich darüber gefreut.

Es ist meine – durch den Besuch in Greifswald erneut bestätigte – Überzeugung, daß unsere Gemeinsamkeit größer ist als das, was uns unterscheidet. Die 40jährige Geschichte der DDR wurde auch durch das schöpferische Mittun von Millionen Gläubigen geschrieben. Sie haben in Gemeinschaft mit allen Bürgern durch ihren täglichen Fleiß, ihr Engagement in Familie, Beruf und Gesellschaft verantwortungsbewußt unser sozialistisches Leben mitgestaltet und so eindrucksvoll das humanistische Anliegen des christlichen Glaubens zu konkreter Welt- und Gesellschaftsverantwortung geführt. Auf diesem Weg wurden Wertvorstellungen verwirklicht, nach denen die Menschen das Recht haben auf Leben und Frieden, auf Arbeit und Bildung, auf Obdach und ihr täglich Brot.

Heute leben wir in einer Welt erster positiver Signale für eine Wende zum Besseren in den internationalen Beziehungen, für die wir miteinander und jeder an seinem Platz tätig sind. Es ist unsere gemeinsame Verantwortung, entgegen allen Bedrohungen und Gefährdungen unseren Kindern und Enkeln eine friedlichere Welt zu hinterlassen.

Ich bitte Sie und die Domkirchgemeinde, die mich am 11. Juni so freundlich aufgenommen hat, diesen Tag als Erlebnis gegenseitigen Vertrauens und gemeinsamer Verantwortung für unser Land zu bewahren. Wir haben miteinander nur diese eine Heimat, und wir haben uns in ihr wohnlich und menschlich eingerichtet. Unsere sozialistische Gesellschaft wird auch in Zukunft so gut sein, wie wir sie gemeinsam gestalten.

Seien Sie versichert, unser sozialistischer Staat wird unbeirrt an Geist und Buchstaben der Begegnung vom 6. März 1978 festhalten. Offenheit, Berechenbarkeit, Sachlichkeit und Konstruktivität haben sich – bei klarer Trennung von Staat und Kirche – als gute Normen unseres gemeinsamen Weges erwiesen. Auch in Zukunft werden die Achtung vor der Überzeugung und dem Auftrag des anderen, Toleranz und Verständnis unser Zusammenleben in diesem Land bestimmen, werden die Bürger gleichgeachtet, gleichberechtigt, gleichverpflichtet unsere sozialistische Heimat mitgestalten können.

Ich grüße Sie und die Mitglieder des Kirchenvorstandes von St. Nikolai in Greifswald in der Verbundenheit unserer angestrengten, schönen und guten Arbeit für das Wohl der Menschen unserer Deutschen Demokratischen Republik.

Mit freundlichen Grüßen

E. Honecker

Berlin, den 18. Juli 1989

Dok. 4: Briefwechsel Gienke/Honecker vom 19. Juli 1989 (Neues Deutschland, 44. Jg. [1989], Nr. 168, S. 1).

„Gespräch ‚Advokat' 9.9.87 – Auszug 17.11.87

‚Ich bin für jeden Kontakt zu haben, der der Sache dient. Es gibt natürlich auch Dinge, die ich Ihnen nicht sagen kann, die auch der Sache nicht dienlich wären, wenn wir uns darüber unterhalten würden. Das ist wahrscheinlich wesentlich weniger, als man allgemein annimmt. Ich bin immer dafür, wird müssen daran interessiert sein, daß die Motive unseres Handelns auch bei Ihrer Dienststelle bekannt sind. Die Kontakte, die ich bisher zu Vertretern der Staatssicherheit gehabt habe, haben mir eigentlich den Eindruck vermittelt, daß in Ihrem Dienstbereich ein erheblich größeres Maß an Verständnis für unsere Situation besteht als bei den staatlichen Stellen. Das liegt natürlich auch an der Qualifikation, die uns da entgegenkommt, das ist natürlich auf der Ebene der Kreise sehr verschieden. Ich muß aber sagen, wir sind damit ganz gut gefahren, auch wenn wir es nicht an die große Glocke hängen und auch nur auf die wichtigen Dinge beschränken. Jeder Staat hat seinen Sicherheitsapparat, und ein Staat wie die DDR [hat] aufgrund der besonderen geschichtlichen Entwicklung und aktuellen Situation ein größeres Bedürfnis nach Sicherheit […], als manch anderes Land. Von der Warte empfinde ich es als angenehmer, wenn Sie von uns direkt die Informationen bekommen, als wenn Sie sie aus zweiter Hand bekommen und sich erst einen Vers darauf machen müssen.'
Auf die Notwendigkeit der absoluten Vertraulichkeit hingewiesen, betonte ‚Advokat', daß er von seiner Seite weder im Bereich der Stadt Greifswald (Bürgermeister, RdK KD) noch zum RdB und der BL der SED über seine Kontakte zum MfS informieren wird. ‚Ich sehe darin überhaupt keinen Sinn und keine Notwendigkeit. Trotzdem wird die Masse der Kontakte und Probleme über den RdB laufen. Ich kann mir jedoch gut vorstellen, daß gerade in Krisenzeiten die Kontakte zum MfS sich als sehr stabil und stabilisierend auswirken könnten. Das ist für mich auch ein wesentliches Moment für diesen Kontakt. Und ich sehe schon, daß Ihr Organ ein[en] wesentlichen Beitrag zum konstruktiven Staat-Kirche-Verhältnis geleistet hat.'
Durch ‚Advokat' wurde [der] Vorschlag angenommen, bei bestimmten Problemen rechtzeitig den MA [Mitarbeiter] anzurufen, um mögliche[n] Konfrontationen und Belastungen rechtzeitig zu begegnen. Es erfolgte dann der Hinweis, daß durch die KD [Kreisdienststelle] in bestimmten Fällen mit Gliedern/Amtsträgern der Kirche das Gespräch geführt wird. ‚Ist mir bekannt, die landen ja auch bei mir. Ich will Ihnen ganz ehrlich sagen, ich rate im Allgemeinen für den durchschnittlichen kirchlichen Mitarbeiter von Kontakten ab, wenn Leute angesprochen werden. Ich meine schon, das sollte

nicht zum allgemeinen Spiel werden, und mir geht es manchmal ein bißchen weit. Ich kann das Informationsbedürfnis ja gut verstehen, aber man sollte es immer in bestimmten Grenzen halten, denn es darf nicht dabei rauskommen, daß an Stellen frisch abgezapft wird, wo es ziemlich unvergoren rauskommt. Insofern rate ich zu Kontakten mit den staatlichen Stellen in geordneten Bahnen. Schon die Kontakte zu den KL der SED beschränken wir auf einen bestimmten Kreis von Mitarbeitern. Der normale Gang ist eben der Weg zum Stellv. für Inneres. Andererseits bin ich immer dafür, daß ein Sup[er]intendent guten Kontakt zur KL, zum 1. Sekretär unterhält. Es gibt aber zuviel Diakone und Katecheten usw., die die verschiedensten Kontakte haben und das auch gut finden, aber dabei kommt zuviel Unsicherheit in das Geschäft.'
Dem Kand. wurde dann die Notwendigkeit von Kontakten zur Jugendarbeit oder ESG erläutert, da er oftmals selbst keine Kenntnis von bestimmten Vorgängen besitzt (Zustimmung) und diese brisante[n] Bereich darstellen. Es wurde vereinbart, daß bei bekanntgewordenen Problemen im Ergebnis von Kontakten ‚Advokat' darüber den MA in Kenntnis setzt, bevor eventuell andere öffentliche Schritte unternommen werden.
‚Derzeit sehe ich hier keine Beschwernisse. Wir hatten das Mal vor Jahren, daß alle möglichen Leute da ausschwärmten in einem erheblichen Umfang und mit Mitarbeitern und Laien Kontakte machten. Das haben wir dann über den RdB angesprochen und die Aktivitäten Ihres Organs hörten auch prompt auf. Das war wohl nach einer Konstituierung einer Synode, also ein massierter [sic!] Angriff Ihres Organs auf alle möglichen Synodalen, Kontaktaufnahmen und die waren dann auch alle sehr verunsichert. Aber das wurde dann kurzfristig geklärt und war eine einmalige Sache. Sonst kann ich mich darüber nicht beklagen und wenn einer kommt und sagt, er möchte das nicht, dann rate ich ihm hinzugehen und dies auch so zu sagen.
Wie gesagt, für uns beide sehe ich den Kontakt als sehr nützlich an. Wir sitzen ja nun an verschiedenen Enden des Tisches, aber immer an einem Tisch und ziehen auch am gleichen Ende des Strickes, und da ist es schon ganz gut, wenn man die jeweilige Position auch genau kennt.
Wir müssen uns auch bemühen, uns in die Lage des staatlichen Partners zu versetzen, und das fällt uns auch manchmal recht schwer.'

Wegner, Oltn."

Dok. 5: „Gespräch Advokat 9.9.87 – Auszug" IM „Dr. Winzer" (BStU, BV Rostock, AIM 4155/90, Bd. I/1, Bl. 83–86, Umschrift).

Abteilung XX/4

Rostock, 29. August 1985
we-schd

Maßnahmeplan
zur Bearbeitung des OV "Pharisäer"

Die operative Bearbeitung des OV "Pharisäer" erfolgt primär mit der Zielstellung der Erarbeitung von dringenden Verdachtsgründen der Begehung einer Straftat gemäß § 99 StGB - landesverräterische Nachrichtenübermittlung - durch den Verdächtigen, Nixdorf, Wolfgang sowie zum Nachweis des Mißbrauchs der beruflichen Tätigkeit durch die bearbeitete Person hinsichtlich der Belastung des Staat-Kirche-Verhältnisses und zur Verhinderung einer feindlichen Ausstrahlung im kirchlichen Raum.

Zur Realisierung der Zielstellung erfolgt die Einleitung und Umsetzung folgender Maßnahmen:

Maßnahmen	Zielstellung
1. Einsatz des IMB "Hiller" T. laufend v. Hptm. Fiedler	- Erarbeitung von Informationen über Auftreten und Aktivitäten des N. im Konsistorium - Einschätzung der Art und Weise der Wahrnahme der beruflichen Funktion, insbesondere im Umgang mit internen Informationen - Bewertung aller Aktivitäten aus politischer Sicht sowie in Beziehung zur politischen Linie Bischof Gienkes - innerkirchliche Auseinandersetzung zur Verhinderung des Mißbrauchs der beruflichen Funktion - Erarbeitung von Informationen zu Kontakten des N. mit Korrespondenten des NSA sowie zum übrigen Umgangskreis - Informationsgewinnung zur Persönlichkeit des N., zum Freizeit-, Familien- und Wohnbereiches
2. Einsatz des IME "Orion" T. laufend v. Hptm. Fiedler	- Einschätzung der Art und Weise der Ausübung der beruflichen Tätigkeit - innerkirchliche Disziplinierung bei Mißbrauch der Funktion des N. sowie zur vorbeugenden Verhinderung einer feindlichen Ausstrahlung

Dok. 6: BStU, BV Rostock OV „Pharisäer", I 726/88, Bd. I, Bl. 13–15 „Maßnahmeplan zur Bearbeitung des OV ‚Pharisäer'" vom 29.8.1985 (Privatarchiv Nixdorf)

(12) 10

3. Prüfung Einsatz des IM-Kandidaten "Erich"

T. Ende 1985
v. Hptm. Fiedler

- Bewertung und Kontrolle des Wirksamwerdens des N. im Konsistorium
- Einschätzung der Ausstrahlung und des Einflusses im kirchlichen Raum
- Einschätzung der Position des N. zur aktuellen Gestaltung Staat-Kirche-Verhältnis

4. Peripherer Einsatz des IMS "Murner"

- Erarbeitung von Informationen zur Ausübung der beruflichen Tätigkeit des N.
- Feststellung von offiziellen und inoffiziellen Kontakten zu Korrespondenten des NSA, Art und Charakter der Kontakte
- Einschätzung der aktuell politischen Position des N. und Haltungen zu differenzierten politisch gesellschaftlichen und kirchlichen Erscheinungen und Problemen

5. Einleitung von Aufklärungsmaßnahmen zum Wohn- und Freizeitbereich mit Unterstützung der KD Greifswald

T. 30. 9. 1985
v. Ltn. Wegner

- Gewinnung von Informationen zu
  - . Familiensituation
  - . Freundskreis
  - . Tätigkeit und politische Einstellung Ehefrau und Kinder
  - . Gestaltung Freizeit, Hobbys
  - . wirtschaftliche Lage

6. Einleitung von Maßnahmen der Abt. 26, insbesondere in Vorbereitung und Durchführung bedeutsamer kirchlicher Veranstaltungen

T. 1. 9. 1985
v. Ltn. Wegner

- Erarbeitung zielgerichteter Hinweise auf:
  - . Verbindungen in das NSA und der DDR
  - . Charakter der Verbindungen
  - . Kontakte zu NSA-Korrespondenten, Inhalt der übermittelten Informationen
  - . politische Haltung
  - . Einschätzung von Problemen, Veranstaltungen u.ä.
  - . geplante Aktivitäten
- Erarbeitung inoffizieller Beweise entsprechend der Zielstellung

7. Einleitung von Fahndungsmaßnahmen der Abt. M. zu N.

T. 1. 9. 1985
v. Ltn. Wegner

- Erarbeitung von Informationen zu
  - . Verbindungen in das NSA
  - . Charakter der Verbindungen
  - . beabsichtigte Aktivitäten
  - . übermittelten Informationen

11

3

8. Einleitung von Fahndungsmaßnahmen bei der HA VI, AGV T. 13. 9. 1985 v. Ltn. Wegner	Feststellung von Verbindungen, Einflußnahme auf geplante Einreisen
9. Aufklärung des Inhalts und Charakters bestehender operativer interner Verbindungen T. laufend v. Ltn. Wegner	- Erarbeitung von Informationen entsprechend der Zielstellung
10. Überprüfung der interessierenden NSA-Korrespondenten in der Abt. XII, Koordinierung politisch-operativer Maßnahmen mit der Abt. II bzw. den zuständigen DE T. 15. 10. 1985 v. Ltn. Wegner	- Gewinnung von bereits bekannten Informationen zu den interessierenden Korrespondenten - Klärung des Charakters ihrer Verbindungen zur Person N. - Prüfung des Einsatzes von Quellen der Abt. II zur Bearbeitung des N.
11. Überprüfung des N. in Speichern des MfS/DVP T. 13. 9. 1985 v. Ltn. Wegner	- Prüfung von Erfassungen und vorhandener Informationen - Feststellung von Verbindungen
12. Prüfung des Einsatzes der Abt. VIII bei ausgewählten kirchlichen Veranstaltungen T. entsprechend op. Relevanz v. Ltn. Wegner	- Feststellung von Kontakten und Verbindungen
13. Erarbeitung von Hinweisen über Personen aus dem Umgangskreis der Familie im Wohn-, Freizeit- und Arbeitsbereich T. 15. 10. 1985 v. Ltn. Wegner	- Prüfung auf mögliche IM-Kandidaten
14. Erarbeitung eines Zwischenberichtes und Festlegung weiterführender Maßnahmen T. 28. 2. 1986 v. Ltn. Wegner	- Analyse des Bearbeitungsstandes entsprechend der Zielstellung - Klärung der weiteren Bearbeitung

Wegner
Ltn.

Leiter der Abteilung

Klawun
Major

Referatsleiter

Fiedler
Hptm.

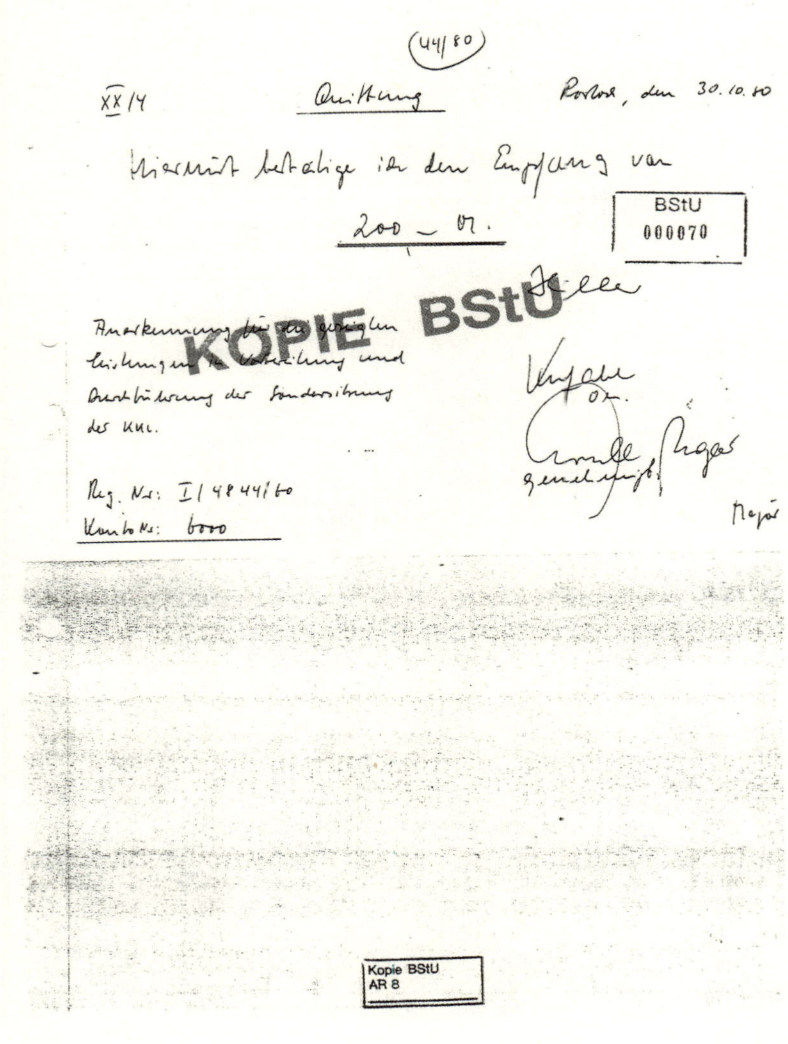
(44/80)

XX/14 Quittung Rostock, den 30.10.80

Hiermit bestätige ich den Empfang von

200,– M.

Anerkennung für die gezeigten Leistungen in Vorbereitung und Durchführung der Sondersitzung des KKL.

Reg. Nr.: I/4844/60
Konto-Nr.: 6000

genehmigt

Major

Dok. 7: IM „Hiller“ (Siegfried Plath); BStU, ASt, Rst, AIM 0243/91, Bd. III/1, Bl. 70.

Bezirksverwaltung für
Staatssicherheit Rostock

Rostock, 10. März 1986

Koordinierungsvereinbarung
zur langfristigen Planung und Organisation der politisch-operativen Abwehrarbeit in der Evangelischen Landeskirche Greifswald (ELKG) für den Zeitraum 1986 bis 1991

Bezirksverwaltung für
Staatssicherheit Rostock
Stellvertreter Operativ

Amthor
Oberst

Bezirksverwaltung für
Staatssicherheit Neubrandenburg
Stellvertreter Operativ

Fischhaber
Oberstltn.

Leiter der Hauptabteilung XX

Kienberg
Generalmajor

Dok. 8: Koordinierungsvereinbarung zur langfristigen Planung und Organisation der politisch-operativen Abwehrarbeit in der Evangelischen Landeskirche Greifswald (ELKG) für den Zeitraum 1986 bis 1991 vom 10. März 1986 (BStU, BV Neubrandenburg, Abt. XX-171).

2

O. Strukturübersicht zur ELKG

Das Kirchengebiet der ELKG erstreckt sich über die Bezirke

- Rostock
  (Kreise Stralsund, Rügen, Grimmen, Greifswald, Wolgast, einige Gemeinden des Kreises Ribnitz-Damgarten),
- Neubrandenburg
  (Kreise Anklam, Pasewalk, Ueckermünde, Altentreptow, Demmin),
- Frankfurt (Oder)
  (Kreis Gartz)

und umfaßt eine Fläche von etwa 7 500 km².

Die ELKG ist in die beiden Propsteien

Stralsund und Pasewalk

mit jeweils sieben Kirchenkreisen und den selbständigen Kirchenkreis Greifswald-Stadt untergliedert und umfaßt insgesamt 356 Kirchgemeinden mit ca. 210 Pastoren.

Die Kirchenleitung, mit dem Bischof als Vorsitzenden an der Spitze, zählt 15 Mitglieder.

Die Synode der ELKG besteht aus Mitgliedern und setzt sich zusammen aus

- 5 Mitgliedern der Kirchenleitung
- 7 Vertreter der Superintendenten
- 45 Vertreter der 15 Kirchenkreise (jeweils drei)
- 10 Vertreter der Aufgabenbereiche
- 5 Mitglieder aus den kirchlichen Werken und Ausbildungsstätten
- 1 Vertreter der Sektion Theologie
- 4 berufene Glieder.

Das Evangelische Konsistorium als Funktionalorgan der ELKG setzt sich aus 7 Mitgliedern und 7 Referenten sowie ca. 50 Angestellten zusammen.

Aus dem Bereich der ELKG gehören

- 5 Personen der Synode des BEK in der DDR,
- 3 Personen der Synode der EKU,
- 2 Personen der Konferenz der Kirchenleitungen (KKL)

an.

1. Politisch-operative Situation in der ELKG

Die politisch-operative Situation in der ELKG, insbesondere innerhalb kirchenleitender Gremien und Einrichtungen sowie unter kirchlichen Amtsträgern und Mitarbeitern, ist im wesentlichen geprägt durch eine stabile konstruktive und politisch realistische Haltung gegenüber dem sozialistischen Staat und den entscheidenden Fragen unserer Zeit.

Grundlage für die Gestaltung des Staat-Kirche-Verhältnisses bildet für den Bischof und die ihn unterstützenden politisch realistischen Kräfte das Gespräch vom 6. 3. 1978.
Die praktische Umsetzung dieses Kurses erfolgt in der verantwortlichen Wahrnahme der kirchlichen Funktionen durch den Hauptteil der Amtsträger zur Ausschaltung von Belastungen im Staat-Kirche-Verhältnis durch direktes Wirksamwerden zur vorbeugenden Verhinderung und Unterbindung eines Mißbrauchs der Kirche.

Diese kontinuierliche Politik der ELKG, die seit der Amtsübernahme Bischof G i e n k e 's mit einer positiven Tendenz verwirklicht wird, fand auch in zunehmendem Maße breitere Unterstützung durch die Kirchenleitung und die Synode. Insbesondere in den letzten beiden Jahren ist infolge kontinuierlicher und zielgerichteter inoffizieller und offizieller Maßnahmen und Einflußnahme zu verzeichnen, daß sich die politisch loyalen und realistischen Kräfte innerhalb der Kirchenleitung und der Synode weiter stärken und profilieren konnten. Keinen geringen Anteil hatte daran die großzügige Unterstützung des Staates bei der Vorbereitung und Durchführung des 9. Kirchentages und der Bugenhagen-Ehrung 1985, die von der Mehrheit der kirchlichen Amtsträger als Beweis für die Richtigkeit des auf Vertrauen und Konstruktivität gerichteten Staat-Kirche-Verhältnisses gewertet wurde.

Der Verlauf und die Ergebnisse der 9. (und letzten) Tagung der VII. Synode der ELKG im November 1985 machen jedoch auch Widersprüche und gegenläufige Haltungen deutlich, die sich auf die Gesamtsituation der ELKG übertragen lassen.

1. Als bestimmende Tendenz wurde ein Erstarken der politisch realistischen Kräfte deutlich, deren offensives Auftreten zur Einschränkung der Wirksamkeit bekannter negativer Synodaler führte, ohne deren Angriffe in vollem Umfang abwehren zu können.

2. Bekannte politisch-negative kirchliche Amtsträger innerhalb der ELKG versuchen weiterhin, die eingeschlagene Entwicklung in ihrem Sinne zu korrigieren, die Positionen der realistischen Kräfte zu schwächen und Gleichdenkende in leitende Funktionen zu etablieren. Dazu wird von diesen klerikalen Kräften insbesondere die Friedens-, Verteidigungs-, Umwelt- und Volksbildungsproblematik im negativen Sinne benutzt und damit in Einzelfällen die einseitige Belastung des Staat-Kirche-Verhältnisses provoziert.

2. Politisch-operative Ziele und Aufgaben bei der Organisierung und Gestaltung der politisch-operativen Abwehrarbeit

Unter Federführung der Abteilung XX/4, BV Rostock, und in enger Koordinierung mit dor HA XX/4 und der Abteilung XX/4, BV Neubrandenburg, ist die politisch-operative Abwehrarbeit auf folgende Zielstellungen auszurichten:

- Weitere Durchsetzung und Gestaltung eines stabilen und kontinuierlichen kirchenpolitischen Entwicklungsweges der ELKG zur Einnahme von staats- und gesellschaftsbejahenden Positionen der kirchenleitenden Gremien, Einrichtungen, Amtsträger und Mitarbeiter.

- Einflußnahme auf die Kirchenleitung und Synode zum positiven Wirken der ELKG im Rahmen des BEK und der EKU sowie im LWB.

- Planmäßige Weiterführung des innerkirchlichen Differenzierungs- und Disziplinierungsprozesses zur Stärkung loyaler und realistischer Kräfte innerhalb der ELKG sowie zum Erkennen, Verunsichern und Zurückdrängen des Einflusses politisch-negativer und feindlicher Personen und Personengruppen.

- Verhinderung eines politischen Mißbrauchs der verfassungsgerechten Wirkungsmöglichkeiten der ELKG zur Organisierung von Erscheinungen der politischen Untergrundtätigkeit, insbesondere zur Schaffung einer staatlich unabhängigen Friedens- und Ökologiebewegung und weiterer alternativer Zusammenschlüsse im Sinne einer "inneren Opposition".

- Planmäßiger qualitativer und quantitativer Ausbau der inoffiziellen Basis im Bereich der Kirchenleitung, der Synode und des Konsistoriums.

- Eindringen in die Partnerschaftsarbeit aller Ebenen der ELKG zur Aufdeckung, Verhinderung und Zurückdrängung des politischen Mißbrauchs dieser Beziehungen für feindliche Pläne und Absichten.

Dazu sind in den Mittelpunkt der politisch-operativen Abwehrarbeit nachstehende Komplexaufgaben zu stellen:

- Zielgerichteter Einsatz von IM in Schlüsselpositionen sowie Schaffung entsprechenden Nachwuchses.

- Verunsicherung und Zurückdrängung des Einflusses klerikaler Kräfte, Stärkung der Positionen realistischer und progressiver Amtsträger, insbesondere in der Kirchenleitung, der Synode, ihren Ausschüssen und im Konsistorium.

- Weiterführung des Klärungsprozesses "Wer ist wer?" mit einer erhöhten Aussagekraft zu den Mitgliedern der Kirchenleitung und den Synodalen.

- Offensive Zurückdrängung des verstärkten feindlichen ideologischen Einflusses klerikaler Kräfte aus der DDR und dem NSA, Aufdeckung und Zurückdrängung von ihnen geplanter negativer bzw. feindlicher Aktivitäten.

- Operative Aufklärung, Bearbeitung und Zersetzung bzw. Zurückdrängung des Einflusses klerikaler Organisationsformen, die als Sammelbecken außerkirchlicher oppositioneller und negativer bzw. feindlicher Kräfte dienen.

- Schaffung perspektivvoller IM in den politisch-operativen Schwerpunkten.

Zur Realisierung der Zielstellungen erfolgt die Konzentation auf folgende Schwerpunkte und Personenkategorien:

- die Kirchenleitung als koordinierendes und leitendes Organ der Landeskirche,

- die Synode der ELKG mit ihren Ausschüssen als beschließendes und weithin wirkendes Organ,

- das Konsistorium als Verwaltungsorgan der LK,

- die Pröpste und Superintendenten als leitende kirchliche Amtsträger in den Propsteien und Kirchenkreisen,

- leitende Mitglieder aus kirchlichen Werken und Ausbildungsstätten.

3. Einschätzung der politisch-operativen Wirksamkeit der IM-Arbeit und sich ergebende Anforderungen und Maßnahmen zur Qualifizierung der IM-Arbeit sowie zur schwerpunktmäßigen Entwicklung und Bearbeitung operativer Materialien

Der gegenwärtige IM-Bestand im Bereich der ELKG gliedert sich entsprechend den Schwerpunkten wie folgt auf:

Kirchenleitung (15 Mitglieder)	2
Synode (60 Mitglieder ohne Kirchenleitung)	2
Pröpste (2)	0
Konsistorium (14 leitende Angehörige)	2
Superintendenten (15)	1
Pastoren (ca. 210)	1

Entsprechend der Dislozierung und der Quantität des IM-Bestandes ist gegenwärtig, mit Ausnahme des Bereiches Kirchenleitung, eine umfassende inoffizielle Lageeinschätzung und Einflußnahme zur Realisierung der politisch-operativen

Zielstellung nicht gewährleistet. Ausdruck dessen ist u. a., daß es klerikalen und politisch-negativen Kräften aus dem Bereich der Landessynode weiterhin gelingt, negative Aussagen in Beschlüssen einzubringen bzw. realistische und positive

Stellungnahmen abzuschwächen. Durch den Einsatz der IM in Schlüsselpositionen wurden bedeutsame Informationen zum kirchenleitenden Bereich und zur Gestaltung der Partnerschaftsarbeit auf der Ebene Kirchenleitung erarbeitet. Insbesondere im Jahre 1985 konnte durch diese IM eine verstärkte politisch-realistische Ausstrahlung in der Kirchenleitung und der Synode erreicht werden. Diese Einschätzung wird insbesondere durch Verlauf und Ergebnisse der Herbsttagung der Landessynode im November 1985 bestätigt.

Zur Realisierung der politisch-operativen Zielstellung ergibt sich die erstrangige Aufgabe, die vorhandene IM-Basis weiter zu qualifizieren und quantitativ auszubauen.

Die Situation des IM-Bestandes im Verantwortungsbereich der ELKG verdeutlicht die Notwendigkeit der Neuwerbungen, vor allem unter Synodalen und Pastoren. Zu beachten ist weiterhin die Gewährleistung des Nachwuchses für den Bereich der Kirchenleitung durch Einleitung langfristiger Maßnahmen. Dazu sind insbesondere kirchliche Amtsträger und Laien auszuwählen, die im Rahmen der Synode der ELKG aktiv tätig sind bzw. die im Rahmen der Neuwahl eingeschleust werden können.

Bei der weiteren Profilierung des IM-Bestandes müssen Neuwerbungen den erhöhten Anforderungen der politisch-operativen Arbeit entsprechen und zu einer wirksamen Erhöhung des Anteils qualifizierter und perspektivvoller IM zur direkten Feindbekämpfung führen. Dabei sind verstärkt Theologie- und kirchliche Fachstudenten schon bei Bekanntwerden des Berufswunsches in der POS oder EOS sowie während des Studiums für eine inoffizielle Zusammenarbeit aufzuklären und zu gewinnen. Dies hat in enger Zusammenarbeit mit den Kreisdienststellen und den Linien Jugend und Studenten der Abteilung XX zu erfolgen.

Zur Realisierung sind konkrete Maßnahmen durch die Leiter der Abteilungen XX festzulegen. Kontaktaufnahmen zu kirchlich gebundenen Personen bedürfen grundsätzlich der Zustimmung der Abteilung XX/4 bzw. des Stellvertreters Operativ.

Die vorhandenen OV und OPK sowie deren Bearbeitungsrichtung und -stand machen eine Qualifizierung dieser Prozesse, insbesondere zur

- Aufdeckung, Bekämpfung und vorbeugenden Verhinderung der politischen Untergrundtätigkeit auf der Grundlage der DA 2/85 des Genossen Minister
- und zur Aufklärung des Umfangs, Inhalts und Charakters der partnerschaftlichen Kontakte sowie der Verhinderung des politischen Mißbrauchs der Partnerschaftsarbeit

dringend notwendig.

Zur Realisierung werden folgende Maßnahmen festgelegt:

- kurzfristige Klärung vorliegender operativ-bedeutsamer Anhaltspunkte im o. g. Sinne entsprechend der objektmäßigen und territorialen Verantwortlichkeit der Abteilung XX/4 und der Kreisdienststellen,
- Entwicklung weiterer operativer Materialien auf der Ebene Kirchgemeinde durch die Kreisdienststellen, insbesondere im Bereich Partnerschaftsarbeit,
- Entwicklung von operativem Material zu Mitgliedern der Kirchenleitung, des Konsistoriums und der Synode durch die Abteilungen XX/4 entsprechend der territorialen Zuständigkeit,
- planmäßige Führung von Absprachen zwischen den Referatsleitern XX/4 und den Leitern bzw. Stellvertretern der Kreisdienststellen zur Koordinierung und Unterstützung der Bearbeitung operativer Materialien.

4. Maßnahmen zur Organisierung und Durchführung der politisch-operativen Abwehrarbeit in der ELKG

4.1. Einflußnahme zur weiteren positiven Ausstrahlung der ELKG im Rahmen des BEK und der EKU, Bereich DDR

Die inoffizielle und abgestimmte offizielle Einflußnahme erfolgt mit der Zielstellung der

- realistischen und positiven Einwirkung auf die Arbeit der KKL und der Bundessynode zur Verhinderung von Versuchen zur Störung des konstruktiven Staat-Kirche-Verhältnisses,
- Zurückdrängung des Einflusses der Kirchen der BRD auf die Leitung des BEK und der Einwirkung der EKU-West auf die EKU, Bereich DDR,
- Gestaltung und Annahme von realistischen und positiven Vorlagen und Beschlüssen der Synoden des BEK und der EKU-DDR,
- weiteren Ausprägung der innerkirchlichen Disziplinierung provokativ auftretender Synodaler.

Zur Realisierung dieser Zielstellung erfolgt der Einsatz der IM der Abteilung XX/4, BV Rostock. Im Rahmen der "Wer ist wer?"-Aufklärung sind die drei Synodalen des BEK aus der ELKG durch die Abteilung XX/4, BV Rostock, in Abstimmung mit den territorial zuständigen Diensteinheiten aufzuklären und zentrale Maßnahmen zur differenzierten Betreuung, insbesondere der staatlichen und gesellschaftlichen Einflußnahme, festzulegen.

Im Ergebnis der Aufklärung erfolgen Festlegungen hinsichtlich der Prüfung und Gewinnung für eine operative Nutzung:

Termin der Aufklärung: Oktober 1986
Verantwortlich: Ref.-ltr. XX/4, BV Rostock
Kontrolle: Leiter der Abt. XX, BV Rostock

4.2. Kirchenleitung

4.2.1. Im Rahmen der "Wer ist wer?"-Aufklärung sind die neu gewählten synodalen Mitglieder der Kirchenleitung in Koordinierung mit den territorial zuständigen Diensteinheiten aufzuklären.
Zu den übrigen Mitgliedern sind aktuelle Auskunftsberichte zu erstellen.

Im engen Zusammenwirken mit dem Staatsapparat und der Partei sind konkrete Maßnahmen zur zielgerichteten Unterstützung und Betreuung realistischer und positiver Kräfte aus dem kirchenleitenden Bereich festzulegen und die Fortführung des innerkirchlichen Differenzierungsprozesses zu unterstützen.

Termin der Aufklärung:	Dezember 1986
Verantw.:	Referatsleiter XX/4, BV Rostock, BV Neubrandenburg
Kontrolle:	Leiter der Abteilung XX, BV Rostock, BV Neubrandenburg

4.2.2. Zur Einschätzung des aktuellen Kräfteverhältnisses und der politisch-operativen Situation in der Kirchenleitung der ELKG im Ergebnis der Frühjahrssynode, der Neuwahl der Kirchenleitung und der Synode erfolgt die Erarbeitung einer Analyse durch die Abteilung XX/4, BV Rostock, unter Zuarbeit der Abteilung XX/4, BV Neubrandenburg.

Termin:	Mai 1986
Verantw.:	Ref.-ltr. XX/4 BV Rostock BV Neubrandenburg
Kontrolle:	Leiter der Abteilung XX BV Rostock BV Neubrandenburg

4.2.3. Zur Realisierung der Aufgabenstellung erfolgt der Einsatz der Quellen der Abteilung XX/4, BV Rostock.

Durch qualifizierte Neuwerbungen, insbesondere unter den synodalen Mitgliedern der Kirchenleitung, ist die inoffizielle Basis in der neuen Kirchenleitung zu erweitern. Hierzu sind in den Jahresarbeitsplänen der beiden Abteilungen XX/4 entsprechend ihrer Verantwortlichkeit konkrete Festlegungen zu treffen.

Termin:	laut Jahresarbeitsplänen
Verantw.:	Ref.-ltr. XX/4 BV Rostock, BV Neubrandenburg
Kontrolle:	Leiter der Abteilung XX BV Rostock BV Neubrandenburg

4.3. Evangelisches Konsistorium

4.3.1. Durch geeignete inoffizielle und offizielle Maßnahmen ist ein bedeutender Erkenntniszuwachs zur Tätigkeit, Struktur und personellen Besetzung des Konsistoriums zu erreichen.

Zu den Referenten und Mitgliedern des Konsistoriums sind aktuelle Auskunftsberichte zu erarbeiten. Durch abgestimmte Einflußnahme über IM und Staatsapparat ist eine Verhinderung von politisch negativen Aktivitäten und eine Disziplinierung reaktionärer Mitglieder und Angestellter zu gewährleisten. Einen Schwerpunkt in der Kontrolle der Tätigkeit des Konsistoriums bildet dabei die Abwicklung partnerschaftlicher und anderer internationaler Kontakte.

Termin Auskunftsberichte: Juni 1987
Verantw.: Ref.-ltr. XX/4
BV Rostock
BV Neubrandenburg
Kontrolle: Leiter der Abteilung XX
BV Rostock
BV Neubrandenburg

4.3.2. Die inoffizielle Basis unter Mitgliedern, Referenten und Angestellten des Konsistoriums ist durch geeignete operative Maßnahmen (Werbung, Einschleusung vorhandener IM) zu vergrößern. Hierzu sind in den Jahresarbeitsplänen entsprechende konkrete Festlegungen zu treffen.

Termin: Jahresplanung 1987 - 1991
Verantw.: Ref.-ltr. XX/4
BV Rostock
Kontrolle: Leiter der Abteilung XX
BV Rostock

4.4. Synode der ELKG

Im November 1985 erfolgte die Neuwahl der Landessynode, die für einen Zeitraum von 6 Jahren amtieren wird (April 1986 bis April 1992). Von den .....72.. gewählten und berufenen Synodalen üben ..33.... Personen erstmals diese Funktion aus. Folgende Maßnahmen sind zu realisieren:

- "Wer ist wer?"-Aufklärung der neu gewählten Synodalen und Erarbeitung aktueller Auskunftsberichte zu den übrigen durch die territorial zuständigen Diensteinheiten
  Termin: Dezember 1986
  Verantw.: Ref.-ltr. XX/4
  BV Rostock
  BV Neubrandenburg
  Kontrolle: Leiter der Abteilung XX
  BV Rostock
  BV Neubrandenburg

4.4.1. Der operative Einsatz der vorhandenen IM in der Synode der ELKG ist jeweils von den Synodaltagungen zwischen den IM-führenden Diensteinheiten konzeptionell abzustimmen.

Schwerpunkte des Einsatzes der IM bilden dabei ihr Wirken zur Stärkung der realistischen Kräfte in der Synode, zur Durchsetzung von positiven Erklärungen und Beschlüssen und zur Verhinderung von negativen bzw. feindlichen Angriffen gegen das Staat- Kirche-Verhältnis.

Im Zusammenwirken mit dem Staatsapparat, der Partei und weiteren gesellschaftlichen Kräften und Einrichtungen sind auf zentraler und örtlicher Ebene konkrete Maßnahmen zur differenzierten und zielgerichteten Unterstützung realistischer und progressiver Synodaler festzulegen und umzusetzen. Für jeden Synodalen sind gesellschaftliche Betreuer verantwortlich zu machen.

Termin:	laufend
Verantw.:	Ref.-leiter XX/4 BV Rostock BV Neubrandenburg
Kontrolle:	Leiter der Abteilung XX BV Rostock BV Neubrandenburg

4.4.2. Die inoffizielle Basis unter den Synodalen ist durch geeignete operative Maßnahmen qualitativ und quantitativ zu verbessern. Unter Berücksichtigung der im April 1986 erfolgenden konstituierenden Sitzung der VIII. Landessynode sind in die Jahresarbeitspläne der beteiligten Diensteinheiten konkrete Festlegungen aufzunehmen.

Im Perspektivzeitraum sind je Diensteinheit entsprechend den vorliegenden objektiven Voraussetzungen und Möglichkeiten zwei weitere IM unter Synodalen zu schaffen.

Termin:	1987/1988
Verantw.:	Ref.-ltr. XX/4 BV Rostock BV Neubrandenburg
Kontrolle:	Leiter der Abteilung XX BV Rostock BV Neubrandenburg

4.4.3. Durch spezifische operative und zielgerichtete offizielle Maßnahmen ist der Einfluß politisch negativer bzw. feindlicher Synodaler der ELKG zurückzudrängen und entscheidend einzuschränken. Dies betrifft

- OKR H a r d e r , Greifswald
- Propst H a b e r e c h t , Rubkow
- Propst W u t z k e , Gartz/Oder
- Diakon S ü p t i t z , Rathebur.

Durch die territorial zuständigen Diensteinheiten sind hierzu konkrete Maßnahmen in Koordinierung mit weiteren beteiligten Diensteinheiten festzulegen und umzusetzen.

Termin: laufend
Verantw.: Ref.-ltr. XX/4
BV Rostock
BV Neubrandenburg
Kontrolle: Leiter der Abteilung XX
BV Rostock
BV Neubrandenburg

4.5. Superintendenten

Den Superintendenten, als den verantwortlichen kirchlichen Amtsträgern der Kirchenkreise, ist im Perspektivzeitraum erhöhte operative Aufmerksamkeit zu schenken und die operative Arbeit auf den Ausbau der inoffiziellen Basis unter diesen Personen auszurichten. Zur weiteren Aufklärung dieser Kategorie mit dem Ziel der Werbung geeigneter Kandidaten sind in die Jahresarbeitspläne der beteiligten Diensteinheiten konkrete Maßnahmen aufzunehmen. Zu den Superintendenten sind aktuelle Auskunftsberichte zu erarbeiten.

Termin: April 1987
Verantw.: Ref.-ltr. XX/4
BV Rostock
BV Neubrandenburg
Kontrolle: Leiter der Abteilung XX
BV Rostock
BV Neubrandenburg

4.6. Aus- und Weiterbildungsstätten

Die weitere politisch-operative Arbeit ist auf die

- Sektion Theologie der EMAU Greifswald,
- das Seminar für kirchlichen Dienst Greifswald
- und das Brüderhaus der Züssower Diakonie-Anstalten Züssow

mit der Zielstellung der Schaffung stabiler und bedeutsamer Einflußmöglichkeiten, insbesondere IM, auszurichten. Die inoffizielle Basis ist sowohl innerhalb des Lehrkörpers als auch unter den Studenten und Seminaristen auszubauen.

Verantw.: Ref.-ltr. XX/4
BV Rostock
Kontrolle: Leiter der Abteilung XX
BV Rostock

Jugendliche, deren Absicht erkennbar wird, die theologische Ausbildung anzustreben, sind aufzuklären, zu kontaktieren und für die Gewinnung als IM langfristig vorzubereiten.

Termin: jährlich eine Werbung pro DE
Verantw.: Ref.-ltr. XX/4
BV Rostock
BV Neubrandenburg
Kontrolle: Leiter der Abteilung XX
BV Rostock
BV Neubrandenburg

4.7. Kirchliche Jugendarbeit und Evangelische Studentengemeinde

4.7.1. Kirchliche Jugendarbeit

Die Situation in der Jugendarbeit der ELKG ist gekennzeichnet durch verstärkte Bemühungen zur Aktivierung der kirchlichen Jugendarbeit mit dem Ziel

- der Gewinnung einer breiten Basis unter Jugendlichen, um dem Prozeß der Säkularisierung und Minorisierung entgegenzuwirken und Einflußmöglichkeiten größeren Maßstabes zu schaffen,
- der Verbesserung der Jugendarbeit auf landeskirchlicher Ebene und Erreichung einer territorialen Deckung (bedingt durch Fehlen von hauptamtlichen Jugendmitarbeitern auf der landeskirchlichen Ebene),
- des Abbaus von Defiziten in der Jugendarbeit in ländlichen Gebieten.

Durch einen Teil der hauptamtlichen Jugendwarte und der Jugendpastoren werden Bestrebungen deutlich, der Jugendarbeit, insbesondere mit kirchlichen Jugendveranstaltungen und in der Arbeit mit Jungen Gemeinden, eine politisch-negative, oppositionelle bzw. alternative Ausrichtung zu geben. Weiterhin ist die Zunahme der Partnerschaftsarbeit im Jugendbereich, verbunden mit Versuchen des politischen Mißbrauchs, zu verzeichnen.

Die territorialen Schwerpunkte der Jugendarbeit in Stralsund, Greifswald, Grimmen, Barth, Altefähr und Wolgast sind in Zusammenarbeit mit den Kreisdienststellen weiter zielgerichtet zu bearbeiten. Zielstellung ist die Einschränkung und Zurückdrängung eines feindlichen bzw. politisch-negativen Mißbrauchs kirchlicher Jugendarbeit.

Durch die BV Neubrandenburg ist vorbeugend die Profilierung einer kirchlichen Jugendarbeit mit politisch-negativer Ausrichtung zu verhindern.

Termin:	laufend
Verantw.:	Ref.-ltr. XX/4 BV Rostock BV Neubrandenburg
Kontrolle:	Leiter der Abteilung XX BV Rostock BV Neubrandenburg

Die von feindlich-negativen Kräften geplante Aktivitäten zum Mißbrauch solcher Veranstaltungen wie

- Landesjugendsonntage
- Jugendkongresse
- Jugendtreffen
- Friedensdekaden
- Friedenswanderungen u. a.

sind umfassend aufzuklären und in enger Koordinierung der beteiligten Diensteinheiten ist ihr Mißbrauch mit geeigneten Mitteln zu verhindern.
Durch IM in Schlüsselpositionen ist durch zielgerichtete Einflußnahme zu erreichen, daß die Kirchenleitung die Verantwortung für die Organisierung und Durchführung derartiger Veranstaltungen übernimmt.

Termin:	laufend
Verantw.:	Ref.-ltr. XX/4
	BV Rostock
	BV Neubrandenburg
Kontrolle:	Leiter der Abteilung XX
	BV Rostock
	BV Neubrandenburg

Durch gezielte politisch-operative Maßnahmen sind feindlich-negative Aktivitäten kirchlicher Personenkreise zur Inspirierung und Beeinflussung Wehrpflichtiger, ihren Dienst in der NVA zu verweigern, bzw. in den Baueinheiten der NVA Ersatzdienst zu leisten, zu unterbinden.

Termin:	laufend
Verantw.:	Ref.-ltr. XX/4
	BV Rostock
	BV Neubrandenburg
Kontrolle:	Leiter der Abteilung XX
	BV Rostock
	BV Neubrandenburg

Zur Realisierung der Zielstellung ist durch geeignete operative Maßnahmen die inoffizielle Basis unter haupt- und nebenamtlichen kirchlichen Jugendmitarbeitern sowie in den Jugendkonventen der verschiedenen Ebenen zielstrebig und kontinuierlich zu erweitern. Konkrete Festlegungen dazu sind in die Jahresarbeitspläne aufzunehmen.

Termin:	laut Arbeitsplan
Verantw.:	Ref.-ltr. XX/4
	BV Rostock
	BV Neubrandenburg
Kontrolle:	Leiter der Abteilung XX
	BV Rostock
	BV Neubrandenburg

4.7.2. Evangelische Studentengemeinde

In Verantwortungsbereich ist [illegible] die ESG Greifswald tätig. Die Arbeit der ESG war in der Vergangenheit unter Leitung des Studentenpastors L u c h t durch vielfältige Aktivitäten mit teilweiser großer Öffentlichkeitswirksamkeit und politisch-negativer bzw. feindlicher Ausstrahlung gekennzeichnet. Dabei erfolgte ein Zusammengehen mit Personenkreisen aus dem nicht-kirchlichen Bereich, die alternative, antistaatliche und feindliche Positionen vertreten.

Durch politisch-operative und offizielle Maßnahmen konnte eine Einschränkung der Tätigkeit der ESG und insbesondere ihres Friedens- und Ökokreises erreicht werden sowie ein stärkeres Hinwenden zur 3. Welt-Problematik im positiven Sinne.

Die weitere operative Aufgabenstellung ist auf

- die Einsetzung eines neuen Studentenpastors mit politisch loyalen Positionen,

- die Verhinderung der Aktivierung und Neuformierung des Friedens- und Öko-Kreises,

- die Verhinderung öffentlichkeitswirksamer Veranstaltungen mit feindlich-negativem Charakter und Unterbindung des Einflusses auf staatliche Bildungseinrichtungen,

- die operative Kontrolle der Partnerschaftsarbeit mit der Zielstellung der Aufklärung von Inspiratoren vorgenannter Aktivitäten

zu richten.

Die operative Kontrolle der ESG zur Realisierung der Aufgabenstellung erfolgt unter Federführung der Abteilung XX/4, BV Rostock, eigenverantwortlich durch die KD Greifswald. Zur stabilen qualitativen und quantitativen Entwicklung der IM-Basis sind jährliche Werbungen zu realisieren.

Termin Werbungen:	laut Arbeitsplänen KD Greifswa
Verantw.:	Referatsleiter XX/4 BV Rostock, Leiter KD Greifswald
Kontrolle:	Leiter der Abteilung XX, BV Rostock

4.8. Kirchliche Partnerschaftsarbeit und Polittourismus

4.8.1. Angriffe feindlich-negativer Einrichtungen, Organisationen und Kräfte aus dem Operationsgebiet, insbesondere aus den Partnerkirchen

- Nordelbische Evangelisch-Lutherische Kirche (NELK),

- Bremische Evangelische Kirche (BrEK),

von Kirchen Nordeuropas, klerikaler Ostmissionen der BRD u. a. NSA-Staaten sind durch den Einsatz geeigneter IM und die Einleitung offizieller Maßnahmen rechtzeitig zu erkennen, aufzudecken, vorbeugend zu unterbinden und mit konkreten und speziellen operativen Maßnahmen einzuschränken bzw. zu verhindern. Entsprechend den territorial vorliegenden objektiven Gegebenheiten sind unter Federführung der Abteilungen XX, in Zusammenarbeit mit den Kreisdienststellen und Diensteinheiten anderer Linien in den Arbeitsplänen konkrete Festlegungen zu treffen.

Operative Erkenntnisse im Rahmen der Partnerschaftsarbeit sind durch die BV Neubrandenburg nach entsprechender Verdichtung der BV Rostock zuzuleiten. Durch die BV Rostock erfolgt die Gewährleistung des notwendigen Informationsrücklaufes für die BV Neubrandenburg.

Im Ergebnis der Auswertung erfolgt die Festlegung weiterer konkreter Maßnahmen zur offensiven Zurückdrängung von Erscheinungen der gegnerischen Kontaktpolitik/Kontakttätigkeit im Rahmen der kirchlichen Partnerschaftsarbeit.

Zu den Zentren der Partnerschaftsarbeit innerhalb der ELKG ist mit Unterstützung der Kreisdienststellen eine entsprechende inoffizielle Kontrolle durch Schaffung der erforderlichen inoffiziellen Basis (Werbung, Umstrukturierung und Blickfeld bringen vorhandener IM) zu gewährleisten.

Termin:	laufend
Verantw.:	Ref.-Ltr. XX/4
	BV Rostock
	BV Neubrandenburg
Kontrolle:	Leiter der Abteilung XX
	BV Rostock
	BV Neubrandenburg

4.8.2. Der seit zwei Jahren verstärkt festzustellende Polittourismus, insbesondere nach den Städten Stralsund und Greifswald sowie der Insel Rügen, ist mittels geeigneter IM aufzuklären, ein Mißbrauch für feindlich-negative Aktivitäten zu unterbinden und unter operativer Kontrolle zu halten. Diese Aufgaben werden in ständiger Koordinierung mit den Kreisdienststellen und zuständigen Diensteinheiten anderer Linien realisiert.

Termin:	laufend
Verantw.:	Ref.-ltr. XX/4
	BV Rostock
	BV Neubrandenburg
Kontrolle:	Leiter der Abteilung XX
	BV Rostock
	BV Neubrandenburg

5. Aufgabenstellung für die Kreisdienststellen

Auf der Grundlage der vorhandenen Jahresarbeitspläne organisieren die Kreisdienststellen in ihrem Verantwortungsbereich eigenverantwortlich die politisch-operative Abwehrarbeit auf der Linie XX/4.

Zukünftig ist dazu die Linienverantwortung durch die Abteilung XX/4, Referatsleiter und zuständiger Mitarbeiter, stärker auszuprägen. Dazu sind in den einzelnen Kreisdienststellen kontinuierliche Absprachen und unterstützende Maßnahmen zur Realisierung der Aufgabenstellung durchzuführen.

In Koordinierung und Zusammenarbeit mit der Fachabteilung sind durch die Kreisdienststellen nachstehende Aufgaben zu realisieren:

- Bei der Organisierung der politisch-operativen Abwehrarbeit ist schwerpunktorientiert vor allem der territorial tätige Personenkreis kirchlicher Amtsträger und Mitarbeiter und aktiv tätiger christlicher Laien, insbesondere Synodale der Landeskirche und Mitglieder der Kirchgemeinderäte, zu beachten. Bei ihnen ist die "Wer ist wer?"-Aufklärung systematisch durch- bzw. weiterzuführen.

- Politisch-negative bzw. feindliche Kräfte sind in OPK bzw. OV zu bearbeiten. Dazu ist die Materiallage zu verbessern, sind operativ bedeutsame Hinweise kurzfristig zu prüfen und Entscheidungen über die weitere Perspektive zu treffen sowie eine zügige und kontinuierliche Bearbeitung zu gewährleisten.

- Stärkung der inoffiziellen Basis, insbesondere unter Pastoren, Mitgliedern von Kirchgemeinderäten und Hauskreisen. Kontaktaufnahmen und geplante Werbungen sind grundsätzlich mit der Abteilung XX/4 abzustimmen und bedürfen der Genehmigung durch den Stellvertreter Operativ.

- Bei Mitgliedern der Kirchenleitung, des Konsistoriums sowie Superintendenten und Synodalen ist die Abteilung XX/4 bei der Aufklärung von Kandidaten und der Vorbereitung von Kontaktaufnahmen zu unterstützen.

- Verbreiterung der operativen Basis unter Pastoren, Synodalen der Kreissynode und Mitgliedern der Kirchgemeinderäte,

- Langfristiger Ausbau von Perspektiv-IM über Junge Gemeinden, ESG und Kirchgemeinderäte für einen Einsatz in der Kirchenleitung, in der Synode sowie zur Aufnahme eines Theologiestudiums an der EMAU Greifswald bzw. kirchlichen Ausbildungseinrichtungen.

- Realisierung von konkreten Maßnahmen zur politisch-operativen Kontrolle der Partnerschaftsbeziehungen der jeweiligen Kirchgemeinden des Verantwortungsbereiches mit Kirchgemeinden der BRD und Nordeuropas.

- Entwicklung von operativen Materialien, die die Aufklärung des Inhalts und Charakters der Partnerschaftsbeziehungen zum Inhalt haben.

- Abgestimmte Unterstützung der Abteilung XX/4, BV Rostock, zur Realisierung politisch-operativer Kontrolle der kirchlichen Ausbildungsstätten, zur Erarbeitung aktueller Lageeinschätzungen sowie zur Einflußnahme auf eine positiv-realistische Profilierung dieser Einrichtungen.

- Verstärkte inoffizielle Durchdringung politisch-operativ interessanter Kirchgemeinden im Verantwortungsbereich zur Gewährleistung der ständigen Lagebeherrschung.

Termine: entsprechend Jahresarbeitsplänen
Verantw.: Leiter der Kreisdienststellen
Kontrolle: Leiter der Abteilung XX
BV Rostock
BV Neubrandenburg

6. Politisch-operatives Zusammenwirken

Auf die Partner des politisch-operativen Zusammenwirkens ist unter Führung der Bezirksleitungen Rostock und Neubrandenburg der SED eine kontinuierliche politisch-operative Einflußnahme mit dem Ziel des abgestimmten Vorgehens und der weiteren Befähigung

- zur offensiven Einflußnahme auf die weitere positive Entwicklung des Staat-Kirche-Verhältnisses,
- zur Verhinderung des Mißbrauchs kirchlicher Strukturen und Veranstaltungen für feindliche Zielstellungen,
- zum selbständigen Reagieren bei Einmischungsversuchen und Provokationen durch reaktionäre kirchliche Kräfte,
- zur wirksamen Einflußnahme auf die störungsfreie Vorbereitung und Durchführung kirchlicher Veranstaltungen mit öffentlichkeits- und massenwirksamem Charakter,
- zur Koordinierung des Vorgehens in Vorbereitung, Durchführung und Auswertung von Synoden und landeskirchlichen Großveranstaltungen,
- zur vollen Nutzung der staatlichen Möglichkeiten zur Aufklärung kirchlicher Amtsträger und Laienchristen sowie zu ihrer positiven Beeinflussung,
- zum differenzierten Einsatz der staatlichen Potenzen für Zurückdrängungsmaßnahmen gegen feindliche und negative kirchliche Kräfte sowie zur vollen Ausschöpfung und offensiven Anwendung des sozialistischen Rechts, insbesondere des Verwaltungsrechts, bei Mißbrauchshandlungen und Rechtsverletzungen im Zusammenhang mit kirchlichen Veranstaltungen und Druckerzeugnissen

zu sichern.

Zur Umsetzung dieser Zielstellung sind konkrete Maßnahmen festzulegen und umzusetzen, wie

- Realisierung einer kontinuierlichen Abstimmung zwischen den Kirchenreferenten beider Räte der Bezirke,

- Erarbeitung einer Perspektivplankonzeption zur Gestaltung der Arbeit im Bereich der ELKG durch die Kirchenreferenten beider Räte der Bezirke,

- Fixierung von konkreten und abrechenbaren Aufgaben für die Tätigkeit der Kirchenreferenten der verschiedenen Ebenen,

- Gewährleistung der kontinuierlichen Gesprächsführung mit kirchlichen Amtsträgern und Synodalen durch die Kirchenreferenten und geeignete gesellschaftliche Kräfte,

- Festlegung von Betreuern für Synodale (Kirchenreferenten, gesellschaftliche oder betriebliche Kräfte).

Dieser gesamte Prozeß ist im stärkeren Maße durch die Erarbeitung und Unterbreitung von Vorschlägen, Argumentationen, Gesprächskonzeptionen und Informationen an die Partei und die zuständigen Mitarbeiter des Staatsapparates mit politisch-operativen Maßnahmen zu unterstützen.

Zu gewährleisten ist, daß überbezirkliche Informationen, die durch das MfS den Organen der Partei und des Staatsapparates zur offensiven Nutzung gegenüber leitenden kirchlichen Amtsträgern übergeben werden, mit den Abteilungen XX/4 der Bezirksverwaltungen Rostock und Neubrandenburg sowie der HA XX/4 vorher abzustimmen sind.

Die Berichte des Staatsapparates zu Gesprächen mit kirchlichen Amtsträgern sind den betreffenden Diensteinheiten zur Auswertung zuzusenden.

Termin:	laufend
Verantw.:	Ref.-ltr. XX/4 BV Rostock BV Neubrandenburg
Kontrolle:	Leiter der Abteilung XX BV Rostock BV Neubrandenburg

7. Informationsbeziehungen

Durch eine Qualifizierung der Informationsbeziehungen zwischen der HA XX sowie BV Rostock und Neubrandenburg, sind die in der Konzeption festgelegten und weiterführenden Maßnahmen abzustimmen und der aktuelle Stand der Realisierung ständig einzuschätzen.

Durch kontinuierliche Lageeinschätzungen und kurzfristige Übermittlung operativ-bedeutsamer Einzelinformationen an die BV Rostock zur Gewährleistung einer aktuellen Einschätzung sowie durch Rücklaufinformationen ist die federführende Rolle der BV Rostock, Abteilung XX/4, zu unterstützen.
Koordinierungsberatungen sind halbjährlich durchzuführen.

Termin:	Mai/November
Verantw.:	Ref.-ltr. Abteilung XX/4 BV Rostock BV Neubrandenburg
Kontrolle:	Leiter der Abteilung XX BV Rostock BV Neubrandenburg

8. Die konzeptionell festgelegten Schwerpunkte und operativen Maßnahmen sind in die Jahresarbeitspläne der beiden Abteilungen 1986 noch einzuarbeiten und als Grundlage für die Jahresarbeitspläne 1987 bis 1991 zu nehmen.

Termin:	IV. Quartal des jeweiligen Jahres
Verantw.:	Ref.-ltr. XX/4 BV Rostock BV Neubrandenburg
Kontrolle:	Leiter der Abteilung XX BV Rostock BV Neubrandenburg

BSTU
0027

Das Problem für die Nutzung der Ideale zur Motivierung besteht darin, daß die persönlichen Ideale der Theologen in der Regel nicht so gestaltet sind, daß sie den sozialistischen gesellschaftlichen Idealen entsprechen. Das ist aber Voraussetzung, um als Motiv wirken zu können. Bei der Gewinnung ist es schon ein wertvolles Ergebnis, wenn die Ideale nicht als Hemmnis oder Widerstand wirken oder als solche erkannt umgangen werden können.

4. Hinweise und Schlußfolgerungen für eine erfolgreiche Gewinnung von Theologen zur inoffiziellen Zusammenarbeit mit dem MfS

Bei der Suche, Auswahl und Gewinnung von Theologen als IM führt ein erster Aspekt bei der Analyse von operativ-interessierenden Handlungen zu den Motiven als jenen psychischen Faktoren, die als Antriebe für das Handeln anzusehen sind. Aus diesen gewonnenen Kenntnissen können wesentliche Hinweise abgeleitet werden auf den Charakter der analysierten Handlung als auch auf die Persönlichkeit des Theologen und damit auch auf sein mögliches zukünftiges Verhalten.

Die Suche nach geeigneten IM-Kandidaten ist eine ständige Aufgabe, die in die tägliche operative Arbeit mit einbezogen werden muß. Durch den Einsatz von IM, operativ-technischen Mitteln und offiziellen Möglichkeiten sind Informationen zu erarbeiten über

- Verhaltensweisen bei politischen Anlässen (z. B. Wahlen, Maßnahmen des Staates). Welche Widersprüche gibt es zwischen der festgelegten kirchlichen Verhaltenslinie und zum Verhalten des Theologen,

Dok. 9: Auszug aus der Fachschulabschlußarbeit von Oltn. Eckhard Kufahl, BV Rostock, zum Thema: „Welche wesentlichen Momente sind im Gewinnungsprozeß von Theologen für die Zusammenarbeit mit dem MfS zu nutzen?" BStU, MfS JHS 001-797/79, Bl. 27–32.

- Konflikte im persönlichen Leben, in den Beziehungen zu vorgesetzten Einrichtungen. Wodurch sind sie entstanden und wie verhält der Theologe sich in dieser Situation,

- das Verhältnis zu den staatlichen Organen und sein Interesse an guten und konstruktiven Beziehungen. Unter welchen Bedingungen engagiert er sich mit welcher Zielstellung an gesellschaftlicher Arbeit,

- die örtlichen Bedingungen unter denen der Theologe wirken muß. Wie ist die derzeitige politische Situation?

- den Einfluß und die Rolle von Vorgesetzten und Freunden. Inwieweit wird der Kandidat dadurch beeinflußt,

- die Handlungsaktivität des Theologen in seiner Gemeinde und darüber hinaus. Mit welcher Konsequenz verfolgt er sein Ziel und ist er bereit, dafür Folgen hinzunehmen,

- seine moralische Grundeinstellung,

- Persönlichkeitseigenschaften, insbesondere Selbsteinschätzung der eigenen Leistungen und Verhaltensweisen,

- die Stellung des Kandidaten in der Kirch-Gemeinde, seine Zugehörigkeit zu Gruppierungen (z. B. Hauskreise, Akademikerkreis),

- Pflichterfüllung, Gehorsam und Treue gegenüber seiner Kirchenleitung,

- die Verbindungen zu Einrichtungen und Einzelpersonen der EKD, Aktivität der Patenverbindungen und den möglichen Vorteil für den Kandidaten,

- die Einstellungen zur Gesellschaft, zur Arbeiterklasse, zum Beruf, zum Menschen und zur marxistisch-leninistischen Weltanschauung. Ist er bereit, sich mit diesen Problemen auseinanderzusetzen?

- seine Ideale und inwieweit ist der Kandidat idealbestimmt oder abhängig von Idealen,

- Aktivitäten der NSA-Verbindungen und ihren Einfluß auf den Kandidaten.

Bei der Suche und Auswahl geeigneter IM-Kandidaten sollte man sich von folgenden Hinweisen leiten lassen:

- Blinder Gehorsam und unbedingte Pflichterfüllung gegenüber der Kirchenleitung wirken sich in der Regel negativ auf den Gewinnungsprozeß aus.

- Von Vorteil ist immer eine gesunde Selbsteinschätzung des Kandidaten bezüglich seiner Beziehungen zum Bischof und anderen leitenden Amtsträgern der Landeskirche. Die operativen Erfahrungen zeigen, daß es trotz des homogenen Eindrucks viele Widersprüche in den Beziehungen der Theologen gibt. Angefangen bei theologischen Auslegungen bis zur täglichen Amtsausübung.

- Moralische Verfehlungen und Pflichtverletzungen sind in der Regel keine Druckmittel für die Gewinnung. Die Zusammenarbeit mit dem MfS wird als schwerwiegendere "Pflichtverletzung" durch leitende Amtsträger bewertet.

- Theologen, die sich gesellschaftlich engagiert haben und dadurch mehr Möglichkeiten für ihre tägliche Arbeit erhielten, sind eher gesprächsbereit und lassen sich besser für eine Zusammenarbeit motivieren.

- Eine starke Idealabhängigkeit wirkt sich in der Regel auf den Gewinnungsprozeß negativ aus.

Bei der Kontaktaufnahme, dem ersten Kontaktgespräch, muß der operative Mitarbeiter immer daran denken, daß die Kenntnisse über den Kandidaten wohl das wichtigste Handwerkszeug im Gespräch sind. Die Beeinflussung des Kandidaten, ihr Erfolg aber trotzdem stark von Inhalt und Form des Gespräches abhängig sein wird. Die Einflußnahme darf nicht wahllos erfolgen, sondern muß stets von bewußten Überlegungen getragen sein. Bei der Kontaktaufnahme und den Kontaktgesprächen sollte folgendes beachtet werden:

- Rechtzeitige Anmeldung des Gespräches bei dem Theologen mit einer kurzen Erklärung der Notwendigkeit.

- Die Erfahrungen zeigen, daß der Theologe wenig Bereitschaft zeigt, das Gespräch außerhalb seiner eigenen Wohnung zu führen. Wenn vom Kandidaten nicht anders gewünscht, wird man ihn in seiner Wohnung aufsuchen.

- In der Regel ist es üblich, daß die Frau des Theologen über das Gespräch informiert ist und auch kurzzeitig in Erscheinung tritt.

- Der Mitarbeiter muß mit einem gesunden Selbstvertrauen auftreten und eine eigene Meinung vertreten.
  Es wird durch den Theologen übel vermerkt, wenn der Mitarbeiter mit Schlagworten argumentiert.

- Die Legende muß das Gespräch begründen.

- Es ist mit entscheidend, das "richtige Ansprechen" der Bedürfnisse, Interessen und Einstellungen zu finden.

- Das eigene Verhalten gegenüber der zu motivierenden Person muß der Mitarbeiter ständig kontrollieren.

- Es ist unbedingt erforderlich, dem Theologen im Gespräch vertretbare Zugeständnisse zu machen. Er muß trotz seines falschen Bewußtseins tolleriert werden, damit das Gespräch nicht abgewürgt wird.

- Die operativen Erfahrungen zeigen, daß es nicht angebracht ist, den Theologen zum Schweigen über das Kontaktgespräch zu verpflichten. An dieser Stelle sollte besser von Vertrauen und gemeinsamer Verantwortung für das behandelte Problem gesprochen werden.

- Das Kontaktgespräch sollte immer nur durch einen operativen Mitarbeiter geführt werden.

Bei der Werbung ist zu beachten, daß ein Theologe in der Regel nicht nach dem 3. oder 4. Kontaktgespräch geworben werden kann. Es muß die Methode des allmählichen Heranziehens genutzt werden.

Bei dem Werbungsgespräch sollte folgendes beachtet werden:

- Der Begriff Zusammenarbeit mit dem MfS sollte nicht benutzt werden. Der Theologe sieht darin eine Verpflichtung, die er aus religiösen Gründen nicht eingehen kann. Wirkungsvoller sind Begriffe wie: - Verantwortung, Vertrauen, Mithilfe, Verhinderung usw.

- Die Erfahrungen besagen, daß eine schriftliche Verpflichtung durch den Theologen nicht abgegeben wird. Sie zu fordern, würde die Werbung gefährden.

- Die Verwirklichung der Konspiration strebt der Theologe schon aus eigenem Interesse an. Das Verwenden von Decknamen ist üblich.

- Es ist nicht zu empfehlen, einen weiteren Genossen an dem Werbungsgespräch teilnehmen zu lassen.

Die aufgezeigten Hinweise und Schlußfolgerungen erheben keinen Anspruch auf Vollständigkeit. Sie sind aus der fast unendlichen Vielfalt bei der Motivbildung ausgewählt worden, ohne ihren dynamischen Charakter einzuengen und weiterführenden Gedanken in der operativen Arbeit eine Einschränkung aufzuerlegen.

26

Information zum Kirchentag in Greifswald

Aus Anlaß des 500. Geburtstages von Johannes Bugenhagen, der als enger Mitstreiter Martin Luthers die Reformation im norddeutschen Raum durchsetzte, und dessen Wirken auch die Entwicklung im skandinavischen Raum nachhaltig beeinflußte, fand in Greifswald vom 21. bis 23. 6. 1985 ein evangelischer Kirchentag statt.

Der Gesamtverlauf dieses Kirchentages widerspiegelte die insgesamt positiven Veränderungen in der Haltung der Leitung der evangelischen Kirche auch im Bereich der Greifswalder Landeskirche. Er entsprach der im Gespräch des Vorsitzenden des Staatsrates, Genossen Erich Honecker, mit Landesbischof Hempel zum Ausdruck gekommenen Übereinstimmung in den grundlegenden Fragen unserer Zeit. Es wird eingeschätzt, daß auf diesem Kirchentag im Vergleich zu solchen Veranstaltungen in der letzten Zeit eine weitere sichtbare Annäherung an unsere Gesamtpolitik festzustellen war, wobei stärker die Rolle der Kirche als "Kirche im Sozialismus" herausgestellt wurde.

Charakteristisch dafür war das engagierte Auftreten Bischof Gienkes, Konsistorialpräsident Stolpes, Oberkonsistorialrat Plaths u.a., die in ihrem Eintreten zu den Grundfragen unserer Friedenspolitik, der Wirtschafts- und Sozialpolitik in ihren Aussagen noch weiter gingen als bisher.

Am Kirchentag nahmen hochrangige internationale Gäste teil, darunter viele, die in der letzten Zeit besonders nachdrücklich mit ihrem Friedensengagement hervorgetreten sind. Dazu gehören der Generalsekretär des Lutherischen Weltbundes Mau, der Generalsekretär der Konferenz Europäischer Kirchen Williams, die Bischöfe Vikström (Finnland), Hart (Südafrika), Lindegoard (Schweden), Kruse (Westberlin) sowie der Präsident des BRD-Kirchentages Prof. Huber.

Der ganze Verlauf des Kirchentages hat offensichtlich bei vielen ausländischen Gästen dazu beigetragen, ihr Bild von der DDR und ihrer Politik im positiven Sinne zu verändern.

Dok. 10: Brief von Werner Jarowinsky an Erich Honecker vom 28. Juni 1985. SAPMO-BArch, DY 30/IV B 2.14, Fiche Nr. 133.

10.7.89 / 421 Gr

Rat des Bezirkes Rostock
Stellvertreter des
Vorsitzenden für Inneres

Rostock, 6. 7. 1989

Regierung der Deutschen Demokratischen Republik Staatssekretär für Kirchenfragen
10. Juli 1989
PC-Nr. 3484

Dr. Wilke
Bein
Kalinowski
z.K.

I n f o r m a t i o n s b e r i c h t

über die kirchenpolitische Situation im Bezirk Rostock
Mai – Juni 1989

1. Zu den politischen Tendenzen und Entwicklungen in den Kirchen und Religionsgemeinschaften

1.1. bei kirchenleitenden Amtsträgern und Gremien

Greifswalder Landeskirche

Hauptschwerpunkt der kirchenpolitischen Tätigkeit bildete im Berichtszeitraum die umfassende politische und organisatorische Vorbereitung der Wiedereinweihung des Domes St. Nikolai in Greifswald am 11. 6. 1989.
In der Gesamtwertung kann eingeschätzt werden, daß die Festwoche vom 8. bis 15. 6. 1989 zur Wiedereinweihung des Domes durch die Stadt Greifswald, die Landeskirche Greifswald und die Domgemeinde unter ständiger Leitung durch den Rat des Bezirkes allseitig und im gut abgestimmten Zusammenwirken vorbereitet wurde und dazu beitrug, den kirchenpolitischen Differenzierungs- und Polarisierungsprozeß weiter voranzubringen.
Zum Höhepunkt gestaltete sich der Besuch des Vorsitzenden des Staatsrates der DDR, Gen. Erich Honecker, und seine Teilnahme am Festgottesdienst.
Das anschließende Treffen zwischen dem Staatsratsvorsitzenden und Bischof Dr. Horst Gienke im Rathaus war ein vertrauensvoller Dial[og] über das Miteinander von Christen und Nichtchristen, über die Grundfragen der Gegenwart, vor allem über das gemeinsame Engagement für die Erhaltung des Friedens und für das Wirken zum Wohle des Volkes. Dabei knüpften die Gesprächspartner an die Begegnung vom 6. März 1978 an, die, wie Bischof Dr. Gienke hervorhob, immer mit Leben zu füllen sei.
Namens der Evangelischen Landeskirche Greifswald bekannte sich der Bischof unter Bezugnahme auf die 40jährige Geschichte der DDR

- zu klarer Trennung von Staat und Kirche;
- zum gemeinsamen Leben in der sozialistischen Gesellschaft;
- zur Verantwortungsgemeinschaft von Marxisten und Christen als Gebot der Stunde.

Bischof Dr. Gienke unterstrich: "Es geht um unsere gemeinsame Wel[t], um unser gemeinsames Europa, um unser gemeinsames sozialistisches Land." (Anlage 1).

Dok. 11: Informationsbericht über die kirchenpolitische Situation im Bezirk Rostock Mai–Juni 1989 vom Rat des Bezirks, Stellvertreter Inneres, am 6.7.1989 (BArch, DO-4/1133).

Auf dem Empfang der Landeskirchenleitung und des Gemeindekirchenrates am Nachmittag des 11. 6. ergriffen nach dem Bischof der Vorsitzende des Rates des Bezirkes Rostock, Gen. Eberhard Kühl, der Ministerpräsident des Bundeslandes Schleswig-Holstein und Mitglied des Bundesrates, Björn Engholm, sowie weitere Vertreter des internationalen öffentlichen und kirchlichen Lbens das Wort (Anlage 2).

Durch die Teilnahme des Staatsratsvorsitzenden und seine Begegnung mit dem Bischof und weiteren Vertretern der Evangelischen Kirchen in der DDR sowie durch die rege Anteilnahme der internationalen Öffentlichkeit gestaltete sich die Domeinweihung zu einem kirchenpolitisch bedeutsamen Ereignis, das deutlich machte, welche Möglichkeiten die Weiterentwicklung der Beziehungen von Staat und Kirche in DDR bietet, wenn von den Ergebnissen des Gesprächs vom 6. März 1978 ausgegangen wird.

Alle Veranstaltungen der Festwoche verliefen ohne Störungen. Ihr Inhalt war wesentlich durch das religiöse Anliegen geprägt, der Verlauf gut organisiert und durch eigene Ordnungskräfte der Kirche gesichert.

Im Prozeß der Vorbereitung der Wiedereinweihung und der Festwoche setzten sich insgesamt die Kräfte durch, die unter Führung des Bischofs gewillt sind, den Weg des 6. 3. 1978 konsequent fortzusetzen. Dennoch wurde bereits im Vorfeld sichtbar, daß innerhalb der Landeskirche, besonders im Kirchenkreis Greifswald-Stadt, Kräfte wirksam sind, die der Linie des Bischof entgegenwirken. So luden Studentenpfarrer Noack und Stadtjugendwart Schröder ohne Wissen der Landeskirchenleitung die Landessynodalen und weitere Kräfte zu einer Veranstaltung am 6. 5. 1989 (siehe auch letzte Berichterstattung) ein, die gegen die Gestaltung und Wiedereinweihung des Doms gerichtet sein sollte, in Wirklichkeit aber gegen die Politik des Bischofs verstanden werden muß. Es gelang der Kirchenleitung, diesem Vorhaben durch sachliche Argumentation die Spitze abzubrechen und auch anschließend weitgehend zu verhindern, daß sich politisch-destruktive Kräfte auf den offiziellen Veranstaltungen der Festwoche artikulierten. Jedoch tauchten immer wieder Plakate, Fotos und Losungen auf, die in unsachlicher und provokatorischer Weise die Wiedereinweihung des Doms und das Anliegen der Festwoche in Frage stellten oder direkt angriffen. Diese Angriffe stellten sich dar in Form von Fotos und Zitaten wie: "Sie (die Kirche) schwieg, wo sie hätte schreien müssen" oder anstelle von "Festwoche" - "Pestwoche" oder "Der Greifwalder Dom - eine theatralische Komödie" bis hin zu Flugblättern mit der Darstellung einer einsamen Insel, worauf sich das Konsistorium und der Bischof befinden (mit der Kennzeichnung "Insel Konsistoria") und sich der Bischof die Frage stellt: "Warum hier etwas ändern, ich höre nie Klagen". Hinter diesen Aktionen stehen der Studentenpfarrer und der Stadtjugendwart. Sie werden von einem Teil der Pfarrer der Stadt unterstützt, u. a. von Pfarrer Springborn und Pfarrer Sundhaußen. Hinzuzählen ist auch Pfarrer Dr. Glöckner, der parallel zum Festgottesdienst einen Gottesdienst in der Marienkirche durchführte. Seine Predigt übertraf in ihrer Ausrichtung gegen den sozialistischen Staat alles Vorherige und gipfelte in der Forderung, die "Mauer" müsse fallen.

Im Ergebnis der Analyse der kirchenpolitischen Situation im Kirchenkreis Greifswald-Stadt wird deutlich, daß wir es hier offensichtlich mit einem schnell voranschreitenden Polarisierungsprozeß zutun haben. Es ist zu erwarten, daß der Erfolg der Bischofslinie nicht nur zur Isolierung feindlicher Kräfte führt, sondern auch Bestrebungen hervorruft, politisch-negative Kräfte zu sammeln, überregional Anschluß zu suchen und feindliche Auffassungen deutlicher und öffentlichkeitswirksamer zu artikulieren. Das zeigte sich bereits in einer Veranstaltung mit dem Liedermacher Gerhard Schöne am 13. 6. 1989, auf der der Stadtjugendwart Schröder in Anwesenheit des Bischofs vor einem 2000köpfigen Publikum Positionen gegen die Kirchenleitung bezog: Darstellung des Verhältnisses Staat-Kirche als "trautes Verhältnis staatlicher Gewalt und innerkirchlicher Macht", Infragestellung der moralischen Haltung der Kirchenleitung bezüglich der Finanzierung der Dom-Rekonstruktion; Fragen nach der Notwendigkeit, den Staatsratsvorsitzenden einzuladen; Bitten um Unterstützung jeder Jugendlicher, die durch Aktionen und Störversuche gegen die Domeinweihung in Mißkredit geraten; Kritik am Staat wegen der Nichtteilnahme von Bischof Forck an der Begegnung im Rathaus und weiteres.
Bemerkenswert sind die mit diesen Vorgängen weitergehende Klärung und Abgrenzung der Standpunkte, die in gewissem Maße zur Kräftepolarisierung führten. Einerseits wird den progressiven Kräften (OKR Plath, Pfarrer Puttkammer, Pfarrer Görlich) immer klarer, daß die gleichen Kräfte, die sich unter dem Dach der Kirche gegen den Staat formieren möchten, zugleich gegen politisch-realistische Positionen der Kirche richten. Andererseits ist destruktiven Kräften offenbar nicht nur deutlich geworden, daß die derzeitige Bischofslinie ihren Absichten im Wege steht, sondern sie ziehen daraus den Schluß, daß es zuerst gilt, das Kräfteverhältnis in der Kirche zu ändern. Dabei sind die Hauptanstrengungen darauf gerichtet, den Pfarrkonvent Greifswald-Stadt gegen den Bischof und die Kirchenleitung zu stellen und zielen darauf, innerhalb der Kirchenleitung einen Wechsel zu bewirken. Diese Einschätzung wird erhärtet durch Erkenntnisse des Mitglieds der Kirchenleitung Dipl-Landwirt H.-J. Peters, wonach sich im Vorfeld der Herbstsynode, jetzt beginnend, die realistischen Kräfte formieren müssen, um entschlossen jenen unrealistischen Vertretern entgegenzutreten, die die Synode zum Anlaß nehmen wollen, um den Bischof und die Kirchenleitung anzugreifen. Peters sprach davon, daß destruktive Kräfte einen Mißtrauensantrag gegen Bischof Gienke vorbereiten.

Widersprüchliche Ansichten zur Domeinweihung bekundeten die Superintendenten der Landeskirche. Die Skala der Meinungen umfaßt die gesamte Breite von Zustimmung über kritische Distanz bis zur Fehleinordnung dieses Ereignisse, insbesondere unter kirchenpolitischem Aspekt. Sup. Bahlmann ist der Ansicht, daß sich die Greifswalder Landeskirche auf Grund des "großen Bahnhofs" innerhalb des Bundes nun auf einen "Präsentierteller" gesetzt habe. Sup. Podszus kritisierte neben den erheblichen finanziellen und materiellen Aufwendungen für die Domeinweihung ebenfalls die "große Verpackung" dieses Ereignisses angesichts der teilgenommenen "politischen Prominenz aus Ost und West". Vor dem Hintergrund noch ungelöster Wohnungsprobleme, "zerfallener Stadtkerne" und fehlender Gemeinschaftsunterkünfte erscheint ihm der Wieder-

herstellungsaufwand des Doms ungerechtfertigt.
Superintendent Brinkt und Sup. i.R. Zitzke äußerten Bedenken über das Maß der materiellen und finanziellen Aufwendungen zur Instandsetzung des Doms und bewerten die Wiedereinweihung als "zu prunkvoll". Sup. i.R. Zitzke kritisierte, daß Bischof Gienke die Einladung des Staatsratsvorsitzenden im Alleingang entschieden habe, ohne andere Bischöfe um Rat gefragt zu haben. Die Predigt des Bischofs sei beeindruckend gewesen. Das Handeln des Bischofs sei von der Aufrichtigkeit eines vertrauensvollen Staat-Kirche-Verhältnisses getragen gewesen, aber das ginge eben in dieser Art des Alleingangs nicht.

Über den letzten Superintendentenkonvent berichtete Sup. Podszus, daß es in diesem Konvent im wesentlichen um die Domeinweihung ging. Der Bischof hätte vor den Superintendenten "stark am Brett gestanden". Kritisiert wurde dort vor allem eine ungenügende Abstimmung, dem Bischof wurde vorgeworfen, er hätte zu viel im Alleingang gemacht. Angegriffen wurde auch hier der Umfang eingesetzter finanzieller und materieller Mittel für die Domsanierung. Dennoch war Podszus beeindruckt vom persönlichen Auftreten, der Willensstärke und der Überzeugungskraft, mit der der Bischof auf dem Konvent seine Position darlegte. Dr. Gienke habe eine Reihe von Vorwürfen gesammelt und diese mit seiner bekannten Ausdrucksstärke und Energie beantwortet.

Im Zusammenhang eines, mit dem Ziel der Präzisierung der bekannten Meinungen und Stimmungen zur Domeinweihung und Festwoche, mit OKR Dr. Plath und KR Dr. Ehricht geführten Gesprächs ergibt sich folgendes aktuelles Gesamtbild:
Die leitenden Vertreter der Landeskirche erklärten übereinstimmend, daß in den Kirchgemeinden, der eigentlichen Basis, über dieses Ereignis zur Zustimmung und Freude zum Ausdruck gebracht wird. Die Wiedereinweihung unter Teilnahme von hohen Repräsentanten von Partei und Staat wurde von den christlicher Bürgern als Ausdruck des guten und vertrauensvollen Klimas der Staat-Kirche-Beziehungen gewertet. Die Live-Ausstrahlung des Festgottesdienstes im Fernsehen der DDR könne nur als ein stabiles und geordnetes Verhältnis gesehen werden. Nach Auffassung von OKR Dr. Plath könnten diese Auffassungen als repräsentativ betrachtet werden.
Die Wiedereinweihung des Doms habe in breiter Form während des Kreiskirchentages in Garz (Oder) und bei zahlreichen Zusammenkünften mit christlichen Bürgern, die vom Bischof und den übrigen Vertretern der Kirchenleitung besucht wurden, im Blickpunkt gestanden. Dieser Meinung hätten sich auch die Superintendenten während ihres Konvents nach kontraverser Diskussion angeschlossen.
Die Argumente, die sich gegen den Bischof und die Kirchenleitung richteten, würden vorwiegend aus anderen Landeskirchen und dem Bund der Evangelischen Kirchen kommen.
Diese könnte man wie folgt zusammenfassen:

1. Der Bischof habe sich in seiner Begrüßung der Gäste, der Predigt als auch während der Begegnung mit dem Staatsratsvorsitzenden im Rathaus nicht entsprechend der kirchenpolitischen Situation in der DDR verhalten. Die Ausführung des Bischofs seien zu "staatsfreundlich" gewesen, bestehende Probleme habe der Bischof nicht deutlich artikuliert. Dies wäre er aber den Interessen des Bundes der Evangelischen Kirchen schuldig gewesen.

2. Nach Bekanntwerden, daß Bischof Fork als einziger anwesender DDR-Bischof durch den OB der Stadt Greifswald zu einer Begegnung nicht eingeladen wurde, hätte Bischof Gienke diese Begegnung ablehnen müssen.
In diesem Zusammenhang nannte OKR Dr. Plath den Begriff "Viererbande" (Gienke, Plath, Harder, Affeld), der in kirchlichen Kreisen verwandt wird, um zu unterstellen, daß sie durch diesen Greifswalder Weg beitragen, den Bund zu spalten.

3. Bischof Gienke und OKR Harder wird unterstellt, die Konferenz der Evangelischen Kirchenleitungen nicht über die ausgesprochene Einladung gegenüber dem Staatsratsvorsitzenden informiert zu haben. Erst unmittelbar vor dem 11. 6. wäre die KKL mit der Teilnahme des Staatsoberhauptes konfrontiert worden.

Zur Klärung dieser Fragen habe OKR Harder die Aufnahme eines gesonderten Tagesordnungspunktes während der Sitzung der KKL vom 30. 6. bis 1. 7. 1989 gefordert. Der Bischof sowie OKR Harder würden an dieser Sitzung mit einer abgestimmten Auffassung teilnehmen. Den Mitgliedern der KKL soll deutlich gemacht werden, daß mit der Einladung des Staatsratsvorsitzenden Voraussetzungen geschaffen werden sollten, die festgefahrene Politik des Bundes gegenüber dem Staat konstruktiv im Geiste des 6. 3. 1978 weiterführen zu können. Der Staat habe dies erkannt, die Teilnahme des Staatsoberhauptes sowie anderer hochrangiger Persönlichkeiten sei als ein deutliches Zeichen der Regierung zu werten, daß sie an einem konstruktiven Verhältnis interessiert sei.

Anläßlich eines Empfangs zur Einführung des neuen Direktors des Hopizes Berlin, Albrechtstr., Pfarrer Westphal, hätten sich alle leitenden Kirchenvertreter aus der DDR und WB getroffen. Die dort geführten Gespräche lassen die Hoffnung zu, daß die Mehrheit der KKL-Mitglieder den Auffassungen des Bischofs und OKR Harder folgen, zumal auch einige Mitglieder der KKL in Greifswald anwesend waren.

Die Veröffentlichungen in der Westpresse werden nach Auffassung von OKR Dr. Plath überwiegend als DDR-feindlich und gegen die Greifswalder Landeskirche gerichtet, charakterisiert.
Die Pressestimmen der DDR werden dagegen als positiv und hilfreich für die weitere Ausgestaltung des Staat-Kirche-Verhältnisses gewertet. Die Resonanz bei der Bevölkerung (nicht nur der Christen) sei als sehr gut zu bewerten.
Auf die Frage, warum "Die Kirche" die Berichterstattung über den Westberliner Kirchentag an die Spitze stellt und die Wiedereinweihung des Domes als politischen und kirchlichen Höhepunkt negiert, reagierte Dr. Plath mit Betroffenheit. Nach seiner Meinung sind die Manuskripte über die Wiedereinweihung des Domes per Einschreiben zur Berliner Redaktion abgeschickt. Chefredakteur Thomas erklärte jedoch, daß diese auf dem Postweg abhanden gekommen wären. Im Nachhinein soll jetzt versucht werden, noch einige Beiträge zu veröffentlichen.

Hinsichtlich des Kräfteverhältnisses oppositioneller Gruppierungen in der kirchlichen Jugendarbeit sowie in der ESG Greifswald erklärten Dr. Plath und Dr. Ehricht übereinstimmend, daß man in der letzten Zeit besonders in der Jugendarbeit die Besinnung auf kirchlich-theologische Werte unterschätzt habe. Wenn auch die Kirche ständig mit einer inneren Opposition leben müsse, würden die innerkirchlichen Aktivitäten, die besonders im Vorfeld des 11. 6. deutlich wurden, mir Sorge betrachtet. Die "Fernsteuerung" durch oppositionelle Gruppierungen von Berlin und Leipzig sei nicht zu übersehen.

1.3. bei Geistlichen und Amtsträgern an der kirchlichen Basis

Mecklenburger Landeskirche

Überwiegend wurde der Besuch des Staatsratsvorsitzenden in Greifswald als ein Zeichen der Regierung gegenüber der Kirchen für ein gutes Staat-Kirche-Verhältnis gesehen.
Mehrere Amtsträger wollten mit Sicherheit wissen, daß niemand aus den Kirchenkreisen der MLK eingeladen war: selbst Bischof Stier wurde "draußen" gelassen (entspricht nachweislich nicht den Tatsachen und verrät die Politik des Landesbischofs und der Kirchenleitung der MLK).
Eine Vielzahl von Amtsträgern kritisierte den in der MKZ erschienenen Leitartikel über die Wiedereinweihung des Doms in Greifswald: Es sei kein Stil, wenn Kirche sich derart untereinander auseinandersetzt. Vereinzelt wurde geäußert: "Auch in der Kirchenzeitung muß der politische Geist nach Offenheit sichtbar werden!"

Beide evangelischen Landeskirchen

Eine sehr differenzierte Bewertung erfuhren bei Amtsträgern und in den Gemeinden die Lage in der VR China und insbesondere die Reaktion der chinesischen Regierung auf die Ereignisse auf dem "Platz des Himmlischen Friedens".
Die Mehrzahl der Amtsträger vertritt die Position, daß dieses Problem rechtzeitig ohne Gewalt hätte gelöst werden müssen, denn es sei immer wieder betont worden, daß eine "extreme Minderheit" die Situation eskaliert habe. Offensichtlich handele es sich in der VR China um eine Krise "intellektueller Kräfte", die wohl besonders unter dem Maoismus gelitten hätten und jetzt ein Ventil brauchten. Nicht tragbar sei die Behauptung, es würde sich vor allem um Haftentlassene oder Cliquen von Rowdys handeln.
Generell müßten solche Ereignisse, die es überall in der Welt geben könne, gewaltlos gelöst werden. "Aktionen, die die Menschenwürde verletzen, stehen dem Sozialismus schlecht zu Gesicht" - war eine Äußerung mehrerer Amtsträger.

Durch Vertreter der ESG Rostock wurden zwei Briefe an die Botschaft der VR China gesandt mit der Bitte um eine friedliche Lösung der Probleme und um Aufhebung der Todesstrafe.
Gespräche mit Amtsträgern und Studenten der ESG zeigten eine stark emotional getragene Betrachtungsweise und Wertung der Ereignisse. Ihre tatsächlichen Kenntnisse über die Vorkommnisse waren sehr oberflächlich und der Wahrheitsgehalt der Stellungnahmen der Parteiführung und der Regierung Chinas wurde in Frage gestellt.
In einer Vielzahl von Gottesdiensten wurde eine Fürbitte für alle Opfer der konterrevolutionären Ereignisse in China gehalten.
Die ESG Rostock führte eine Gebetsveranstaltung mit 25 Teilnehmern durch.

Zum konziliaren Prozeß/ökumenische Versammlung

In beiden evangelischen Landeskirchen gibt es nur sehr vereinzelt Stimmen zur ökumenischen Versammlung.
Es gibt Klagen darüber, daß die Dresdner Abschlußpapiere noch nicht zur Einsicht vorliegen. Hauptendenz im Meinungsbild an der kirchlichen Basis ist, daß sich die Ökumenische Versammlung in der DDR mit zu vielen Problemen befaßt habe, die für die Gemeinden nicht lösbar sind.

Die Landeskirche Greifswald übergab die Dresdner Papiere dem Friedensausschuß der Synode zur Weiterbeschäftigung.

3. Zur ökumenischen Tätigkeit

3.2. Politische Wertung der kirchlich Dienstreisenden und ökumenischen Kader in ihrer Wirksamkeit in den DDR-Kirchen

Teilnehmer des 23. Evangelischen deutschen Kirchentages in Berlin (West) werteten diese Veranstaltung als ein großes Ereignis, schränkten jedoch ein, daß das auf dem Kirchentag gesprochene Wort noch "aufgearbeitet" werden müsse. Kritisch wurde vermerkt, daß sich dieser Kirchentag mit zu vielen Problemen aus der DDR beschäftigt hätte. Vereinzelt fühlten sich einige Teilnehmer "zu stark belehrt".
Es wurden aber auch Äußerungen laut, wie: Selbst DDR-Teilnehmer haben "viel dummes zeug" geredet und es gab ein "deutsch-deutsches Gespräch" in einer Art und Weise, als hätten die Kirchen den Auftrag, schon in nächster Zeit die "Einheit Deutschlands" herzustellen.
Viele bedankten sich, daß ihnen so kurzfristig eine Teilnahme ermöglicht wurde.

4. Fallinformationen:

Mecklenburger Landeskirche

Es wurde bekannt, daß sich der Synodalausschuß "Frieden, Gerechtigkeit, Umwelt" der MLK-Synode geteilt hat.
Während sich eine Gruppe mit der Weiterarbeit am Papier "Als Christ leben in der sozialistischen Gesellschaft" beschäftigen wird, beabsichtigt die zweite Gruppe, sich der Problematik der Antragstellung auf ständige Ausreisen aus der DDR sowie der Stellung der Kirche in der DDR zuzuwenden. Letztere Gruppe beabsichtigt, in ein bis anderthalb Jahren der Synode ein entsprechendes Papier dazu vorzulegen.
Vertreter dieser Gruppe sind:
- Pfarrer Nath (Kessin)
- Rechtsanwalt Schnur (Rostock)
- Medizinstudent Voß
- Dr. Kleiminger (Amt für Gemeindedienst)
- Dr. Seite (Walow, MLK-Synodale).

Diese Gruppe beabsichtigt, im September 1989 eine Beratung zu den genannten Problemkreisen durchzuführen und lud dazu den Mitarbeiter für Kirchenfragen des Rates der Stadt Rostock, Gen. Manteuffel ein.

Unsererseits wurde eine Teilnahme des Gen. Manteuffel an dieser Zusammenkunft abgelehnt.

Mit Datum vom 11. 6. 1989 sandten Mitglieder des Konvents des Kirchenkreises Rostock-Stadt ein Schreiben an das ZK der SED, das Präsidium der Volkskammer und zur Information an die Stadtverordnetenversammlung Rostock, das erst am 06. 07. 1989 persönlich im Abgeordnetenkabinett der Stadt Rostock abgegeben wurde (siehe Anlage).
Obwohl in der letzten Zeit eine Vielzahl von Gesprächen mit kirchlichen Amtsträgern Rostocks geführt wurden und Einzelpositionen zu den aufgeworfenen Fragen bekannt waren, wurden keine Informationen über die Absicht der Abfassung eines derartigen Schreibens bekannt.

Das Datum der Abfassung dieses Schreibens (11. 6. 1989) sowie die anonyme Übergabe am 6. 7. 1989 an das Abgeordnetenkabinett des Rates der Stadt läßt zunächst die Schlußfolgerung zu, daß dieses Schreiben mit der Wiedereinweihung des Greifswalder Doms am 11. 6. 1989 in Verbindung zu bringen ist.
Die Unterschrift des überwiegenden Teils der Pfarrer, eines Teils der Katecheten und Diakone beweist eine konspirative Arbeitsweise.
Weitere Detailinformationen erfolgen nach Untersuchung des Sachverhalts.

5. Kaderveränderungen

Im Berichtszeitraum gab es keine Kaderveränderung.

6. Terminvorschau

13. 07. 1989 - Gespräch des Stellvertreters des Vorsitzenden des Rates des Bezirkes für Inneres, Gen. Haß, mit Bischof Dr. Gienke

25.-28.8.89 - Besuch des Stammapostels (Kirchenpräsident) aller Neuapostolischen Kirchen der Erde Richard Fehr, Zürich/Schweiz mit Festgottesdienst am 27. 08. 1989 in Stralsund.

7. Anzahl der Gespräche:

7.1. Gruppengespräche: 10

7.2. Einzelgespräche mit Leitungskräften (ab Sup.) 83.

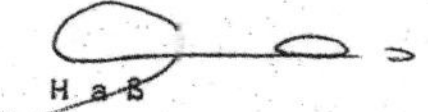

Haß

- Abteilung XX/4 - Rostock, 11. Juni 1986 164

bestätigt:
Stellvertreter Operativ

Amthor
Oberst

Vorschlag
zur Umregistrierung des IMS "Titus", I/929/84, zum IMB

Der IMS "Titus" wurde im Februar 1986 für die inoffizielle Zusammenarbeit mit dem MfS geworben. Der Kontakt zum IMS besteht seit April 1984.

Der IMS "Titus" nimmt in der Evangelischen Landeskirche Greifswald (ELKG) als kirchlicher Amtsträger bedeutsame kirchenleitende Positionen ein. Er ist als gewählter Vertreter seines Leitungsbereiches langjähriges Mitglied der Synode der ELKG, Vorsitzender des Landesausschusses für Kirchentagsarbeit und Mitglied zentraler Gremien des Bundes der Evangelischen Kirchen in der DDR.

Im Rahmen seiner Tätigkeit unterhält er umfangreiche enge Verbindungen zu kirchenleitenden Amtsträgern im BEK, zu Amtsträgern in der ELKG und in der ELLKM sowie im Rahmen der kirchlichen Partnerschaftsarbeit, der Kirchentagsarbeit und der Mitarbeit in zentralen kirchlichen Gremien zu bedeutsamen Personen der Evangelischen Kirche in Deutschland und der Nordelbischen Evangelischen-Lutherischen Kirche in der BRD.

Innerhalb der ELKG unterhält der IMS "Titus" vertrauliche Beziehungen zu den im OV "Pharisäer" und der [illegible] "Advokat" bearbeiteten kirchenleitenden Personen, die der [illegible] Teilbereichen der sozialistischen Entwicklung negativ [illegible]ndlich gegenüberstehen.

Ausgehend von diesen objektiven Möglichkeiten ist der IM in der Lage, bedeutsame Informationen, insbesondere zu Tagungen der Landessynode und der Kirchenleitung der ELKG, der Kirchentagsarbeit auf landeskirchlicher und zentraler Ebene, der Arbeit des Diakonischen Werkes und des Missionarischen Dienstes auf nationaler und internationaler Ebene, zu erarbeiten.

Durch sein Auftreten, seinen persönlichen Einfluß und durch von ihm ausgehende Initiativen, trägt der IM wesentlich zur Durchsetzung progressiver Auffassungen in leitenden kirchlichen Gremien und zur Fassung politisch-positiver synodaler Beschlüsse bei. Hierbei tritt der IM im Ergebnis der vor und während der Tagungen durchgeführten Treffs bewußt zur Realisierung der operativen Aufgabenstellungen ein. Deutlich wurde dies insbesondere während der Herbstsynode 1985 und der

Dok. 12: IM „Titus" (Siegfried Bohl), BStU; BV Rostock, AIM 4171/90, Bd. I/1, Bl. 222–223. „Vorschlag zur Umregistrierung des IMS ‚Titus', I/929/84, zum IMB" vom 11.6.1986.

konstituierenden Tagung der VIII. Synode der ELKG im April 1986, wo der IM entscheidenden Anteil an der Erarbeitung positiver Synodalbeschlüsse zur Friedensproblematik hatte und negativen Angriffen entgegentrat.

In der Zusammenarbeit mit dem MfS zeigt der IM eine hohe Einsatzbereitschaft. Er ist überprüft, ehrlich und zuverlässig und realisiert operative Aufgabenstellungen.

Der IM ist an der Entwicklung der Vertraulichkeit der Beziehungen zum MfS stark interessiert. Hinweise auf eine Dekonspiration liegen nicht vor.

Der IM übergibt kircheninterne Informationen und Materialien, die beim Zeitpunkt der Übergabe z. T. selbst im engsten kirchenleitenden Bereich noch nicht bekannt bzw. verbreitet und innerhalb der Kirche nicht allgemein zugänglich sind, wie z. B. zu geschlossenen Ausschußsitzungen im Rahmen vor Tagungen der Landessynode, zur Kirchentagsarbeit, der Tätigkeit des Ökumenisch-missionarischen Vorbereitungsausschusses und zur Situation in der Kirchenleitung und im Evangelischen Konsistorium der ELKG. Der IM berichtet dabei auch personenbezogen.

Im Zusammenhang mit den aktuellen Vorgängen zur [illegible] ......
informierte der IM über ein geplantes Vorhaben der Einbeziehung von Kirchenkreisen der BRD, die beim Zeitpunkt der Informierung keiner weiteren Person innerhalb der DDR bekannt war.

Auf der Grundlage der personenbezogenen Einschätzungen des IM konnten wesentliche Fortschritte bei der Einschätzung des aktuellen Kräfteverhältnisses innerhalb der Kirchenleitung der ELKG erreicht werden.

Es wird vorgeschlagen, den IMS "Titus" zum IMB umzuregistrieren.

Wegner
Oltn.

Leiter der Abteilung	Referatsleiter
Klawun	Fiedler
Oberstltn.	Hptm.

11.07.86

Abt. IB

Berlin, d. 18.5.1972
Wei/Sch.

I n f o r m a t i o n

über den Besuch von Bischof Krummacher und Bischof Gienke beim Genossen Staatssekretär Hans Seigewasser am 9.5.1972

An dem Gespräch nahm der Genosse Weise teil.
Dauer des Gesprächs: 11.oo – 12.15 Uhr

Der Genosse Staatssekretär hatte erst eine Aussprache mit Bischof Krummacher, die ca. eine 3/4-Stunde dauerte. Bischof Gienke kam danach hinzu.
Bischof Krummacher dankte für die Einladung und sprach sich anerkennend über das bisherige "gute Miteinander" aus.
Er betonte im Verlauf des Gesprächs, daß es ihm ehrlich und wahrhaftig um die Sache gegangen sei bei der Gestaltung des Verhältnisses von Staat und Kirche. Man könne auf gutem Wege vorankommen, und es sei auch immer ein Weg gefunden worden in all den Gesprächen, die er mit den Vertretern des Staates geführt habe. Es diente der Sache, wenn auch einiges manchmal hart angesprochen sei.

Der Genosse Staatssekretär erwiderte darauf, daß es bis zur Fürstenwalder Tagung der Synode der "EKD" bei Bischof Krummacher vielerlei Schwankungen gegeben habe. Heute sei seine Haltung klar. Das Vertrauen konnte dem Bischof nicht immer entgegengebracht werden; es habe oft ein hartes Gegeneinander und manchmal Konflikte gegeben.
Vieles sei im offenen Meinungsstreit zu klären gewesen, deshalb wäre es uns lieber, so bemerkte der Gen. Staatssekretär, daß Bischof Krummacher noch einige Jahre als amtierender Bischof dabeigewesen wäre. Die Greifswalder Kirche wage mit dem Nachfolger ein Experiment. Bischof Gienke habe noch kein eigenes Profil, das sei wohl klar.

Bischof Krummacher ging daraufhin auf die Bedenken des Staatssekretärs ein und bemerkte, daß Bischof Gienke ein Mensch sei, der einen aufgeschlossenen Charakter habe. Der Generationswechsel müsse vollzogen werden. Die Jüngeren kämen jetzt auf sie zu, da die Generation zwischen 50 und 60 zu schmal sei. Die Jüngeren hätten es außerdem leichter, da sie in unserem Staat aufgewachsen sind und eine andere Entwicklung genommen haben wie die Alten.

-2-

Dok. 13: Information über den Besuch von Bischof Krummacher und Bischof Gienke beim Genossen Staatssekretär Hans Seigewasser am 9.5.1972. BArch, DO-4, 442.

Zur Einschätzung von Bischof G. sagte Bischof Krummacher, daß Gienke und Rathke verschieden profiliert seien. Gienke ist ruhig und überlegt; er wird nichts Übereiltes tun. Er ist ein Mann, der bereit ist zu hören und sich beraten zu lassen. Er bringt die Erfahrungen der Jüngeren mit.
In diesem Zusammenhang hob Bischof Krummacher hervor, daß Gienke "sehr bereit sein wird", sich und seine Kirche unserem Staat gegenüber als Kirche zu sehen, die ihren Platz im Sozialismus hat. Gienke ist seit Gründung des Bundes der Evang. Kirchen in der DDR mit dabei. Er ist Vorsitzender des Theologischen Ausschusses und wird es auch weiter bleiben. - Er braucht einen gewissen Vorschuß an Vertrauen und muß in die Dinge hineinwachsen, so erklärte Bischof Krummacher.

In dem kurzen Gespräch, das der Staatssekretär auch mit Bischof Gienke führte, brachte Gienke selbst diese von Bischof Krummacher vorher erwähnte Bereitschaft des vertrauensvollen Miteinander gegenüber den Organen der Staatsmacht zum Ausdruck. Bischof Gienke sagte weiter, daß er alles tun wolle - auch mit der Kirchenleitung und den Amtsträgern -, an dem bereits positiv vorhandenen Meiteinander zwischen Staat und Kirche weiter wirksam zu sein.

Die Ausführungen Gienkes, die sich im wesentlichen mit denen von Bischof Krummacher deckten, lassen darauf schließen, daß er sich vorher mit Bischof Krummacher abgestimmt hat.

- W e i s e -
Hauptabteilungsleiter

Verteiler:
1 x Staatssekretär
1 x AG Kirchenfragen b. ZK
1 x Rat d. Bezirkes Rostock
1 x Abt. I
1 x Abt. IB

- Abteilung XX/4 -   Rostock, 29. Aug. 1988   113

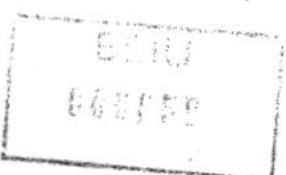

Einsatz- und Entwicklungskonzeption für den IME "Ingolf Seidel", Reg.-Nr. I/1286/85

1. Einschätzung der 1. Phase der Zusammenarbeit

Die Werbung des IME "Ingolf Seidel" wurde nach zweijähriger Kontaktphase am 5. Mai 1987 realisiert.

Mit dem IME werden durchschnittlich alle 6 Wochen Treffs durchgeführt. Der bisherige Verlauf der Zusammenarbeit bestätigt die bereits im Vorschlag zur Werbung getroffene Einschätzung, wonach der bedeutendste Teil des Einsatzes des IME auf die Zurückdrängung und Unterbindung politisch-negativer Erscheinungen und provokativer Aktivitäten sowie die Stärkung politisch realistischer Positionen innerhalb der Landeskirche Greifswald gerichtet sein wird. Hier hat der IME "Ingolf Seidel" nachweisbar gute Ergebnisse erzielt. Speziell zeigt sich das in Vorbereitung von Synodaltagungen und in der Auseinandersetzung mit politisch-negativen Kräften in den kirchlichen Gremien und Bereichen, für die der IME Verantwortung trägt. Dabei zeigt sich aber auch, daß der IME aufgrund seiner christlich geprägten Persönlichkeit nicht in jedem Fall bereit ist, die staatlichen Auffassungen umfassend mit zu tragen. Durch die zumeist mit einem umfangreichen politischen Gespräch verbundenen Treffs ist jedoch eine deutliche Entwicklung im politischen Denken zu verzeichnen.

In der ersten Phase der Zusammenarbeit konnte das Vertrauensverhältnis des IME zum Mitarbeiter verbessert werden. Die Information zu kircheninternen Problemen an den Mitarbeiter ist zunehmend, aber noch weit entfernt von einer wirklichen Vermittlung operativ bedeutsamer Erkenntnisse. Deutlich wird das unter anderem auch daran, daß der IME sich bisher nicht überwinden konnte, dem Mitarbeiter innerkirchliche Materialien zur Verfügung zu stellen.

Der weitere Ausbau des Vertrauensverhältnisses ist für die zukünftige Zusammenarbeit mit dem IME speziell aufgrund seiner sich abzeichnenden perspektivischen innerkirchlichen Entwicklung eine entscheidende Aufgabe . Gute Ansätze dafür sind dadurch gegeben, daß der IM bereits mehrfach persönliche Sorgen und Probleme beim Mitarbeiter zur Sprache brachte und auf dessen Meinung und Ratschläge offensichtlich Wert legte.

Die Ehefrau des IME hat Kenntnis vom Kontakt zum MfS. Bei den Treffs tritt sie nicht in Erscheinung, kennt aber den Mitarbeiter persönlich.

Dok. 14: BStU, ASt, Rst, AIM 0381/91 „Einsatz- und Entwicklungskonzeption für den IME ‚Ingolf Seidel'" Reg.-Nr. I/1286/85, Bd. I/2, Bl. 59–62 vom 29.8.1988.

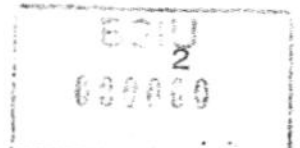

114

2. Einsatz- und Entwicklungskonzeption

Der weitere Einsatz und die perspektivische Entwicklung des IME "Ingolf Seidel" konzentriert sich im wesentlichen auf drei Schwerpunkte:

- Weitere Profilierung innerhalb der Evangelischen Landeskirche Greifswald;
- Erweiterung seiner Einflußmöglichkeiten innerhalb des Bundes der Evangelischen Kirchen in der DDR und im Rahmen der ökumenischen Arbeit der Landeskirche;
- Erhöhung der Wirksamkeit bei der Zurückdrängung feindlicher und politisch-negativer Entwicklungstendenzen im kirchlichen Bereich und der Förderung und Unterstützung politisch-realistischer Kräfte.

Voraussetzung zur Realisierung der geplanten perspektivischen Entwicklung ist die Umsetzung von Maßnahmen zur weiteren Bindung des IME an das MfS und die Erreichung wesentlicher Fortschritte bei der Herausbildung des Vertrauensverhältnisses zum Mitarbeiter. Diese Zielstellung ist zu erreichen durch

- die Nutzung der Treffs zum ausführlichen politischen Gespräch, wobei speziell anhand innerkirchlicher Dokumente und Materialien vor allem internationalen Charakters die Gemeinsamkeiten von Staat und Kirche hervorzuheben ist und Widersprüche zu Handlungen negativer Kräfte offenkundig gemacht werden;
- die Unterstützung des IME bei der eigenen Argumentationsfindung für die Auseinandersetzung mit negativen Kräften ohne daß er den Eindruck gewinnt, staatlicher Interessenvertreter zu sein;
- zielgerichtete Auswertung politisch-negativer Erscheinungen aus Bereichen für die der IME Verantwortung trägt und die bei vorheriger Abstimmung mit dem Mitarbeiter hätten unterbunden werden können;
- Nutzung des Ansprechens persönlicher Probleme durch den IME zur Überleitung dieses Vertrauensausdruckes auf die Probleme im kirchlichen Bereich;
- differenzierte Auswertung vorliegender Berichte westlicher Medien zum Nachweis der gegen die weitere Entwicklung eines verfassungsgerechten Verhältnisses von Staat und Kirche gerichteten Politik der BRD;
- die Abforderung der Unterstützung des IME bei der begründeten Entscheidungsfindung zu ausgewählten kirchlichen Einzelproblemen, wobei im vorhinein klar sein muß, daß die Entscheidung so fällt, wie es der IME empfiehlt.

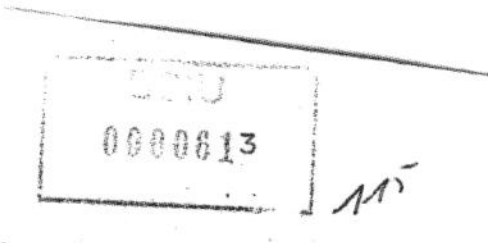

Der weitere Einsatz des IME "Ingolf Seidel" ist zu konzentrieren auf

a/ das weitere aktive Engagement im Friedensausschuß der Synode der Evangelischen Landeskirche Greifswald mit der Zielstellung der

- Unterbindung eines feindlichen bzw. politisch negativen Wirksamwerdens der um den OV "Missionar" konzentrierten Kräfte;

- Erhöhung der Ausstrahlung des Friedensausschusses im Sinne einer kirchlich motivierten Unterstützung der Friedenspolitik der sozialistischen Staaten sowohl auf die einzelnen Kirchgemeinden als auch auf die Beschlußfassungen der Synoden der Evangelischen Landeskirche Greifswald;

- Erreichung einer positiven Ausstrahlung des Friedensausschusses über die Landeskirche Greifswald hinaus;

b/ die Nutzung der Mitgliedschaft des IME im Leitungskreis der Akademiearbeit der Evangelischen Landeskirche Greifswald zur

- vorbeugenden Verhinderung des politischen Mißbrauchs der Akademiearbeit, insbesondere durch die in den OV "Missionar" (KD Greifswald) und OV "Halbkreis" (KD Stralsund) bearbeiteten Pastoren;

- Auswahl solcher Themen und Referenten für die Tagungen des Akademikerkreises, die politisch-realistische Entwicklungstendenzen in der Greifswalder Landeskirche fördern;

- Prüfung der Nutzung politisch realistischer Kräfte des Akademikerkreises zur Erarbeitung von Argumentationshilfen gegen Auftritte politisch-negativer bis feindlicher Kräfte;

c/ die weitere Profilierung im Ausschuß "Kirche und Gesellschaft" beim Bund der Evangelischen Kirchen in der DDR mit dem Ziel der Erreichung einer politisch-realistischen Beratung der Konferenz der Kirchenleitungen bei der Entscheidungsfindung zu kirchenpolitischen Fragen;

d/ Verbesserung der Ausstrahlung des IME im Zusammenhang mit seinen Aufgabenstellungen in der ökumenischen Arbeit der Kirchen im Sinne der Politik der DDR. Die Zielstellungen derartiger ökumenischer Veranstaltungen sind stärker als bisher bei den Treffs zu behandeln.

4 116

e/ die Profilierung des IME als Mitarbeiter im Konsistorium der Landeskirche Greifswald und Erreichung einer wirksameren Einflußnahme durch das Konsistorium bei der Unterbindung politisch-negativer und provokativer Aktivitäten innerhalb der Landeskirche Greifswald.
Über weitere politisch-operative Maßnahmen sind Bestrebungen des IME zur Entpolitisierung der kirchlichen Jugend- und Studentenarbeit zu unterstützen, um so sein Ansehen im Konsistorium zu fördern.

Die weitere perspektivische Entwicklung des IM ist insbesondere auszurichten auf die Erreichung besserer Einflußmöglichkeiten durch Erlangung höherer kirchlicher Positionen. Nach bisher vorliegenden Erkenntnissen gehört der IME zu den Förderkadern der Evangelischen Landeskirche Greifswald. Dies kommt auch den eigenen ehrgeizigen Bestrebungen des IME entgegen.
Dieser Entwicklungsprozeß kann durch das MfS nicht direkt beeinflußt werden. Es können lediglich Maßnahmen umgesetzt werden, die diesen Prozeß der innerkirchlichen Profilierung unterstützen. Diese Maßnahmen beinhalten:

- Förderung der Lösung von Problemen, für die der IME kirchlicherseits die Verantwortung trägt,um zu erreichen, daß das Ansehen des IME bei kirchenleitender Personen und in den Kirchgemeinden steigt;

- Vertrautmachen des IME mit Auffassungen zu seiner Person innerhalb der Landeskirche, um ihn in die Lage zu versetzen, seine eigene Persönlichkeit weiter zu entwickeln;

- Einsatz weiterer IM zur Unterstützung progressiver Linien des IME "Ingolf Seidel" und zu dessen positiver Bewertung gegenüber kirchenleitenden Personen unter strikter Gewährleistung der Konspiration;

- Unterstützung des IME bei der Vorbereitung auf Veranstaltungen im Rahmen der Landeskirche und im ökumenischen Bereich durch die Übergabe offiziell verwendbaren Materials, die seine fachliche Profilierung voranbringen;

- Empfehlung von Kontakt- und Gesprächspartnern, die zur erfolgreichen Umsetzung seiner politisch-realistischen Positionen unterstützend wirken bzw. seine innerkirchliche Entwicklung fördern können.

Im Ergebnis der Umsetzung dieser Maßnahmen ist langfristig zu erreichen, daß der IME den Kontakt zum MfS als unverzichtbaren Bestandteil seiner eigenen Entwicklung betrachtet.

Fiedler
Major

Leiter der Abteilung

Klawun
Oberstltn.

Abkürzungsverzeichnis

ASt.	Außenstelle
Abb.	Abbildung
BArch	Bundesarchiv (hier immer Berlin)
BBK	Berlin-Brandenburgische Kirche
BEK	Bund der Evangelischen Kirchen in der DDR
Best.	Bestand
BL	Bezirksleitung
BPA	Bezirksparteiarchiv
BStU	Der Bundesbeauftragte für die Unterlagen des Staatssicherheitsdienstes der ehemaligen Deutschen Demokratischen Republik
BV	Bezirksverwaltung
DCSV	Deutsche Christliche Studentenvereinigung
CFK	Christliche Friedenskonferenz
Dok.	Dokument
EKD	Evangelische Kirche in Deutschland
EKU	Evangelische Kirche der Union
ELKG	Evangelische Landeskirche Greifswald (1968–1991)
ELKRAS	Evangelisch-Lutherische Kirche in Russland, der Ukraine, in Kasachstan und Mittelasien
ELLKM	Evangelisch-Lutherische Landeskirche Mecklenburgs
EOS	Erweiterte Oberschule (Schule, die zum Abitur führte)
ESG	Evangelische Studentengemeinde
Ev./ev.	Evangelische/evangelisch
FAK	Friedensarbeitskreis
FAZ	Frankfurter Allgemeine Zeitung
FDGB	Freier Deutscher Gewerkschaftsbund
Gen.	Genosse
GKR	Gemeindekirchenrat
GMS	Gesellschaftlicher Mitarbeiter für Sicherheit
GNU	Gesellschaft für Natur und Umwelt
HA	Hauptabteilung
IM	Inoffizieller Mitarbeiter
IMB	„Inoffizieller Mitarbeiter der Abwehr mit Feindverbindung bzw. zur unmittelbaren Bearbeitung im Verdacht der Feindtätigkeit stehender Personen“

IME	„Inoffizieller Mitarbeiter für einen besonderen Einsatz“
IMS	„Inoffizieller Mitarbeiter zur politisch-operativen Durchdringung und Sicherung des Verantwortungsbereiches“
KD	Kreisdienststelle des MfS
KEK	Konferenz der Europäischen Kirchen
KGR	Kirchgemeinderat
KKL	Konferenz der Kirchenleitungen
KL	Kirchenleitung
KR	Konsistorialrat/Kirchenrat
LAG	Landesarchiv Greifswald
LK	Landeskirche
LKAG	Landeskirchliches Archiv der Pommerschen Evangelischen Kirche
KSZE	Konferenz über Sicherheit und Zusammenarbeit in Europa
LWB	Lutherischer Weltbund
M	Mark der DDR
MA	Mitarbeiter (hier immer Mitarbeiter des MfS gemeint)
MfS	Ministerium für Staatssicherheit, kurz: Staatssicherheitsdienst
Nbg.	Neubrandenburg
NSA	nichtsozialistisches Ausland
NSW	nichtsozialistisches Wirtschaftsgebiet
NVA	Nationale Volksarmee
o. A.	ohne Angabe
o. Pag.	ohne Paginierung
OibE	Offizier im besonderen Einsatz
OKR	Oberkonsistorialrat/Oberkirchenrat
ÖKR	Ökumenischer Rat der Kirchen
op.	operativ(e)
OPK	Operative Personenkontrolle
OV	Operativer Vorgang
PB	Politbüro
PEK	Pommersche Evangelische Kirche (1950–1968, seit 1991)
Pf.	Pfarrer
PID	politisch-ideologische Diversion
POS	Polytechnische Oberschule (Schule, die zur mittleren Reife führte)
POZW	Partner des operativen Zusammenwirkens
PUT	politische Untergrundtätigkeit
RdB	Rat des Bezirks

Rst.	Rostock
SAPMO-BArch	Stiftung Archiv der Parteien und Massenorganisationen der DDR im Bundesarchiv
SDP	Sozialdemokratische Partei in der DDR
SED	Sozialistische Einheitspartei Deutschlands
StGB	Strafgesetzbuch
StUG	Gesetz über die Unterlagen des Staatssicherheitsdienstes der ehemaligen Deutschen Demokratischen Republik (StUG) vom 20.12.1991 (Stasi-Unterlagen-Gesetz)
SU	Sowjetunion
ÜSE	Übersiedlungsersuchender, auch Antragsteller oder Ausreisewilliger
VEB	Volkseigener Betrieb
ZA	Zentralablage
ZK	Zentralkomitee der SED

Quellen- und Literaturverzeichnis

A Unveröffentlichte Quellen

Bundesarchiv (BArch)
Für die vorliegende Arbeit wurde das Bundesarchiv in Berlin genutzt. Bei den folgenden Akteneinheiten handelt es sich ausschließlich um Dokumente aus dem Staatssekretariat für Kirchenfragen.
BArch, DO-4/
- 789, 801, 805, 807, 980, 1133, 1192-1, 1391, 1395, 1455, 1473, 1474, 1633, 1684, 4875.

Bundesarchiv Berlin (BArch) – Stiftung Archiv der Parteien und Massenorganisationen der DDR (SAPMO-BArch)
Bei diesen Aktenbündeln handelt es sich um Überlieferungen aus dem Büro von Werner Jarowinsky, der seit 1984 im Politbüro u.a. zuständig war für Kirchenfragen.
SAPMO-BArch, DY 30/IV B 2/14/
- 130, 131, 132.

Der Bundesbeauftragte für die Unterlagen des Staatssicherheitsdienstes der ehemaligen Deutschen Demokratischen Republik (BStU)
Bei den folgenden Akten handelt es sich um Dokumente, die im Bereich des Ministeriums für Staatssicherheit entstanden sind. Die nachfolgenden Akten sind entweder in den Außenstellen entsprechend den jeweiligen Bezirksverwaltungen (BV) oder in der Zentralablage (ZA) gelagert. Aus Gründen des Personenschutzes werden im Folgenden keine jugendlichen IM aufgeführt.

1. BStU, BV Rostock, AIM 944/86 – Dietrich Affeld (IM „Dietrich“)
2. BStU, BV Rostock, AIM 8199/91 – Manfred Bertling (IM „Heinrich Schade“)
3. BStU, BV Rostock, AIM 4171/90 – Siegfried Bohl (IM „Titus“)
4. BStU, BV Rostock, AIM 0381/91 – Christoph Ehricht (IM „Ingolf Seidel“)
5. BStU, BV Rostock, AIM 2603/91 – Gunnar Fischer (IM „Nikolaus“)
6. BStU, BV Rostock, AIM 4164/90 – Ines Fleckstein (IM „Gisela“/„J. Sander“)
7. BStU, BV Rostock, AIM 4155/90 – Hans-Martin Harder (IM „Dr. Winzer“)

8. BStU, BV Rostock, AIM 0243/91 – Siegfried Plath (IM „Hiller")
9. Koordinierungsvereinbarung zur langfristigen Planung und Organisation der politisch-operativen Abwehrarbeit in der Evangelischen Landeskirche Greifswald (ELKG) für den Zeitraum 1986 bis 1991 vom 10.3.1986; BStU, BV Neubrandenburg, Abt. XX-171.
10. Eberhard Schnitzer (Major): Die Entwicklung von IM unter der studentischen Jugend für den Einsatz in der Evangelischen Studentengemeinde Greifswald und die Gewährleistung ihres gesellschaftlich effektiven Einsatzes zur wirksamen Aufklärung und Bekämpfung von Erscheinungsformen der politischen Untergrundtätigkeit, unveröffentlichte Diplomarbeit; BStU, ZA, JHS 458/88 (MfS-Zählung).

Landesarchiv Greifswald (LAG)

Bei den folgenden Aktenstücken handelt es sich um Unterlagen aus dem ehemaligen Bezirksparteiarchiv (BPA) der Bezirksleitung der SED Rostock, Abt. Kirchenfragen.

LAG, SED BPA Rostock, BL IV E/ 2.14, Nr.
- 598, 599, 600, 601, 612, 613, 614, 615, 616, 619, 625, 630, 631, 635.

Landeskirchliches Archiv Greifswald der Pommerschen Evangelischen Kirche (LKAG)

Bei den Akten des Landeskirchlichen Archivs der Pommerschen Evangelischen Kirche handelt es sich um unverzeichnete Bestände. Aufgrund des gegenwärtigen Archivzustandes erscheint es sinnvoll, auch die Aktentitel aufzuführen.

LKAG, Best. 5:
- Best. 5, Abt. C, Nr. 10404, „Konferenz der Evangelischen Kirchenleitungen in der DDR, Bde. VII (1980–1981), VIII (1982–1983), IX (1/84–12/84), X (1985–1986), XI (1/87–12/88), XII (1989–1990).
- Best. 5, Abt. C, Nr. 30235, „Kirche und Staat Bezirk Rostock", Bde. II (1978–1979), IV (1982–1985), V (1985–1989).
- Best. 5, „Kreissynoden und Pfarrkonvente", keine Signatur und keine Bandzählung, 1980–1990.
- Best. 5, Kirchenleitungssitzungen, keine Signatur und keine Bandzählung, 1980–1985.
- Best. 5, Protokolle der Sitzungen der Kirchenleitung 1989.
- Best. 5, Abt. D, Dok. 3/90, Anlage 2, S. 2. „Protokoll von der Kreissynode am 27. Januar 1990".
- Landeskirchliches Archiv der Pommerschen Evangelischen Kirche (LKAG), Best. 5, Abt. C, Nr. 30202, Bd. XI.

– Greifswalder Informationsdienst, hg. von der Pressestelle der Evangelischen Landeskirche Greifswald: Nr. 4/1981 vom 29.9.1981, Nr. 5/1981 vom 16.11.1981, Nr. 3/1983 vom 1.7.1983, Nr. 4/1983 vom 27.9.1983, Nr. 3/1987 vom 25.9.1987, Nr. 4/1987 vom 6.11.1987, Nr. 2/1989 vom 30.6.1989, Nr. 3/1989 vom 2.10.1989, Nr. 4/1989 vom 10.11.1989.

Landeskirchliches Archiv Schwerin (LKAS)
H. Rathke Ordner I/1 (A-K) (1998/2014), Bl. 24.

Unveröffentlichte Dokumente aus Privatbesitz

1. Brief von Dietrich **Affeld** an Rahel von Saß vom 6.12.1998.
2. Mail von Ernst-Ulrich **Affeld** an Rahel Frank vom 19.4.2016.
3. Brief von Bischof Eduard **Berger** an Herrn Horst Erdmann vom 30.10.1995.
4. Brief von Eduard **Berger** an Rahel von Saß vom 7.10.1998.
5. Materialien aus dem Privatarchiv von Rainer **Berndt**, Trassenheide.
6. Brief von Gunnar **Fischer** an das Gremium zur Aufarbeitung der Vergangenheit in der Pommerschen Kirche vom 18.07.1994.
7. Brief von Gunnar **Fischer** an Rahel von Saß vom 25.11.1998.
8. Brief von Gunnar **Fischer** an den Landesbeauftragten für Mecklenburg-Vorpommern für die Unterlagen des Staatssicherheitsdienstes der ehemaligen DDR vom 14.12.1998.
9. Emails von Gunnar **Fischer** an Rahel Frank vom 29.8.2016 und 30.8.2016.
10. Unterlagen von Uwe **Funk**: Die „Beheimatung“ der „fünften Kolonne“. Politikfeldanalytische Überlegungen zur DDR-Kirchenpolitik (Disposition einer politikwissenschaftlichen Promotionsarbeit).
11. Privatarchiv Georg **Haberecht**. „Abschlußbericht des Gremiums zur Aufarbeitung der Vergangenheit“, Vortrag von Propst Georg Haberecht am 30.3.1996 vor der Synode.
12. Privatarchiv Friedrich **Harder**, Vortrag zur Akademietagung „Verjährt, Vergeben, Vergessen?“ in Greifswald am 3.3.2007.
13. Brief von Propst i. R. Friedrich **Harder** an Rahel Frank vom 5.11.2015.
14. Brief von Hans-Martin **Harder** an OKR Zeddies vom 19.6.1997.
15. Vgl. Eidesstattliche Erklärung von Herrn Wegner, Privatarchiv Hans-Martin Harder.
16. OV „Halbkreis“ – BStU, MfS, BV Rostock, AOP 1402/91, Privatarchiv Torsten **Hennig**.
17. Briefe von Propst Propst i. R. Siegfried **Lange**, Stralsund, an Rainer Berndt vom 28.7.1989 und 11.9.1989. Privatarchiv Rainer Berndt.

18. Brief von Günter **Lembcke** an Rahel von Saß vom 29.9.1998.
19. Privatarchiv von Günter **Lembcke** zum Kirchentag 1985 in Greifswald.
20. OV „Apostel“ – Privatarchiv Harro **Lucht**.
21. Privatarchiv Arndt **Noack** zur Evangelischen Studentengemeinde Greifswald 1987–1989.
22. OV „Pate“ – Privatarchiv Arndt **Noack**.
23. OV „Pharisäer“, BStU, BV Rst, I 726/88 gegen Dr. Wolfgang Nixdorf, Privatarchiv W. **Nixdorf**.
24. Unterlagen von Frau Traute **Renius**: Protokolle der gemeinsamen Sitzungen der Landesausschüsse der Mecklenburger und der Greifswalder Landeskirche 1986 bis 1988.
25. Privatarchiv von Ulrich von **Saß** (Vortrag vor dem Forum zur Aufarbeitung der Geschichte der ELKG im August 1992).
26. Brief von Pastor i. R. Wolfgang **Schmidt** an Rahel von Saß vom 11.1.1999.
27. Briefe von Dr. Hans-Joachim **Schwerin** an Rahel von Saß/Rahel Frank vom 2.12.1998 und vom 20.9.2015.
28. Brief von Heinrich **Wackwitz** an Rahel von Saß vom 29.12.1998.
29. Materialien aus dem Privatarchiv von Dorothea und Heinz **Wenzel**, Grimmen.
30. OPK „Konvent“, Reg. Nr. I/268/86 – Privatarchiv Heinz **Wenzel**.
31. Brief von Dr. Friedrich **Winter** an Rahel von Saß vom 16.1.1999.

B Interviews

In Vorbereitung der Arbeit führte die Verfasserin Gespräche mit:

1. Bischof Dr. Hans-Jürgen **Abromeit** am 29.9.2015 in Greifswald.
2. Präses i.R., Dietrich **Affeld**, Greifswald, am 14.4.1998.
3. Johannes **Affolderbach**, Dresden, am 17.6.1998.
4. Rainer **Berndt**, Trassenheide, am 18.11.2015.
5. Bischof i.R. Eduard **Berger** am 23.9.2015 in Radebeul.
6. Ulrich **Bandt**, Bobbin, am 1.4.1998.
7. Superintendent i. R. Dr. Siegfried **Bohl**, Reinberg, am 4.8.1997.
8. Landesbeauftragte für Mecklenburg-Vorpommern für die Unterlagen des Staatssicherheitsdienstes der ehemaligen DDR, Anne **Drescher**, am 19.10.2015.
9. Oberkonsistorialrat (seit 2015 i.R.) Dr. Christoph **Ehricht**, Greifswald, am 23.7.1997.
10. Gunnar **Fischer**, Ueckermünde, am 8.8.1997.

11. Prof. Harald J. **Freyberger** am 29.1.2016.
12. Dr. Arnold **Fuchs** am 2.8.2016
13. Uwe **Funk**, Leipzig, am 24.1.1998.
14. Dr. Irmfried **Garbe**, Dersekow, am 15.10.2015.
15. Bischof i. R. Dr. Horst **Gienke**, Westerstede/Demmin, am 12.5.1998.
16. Dr. Reinhard **Glöckner**, Greifswald, am 9.12.1997 und am 10.7.1998.
17. Propst i. R. Dr. Hans-Georg **Haberecht**, Zinnowitz, am 21.7.1997.
18. Propst Andreas **Haerter** am 18.11.2015 in Greifswald.
19. Propst i.R. Friedrich **Harder** am 29.9.2015 in Altefähr und am 22.3.2016 telefonisch.
20. Konsistorialpräsident i.R. Hans-Martin **Harder**, Greifswald, am 23.7.1997.
21. Torsten **Hennig**, Stralsund, am 17.4.1998.
22. Harro **Lucht**, Neuruppin, am 27. und telefonisch 30.1.1998 sowie am 25.4.1998.
23. Jörn **Mothes**, Leiter der Europäischen Akademie Mecklenburg-Vorpommern e.V., am 26.4.2016.
24. OKR i.R. Dr. Wolfgang **Nixdorf**, Greifswald, am 25.7.1997 und am 8.9.2015 in Schwerin.
25. Arndt **Noack**, Ranzin, am 14.4.1998.
26. Propst Gerd **Panknin** am 18.11.2015 in Greifswald.
27. Oberkonsistorialrat i.R. Dr. Siegfried **Plath**, Greifswald, am 12.8.1997.
28. Dietmar **Prophet**, Stralsund, am 29.6.1998.
29. Traute **Renius**, Jarmen, am 16.4.1998.
30. Pröpstin Helga **Ruch** am 18.11.2015 in Greifswald.
31. Bernd **Schröder**, Wittenförden, am 23.3.1998.
32. Dr. Sabine von **Saß**, Kühlungsborn, am 3.11.2000.
33. Ulrich von **Saß,** Wittenförden, am 19.5.1998 und am 16.10.1998.
34. Manfred **Sell**, Greifswald, am 3.12.1997.
35. Dr. Roland **Springborn**, Greifswald, am 5.12.1997.
36. Beauftragter des Rates für Seelsorge und Beratung von Opfern der SED-Kirchenpolitik, Curt **Stauss**, am 29.10.2015 in Halle.
37. Uwe **Stegen**, Stralsund, am 25.6.1998.
38. Martin **Stemmler**, Putbus, am 1.7.1998.
39. Superintendent i.R. Heinrich **Wackwitz**, Berlin, am 21.4.1998 und telefonisch am 25.7.1998.
40. Heinz **Wenzel** und Dorothea **Wenzel**, am 1.4.1997, 17.4.1998 und 15.10.2015 in Grimmen.
41. Claus **Wergin**, Schwerin, 18.3.1998.
42. Bischof i.R. Christoph **Stier**, 25.10.2016.

C Literaturverzeichnis

Abgeschlossen? Stand und Folgen der Aufarbeitung der Geschichte der Kirchen in der DDR. Tagung an der Martin-Luther-Universität Halle-Wittenberg, Halle, 12.–13.6.2015 (= epd-Dokumentation 40/2015).

Abromeit, Hans-Jürgen/Classen, Claus Dieter/Harder, Hans-Martin/Ohlemacher, Jörg/Onnasch, Martin (Hg.): Leiten in der Kirche. Rechtliche, theologische und organisationswissenschaftliche Aspekte, Frankfurt am Main 2006 (= Greifswalder theologische Forschungen, Bd. 13, hg. von Jörg Ohlemacher).

Abschlußbericht der Arbeitsgruppe Staatssicherheit des Untersuchungsausschusses der Stadt Greifswald, Greifswald 1990.

Ahbe, Thomas: Die ostdeutsche Erinnerung als Eisberg. Soziologische und diskursanalytische Befunde nach 20 Jahren staatlicher Einheit, in: Elisa Goudin-Steinemann, Carola Hähnel-Mesnard (Hg.): Ostdeutsche Erinnerungsdiskurse nach 1989. Narrative kultureller Identität, Berlin 2013 (= DDR-Diskurse – Interdisziplinäre Studien zu Sprache, Land und Gesellschaft, Bd. 1), S. 27–58.

Alex, Martin/Schlegel, Thomas (Hg.): Mittendrin! Kirche in peripheren ländlichen Regionen, Neukirchen-Vluyn 2014.

Ammer, Thomas/Memmler, Hans-Joachim: Staatssicherheit in Rostock. Zielgruppen, Methoden, Auflösung, Köln 1991.

Amtsblatt der Evangelischen Landeskirche Greifswald, Nr. 12/1989 vom 31.12.1989, S. 61. Online abrufbar unter URL: http://www.kirchenrecht-nordkirche.de/kabl/29841.pdf [Stand: 8.4.2016].

Auerbach, Thomas: Desinteresse, Disziplinlosigkeit, Dekonspiration. Die Probleme des MfS mit jugendlichen IM, in: Mothes, Jörn et al. (Hg.): Beschädigte Seelen. DDR-Jugend und Staatssicherheit, Rostock/Bremen 1996, S. 276–281.

Ders./Braun, Matthias/Eisenfeld, Bernd/von Prittwitz, Gesine/Vollnhals, Clemens: Hauptabteilung XX: Staatsapparat, Blockparteien, Kirchen, Kultur, „politischer Untergrund“ (MfS-Handbuch). Hg. BStU. Berlin 2008. URL: http://www.nbn-resolving.org/urn:nbn:de:0292-97839421301343 [Stand: 29.2.2016].

Bartels, Friedrich: Lesermeinung, in: die kirche. Evangelische Wochenzeitung (Greifswalder Ausgabe), Jg. 44 (1989), Nr. 21 vom 21.5.1989, S. 4.

Barth, Karl: Kurze Erläuterung der Barmer Theologischen Erklärung. Vortrag vor der Evangelischen Bekenntnisgemeinschaft, Bonn am 9. Juni

1934, in: Karl Barth: Texte zur Barmer Theologischen Erklärung, hg. von Martin Rohkrämer, Zürich 1984, S. 9–24.

XVI. Bautzen-Forum der Friedrich-Ebert-Stiftung, Büro Leipzig: Opfer und Täter der SED-Herrschaft. Lebenswege in einer Diktatur. Dokumentation einer gleichnamigen Tagung in Leipzig am 19. und 20. Mai 2005.

Beier, Peter: Die „Sonderkonten Kirchenfragen". Sachleistungen und Geldzuwendungen an Pfarrer und kirchliche Mitarbeiter als Mittel der DDR-Kirchenpolitik (1955–1989/90), Göttingen 1997 (Arbeiten zur Kirchlichen Zeitgeschichte, Reihe B: Darstellungen, Bd. 25).

Bennewitz, Inge/Potratz, Rainer (Hg.): Zwangsaussiedlungen an der innerdeutschen Grenze. Analysen und Dokumente, Berlin 1997.

Berger, Eduard: „Zehn Jahre nach der Wende. Wir stehen vor der Aufgabe, uns selbst zu ändern", in: Mecklenburgische Kirchenzeitung, 54. Jg., Nr. 14 (1999) vom 4.4.1999, S. 7.

Berndt, Rainer: „Einsam oder gemeinsam?", in: die kirche. Evangelische Wochenzeitung (Greifswalder Ausgabe), Jg. 44 (1989), Nr. 31 vom 30.07.1989.

Besier, Gerhard: Der SED-Staat und die Kirche 1983–1991. Höhenflug und Absturz, Berlin/Frankfurt am Main 1995.

Ders.: Die Rolle des MfS bei der Durchsetzung der Kirchenpolitik der SED, in: Henke, Klaus-Dietmar/Engelmann, Roger (Hg.): Aktenlage. Die Bedeutung der Unterlagen des Staatssicherheitsdienstes für die Zeitgeschichtsforschung, Berlin 1995 (= Analysen und Dokumente, Wissenschaftliche Reihe des BStU, Bd. 1), S. 98–117.

Blühm, Reimund/Onnasch, Martin: Staat und religiöse Erziehung in der DDR, in: Dähn, Horst (Hg.): Die Rolle der Kirchen in der DDR, München 1993 (= Geschichte und Staat, Bd. 291), S. 174–188.

Bonhoeffer, Dietrich: Nachfolge, Berlin 1954.

Boyens, Armin: Das Staatssekretariat für Kirchenfragen, in: Die Kirchenpolitik von SED und Staatssicherheit. Eine Zwischenbilanz, Berlin 1996 (= Analysen und Dokumente, Wissenschaftliche Reihe des BStU, Bd. 7), S. 120–139.

Borbe, Ansgar: Die Zahl der Opfer des SED-Regimes, Erfurt 2010.

Busch, Philipp: Die Treffen „Konkret für den Frieden" in Schwerin (1985) und Greifswald (1989). Expertise, in: Leben in der DDR, Leben nach 1989 – Aufarbeitung und Versöhnung. Zur Arbeit der Enquete-Kommission des Landtages Mecklenburg-Vorpommern, Bd. VII, Schwerin 1997, S. 233–307.

Buske, Norbert/Porada, Haik Thomas/Schmidt, Wolfgang (Hg.): Die Marienkirche und ihre Gemeinde. Beiträge zur Kirchengeschichte einer pommerschen Stadt, Kiel 2015.

Conrad, Robert/Wohlrab, Lutz/Bernhardt, Martin: Zerfall und Abriß. Greifswald in den 80er Jahren, Berlin 1996.

Diederich, Georg/Schäfer, Bernd: Religiöses Brauchtum und kirchliches Leben im Alltag der DDR – zwischen Anfechtung und Behauptung. Forschungsstudie, in: Leben in der DDR, Leben nach 1989 – Aufarbeitung und Versöhnung. Zur Arbeit der Enquete-Kommission des Landtages Mecklenburg-Vorpommern, Bd. VI, Schwerin 1997, S. 155–294.

Dietrich, Christian: Das politische Mandat der Christen bzw. der Kirche in der Diktatur und die Erinnerung von Schuld und Scheitern, in: Abgeschlossen? Stand und Folgen der Aufarbeitung der Geschichte der Kirchen in der DDR. Martin-Luther-Universität Halle-Wittenberg, Halle, 12.–13.6.2015 (= epd-Dokumentation 40/2015), S. 21–29.

Dohle, Horst et al. (Hg.): Auf dem Wege zur gemeinsamen humanistischen Verantwortung. Eine Sammlung kirchenpolitischer Dokumente 1945–1966 unter Berücksichtigung von Dokumenten aus dem Zeitraum 1933–1945, Berlin (Ost) 1967.

Drescher, Anne/Rüchel, Uta/Schöne, Jens (Hg.): Bis ins vierte Glied. Transgenerationale Traumaweitergabe. Publikation zur Fachtagung der Landesbeauftragten für die Stasi-Unterlagen in Mecklenburg-Vorpommern und Berlin, Schwerin 2014.

Durch den Glauben reich sein: 9. Kirchentag der Evangelischen Landeskirche Greifswald, Greifswald, 21.–23. Juni 1985; 1535–1985 Reformationsjubiläum; Ökumenischer Festakt zum 500. Geburtstag von Johannes Bugenhagen, Greifswald, 24. Juni 1985 (Kirchentagsreader), Hg.: Landesausschuß des Ev. Kirchentages u. Bugenhagen-Komitees der Ev. Landeskirche Greifswald, 1985.

Ehricht, Christoph: Leserbrief zum Artikel von Anne Drescher, in: Mecklenburgische & Pommersche Kirchenzeitung, 70. Jg. Nr. 43 (2015) vom 25.10.2015, S. 5.

Ders.: Kirchengeschichte(n aus) der DDR. Erinnerungen eines pommerschen Theologen, in: Kirchen in der DDR. Zwischen Glauben und Politik, Ausgabe 5/2013 vom 15.5.2013, Lernen aus der Geschichte – Magazin, S. 4–7. Online abrufbar unter der URL: http://lernen-aus-der-geschichte.de/sites/default/files/attach/lagmagazin_kirchen_in_der_ddr.pdf [Stand: 1.9.2015].

„Ehrlicher Freund“, in: Der Spiegel, Heft 30/1993, S. 58. URL: http://www.spiegel.de/spiegel/print/d-13680572.html [Stand: 4.12.2015].

Eisenfeld, Bernd: Geschichte und Vielfalt der Ausreisebewegung, in: Seeck, Anne (Hg.): Das Begehren, anders zu sein. Politische und kulturelle Dissidenz von 68 bis zum Scheitern der DDR, Münster 2012, S. 68–81.

Engelmann, Roger: Zum Quellenwert der Unterlagen des Ministeriums für Staatssicherheit, in: Henke, Klaus-Dietmar/Engelmann, Roger (Hg.): Aktenlage. Die Bedeutung der Unterlagen des Staatssicherheitsdienstes für die Zeitgeschichtsforschung, Berlin 1995 (= Analysen und Dokumente, Wissenschaftliche Reihe des BStU, Bd. 1), S. 23–39.

Engert, Stefan: „Aus, aber noch lange nicht vorbei": Der Stand der Aufarbeitung des SED-Unrechts 25 Jahre nach der Einheit, in: Abgeschlossen? Stand und Folgen der Aufarbeitung der Geschichte der Kirchen in der DDR. Martin-Luther-Universität Halle-Wittenberg, Halle, 12.–13.6.2015 (= epd-Dokumentation 40/2015), S. 47–54.

Falcke, Heino: Verdrängen, vergelten oder versöhnen, in: Die Kirchen und der Kommunismus. Seminar zur Aufarbeitung der jüngsten Vergangenheit in den Kirchen Ost- und Westeuropas, hg. vom Rat für Kirche und Gesellschaft der Nederlandse Hervormde Kerk und der Evangelischen Akademie Berlin-Brandenburg, Berlin 1993, S. 22–33.

Findeis, Hagen: Biographie als Widerstandspotential. Zur politischen Erfahrungsbildung kirchlicher Funktionseliten in der DDR, in: Schriftenreihe des Instituts für vergleichende Staat-Kirche-Forschung, Heft 12, o. J., S. 5–19.

Ders.: Das Licht des Evangeliums und das Zwielicht der Politik. Kirchliche Karrieren in der DDR, Frankfurt/New York 2002.

Findeis, Hagen/Pollack, Detlef (Hg.): Selbstbewahrung oder Selbstverlust. Bischöfe und Repräsentanten der evangelischen Kirchen in der DDR über ihr Leben – 17 Interviews, Berlin 1999.

Frank, Rahel: „Realer – exakter – präziser"? Die DDR-Kirchenpolitik gegenüber der Evangelisch-Lutherischen Landeskirche Mecklenburgs von 1971 bis 1989, Schwerin 2004.

Freyberger, Harald/Frommer, Jörg/Maercker, Andreas/Steil, Regina: Gesundheitliche Folgen Politischer Haft in der DDR, hg. von der Konferenz der Landesbeauftragten für die Unterlagen des Staatssicherheitsdienstes der ehemaligen DDR. Dresden 2003. URL: http://www.landesbeauftragter.de/fileadmin/user_upload/downloadspublikationen/LStU-MV_BR_Haftfolgeschaeden.pdf [Stand: 4.12.2015].

Fricke, Karl Wilhelm: Die DDR-Staatssicherheit. Entwicklung, Strukturen, Aktionsfelder, Köln 1989.

Ders.: MfS intern. Macht, Strukturen, Auflösung der DDR-Staatssicherheit. Analyse und Dokumentation, Köln 1991.

Funk, Uwe: DDR-Kirchenpolitik zwischen ideologischem Anspruch und politischer Wirklichkeit, Heidelberg 1992 (= Texte und Materialien der Forschungsstätte der evangelischen Studiengemeinschaft, Reihe B, Nr. 16).

Ders.: Regionalisierung als interne Differenzierung der DDR-Kirchenpolitik, in: Staat-Kirche-Beziehungen in der DDR und anderen ehemals realsozialistischen Ländern 1945–1989, Berlin 1994 (Wissenschaftliches Kolloquium bei der Evangelischen Akademie Berlin-Brandenburg, Reihe Nachlese, Bd. 4/94), S. 64–72.

Ders.: Die „Beheimatung" der „fünften Kolonne". Politikfeldanalytische Überlegungen zur DDR-Kirchenpolitik (Disposition einer politikwissenschaftlichen Promotionsarbeit, nicht veröffentlicht), o. J.

Garbe, Irmfried/Nixdorf, Wolfgang (Hg.): Dom St. Nikolai Greifswald: Gemeindekirche zwischen Politik und Polemik. Studien zur Greifswalder Landeskirche und zur Wiedereinweihung des Domes 1989, Schwerin 2005.

Gienke, Horst: „Vertrauensvolles Miteinander von Staat und Kirche sichtbar gemacht", Brief von Dr. Horst Gienke, Greifswald, vom 3. Juli 1989, in: Neues Deutschland, Jg. 44 (1989), Nr. 168, vom 19.7.1989, S. 1.

Ders.: Dome, Dörfer, Dornenwege. Lebensbericht eines Altbischofs, Rostock 1996.

Ders.: ... Wenn du aber alt wirst... Erlebnisse und Gedanken eines Ruheständlers, Demmin 2014.

Ders.: Auf der Suche nach einer Kirche für alle. Überlegungen und Hoffnungen eines Ruheständlers, Demmin 2014.

Gill, David/Schröter, Ulrich: Das Ministerium für Staatssicherheit. Anatomie des Mielke-Imperiums, Berlin 1991.

Glöckner, Reinhard: Die Wende in Greifswald aus meinem Erleben und in meiner Sicht, 2. Aufl., Greifswald 1994.

Goeckel, Robert F.: Die evangelische Kirche in der DDR. Konflikte, Gespräche, Vereinbarungen unter Ulbricht und Honecker, Leipzig 1995.

Ders.: Thesen zu Kontinuität und Wandel in der Kirchenpolitik der SED, in: Vollnhals, Clemens (Hg.): Die Kirchenpolitik von SED und Staatssicherheit. Eine Zwischenbilanz, Berlin 1996 (= Analysen und Dokumente, Wissenschaftliche Reihe des BStU, Bd. 7), S. 29–58.

Goerner, Martin Georg: Apparatestruktur und Methoden der SED-Kirchenpolitik, in: Staat-Kirche-Beziehungen in der DDR und anderen ehemals realsozialistischen Ländern 1945 bis 1989, Berlin 1994

(Wissenschaftliches Kolloquium bei der Evangelischen Akademie Berlin-Brandenburg, Reihe Nachlese, Bd. 4/94), S. 53–63.

Ders.: Die Arbeitsgruppe Kirchenfragen im ZK-Apparat der SED, in: Vollnhals, Clemens (Hg.): Die Kirchenpolitik von SED und Staatssicherheit. Eine Zwischenbilanz, Berlin 1996 (= Analysen und Dokumente, Wissenschaftliche Reihe des BStU, Bd. 7), S. 59–78.

Gohs, Hans-Jürgen: Leserbrief, in: die kirche. Evangelische Wochenzeitung (Greifswalder Ausgabe), Jg. 44 (1989), Nr. 20 vom 14.5.1989, S. 4.

Goudin-Steinemann, Elisa/Hähnel-Mesnard, Carola (Hg.): Ostdeutsche Erinnerungsdiskurse nach 1989. Narrative kultureller Identität, Berlin 2013 (= DDR-Diskurse – Interdisziplinäre Studien zu Sprache, Land und Gesellschaft, Bd. 1).

Greifswalder Forum zum Weg der Kirche, in: die kirche. Evangelische Wochenzeitung (Greifswalder Ausgabe), Jg. 47 (1992), Nr. 39 vom 27.9.1992, S. 1.

Große, Ludwig: Einspruch! Das Verhältnis von Kirche und Staatssicherheit im Spiegel gegensätzlicher Überlieferungen. Leipzig 2009.

Gummelt, Eckhard (Hg.): Kleines „ABC“ der Landeskirche. Handbuch für Kirchenälteste, Mitarbeiter und Gemeindeglieder der Pommerschen Evangelischen Kirche, Greifswald 1993.

Harder, Hans-Martin: Die Pommersche Kirche nach der Wende, in: Harder-Sdzuj et al.: Kirche – Recht –Wirtschaft. Aufsätze und Beiträge aus vier Jahrzehnten, Hamburg 2007, S. 121–131.

Ders.: Leiten in der Kirche, in: Harder-Sdzuj et al. (Hg.): Kirche – Recht – Wirtschaft. Aufsätze und Beiträge aus vier Jahrzehnten, Hamburg 2007, S. 166–199.

Ders.: Zur Verantwortung der Kirchenleitung im Gefüge der Leitungsorgane nach dem Recht der Pommerschen Evangelischen Kirche – Bestandsaufnahme und Ausblick, in: Harder-Sdzuj et al. (Hg.): Kirche – Recht – Wirtschaft, Aufsätze und Beiträge aus vier Jahrzehnten. Hamburg 2007, S. 173–199.

Ders.: Zum Umgang mit der Vergangenheit der Kirche, in: Harder-Sdzuj et al. (Hg.): Kirche – Recht – Wirtschaft. Aufsätze und Beiträge aus vier Jahrzehnten. Hamburg 2007, S. 239–272.

Ders.: „Kein IM im Greifswalder Konsistorium“. Leserbrief an die Hg., in: FAZ vom 5.8.2015. URL: http://www.genios.de/presse-archiv/artikel/FAZ/20150805/kein-im-im-greifswalder-konsistoriu/FD1201508054644001.html [Stand: 18.12.2015].

Harder-Sdzuj, Susanne / Sdzuj, Reimund B. / Harder, Susan / Harder, Hans-Christian (Hg.): Kirche – Recht – Wirtschaft. Aufsätze und Beiträge aus vier Jahrzehnten. Hamburg 2007.

Hartweg, Frederic (Hg.): SED und Kirche. Eine Dokumentation ihrer Beziehungen, Bd. 2 (1968–1989), bearbeitet von Horst Dohle, Neukirchen-Vluyn 1995 (= Historisch-Theologische Studien zum 19. und 20. Jahrhundert, Bd. 2/2, hg. von G. Besier, R. P. Erickson, F. Hartweg, I. Montgomery).

Haß, E.: „Eine Station auf dem Weg unserer Kirche", in: die kirche. Evangelische Wochenzeitung (Greifswalder Ausgabe), Jg. 44 (1989), Nr. 22 vom 28.5.1989, S. 4.

Ders..: „Wie geht es weiter? Vom Forum in Greifswald", in: die kirche. Evangelische Wochenzeitung (Greifswalder Ausgabe), Jg. 44 (1989), Nr. 39 vom 24.9.1989.

Haushalt der Evangelisch-Lutherischen Landeskirche in Norddeutschland für das Haushaltsjahr 2015, Vorlage der Landessynode vom 20.–22.11.2014, URL: https://www.nordkirche.de/fileadmin/user_upload/nordkirche/Synode/Synode201411_Haushalt_2015_V_2_Synode.pdf [Stand: 27.2.2016].

Henke, Klaus-Dietmar/Engelmann, Roger (Hg.): Aktenlage. Die Bedeutung der Unterlagen des Staatssicherheitsdienstes für die Zeitgeschichtsforschung, Berlin 1995 (= Analysen und Dokumente, Wissenschaftliche Reihe des BStU, Bd. 1).

Henschel, Martin: Kirchliches Leben und religiöses Brauchtum in Rostock. Einige Beispiele von Anfechtung und Behauptung in der Zeit von 1945 bis 1989, in: Diederich, Georg/Schäfer, Bernd: Religiöses Brauchtum und kirchliches Leben im Alltag der DDR – zwischen Anfechtung und Behauptung. Forschungsstudie, in: Leben in der DDR, Leben nach 1989 – Aufarbeitung und Versöhnung. Zur Arbeit der Enquete-Kommission des Landtags Mecklenburg-Vorpommern, Bd. VI, Schwerin 1996, S. 233–250.

Hildebrand, Siegfried: Partnerschaft über Grenze und Mauer hinweg. 50 Jahre praktizierte Glaubensgemeinschaft zwischen Pommern und Schleswig-Holstein, Rendsburg 1996.

Holzweißig, Gunter: Die „führende Rolle" der Partei im SED-Staat, in: Kuhrt, Eberhard/Buck, Hannsjörg F./Holzweißig, Gunter (Hg.): Am Ende des realen Sozialismus. Die SED-Herrschaft und ihr Zusammenbruch, Opladen 1996 (= Beiträge zu einer Bestandsaufnahme der DDR-Wirklichkeit in den 80er Jahren, Bd. 1), S. 29–37.

Inacker, Michael J.: Die Ideologieanfälligkeit des deutschen Protestantismus. Gibt es eine Demokratieunfähigkeit der evangelischen Kirche?, in: Lenhartz, Christoph (Hg.): Evangelische Kirche. Demokratie.

Stasi-Aufarbeitung, mit Beiträgen von: Gerhard Besier, Michael J. Inacker, Peter Maser, Ulrich Woronowicz; Bergisch Gladbach 1997, S. 11–24.

Jahn, Roland: Wir Angepassten. Überleben in der DDR, München/Zürich 2014.

Ders.: „Vergebung kann nicht verordnet werden". Interview mit der Tageszeitung „Oberhessische Presse" am 4.11.2014. URL: http://www.bstu.bund.de/DE/BundesbeauftragterUndBehoerde/Bundesbeauftragter/Interviews/2014_11_04_Jahn_oberhessische_zeitung.html [Stand: 18.12.2015].

„Jeder Stasi-Kontakt war ein Kontakt zuviel.", in: die kirche. Evangelische Wochenzeitung (Greifswalder Ausgabe), Jg. 47 (1992), Nr. 39 vom 27.9.1992, S. 5.

Jeutner, Thomas: „Was lange währt", in: Pommersche Kirchenzeitung. Evangelisches Wochenblatt für Mecklenburg-Vorpommern, Jg. 53 (1998), Nr. 28 vom 12.7.1998, S. 1.

Ders.: „Wie geht's weiter?", in: Mecklenburgische Kirchenzeitung, Jg. 54 (1999), Nr. 12 vom 21.3.1999, S. 7.

Ders.: „Vormundschaft", in: Mecklenburgische Kirchenzeitung, Jg. 55 (2000), Nr. 9 vom 27.2.2000, S. 1.

Ders.: „Freiwillig das Messer aus der Hand legen. Siegfried Plath und Christoph Demke in einer Anhörung der pommerschen Landessynode", in: Mecklenburgische Kirchenzeitung, Jg. 55 (2000), Nr. 9 vom 27.2.2000, S. 1.

Ders.: „Anhörungen ohne Hitze", in: Mecklenburgische Kirchenzeitung, Jg. 55 (2000), Nr. 12 vom 19.3.2000, S. 2.

Ders.: „Christsein im DDR-Berufsalltag. Zweite Anhörung zur Vergangenheit der Pommerschen Kirche 1976–1990", in: Mecklenburgische Kirchenzeitung, Jg. 55 (2000), Nr. 14 vom 2.4.2000, S. 7.

Ders.: „Kritische Solidarität und Machtfrage", in: Mecklenburgische Kirchenzeitung, Jg. 55 (2000), Nr. 17 vom 23.4.2000, S. 2.

Ders.: „Guter Streit", in: Mecklenburgische Kirchenzeitung, Jg. 55 (2000), Nr. 17 vom 23.4.2000.

Ders.: „Pommersche Kirche soll Schuld eingestehen. Altbischof Gienke wartet seit Jahren vergeblich auf Aussöhnung", in: Mecklenburgische Kirchenzeitung, Jg. 55 (2000), Nr. 22 vom 28.5.2000, S. 2.

Ders.: „Ehrenwerte und faule Kompromisse. Fünfte und letzte Anhörung zum Weg der Pommerschen Kirche 1976–90", in: Mecklenburgische Kirchenzeitung, Jg. 55 (2000), Nr. 30 vom 23.7.2000, S. 2.

Jostmeier, Friedhelm: SED und Junge Gemeinde im Bezirk Leipzig (1950–

1963). Kirchliche Jugendarbeit und Resistenz, in: Staat-Kirche-Beziehungen in der DDR und anderen ehemals realsozialistischen Ländern 1945 bis 1989, Berlin 1994 (Wissenschaftliches Kolloquium bei der Evangelischen Akademie Berlin-Brandenburg, Reihe Nachlese, Bd. 4/94), S. 99–108.

Kirchenordnung der Evangelischen Landeskirche Greifswald, in: Gummelt, Eckhard (Hg.): Kleines „ABC" der Landeskirche. Handbuch für Kirchenälteste, Mitarbeiter und Gemeindeglieder der Pommerschen Evangelischen Kirche, Greifswald 1993.

Kirmis, Gunther: Das Wirken der Koordinierungsgruppe bei der Restaurierung und Neugestaltung des Greifswalder Domes, in: Garbe, Irmfried/Nixdorf, Wolfgang (Hg.): Dom St. Nikolai Greifswald: Gemeindekirche zwischen Politik und Polemik. Studien zur Greifswalder Landeskirche und zur Wiedereinweihung des Domes 1989, Schwerin 2005, S. 19–36.

Koch-Hallas, Christine: Die Evangelisch-Lutherische Kirche in Thüringen in der SBZ und Frühzeit der DDR (1945–1961). Eine Untersuchung über Kontinuitäten und Diskontinuitäten einer landeskirchlichen Identität, Leipzig 2009.

Krötke, Wolf: Bekennen – Verkündigen – Leben. Barmer Theologische Erklärung und Gemeindepraxis, Berlin 1986 (Calwer Verlagsverein, Arbeiten zur Theologie, Heft 70).

Krone, Tina/Schult, Reinhard: „Seid Untertan der Obrigkeit". Originaldokumente der Stasi-Kirchenabteilung XX/4, Berlin 1992.

Krummacher, Bernd: Leserbrief „Bischof Krummacher vermied Stasi-Konspiration. Verdrehung der Tatsachen", in: Mecklenburgische Kirchenzeitung, 55. Jg., Nr. 11 vom 12.3.2000, S. 7.

Krusche, Werner: Schuld und Vergebung, der Grund christlichen Friedenshandelns, in: Krusche, Werner: Verheißung und Verantwortung – Orientierungen auf dem Weg der Kirche, Berlin 1990.

Krusche, Werner: Die Gemeinde Jesu auf dem Weg in die Diaspora, in: Krusche, Werner: Verheißung und Verantwortung – Orientierungen auf dem Weg der Kirche, Berlin 1990, S. 94–113.

Kubina, Michael: „Unterwanderung durch Wiedervereinigung. Die Überprüfung der Mitarbeiter des öffentlichen Dienstes auf Stasi-Vergangenheit", in: Horch und Guck. Zeitschrift der Gedenkstätte Museum in der „Runden Ecke" – Leipzig, Heft 2/2010, S. 18–21. URL: http://www.horch-und-guck.info/hug/archiv/2010/heft-68/ [Stand: 10.01.2016].

Kuhrt, Eberhard/Buck, Hannsjörg F./Holzweißig, Gunter (Hg.): Am Ende des realen Sozialismus. Die SED-Herrschaft und ihr Zusammenbruch (= Beiträge zu einer Bestandsaufnahme der DDR-Wirklichkeit in den 80er Jahren, Bd. 1), Opladen 1996.

Lachmann, Kai: „Gott vertrauen und um Vergebung bitten. Oberkirchenrat Christoph Ehricht wurde gestern in der Jakobikirche in den Ruhestand verabschiedet“, in: Ostseezeitung vom 16.9.2015, S. 11.

„Lamm unter Wölfen“, in: Der Spiegel, Nr. 23 (1993), vom 7.6.1993, S. 65-67.

Langer, Kai: Vorgeschichte und Geschichte der „Wende“ in den drei Nordbezirken der DDR. Forschungsstudie, in: Leben in der DDR, Leben nach 1989 – Aufarbeitung und Versöhnung. Zur Arbeit der Enquete-Kommission des Landtages Mecklenburg-Vorpommern, Bd. IX, Schwerin 1997, S. 9–196.

Lenhartz, Christoph (Hg.): Evangelische Kirche. Demokratie. Stasi-Aufarbeitung, mit Beiträgen von: Gerhard Besier, Michael J. Inacker, Peter Maser, Ulrich Woronowicz; Bergisch Gladbach 1997.

Lietz, Heiko: Die Entwicklung der Opposition im Norden, in: Leben in der DDR, Leben nach 1989 – Aufarbeitung und Versöhnung. Zur Arbeit der Enquete-Kommission des Landtages Mecklenburg-Vorpommern, Bd. IX, Schwerin 1997, S. 197–228.

Lochen, Hans-Hermann/Meyer-Seitz, Christian (Hg.): Die geheimen Anweisungen zur Diskriminierung Ausreisewilliger. Dokumente der Stasi und des Ministeriums des Innern, Köln 1992.

Lüdeker, Gerhard: Kollektive Erinnerung und nationale Identität im Film: Nationalsozialismus, DDR und Wiedervereinigung im deutschen Spielfilm nach 1989, München 2012.

Mäkinen, Aulikki: Der Mann der Einheit. Bischof Friedrich-Wilhelm Krummacher als kirchliche Persönlichkeit in der DDR in den Jahren 1955–1969, Frankfurt am Main u. a. 2002.

Marx, Sybille: „Nicht auf Stasi-Sicht hereinfallen“, in: Mecklenburgische & Pommersche Kirchenzeitung, 70. Jg., Nr. 38 (2015) vom 20.9.2015, S. 13.

Maser, Peter: Die Aufarbeitung der SED-Diktatur. Stand und Perspektiven. Versöhnung ohne Wahrheit und Gerechtigkeit?, in: Lenhartz, Christoph (Hg.): Evangelische Kirche. Demokratie. Stasi-Aufarbeitung, mit Beiträgen von: Gerhard Besier, Michael J. Inacker, Peter Maser, Ulrich Woronowicz; Bergisch Gladbach 1997, S. 65–74.

Mau, Rudolf: Der Protestantismus im Osten Deutschlands (1945–1990), Leipzig 2005 (= Kirchengeschichte in Einzeldarstellungen IV/3).

Mihr, Anja: Kollektive Traumata und Einstellungen gegenüber Unrechtserfahrungen – ein internationaler Vergleich, in: Bis ins vierte Glied. Transgenerationale Traumaweitergabe. Publikation zur Fachtagung der Landesbeauftragten für die Stasi-Unterlagen in Mecklenburg-Vorpommern und Berlin, hg. von Drescher, Anne/Rüchel, Uta/Schöne, Jens, Schwerin 2014, S. 88–101.

Mothes, Jörn: Die vom MfS entwickelten Strukturen und Strategien zur Durchsetzung der Jugendpolitik der SED, in: Mothes, Jörn et al. (Hg.): Beschädigte Seelen. DDR-Jugend und Staatssicherheit, Rostock/Bremen 1996, S. 49–107.

Mothes, Jörn/Fienbork, Gundula/Pahnke, Rudi-Karl/Ellmenreich, Renate/Stognienko, Michael (Hg.): Beschädigte Seelen. DDR-Jugend und Staatssicherheit, Rostock/Bremen 1996.

Müller-Enbergs, Helmut: Inoffizielle Mitarbeiter des Ministeriums für Staatssicherheit. Richtlinien und Durchführungsbestimmungen, 2. Aufl., Berlin 1996 (= Analysen und Dokumente, Wissenschaftliche Reihe des BStU, Bd. 3).

Ders.: Wieviele „Jugendliche" arbeiteten für den DDR-Staatssicherheitsdienst als Inoffizielle Mitarbeiter?, in: Mothes, Jörn et al. (Hg.): Beschädigte Seelen. DDR-Jugend und Staatssicherheit, Rostock/Bremen 1996, S. 108–113.

Neubert, Ehrhart: „Recht, Verantwortung und Versöhnung", in: die kirche. Evangelische Wochenzeitung. Ausgabe für Vorpommern Nr. 34 (1991) vom 25.8.1991, S. 3.

Ders.: Vergebung oder Weißwäscherei. Zur Aufarbeitung des Stasiproblems in den Kirchen, Freiburg i. Br. 1993 (= Herderbücherei, Bd. 178).

Ders.: Zur Instrumentalisierung von Theologie und Kirchenrecht durch das MfS, in: Vollnhals, Clemens (Hg.): Die Kirchenpolitik von SED und Staatssicherheit. Eine Zwischenbilanz, Berlin 1996 (= Analysen und Dokumente, Wissenschaftliche Reihe des BStU, Bd. 7), S. 329–352.

Ders.: Geschichte der Opposition in der DDR 1949–1990, Bonn 1997 (Bundeszentrale für politische Bildung, Schriftenreihe Bd. 346).

Ders.: Kirche und Stasi in Thüringen – Erträge und Perspektiven, in: Stasi-Aufarbeitung in der Thüringer Landeskirche. Dokumentation einer Tagung in der Evangelischen Akademie Thüringen, Guthmannshausen, 29.9.–1.10.2006 (= epd-Dokumentation Nr. 16 vom 17.4.2007), S. 45–55.

Neubert, Hildigund: Die kirchliche Stasi-Aufarbeitung im Vergleich mit anderen gesellschaftlichen Institutionen, in: Stasi-Aufarbeitung in der Thüringer Landeskirche. Dokumentation einer Tagung in der Evangelischen Akademie Thüringen, Guthmannshausen, 29.9.–1.10.2006

(= epd-Dokumentation Nr. 16 vom 17.4.2007), S. 35–44.
Neumann-Becker, Birgit: Was kommt vor der Versöhnung? Zum Stand im Osten Deutschlands 25 Jahre nach der Deutschen Einheit, in: Abgeschlossen? Stand und Folgen der Aufarbeitung der Geschichte der Kirchen in der DDR. Tagung an der Martin-Luther-Universität Halle-Wittenberg, Halle, 12.–13.6.2015 (= epd-Dokumentation 40/2015), S. 55–62.
Neumann-Becker, Birgit/Frommer, Jörg/Regner, Freihart/Knorr, Stefanie (Hg.): SED-Verfolgte und das Menschenrecht auf Gesundheit. Die Anerkennung gesundheitlicher Folgeschäden sowie psychosoziale, therapeutische und seelsorgerische Perspektiven, Halle 2015.
Nixdorf, Wolfgang: „Auswertung und Konsequenzen. Von der Kirchenleitung berichtet", in: die kirche. Evangelische Wochenzeitung (Greifswalder Ausgabe), Jg. 40 (1985), Nr. 31 vom 4.4.1985, S. 4.
Ders.: „Zahlen vom Kirchentag", in: die Kirche. Evangelische Wochenzeitung (Greifswalder Ausgabe), Jg. 40 (1985), Nr. 29 vom 21.7.1989, S. 4.
Ders.: „Eine Woche im Mittelpunkt. Festwoche zur Wiedereinweihung des Greifswalder Doms", in: die kirche. Evangelische Wochenzeitung (Greifswalder Ausgabe), Jg. 44 (1989), Nr. 28 vom 9.7.1989, S. 4.
Ders.: „Kirchenleitungen aus Greifswald und Mecklenburg trafen sich", in: die kirche. Evangelische Wochenzeitung (Greifswalder Ausgabe), Jg. 44 (1989), Nr. 45 vom 5.11.1989, S. 4.
Ders.: Und dennoch ging es weiter … Die politische Macht und die Bachwoche, in: Schneider, Matthias (Hg.): Bach in Greifswald. Zur Geschichte der Greifswalder Bachwoche 1946–1996, Sonderdruck, Frankfurt am Main 1996, S. 86–96.
Ders.: Zwischen Korrektur und Verweigerung – die Greifswalder Kirchenleitung und die Landessynode 1989, in: Garbe, Irmfried/Nixdorf, Wolfgang (Hg.): Dom St. Nikolai Greifswald: Gemeindekirche zwischen Politik und Polemik. Studien zur Greifswalder Landeskirche und zur Wiedereinweihung des Domes 1989, Schwerin 2005, S. 107–186.
Ders.: Die Pommersche Evangelische Kirche und der Staat. – Aus der Sicht von Kirchenleitung und Konsistorium – Beispiele aus vier DDR-Jahrzehnten, in: Baltische Studien. Pommersche Jahrbücher für Landesgeschichte (Gesellschaft für Pommersche Geschichte, Altertumskunde und Kunst e. V., Neue Folge, Bd. 98, Bd. 144 der Gesamtreihe), Kiel 2012, S. 131–169.
Noack, Axel: Feindobjekt: Evangelische Studentengemeinde, in: Vollnhals, Clemens (Hg.): Die Kirchenpolitik von SED und Staatssicher-

heit. Eine Zwischenbilanz, Berlin 1996 (= Analysen und Dokumente, Wissenschaftliche Reihe des BStU, Bd. 7), S. 298–328.

Ohlemacher, Jörg/Blühm, Reimund: Repression gegen die christliche Jugend im Bildungs- und Erziehungsbereich. Forschungsstudie, in: Leben in der DDR, Leben nach 1989 – Aufarbeitung und Versöhnung. Zur Arbeit der Enquete-Kommission des Landtages Mecklenburg-Vorpommern, Bd. VII, Schwerin 1997, S. 101–231.

Onnasch, Martin: Die Rolle der Kirchen im politischen System der DDR: Leben in der DDR, Leben nach 1989 – Aufarbeitung und Versöhnung. Zur Arbeit der Enquete-Kommission des Landtages Mecklenburg-Vorpommern, Bd. VII, Schwerin 1997, S. 9–100.

Ders.: Das Spitzengespräch vom 6. März 1978 – Glücks- oder Sündenfall?, in: Schriftenreihe des Instituts für vergleichende Staat-Kirche-Forschung, Heft 5, hg. von der Gesellschaft zur Förderung vergleichender Staat-Kirche-Forschung e. V., S. 8–21.

Pahnke, Rudi-Karl: Jugend zwischen FDJ, SED und MfS, in: Mothes, Jörn et al. (Hg.): Beschädigte Seelen. DDR-Jugend und Staatssicherheit, Rostock/Bremen 1996, S. 38–48.

Pergande, Frank: Ein Nachruf und seine Folgen, in: Frankfurter Allgemeine Zeitung vom 14.11.2015, S. 12.

Ders.: „Geweißt bis zu Honeckers Blickhöhe. Vor zehn Jahren hatte der SED-Generalsekretär in Greifswald seinen letzten Auftritt im Glanz seines Amtes“, in: Frankfurter Allgemeine Zeitung vom 12.6.1999, S. 7.

Planer-Friedrich, Götz: Einfallstore der Stasi, in: Siegele-Wenschkewitz, Leonore (Hg.): Die evangelischen Kirchen und der SED-Staat – ein Thema kirchlicher Zeitgeschichte, Frankfurt am Main 1993 (= Arnoldshainer Texte. Schriften aus der Arbeit der Evangelischen Akademie Arnoldshain, Bd. 77), S. 113–128.

Pollack, Detlef: Kirche in der Organisationsgesellschaft. Zum Wandel der gesellschaftlichen Lage der evangelischen Kirchen in der DDR, Stuttgart u. a. 1994.

Pommerscher Evangelischer Kirchenkreis: Personalmeldungen 2013. URL: http://www.kirche-mv.de/Personalmeldungen-PEK-2013.1889.0.-html [Stand: 20.12.2015].

Probst, Lothar: Die Rolle von kirchlichen Basisgruppen und Netzwerken vor und in der Wende in Mecklenburg-Vorpommern, in: Leben in der DDR, Leben nach 1989 – Aufarbeitung und Versöhnung. Zur Arbeit der Enquete-Kommission des Landtages Mecklenburg-Vorpommern, Bd. IX, Schwerin 1997, S. 275–314.

Radatz, Werner/Winter, Friedrich: Geteilte Einheit. Die Evangelische Kirche in Berlin-Brandenburg 1961 bis 1990. Berlin 2000.

Raddatz, Carlies Maria: „Buchhaltung für das MfS. OKR Dr. Webers Tätigkeit als Informant im Greifswalder Konsistorium“, in: Die Zeichen der Zeit 4 (1994), Jg. 48, S. 146–149.

Rathke, Heinrich: „Eine Stasiakte ist für mich immer weniger als die halbe Wahrheit“. Am Ende Mensch bleiben können. Ein Interview mit Pastor i.R. Heinrich Rathke, in: Mecklenburgische Kirchenzeitung, Jg. 47 (1992), Nr. 6 vom 9.2.1992, S. 5.

Ders.: „Wohin sollen wir gehen?“ Der Weg der Evangelischen Kirche in Mecklenburg im 20. Jahrhundert. Erinnerungen eines Pastors und Bischofs und die Kämpfe mit dem Staat, Kiel 2014.

Richtlinie Nr. 1/76 zur Entwicklung und Bearbeitung Operativer Vorgänge (OV) (GVS MfS 0008-100/76), in: Gill, David/Schröter, Ulrich: Das Ministerium für Staatssicherheit. Anatomie des Mielke-Imperiums, Berlin 1991, S. 346–402.

Richtlinie Nr. 1/79 für die Arbeit mit Inoffiziellen Mitarbeitern (IM) und Gesellschaftlichen Mitarbeitern Sicherheit (GMS) vom 8.12.1979, in: Müller-Enbergs, Helmut (Hg.): Inoffizielle Mitarbeiter des Ministeriums für Staatssicherheit. Richtlinien und Durchführungsbestimmungen, Berlin 1996.

Richtlinie Nr. 1/81 über die Operative Personenkontrolle (OPK) (GVS MfS 0008-10/81), in: Gill, David/Schröter, Ulrich: Das Ministerium für Staatssicherheit. Anatomie des Mielke-Imperiums, Berlin 1991, S. 322–345.

Riemann, Doris: Protestantische Geschlechterpolitik und sozialtechnische Modernisierung: Zur Geschichte der Pfarrfrauen, Leipzig 2015.

Röder, Hans-Jürgen: Chancen, Versäumnisse und Verdienste des kirchlichen Vereinigungsprozesses, in: Abgeschlossen? Stand und Folgen der Aufarbeitung der Geschichte der Kirchen in der DDR. Martin-Luther-Universität Halle-Wittenberg, Halle, 12.–13.6.2015 (= epd-Dokumentation 40/2015), S. 30–34.

Roßberg, Klaus/Richter, Peter: Das Kreuz mit dem Kreuz: Ein Leben zwischen Staatssicherheit und Kirche, Berlin 1996.

Saß, Ulrich von: „Geistliche Bankrotterklärung“, in: die kirche. Evangelische Wochenzeitung (Greifswalder Ausgabe), Jg. 46 (1991), Nr. 22 vom 2.6.1991, S. 4.

Ders.: „Nichts als Spott für alle Geheimdienste der Welt“, in: die kirche, Evangelische Wochenzeitung (Greifswalder Ausgabe), Jg. 47 (1992), Nr. 10 vom 9.3.1992, S. 1.

Ders: „Keine Gespräche mit Geheimdiensten. Staat und Kirche in Pommern – ein ‚zweifelhafter Konsens'", in: die kirche. Evangelische Wochenzeitung (Greifswalder Ausgabe), Jg. 47 (1992), Nr. 32 vom 9.8.1992, S. 5.

Saß, Ulrich von/Suchodoletz, Harriet von: „feindlich-negativ". Zur politisch-operativen Arbeit einer Stasi-Zentrale, Berlin 1990.

Schäfer, Bernd: „Inoffizielle Mitarbeiter" und „Zusammenarbeit". Zur Differenzierung von MfS-Unterlagen im Bereich der katholischen Kirche, in: Henke, Klaus-Dietmar/Engelmann, Roger (Hg.): Aktenlage. Die Bedeutung der Unterlagen des Staatssicherheitsdienstes für die Zeitgeschichtsforschung, Berlin 1995 (= Analysen und Dokumente, Wissenschaftliche Reihe des BStU, Bd. 1), S. 47–55.

Schilling, Walter: Die „Bearbeitung" der Landeskirche Thüringen durch das MfS, in: Vollnhals, Clemens (Hg.): Die Kirchenpolitik von SED und Staatssicherheit. Eine Zwischenbilanz, Berlin 1996 (= Analysen und Dokumente, Wissenschaftliche Reihe des BStU, Bd. 7), S. 211–266.

Schönherr, Albrecht: „Erfahrungen und Erwartungen. Ein Vortrag von Bischof D. Schönherr", in: die kirche. Evangelische Wochenzeitung (Greifswalder Ausgabe), Jg. 36 (1981), Nr. 32, S. 2 f.

Ders.: Aber die Zeit war nicht verloren, Erinnerungen eines Altbischofs, Berlin 1993.

Schröder, Richard: Der Versuch einer eigenständigen Standortbestimmung der Evangelischen Kirchen in der DDR am Beispiel der „Kirche im Sozialismus", in: Materialien der Enquete-Kommission „Aufarbeitung von Geschichte und Folgen der SED-Diktatur in Deutschland", hg. vom Deutschen Bundestag, Bd. VI, Baden-Baden und Frankfurt am Main 1995, S. 1164–1231.

Ders.: „Diktatur der Angepassten. Manfred Stolpe hatte Kontakte zur Stasi – jeder weiß es. Wozu also eine neue Enquetekommission?", in: ZEITmagazin vom 8.9.2011. URL: http://www.zeit.de/2011/37/P-Enquetekommission/seite-1/2 [Stand: 11.1.2016].

Schröter, Ulrich: Die „Bearbeitung" der Landeskirche Berlin-Brandenburg durch das MfS, in: Vollnhals, Clemens (Hg.): Die Kirchenpolitik von SED und Staatssicherheit. Eine Zwischenbilanz, Berlin 1996 (= Analysen und Dokumente, Wissenschaftliche Reihe des BStU, Bd. 7), S. 191–210.

Schülke, Friedhelm: Leserbrief zu „Wer fragt nach den Opfern der Diktatur?", in: Mecklenburgische & Pommersche Kirchenzeitung, 70. Jg., Nr. 46 (2015) vom 15.11.2015, S. 2.

Schultze, Harald: Die Stasi-Aufarbeitung der Kirchenprovinz Sachsen, in:

Stasi-Aufarbeitung in der Thüringer Landeskirche. Dokumentation einer Tagung in der Evangelischen Akademie Thüringen, Guthmannshausen, 29.9.–1.10.2006 (= epd-Dokumentation Nr. 16 vom 17.4.2007), S. 27–34.

Schwarz, U./Wensierski, P.: „Ich war zu ängstlich". Der frühere DDR-Kirchenbundvorsitzende Bischof Werner Leich über Stasi, Stolpe und Kirche, in: Der Spiegel, Heft 16/1992, S. 20–24.

Schweizer, Katja: Täter und Opfer in der DDR. Vergangenheitsbewältigung nach der zweiten deutschen Diktatur, Münster 1999 (= Studien zur DDR-Gesellschaft, Bd. IV).

Schwerin, Hans-Joachim: „Geführt wie ein blinder Gaul". Lebenserinnerungen, Lübeck 2001.

Siegele-Wenschkewitz, Leonore: Probleme kirchlicher Zeitgeschichtsforschung, in: Siegele-Wenschkewitz, Leonore (Hg.): Die evangelischen Kirchen und der SED-Staat – ein Thema kirchlicher Zeitgeschichte Frankfurt am Main 1993 (= Arnoldshainer Texte. Schriften aus der Arbeit der Evangelischen Akademie Arnoldshain, Bd. 77), S. 142–152.

Silomon, Anke: Synode und SED-Staat. Die Synode des Bundes der Evangelischen Kirchen in der DDR in Görlitz vom 18.–22. September 1987, Göttingen 1997 (= Arbeiten zur Kirchlichen Zeitgeschichte, Reihe B: Darstellungen, Bd. 24).

Stauss, Curt/Beleites, Johannes: Das große Fernziel Versöhnung. EKM-intern sprach mit Curt Stauss und Johannes Beleites anlässlich 25 Jahre Friedliche Revolution, in: EKM-intern, Oktober 2014, S. 3 f.

Stauss, Curt: Ein Esel, wer die Versöhnung lehrt, aber ein Ochs, wer sie nicht glaubt. Ein eschatologischer Blick auf die Schuld der Kirche und auf ihre Aufgaben, in: Abgeschlossen? Stand und Folgen der Aufarbeitung der Geschichte der Kirchen in der DDR. Tagung an der Martin-Luther-Universität Halle-Wittenberg, Halle, 12.–13.6.2015 (= epd-Dokumentation 40/2015), S. 63–74.

Staritz, Dietrich: Geschichte der DDR, 2. Aufl., Frankfurt am Main 1985 (= Neue Historische Bibliothek, Neue Folge, Bd. 260).

Stasi-Aufarbeitung in der Thüringer Landeskirche. Dokumentation einer Tagung in der Evangelischen Akademie Thüringen, Guthmannshausen, 29.9.–1.10.2006 (= epd-Dokumentation Nr. 16).

„Stasi-Spuren bis in die Gegenwart. Wie es Kirchenleuten in der DDR erging und wie die Leitung um ihren Kurs rang – ein Uni-Seminar will aufklären", von Sybille Marx, in: Ostseezeitung vom 14.1.2016, S. 13.

Stengel, Friedemann: Kirchen-DDR-Geschichte zwischen Gedächtnispolitik und Erinnern, in: Abgeschlossen? Stand und Folgen der Aufarbeitung der Geschichte der Kirchen in der DDR. Martin-Luther-Universität Halle-Wittenberg, Halle, 12.–13.6.2015 (= epd-Dokumentation 40/2015), S. 4–15.

Stier, Christoph: „Um der Kirche willen“ – Regelüberprüfung und kirchenleitendes Handeln in der Evangelisch-Lutherischen Landeskirche Mecklenburgs, in: Vollnhals, Clemens (Hg.): Die Kirchenpolitik von SED und Staatssicherheit, Berlin 1996 (= Analysen und Dokumente, Wissenschaftliche Reihe des BStU, Bd. 7), S. 415–433.

Subklew, Marie Anne: Modelle der Aufarbeitung des Unrechts in der DDR, in: Abgeschlossen? Stand und Folgen der Aufarbeitung der Geschichte der Kirchen in der DDR. Tagung an der Martin-Luther-Universität Halle-Wittenberg, Halle, 12.–13.6.2015 (= epd-Dokumentation 40/2015), S. 39–46.

Suckut, Siegfried: Das Ministerium für Staatssicherheit und die SED, in: Henke, Klaus-Dietmar/Engelmann, Roger (Hg.): Aktenlage. Die Bedeutung der Unterlagen des Staatssicherheitsdienstes für die Zeitgeschichtsforschung, Berlin 1995 (= Analysen und Dokumente, Wissenschaftliche Reihe des BStU, Bd. 1), S. 83–97.

Ders.: Die Bedeutung der Akten des Staatssicherheitsdienstes für die Erforschung der DDR-Geschichte, in: Henke, Klaus-Dietmar/Engelmann, Roger (Hg.): Aktenlage. Die Bedeutung der Unterlagen des Staatssicherheitsdienstes für die Zeitgeschichtsforschung, Berlin 1995 (= Analysen und Dokumente, Wissenschaftliche Reihe des BStU, Bd. 1), S. 195–206.

Ders. (Hg.): Wörterbuch der Staatssicherheit. Definitionen zur „politisch-operativen Arbeit“, 2., durchgesehene Auflage, Berlin 1996 (= Analysen und Dokumente, Wissenschaftliche Reihe des BStU, Bd. 5).

Mauerfall. Sündenbock der Partei. DDR-Forscher Manfred Wilke über den erfolgreichen Versuch der SED, die Stasi als Alleinschuldige der Diktatur darzustellen, in Focus Nr. 17 (2007), S. 36–40.

Tagungsbericht „DDR-Geschichte in Forschung und Lehre. Bilanz und Perspektiven“, URL: http://www.hsozkult.de/conferencereport/id/tagungsberichte-3353 [Stand: 28.2.2016].

Theologische Erklärung zur gegenwärtigen Lage der Deutschen Evangelischen Kirche, in: Karl Barth: Texte zur Barmer Theologischen Erklärung, hg. von Martin Rohkrämer, Zürich 1984, S. 1–5.

Unabhängiger Verein zur historischen, politischen und juristischen Aufarbeitung der DDR-Vergangenheit e. V. (UVA): Abschlußbericht der ersten Arbeitsgruppe zur Aufarbeitung der SED-Archive der ehemaligen Bezirke Schwerin, Neubrandenburg und Rostock in den Landesarchiven Greifswald und Schwerin, Rostock 1994.

Vollnhals, Clemens (Hg.): Die Kirchenpolitik von SED und Staatssicherheit. Eine Zwischenbilanz, Berlin 1996 (= Analysen und Dokumente, Wissenschaftliche Reihe des BStU, Bd. 7).

Vollnhals, Clemens: Die kirchenpolitische Abteilung des Ministeriums für Staatssicherheit, in: Clemens Vollnhals (Hg.): Die Kirchenpolitik von SED und Staatssicherheit. Eine Zwischenbilanz, Berlin 1996 (= Analysen und Dokumente, Wissenschaftliche Reihe des BStU, Bd. 7), S. 79–119.

Ders.: Zugleich Helfer der Opfer und Helfer der Täter? Gegenwärtige und historische Sperren für die evangelische Kirche bei der Aufarbeitung ihrer DDR-Vergangenheit, in: Vollnhals, Clemens (Hg.): Die Kirchenpolitik von SED und Staatssicherheit. Eine Zwischenbilanz, Berlin 1997 (= Analysen und Dokumente, Wissenschaftliche Reihe des BStU, Bd. 7), S. 434–446.

Wagner, Harald: Kirchen, Staat und politisch alternative Gruppen. Engagement zwischen Evangelium und Reglementierung, in: Dähn, Horst (Hg.): Die Rolle der Kirchen in der DDR, München 1993 (= Geschichte und Staat, Bd. 291), S. 104–114.

Weber, Blanka: Stasi in der Kirche. Der nette Professor verpfiff Dutzende Brüder und Schwestern. Deutschlandradio Kultur vom 2.11.2014. URL: http://www.deutschlandradiokultur.de/stasi-in-der-kirche-der-nette-professor-verpfiff-dutzende.1278.de.html?dram:article_id=302069 [Stand: 18.12.2015].

Weber, Hermann: Geschichte der DDR, 3. Aufl., München 1989.

Weispfenning, Walter/Wiegand, Dietmar: Der Umgang mit MfS-Belastungen kirchlicher Mitarbeiter in der Evangelisch-Lutherischen Kirche in Thüringen, in: Stasi-Aufarbeitung in der Thüringer Landeskirche. Dokumentation einer Tagung in der Evangelischen Akademie Thüringen, Guthmannshausen, 29.9.–1.10.2006 (= epd-Dokumentation Nr. 16 vom 17.4.2007), S. 11–16.

Wergin, Claus: „Fluchtpunkt“ Paulskirchenkeller Schwerin. Die Auswirkungen der Richtlinie 1/76 des MfS, in: Mothes, Jörn et al. (Hg.): Beschädigte Seelen. DDR-Jugend und Staatssicherheit, Rostock/Bremen 1996, S. 288–293.

Wettig, Gerhard: Niedergang, Krise und Zusammenbruch der DDR. Ursachen und Vorgänge, in: Kuhrt, Eberhard/Buck, Hannsjörg F./ Holzweißig, Gunter (Hg.): Am Ende des realen Sozialismus. Die

SED-Herrschaft und ihr Zusammenbruch, Opladen 1996 (= Beiträge zu einer Bestandsaufnahme der DDR-Wirklichkeit in den 80er Jahren, Bd. 1), S. 379–455.

Wiesener, Barbara (Hg.): Töchter der Opposition: Pfarrerstöchter in der DDR, Potsdam 2007.

Wilhelm, Georg: Die Diktaturen und die evangelische Kirche. Totaler Machtanspruch und kirchliche Antwort am Beispiel Leipzigs 1933–1958, Göttingen 2004 (= Arbeiten zur kirchlichen Zeitgeschichte, Reihe B, Bd. 39).

Winter, Friedrich: „Barmengedenken 1984. Ein Rückblick", in: die kirche, Greifswalder Ausgabe, Jg. 40 (1985), Nr. 2 vom 13.1.1985, S. 1 f.

Wolle, Stefan: Die Aktenüberlieferung der SED als historische Quelle, in: Henke, Klaus-Dietmar/Engelmann, Roger (Hg.): Aktenlage. Die Bedeutung der Unterlagen des Staatssicherheitsdienstes für die Zeitgeschichtsforschung, Berlin 1995 (= Analysen und Dokumente, Wissenschaftliche Reihe des BStU, Bd. 1), S. 211–219.

Woronowicz, Ulrich: Vom Umgang mit den Opfern der zweiten deutschen Diktatur, in: Lenhartz, Christoph (Hg.): Evangelische Kirche. Demokratie. Stasi-Aufarbeitung. Mit Beiträgen von: Gerhard Besier, Michael J. Inacker, Peter Maser, Ulrich Woronowicz; Bergisch Gladbach 1997, S. 75–92.

Zillich, Carsten: „Es war ein Irrweg", in: Mecklenburgische & Pommersche Kirchenzeitung, 70. Jg., Nr. 43 (2015) vom 25.10.2015, S. 5.

Personenverzeichnis

J

K

L

Z

Rahel Frank, geboren 1972 in Rostock, 1989 Abschluss der Polytechnischen Oberschule in Ostseebad Kühlungsborn und kurzzeitiger Besuch der Erweiterten Oberschule in Bad Doberan; am 4. November 1989 Flucht über die damalige ČSSR in die Bundesrepublik Deutschland; Schulbesuch und Abitur in Garbsen/Hannover; ab 1992 Studium der Geschichte, Ostslawistik und Neueren Deutschen Literatur in Hamburg, Historikerin mit dem Schwerpunkt deutsche Zeitgeschichte, 1999 Promotion an der Universität Hamburg, 1999–2005 Arbeiten für den Landesbeauftragten für Mecklenburg-Vorpommern für die Unterlagen des Staatssicherheitsdienstes der ehemaligen DDR und den Norddeutschen Rundfunk; 2006/2007 Lehramtsstudium Deutsch und Geschichte an der Humboldt-Universität Berlin; 2007–2015 Aufenthalt in London, verheiratet mit Tobias Frank, drei Söhne (Victor, Justus und Leo), lebt in Berlin.